国家出版基金项目
NATIONAL PUBLICATION FOUNDATION

“十四五”时期国家重点出版物出版专项规划项目

中国黄河文化大典

古近代部分

黄河治理（近代部分）二

《中国黄河文化大典》编委会 编

中国水利水电出版社
www.waterpub.com.cn
·北京·

图书在版编目（CIP）数据

中国黄河文化大典．古近代部分．黄河治理．近代部分．二 / 《中国黄河文化大典》编委会编．-- 北京 ：中国水利水电出版社，2023.11
ISBN 978-7-5226-1223-2

Ⅰ．①中… Ⅱ．①中… Ⅲ．①黄河流域－文化史②黄河－河道整治－史料－近代 Ⅳ．①K29②TV882.1

中国国家版本馆CIP数据核字(2023)第020183号

项目负责人：营幼峰　王厚军　陈玉秋
选 题 策 划：马爱梅　宋建娜　戴甫青

审图号：GS（2023）1691 号

书　名	**中国黄河文化大典（古近代部分）** ZHONGGUO HUANG HE WENHUA DADIAN（GU－JINDAI BUFEN）
卷　名	**黄河治理（近代部分）二** HUANG HE ZHILI（JINDAI BUFEN）ER
作　者	《中国黄河文化大典》编委会　编
出版发行	中国水利水电出版社 （北京市海淀区玉渊潭南路 1 号 D 座　100038） 网址：www.waterpub.com.cn E－mail：sales@mwr.gov.cn 电话：（010）68545888（营销中心）
经　售	北京科水图书销售有限公司 电话：（010）68545874、63202643 全国各地新华书店和相关出版物销售网点
排　版	中国水利水电出版社微机排版中心
印　刷	涿州市星河印刷有限公司
规　格	184mm×260mm　16 开本　58 印张　820 千字
版　次	2023 年 11 月第 1 版　2023 年 11 月第 1 次印刷
印　数	001—800 册
定　价	**480.00** 元

《中国黄河文化大典》
编 委 会

《中国黄河文化大典》
编委会办公室

《中国黄河文化大典》学术顾问及专家委员会

序　一

5000 多年前，中华大地形成了裴李岗文化、仰韶文化、良渚文化、红山文化、马家窑文化、大汶口文化、龙山文化等众多的文明雏形，考古学家形象地比喻为满天星斗。但最终能延续并发展成为中华文明主体的都集中在黄河中下游地区，绝不是偶然的。

黄河中下游绝大部分属于黄土高原和黄土冲积平原，地形平坦，土壤疏松，大多为稀树草原地貌，是对早期农业开发极其有利的条件。在尚未拥有金属农具的条件下，先民用简单的石器、木器就能完成开垦荒地、平整土地、松土、播种、覆土、除草、排水、收获。

黄土高原和黄土冲积的平原地处北温带，总体上适合人类的生活、生产和生存。5000 年前，这一带的气候正经历一个温暖期，3000 年前后有过一个短暂的寒冷期，然后又重新进入温暖期，直到公元前 1 世纪才转入持续的寒冷。因此在 5000 多年前，这一带气候温暖，降水充沛，农作物能获得更多热量和水分，物种丰富，成为当时东亚大陆最适宜的成片农业区。

这片土地是当时北半球面积最大的宜农土地，足以满足不断扩大的农业生产和持续增长的人口的需要。在这片土地中间，没有太大的地理障碍，函谷关、太行山以东更是连成一片的大平原。黄河及其支流、独立入海的河流、与河流相通的湖泊，形成天然的水上交通网。交通便利，人流、物流和行政管理的成本较低。这样的地理环境，使一些杰出人物萌发统一的理念，逐步形成大一统观念，由政治家付诸实行。这一片土地成为大一统观念的实践和基础，“中国”的概念由此产生，并逐步扩大到整个中国。

中华文明的起源和早期发展阶段，呈现出多元格局，并在长期交流互动中相互促进、取长补短、兼收并蓄，最终融汇凝聚出以二里头文化为代表的文明核心，开启了夏商周三代文明。黄河文明是早期中华文明的核心和基础，黄河中下游地区是中华文明的摇篮，黄河是中华民族的母亲河。

中国历史上的统一时期，政治中心都在黄河流域（包括历史时期黄河改道形成的流域）。宋代以前，全国的经济中心和大多数区域经济中心都处于黄河流域。春秋战国时的黄河流域是当时文化最发达的地区。儒家学说的创始人孔子是鲁国陬邑（今山东曲阜）人。他曾周游列国，晚年回到家乡，致力于儒家典籍的整理和教学；他的众多学生主要来自鲁、卫、齐、宋等国；他的主要传承人孟子、曾子等也都在这一带。齐鲁地区是儒家文化的中心。春秋战国时百家争鸣，几种主要学派的创始人和主要传播地区也集中在黄河流域。墨子（墨翟），道家学派的创始人老子，道家学派代表人物杨朱、宋钘、尹文、田骈、庄子，从道家分化出来的法家慎到，战国中期产生的黄老学派，法家商鞅，荀子（荀况），法家韩非等，以及其他各家的代表人物，都不出黄河流域的范围。

秦汉时代，黄河中游已是名副其实的全国性政治中心，其影响还远及亚洲腹地。黄河下游是全国的经济中心，是最主要的农业区、手工业区和商业区。黄河流域的优势地位由于政治中心的存在而更加强。两汉时期见于记载的各类知识分子、各种书籍、各个学派、私家教授、官方选拔的博士和孝廉等的分布，绝大多数跨黄河流域。“关东出相，关西出将”的说法反映了当时人才分布高度集中的实际状况。

从公元589年隋朝统一至755年安史之乱爆发，黄河流域又经历一个繁荣时期。隋唐先后在长安和洛阳建都，关中平原和伊洛平原再次成为全国的政治中心。唐朝的开疆拓土和富裕强盛还使长安的影响远及西亚、朝鲜、日本，成为当时世界上最大最繁荣的城市。尽管长江流域和其他地区已有了很大的发展，但黄河流域在农业、手工业、商业以及国家财政收入中还占着更多的份额。唐朝这一阶段的诗人和进士主要分布在黄河流域，显示出文化重心所在。

从河源到出海口，亿万中华各族人民在黄河流域生活，生产，生存。他们或农，或牧，或工，或商，或狩，或采；或住通都大邑，或居茅屋土房，或凿窑洞，或栖帐篷，或依山傍水，或逐水草而居。他们的方言、饮食、服饰、民居、婚丧节庆、崇拜信仰，形成丰富多彩的地域文化。

总之，中华文明的源头就是黄河文明，就是中华民族的先人在黄河流域创造的；中华民族最早的生活方式、生产方式、行为规范、审美情趣、礼乐仪式、伦理道德、价值观念、意识形态、思想流派、文学艺术、崇拜信仰，都是在黄河流域形成的，或者是以黄河流域所形成的为主体，为规范，然后才传播到其他地区。

黄河，不愧为中华民族的魂。

大量历史事实足以证明，黄河曾经哺育了华夏民族的主体，曾经哺育了中华民族的大部分先民。她的儿女子孙遍布于中华大地，并已走向世界各地。

夏朝的建立和长期存在形成了由各个部族融合成的夏人，又称诸夏。在商、周时代，人口的主体是夏、诸夏，他们被美誉为华夏（华的本义是花，象征美丽、高尚、伟大），以后常被简称为夏或华。华夏聚居于黄河流域，通过周朝的分封和迁移，扩散到更大的地域范围，并不断融合残留的戎、狄、蛮、夷人口。到秦始皇统一六国时，长城之内的黄河流域，非华夏族都已被融合在华夏之中。

秦汉期间，华夏人口从中原迁入河套地区、阴山南麓、河西走廊、长江两岸、巴蜀岭南、辽东朝鲜。在两汉之际、东汉末年至三国期间、西晋永嘉之乱后至南北朝后期、安史之乱至唐朝末年、靖康之乱至宋元之际，一次次大规模的人口南迁使华夏人口遍布于南方各地。一部分人口主动或被动迁入匈奴、乌桓、鲜卑、高句丽、突厥、吐蕃、南诏、回鹘、契丹、渤海、党项、女真、蒙古、满族的聚居区，在与这些民族融合的同时，传播了华夏的制度、礼仪、文化、技艺、习俗、器物，扩大了中华文明的影响范围，促进了中华民族大家庭的逐渐形成。到了近代，成百万上千万的内地移民闯关东，走西口，渡台湾，迁新疆，开发和巩固了祖国的边疆。至20世纪初，从黄河流域迁出的人口与他们的后裔，已经遍布中国大地。

在向各地输出移民的同时，黄河流域也在大量吸收其他地区的移民，特别是来自周边地区的非华夏移民。匈奴、东瓯、闽越、乌桓、鲜卑、西域诸族、昭武九姓、突厥、粟特、吐谷浑、吐蕃、党项、高句丽、百济、契丹、奚、女真、蒙古等先后迁入黄河流域，这些民族的整体或大部分人口在这里融合于中华民族的主体之中。

尽管今天全国各地的汉族人口并非都来自黄河流域，在南方一些地区和边疆地区其实是世代土生土长的人口占了多数，但绝大多数汉族家族，甚至一些少数民族家族都将中原视为祖先的根基所在。显然他们所认同的不仅是血统之根，更是文化之根，而这个根就在黄河之滨、黄河流域。

黄河，不愧为中华民族的根。

黄河流域有世界上黄土覆盖面积最大、覆盖最厚的黄土高原，本身植被稀少，经农业开发和人为破坏，加剧了水土流失。黄河中游降水往往集中在夏秋之际，在局部时间和地点会将大量泥沙冲入黄河，使河水含沙量达到世界之最。泥沙淤积在下游河床，形成高于两岸地表的“悬河”，一遇洪水就泛滥成灾，决溢改道。黄河成为世界大河中改道最频繁、波及范围最大的河流。

这条哺育了中华民族的母亲河，也曾经使她的儿女子孙历经磨难，黄河的安危历来是国运民瘼所系。“海晏河清”“黄河清，圣人出”，是从帝王到庶民的千古期盼；但面对现实，多少人不得不发出“俟河之清，人寿几何”的浩叹。大禹治水的成果奠定了华夏立国的根基，历代治黄的成功保障了中华民族的繁衍。从《尚书·禹贡》到历代《河渠志》、各地的水利志，从《水经注》到《水道提纲》，从贾让的“治河三策”到潘季驯的“束水攻沙”，从“导河积石”到《河源纪略》，从金匮石室的秘籍档案到野老村夫的私人记录，历代治黄留下皇皇经典和浩如烟海的史料。

黄河作为一条饱经忧患的河，凝聚了中华民族的苦难和与苦难的奋争。“黄河宁，天下平。”历朝历代都将治理黄河作为兴邦安民的大事。特别是1946年以来，中国共产党领导人民开展了波澜壮阔的治黄实践，取得了举世瞩目的伟大成就。黄河文化经久不息、历久弥新，是中华文明的重要组成部分，是中华民族的根和魂。习近平总书记强调，要深入挖掘黄河文化蕴涵的时代价值，讲好“黄河故事”，延续历史文脉，坚定文化自信，为实现中华民族伟大复兴的中国梦凝聚精神力量。

水利部领导有鉴于此，成立以党组书记、部长李国英为主任的编纂委员会，组织专家学者、水利部门领导和专业人士编纂《中国黄河文化大典》，举凡河流与人类文明之关系，黄河文明与其他河流文明之异同，黄河及其流域之自然地理和人文地理，黄河何以为中华民族之魂与根，黄河文化之内涵、外延、特色和变迁，历代治黄之实录、经验和教训，新中国治黄之巨大成就与未来展望，黄河流域生态保护和高质量发展的理念与实践，黄河文化之传播与弘扬，史籍文献、档案资料、旧典新篇、巨著零札，无不广搜博引，严选精编。

盛世修典，功在千秋。我忝为编纂委员会学术顾问，得参与其事，躬逢其盛，曷其幸哉！是为序。

葛剑雄

2021年10月

序　二

黄河流域文明源远流长，首先表达为中国新石器时代的仰韶文化（公元前5000年—前3000年）、大汶口文化（公元前4300年—前2400年）、龙山文化（公元前2400年—前1900年）。至于中国水利文明的开始，则是妇孺皆知的距今4000年前的大禹治水的传说。有人说当时的大暴雨是全球性的，因为一些民族的神话传说都流露出一些痕迹。大禹治水主要发生于黄河流域，在中华民族形成过程中是有着强大凝聚力的伟大事件。黄河流域也在此后几千年间成为中华民族政治、经济、文化的重心地带。

文化是民族的血脉，是人民的精神家园。在我国5000年文明发展历程中，各族人民共同创造出源远流长、博大精深的中华文化。它凝聚着中华民族自强不息的精神追求，为中华民族的发展提供了强大的精神支撑。回顾历史为的是着眼于未来。人类文明发展史证明，先进的文化筑就国家强盛之基。从文艺复兴的历史来看，它曾开创人文主义的思想解放运动。当年一些思想家挣脱欧洲中世纪宗教神权的精神枷锁和封建君主专制，在古希腊和古罗马的优秀思想中寻求智慧，从而开创了欧洲社会发展的新纪元，促成了18世纪末由英国开始又很快传播到欧洲的第一次工业革命，成为人类思想史辉煌的一页。然而以优胜劣汰为指针的西方文化，在以“大同世界”“天下为公”为目标的中华传统文化面前，却难掩其不足。当年辜鸿铭就曾当面责备翻译《天演论》的严复说，“自严复译出《天演论》，国人只知物竞天择，而不知有公理，于是兵连祸结”，直指只讲自由竞争的西方价值观的缺憾。真正的大国强国，不仅取决于它的经济和军事实力，也取决于它的精神文化的感召力。历史经验提示，文化是社会政治、经济、技术发展的原动力。在前人的基础上，我们应该探寻优秀传统文化的时代内涵和新的发展理念，走出一条新的道路。如今编纂的《中国黄河文化大典》系统总结黄河流域的文化演进，是水利部党组落实习近平总书记关于黄河流域生态保护和高质量发展讲话精神的重要部署，是保护、传承、弘扬黄河文化的重大出版工程，是服务于当代水利实践的重要文化建设。

如何理解前人沉淀在众多文化典籍中的古老智慧，青蒿素的发现就是有说服力的例证。从20世纪60年代开始，由屠呦呦领衔的研究者从众多古代医药书中筛选出有研究前景的几种治疗疟疾的中药。从大约1900年前晋代葛洪著《肘后备急方》记载的“绞汁”获得灵感，发现青蒿素，获得诺贝尔奖。后来又从其他典籍和民间验方中发现黄花蒿等几种高效抗疟药物，进一步打开传统医学研究服务当代的成功之路。

在前沿科学创新中也不乏传统文化的身影。2001年数学家吴文俊指出，他发现并因此获得国家最高科学技术奖的“几何定理证明的机械化问题，从思维到方法，至少在宋元时代就有蛛丝马迹可寻”。他在《东方数学的使命》中再次强调，现代计算机数学和我国古代数学算法的思维方式相一致，“从这个意义上讲，我们最古老的数学，也是计算机时代最适合、最现代化的数学”。既然现代基础科学尚可以从传统文化的继承中推陈出新，在经验性很强的以大自然为背景的科学领域，尤其要进行综合研究。

科学发展史说明，在古代文明中，科学是一个统一的体系。直至15世纪下半叶，在文艺复兴运动推动下，科学才逐渐分化为自然科学与人文科学两大部类，而每一部类又逐渐分化为各门学科。正是由于学科的分解才有力地促进了科学的深入发展，生产力大为提高。在科学不断分化的同时，近百年来科学的融合也在悄然兴起。自然科学内部的有关学科之间加强了交叉联系，进而自然科学也开始注重与历史、管理等社会科学的相互渗透。尤其是像水科学这样以大自然为背景的科学领域，边界条件十分复杂，还不可能分析一切自然界的影响因素，何况其间还加入了人类大规模改造自然所产生的对水环境的影响。而水科学与历史的交叉研究恰恰在构建一个包括人类活动在内的自然界的统一景象，并由此在增进对自然的理解方面显现出自己的优势。

例如，以往的防洪方针主要是控制自然态洪水。水利规划就是根据算水账来进行工程布置，认为控制了洪水也就控制了灾害。但多年来的实践却未能尽如人意，灾害损失大幅度提高，主要江河都发生了不利于防洪的变化。但这些防洪形势的不利变化并非由于水利工程不足，也不是自然洪水显著变异所致，而主要是社会无序发展所产生的负面效果。然而直到20世纪末，世界各国都仍将水灾只称作自然灾害，其实2000年前汉代贾让“治水上策”早就强调：水灾与过度的社会开发有关。自此之后，在2000年的治河史上，当出现单纯运用工程防洪走投无路时，几乎无例外地提出了人类发展要主动适应洪水客观规律的类似见解。世界各主要国家在20世纪中叶以来所普遍推行的工程与非工程相结合的防洪措施的精神实质也相类似。由此我们在自然科学和社会科学交叉研究的基础上，通过历史模型方法提出："灾害具有自然属性和社会属性，双重属性全面概括了灾害的本质属性，缺一不成其为灾害。"灾害双重属性不是防灾减灾政策制定的依据，也不是工程与非工程减灾措施的另一种表达方式，而是对灾害本质属性的哲学概括。在双重属性当中，二者缺一就不能构成灾害。没有人类活动，就算天崩地裂也无所谓灾害。水利部原部长汪恕诚在2003年发表署名文章，认为"灾害双重属性进一步阐明了灾害的本质属性，这是一种哲学思维方面的进步，也是中国政府在1998年长江发生大洪水后对洪水问题进行深刻思考得出的结论"。他还进一步指出：这些基础理论成果在2002年修订的《中华人民共和国水法》中得到了体现。古代治水思想研究为当代防洪减灾方针提供了有益借鉴。

在高科技时代，为什么还能够从传统哲学中寻求借鉴？古代生产力低下，自然力对人类社会处于支配地位，人们不得不怀着敬畏的心情，更多地关心和记录自然变异对人类社会的影响，注重天文、地理与人事之间的综合思考。虽然前人对自然规律的认识不及今人深刻，但这种综合思考的原始自然观和世界观，反映的却是和现代相似的客观事实。可见，科学与人文的分割，曾经妨碍了我们的视野。"灾害双重属性"的提出是在许多水利及相关历史典籍的整理中，在1991年淮河、长江和太湖大水灾的实地调查中得到的启示，继而将视野扩展至世界防洪减灾现实，终于有所感悟。

近年来，基于传统水利典籍的搜集整理，在水科学和水文化上做出重要贡献的还有许多。例如中国大运河申请世界文化遗产的基础论证；世界灌溉工程遗产的研究与申报；水利风景区规划；古代水利典籍汇编；以及向社会推介12位历史治水名人，无不借重于传统水利及文化典籍的学习和研究。从事这些工作的心得，是期待更广泛、更系统地搜罗宏富的系统文献。如今《中国黄河文化大典》率先启动，邀约部内精英和社会贤达共襄盛举，汇编流域内水科学水文化典籍，规模巨大，蔚为大观。此外还安排有和黄河治水文化有关的专题研究。在流域范围里产出如此大体量系统的文献整理和研究成果，彰显出组织者促进水科学与水文化融合的深邃思考。

被喻为“中华民族的摇篮”的黄河，既造就了广大的华北平原，提供了民族生存和发展的基础环境，又是一条“善淤、善决、善徙”的多灾多难的河流。2000多年来，它曾北夺海河，自天津入渤海；又南夺淮河，从云梯关入黄海。它在华北平原上往复摆动，频繁决溢，对面积达25万平方千米的国家腹心经济区构成重大的威胁。黄河之所以如此不安定，主要是由于河水挟带的大量泥沙淤积在下游，将河床年复一年抬升的缘故。以往黄河每年从中游带下约16亿吨泥沙，除12亿吨可以直接输送入海外，其余4亿吨堆积在下游河床里。下游河床越淤越高，形成高于两岸地平面的“悬河”。黄河也因此成为“中国之忧患”。黄河下游地区历来是国家的重要经济区，因而历代王朝都把治理黄河，减轻黄河洪水灾害，作为国家的大政方针。

黄河的根本出路何在，是古往今来人们关注的重大宏观研究课题。今天的宏观研究应不同于古代。为了科学地制定黄河防洪战略，对于它的高含沙量以及由此带来的种种后果和问题，都应有准确科学的答案。也就是说，宏观研究必须以一系列的微观研究做基础。因此，为了把黄河治理纳入科学的轨道，为防止和减轻黄河水灾，基础科研亟待加强。近百年来曾经用过模型方法，试图求得解决之道。在模型运用上首先是物理模型和数学模型，这是运用最多的两种方法。加上上面提到的历史模型，三种模型都有着共同的特点，即无论哪种模型，都是中介物。模型方法都是通过对中介物的研究来认识原型。区别则在于它们模拟原型的方法和形态各有不同。近百年间通过对黄河下游的水沙调节，谋求防洪安澜的努力，就曾结合我国古代治河经验，开展了以上三种模型方法的试验。

黄河上第一次物理模型试验，是在20世纪30年代进行的，那是由李仪祉先生推动，委托德国水工模型实验创始人恩格斯教授主持，在瓦痕湖试验场开展，共进行了两次。第二次试验采用平面比尺1∶165，垂直向比尺1∶110的变态模型，河床质采用从国内带去的黄土。验证试验肯定了明代治河专家潘季驯“束水攻沙”理论和他所设计的系统堤防。然而限于当时的条件，模型比尺小，悬移质模拟困难，因而只得出了定性结论，没有取得定量成果。

在20世纪60年代，也曾直接依据历史文献说明黄河下游河床演变规律，首见于钱宁和周文浩所著《黄河下游河床演变》。这是国内研究黄河泥沙和河床演变的力作。在该书绪论中，作者就详细说明：“研究河床演变不可能离开河道的历史背景……这些丰富的历史遗产使我们有条件重温河道的历史演变过程”，历史治水文献“是造床科学中一份最宝贵的历史遗产”。他们还在该书的许多章节中大段引用历代先贤治理河道状况和水力输沙的创造性见解，如欧阳修、苏辙、万恭、潘季驯、陈潢等一众先贤的认识。而在写到黄河游荡性河段特性时，还记录了沿河群众“一弯变，弯弯变”和“一枝动，百枝摇”的民谚，生动地说明了由于险工挑溜角度的改变，或滩岸河势变化，河床左右摆动会向下游传播的游荡性河道特征。可见，汇编整理治黄历史典籍和民间谚语等智慧，对于了解和研究黄河科技和文化，对于社会可持续发展有重要的意义。

当然，历史研究能再现实在的历史过程，但历史与现实只具有一定程度的相似性。历史研究不可能穷尽对研究对象的所有认识，并且主要在宏观问题上具有显著的优势。黄河含沙量居于世界诸大河之冠，带来了黄河治理的复杂性。1949 年后，我们曾对黄河下游防洪做了许多工作，主要依靠堤防和险工，取得 50 年无决口的历史纪录；也曾在中游河道建设系列水库滞蓄洪水和泥沙，并提出黄河水沙同是宝贵资源的新理念。但黄河安定的最终出路何在，仍是国家关注的重大课题。直到 21 世纪初，开始了旷古未有且极具魄力的黄河下游河道治理的全新探索，相较于模型研究，它是在 1∶1 的黄河下游原型上的“模型”实验。于是，调水调沙应运而生。其主要目标是，在黄河下游河道堤防现状下，运用现代化高新技术以及万家寨、三门峡、小浪底等水库对水沙的调配，使黄河进入健康发展阶段。

调水调沙试验在 2002 年开展，通过水库调蓄泄放，形成人造洪峰，加大了对下游河床的冲刷。20 年来黄河调水调沙取得的成果是：黄河主槽不断萎缩的状况得到初步遏制；下游河道主槽平均降低 2.6 米，主河槽过流能力（水不上滩流量）由 2002 年汛前的 1800 立方米每秒，提升到 2021 年汛前的 5000 立方米每秒左右。调水调沙以来，黄河累计入海总沙量达 28.8 亿吨，防洪减淤效果明显。得益于调水调沙，黄河下游河道沿线以及河口三角洲生态状况好转，取得了显著的社会效益，在适应自然规律的基础上，助推了黄河的健康发展。调水调沙实践将成为科学技术史上的重要篇章。

如今，社会以前所未有的速度在前进，物质层面的新技术新产品令人炫目且极具诱惑，科学技术也因此走上圣殿，被公认为社会发展的动力。而孕育科学发展原动力的文化，却一度被冷落。然而看似柔软的文化，却是人类社会持续发展的内在动力，对传统文化的重新整理研究，也应成为科学创新的源泉之一，为科学带来灵感和想象力。可见，科学的发展非但不应该排斥文化，相反，提炼文化中的历史经验和信息，并与之相融合，正是科学所要完成的重要课题。为了大力加强黄河水文化建设，为水利科学发展提供精神营养，我们期待着《中国黄河文化大典》的早日问世。

周魁一

2021 年 11 月

编 纂 说 明

《中国黄河文化大典》全面记录了我国历代黄河治理的辉煌成就，系统展现了历代黄河治理的理论与实践，传承了经典典籍中蕴含的思想观念、人文精神和道德规范。《中国黄河文化大典》是胸怀国之大者、保护传承弘扬黄河文化的具体体现，是坚定文化自信、延续历史文脉的重大出版工程，对中华优秀传统文化创造性转化、创新性发展意义重大。

《中国黄河文化大典》编纂出版原则是：句读合理，标点正确，校雠细致，校勘有据。

一、为方便阅读，将底本的繁体竖排改为简体横排，原文中表示前后关系的“如左”“如右”等予以保留，实际表达的含义为“如下”“如上”，只在每个编纂单元首次出现时统一注释说明。

二、底本中的异体字、俗字等原则上改为简体字，不出校。“粘”“爬”等用字因字词的义项发生变化，虽然已经不适用于现在的字词义项，但仍保持原貌不予修改，只在每个编纂单元首次出现时统一注释说明。

三、原文中的数字用法仍依底本不改；人名、地名易生歧义者，不予简化；底本中的双行小字注释改为单行小字注释。

四、对原文献分段，逐句加标点，标点遵循 GB/T

15834—2011《标点符号用法》。

五、文献正文以及文中引文部分，除校改明显错误外，一般不作不同版本的校注。对原文献进行校勘，凡有可能影响理解的文字差异和讹误（脱、衍、倒、误）都标出并改正。如有必要再以校勘记进行说明，校勘记置于页下，文中校码紧附于原文附近。正文改字在正文中标注增删符号，拟删文字用圆括号标记，正确文字用六角括号标记，如把拟删的“下”改成“卜”，格式为“（下）〔卜〕”。

六、对于史实记载过于简略，明显谬误之处，以及古代水利技术专有术语、专业管理机构、工程专有名称及名词等，进行必要的简单注释。

七、每个编纂单元前，有文献整理人撰写的“整理说明”，其主要内容包括文献的时代背景，作者简介及其主要学术成就，文献的基本内容、特点和价值，文献的创作、成书情况和社会影响，整理所依据的版本及其他需要说明的问题。

八、每分册前设有“前言”，其主要内容包括本分册涵盖的典籍内容、文献价值、出版意义和版本特色，本分册典籍入选原则以及与编纂有关的需要特别说明的情况等。

九、为保持文献历史原貌，本次整理不对插图进行技术处理。

《中国黄河文化大典》的编纂出版得到了水利行业及社会各界的广泛关注和大力支持，中共中央宣传部、中央政策研究室、文化和旅游部、中国科学院、中国社会科学院、中国工程院、清华大学、北京大学、复旦大学等部门及单位给予了大力支持，不少院士、专家、学者担任编委会及专家委员会委员，指导编纂工作。本书的点校专家、审稿专家、编纂工作组织者亦付出了巨大努力，在此诚表谢意。

由于工程浩大、编校繁难，编纂过程中难免存在疏漏，欢迎广大读者、专家批评指正。

《中国黄河文化大典》编委会办公室

《中国黄河文化大典》

黄河治理（近代部分）二

主　　编　陈茂山

副 主 编　牛建强　岳德军

参编人员　李留文　赵长贵　武明军

审稿专家（以姓氏笔画为序）

许　灏　陆　超　郑小惠　郭　浩

韩霜景

前　言

黄河是中华民族的母亲河，孕育了古老而伟大的中华文明。黄河又是世界上泥沙含量最高、治理难度最大、洪水灾害最为严重的河流之一。历史上黄河曾“三年两决口、百年一改道”，以“善淤、善决、善徙”闻名于世，洪涝灾害波及范围北达天津、南抵江淮，在塑造形成沃野千里的黄淮海平原的同时，也给沿岸人民带来深重灾难。兴修黄河水利、治理黄河水患成为历朝历代必须重视和面对的重大任务。

黄河之险，险在河南。黄河下游穿越最后一段峡谷，在河南省孟津县由山区进入黄淮海平原。其中，孟津县白鹤至桃花峪河段为禹王故道，数千年来基本上没有太大变化；桃花峪至东坝头河段为明清故道，已有500多年历史；东坝头以下河道为1855年铜瓦厢决口改道后形成的现行河道。由于大量泥沙淤积，黄河下游河道逐年抬高，形成“地上悬河”，黄河河南段悬差最大、河势最不稳定。历史上黄河下游河道大体上分为北流、东流和南流等不同时期，大改道的顶点基本上在河南境内。历史记载河南境内黄河泛溢决口频繁，防洪任务历来十分艰巨。

清末民国时期，黄河防洪形势发生巨大变化，治黄工作面临一系列调整和变革。咸丰五年（1855年），黄河在铜瓦厢决口改道，漫水分三股至张秋穿大运河，夺大清河入海，原南行河道断流，结束了黄河自南宋以来700年夺淮入海的历史。此后几十年间，铜瓦厢以上河道发生剧烈溯源冲刷，黄河泛滥于河南、河北、山东三省。由于清政府忙于镇压太平天国和捻军农民起义，在很长时间里无暇顾及堵口，也不能决定治理方案。直到光绪年间（1875—1908年）才确定放弃恢复旧河，于是在黄河北流新河道两岸逐步修筑堤埝等防洪工程，形成新的稳定河道。同时，铜瓦厢改道以后，治黄的主要矛盾和重点任务也发生了变化，原来治河重点在于保障漕运畅通，此后黄河本身成为治黄工作关注的重点，不再牵扯漕运事宜。黄河管理机构也由此发生重大调整，河道总督被裁撤，治河事务改由地方政府进行管理。民国前期，军阀混战，河务荒废，全河没有统一的治河机构。黄河下游河政分别由冀、鲁、豫三省河务局（河防局）管理，各自为政，互不协调。由于这一时期政治腐败、经济凋敝，战乱不断、社会动荡，国家财政状况十分拮据，根本无暇顾及治河事务。据记载，当时河南黄河“地方处处失修，河身节节淤垫，征之载籍，验之近状，以为河之败坏，殆未有如今日之甚者”。地方治河工作处于艰难探索之中。

在这样的背景下，1913年河南河防局（后改为河南河务局）成立，负责河南境内黄河修防事宜。为总结借鉴前人治黄经验，并为以后积累较为系统完备的治河资料，使后人了解“古今因革损益之故”，探求“黄河安澜之法”，河南河务局组织编修《豫河志》。这是民国时期成书最早的江河志。之后，又编成《豫河续志》《豫河三志》，三书一起并称为“豫河三志”，先后由吴筼孙、陈善同、陈汝珍三任河务局长主持编纂，是较早系统记述河南段黄河及沁河河道变迁和治理情况的江河志著作。

“豫河三志”的成功编纂和顺利付梓，是一个接续努力、不断完善的过程，陈善同起到了承前启后的关键作用。《豫河志》自1919年开始编纂，至1922年成稿，主要收集清代河南黄河治理的各种水利史料，包括图、源流、工程、经费、祀典、职官、附著等7类，全书共28卷。1922年吴筼孙离任，《豫河志》尚在成稿阶段。1923年陈善同接任河务局长，他组织人员进一步校订完善，于当年刊印出版。陈善同感到该志“详案而略事，因革之故，经纬之端，无可寻绎”，于是1923年12月起又组织编纂《豫河续志》，补充清代前后的史料，上自禹贡，下至1925年，对河南境内黄河河道变迁和治理情况进行详细记述，重点记述民国时期黄河河道变迁情况。包括图说、沿革、职员、公牍、工料、财政、治绩及附录等8类，全书共20卷，于1926年10月刊印出版。1930年陈善同族孙陈汝珍接任河务局长，次年组织编修《豫河三志》，共12卷，主要汇编1925年至1931年的水利史料。

陈善同（1876—1942年），字雨人，河南信阳人。清光绪二十九年（1903年）进士，授翰林院编修，后擢大理院推事、都察院御史、资政院议员等职。民国初任参政院议员，1923年2月任河南省河务局局长，1927年1月任河南省省长。他主持河务时期，勤于修守防险，重视近代河工技术应用，于各工段增设电话，沿河增设水文站，购置测量仪器，组织水文测量队，沿河修汽车道与铺设轻便铁轨，使河南境黄河得以安澜。他主持编纂的《豫河续志》实际上可以看作记述河南段黄河变迁及其治理的水利史著作，在“三志”中《豫河续志》体例较为完善，内容最为丰富。它较为清晰地反映了黄河治理状况、治理理念以及治水技术的变化和发展，尤其详于民国时期的黄河治理变迁。当时的编纂者虽多数“未习河事”，但“终日钻研图籍，披寻档册”，汇集了上自禹贡，下至民国的珍贵黄河史料，对于研究黄河历史、文化仍具有重要价值。由于《豫河续志》

仅在抗战前出过一版，发行面很窄。几经战乱，现存很少。这次《中国黄河文化大典》将该书收录，以河南河务局刊刻本为底本，加以重新整理校订，将有利于该书价值的进一步发掘利用，对黄河历史文化研究和传承具有重要意义。

陈茂山

2023年11月

目　　录

陈善同 编纂
李留文 赵长贵
武明军 整理

豫河续志

整理说明

《豫河续志》，二十卷，是1923年冬至1925年河南河务局局长陈善同主持编纂的记述黄河河南段变迁及其治理的水利史巨著。它与《豫河志》《豫河三志》一起被称为“豫河三志”。

陈善同，字雨人，河南信阳人，光绪二十三年（1897年）河南乡试解元，光绪二十九年（1903年）进士及第，入翰林院，转都察院为御史。民国改元，任河南省实业厅厅长、财政厅厅长等职，1923年至1927年任河南河务局局长。他是一位刻苦自励、廉洁勤政的官员，任河南河务局局长期间，励精图治，常跋涉于黄河堤坝，督率员弁昼夜防守，在民国治河经费极端短缺的情况下，仍能维持黄河粗安的局面。同时，他非常留意水利文献的收集与整理。他接任河南河务局局长时，《豫河志》草稿初成，便组织人马对这部书稿重新校订，加以刊刻。

《豫河志》及《豫河续志》的编纂有两大背景。其一，咸丰五年（1855年），黄河在兰考铜瓦厢决口，夺大清河流入渤海。黄河改道，从此结束了其数百年向东南夺淮入海的历史。明清时期漕运关系京畿地区的粮食安全，“治河即所以保漕”，连篇累牍的治河著述均以漕运为旨归，很少有豫河的专著。铜瓦厢改道之后，由于无漕运可保，黄河本身遂成为治河者关注的重点。其二，清末民初，黄河管理机构发生重大变化，河道总督被裁撤，治河事务划归地方管理。1913年，河南河防局（后改为河南河务局）成立，负责河南境内黄河修防事宜，同时理所当然地成为豫河志书编纂的主体。

在这样的背景下，前有河南河务局局长吴筼孙编纂的《豫河志》，后有继任局长陈善同编纂的《豫河续志》，两者均为论述河南段黄河治理的专书。既有《豫河志》，何必再编续志？在陈善同看来，《豫河志》“详案而略事，因革之故，经纬之端，无可寻绎，阅者憾焉”，对河南境内黄河变迁及其治理的历史过程缺乏概括；再者，《豫河志》讲述的治河成案只及有清一代，清代以前的没有涉及，清代之后的也付之阙如，故有再编《豫河续志》的必要。《豫河续志》分为河南黄沁两河详图、沿革、职员、公牍、工料、财政、治绩及附录八个部分，侧重豫河变迁的事实叙述，尤其详于民国时期的黄河治理变迁。两者之间先后相继，关系密切，门类的设置大致相同，而且详略互补，凡是《豫河志》所详者，《豫河续志》尽皆略之。同时，两者的差异又是明显的，如果说《豫河志》是一部关于豫河治理的断代史的话，《豫河续志》就是一部关于豫河变迁的通史，体例并不相同。

《豫河续志》修于民国时期，卷帙浩繁，在众多的黄河水利史典籍中有其独特的价值。

首先，《豫河续志》作为一部全面描述豫河变迁的水利通史，较为清晰地反映了黄河治理状况、治理理念以及治水技术的变化和发展。比如，埽工技术自宋代出现后，被视为防护堤岸的重要手段，但到清康熙年间，随着坝工技术的普及和提高，厢埽的价值就越来越受到质疑，甚至有人主张弃埽不用。又比如，《豫河续志》对历代治河经费的记录，清楚显示了清代与民国治河费用的巨大反差。

其次，《豫河续志》既分类详明，又注重对历史沿革的梳理，为后来黄河志书的编纂提供了范例。全书中“职员”记职官员弁，“财政”记经费公产，“工料”记工用器具，“沿革”则以历史为经，全面勾勒了黄河漫决、工程、技术的变迁过程。这种有经有纬、有纵有横的编纂体例成为后来黄河志书编纂的基本遵循。

最后，作为一部黄河史资料汇编，《豫河续志》收罗宏富，保存了大量黄河治理的史料。该书的编纂，不但参考了大量的正史河渠志、地方志书和历代治河文集、笔记，而且大量使用了黄河档案文献和往来公牍。河南河务局承继清代河衙，保存了大量清代治河奏疏档案，民初编修《清史稿》时就曾利用过这批档案，《豫河续志》的编纂也较多地利用了这批档案。更重要的是，《豫河续志》大量引用了民国年间河南河务局的往来公牍，由于战乱，这些公文原件早已散佚不存，却因为《豫河续志》而得以保存下来，显得弥足珍贵。

《豫河续志》成书后，于1926年10月由河南河务局刊刻付印，这是现在所能看到的唯一版本。此次整理以河南河务局刊刻本为底本，参考正史河渠志、地方志以及部分档案资料加以校订。

本编纂单元由李留文、赵长贵、武明军整理。若有不当之处，敬请批评指正。

整理者

目 录

豫河续志序一

明清两代，治河者类以南河为运道所关，遂皆详于南河而略于豫河，实则豫省正当黄河腹部，地势平坦，土质疏松，溃决易而防塞难，其重要固远出南河之上也。试观有清一代，黄河决口凡三十九次，而豫境竟有二十四次之多，非其明证也欤？

自咸同以降，南河绝流，豫河乃渐为世所注意，然特著专书以研究之者迄无其人。至前河南河务局吴咏湘局长所编《豫河志》书成，始推专究豫河之鼻祖焉。惜书中记事终于清末，民国以后仍付阙如。现局长信阳陈君雨人鉴于时代之要求，爰议修续志以补前志所未备。自十三年春着手编纂，至十四年冬全书告成，历时二载甫克蒇事，其非率尔操觚也可知。余获读一周，觉其体例之精审，分类之详明，考证之确实，搜罗之宏富，纲举目张，无美不备，洵足与前志相发明而弥缝其阙陷矣。夫犹是河也，西人称为福海，中国视为祸源，其故何哉？不过言河之书未臻美善，治河之法尚欠精良而已。是书既成，世之留心河务者果使人手一编，神明而变化之，则河之害可减而利可兴，微特豫省之福，抑亦国家之幸也。

余鲁人也，而产地接壤，利害共同，且曾驻防豫省多年，颇知民间疾苦，今复忝握军符于是邦，真有第二故乡之感。兹幸豫人之获有治河专书，并能赓续前志，俾成全璧也，故喜而序其梗概如此。

中华民国十五年八月寇英杰撰

豫河续志序二

黄河之源逾数千里，经陇陕诸省始入豫境。豫之西则山脉宛延，束水就范，起伏有常，数千年来迄无河患。豫之东则濒近于海，易于导泄，故漫溢多而溃决少。豫省地居腹心，三门而下水势骤阔，土薄沙散，临河城郭或低于河，一经溃决，为患甚巨。不得已而以两岸堤防约其势，缓其冲而维护之。然自周秦以后，河决次数已指不胜屈，即清代二百余年间，已决至二十余次之多。昔人有言：欲疏下流，必策上源，治河无一劳永逸之功，有补偏救弊之法，不可有喜新炫奇之智，惟当守安常处顺之庥，故往昔治河重在疏浚，近代治河重在修防，河道之移徙变迁，因革系焉。

验之成绩以制其宜，度其形势以顺其性，准今酌古，惟简册之是资。自《禹贡》河渠诸志而外，专家所述，如《全河备要》《河防一览》《行水金鉴》《河防志略》《治河方略》以及言河、筹河等篇，几至盈几充栋，而豫河独无专书，岂足以资考镜而策万全哉？陈君雨人既刊行《豫河志》矣，复于从事防务之暇续为搜集编辑。凡关于豫河利弊，上起往古，下逮今兹，史册所及，简牍所传，旁及一家之言，沿革变迁，工程缓急，无不钩深索隐，义蕴毕宣，其有裨益于豫岂浅鲜哉！近数年间，河流顺轨，民咸安居，则陈君绸缪经营之成绩，亦胥于是乎见之矣。是为序。

济宁熊炳琦

豫河续志序三

禹之治水，行所无事。九泽既陂，水由地中行。所谓陂者，即今之堤障是也。治河诸书多详于南河，豫河之有志，所以别于南河，而续志之编，综名实，叙因革，条理不紊，利害綦详，诚盛举也。

夫事固有当师诸古，而亦有当酌于今者。自导河积石，因其性而通之，缓其势而束之，纡延曲折以入于海。近海之区宜于疏导，内河诸地重在堤防。经生论河，多崇贾让。让之策固有可取，然历代河徙，已非故道，河运既改，情形更殊。河之所经，高者能刷，卑者能淤。荥阳迤东，河势骤阔，奔腾浩瀚，难就范围，是以今之堤防重于往昔。

自砖石诸坝创于昔贤，后人因之，岁有增益。其间夷险变化，测验勘估，器具工程，胥为专家之学，虽老于事者难窥涂径。陈君雨人经营河防，久着成绩，衡今酌古，续成是编，蕴秘毕宣，事实悉举，使佐之者有所循依，知其缓急，则河流顺轨，豫境胥受其福矣。是为序。

济宁靳云鹗

豫河续志序四

治河之书，载籍极博。自夏书平奠以后，史册所载，专家所述，无虑数十百种。名言懋绩，多可取则，而其要旨，终不外顺河之性而已。河无百年不变之形，随其沿革变迁，详述防范疏浚之法，使后人得以循其迹而因革焉，此河渠诸书所以为世珍也。近代著述多成于铜瓦厢未决以前，漕运未改，故详于南河，而豫河独略。

今南河绝流既久，黄河自广武以东不受两岸山势之夹束，骤得平地，奔腾肆纵，治之不得其法，泛滥时虞。固始吴君咏湘遂有《豫河志》之作，信阳陈君雨人继长河务，既校而梓行之，复赓续其事，辑为续志。关于豫境河道，特详事实，列为多门，无不网举目张，有条不紊。述往则衔接前志，可以循迹规随；近事则终始相关，易于究其原委；工程经费悉为条举，示人以共见之公；技术名词详为说明，使人无探索之苦。凡前志所未及，悉补辑而无遗，继往开来，允为盛举。

维峻兼长是邦，得与陈君研求河策，因地制宜，疏浚防范，水性得顺，居民久安。然则是志之编，不惟使后之览者仰前贤擘画之艰，抑以知今日经营之迹之有所自矣。是为序。

蒲城岳维峻

豫河续志序五

豫河之有专书，自《豫河志》始。第其中详案而略事，因革之故，经纬之端，无可寻绎，阅者憾焉。余以十二年十二月呈准编纂《续志》，属罗山王君荣搢主其事，计自癸亥冬着手，再阅寒暑，至乙丑秋告竣。内分图说、沿革、职员、公牍、工料、财政、治绩、附录八门，都二十卷，纲举目张，原委毕具，尽人阅之，可以一目了然。与前志参互考究，豫河之要尽于此矣。虽然，是志之所详，成法也，已陈之迹也，至临工之计画，治事之精神，则不系乎此。循已陈之迹而规及久远，益求完备可也。执已陈之迹而沾沾以得尺得寸自喜，不复研求穷变通久之理，则断乎不可。孟子曰："禹之行水也，行其所无事也。"又曰："禹之治水，水之道也。"夫所谓"无事"，所谓"水之道"，岂可专以迹求之哉？苟明乎其故，则是志特糟粕焉耳，何问世之足云？顾余观于今日之豫河，尚有数事不能不为豫人告者：堤防工程大抵临河急而背工缓。自清嘉庆末武陟马营坝工后，河势节节南圈，北岸由武荥以至阳封、下北，堤岸去河远者，或十余里，多年背工，大半荒废，弥望沙碛，殆成陵谷。既无力大举修复，而岁修之款又经停止，纵队兵循例工作，而数十人累旬之畚锸，曾不敌汛期中一朝之风雨，功不补患，其何能给？河势变迁无常，万一大溜北来，突然出于所备之外，何以御之？此可虑者一也。

河之由铜瓦厢改道北徙也，始于咸丰五年。尔时牵于苏、皖、直、东四省之争议，东南旧道迄未修筑。大堤兰考一带，串沟漫滩，年年浸灌，为害于各庄村不已，因循七十年，遂成悬案。失此时而不一为之所，诚恐涓涓不息，终将有复归旧道之一日，近则祸及兰考、睢宁，远则以苏、皖为壑，泛滥江淮矣。此可虑者二也。

豫河之无漫决大工，南岸阅四十年，北岸阅百余年，痛苦既亡，恬嬉不免。操计政者惩于前清河工款项之糜滥，锐加缩减，改组以来，确定预算实发者，曾不及五分之三。河务人员厄于财力，覆首则足露，扶东则西倒，咄嗟补苴，苟求无事，岁岁贪天之功，侥幸于不可知之数。虽可暂安，终非长策。夫黄河无百年不变之形，惜有限之小费而不顾无穷之大害，非计也。人事未尽而顾可长恃天幸哉？使贾、潘处此，固知其亦必束手矣。此可虑者三也。

河工所需，以秸料碎石为大宗，占预算工款十分之九而强。其方垛价值、脚力皆有定章，不得私为伸缩。比者人民生计日艰，物价奇涨，视部价已超至倍蓰。承办人员向日资以为利者，至今反以为累。其装载碎石之陕西花船，以火车已达陕灵，花船来者日少。即有之，亦多苦运石赁资之廉，改装他货。再阅数年，恐巩县购石处运船绝迹矣。夫秸以济临时，石以持永久，而来源皆不可恃如此！不急变通何以善后？此可虑者四也。

与水争地为古今治河大忌，明清之制，濒河有缕堤，缕堤之外有遥堤、格堤、月堤，中间相距数里或十数里不等。为虑一时冲决，防御不及，特为大溜留一回旋地步，令襄怀之势不至漫无限制，直逼民居。防害既深，故区区隙地有所不惜。今则遥堤、格堤、月堤及其间沙荒滩地官产处无不售卖净尽，利归奸猾，国家收入无几，河工仅存一线缕堤及留为取土之少数柳阴地，而言利者犹觊觎未已也。外障既撤，孤露特甚，少有漫决，其鱼之祸将益加剧。此可虑者五也。

前清河工，文武人员各专一途，与地方绝不相涉，为其练习久而责成专也。入民国来，群流竞进，意今日河工之丰腴犹之昔也，无不艳羡而争趋之，人与事不相习，名与实不相副，品益杂，职益废矣。又前清河工职官，有专任之总督，有兼任之巡抚，有南北两道，有厅营，有协防之州县佐贰，体制既崇，设置尤备。今则但总局、分局、队汛而已，在地方官制中几若无足重轻，责大而权不足以相济，任艰而力不足以相举，首长而才则亦止能暂保目前耳；否则，未有不偾绩者，岂所以防灾害而重民命哉？此可虑者六也。

以上六者，皆今日豫河众著之情形，是志微发其端，而筹万全之策，定百世之计，不能不有望于后之任斯职者。嗟乎！神禹以后河之患吾豫也，数千年于兹矣。自黎襄勤、栗恭勤相继建砖石坝垛之说，人始知防守之基，吴清卿、尚书许文敏以摧陷廓清手段厉行减埽添坝政策，至今行之勿敢少替，四十年豫人不见河患，宋元以来未之有也。地方之福抑前人之泽欤？吾豫人其永矢勿忘。不然，余之是志虽不作可也。

民国十四年夏历乙丑十二月信阳陈善同

凡例

一、豫河向无专书，固始吴筼孙前长河务局时始辑有清一代之成案，并旁考他书，纂为《豫河志》二十八卷。而自夏迄明，历年四千，黄河变迁多在豫境，若不详为考索，则志豫河历史不免有数典忘祖之讥。且民国以来，河务凡经数次改组，今昔情形迥然不同，又国体已更，一切措施不能概循夫故辙。此本续志不得不亟议纂修，以见共和之制度也。

一、本续志详载自夏禹以后豫河事实，与《豫河志》前后相衔接。凡成案已载于《豫河志》者，兹不再赘，以省重复，而《豫河志》漏未叙入之案，仍摘要补录，用成完璧。

一、本续志以事为主，凡一案必撮举首尾，间或附以论说，令阅者洞悉要领。

一、本续志内分图说、沿革、职员、公牍、工料、财政、治绩、附录八门。图说以详豫河之现势，沿革以志经过之事实，而职员、公牍、工料、财政均据今制依类叙次，豫河情形大概毕具。治绩则胪列古今治河者之成绩，附录则旁考与豫河有关之水道、工程各案，摘要录入，以辨枝干而析利害。至河道自夏商以降，代有变迁，倏南倏北，相距几千百里，被其害者死亡流徙，自有史来不知几亿万人，兹特编《豫河变迁史》，按时代绘图具说，附于本续志之后，令阅者触目警心，知河防之不可忽焉。

一、治河以图为要，本续志列图于卷首，不与其他各门共为次第。盖图可附本续志之内，亦可单行。且河势时有变迁，今年之图未必适于明年之用，而书则一成不变。如数年或数十年之后，河或改易，即当重为测绘续印，是书不必仍用此图。合而一之，正不妨离而二之也。

一、沁河为本局兼辖，自有清中叶设立黄沁，其工程经费皆与黄河并重。现改设东沁、西沁二分局，凡有可纪之事，不得偏废。兹仍前志之例，皆与黄河并载，以昭划一。

一、有清以前，河工、夫役、物料大抵取之民间，其费实较国家款项为多，但以官书不详，无从稽考确数。自民八改制后，全年河防经费不及从前十分之一，而一木一石毫无征派，豫民实受其赐。本续志财政一门于此特加详悉，用彰国家恤民之旨。

一、河防工程向属专门，有终身河上而不得其途径者。本续志于技术上应用名词，及土石各工，一切作法，事事物物，无不详为解释，期于开卷了然，尽人皆晓，庶几从事斯途者便于学步，而向来弊窦亦可借以廓清。

一、编纂本续志参考之书，自《禹贡》《水经》，以至近代治河诸书，及府县志，共计一百余种。公余之暇，搜查征引，略漏殊多，且有事关重要而为诸书所不载，无从征信，只得付之阙如者，匡所不逮，是所望于后之君子。

一、本续志以征实为主，除参考各书及成案公牍外，其近人笔记与父老传闻，凡与河务有关者，亦为择要甄录，惟语涉迷信及事之荒诞者，不敢阑入，以符志体。

一、此次编纂本续志系罗山王荣搢主任，其分司修校者：丁康保、曹景彬、黎士安、苏世珍、周光第、吴景平、彭心衡、韩彝章、吴廷筠、陈璐宪、曹龙章、黄光远，缮写者：易立准、石斌、郭竹轩、刘名权、张贞、田铭、周书芳、贾树藩、阎铭、田嘉润，例得备书。

河南黄沁两河详图

附图例、图说、工程表

陈善同署签

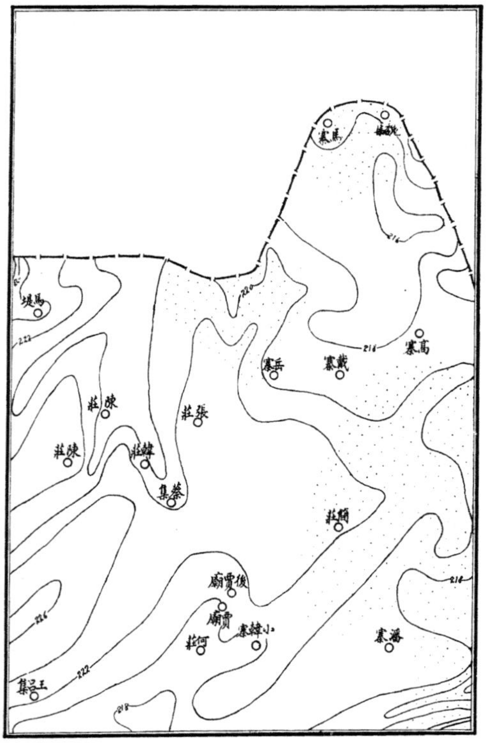

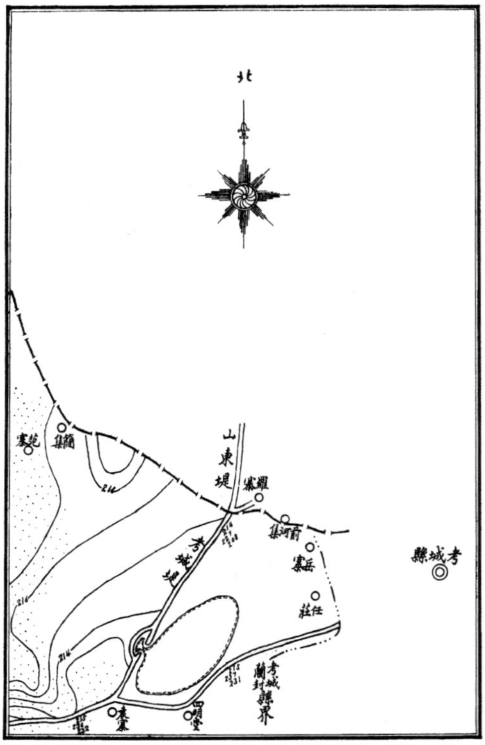

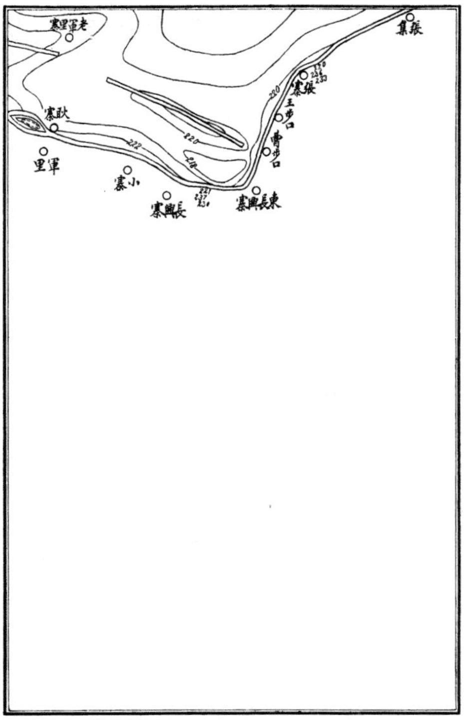

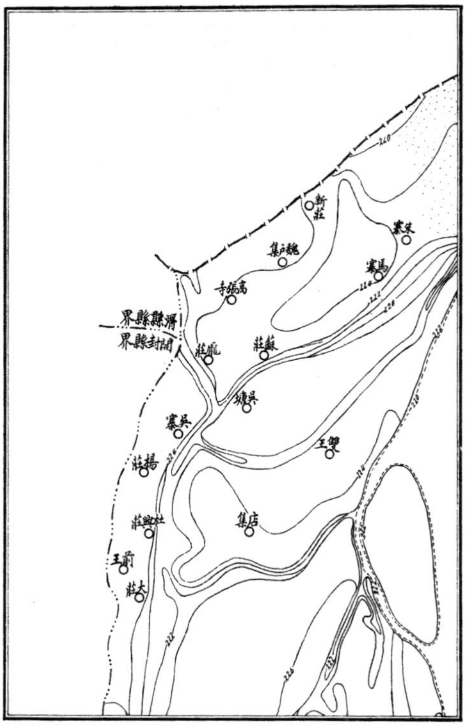

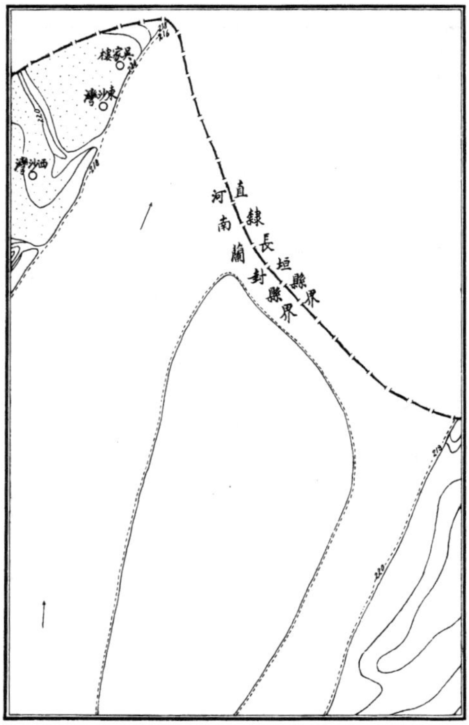
直隸長垣縣界
河南蘭封縣界

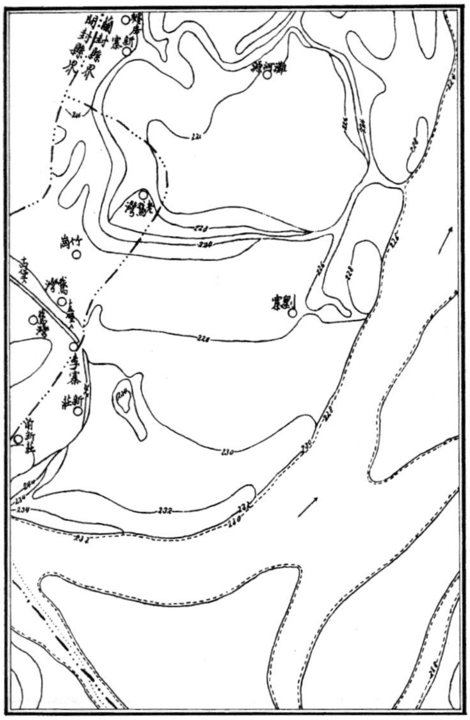

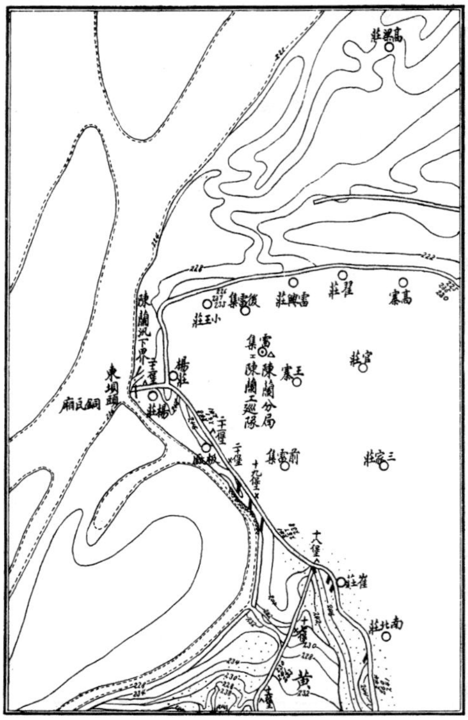

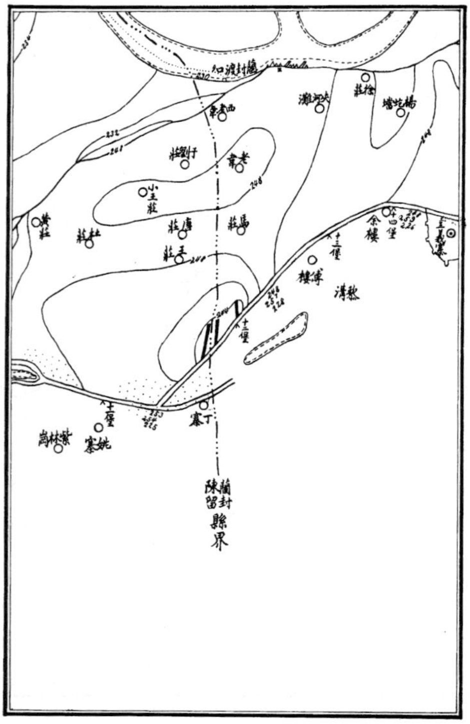

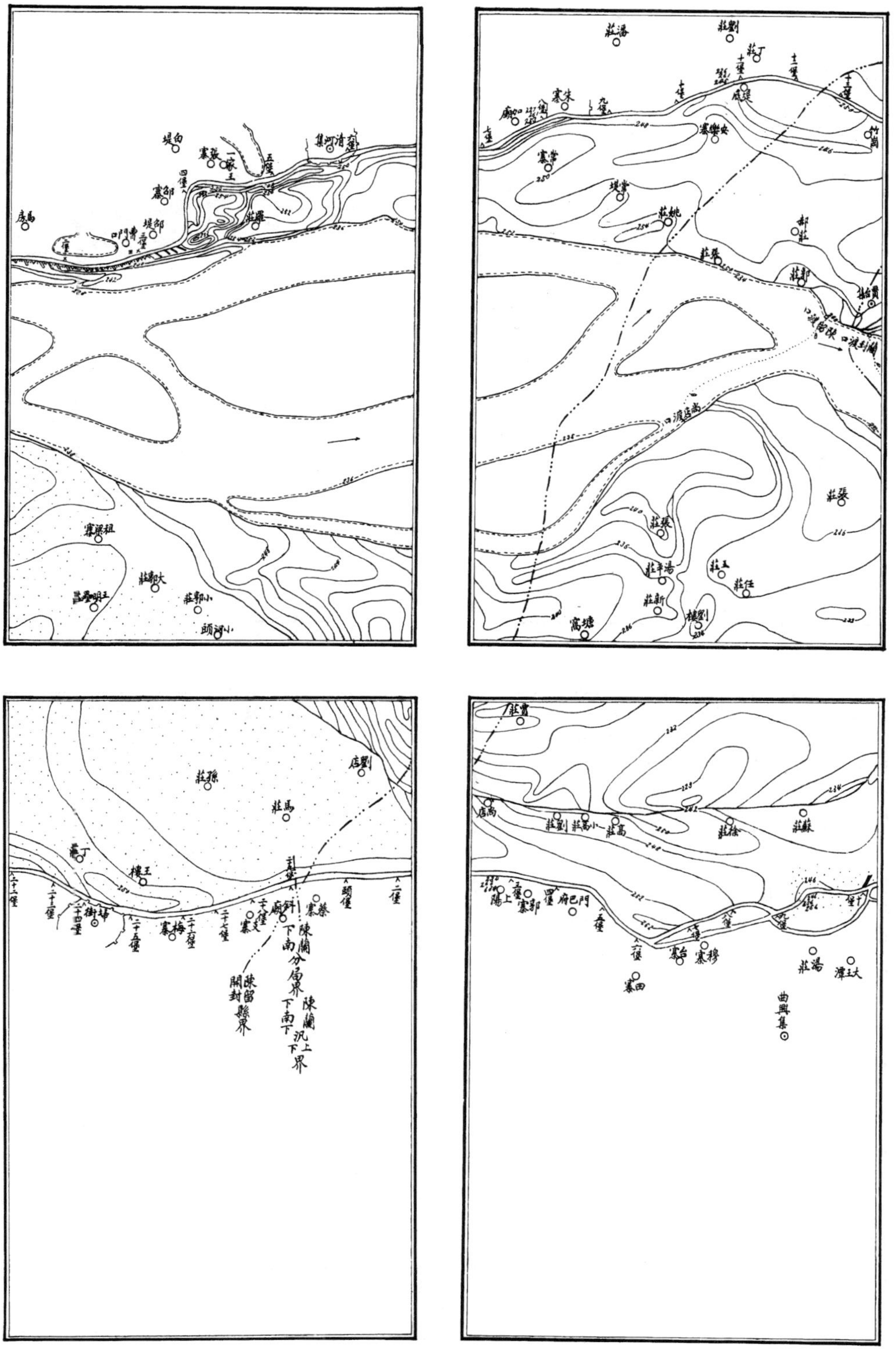
陳蘭分局界
陳蘭汎上下界
陳留開封縣界
曲興集

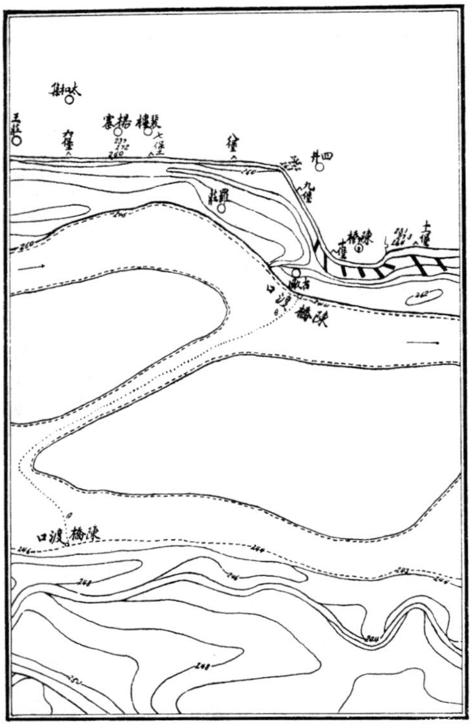

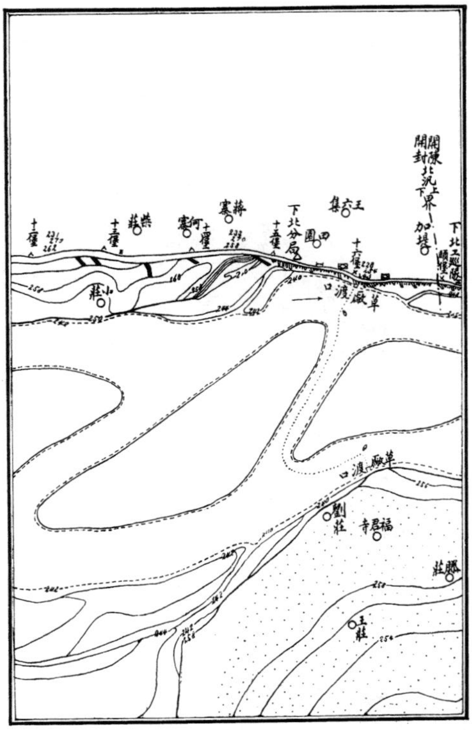

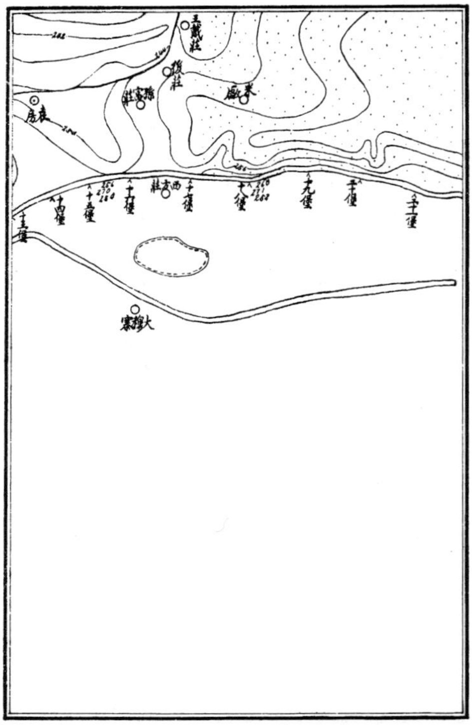

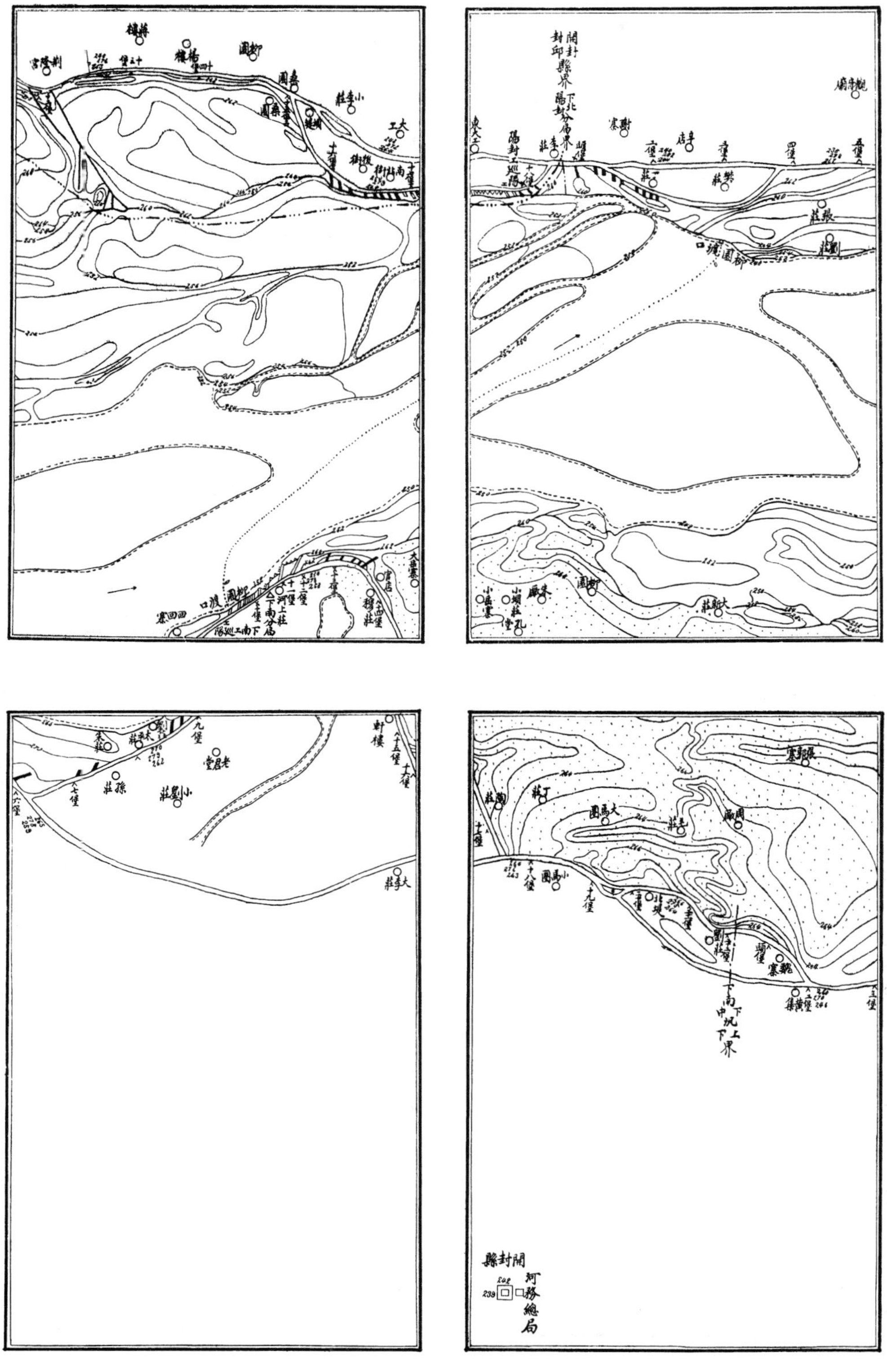
開封縣
河務總局

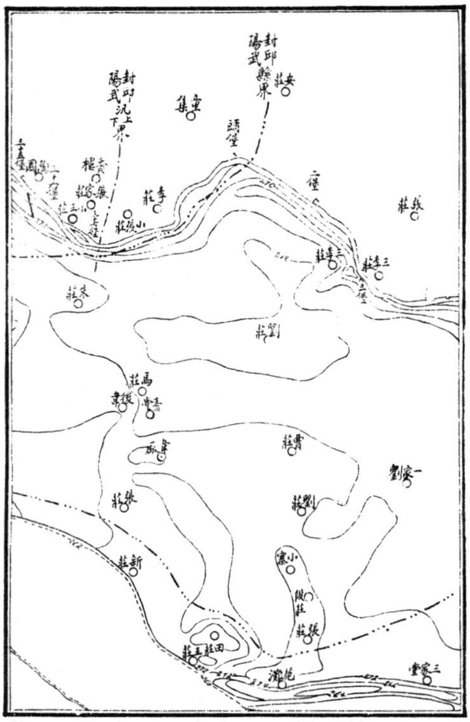

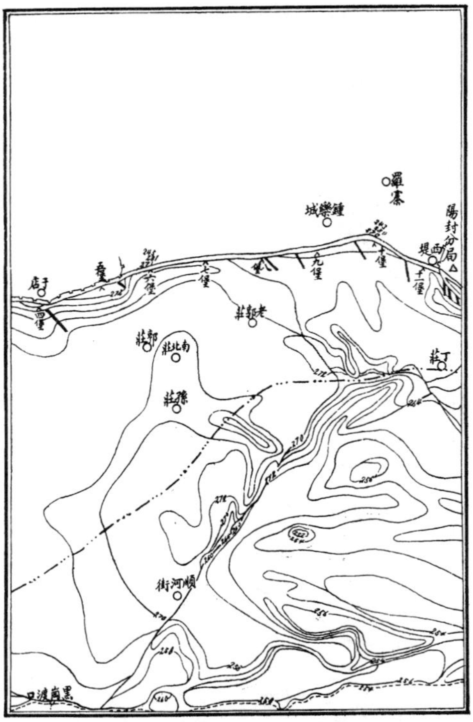
順河街
鍾樂城

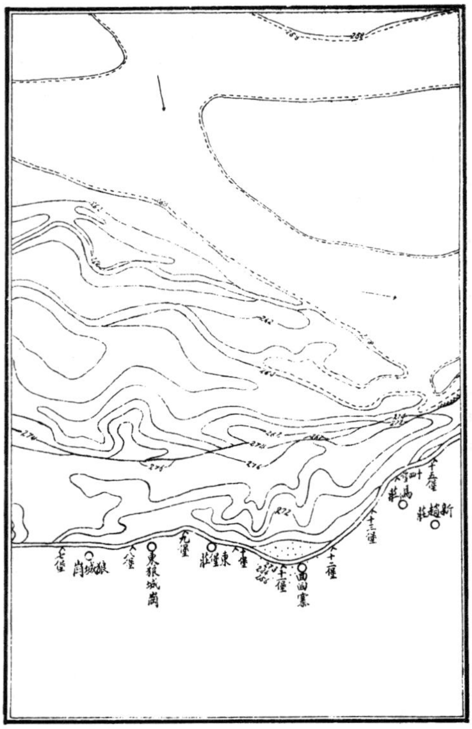

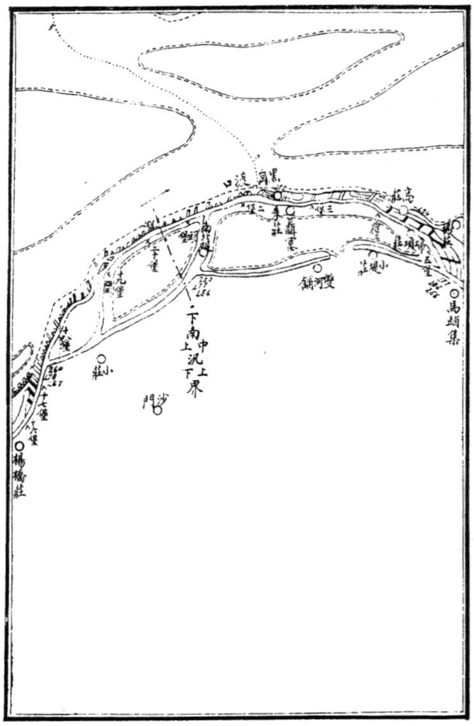
馬頭集
楊橋莊

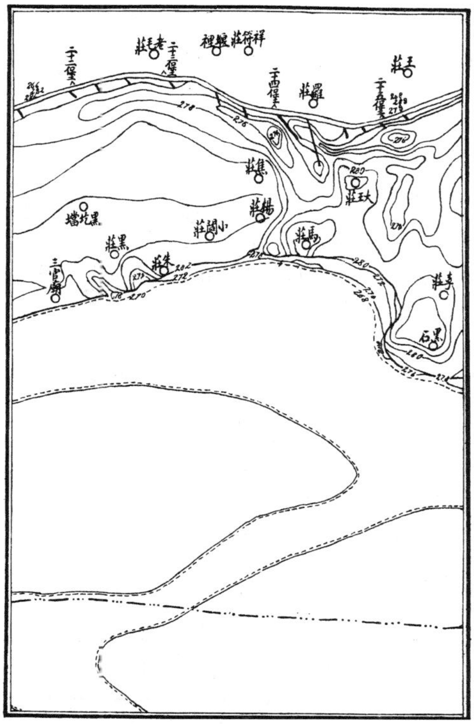

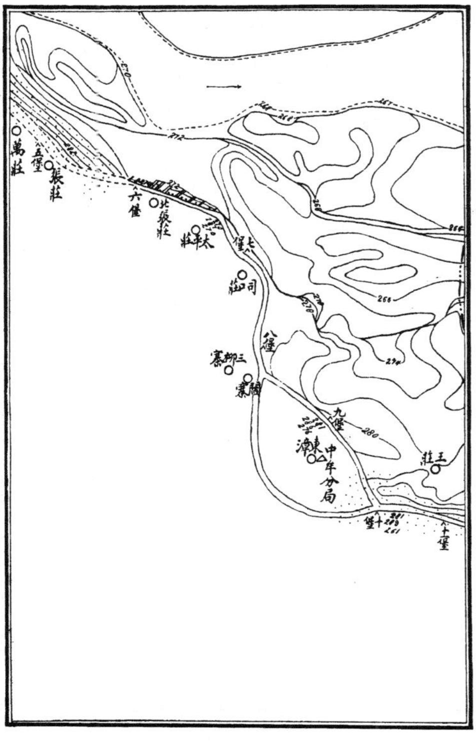

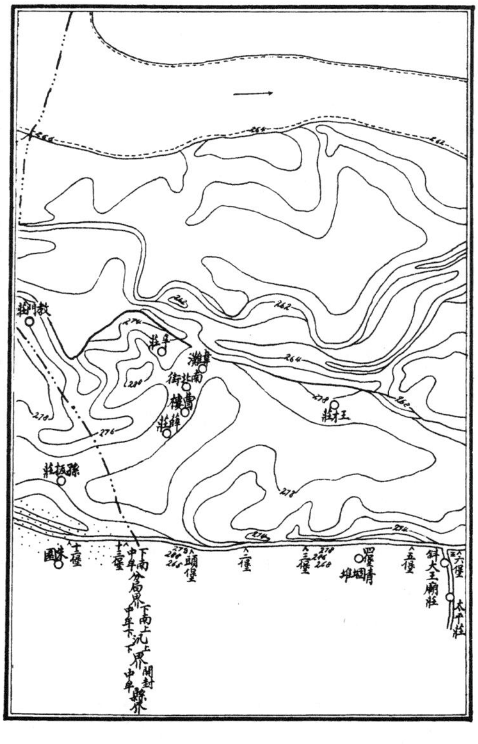

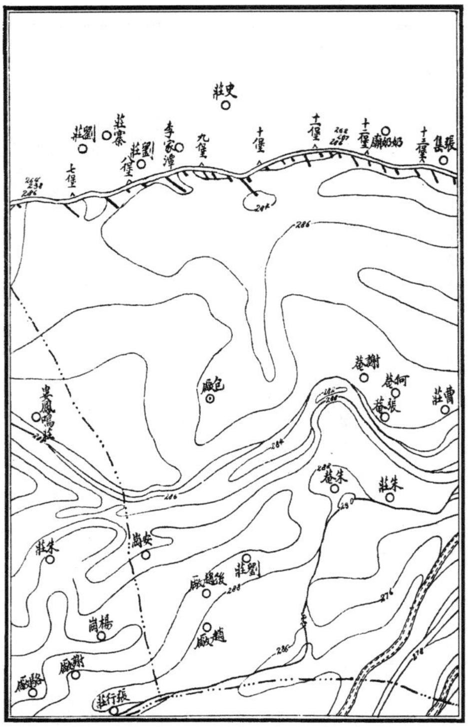

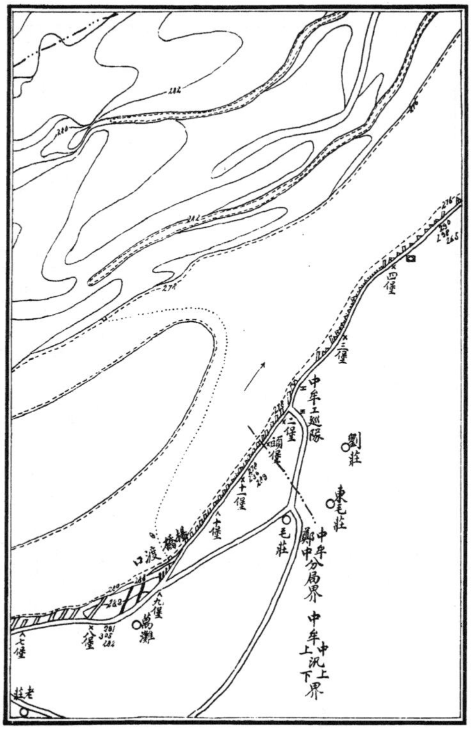

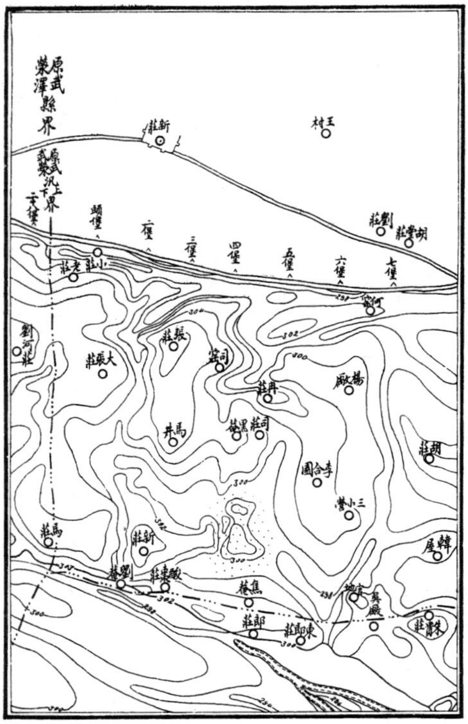
原武
滎澤縣界

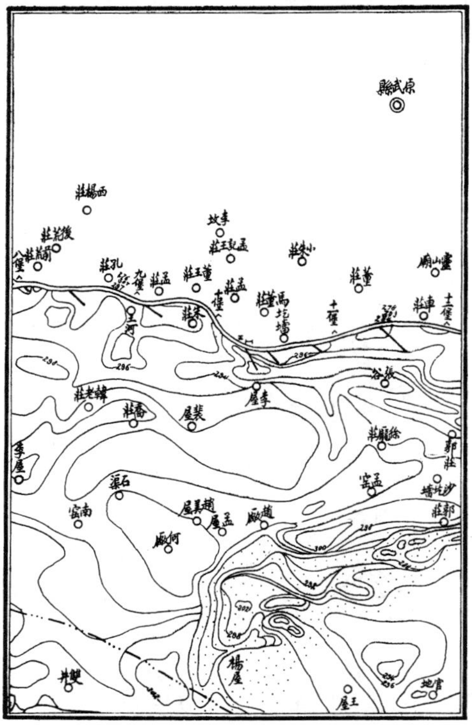
原武縣

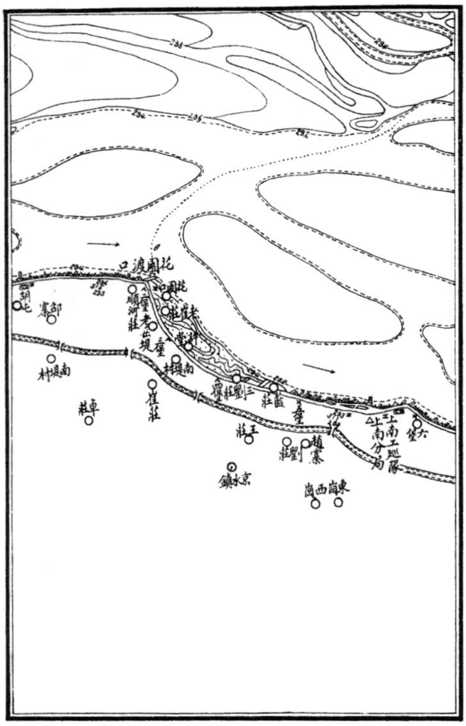
花園口渡

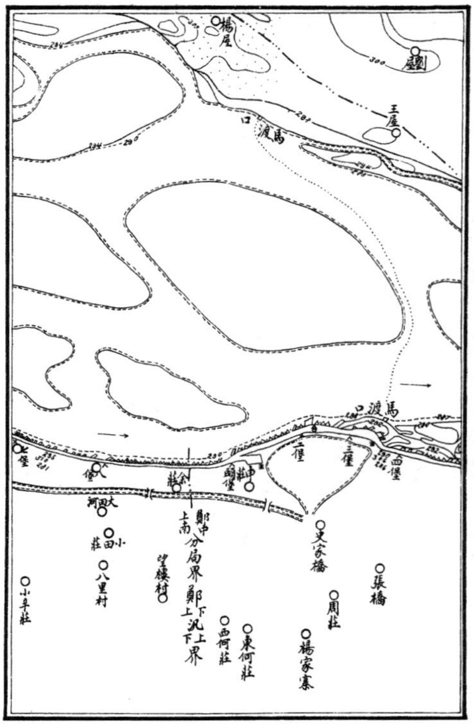
馬渡口

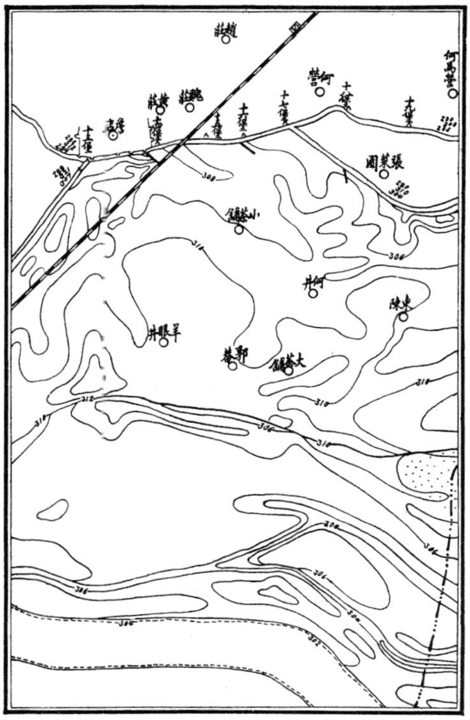

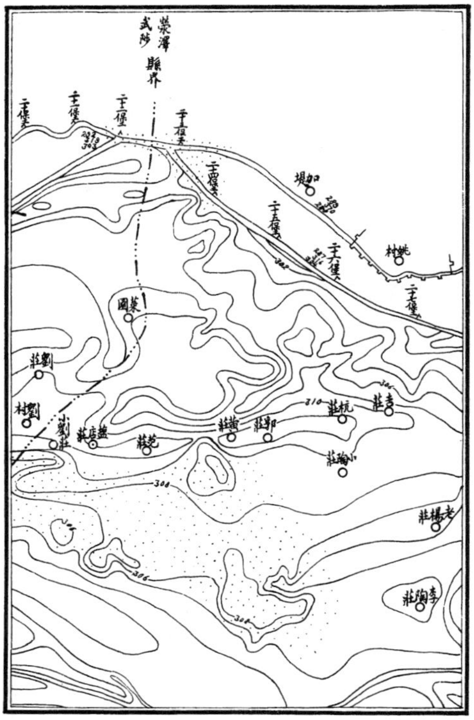
滎澤
武陟
縣界

滎澤汎上界
滎澤民埝下界

滎澤渡口
鄭縣
滎澤縣界
鄭上
滎澤汛下界

東小莊
西小莊
二堡
三堡
四堡
五堡
六堡
五家店

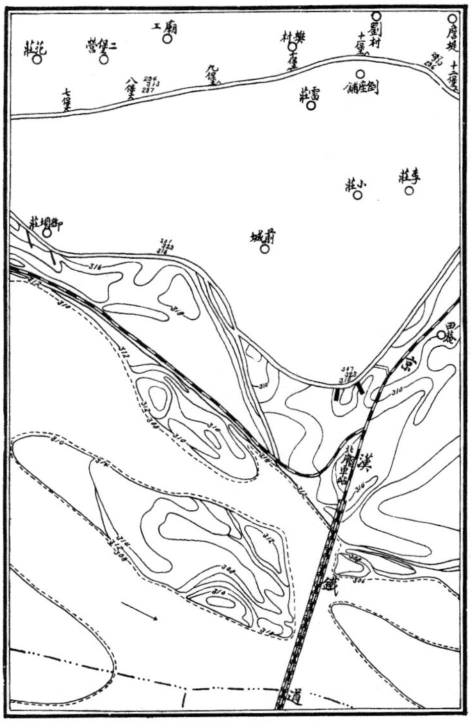
七堡
八堡
九堡
十堡
雷莊
小莊
李莊

王溝
西張溝
東張溝
鴻溝

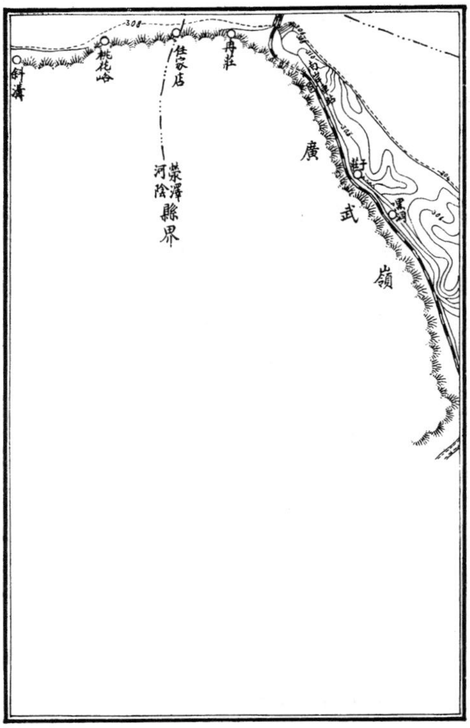
斜溝
桃花峪
冉莊
滎澤
河陰
縣界
廣
武
嶺

東劉村
武原工賑隊
四堡
五堡
七堡

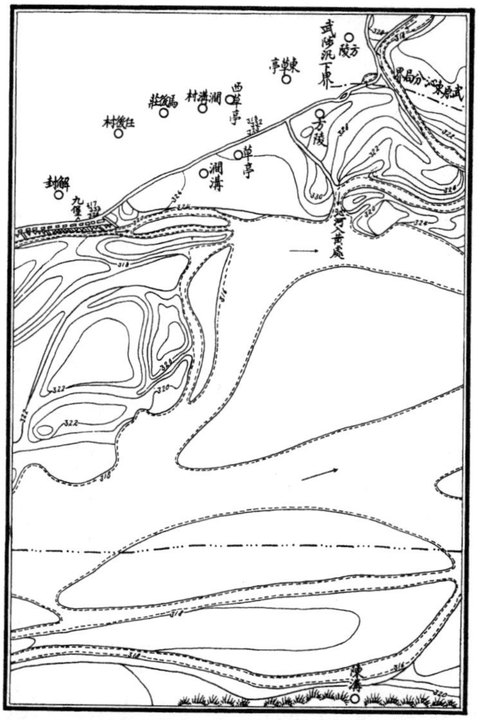
方陵
九堡
澗溝
草亭

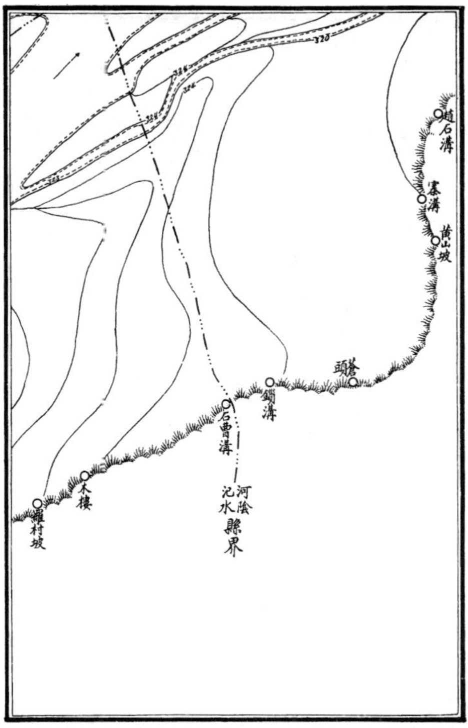
趙石溝
寨溝
黄山坡
鋼溝
石曹溝
木樓
羅村坡
河陰
汜水
縣界

劉溝
官莊峪
古頭峪

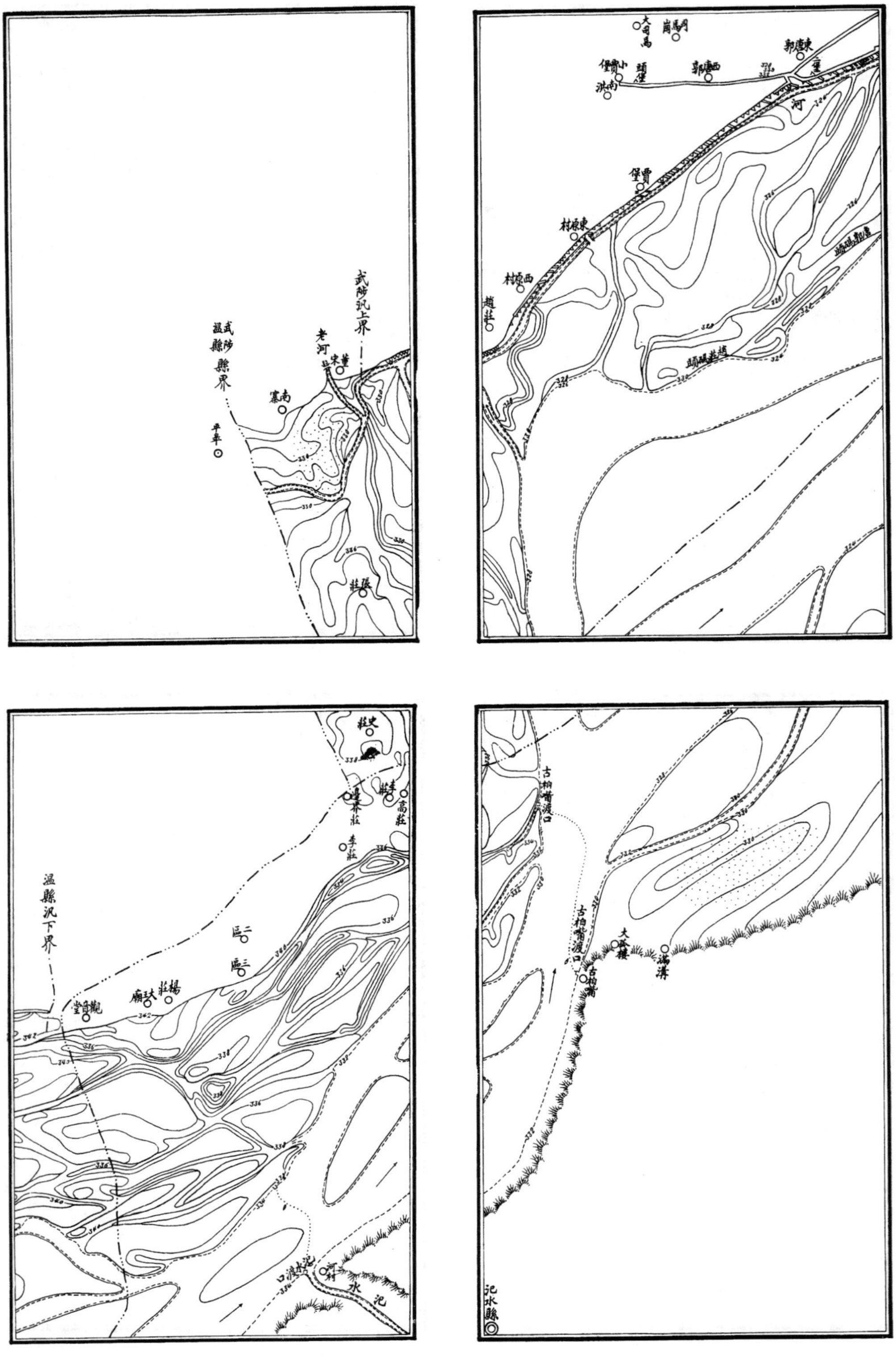
武陟汎上界
溫縣汎下界
古柏嘴渡口
汜水縣

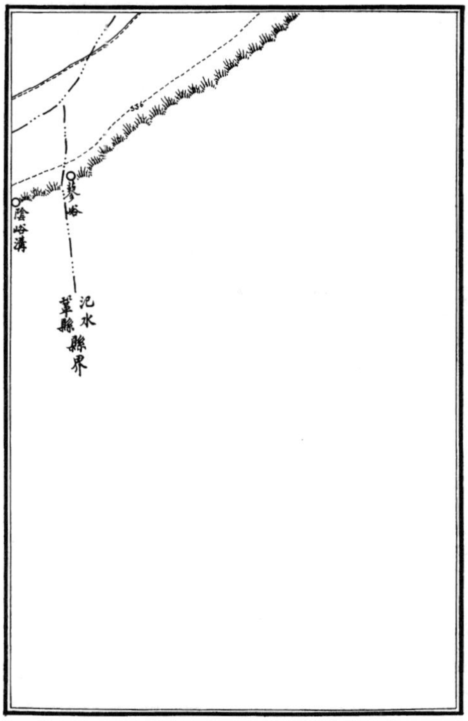
陰峪溝
汜水鞏縣縣界

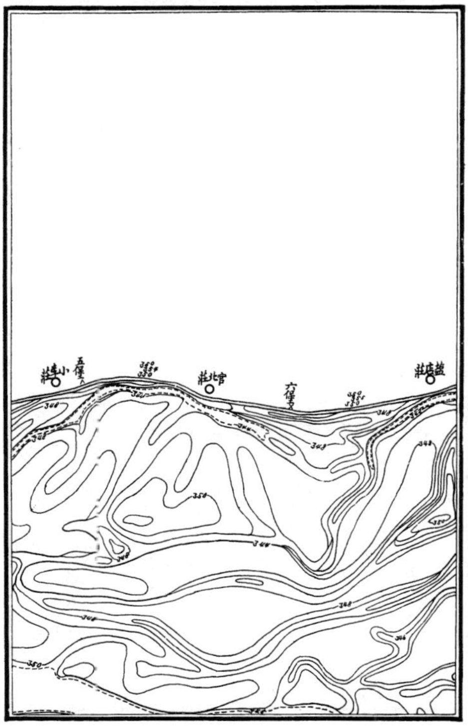
五堡
六堡

七堡
八堡

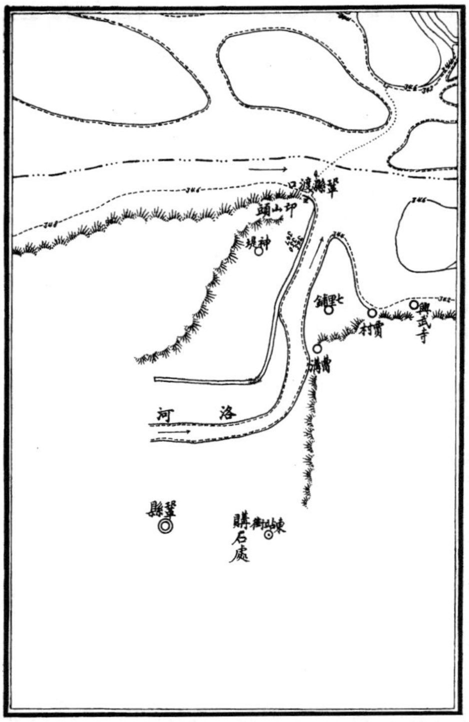
洛
河

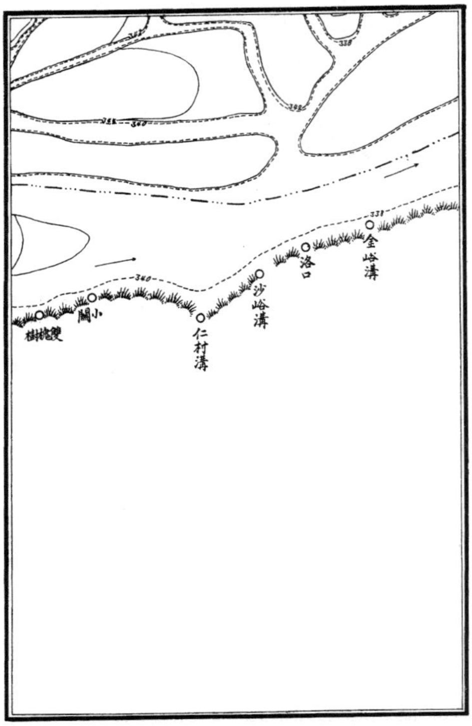
仁村溝
沙峪溝
洛口

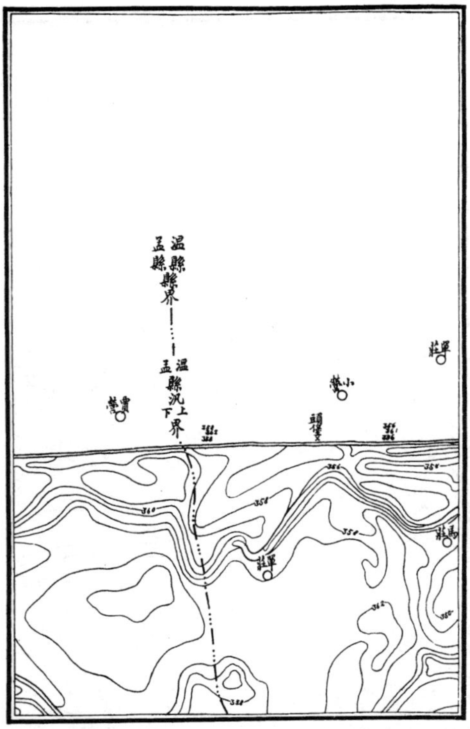

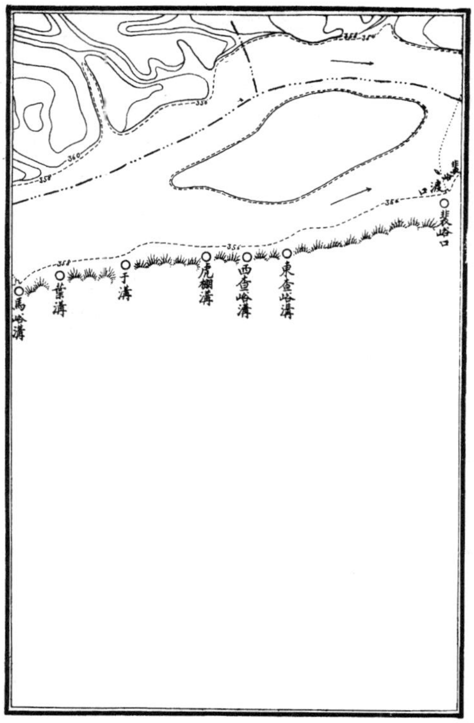
裴峪渡口
裴峪口
東查峪溝
西查峪溝
于溝
葉溝
馬峪溝

裴峪渡口
石板溝
郜溝
石閘溝
康溝
焦溝

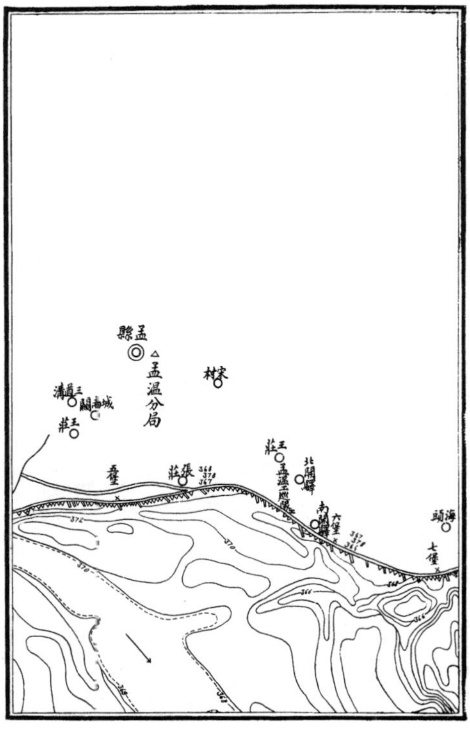
孟縣
孟溫分局
宋村
王莊
張莊
海頭
七堡

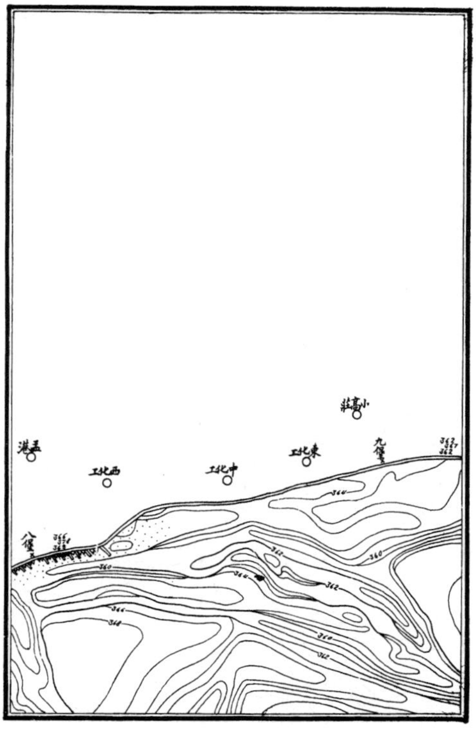
小高莊
西北工
中北工
東北工
九堡
八堡

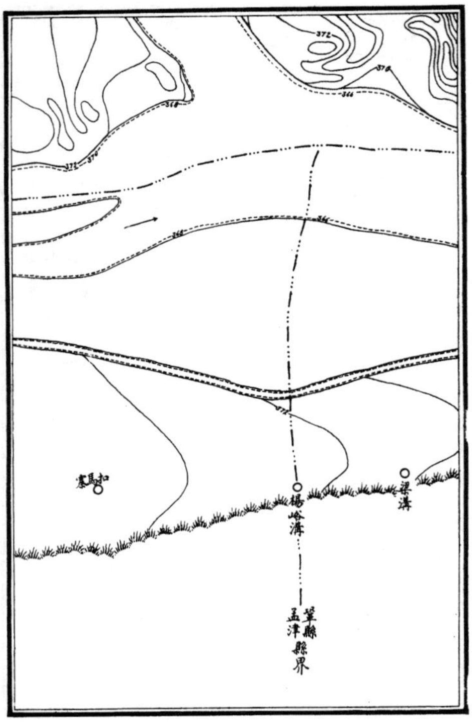
楊峪溝
梁溝
鞏縣
孟津縣界

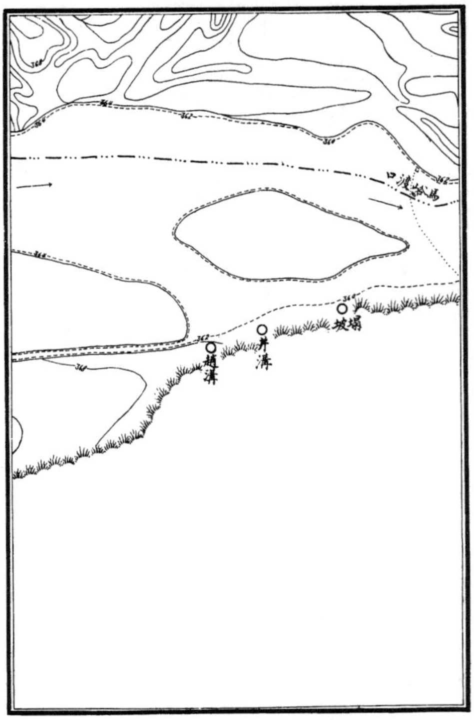
趙溝
井溝

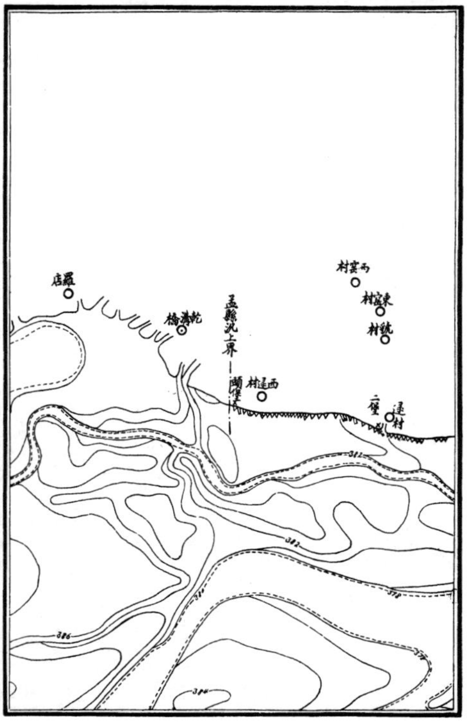

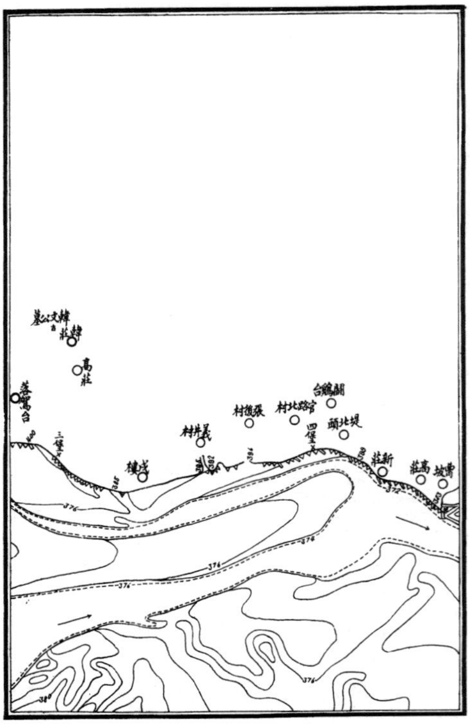
高莊

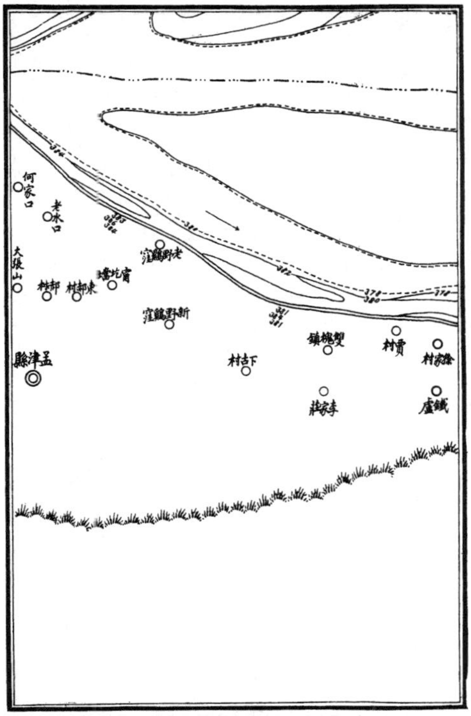
何家口
老水口
孟津縣
下古村
貫村
李家莊

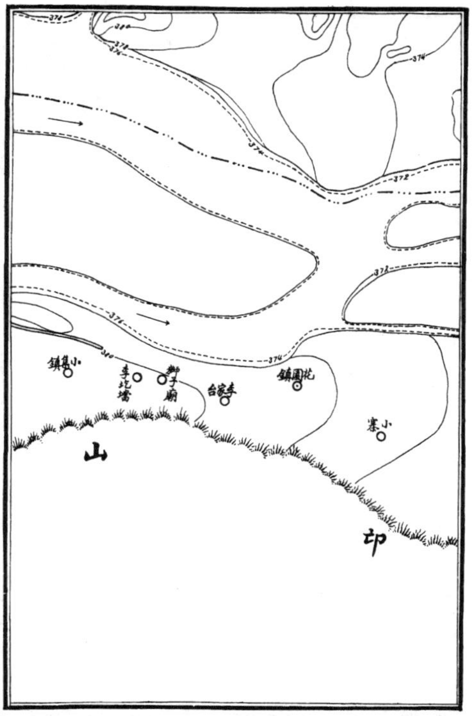
小集鎮
花園鎮
李家台
小寨
山

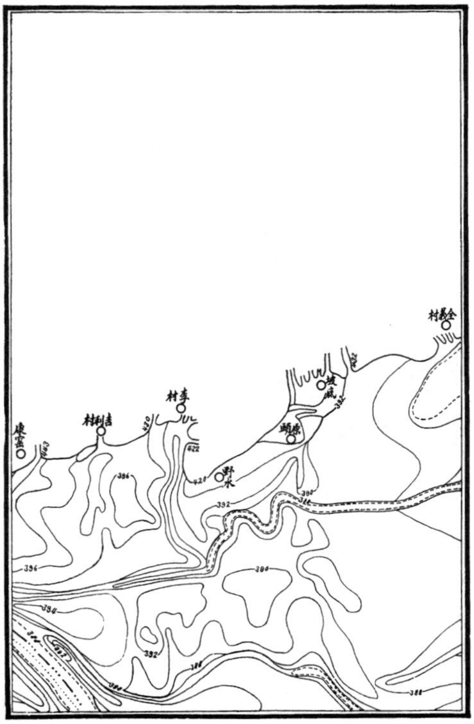

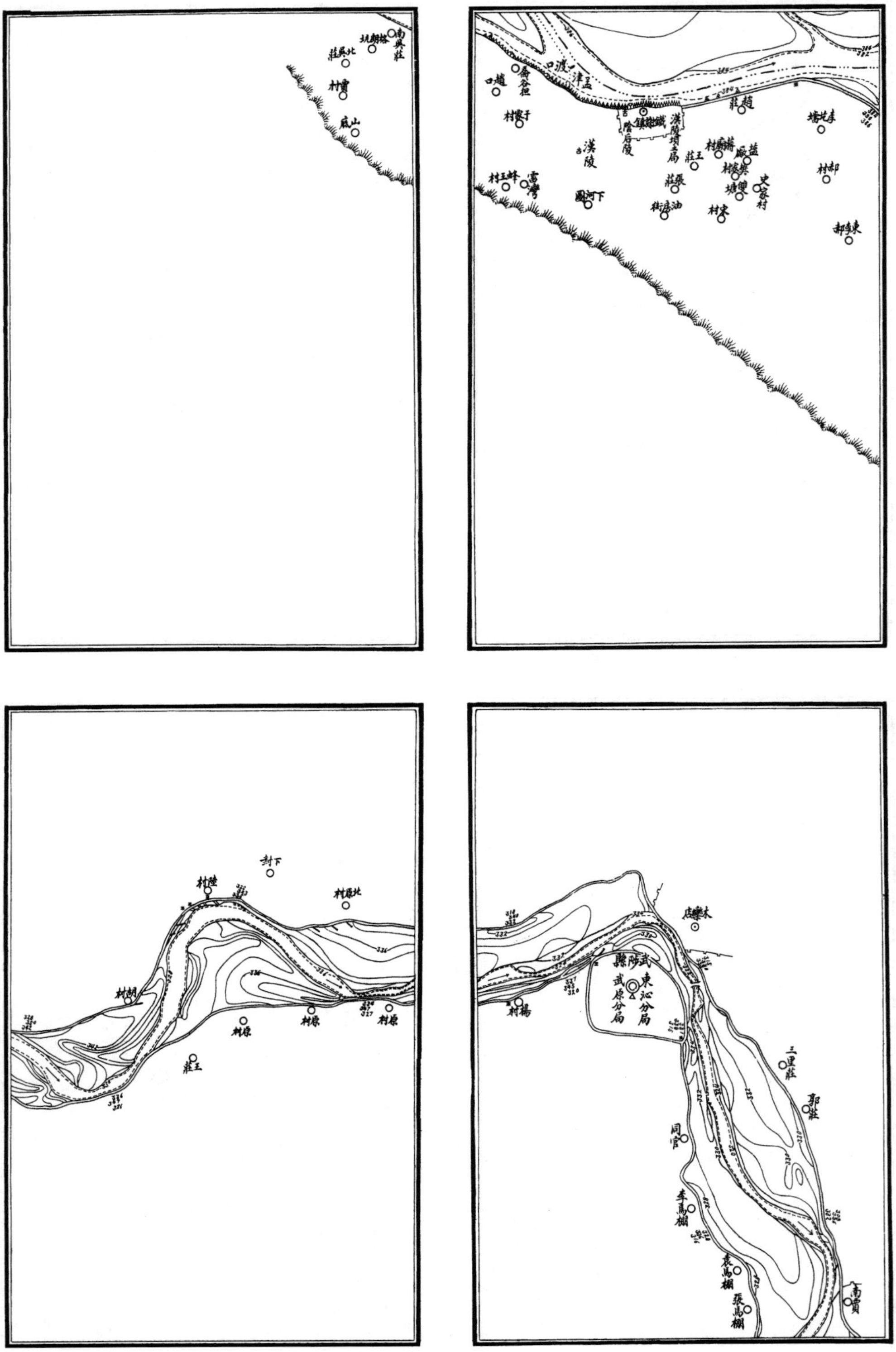

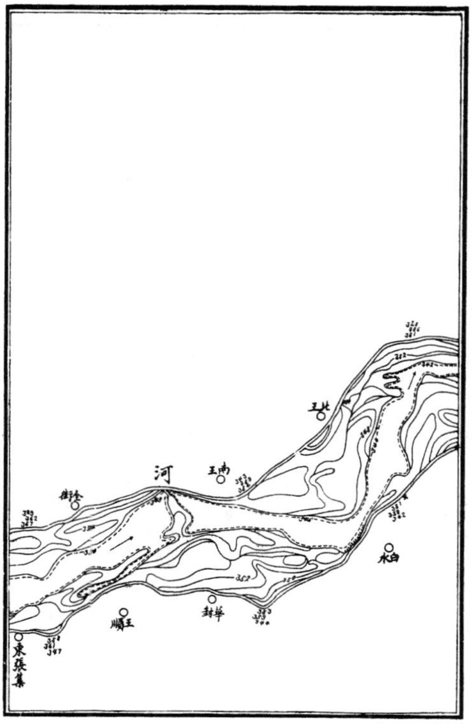
河

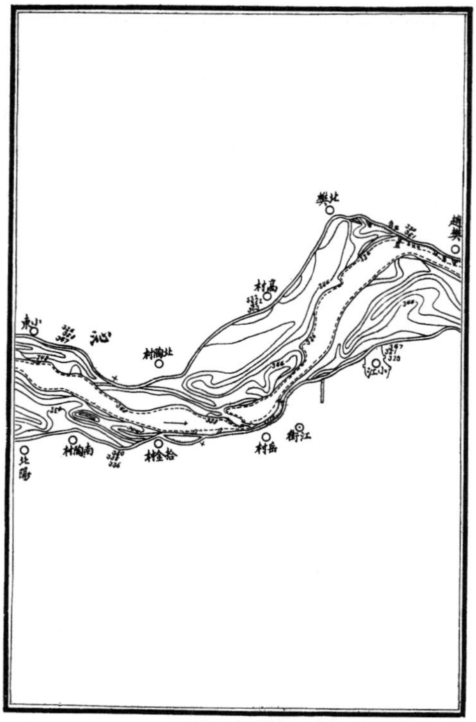
沁

東沁分局界
武陟沁陽縣界

沁陽縣
西沁分局
趙莊
泰山廟
仲賢村

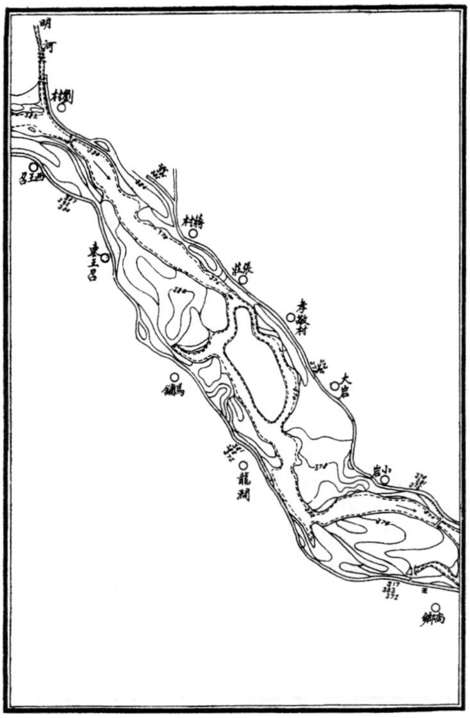
明河
龍湖
大岩

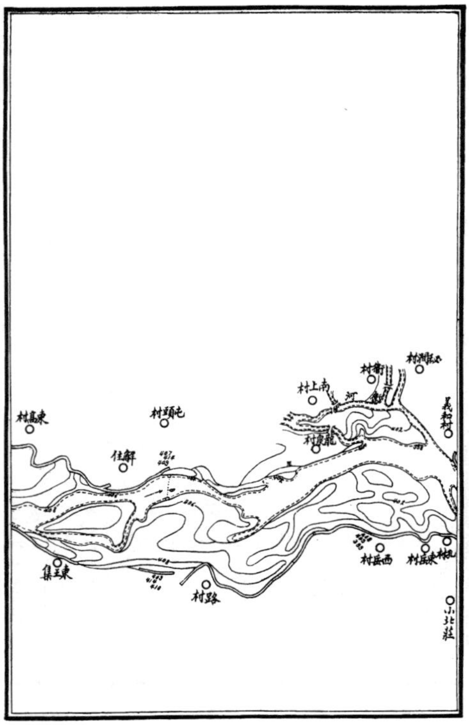
東高村
路村
東王集
小北莊
義和村

水南關

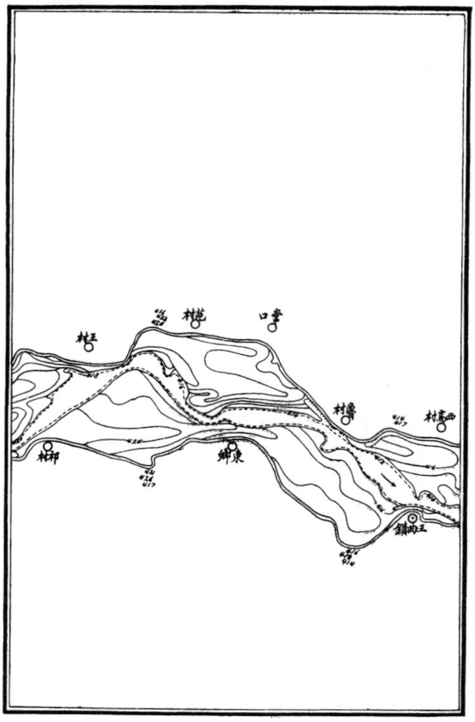

縮尺

四萬分之一

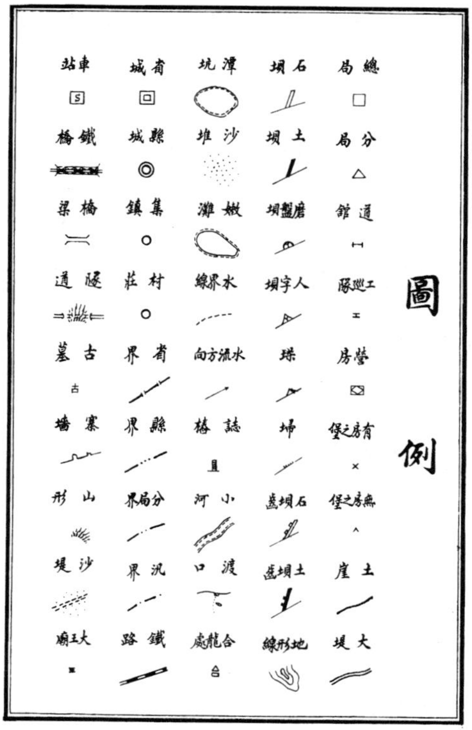
圖例
車站
省城
潭坑
石垻
總局
鐵橋
縣城
沙堆
土垻
分局
橋梁
集鎮
嫩灘
磨盤垻
通館
隧道
村莊
水界線
人字垻
工巡隊
古墓
省界
水流方向
埽
營房
寨牆
縣界
誌樁
有房之堡
山形
分局界
小河
無房之堡
沙堤
汛界
渡口
土崖
大王廟
鐵路
合龍處
地形線
大堤

图说

一、黄河自济源、孟津以西，两岸皆山，素无工程。济、孟以东，逐渐低下，地平土疏，水患频仍，工程因之叠起。故本图实测北岸起自济源、孟县交界迤东四里之白坡，南岸起自孟津铁谢镇迤西十余里之高原，东至直隶长垣界止。东西经距长三百七十七中里余。

一、本图系依据六千分一之原图缩小制成，缩呎为四万分一。

一、原图篇幅太大，观览不便，兹特绘为四十六分幅，均于图廓外之左上隅另绘邻接图表，表内书有亚拉伯数目字，凡以表示各图幅位置之关系。其长方格内绘有坡线如式者，系指示本幅之符号，按表而索，庶易检阅。

一、堤有大堤、撑堤、圈堤、格堤、遥堤、顺河堤、缕堤之分，名虽各异，形实相同。本图均以双线表示。

一、坝有挑水坝、人字坝、磨盘坝、盖坝、顺水坝、撑坝、拦河坝、托坝种种之分，本图以形相同者，用同一符号表示，分石坝、土坝、人字坝、磨盘坝四种。

一、垛有石垛、土垛之分，本图限于缩呎，用同一符号表示。其石垛、土垛个数另表注明。

一、埽有雁翅、龙尾、鱼鳞、藏头、护崖、包滩之别，形状各异，材料相同。有成埽复外护以石者，故分土埽、护石埽两种。本图限于缩呎，用同一符号表示，其土埽、护石埽之段数另表注明。

一、护崖石系以石抛堤内坦，或以石砌堤内坦。本图限于缩呎，其段数另表注明。

一、各分局堤上营房、堡房、大王庙等，限于缩呎，均移绘在堤外。

一、黄沁两河以前合龙之处甚多，已有专书记载。今就最近者表明，如黄河之郑工，沁河之赵樊是[1]。

一、本图水位均在低水位时测定，自起点以至终点，高差为一百七十八呎，坡度急者，约三千余呎低一呎，坡度缓者，约五千余呎低一呎。

一、本图数目字均用亚拉伯字，读法由左而右，其汉字仍由右而左。

一、黄河上游邙山一带由粘土构成，滨河一面多成悬崖峭壁，未测高低，只测其山之位置及河界线与村庄，其高度较水面约一百余呎。

一、洪水位因黄河宽窄不等，其水位因之各异。河宽之处洪水位高于低水位约五呎上下，窄者约七呎上下。

一、本图大堤高低以近堤三列数字表之，内一列为堤内脚高，中一列稍偏为堤面高，外一列为堤外脚高。

一、开封省垣位置以城东北隅铁塔为标准，县城位置距河近者均经测入，其村镇名称悉依当时询问所得记载，土音俗呼在所不免。

[1] “是”当作“堤”。

黄、沁两河各分局工程数目一览表附汉陵工程表

局名	汛名	坝之种类及数目	垛之种类及数目	埽之种类及段数	护崖石之段数	坝齿及埽基之数目
孟温分局	孟县汛	石坝六十一	石垛一百六十二 土垛七	无	护崖石一百零八段	石坝齿四
	温县汛	土坝二	石垛十九 土垛二	无	护崖石十六段	无
武原分局	武陟汛	石坝六十三	石垛一百五十五	护石埽十二 土埽二十二	护崖石五十八段	无
	武荥汛	土坝十三	无	无	无	无
	原武汛	土坝二十九	无	无	无	土坝齿二
阳封分局	阳武汛	土坝八十	无	无	无	石坝齿二 土坝齿六
	封邱汛	土坝二十三 石坝六	石垛六	无	无	土坝齿三
下北分局	开封北汛	土坝二十五 石坝十一	石垛十五	护石埽五 土埽十一	无	埽基三十五
	陈□[1] 北汛	土坝四 石坝十五	石垛十	护石埽二十七 土埽二十五	无	埽基十一
上南分局	荥泽汛	土坝五 石坝四十八	石垛七十四 土垛一	护石埽五 土埽二十七	护崖石四段	石坝齿十四
	郑上汛	石坝六十一	石垛六十九	护石埽十 土埽四十四	护崖石四段	石坝齿六 土坝齿一

[1] 底本漫漶不清。但据民国河务局建置，下北分局下辖开封北汛和开陈北汛，故此处似为开陈北汛之异名。

续表

局名	汛名	坝之种类及数目	垛之种类及数目	埽之种类及段数	护崖石之段数	坝齿及埽基之数目
郑中分局	郑下汛	石坝四十三	石垛五十七	护石埽一 土埽五十一	护崖石四十六段	石埽齿四
	中牟上汛	石坝五十四 砖坝一 土坝十一	无	护石埽十八 土埽八	护崖石十七段	无
中牟分局	中牟中汛	石坝二十五 土坝六	石垛十五	护石埽十八 土埽十五	护崖石十三段	无
	中牟下汛	石坝二十五 土坝七	石垛十八	护石埽九 土埽二十	护崖石二十三段	土坝齿八
下南分局	下南上汛	土坝七 砖坝五 石坝十一	石垛三十二	土埽五	无	无
	下南中汛	石坝二十七 土坝十五	石垛十二	护石埽三 土埽九	无	无
	下南下汛	土坝一	无	无	无	无
陈兰分局	陈兰汛	石坝三 土坝十一	石垛二十一	土埽二	无	石坝齿二
东沁分局	东沁汛	土坝四十五	石垛一	土埽八十七	护崖石二段	无
西沁分局	西沁汛	土坝五	无	土埽二百四十三 埽头接埽二十三	无	无
汉陵坝工局		石坝四十二	石垛三十九	无	护崖石五段	无

民国八年十一月至十二年六月测量，民国十三年三月至同年十一月制图。

测量者：巫山黄道容

商邱唐纪尧

兴宁曾鸿

中江刘复瑗

开封曹龙章

宁乡成国钧

制图者：开封曹龙章

缮写者：汲县刘名权

豫河续志目录[1]

[1] 原书目录，此处保留。

[2] 正文中标题为“豫省历代黄河漫决修复一览表”。

❶ 正文标题为"汉陵坝工案"。
❷ 正文标题为"京汉路黄河铁桥案"。

沿革

卷一

神禹所治诸水，皆使由地中行。四千年来，南条、北条莫不循途顺轨，独河不数百年而汛于商，徙于周，溃决于汉，其后益横流旁溢，诸史所书不可胜数，而考其地则皆在豫。头河自华阴以东入豫，底柱、孟津、洛汭、大伾，禹之治绩惟豫最详，迄今河患亦惟豫最甚。《史记》谓河所从来者，高水湍悍，难以行平地，则为患于豫实地势使然，岂不信欤？河出广武山，骤得平原，北可过洚水，即南可兼淮泗。汉武帝障之则北行，而梁楚皆宁；元明借以济运则南流，而黄淮遂合。其间二千余年，君咨于上，臣劳于下，忧勤竭蹶，耗费亡等。司其事者或终身不迁，以勤其业，如制强敌，如驯猛兽，偶有不慎，则为患不可胜言。一举能获数年之安，则深相庆幸。迁流之迹，断自夏以来，而有清一代为前志所遗者亦补辑之，从事豫河者庶其有所考镜乎。

修防原始

汉平当言：经义治水无堤防壅塞之文。而《禹贡》称“既修太原”，论者谓即河堤之始。盖鲧以是障洪水，禹因其址两修之。齐桓公葵丘之会，命诸侯曰："无曲防。"《月令》：季春之月，命司空曰："修利堤防。"孟秋之月，命百官"完堤防"，虽不专属于河，知修防之法其来远矣。贾让言堤防之作近起战国，齐与赵魏以河为境，各作堤以泛他国，河内、黎阳、东郡、魏郡皆为石堤，河工用石始见于此。激使河流不得安息，数百里间再西、三东，而河不能无事矣。自后溃决日多，修防愈繁，堤、堰、埽、坝之名几至不可究诘。而潘季驯、靳辅则以堤束水，以水刷沙，为治河惟一之上策，至今循之，顾亦未有出于其右者。兹略历征载籍以著于篇，分其功用，以堤为首，坝次之，埽次之，引河又次之。其他防浚诸法，古人行之而有效者，并以附焉。

堤工

成帝建始四年秋，以王延世为河堤使者，筑东郡金堤，阳嘉中，在荥阳山北一十里，遏汴以东，积石为堤，亦名金堤。以竹络长四丈，大九围，盛以小石，两船夹载而下之。三十六日河堤成，遂改元为河平。

后汉明帝永平十二年，遣王景与王吴《水经注》作昊。筑堤，自荥阳东至千乘海口，千余里。明年，帝亲自巡行，诏滨河郡县置河堤员吏如西京旧制。

唐昭宗乾宁三年四月，河圮于滑县。朱全忠决其堤，因为二河，散漫千余里。

后唐庄宗同光三年，诏平卢节度使符习治酸枣遥堤，以御决河。遥堤之名始见于此。

明宗天成四年十二月，修治河北岸，自酸枣至濮州，广堤防一丈五尺，东西二百里。

后晋高祖天福七年三月，成德军节度使安彦威塞决河于滑州。彦威出私钱募民治堤。

后周世宗显德元年，遣使分塞决河，十一月堤成。河自杨刘至博州，百二十里，连年东溃，分为二派，弥漫数百里，又东北坏古堤而出。至是命李谷修之，役徒六万，三十日毕工。

显德二年，谋伐唐，因浚仪故堤疏导之，东至泗上。

显德六年春，诏韩通河北按行河堤，因发徐、宿、宋、单等州民浚汴渠数百里。

宋太祖乾德元年正月，修畿内河堤。

乾德二年，遣使案行，将治古堤。议者以旧河不可卒复，力役且大，遂止。但诏民治遥堤，以御冲注之患。

乾德三年七月，诏发兵治开封府阳武县❶，河中府、孟州河水涨，坏堤岸。

乾德四年八月，诏殿前都指挥使韩重赟、马步军都军头王廷义督士卒丁夫数万人，治滑州灵河县大堤。

乾德五年正月，以河堤屡决，分遣使行视，发畿甸丁夫缮治。自是岁以为常，以正月首事，季春而毕。诏以开封、大名府，郓、澶、滑、孟、濮、齐、淄、沧、棣、滨、德、博、怀、卫、郑等州长吏并兼本州河堤使，盖以谨力役而重水患也。

开宝三年正月，增河堤。

十二月，复增河堤。

太宗太平兴国二年七月，遣大将军李崇矩行视河堤之缺，亟缮治之。

太平兴国三年正月，命使十七人分治黄河堤，以备水患。

太平兴国八年五月，命使者按视遥堤旧址。

淳化二年三月，诏长吏以下及巡河主埽使臣埽名始见于此。经

❶ “县”后似应有“河”字。

度行视河堤，勿致坏隳。违者当责于法。

六月，上亲临视浚仪县，河水冲坏民堤，督卫士塞之。

真宗咸平三年，诏缘河官吏，虽秩满，须水落受代。知州、通判两月一巡堤，县令、佐迭巡堤防，转运使勿委以他职。

咸平七年，诏罢葺遥堤，以养民力。

天禧四年，滑州天台口旁筑月堤。月堤之名始见于此。

仁宗天圣八年，遣使行视遥堤。

神宗熙宁七年，都水监丞刘绘言："开直河，水势增涨，行流湍急，渐塌河岸，宜候霜降水落，筑缕河堤一道。"缕堤之名始见于此。从之。

熙宁十年五月，荥泽河堤急，诏判都水监俞光往治之。

哲宗元祐八年七月，帝谓辅臣曰："广武去洛河不远，须防涨溢，下灌京师。"辅臣出图、状以奏曰："以下水官[1]，与洛口官同行按视，为签堤。签堤始见于此。及去北岸嫩滩，令河顺直，则无患矣。"十月，王宗望言："大河自元丰溃决以来，东、北两流纷争不决，水官无所适从。伏自奉诏，上禀成算，自阚村下至栲栳堤七节河门，并皆闭塞，筑金堤七十里尽障北流，使全河东还故道，以除河患。又补助新旧堤防，增修疏浚河道之淤浅者，虽盛夏涨潦，不至壅决。望付史官，纪绍圣以来圣明独断，致此成绩。"

徽宗建中靖国元年，诏修苏村西堤。苏村在开封府城东。

崇宁四年二月，工部言："乞修苏村等处运粮河堤为正堤，以支涨水，较修弃堤、直堤可减工四十四万、料七十一万有奇。"从之。

崇宁五年八月，葺阳武副堤。

[1] 以下水官　《宋史》卷九十三《河渠三》作"已下水官"，当以《宋史》为是。

重和元年三月，诏滑州、浚县界万年堤，全借林木固护堤岸，其广行种植，以壮地势。

金世宗大定十二年正月，尚书省奏："河阴广武山循河而东，至原武、阳武等县，孟、卫等州，增筑堤岸，日役夫万一千，期以六十日毕。"

大定十三年三月，尚书省请修孟津、荥泽崇福埽堤，以备水患。

大定十七年七月，诏增修河堤，日役夫一万一千五百，以六十日毕工。

大定二十年，诏自卫州埽，下接归德府，南北两岸增筑堤以捍湍怒。计工一百七十九万六千余，日役夫二万四千余，期以七十日毕工。

大定二十一年，以河移故道，命筑堤以备。

大定二十九年十二月，工部言："营筑河堤，用工六百八万余。除就用埽兵、军夫外，有四百三十余万工当用民夫。"遂诏命去役所五百里州府差雇，其不差夫之地，均征雇钱，验物力科之，每工钱百五十文外，日支官钱五十文，米升半。仍命彰化节度使内族裔、都水少监大龄寿提控五百人，往来弹压。

章宗明昌四年十二月，敕都水监官提控修筑黄河堤。

元世祖至元二十三年，调南京民夫二十万四千三百余人，分筑开封、祥符、陈留、杞、太康、通许、鄢陵、扶沟、洧川、尉氏、阳武、延津、中牟、原武、睢州十五处堤防。

至元二十四年，役夫修完汴梁河溢故堤。❶

成宗大德三年五月，遣官修筑蒲口等处七堤二十五处，其长三万九千九十二步。

❶ 此句疑有脱落文字。

大德八年正月，自荥泽至睢州，筑堤防十有八所。

仁宗延祐元年八月，河南等处行中书省言："开封小黄村河口修筑月堤，并漳水堤。凡汴梁所辖州县河堤或已修筑，及当疏通与补筑者，条列具备之。"

延祐七年七月，修筑荥泽塔海庄东堤，又筑横堤两重数处。

英宗至治元年正月，修堤岸四十六处，用夫三万一千四百一十三人。

泰定帝泰定元年五月，诏发丁夫六万四千人，筑汴梁乐利堤。《行水金鉴》在三年十月。

顺帝至正四年十月，诏修黄河堤堰。

至正九年五月，诏修黄河金堤。

至正十一年四月，命贾鲁以工部尚书为总治河防使，发汴梁、大名十有三路民，庐州等戍十有八翼军，共民十五万、军二万供役。一切从事大小军民官咸禀节度，便宜兴缮。十一月工毕，诸埽堤成，河水安流。

欧阳玄《至正河防记》曰：治堤一也，有创筑、修筑、补筑之名，有刺水堤，有截河堤，有护岸堤，有缕水堤，有石船堤。

其塞专固决口，修堤三重，并补筑凹里咸水河南岸豁口，通长二十里三百十有七步。其创筑河口前第一重西堤，南北长三百三十步，面广二十五步，底广三十三步，树植桩橛，实以土牛、草苇、杂梢相兼，高丈有三尺，堤前置龙尾大埽。言龙尾者，伐大树，连稍系之堤旁，随水上下，以破啮岸浪者也。筑第二重正堤，并补两端旧堤，通长十有一里三百步。缺口正堤长四里，两堤相接，旧堤置桩，堵闭河身，长百四十五步，用土牛、草苇、梢土相兼修筑，底广三十步，修高二丈。其岸上土功修筑者，长三里二百十有五步有奇，高广不等，通高一丈五尺。补筑旧堤者，长七里三百步，表里倍薄七步，增卑六尺，计高一丈。筑第三重东后堤，并接修旧堤，高广不等，通长八里。稍筑凹里减水河南岸豁口四处，置桩木、草土相兼，长四十七步。

于是塞黄陵全河。水中及岸上修堤，长三十六里百三十六步。其修大堤刺水者二，长十有四里七十步。其西复作大堤刺水者一，长十有二里百三十步。内创筑岸上土堤。

西北起李八宅西堤，东南至旧河岸，长十里百五十步，颠广四步，趾广三之，高丈有五尺。仍筑旧河岸至入水堤，长四百三十步，趾广二十步，颠杀其六之一，接修入水。

两岸埽堤并行。作西埽者夏人水工，征自灵武；作东埽者汉人水工，征自近畿。其法，以竹络实以小石，每埽不等，以蒲苇绵腰索径寸许者从铺，广可一二十步，长可二三十步。又以曳埽索绹径三寸或四寸，长二百余尺者衡铺之，相间复以竹苇麻苘大綷长三百尺者为管心索，就系绵腰索之端。于其上，以草数千束，多至万余，匀布厚铺于绵腰索之上，橐而纳之，丁夫数千，以足踏实，推卷稍高，即以水工二人立其上，而号于众，众声力举，用小大推梯，推卷成埽，高下长短不等，大者高二丈，小者不下丈余。又用大索，或互为腰索，转致河滨，选健丁操管心索，顺埽台立踏，或挂之台中铁锚大橛之上，以渐缒之下水，埽后掘地为渠，陷管心索渠中，以散草厚覆，筑之以土，其上复以土牛、杂草，小埽稍土，多寡厚薄，先后随宜。修叠为埽台，务使牵致上下，缜密坚壮，互为犄角，埽不动摇。日力不足，火以继之。积累既毕，复施前法，卷埽以压先下之埽，量水浅深，制埽厚薄，叠之多至四埽而止。两埽之间，置竹络，高二丈或三丈，围四丈五尺，实以小石、土牛。既满，系以竹缆，其两旁并埽，密下大桩，就以竹络上大竹腰索系于桩上。东西两埽及其中竹络之上，以草土等物筑为埽台，约长五十步或百步，再下埽，即以竹索或麻索，长八百尺，或五百尺者一二，杂厕其余管心索之间。俟埽入水之后，其余管心索如前埋挂，随以管心长索远置五七十步之外，或铁锚，或大桩，曳而系之，通管束累日所下之埽，再以草土等物通修成堤。又以龙尾大埽密挂于护堤大桩，分析水势。其堤长二百七十步，北广四十二步，中广五十五步，南广四十二步，自颠至趾通高三丈八尺。

其截河大堤高广不等，长十有九里百七十七步。其在黄陵北岸者，长十里四十一步。筑岸上土堤，西北起东西故堤，东南至河口，长七里九十七步，颠广六步，踵倍之而强二步，高丈有五尺，接修入水。施土牛小埽，稍草杂土，多寡厚薄，随宜修叠。其下竹络，安大桩，系龙尾埽，如前两堤法。唯修叠埽台，增用白阑小石。并埽上及前洊修埽堤一，长百余步，直抵龙口。河稍北，拦头三埽并行，埽大堤广与刺水二堤不同，通前列四埽，间以竹络，成一大堤，长二百八十步，北广百一十步，其颠至水面高丈有五尺，水面至泽腹高二丈五尺，通高三丈五尺；中流广八十步，其颠至水面高丈有五尺，水面至泽腹高五丈五尺，通高七丈。并创筑缕水横堤一，东起北截河大堤，西抵西刺水大堤，通长二里四十二步，亦颠广四步，趾三之，高丈有二尺。

修黄陵南岸，长九里百六十步，内创岸土堤，东北起新补白茅故堤，西南至旧河口，高广不等，长八里二百五十步。

乃入水作石船大堤，盖由是秋八月二十九日乙巳道故河流。先所修北岸西中刺水及截河三堤犹短，约水尚少，力未足恃。决河势大，南北广四百步，中流广三丈余，益以秋涨，水多故河十之八。两河争流，近故河口水刷岸北行，洄漩湍激，难以下埽。且埽行或迟，恐水尽涌入决河，因淤故河，前功遂隳。鲁乃精思障水入故河之方，以九月七日癸丑，逆流排大船二十七艘，前后连以大桅，或长桩用大麻❶、竹絚绞缚，缀为方舟。又用大麻索、竹絚用船舟缴绕上下，令牢不可破，乃以铁锚于上流硾之水中。又以竹絚绝长七八百尺者，系两岸大橛上，每絚或硾二舟，或三舟，使不得下，船腹略铺散草，满贮小石，以合子板钉合之。复以埽密布合子板上，或二重，或三重，以大麻索缚急。复缚横木三道于头桅，皆以索维之，用竹编笆，夹以草石，立桅前，约长丈余，名曰“水帘桅”。复以木楮柱，使帘不偃仆，然后选水工便捷者，每船各二人，执斧凿立船首尾，岸上挝鼓为号，鼓鸣，一时齐凿，须臾舟穴水入，舟沉遏决河。水怒溢，故河水暴增，即重树水帘，令后复布小埽，土牛、白阑长梢，杂以草土等物，随宜填垛以继之。石船下诣实地，出水基址渐高，复卷大埽以压之。前船势略定，寻用前法沉余船以竟后功。昏晓百刻，役夫分番甚劳，无少间断。船堤之后，草埽三道并举，中置竹络盛石，并埽置桩，系缆四埽及络，一如修北截水堤之法。

第以中流水深数丈，用物之多，施功之大，数倍他堤。船堤距北岸才四五十步，势迫东河，流峻若自天降，深浅回测。于是先卷下大埽约高二丈，或四或五，始出水面。修至河口一二十步，用工尤艰。薄龙口，喧豗猛疾，势撼埽基，陷裂欹倾，俄远故所，观者股弁，众议腾沸，以为难合。势不容已，鲁神色不动，机解捷出，进官吏工徒十余万人，日加奖谕，辞旨恳至，众皆感激赴工。十一月十一日丁巳，龙口遂合，决河绝流，故道复通。又于堤前通卷拦头埽各一道，多者或三或四，前埽出水，管心大索系前埽硾后拦头埽之后，后埽管心大索亦系小埽硾前拦头埽之前，后先羁縻，以锢其势。又于所交索上，及两埽之间，压以小石、白阑、土牛，草土相半，厚薄多寡，相势措置。

埽堤之后，自南岸复修一堤，抵已闭之龙口，长二百七十步。船堤四道成堤，用农家场圃之具曰辘轴者，穴石立木如比栉，埋前埽之旁，每❷置一辘轴，以横木贯其后。又穴石，以径二寸余麻索贯之，系横木上，密挂龙尾大埽，使夏秋潦水，冬春凌簿，不得肆力于岸。此堤接北岸截河大堤，长二百七十步，南广百二十步，颠至水面

❶ 大麻　不通，应为“大麻索”。

❷ 《元史》卷六十六“每”后有“步”，为“每步置一辘轴”。

高丈有七尺，水面至泽腹高四丈二尺；中流广八十步，颠至水面高丈有五尺，水面至泽腹高五丈五尺，通高七丈。仍治南岸护堤埽一道，通长百三十步，南岸护岸马头埽三道，通长九十五步。修筑北岸堤防，高广不等，通长二百五十四里七十一步，白茅河口至板城，补筑旧堤，长二十五里二百八十五步。曹州板城至英贤村等处，高广不等，长一百三十三里二百步。稍冈至砀山县增培旧堤，长八十五里二十步。归德府哈只口至徐州路三百余里。修完缺口一百七处，高广不等。积修计三里二百五十六步。亦思刺店缕水月堤，高广不等，长六里三十步。

按：欧阳玄以为司马迁、班固记河渠沟洫，仅载治水之道，不言其方，使后世任斯事者无所考则，乃从鲁访问方略，及询过客、质吏牍，作《至正河防记》，欲使来世罹河患者按而求之。今读其书，而贾鲁精思果力，勇于任事，显然如见，而成功神速，尤非古今治河者所能及。爰析其治绩而备录之，俾各从其类，为考镜之资焉。

明太祖洪武八年正月，诏河南参政安然集民夫三万，筑开封府大黄寺堤。

洪武十四年，有司请兴筑原武、祥符、中牟决口，帝以为天灾，令护旧堤而已。

洪武十八年九月，诏修黄河、沁河、漳河、卫河、沙河诸堤。

洪武二十五年正月，有司乞发军民修筑开封府之阳武，及陈州、中牟、原武、封邱、祥符、兰阳、陈留、通许、太康、扶沟、杞十一县堤岸。从之。

成祖永乐元年八月，修安阳县河堤。

永乐二年五月，修孟津县河堤。

九月，修武陟县马曲堤岸。

永乐三年二月，修治马村堤。

永乐四年八月，修阳武县河堤岸。

永乐九年七月，遣官视新开黄河堤岸，旧为水所溢，悉增筑之。

永乐十年六月，遣工部主事兰芳按视临漳、鄢陵二县堤岸。又，阳武县中盐堤，与原武县大宾堤，皆河流之冲，屡塞屡决。芳言堤当急流之冲，夏秋雨水泛涨，往往决陁。请以新开河岸卷土为埽，树桩捍御之，庶不重为民害。从之。

永乐十一年十一月，修荥阳大滨河堤。

永乐十二年九月，修武陟县郭村马曲等土堤五百余丈。

宣宗宣德七年六月，巡抚侍郎于谦奏开封祥符、中牟、尉氏、扶沟、太康、通许、阳武、夏邑八县，去年黄水冲决堤岸，淹没民田，乞豁除租税。从之。

英宗正统二年九月，发民二万，军一千，协力修筑开封府阳武、原武、荥泽三县堤岸三十余处。

正统八年七月，诏修黄河、汴水泛溢堤岸。

正统十年九月，命修金龙口阳谷堤。

正统十三年五月，命军夫协力修筑陈留县金村堤，及黑潭南岸已筑复决旧堤。

景帝景泰四年六月，巡抚河南王暹奏："黄河改流，而开封为患尤甚，虽筑堤三十余里，然沙土易坏，不即修筑，必及城垣。请于不被灾府卫州县起倩军夫，培筑大堤，以防后患。"从之。

景泰六年六月，诏修筑开封府高门堤六十余里。

英宗天顺元年三月，工部奏："河南祥符县逼近黄河，旧有大堤四十余里，用护城垣，近年为雨水冲决千百余丈，请令三司于无灾州县量起民夫修筑。"从之。

天顺五年七月，命工部侍郎薛远往治开封决河。乃命官督夫，下桩卷埽，作截水堤二百四十余丈。浃旬堤就，决口绝流，水趋故道。于是年九月十二日起工，至明年二月二十六日辍工。

孝宗弘治二年，命侍郎白昂治原武及封邱荆隆口堤，役丁夫二十五万，筑阳武长堤以防张秋。

弘治六年，命都御史刘大夏督治黄河。上流起河南胙城，经滑、长垣、东明、曹、单诸县，下尽徐州，作长堤亘三百六十里，即今太行堤也。役历三时，用军民夫十二万余人，铁一万九千斤有奇，竹木薪刍不可胜计。

弘治七年，以河南诸口惟黄陵冈屡合而屡决，特筑堤三重以护之。其高各七丈，厚半之。又筑长堤，荆隆口之东西各计二百余里，黄陵冈之东西各三百余里，俾河恒南行故道。以是年十月而毕。

弘治八年正月，筑长堤，起胙城，历滑县、长垣、东明、曹州、曹县，抵虞城，凡三百六十里。其西南荆隆口等处新堤，起于家店及铜瓦厢、陈桥，抵小宋集，凡一百六十里，大小二堤相翼，而石坝俱培筑坚厚，溃决之患于是息矣。

弘治十三年，修丁家道口上下堤岸。

武宗正德四年，河败张家口等处缕水小堤，侍郎李镗请筑长堤三百余里，以障河流北徙。从之。

正德六年，李镗奏："铜瓦厢等堤岸崩颓，陈桥集等长堤淤浅低薄，俱应增筑。请设副使一人专理。"下工部议，以河南灾荒，民穷盗起，宜令镗将紧要堤岸决口淤塞诸处速为浚筑，其不急者且已之。遂召镗还京，专以副使领之。

正德七年九月，以右都御史刘恺总理河道。恺筑大堤，起魏家湾，亘八十余里至双堌集，又续堤三十里。

正德十六年五月，总理河道龚弘言："黄陵冈前臣先尝筑堤一带，由黄陵冈抵山东杨家口，延袤二百余里，广百尺，高十有五尺。今拟于堤后相距十里许再筑一堤，延袤高广并如其数。即河水溢甚，冲越旧堤，十里而远，性缓势平，可无大决，水落则仍修旧堤，以为先事之防。斯一劳永逸计也。"从之。令计画周详以行。

世宗嘉靖九年五月，孙家渡口河堤成，命加工部右侍郎潘希曾正二品俸级，总理河道如故。

嘉靖十三年，总理河道副都御史朱裳言："于睢州张见口筑长堤，至归德郭村，凡一百余里，以防泛溢。北岸自河南原武县至山东曹县，长堤日久坍塌者多所，宜急为修筑，兼添筑月堤以御奔溃。"得旨允行。

嘉靖十四年十二月，总理河道刘天和条议治河事宜："其一，河南原武县王村厂增筑堤十里。其一，于祥符县之磐石口、兰阳县之铜瓦厢、考城县之蔡家口各添筑月堤。臣等以为黄河之当防者，惟北岸为重，且水湍悍，冲徙不常，其堤岸去河远者间或仅存，而濒河者无不冲决。当择其中去河最远大堤及去河稍远中堤各一道，塌者增修，缺者补完，断绝者接筑，使北岸七八百里间联属高厚，则前勘应筑各堤举在其中，不得另筑矣。但工役甚巨，须以渐修举。"工部以其议为当，上从之。

嘉靖十八年正月，总理河道都御史胡缵宗疏："议于睢州考城地方新开孙继口、孙禄口各黄河支流处，另筑长堤，及将考城县马牧集等处修堵决口堤，务筑高广坚实，密栽榆柳护之。"疏入，下工部议行。

嘉靖二十七年正月，总理河道都御史詹瀚乞于兰阳县赵皮寨等处多穿支河，修筑堤岸，以捍水患。河决曹县故也。

三十八年二月，巡抚章焕请于翟家口培筑堤岸，以图永久。部议不行。

穆宗隆庆六年正月，礼科给事中雒遵言："开封府界为黄河上源，南北两岸长堤多缺。宜于北岸接筑古长堤，以遏丰、沛之冲；南岸续筑旧堤，绝南射之路。"上允行之。

十一月，神宗已即位。河道侍郎万恭言："欲河不为暴，莫若使行地中，舍堤别无策也。故道，给事中雒遵议筑三百里长堤。人谓大费无益，独荷先皇俞允，臣等督司道官申画地之约，下募夫之令，期以九十日，而工止六十，期以六万两，而费仅三万，堤工遂成，河流顺轨。臣等复念筑堤如筑边，守堤如守边，又会题设官布夫，建铺编号，沿堤修守。以此，今年黄水大发，而三堤竟不败，河卒无虞。因陈各官劳勚，请加叙奖。”工部覆，从之。

又奏：“管堤副使章时鸾筑过南堤，自兰阳县赵皮寨至虞城县凌家庄，长二百二十九里有奇，用工五十万七千七百四十一，支河道银四千八百二十一两有奇，秋分而起，未尽十月而成，接续旧堤，既不多损民地，鸠集徭役，又不多费官银。且堤虞城以上，则上源水有所束，得冲刷之宜。不堤砀山以下，则下流水有所容，无泛溢之患。治河之策似为长便。”

神宗万历元年四月，工部尚书朱衡覆科臣朱南雍疏言：“河南、山东之太黄堤与缕水南堤当增高厚，乞申饬河道诸臣悉心经理，多方区画，务图经久之计，毋恃目前之安。”从之。

万历十五年八月，工科给事中常居敬等题：“开封府、陕州、灵宝等州县霪雨，黄河泛涨，冲决堤防，漂没人畜，乞敕河南、山东凡有河道地方，除管河副使专理外，各于巡道照所管地方分主督理卷埽筑坝，补隙塞决，明立赏罚，昼夜并工，务俾安澜。”从之。十月，谕工部：“河南等处地方黄河漫流，先年旧堤多被冲决，即今曾否修筑，未见奏报。着各该抚按官督率管河官员，用心经理，选差风力老成给事中一员，前去各该地方踏看，并催督工程。”

十一月，诏：“河道堤防，节年修筑不坚，以致冲决。该管官五年内者，巡抚夺俸三月，道官降俸一级，见论劾者从重议处，余年远者免究。”

万历十六年二月，工部覆议：“黄河为患，自古已然，而治河之难，中州为甚，何也？其地沙壅土疏，修筑既难，平原多旷，一望千里，无崇山峻岭之束，独恃卷埽以列防，自为捍蔽，故功难就而费亦滋。今据科臣常居敬、抚臣袁贞吉、按臣王世扬会勘集议，工程地亘千里，宜分地专管，严程修筑。工在祥符、中牟、荥泽三县者，属河道佥事余希周领之；在封邱、阳武二县者，属大梁道参政王来贤领之；在兰阳、仪封二县及考城县芝麻庄、陈隆庄、唐家口帮筑堤坝，属兵备副使王之屏领之；河内、武陟、沁河诸卫，属河北道参议徐三畏领之。堤坝以丈计者，凡三万三千一百五十，约费至八万四千六百余金，事竣一体查叙。”上命：依议。

五月，谕右都御史潘季驯：“河南等处上源着实用心往来经理，遇有淤浅冲决、堤岸单薄，应该帮筑挑浅去处，务要先事预图，免致梗塞。”

十二月，工部覆总督河道潘季驯题称：“河南黄河上流，地平土疏，每易冲决，修守之法在河南尤属紧要。先臣刘大夏于两岸各筑长堤，绵亘千有余里，百年来颇受其利。乃坍塌冲汕，岁久易湮，宜刻期修筑。又议河南水性与淮徐无异，固当以治淮徐之法治之。责郡邑长吏以一事权，核岁修工程，以预与举增补卷筑，以固堤防，所当通行者也。”诏：如议行。

万历十七年六月，总理河道潘季驯言：“黄水暴涨，汹涌异常，冲开刘兽医口月堤者一，漫出李景高口新堤者一，冲入夏镇内河，没坏田庐，溺死居民者一，其余或水与堤平，或堤不没者尺许，势且不测。”得旨：“堤完未久，遽有冲决，显是修筑不坚。经管官各夺俸三月。”

是年，河决双沟单家口。于是专议筑赵皮寨至李景高口遥堤，筑将军庙至塔山长堤，羊山至士山横堤。河防幸无事。其明年，自赵皮寨起，至李景高口，加筑遥堤，长二千三百五十九丈九尺，以防漫溢。

潘季驯上治河疏，曰："黄河经行之地，惟河南防御为尤难，自汉讫今，东冲西决，未有不始自河南。缘非运道所经，人遂漫不关心，不知上源既决，运道必伤。往年孙家渡、黄陵冈、赵皮寨故辙可鉴也。弘治十年，刘大夏于北岸筑有长堤一道，起自曹县，至武陟县詹家店止，延袤五百余里。南岸逼近省城，亦有长堤一道，起自虞城县，至荥泽县止。两堤延亘一千五百余里，实为中原屏翰，但地鲜老土，堤皆浮沙，河水一涨，多难保守。今逐一查核，分为缓、急二工。如仪封县北炼城口旧堤一段，旧坝一座，南岸普家营新旧月堤，兰阳县杨家庄至贾家楼旧堤一道，南岸自陈留县至仪封县界旧堤一段，祥符县刘兽医口迤南旧堤二段，张家湾堤断老坝一段，达后月坝一段；又自陶家店至兔伯冈、埽头集至旧堤头长堤二道；又刘兽医口遥堤一道，封邱县荆隆口北中滦城、于家店、张家庄、萧家庄各有水冲潭窝，荆隆口创筑遥堤一道，荥泽县北岸长堤一道，自朱世花大王庙，至王娄店、郭家潭等处俱有潭窝；归德府考城县北岸芝麻庄迤东埽坝三段，李秀厂东堤决口，唐家水口坝基，商邱县南岸杨先口堤。以上工程，或创筑，或加帮，或填补，皆系险要之处，亟宜修举者也。又如仪封县北岸荣花树旧堤一段，挖泥河旧坝坍塌，祥符县马家口旧堤三段，省城四面大堤一道，阳武县自王祐庄至脾沙冈旧堤，南岸自訾家庄后至中牟县圆墩寺旧堤，原武县南岸旧堤二段，中牟旧堤六段，俱应加帮，河势稍缓，俟急工完日，次第修举者也。两工告竣，则防御可恃，但筑堤不难而觅土难，若非真正老淤土，随筑随坏，徒费无益，容臣加意检筑，或夹杂浮沙，或夯杵不实，将河官参治。”诏从之。

是年，创筑荆隆口遥堤二千九十丈，以防涨漫。祥符县之刘兽医口先有月堤一道，恐月堤不支，是年，又筑遥堤一道，二千七百三十二丈。又陶家店帮接堤长一千八百七十一丈，张家湾加修旧堤一道，时和驿帮筑堤长九百二十丈。又兔伯冈至埽头集止有一堤，傥被冲决，则水直至野鸡冈，趋凤泗重千陵寝。万历十八年，增筑遥堤长二千九百三十丈，重门待暴，或可无虞。北岸仪封县之荣华树帮筑堤长一百七十五丈六尺，考城县之孝城口补筑堤长二十八丈。

万历二十三年，筑中牟县吴家堂堤一十六道。

万历二十七年三月，工部覆总河刘东星议，永夏迤西一带旧堤，宜行河南管河官修补。报可。

万历二十八年七月，开封府黄河水涨，高于堤至有一二尺之多。又商邱县蒙墙寺河水冲开堤坝，向东南一带，由楚家湾杨先口堤北，高者三四尺，低者一二尺，泛涨未定。自金湾镇王家楼长堤四十余里，水俱平满，越长堤经过。又归德府蒙墙寺南堤一带，将萧家口冲决一百余丈。

万历三十年二月，工部覆河南巡抚曾如春疏，蒙墙寺冲决，宜修筑汴堤，以障南徙。又汴堤上自归德下接归仁堤数百余里，宜并修筑高厚，始保万全。

庄烈帝崇祯六年六月，北筑太行堤，西起虞城县界，东抵沛县。复筑缕堤，用护太行堤，西起虞城界，东抵张村站。

崇祯十五年十二月，命周堪赓修治朱家寨决河，筑堤四百余丈。

清代堤工，除已见前志不赘外，其有未尽详者补述于后。然有其年月同而名称地点不同者，则以保固期内仍于原处开决，当事者惧获严谴，不得不变易其名，或迁移其地，以入告为弥缝卸责之计。历年既久，亦无从而纠正之，第即各书之所载者，录之以资考镜。而有清盛时，国家富庶，不惜千百万之巨帑，而后能获一时之安。至其时之物产丰盈，工价廉贱，亦非后世之所能及也。

世宗雍正三年，嵇曾筠、田文镜加修南北两岸危险工程，增培两岸堤工，加筑土埽，预为之防。

《河渠纪闻》曰："防河，急险工而缓视无埽之堤，此恒情也。大溜当前，堤埽震动，不得不为思患预防之计，人夫料物以时毕集而工安矣。圣主廑念河防，不惜金钱，大修南北两岸缕堤，次及遥堤、格堤，并增岁、抢二修。及秋水泛涨，又令预为之防，补前估所未及，并前时之未涉险者。至是益加周详，增筑堤坝，加厢防风，以期永固。增培南岸郑州、祥符、中牟、陈留、兰阳、仪封、考城、商邱二万三千余丈之堤，及北岸武陟、原武、阳武、封邱、祥符、兰阳、仪封、山东刘家口、唐县[1]万有七千余丈之缕、月各堤，均加培高厚。又填实钉船帮大坝、后月池南北各堤临河当冲及堤内地势洼下处，增修埽坝。郑州之薛家寨、来童寨，祥符之陈家寨，兰阳之河渠、韩陵，仪封之马家店、元家庄、周家庄、鹿家口，考城之王家道口、十四堡，商邱之杨家营、杨家堂，虞城之张家潭，原武之胡堂庄、朱家庄，兰阳之管李寨、耿家寨，仪封之雷家寺、宋家营十九堡，各堤均择险下埽，加厢防风，以资巩固，盖所以大为之防者如此。《禹贡》'九泽既陂'，'陂'即堤也。神圣如禹，不能舍堤防河。厥后二十余年，豫省漫决罕闻，固由如墉之堤有以防患于未然欤！"

---

❶ 唐县属保定。此唐县是否黄河下游山东境内之村镇，存疑。

是年，豫东南北两堤增培，堤工报竣，议修月、格等堤。

《河渠纪闻》曰："豫省月、格等堤，每不如江省得力。江省遇大水溢涌，缕堤着重时，开倒沟放水入越堤，灌满堤内，回流漾出，顶冲开行，塘内渐次填淤平满，名曰'放淤'。豫省虽有越、格等堤，多不启放，以土性沙松，遇水易溃也。然工程紧要之处，备防不可不周。北岸兰阳雷家新庄、耿家寨、四门堂、堌阳等处水涌溜急，堤后滩地低大堤二丈余，空虚无靠，应筑月堤，加帮堤堰高厚，以为外卫。南岸祥符一览台等处大堤切近省城，帮筑贴堤以为内戗。又姜家庄、陈家寨月堤、格堤加筑高厚。考城胡家道口、石家庄，商邱蔚家洼，虞城待宾寺等处，各月堤加帮高宽，并筑子堰以为重障，选土筑实，皆能得用。铜瓦厢古称极险，加筑后月堤每岁增培，积至五六年，高厚倍前。乾隆乙卯，大溜曲注，危险异常，当开倒沟引入内塘，登时灌满，水仍外出，顶溜开行，此其验也。未有为之而无其功者，视其实不实耳。"

雍正四年五月，嵇曾筠奏："新估增卑培薄等工，其至险至要处，如兰阳之板厂，仪封之大寨、杨家桥、堌阳堤，祥符之青谷堆、瓦子坡、程家寨，商邱之蔚家洼、杨家堂，虞城之刘家口，凡临河外越堤工，臣俱亲督，昼夜催趱完固，已有重门保障。其余亦不时查勘，严饬修筑。至考城支河六道，亲往外滩，相度形势，率领通判叶光会、知县高镗等驻工督催，尽行堵塞，大堤又用埽护，足资保固。所有岁抢工程业已分投趱修，仍多积料物，以备抵御。"

雍正六年三月，嵇曾筠奏："兰阳北岸耿家寨临河险要，必得重门保障，方资巩固，因议将大堤及临河缕水堤，并中间土堰一道，亦帮作月堤，共有三重。均酌量估计，于雍正二年、三年陆续题请加帮。近因河势下移，南岸长出淤滩，黄流北注，渐成顶冲，本年二月间，该厅汛具报埽工蛰陷，历经厢垫抢护。嗣据下北河同知张近光报称：三月二十七日，河势陡涌，大溜冲刷根堤，走埽一个，连夜卷埽抢护，至二十八日，塌卸堤顶一丈余。臣随赴工查勘，相机修守如式，下埽签桩坚实，买土厢填，业经抢筑平稳。

“伏念桃汛，水势易长易消，尚然报险，亟应未雨绸缪，以防伏秋二汛。因查第三道大堤久已加帮高厚，其第二道月堤虽经加帮，顶宽二丈，底宽八丈，高一丈二尺，尚嫌单薄。其临河第一道缕水堤，近因大溜直射堤根，深至二丈有余，臣现于堤南迎溜顶冲处下搂崖埽一路，沉水埽一路，又预备料物，相机下鱼鳞埽一路。再查缕堤北面有积水深潭，因昼夜赶筑，里戗坝台，密钉拦土排桩一路。又于险工左右堤顶尽行酌量加高，则头门已属稳固，次将第二道月堤随地加帮，高至一丈五六七尺，顶宽三丈，底宽十二丈，并估下等埽一路，则二门亦有捍卫。再于第三道大堤上添贮料物，以备不时需用，多拨员弁兵夫防守，则三门亦有准备。再估从缕水堤北直接大堤，东西建筑格堤二道，预为收束水势地步，则四面层层有备，虽至伏秋，可保万全矣。”按：是月，田文镜奏报桃汛工程平稳，与嵇曾筠折略同。

高宗乾隆二十七年闰五月，张师载奏：“上北河厅阳武一带堤工多系飞沙流土，遏水易汕，晴久遇风亦易飞动。滩面甚高，非盛涨不漫厢，修旱地防风秸料，无水浸养最易腐断。若顾惜工料，不为预办，河水骤至，尺寸皆属险工。去岁黄流泛涨，滩面停有淤泥，其性胶粘，非沙土可比，因拣择红色淤土，于大堤临河处普面包裹。嗣后遇有土工，依此增培。”按：此为堤工包淤之始。

乾隆三十七年七月，河东总河姚立德奏：“豫东上北河厅属阳武汛之十七堡等处，土性松浮，为豫省堤工第一险要，积年包堤淤土颇著成效。臣复于该处筑半戗一道，坚实足资抵御。至十一堡，堤间有近河之所，已饬河道于溜势汕及堤根者，止许酌厢防护，毋许轻进大埽，招溜生工，致糜帑料。”又奏：“豫省河面宽阔，两岸长堤皆属险要，向来节省可缓之埽工，加帮紧要之土堤，以资抵御。现亲验水痕高下、堤身崇卑，逐段量明密记，以杜不肖之员估报兴修时暗藏偷减浮冒之弊。”

乾隆四十六年五月，阿桂、李世杰、韩鑅、富勒浑会奏改河筑堤。奉谕：今日召见大学士等询问，现办河工除筑堤改渠之外，是否别有良策。佥称青龙冈堤工屡筑未就，自应于南岸改办。即目前情形而论，不得不如阿桂等所奏办理。又据嵇璜奏称：南岸兰阳三堡建堤开渠，经阿桂等相机度地，通盘筹画，实于事势恰当。惟时值大雨时行之际，筑堤挑土，未能迅速。或俟白露过后，秋汛水退，再行施工，亦无赶办不及之处。河工乃国家大事，关系民生，是否可以待至八月后施工，着传谕阿桂等再行通盘熟筹，据实具奏。至青龙冈坝工，现在既不能堵合，其所存口门三十余丈，务须保护完固，不得续有塌失，方为妥善。阿桂等昨奏兰阳三堡建堤改河，即朕前旨所指之迤南一带，另筹去路，惟未尝身亲履勘，目击情形。阿桂等既经亲勘，酌筹得宜，饬下廷议，众谋佥同，自应照所奏办理。至嵇璜所奏，缓至秋后开工之处，亦为慎重要工起见，阿桂等身亲其事，见闻真确，果否可行，俟奏到再降谕旨。查兰阳以南旧有沈堤一道，系明神宗时商邱大学士沈鲤建筑以卫乡里者。由兰阳起，斜向东南，接至商邱，长二百余里。自仪封以西，距大堤五六里至十余里不等，虽已残缺，基址犹存。自仪封以东则距大堤遥远，且经数次漫水，旧基冲失无存。今拟自兰阳三堡起，至仪封数十里，就沈堤加筑。自仪封至商邱十一堡，另行盘筑；根基既估，大堤一道底宽十七丈，顶宽五丈，平地以高二丈为准，长二万六千八百余丈，分工三百二十段，估土五百七十余万方，派定各员分段承办。取土在堤南三十丈外，每坯一尺五寸，筑实一尺一寸，如式夯硪。坯土不得过厚，用硪夯筑坚实，锥试不漏。至兰阳引水入堤之李六口大堤，高于堤外滩面八尺，滩高水面一丈七尺五寸，大堤高堤内二丈七尺五寸，水面较高堤内地面二尺。估计挑引渠于李六口堤内，挑深五尺，迤下地势高低不一，挑深七八九尺及丈余不等，宽三十丈至四十丈。其河头尾滩地内挑深二丈余尺，宽五六十丈，俾进水外滩成吸川之形，出水外滩有建瓴之势。自兰阳汛李六口起，至商邱七堡东老河崖止，共长二万四千五百余丈，分工一百五十六段，估土六百六十余万方。工高路遥，高下不能确准。令工员于应控渠身内靠北先挖子沟一道，以水为平，因其就下之势，可以一律平顺，时行雨水，亦有所归，插定灰印，出土以三十丈为定界，筑堤挑渠，工程将竣，即于兰阳汛李六口进水处相度地势，筑坝一道为逼溜南趋之计。堤内挑深五尺，较大河水面已低七八尺。若七八月汛水未甚消落，水面自高四五尺，较堤面必高至丈余，开放后不患不建瓴就下，大溜自必全掣。但河面既宽，尚有余溜未能全掣，北岸建筑坝基逐渐收进，挑溜南趋，以期开放后截溜全归新河，计画更为周密。适协机宜，堤内筑堤，开放段落丈量标记。其有碍民田、庐舍，查明应迁庐舍，酌给资费，应用民田若干，旧河身滩地拨给更换。其愿在新堤外居住者，即照河滩减则，务期筹画安全，不使稍有扰累失所。如此变通，咸宜北岸漕运，湖河要地，得免冲垫，而仪、考一带受病之所概可避去。

乾隆四十九年，修太行堤。起河南武陟，经直隶、山东，至江南沛县，长八百余里。

乾隆五十七年二月，谕："李奉翰奏，查勘仪封上汛三堡大堤之后有月堤一道，工段绵长，中间夹塘过于宽广，应加筑撑堤一道。又七堡河势近堤，应筑挑坝一道，以资挑护。朕阅所绘图样，系仪封七堡河流逼近大堤，惟恐大汛时汕刷，自应添筑挑坝，以资保护。至三堡月堤，原为大堤重障，今拟加筑撑堤。试思此项月堤工段绵长，中间夹塘俱系一律宽广，添此一线之堤，又安能处处撑护？自系工员等思欲借此开销，以为沾润谋食地步，殊属多费无益。此等陋习，不独东河为然，即江南亦所不免。且撑堤字样殊不成话，撑堤宽不过五丈，顶堤其余，长堤何能撑之？竟是冒销之别名。嗣后河务工程均不得列此等名目。其李奉翰所请加筑撑堤之处，甫经核估，自尚未经开工，竟可无庸办理，以杜浮冒而归核实。"

仁宗嘉庆十九年二月，河东河道总督吴璥、河南巡抚方受畴奏："睢工既暂缓兴筑，灾黎口食亦须设法妥筹。臣吴璥前与两江督臣百龄会议时，即筹及睢工。旁溢豫、江两省，正河水落停淤，大堤愈形卑薄，亟须加帮。此时坝工未动，若将应办堤工先行培筑，不惟钱粮入手诸事从容，兼可以工代赈，而于经费并无增减。曾经附片陈奏，如蒙俞允，即督饬道厅克期估办，并咨会百龄、黎世序将江境应行培堤处所一体预行勘估奏办，俾两省穷黎均得趁工谋食，于灾区更为有益。"奉谕："吴璥、方受畴奏请先培大堤，以工代赈。豫、江两省正河因睢口夺溜后，水落停淤，大堤愈行卑矮。自应趁此时坝工未动，先行培筑。即可以工代赈，该督履勘确切，据实估计，并饬承办工员悉心经理。如有侵冒偷减情弊，立即严参惩办。"

清代顺治、康熙时黄河堤工表

南岸						
县名	工段	坐落	起	止	长	修筑年月
荥泽县	沿河大堤		自本县境内起	至郑州交界止	十二里	
	第一段	旧城北	自老护城堤起	至小格堤止	三百八十丈	康熙三十六年
	第二段	旧城东	自护城堤起	至沈家庄头堤止	二百六十八丈	康熙二十四年
	第三段	魏家庄前	自沈家庄起	至郑州堤界止	一千三百九十九丈	康熙二十二年创筑
郑州	沿河大堤		自荥泽县交界起	至中牟县交界止	四十五里	
	第一段	永兴镇前	自荥泽县交界起	至蓝家屯东止	一千七百九十五丈	康熙二十二年创筑
	第二段	蓝家屯南	自范四家埠口起	至蓝家屯新堤止	一千六百七十五丈	康熙三十八年创筑
	第三段	开家村南	自蓝家屯东南起	至老君堂西止	一千三百七十一丈	康熙三十七年创筑
	第四段	老君堂后	自任八家庄北祖师庙后起	至石家桥堤头止	八百丈	康熙二十八年加帮
	第五段	马家渡	自石家桥起	至原武县堤界止	一千三百三十丈	康熙二十一年创筑
	第六段	裴昌庙前	自来童寨月堤起	至中牟县堤界止	一千一百六十丈	康熙二十六年创筑
中牟县	沿河大堤		上自郑州交界起	下至祥符县交界止	内间阳武县所管一段，长四里八分，中牟实管堤工，长四十三里七分	
	第一段	二郎庙后	自郑州堤界起	至二郎庙后止	二百三十丈	康熙二十六年创筑

续表

南岸						
县名	工段	坐落	起	止	长	修筑年月
阳武县	沿河六堤	郝家寨前	自中牟堤头起	至中牟堤界止	八百六十五丈	
中牟县	第二段	孙家庄东	自阳武堤界起	至康熙三十八年新堤头止	五百一十丈	康熙十九年创筑
	第三段	白家庄南	自十九年月堤起	至十八年月堤止	一千五百四丈	康熙三十八年创筑
	第四段	许家庄前	自三十八年新堤头起	至张家庄前止	四百六十七丈	康熙十八年创筑
	第五段	张家庄前	自十八年月堤起	至堤角止	五百七十丈	康熙二十三年加帮
	第六段	辛庄前	自堤角起	至张满家庄后堤角止	三千三百七十六丈	康熙二十三年加帮
	第七段	太平庄南	自张满家庄后堤角起	至阎家寨后堤角止	四百三十九丈	康熙二十三年加帮
	第八段	宋姑村前	自阎家寨后堤角起	至祥符县堤界止	一千七百八十六丈	康熙二十三年加帮
祥符县	沿河大堤		上自中牟县交界起	下至陈留县交界止	七十七里	
	第一段	马家寨西北	自中牟堤界起	至马家寨北堤口止	三百丈	远年老堤
	第二段	曹家寨北	自马家寨北埠口起	至回回寨西堤头止	二千一百二十丈	康熙二十三年加帮
	第三段	回回寨后	自回回寨堤头起	至二十堡北堤头止	七百七十二丈	远年老堤
	第四段	沙门后	自二十堡北堤头起	至二十五堡北堤头止	八百六十丈	远年老堤
	第五段	双河铺后	自二十五堡北堤头起	至马头北堤头止	一千一百三十丈	康熙二十三年加帮
	第六段	马头后	自马头北堤头起	至一览台前止	四百五十丈	远年老堤
	第七段	张家湾后	自一览台前起	至四十一堡东堤头止	八百八十丈	远年老堤

续表

南岸						
县名	工段	坐落	起	止	长	修筑年月
祥符县	第八段	梅家庄前	自四十一堡东堤头起	至四十二堡堤头止	八十丈	远年老堤
	第九段	梅家庄东南	自四十二堡堤头起	至四十五堡堤头止	五百六十六丈	康熙二十三年加帮
	第十段	步李寨后	自四十五堡堤头起	至四十七堡西止	三百五十丈	远年老堤
	第十一段	小马圈前	自四十七堡西起	至四十九堡南止	三百二十丈	远年老堤
	第十二段	大马园前	自四十九堡南起	至四十九堡止	三十五丈	远年老堤
	第十三段	兰家庄后	自四十九堡北起	至刘家店北埠口止	九十丈	远年老堤
	第十四段	刘家店后	自老刘家店北埠口起	至班家埠口止	一千一百一十丈	远年老堤
	第十五段	班家寨东	自班家埠口起	至李进禄家寨东北埠口止	五百九十三丈	远年老堤
	第十六段	李进禄家寨东	自李进禄家寨东北埠口起	至陈家寨东北堤头止	二百七十六丈	远年老堤
	第十七段	马家店后	自陈家寨东北堤头起	至姜家庄西月堤头止	八百六十二丈	康熙二十三年加帮
	第十八段	姜家庄前	自姜家庄西月堤起	至门家寨东北止	七百四十丈	远年老堤
	第十九段	门家寨前	自门家寨东北起	至七十二堡东埠口止	一百一十丈	远年老堤
	第二十段	康家寨东	自七十二堡东埠口起	至埽头西北止	一千一百八十九丈	康熙二十三年加帮
	第二十一段	埽头东北	自埽头西北起	至陈留堤界止	一千四十丈	康熙二十三年加帮

续表

南岸						
县名	工段	坐落	起	止	长	修筑年月
陈留县	沿河大堤		上自祥符县交界起	下至兰阳县交界止	一十五里八分	
	第一段	耿家寨后	自祥符堤界起	至小寺后止	九百二十丈	康熙二十年创筑
	第二段	谭家寨后	自小寺后起	至毛家寨后止	六百丈	远年老堤
	第三段	郝家寨西	自毛家寨后老堤起	至郝家寨后止	六百丈	康熙十一年创筑
	第四段	郝家寨东	自郝家寨后起	至杨家庄后止	四百二十丈	康熙十二年加帮
	第五段	杨家庄东	自杨家庄后起	至兰阳堤界止	三百二十丈	康熙二十一年加帮
兰阳县	沿河六堤		上自陈留县交界起	下至仪封县交界止	二十四里三分	
	第一段	管家水口西	自陈留堤界起	至管家水口西头止	五百十一丈	康熙二十三年加帮
	第二段	榆林前	自管家水口西头起	至梁家水口东头止	五百二十六丈	远年老堤
	第三段	耿家水口西	自梁家水口东头起	至耿家水口西头止	二百二十丈	康熙二十三年加帮
	第四段	康王庙前	自耿家水口西头起	至蔡家楼东止	八百二十一丈	远年老堤
	第五段	毕家寨东南	自蔡家楼东起	至常家楼西止	一百五十四丈	康熙二十三年加帮
	第六段	李军民寨前	自常家楼西起	至仪封堤界止	二千一百零七丈	远年老堤
仪封县	沿河大堤		上自兰阳县交界起	下至考城县交界止	四十七里	
	第一段	郭家庄西南	自兰阳堤界起	至郭家庄西北止	一千一百丈	远年老堤
	第二段	柳园后	自郭家庄西北起	至郭家楼西止	五十八丈	康熙二十三年加帮
	第三段	陆家口南	自郭家楼西起	至张家庄前止	四百零五丈	康熙二十二年创筑

续表

县名	南岸					
	工段	坐落	起	止	长	修筑年月
仪封县	第四段	旧堤后	自张家庄前起	至亓家庄后止	八百八十丈	康熙二十三年加帮
	第五段	赫家集南	自亓家庄后起	至大刘家寨东止	四千二百七十五丈	康熙二十二年加帮
	第六段	李家寨西北	自大刘家寨东起	至中庄前西南止	四百四十丈	远年老堤
	第七段	李家寨后	自中庄前西南起	至李家寨东北止	四百三十丈	康熙二十三年加帮
	第八段	赵家庄西北	自李家寨东北起	至赵家庄西北止	一百七十丈	康熙二十三年加帮
	第九段	赵家庄后	自赵家庄后格堤工尾起	至赵家庄东月堤头前止	一百零五丈	康熙二十三年加帮
	第十段	石家楼后	自赵家庄东月堤头前起	至考城县交界止	五百七十丈	远年老堤
考城县	沿河大堤		上自仪封县交界起	下至商邱县交界止	五十四里	
	第一段	二堡北	自仪封县交界起	至石家楼后止	六百三十丈	康熙七年帮接坝堤
	第二段	秦家集西	自石家楼后起	至小颜家集西岁修工头止	六千九百六十丈又五千四百二十七丈	康熙二十四年加帮
	第三段	颜家集北	自小颜家集西起	至商邱县交界止	二千二百丈	康熙二十二年帮接
	月堤	一堡	自仪封县交界起	至坝堤中间止	二百丈	康熙八年创筑重堤
	月堤	三堡	自一堡重堤起	至石家楼后止	四百丈	康熙十一年创筑

续表

南岸						
县名	工段	坐落	起	止	长	修筑年月
商邱县	沿河大堤上		自考城县交界起	下至虞城县交界止	三十六里	
	第一段	一堡北	自考城县交界起	至傅楼止	一千四百丈	远年老堤
	第二段	苏家楼西北	自高家庄迤东起	至河夫营止	六百一十二丈	康熙二十三年帮接
	第三段	河夫营东	自河夫营加帮工尾起	至清水河西止	一百三十八丈	远年老堤
	第四段	九堡	自傅家庄西河夫营起	至李家盐店止	一千零五十丈	康熙二十二年创筑
	第五段	李家盐店北	自九堡堤东起	至老堤中身止	六百四十丈	康熙三十二年帮接
	筑六段	蔚家冈东	自蔚家冈坝头起	至二十三年加帮工头止	四百一十丈	远年老堤
	第七段	十五堡	自邵家庄起	至薛家庄后止	七白二十丈	康熙二十三年帮接
	第八段	蒙墙寺后	自二十三年加帮堤起	至二十三年加帮八段工头止	四百五十五丈	远年老堤
	第九段	崔家楼后	自阎家庄后起	至崔家楼后止	二百四十二丈	康熙二十三年帮接
	第十段	二十堡	自二十三年加帮堤起	至虞城县交界止	九百四十丈	远年老堤
	徐家庄月堤	杨家堂西	自考城县交界起	至周家庄止	一千三百五十丈	康熙二十三年帮接
	杨家堂创筑月堤	杨家堂东	自杨家堂北头起	至高家庄南北老堤中身止	一千零五十丈	康熙十八年创筑
	傅家庄创筑月堤	李家庄西北	自河夫营迤西埠口起	至李家庄后止	一千一百三十丈	康熙二十六年创筑

续表

南岸						
县名	工段	坐落	起	止	长	修筑年月
商邱县	祖师庙后月堤	祖师庙后	自祖师庙后起	至老坝台止	二百八十丈	远年老堤
	老坝台	小大王庙西	自小坝堡房基起	至小大王庙止	八百二十丈	
	旧堤	小大王庙东	自小大王庙起	至蔚家阁后坝头止	一百四十丈	远年老堤
	旧堤	蔚家阁北	自蔚家阁西老堤起	至康熙二十三年加帮堤止	四百二十丈	远年老堤
	旧坝	十六堡西北	自本霸堤岔起	至康熙二十三年加帮堤止	七百五十丈	康熙十二年帮筑
	旧月堤	潘侯集北	自康熙二十四年堤工起	至邵家庄后康熙二十三年帮筑堤止	四百八十丈	远年老堤
	旧月堤	崔家楼南	自小坝堡房基起	至崔家楼东北老堤止	三千二百四十丈	远年老堤
	旧月堤	邵宋庄南	自双庙西边起	至南老月堤止	三百四十丈	远年老堤
虞城县	沿河大堤		上自商邱县交界起	下至江南砀山县交界止	八十三里	
	第一段	徐家庄东	自商邱县堤界起	至土楼止	三千零二十二丈	康熙二十三年帮接
	第二段	周家楼北	自土楼起	至韩家楼止	三千零一十五丈	康熙十九年帮修
	第三段	韩家楼东	自韩家楼起	至大王庙止	一千二百三十丈	康熙二十四年帮修
	第四段	田家庙西	自大王庙起	至田家庙止	一千六百三十二丈	康熙十九年帮修

续表

南岸						
县名	工段	坐落	起	止	长	修筑年月
虞城县	第五段	田家庙东	自田家庙起	至牛头堌寺止	一千零一十丈	康熙十八年帮修
	第六段	牛头堌寺北	自牛头堌寺起	至彭家集后止	一千三百八十一丈	康熙二十四年新收山东单县堤工
	第七段	马家坊前	自彭家集后起	至卢家庙止	三千三百零四丈	康熙十九年帮接
	第八段	尹家集北	自卢家庙起	至尹家集后止	五百二十三丈	康熙二十四年新收山东单县堤工
	第九段	尹家集东	自尹家集后起	至张家集西止	一百一十二丈	康熙十九年帮修
	第十段	张家集北	自张家集西起	至张家集东止	四百一十八丈	康熙二十三年新收山东单县堤工
	第十一段	小乔家集西	自张家集东起	至小乔家集东江南砀山县堤界止	一千三百四十丈	康熙十九年帮接
	月堤	周家楼西	自萧家庄前大堤起	至周家楼后大堤止	一千三百五十丈	顺治六年创筑
	月堤	刘家庄北	自贺家庄大堤起	至刘家庄后重堤止	七百五十丈	康熙九年创筑
	月堤	刘家庄后	自刘家庄西起	至归鸿集后重堤止	五百六十丈	康熙十二年帮筑
	月堤	归鸿集后	自大王庙大堤起	至大宾寺大堤止	一千三百丈	康熙五年创筑
	月堤	彭家集西北	自甄家楼西大堤起	至彭家集后大堤止	一千一百五十丈	顺治十二年创筑
	月堤	薛家楼东	自薛家楼后大堤起	至杜家楼东大堤止	一千零五十丈	康熙三十四年创筑

续表

北岸						
县名	工段	坐落	起	止	长	修筑年月
荥泽县	沿河大堤		上自武陟县交界起	下至原武县交界止	八里五分零	
	第一段	五禄店前	西自武陟县堤界起	东至原武县堤界止	一千五百三十七丈	康熙二十三年大修加帮
原武县	沿河大堤		上自荥泽县交界起	下至阳武县交界止	四十里	
	第一段	胡唐家庄前	西自荥泽县堤界起	东至孟家庄西止	二千四百三十四丈	康熙二十三年大修加帮
	第二段	车家庄前	西自孟家庄西起	东至马家庄前止	五百一十二丈	远年老堤
	第三段	张家庄前	四自马家庄前起	东至阳武县堤界止	四千二百五十四丈	康熙二十三年大修加帮
	月堤	胡唐家庄后	西自王村正南大堤根起	东至孔家庄后月堤根止	九百九十丈	远年老堤
	月堤	孟家庄后	西自吴家庄西大堤根起	东至董家庄东大堤根止	九百九十丈	远年老堤
	月堤	胡村铺黄家寺后	西自胡村铺西六堤根起	东至黄家寺东大堤根止	四百九十八丈	远年老堤
阳武县	沿河大堤		上自原武县交界起	下至封邱县交界止	三十八里	
	第一段	奶奶庙前	西自原武县堤界起	东至张家寨迤东堤头止	一千九百九十丈	康熙二十五年岁修加帮

续表

北岸						
县名	工段	坐落	起	止	长	修筑年月
阳武县	第二段	大宾寺前	西自张家寨迤东起	东至雁李家西止	二千一百丈	康熙二十三年创筑
	第三段	水牛 赵家庄前	西自雁李家西起	东至封邱县堤界止	二千七百八十四丈	康熙二十五年岁修加帮
	月堤	本县南	西自黑羊山起	东至雁李家西大堤根止	七千二百丈	远年老堤
封邱县	沿河大堤		上自阳武县交界起	下至祥符县交界止	三十四里	
	第一段	东姜家寨前	西自阳武县堤界起	东至三李家门前止	一千八百七十二丈	康熙二十三年大修加帮
	第二段	于家店前	西自三李家门前起	东至中銮城西头埠口止	一千三百一十六丈	远年老堤
	第三段	中銮城前	西自中銮城西头埠口起	东至中銮城东头止	一百四十七丈	康熙二十三年大修加帮
	第四段	荆隆口前	西自中銮城东头起	东至荆隆口正南止	八百一十三丈	远年老堤
	第五段	荆隆口东	西自荆隆口正南起	东至荆隆口东头止	八十八丈	康熙二十三年大修加帮
	第六段	桑园神马前	西自荆隆口东头起	东至祥符县堤界李七寨止	二千零三十八丈内龙门口一处长一百五十三丈	康熙二十四年下埽加帮
	月堤	杨家楼后	西自萝葡郑家门前六埠口起	东至祥符县堤界止	四千三百七十二丈	远年老堤

续表

北岸						
县名	工段	坐落	起	止	长	修筑年月
封邱县	格堤	三李家前	西自三李家西堤根起	东至于家店寺西堤根止	二百九十丈	远年老堤
	缕水堤	于家店东	西自于家店迤东旧堤根起	东至中銮城迤西旧堤根止	五百五十丈	远年老堤
	旧月堤	刘家楼东	西自刘家楼正南旧堤根起	东至中銮城迤西旧堤根止	八百五十丈	远年老堤
	月堤	于家店后	西自于家店西头旧堤根起	东至十七堡止	五百七十丈	康熙元年建筑
	月堤	李七寨前	西自神马后旧堤根起	东至祥符县李七寨前堤根止	六百一十丈	康熙六年建筑
	月堤	阎王庙后	西自温家楼后迤东旧堤根起	东至关王庙迤东旧堤根止	二百三十丈	康熙二十五年建筑
	格堤	荆隆口东北	南自荆隆口东渡头临河堤根起	北至月堤根止	四百二十丈	康熙八年岁修加帮
祥符县	沿河大堤		上自封邱县交界起	下至陈留县交界止	五十里	
	第一段	新店前	西自封邱县李七寨前起	东至北堡东止	一千二百七十丈	康熙九年加帮
	第二段	陈桥西	西自五堡东起	东至八堡东堤头止	一千零五十丈	远年老堤
	第三段	陈桥前	西自八堡东头起	东至十堡西堤湾止	三百七十丈	远年老堤

续表

北岸						
县名	工段	坐落	起	止	长	修筑年月
祥符县	第四段	陈桥正南	西自十堡西堤湾起	东至大王庙大埠口止	五十丈	远年老堤
	第五段	陈桥东南	西自大王庙大准口起	东至魁星楼止	一百六十丈	远年老堤
	第六段	三府庄西	西自魁星楼东起	东至十一堡东堤头止	四百四十丈	远年老堤
	第七段	蒋家寨西	西自十一堡东堤头起	东至十二堡止	十五丈	康熙二十四年加帮
	第八段	马坊前	西自十二堡起	东至十五堡东止	九百九十九丈	顺治七年加帮
	第九段	厂门口西南	西自十五堡东起	东至贾家堂东止	五百丈	顺治十八年加帮
	第十段	厂门口前	西自贾家堂东起	东至十八堡西止	四百二十五丈	顺治十八年加帮
	第十一段	邵王寨正南	西自十八堡西起	东至十九堡东堤头止	四百三十丈	远年老堤
	第十二段	邵王寨东南	西自十九堡东堤头起	东至大王庙东堤头止	一百七十丈	远年老堤
	第十三段	邵王寨东南	西自大王庙东堤头起	东至二十堡止	四十五丈	远年老堤第十四段
	第十四段	邵王寨东	西自二十堡起	东至二十二堡止	五百六十丈	康熙元年加帮
	第十五段	清河集西	西自二十一堡起	东至二十二堡止	三百二十丈	康熙四年加帮
	第十六段	常家寨西	西自二十二堡起	东至常家寨西大王庙止	四百丈	远年老堤
	第十七段	常家寨东	西自常家寨西大王庙起	东至二十四堡止	二百二十丈	康熙二十四年加帮
	第十八段	韩罗湾前	西自二十四堡起	东至陈留县堤界止	一千六百八十丈	康熙十九年加帮

续表

北岸						
县名	工段	坐落	起	止	长	修筑年月
祥符县	陈桥西月堤	陈桥西	西自张新庄前牛角哨起	东至十堡西止	一千一百三十七丈	远年老堤
	陈桥后月堤	陈桥北	西自封邱县堤界起	东至王卢集东头止	五千零七十丈	康熙八年加帮
	陈桥前夹堤	陈桥东南	西自魁星楼东起	东至十二堡堤头止	三百八十丈	远年老堤
	王卢集前月堤	王卢集东	西自王卢集东南堤根起	东至王卢集东北堤岔止	六百零二丈	远年老堤
	马房后月堤	马房后	西自王卢集东起	东玉马房东埠口止	五百二十丈	远年老堤
	邵王寨后重堤	厂门口后	西自马房东堤根起	东至邵王寨东大堤根止	七百五十三丈	远年老堤
	厂门口后月堤	厂门口东	西自十八堡起	东至大王庙止	五百七十丈	远年老堤
	厂门口东月堤	邵王寨后	西自厂门口西起	东至邵王寨东止	五百八十丈	远年老堤
	张家寨后月堤	张家寨后	西自丁家庄前岔堤起	东至常家庄西堤岔止	一千一百三十七丈	康熙三年创筑
	张家寨斜月堤	张家寨东	南自大堤起	北至月堤止	二百五十丈	远年老堤
	清河集后重堤	清河集后	西自堤岔起	东至常家庄后月堤止	六百四十丈	康熙元年创筑
	河集后月堤	清常家寨	后西自二十二堡起	东至新寨止	九百九十丈	远年老堤
	回回寨月堤	韩罗湾后	西自本县二十堡迤西大堤根起	东至陈留县竹冈村堤界止	八百六十丈	康熙三十九年祥符、陈留、兰阳三县会筑

续表

北岸						
县名	工段	坐落	起	止	长	修筑年月
陈留县	北岸沿河大堤	贯台北	西自祥符县堤界起	东至兰阳县堤界止	一百一十丈	远年老堤
	回回寨月堤	竹冈村前	西自祥符县堤界起	东至兰阳县堤界止	四百五十三丈	康熙三十九年祥符、陈留、兰阳三县会筑
兰阳县	沿河大堤		上自陈留县交界起	下至直隶长垣县堤界止	四十一里	
	第一段	铜瓦厢西北	西自陈留县堤界起	东至第六堡止	九百五十五丈	康熙十五年岁修帮筑
	第二段	铜瓦厢东北	西自第六堡起	东至第八堡迤东止	五百丈	远年老堤
	第三段	管李寨前	西自八堡迤东起	东至管李寨东南止	八十丈	远年老堤
	第四段	管李寨东	西自管李寨东南起	东至管李寨东北止	一百七十八丈	远年老堤
	第五段	程家楼前	西自管李寨东北起	东至程家楼西头止	三百零五丈	康熙二十三年大修加帮
	第六段	杨家庄前	西自程家楼西南起	东至杨家庄东南堤岔止	六百八十文	远年老堤
	第七段	瞿家庄前	西自杨家庄东北堤岔起	东至十八堡东月堤头止	七百七十丈	康熙三十二年岁修创筑
	第八段月堤一道	耿家寨后	西自十八堡迤东月堤头起	东至樊家庄西头堤根止	一千八百五十丈	康熙三十六年岁修创筑

续表

北岸						
县名	工段	坐落	起	止	长	修筑年月
兰阳县	第九段	张村集前	西自樊家庄西头堤根起	东至张村集东南岔堤头止	五百九十丈	康熙二十三年大修加帮
	第十段	谷家营前	西自强村集东南岔堤头起	东至吴家庙西止	六百九十丈	远年老堤
	第十一段	袁家寨东	西自吴家庙西起	东至袁家寨东南止	二百四十丈	康熙二十三年大修加帮
	第十二段	袁家寨东	西自袁家寨东南起	东至长垣县堤界止	六百三十三丈	康熙三十二年修筑
	回回寨月堤	张家寨前	西自陈留县堤界起	东至铜瓦厢五堡迤东月堤根止	六百一十五丈	康熙三十九年祥符、陈留、兰阳三县会筑
	月堤	管李寨后	西自铜瓦厢八堡迤东起	东至管李寨东北止	九百四十五丈	康熙十八年创筑
	月堤	谷家营后	西自张村集东南起	东至袁家寨西南止	九百五十丈	康熙九年创筑
	直隶长垣县堤工	城东南黄家集	西自兰阳县交界起	东至仪封县交界止	五百五十一丈	康熙三十一年河南兰阳、仪封会同长垣三县共筑月堤一道
	月堤一道		西自黄家集迤东大堤起	东至仪封县洪船湾西南汪兆玉地止	五百六十丈	康熙三十六年筑
	仪封县堤		上自长垣县堤界起	下至山东曹县交界止		

续表

北岸						
县名	工段	坐落	起	止	长	修筑年月
兰阳县	月堤	西马木后	西自洪船湾西南长垣县堤界起	东至稽民堤中止	一千八百四十丈	康熙三十六年长垣、仪封二县会筑
	月堤	秦家庄前	西自月堤起	东至宋家营后止	二百四十丈	康熙十八年修筑
	月堤	梁家寨东	西自刘家楼东月堤起	东至十四堡东止	一千一百五十丈	康熙三十七年创筑
	沿河堤第一段	刁家楼南	西自宋家营西起	东至曲家楼西南月堤头止	一千五百五十丈	康熙二十三年大修加帮
	第二段	小曲家庄前	西自曲家楼西南月堤头起	东至曲家楼东南月堤止	六百四十丈	远年老堤
	第三段	小宋集前	西自曲家楼东南月堤起	东至小宋集东南止	一千五百三十丈	康熙二十三年大修加帮
	第四段	袁家楼前	西自小宋集东南起	东至袁家楼南止	二百二十丈	康熙二十三年大修加帮
	第五段	杜家楼前	西自袁家楼南起	东至杜家楼前止	七百一十五丈	康熙二十三年大修加帮
	阎家集月堤	二郎庙后	西自杜家楼前堤岔起	东至杨家堂后月堤止	二千零八十丈	康熙三十五年创筑
	黄家集前月堤	黄家集前	西自杨家堂后月堤起	东至黄家集前堤头止	六百四十丈	远年老堤
	蔡家楼月堤	李韩寨后	西自黄家集前月堤起	东至张官营后曹县堤界止	六百三十丈	康熙三十七年创筑
	李韩寨月堤	聂家庄后	西自裴家庄前四十一堡西起	东至曹县新筑遥堤止	一千六百四十丈	康熙二十八年创筑

黄河溜势迁变靡常，防护工程自当因时而异。由嘉庆之季上溯康熙，为时不过百年，而堤工之兴闭，汛地之短长，增损迁移，多非其故。上列之表系康熙以前，兹更将雍乾以来所更易者列叙于后。

南岸

开归陈许道属上南河厅现管堤工，自荥泽县广武山迤东民堰头起，至中牟下汛上界止。沿河大堤长一万二千六百零八丈四尺，为汛四。

荥泽汛，上自荥泽县民堰头起，至郑上汛上界止，堤长二千三百六十二丈，工后越堤二道：越堤即月堤，大堤后之重堤也。“月”象其形，“越”取其义。古书暨近时公厅大率二字并用，兹亦仍之。一自李西庄起，至胡家屯止，长三里，乾隆九年筑。一西自九堡起，东至郑上汛三堡止，长一千六百四十丈，三十二年筑。

郑州上下汛，原管郑州境内堤工，后虽分汛，堤河统管。西自荥泽汛下界起，东至中牟上汛上界止，堤长六千五百二十丈九尺。

郑上汛，头堡工后西自荥郑交界起，东至邵家坝台止。乾隆十二年筑月堤，长三百二十四丈。又接前堤下首起，至二堡下止。十八年筑越堤，长六百九十一丈九尺。十八堡工后黄冈庙北越堤一道，西自十六堡起，东至十七堡止，长五百丈，乾隆四年筑。又自前下段裴昌庙工头起，至中牟界止，越堤一道，长六百八十八丈，乾隆二十二年筑。

中牟上汛，西自郑州下汛下界起，东至中牟下汛上界止，堤长三千七百四十三丈五尺。头堡杨桥，乾隆二十六年七月漫决，宽二百七十丈。十一月堵合，历年抢修，嘉庆三年淤闭。三堡小潭溪工后越堤一道，长九十三丈，雍正九年筑。八堡，即十里店。嘉庆二十四年七月异涨，漫堤，刷成缺口，宽五十五丈，旋堵。于堤北创筑越堤一道，自上汛六堡东起，至十一堡东止，长一千五百丈。

中河厅头堡至三堡，远年越堤一道。又自三堡接上越堤尾起，至四堡下止，越堤长二百四十丈，乾隆七年筑。又自头堡起，至六堡止，大越堤一道，长一千五百丈，嘉庆十七年筑。十二堡自官亭门工后起，至十四堡下止，有越堤一道，长七百七十八丈，雍正二年筑。十九堡西起，至祥符界止，嘉庆二十五年筑外越堤，长三百丈。

下南河厅管理沿河堤工，西自中河厅中牟汛下界起，东至兰仪厅兰阳汛上界止，计长一万九千七十七丈，为汛三。

祥符上汛，西自中牟下汛下界起，东至祥符下汛上界止，沿河堤长八千一百零二丈。六堡，嘉庆二十四年七月异涨，平漫刷缺口宽七十余丈，旋堵。头堡至七堡，嘉庆二十四年，因漫溢缺口，于临河滩面建大越堤一道，长一千七百三十三丈，作为缕堤，嘉庆二十五年，自中牟下汛十八堡东起，至本汛头堡下新建越堤头止，又建外越堤，长六百三十七丈，内在中牟下汛长三百丈，在本汛长三百三十七丈。又自六堡大越堤尾起，至八堡东止，建外越堤一道，长四百八十三丈。二十一堡旧越堤一道，自十堡东起，至十九堡起之越堤南面止，长一千七百四十三丈。又自十九堡东起，至二十六堡下止，越堤一道，长一千五百七十七丈，皆顺治十三年筑。越堤内二十二堡处，乾隆五年筑南北格堤一道，长五百六十丈。二十六堡东起至二十九堡止，顺治十三年筑越堤一道，长四百九十六丈。三十二堡起至下汛十一堡止，乾隆四十四年筑越堤一道，长二千六百一十丈，作为缕堤。内在上汛堤长四百五十丈，下汛堤长一千一百六十丈。

祥符下汛，自上汛交界起，至三十八堡陈留汛上界止，沿河堤长八千二百四十二丈。六堡即时和驿。内，嘉庆八年七月漫缺十余丈，旋即挂淤断流，遂建外越堤一道，长三百八十丈，作为缕堤，起自五堡往东而南，至旧六堡止。又经二十四年漫水，将下截刷塌，先于九年接前越堤尾起，至八堡下止，筑外越堤长三百八十丈，作为缕堤。二十四年，六、七堡冲缺二处，未经补还。时和驿，乾隆四十五年六月漫溢，外越堤堵而复溃，十一月合龙。六、七堡内，嘉庆二十四年七月异涨。乾隆四十五年所筑越堤，今作缕堤之一千一百六十丈，下截刷缺二处，堵竣后遂于北面筑越堤一道，自六堡起，至八堡下止，长五百七十丈，作为缕堤。旧堤之上原有六、七、八堡房三座，将军庙一座，并移建于新堤之上。二十五年，六堡西首接工后越堤起，至西首缕堤止，又筑越堤长六十丈。十三堡起，至十九堡止，远年旧越堤一道，长九百三十五丈。二十堡起，至二十七堡止，远年旧越堤一道，长一千六百六十六丈。二十七堡起，至三十三堡止，远年旧越堤一道，长一千二百丈。

陈留汛，西自祥符下汛下界起，东至十四堡兰仪厅属兰阳汛上界止，沿河堤三千五百三十三丈。七、八堡内，嘉庆二十四年七月异涨，漫缺大堤二处。西宽四十丈，东宽五十余丈，随即堵合，并于堤北滩面自七堡上起，至九堡上止，筑堤一道，长五百九十丈。八堡起，至十一堡止，远年旧越堤一道，长一百一十丈。

兰仪厅经管兰阳、仪封境内黄河南岸堤工，西自下南河厅属陈留汛下界起，东至仪睢厅属仪封下汛上界止，计长七千三百八十九丈五尺。为汛二。

兰阳汛，西自陈留下汛下界起，东至仪封上汛上界止，沿河堤长五千八百六丈。内头堡起，至三堡新堤头止，长一千五百三十二丈，系远年旧堤。自三堡迤东新堤头起，至十六堡下界止，长三千五百五十四丈，系乾隆四十八年创筑新堤。

陈留汛，十三堡下起，至兰阳汛五堡新堤止，远年残缺废堤一道，自三堡迤下斜向东北断堤一段，系昔年缕堤。堤头即乾隆四十八年开挖处，后厢裹头历有兴废，地名蔡家楼。嘉庆十年帮旧堤北戗，长一百八十八丈。十四年帮戚村旧堤，长七十六丈。八堡南面地名薛楼。至十堡，嘉庆二十四年七月漫水刷缺，八堡口长一百九十余丈，十堡口长四十余丈。嗣上游马营坝漫溢，两处缺口挂淤，乃自八堡起，至十堡，临河圈筑月堤一道，长一千零五十丈，作为缕堤。

仪封上汛，按：乾隆四十七年，北岸曲家楼漫口。大学士公阿桂临工堵筑，屡败垂成，乃奏改河道，新筑南堤一道，自兰阳三堡起，至商邱十一堡止，共工长二万七千四百三十五丈五尺。另开新河一道，自兰阳十二堡旧堤外临李六口河崖起，至旧堤南面止，工长七百四十二丈，又接前自堤南起至南邱七堡河尾老河崖止，工长二万四千一百九十一丈，共挑河长二万四千九百二十三丈。其旧堤之在三堡迤下，至仪封汛者，长三千二百七十一丈。十二堡以下全废，仪封至考城长九千八百七十三丈，新北堤接至七堡，七堡以上堤皆废守，考城至商邱长一万零八百丈，商邱头堡至十堡长三千五百二十五丈八尺，共改堤长二万七千四百六十九丈八尺。自兰阳汛下界起，至仪睢厅属仪封下汛上界止，沿河堤长二千三百零三丈五尺。三堡，嘉庆二十四年七月大堤平漫，刷成缺口，长一百四十八丈，嗣因上游北岸马管坝漫缺夺溜，该处挂淤，遂于临河滩面圈筑越堰。自二堡西起，至五堡西止，长七百丈，作为大堤。二十五年春，四堡漫溢，冲缺下截，长一百二十丈，至冬堵合。三堡至九堡，嘉庆六年筑大越堤一道，长一千五百五十五丈。二十四、五年两次冲缺，惟五堡对过西起及以下尚存。

四堡，嘉庆二十五年三月堤身坐蛰创缺，长一百七十八丈，十二月堵合。

仪睢厅分管仪封厅境及睢州境内按：睢州本无河工，乾隆四十八年新筑南堤，始在睢州境地。黄河南岸堤工。西自兰仪厅属仪封上汛下界起，东至睢宁厅属睢州上汛上界止，原长七千九百七十五丈九尺。内睢州上汛于嘉庆三年五堡漫工案内，越堤增长六百三十三丈，共长八千六百零八丈九尺。为汛二。

仪封下汛，自仪封上汛下界九堡起，至睢州上汛上界止，沿河堤长二千三百零三丈五尺。

睢州上汛，自仪封下汛下界起，至睢州下汛上界止，沿河堤工原长五千六百七十六丈。嘉庆三年，汛内五堡漫溢堵筑，案内增长六百三十四丈，共长六千三百一十丈。五堡，嘉庆三年八月大堤漫缺，长二百余丈。四年正月堵合。系在堤北滩面圈筑，中建大坝，坝尾西抵头堡缕堤，东抵六堡以上缕堤，共长二千零九十三丈，作为沿河大堤，立堡修守。新堤三堡堤南嘉庆二十年筑越堤一道，长二百二十丈。

睢宁厅分管睢州、宁陵两州县境内黄河南岸河务堤工。西自仪睢厅属睢州上汛下界起，东至商虞厅属商邱汛上界止，临河缕堤原长一万零七十丈。内睢州下汛堤长五千八百一十丈，因乾隆四十九年二堡漫溢冲废，奏明自二堡东坝起，至旧二十堡下界止，于北面建筑缕堤，长五千二百六十七丈。又自头堡至二堡东坝止，接堤长八百四十七丈，共堤长六千一百一十四丈。五十二年，十三堡大工案内，又增堤长三百一十丈八尺，现连宁陵汛堤工，共长一万零六百八十四丈八尺。为汛二。

睢州下汛，自睢州上汛下界起，至宁陵汛上界止，沿河堤长六千四百二十四丈八尺。二堡，乾隆四十九年八月大堤漫缺，刷宽二百五十余丈，十一月堵合。嘉庆十八年大堤坐蛰，刷宽二百一十五丈，二十年二月堵合。十三堡，堤南地名孙六口。乾隆五十二年六月漫溢，刷缺二百余丈，十一月堵合。原旧缕堤淤没一千零八十丈，乃就堵筑大坝圈筑堰工，西至十一堡下，东至十五堡上，计长一千三百九十丈八尺，作为缕堤，立堡修守。

宁陵汛，上自睢州下汛下界起，下至商虞厅属商虞汛上界止，沿河堤长四千二百六十丈。

商虞厅原管沿河堤长二万四千五百九十丈八尺。内商邱汛改筑南堤，增长二丈七尺，除拨隶归河厅八千五百六十丈，现管商邱、虞城两县境内黄河南岸西自睢宁厅属宁陵汛下界起，东至归河厅属虞城下汛上界止，计长一万六千零三十三丈五尺。为汛二。

商邱汛，自睢宁厅属宁陵汛下界起，至虞城上汛上界止，沿河堤长八千九百一十六丈五尺。内头堡至十堡止，乾隆四十八年改筑新堤，长三千五百二十八丈五尺。余系旧堤。

虞城上汛上自商邱汛下界起，东至虞城下汛上界止，沿河堤长七千一百一十七丈。九堡，嘉庆二十三年盛涨，刷塌堤身，抢护稳固，即于四堡上首起，至十堡下止，堤北建筑越堤一道，长七百二十八丈，与大堤一律修守。

归河厅分管黄河南岸虞城县境内河务，西自商虞厅属虞城上汛下界起，东至江南萧南厅砀上汛上界止，沿河堤长八千五百六十丈。为汛一。

虞城下汛，汛地与厅同。嘉庆二十一年咨部，将十五堡以下至江南界堤北圈堰改为缕堤，原编之二十五堡起，至四十八堡止，改编为头堡至二十四堡。圈堰创于何年，未详所自。自十七堡新堰至旧堤，嘉庆十八年筑格堤一道，长二百八十八丈。又十八堡内格堤长一百八十五丈，嘉庆十七年筑。

北岸

河北道属黄沁厅，管理武陟县境内沁河木栾店埽工，并武陟、荥阳、原武三县境内黄河北岸堤埽工程。除沁河堤工向系民修外，其黄河堤工西自沁河北堤尾黄河遥堤头起，东至上北卫粮厅属阳武汛上界止，沿河堤长一万四千五百一十五丈。为汛三。

武陟汛，专管武陟县黄河堤工，西自沁河北堤尾起，东至荥泽汛上界止，堤长六千三百三十四丈。按：遥堤至缕堤头止，长三千三百五十一丈，缕堤头至荥泽界止，长二千九百八十三丈。雍正元年，创筑武陟县沁河堤头起，至荥泽县大堤止，遥堤十八里。嘉庆二十一年，河势北趋，唐郭庄一带刷滩溃堤，总河叶观潮、护理巡抚吴邦庆奏准，改归黄沁厅营督汛修守，该堤四千零六十一丈。康熙六十一年十二月，钉船帮漫口堵塞。筑马营口大越堤一道，西自詹家店新筑堤头起，东至荥泽大堤止。又筑荥泽大堤以为遥堤。雍正元年二月，于马营口一带，将旧堤普律加高培厚，于后面添筑撑堤一道，格堤一道，以为重门保障；再于后面筑靠堤、越堤，俾有倚恃之固，建筑十八里之遥堤，设堡夫防守。六月，沁黄交涨，由姚其营漫滩而出，水与堤平，决渠家营、二铺营土堤，及詹家店、马营越堤，接连荥泽之遥堤、格堤，漫塌八处。七月，塞之。二年，于钉船帮北坝尾直对姚其营北首，接筑堤工一道，长八百七十五丈；秦家厂越堤内填实，周长三百七十丈；加帮秦家厂北坝尾堤，长七百一十三丈；加帮秦家厂靠堤，并南坝尾堤，长九百九十一丈；帮詹家店并马营口堤，长二千六百余丈；帮马营口格堤，长一百九十三丈；又加帮缕堤，自沁河堤头起，至荥泽大堤止，长五千八百六十一丈；又马营口、詹家店后接筑格堤二道，共长七百四十三丈。

荥泽汛，西自武陟汛下界起，东至原武汛上界止，沿河堤长一千五百三十七丈。道光元年创筑荥原越堤，自头堡起，至原武汛八堡止，长三千三百三十九丈。

原武汛，西自荥泽汛下界起，东至上北卫粮厅属阳武汛上界止，沿河堤长六千七百四十四丈。

卫粮厅经管阳武、封邱二县境内黄河北岸堤埽工程，西自黄沁厅属原武汛下界起，东至祥河厅属祥符汛上界止，沿河堤长一万六千四百七十九丈。为汛三。

阳武汛，分管阳武县境内堤工，西自原武汛下界起，东至二十三堡止，堤长六千七十三丈。雍正元年七月，修帮阳武县之申家潭、大滨、朱家潭、赵家潭、琶子冈、靛池阁、张家庄七处堤工。乾隆十六年十一月，朱水决口合龙。次年正月，十三堡口门大堤筑成，又增筑缕堤、格堤等工数百丈。按：阳武汛十六堡至十八堡缕堤向南，越高湾，内有小堤二道，一长八十丈，一长一百五十丈，系十六年漫工堵闭后创筑。十八年九月，河水骤涨，冲决十三堡大堤四十二丈，随经补筑完固。缕堤之北自十四堡起，至阳封汛五堡止，有旧越堤一道，年远残废。

阳封汛，分管阳武、封邱二县境内堤工，西自阳武汛下界起，东至封邱汛上界止，沿河堤长五千零五丈五尺。七堡缕堤乾隆二十六年漫缺，于南面圈筑越堤一道，作为缕堤，移六、七、八堡于上，以资防守。十四堡前，嘉庆二十五年创筑外越堤一道，长二百五十丈，外厢护埽。该处支河逼近堤根，河势宽阔，故筑越堤，厢埽挡御。按：《续河南通志》载：阳武、封邱北岸沿河大堤，核计两县共长一万三千九百四十一丈五尺。嘉庆八年，总河嵇承志奏添拨上北、下北厅汛折内声叙，阳武主簿经管堤工六千零七十三丈，阳武县丞经管堤工五千零五丈五尺，封邱主簿经管堤工五千三百五十二丈五尺，共长一万六千四百三十一丈，比之《通志》之数计多堤长二千四百八十余丈。或系以越为缕，至有多出丈尺也。

封邱汛，分管封邱县境堤工，自阳武汛下界起，东至祥河厅祥符汛上界止，沿河堤长五千三百五十二丈五尺。

荆隆镇缕堤之南六堡东起，至九堡下止，乾隆年间创筑越堤一道，长七百三十二丈。十三堡缕堤之南，乾隆年间创筑越堤一道，长二百六十四丈。二堡起，至祥符汛之八堡下止，远年旧越堤一道。五、六两堡之中，中乐城迤东，北抵越堤，南抵缕堤，中有远年格堤一道。三堡缕堤北面起，历于家店，至格堤止，有旧大越堤一道。南首缕堤北面，又有鱼鳞越堤三道。荆隆镇东九堡下缕堤至越堤，有远年旧格堤一道。十四堡迤上，广祐祠南，乾隆年间筑外堤一道。嘉庆九年，在衡家楼漫工口门之南圈筑月堤，长三百九十八丈八尺，作为十四堡缕堤。其冲断缕、越二堤，缺口未经补。十四年，自缕堤十三堡下起，斜向东南，至东坝尾堤止，创筑越堤一道，长一千零四十二丈。十九年，于新筑两越堤中筑格堤二道，西长一百九十丈，东长一百六十二丈。

祥河厅专管黄河北岸祥符县境上截沿河堤埽工程，西自卫粮厅属封邱汛下界起，东至下北河厅属祥陈汛上界止，计长五千四百一十丈。

头堡起，至三堡下止，外越堤一道，长九百六十五丈。雍止三年筑。陈桥迤东，魁星楼前十堡后起，至十二堡止，缕堤北首有远年越堤一道，长五百零三丈。

下北厅分管祥符、陈留、兰阳三县境内黄河北岸堤埽工程，西自祥河厅属祥符上汛十六堡东交界起，东至曹考厅属兰阳下汛上界止，沿河堤长九千二百五十九丈。为汛二。

祥陈汛，西自十七堡祥符上汛下界起，东至兰阳上汛上界止，沿河堤长四千五百四十四丈。《河南通志》图绘祥符境内缕堤，后有大小越堤数道，并各有格堤。

兰阳上汛，西自祥陈汛陈留下界起，东至曹考厅属兰阳下汛上界止，沿河堤长四千七百一十五丈。十一堡在崔家庄前。东，至十三堡东止，嘉庆十九年，溜刷溃堤，乃于北面建越堤一道，长四百丈。二十年，于越堤之南筑埽靠一道，长二百七十一丈五尺，作为临黄大堤。乾隆四十八年，堵筑青龙冈漫口，改易堤河，自兰阳北堤六堡起，斜向东南，至李六口大坝北止，创筑堤长一千九百九十六丈，即作临河大堤。迨后分改厅汛，于四十九年三月部覆，北岸新筑堤坝，自兰阳六堡起，改筑新北堤，至李六口大坝迤北止，为北岸正堤。准其拨归兰阳上汛，主簿、千总同管。旧北大堤自新北堤头六堡起，东至兰考巡检交界止，准令该汛带管，此兰阳北汛分而为二之始。兰阳上汛现管堤长四千七百一十五丈，内六堡以上，堤长二千七百一十九丈，仍系北岸旧堤。六堡以下，一千九百九十六丈，系四十八年所创新北堤。

曹考厅分管河南、山东黄河北岸兰阳、考城、曹县堤埽工程，西自下北厅属兰阳上汛下界起，东至山东曹上汛止，沿河堤长一万一千八百八十丈。为汛三。曹上汛属山东，兹不载。

兰阳下汛，自兰阳上汛下界李六口大堤迤北新北堤尾起，至八堡迤下考城汛上界止，沿河堤长二千七百四十七丈；又自考城汛头堡起，至八堡马店迤东止，沿河堤长三千二百四十丈。共管堤长五千九百八十七丈。

考城汛，自兰阳下汛下界起，至二十八堡下横坝、山东曹县曹上汛上界止，沿河堤长一万一千八百八十丈。自改易堤河后，旧日北堤皆未修葺。嘉庆二十四年异涨，漫缺十三堡牛寨迤西缕堤，抢筑稳固。二十五年，于缺口南面圈筑越堤一道，长三百二十丈。二十六堡樊寺迤东为旧南堤尾，嘉庆二十五年，接堤尾至旧北堤，创筑斜堤，长三百四十五丈，作为缕堤。

文宗咸丰五年六月，下北厅兰阳汛铜瓦厢三堡漫口，河流北徙，由大清河入海，而兰仪、仪睢、睢宁、商虞、曹考五厅遂无堤工。

穆宗同治五年十一月，直隶总督刘长佑奏："溯自咸丰五年，河南兰阳汛决口以后，于今十年。值此经费支绌，固无力堵筑兰阳旧口，就时论事，亦只可顺水修堤，俾不致波连完善。但有堤必致生险，生险必须修防，段落既长，工费过巨，法无可设，款从何来？惟有上修长垣之大堤，及接筑新埝，下修开州之金堤，中间无堤处所一律接筑，加高培厚，因险设防，是亦急则治标之一法。其事固不易办，其势又不得不办。惟上游在豫，下游在东，滑浚居其中，濮、范、观、馆处其下，若欲接修长堤，断非直隶一省所能办理。可否饬下东河督臣周历履勘，会同直、东、豫三省统筹全局，合力兴修，再行设汛添员，拨款备料，庶可一劳永逸，同庆安恬。"

同治十二年十一月，工部议奏："河东河道总督乔松年奏，查勘兰仪口门以下筑做遥堤情形。查原奏内称：'黄河自铜瓦厢北趋，再折而东，历东明、长垣、滑县、开州四州县之境，计长一百四十余里。东西两岸民堰断续，约估筑做遥堤，土方价值即需银八九十万两。西岸情形较轻，或先筑作东堤，亦非三四十万金不敷办理。各州县叠被水灾，民困已极，势难借资民力。而国家财用维艰，亦难筹此巨款。莫若仍由各地方官随时体察情形，择其所急，劝谕各村庄量力相机修筑民堰，便可各卫身家。'拟请准如所奏，暂缓兴修以节糜费。"

卷二

坝工

明太祖洪武十八年，上谕工部臣曰："去年河决临漳，民受其患，虽常修筑堤防，恐不可久。宜遣官与布政司都司会议，凡堤防堰坝豫河坝字始见于此。可以御水患者，预为修治。"

按：《说文》无"坝"字，不知始于何时。前此宋神宗元丰四年，河北东路提点刑岳刘定言："恩州赵村坝子决口，水注冀州城东。"以非豫事，故不引。又顾一柔《山居赘论》："滚水石坝，格堤之法，即斗门回注之意然。"则古时治水，固早已注重于坝也。

孝宗弘治六年，刘大夏疏议："河南所决孙家口、杨家口等处，势若建瓴，皆无筑塞之理，欲于下流修治。看得河南、山东与直隶大名交界地方黄陵冈古堤十存八九，贾鲁旧河尚可泄水。必修整前项堤防，筑塞东注河口，尽将河流疏道南去，使下徐沛，由淮入海。仍于张秋镇南北各造滚水石坝此坝虽非豫境，实因河南河决，乃议建筑。一条，俱长三四十丈，中砌石堤一条，拟长十四五里。虽有小费，可图经久。万一河再东决，坝可以泄水流之涨，堤可以御河流之冲。倘或夏秋水涨之时，南边石坝逼近上流河口，船只不便往来，则于贾鲁河或双河口径达张秋，北下尤为便利。"

世宗嘉靖五年十二月，御史戴金奏："黄河入淮之道有三，一自中牟至荆山，合长淮之水，曰涡河；一自开封府，经葛冈、小坝、丁家道口、马牧集、鸳鸯口、徐州，出小浮桥，曰汴水；

一自小坝，经归德府城南饮马池，至文家集，经夏邑，至宿州，曰白河。弘治间，黄河变迁，涡河、白河堙塞，而徐州独受其害。若自小坝至宿迁一带，并贾鲁河鸳鸯口、文家集壅塞之处逐一挑浚，则趋淮之水不止一道，而徐州水患可以少杀矣。”

神宗万历十五年八月，工科都给事中常居敬等题：“开封等府、陕州灵宝等州县霪雨，黄河泛涨，冲决堤岸，漂没人畜。乞敕河南凡有河道地方，除管河副使专理外，各于巡道照所管地方分主督理，卷埽筑坝，补隙塞决，明立赏罚，昼夜并工，务俾安澜，毋贻漕患。”工部覆奏：“从之。”

万历十七年，陶家店筑坝，长三千六百二十九丈；张家湾加修旧坝一道；时和驿筑坝，长三百二十七丈；又荥花树筑坝，长五百五十九丈；三家庄创筑坝，长二百七十丈；芝麻庄创筑坝，长八十六丈；孝城口补筑坝，长二十丈四尺。

清圣祖康熙四十五年六月，部覆抚臣汪灏疏称：“贾鲁河由旧河身至黄河岸口，南北共长十里。其紧接贾鲁河之地名曰东赵，由旧河身行七里，有大堤一道，名曰大堤头，自此而北三里至黄河岸口。其东南名为新庄，应于新庄之黄河涯口筑草坝一座，至旧河既开，势必将大堤挑断，通水入黄。应于堤根设石闸一座，既资防患，兼备疏蓄。至引贾鲁河入旧河身，则东赵为受水之口，亦应于东赵地方建石闸一座，引受河水东之入黄。二闸一坝以时启闭，可使贾鲁河舟楫由黄入洛矣。”奉旨：“依议。”

康熙四十八年二月，河南巡抚汪灏题为建坝已成等事，部议得：“先经河道总督今升户部尚书张鹏翮，会同河南巡抚汪灏，以河南黄河南岸黄堌坝系旧日险工，居黄河上游，关系紧要，奉上谕：‘修建挑水坝一座，挑溜开行。’又于上水埽湾处下护崖埽七十丈。其黄堌坝险工既已创建挑水坝，应照江南岁修例，每年用料修防，以垂永久，令抚臣就近料理。又据河南巡抚汪灏疏称：挑水坝工修建已竣，第险要之处新建坝工，及下过埽个，大溜冲刷，诚恐桃、伏、秋三汛水发，势必蛰陷，岁修防护，万不容缓，应如所题，准其修理。”奉旨：“依议。”是年，赵世显又题请于挑水坝上再建挑水坝一座。亦奉旨允行。

康熙五十年六月，河南巡抚鹿祐题新坝建筑已成等事，部议得：“先经河南巡抚鹿祐以马家道口新建坝工正当旧坝上流，先受顶冲之处，比旧坝更为紧要，应照旧坝请给岁修银两，办料修防等因。臣部以黄河工程例有保守年限，今前项工程甫经告竣，未及一年，何得遽请岁修？覆令该抚俟保守限满，具题到日再议。今据该抚疏称，虞城县马家道口新建挑水坝系康熙四十九年六月内建筑完工，业已保固一年，且新建之坝居大坝之上流，先受顶冲之势，较之旧坝更为紧要。若不照例岁修，一遇汛水涨发，恐新坝蛰陷，而大坝亦难保固，岁修防护诚不容缓。请给岁修银两，办料修防，应如所题，准其岁修。”奉旨：“依议。”

康熙六十年，筑钉船帮大坝，又筑秦家厂坝。

世宗雍正四年，筑原武县下大王庙挑水坝。又筑高令望庄顺水坝。

高宗乾隆三十二年九月，河东河道总督嵇璜等奏：“查杨桥大坝为豫省第一要工。自乾隆二十六年合龙之后，虽未建筑越堤，然从前河分两股，一由北岸顺直遄行，一由坝外埽湾东注，是以数年俱属稳固。迨本年春夏以来，两河大溜汇为一河，并力全注南岸，直趋杨桥，坝前水深三四丈不等。闰七月初旬，黄河盛涨，水高埽面五六尺，埽多蛰裂。该工向系秸料堵闭，外当大溜，内有深潭，时虞渗漏。北岸河滩顺直，既不能开挑引河以分溜势，而大坝迤里又系遍地飞沙，亦不能建筑越堤以为重障，又有龙门深潭，绕越千有余丈，不特建堤需费浩繁，抑且绕筑遥远更不能为杨桥内护。应请将坝身里戗，再为加培宽厚，以为保障。查从前堵筑杨桥漫口时，系就郑中越堤头盘筑坝台，进埽合龙，遂改越堤为临河大堤。该工土性纯沙，难资巩固。闰七月初二日，黄河涌注，冲刷堤身，坐蛰三处，幸保无虞。但以沙性之堤御黄河之水，实难恃以无恐。应请择选淤工帮筑里戗，庶几可资捍御。”

又奏：“上北河厅属之阳武七堡、八堡，系乾隆二十六年堵筑漫工。现在外滩日见淤高，堤根已成洼形，每遇漫滩水至，存贮日宽，沙堤难以抵御。查本年漫滩水大，该处停有胶淤，应将堤身临河一面刮淤土帮培洼形，筑顺水土坝，以期漫滩坐沟之水渐次受淤，则堤工自固。又下南河厅之兰阳汛越堤，亦系二十六年堵筑漫工。该堤一千七百余丈，形势过于宽长，挺占河身，阻过水势，必须展拓以顺河流。该处大堤漫口三处，虽于二十九年奏明补筑，而毗连漫口之大堤卑薄，并未加帮，堤根以外多有支河积水。现饬多筑土坝，俾支河之水逐渐停淤。其堤根无柳处并令补栽柳株，以御漫滩风浪。”

乾隆三十六年九月，河东总河姚立德奏报疏消积水，及仪封八堡、十三堡一带河分三股情形，加筑草坝挑护事宜。

《河渠纪闻》曰：“此河道变更之始也。豫东自大修河堤以后，仪封三堡一带大溜北趋，水不至堤根，安溜数十年。汛后漫出沟槽，不即堵塞，地势北高南洼，一线漏泄足回全河之势，防守疏忽之咎不能辞也。姚河督初至官，留意查访。疏称北岸之曹县、仪封、兰阳、阳武，南岸之祥符、考城等汛，大堤以外皆有积水，若不设法疏消，堤工浸泡日久，风浪撞刷，易致损也。或有好事喜工之人员，希冀修做秸草防风，借资挡护，转滋糜费。责令河道督率员弁，拨集有业民夫，挑沟导引，俾径趋大河。水涸后沟形内多筑土坝，漫滩水至，流滞沙停，逐渐淤成平陆，以资防守。豫东黄河土性与江南不同。江南河道窄狭，紧束河流，每逢一滩，必有一工。豫东河面宽闲，土性虚松，平时水不上滩，只须修护有埽段落，至汛水漫滩，一望汪洋，两岸堤身尺寸皆须防护。南北沁、洛诸水汇入黄河，洛水大则黄流趋北，北岸受险；沁水大则黄溜趋南，南岸受险。溜势变迁无常，前时节省可缓之埽工，加帮紧要土堤。是以历经异涨，足资抵御。其临河埽工，如杨桥、黑冈等处，统计不过十数段，虽溜势无常，而工程已定，可以相机修防。惟仪封八堡至十三堡一带，河分三股。吴嗣爵曾在近堤一股筑坝拦截未经闭气受淤。兹当水落之时，宜加筑草土夹坝，俾大溜全归正河，合流东注，庶近堤一股河身可期受淤。此犹就病为医，而未测全河之大势，因循至于逾年，河势日见偏趋侧注，只事抽沟切嘴，为得尺则尺，得寸则寸之计。殊不知黄河大势已移，枝枝节节为之无益于事，非如坝根积水，可就地宣泄也。河溜既泄之后，非一坝所能抵御。河分三段，横流之势已成，中泓之河必淤，淤甚而壅溃四出，不归南岸低洼之堤根而焉归也？异时仪考汛内之堤，半日而漫缺九道，于此实开其端。当事粉饰迁就，不啻养痈，迟至数年而大变，岂得谓天行之偶愆哉！”

乾隆四十三年三月，姚立德奏：“黄河南岸近堤处向有顺堤河形，自仪封至考城，绵长百里，河头旧有土坝拦截，上年漫塌入水，致河流分入。今须改筑草土夹坝，方可经久无虞。”

乾隆四十四年八月谕：“昨据阿桂等奏，现在赶做顺黄南北两坝。阅上次进到之图，顺黄南坝尚距大堤不远，将来补筑自易。其北坝则竟齐河身做起，并无堤岸依靠。即两坝中间堵合，而北坝头似未靠实地，未为妥善。因复阅图内十堡北岸尚有圈堰一道，由十八堡上旧拦黄坝起，至十堡对岸而止，前所筑北坝头即接圈堰做就，较为合法。今亦将此堰接长，使现做坝工得有所接，不致落空方妥。因用朱笔标识起止，阿桂可即速筹妥安办。其堰坝等工，务须厢做坚实，以期巩固。至顺河坝合龙后，并须将十六堡漫口仍行补筑完好，俾资保障，尤堪经久无患。”

十一月谕：“据阿桂等覆奏，现在南坝已软厢得七丈余，北坝已软厢得二丈余，金门只剩十丈余，日内将已做之工加倍填压，务令益得稳实，俟两坝再进两埽，即可为相机堵合之计。惟在阿桂等实力董办，以冀速竣。至称南坝日逐厢压，取用物料甚多，而坝身终觉松软，不知其初因何受病，自系填压，未能坚实之故。向来下埽，惟凭土压，所用之土，似不过浮加，未能令其到底着实。朕意以为如压土加以夯硪，自应坚固得力，不知河工下埽曾如此办过否？若从未办及，不妨以此法试行之。着传谕阿桂与徐建功等谙练之人，详细妥商而行。”

乾隆四十六年七月，命李奉翰赴豫，同韩鑅、富勒浑勘办青龙冈堵筑大坝、开挖引河各工。

《河渠纪闻》曰：“是时黄河北岸孔家庄漫口挂淤，大溜全归青龙冈。李奉翰赴工协办，奏称：仪封北岸十堡河滩漫缺各沟槽周历勘视，王家庄荣华寺、孔家庄等处沟槽俱断流挂口，分段堵筑。其青龙冈沟槽全河趋注，溜势汹涌。该处系属沙土，临黄外口宽二百四十余丈，现拟建坝之处距大河五六十丈，并于坝上建挑水坝一道，使归正河，形势颇顺，俱已盘筑坝台。

惟土性沙松，宜慎重料理，将大坝后加筑二坝，同时并举，庶彼此相依，内外相制。所有应挑引河，自孔家庄至荣华寺三千六百余丈，口宽五十丈及十八丈不等，深一丈五六尺。自青龙冈至孔家庄止，二千八百丈，河身尚未淤垫，止须挑深五六尺。下游荣华寺至杨家堂止，一千五百三十丈，口宽十八丈，深一丈六尺。统计估土一百六十八万六千余方，分四段委官趱挑。坝分东西，挑槽筑实，大坝、二坝各长二三十丈不等，一律坚筑，以次进占。上首加筑挑水坝，逼流东趋。其青龙冈、孔家庄引河两头，遵旨一律展宽。青龙冈口门宽二百四十余丈，软厢前进，深处始下埽个。两坝日进一埽，赶挑引河，使水有去路。并俟大坝、二坝口门筑存三四十丈，引河挑至八九分，至启放时并加赶办挑水坝，接筑加长，逼溜南趋，直注正河，畅行通达，俾大坝、二坝口门成回溜之势，不致着重，合龙亦易。是大坝、二坝一时并进，共筑成九十余丈。江南邳、宿运河长水已消，杨庄盐闸去路益畅，湖口闸伊家河、荆山桥河下注之水流行顺利，回空漕船引导前行，水势大定。惟有堵截黄水来源，为捍御之大计矣。”

九月，大学士公阿桂奉旨来豫，驻工督办青龙冈堵筑事宜。

《河渠纪闻》曰：“是时昼夜加厢，至百余丈，两坝前水不甚深，此即埽未生根，不能稳固之由。阿文成到工，已开工四十余日，严督趱筑，昼夜不停。疏称此次堵筑漫工，至十月初十，东西两坝共做长二百二十余丈，口门存宽四十余丈，西坝水深不及二丈，东坝止深丈余。河底并未刷深，口门渐窄，溜势湍急，捆厢船只不能存住，难以进占。增长坝台一律稳固，即于是日进埽，每下一埽，层土层柴追压到底，然后再进一埽。挑水坝接做，长七八十丈，大溜渐归至引河头，口门宽五十余丈，水势渐急，将二坝下全河刷成陡坎。初距口门尚远，数日来渐近愈猛。初一日，跌过二坝，十一日卯刻，跌至大坝口门，转向口门两旁。沿坝跌深三丈，涌激异常，坝根立见行蛰。西坝上水埽坝刷深悬空，昼夜赶紧厢压，随厢随蛰。至十二日巳刻，西坝头上水陡陷长三十丈，口门仍宽七十余丈，下水深至三丈四五尺。赶紧裹护，并于上首冲去边埽之处抢下护埽，又迈一埽以抵溜势，至埽经蛰塌，坝底高低不平，下埽难以稳贴。仍软厢进占，为无可如何之计。

"凡堵筑下埽，必先得深水，工力虽多，而有基足恃，回溜不能冲刷，步步稳实。若水未冲深，埽浮寄沙上，水大即冲去，不足恃也。西坝蛰陷后，补筑边埽，坝底收拾净尽，仍于原处软厢前进。东坝又进数占，长一百三十余丈，坝前上水止深一丈，下水深至三丈四五尺，后于坝外帮做戗坝一层，以资保护。挑水坝连前做长八十余丈，挑溜甚为得力。自十月十九日进占起，至十一月初五日，口门止存九丈五尺，两坝各进一埽，追逐到底，又各进一埽，口门宽止四丈，追压到底，增长坝台。初八日丑时，河水陡长三尺余，大溜直撞口门，涌激异常，坝工立见行蛰，赶紧厢压，随压随蛰。抢至卯刻，东坝头陡蛰丈余，揭去埽上坯厢十余丈。入水坝根尚存，水底西坝亦隧平蛰丈余，口门存宽十四丈。赶紧抢厢平稳，仍裹护坝身，收束坝底，加长坝台以图再进。此次挫失，仍由坝前水深一丈，溜水搜刷到根，沙随水去，以致工倾。又未先放引河以疏其气，事后之智难语先机之哲矣。"

乾隆四十八年三月，阿桂等奏坝工日益稳固。又奏："十三日挂缆合龙，金门断流，大工告成。"

《河渠纪闻》曰："是时，经青龙冈屡次挫折之后，益加慎重。初以兰阳十二堡放水之处，形本坐湾顶冲，着重展宽，十一堡河头向东斜挑二十余丈，新堤顶上加筑四尺子堰，滩水漾入堤根之处，捆埽厢护，凡有沟槽河形与堤根相近处，添筑埽坝，加厢防风，堤后帮筑里戗。至河尾出水之处，挑开旧堤一百二十丈，并于南面挑川字沟二道，以备伏秋分道宣泄，使尾闾益加通畅。大学士公阿桂临工，于原估一百二十丈外展河，再展宽二十丈，又以河面宽一百余丈，放河后始行筑坝，恐不能应手克期，若赶紧收窄，口门必至刷深河身，于放河无益，拟于北岸水浅处先行进做，俾溜势益向南趋，俟近水深处停止增长，坝台追压坚实，再行前进至口门，约宽四五十丈，底未刷深，开放引河，溜归新河，坝工不致着重，然后两坝并进。口门存宽不满三十丈，仍恐水涌溜急，小心厢垫，逐步进做。口门收至四丈，追压坚实，增长高厚，于三月十三日辰刻挂缆，两坝并力追填到底。至酉刻金门断流，尚有挂帘透气之处，用厚土加压，上水边埽赶厢凑合。至十四日辰刻，闭气稳固，坝前旋即澄淤，坝下行人往来，徒步可涉。十九日戌时，水头已到清黄交汇处所，从此黄流归故，坝工益加巩固。而北岸二百余里濒湖临黄之险工尽得避去。所谓移险就平，虽有改制之名，仍得利用之实，非有大力者坚任不疑，未易轻举而集事也。”

乾隆五十年十月，大学士公阿桂查勘豫省新河堤坝情形，定议覆奏。

《河渠纪闻》曰：“黄河水大走滩，水小走湾，势之常也。新河抽沟，引流归北，走滩之水也。高家寨之不能免于分溜，归湾之水也。走滩之时暂，归湾之日长，慎守其常而河势自定。阿公相奉旨查勘，疏称：‘臣至睢州工次，将高家寨北滩抽沟引溜之处，及从前修做挑水、拦水各坝，与兰第锡、毕沅悉心讲求，设法办理，务使大溜日渐北趋，新坝益加巩固。又奉谕："兰第锡覆奏高家寨抽沟情形。称八月初旬，该处溜分两股，一股仍北趋，一股由兰封十六堡至睢州头堡，将新淤嫩滩刷去，高家寨十埽上下现有拖溜等语。大河溜势经行，固无一定，但现在水落后该处既有分溜逼近堤根，自不若豫为防护，令其归并一股，较为妥善。朕意于该处筑一挑水坝，逼令归入正溜，似于埽工更资保固。"臣于十月十七日抵商邱，连日自七堡河尾直至兰阳李六口，详细察核，添建挑水坝，逼溜北趋，此时防护之法无出于此。惟有遵朱笔标识，于埽工之上，斜向东北建筑，最为得势，筑长一百八十余丈，迤西埽前可冀澄沙。倘虑埽工太长，溜势不能尽向北挑，彼时察看情形，或于迤下再建挑水坝一二道，以渐进逼使埽前拖溜悉向北趋大溜，并一东注，于埽工更资保固。'奉朱批：'如所议行，此一定不易章程也。'河工定法，抢新不如守旧，新河初成，任其分流，别出修守，反无把握，睿谋宏远，烛照千里之外，朱标建坝处所确当不易，当时在工臣民无不倾心诚服，额手称庆矣。"

乾隆五十二年十一月十五日，谕："本日据兰第锡将睢州下汛十三堡坝工及圈筑二坝各情形绘图贴说具奏。朕详加披阅，该处大坝跌塘以下圈筑二坝一道，东西两头接连大坝，内有停积清水，所办尚未妥协。该处坝工甫经堵合，其大坝之下复圈筑二坝一道，原为保固堤工起见，但现在金门坝合后虽已闭气，而二坝之中仍有停积之水，水气本属相通。自此积水日久，并无去路，则里外俱受湿浸。此时冬令水涸，尚属无妨，设遇春夏汛期，恐坝工内外水势浸润，气脉潜通，坝工或致渗漏，不能巩固。着传谕兰第锡、毕沅察看情形，即将二坝往南开一小口，俾圈内停积之水全行放涸，再于圈内积水处所用土培压稳固。”

仁宗嘉庆元年七月，李奉翰奏：“查陕州万锦滩报长水一尺五寸，各工水势亦长，旋叠报消落，现存长水三尺八九寸，两岸工程修护平稳。李六口大坝每当水落，溜势上提，于去年九月相度形势，在上首接做埽工三十二丈，并添筑土坝一道。先将坝头裹护奏明在案，嗣因水落走湾，复将坝身陆续厢修护埽二十八丈。此次水落，察看是坝挑溜得力，对岸滩崖刷塌，而坝下埽段溜势亦渐拖顺。又，虞城十七堡埽尾至十八堡挑坝空档，河溜趋注，刷及堤根，当令赶修埽工，以资捍卫。”

嘉庆二十四年十月，吴璥、李鸿宾、琦善奏：“武陟汛漫口业经勘定坝基，筑做坝台，即应赶筑坝尾。现估西坝尾自坝头至秦家厂靠堤，止长一千零八十六丈，东坝尾自坝头至原武十二堡，止长三千八百四十丈，已派员赶办。是马营坝上游各工已有头绪，惟下游河身去路尤阔，至要在上南、中河、下南等厅。自马营坝漫口掣溜以后，河身已多受淤，而秋水挟沙较少，俟拦河坝堵竣后，量定浅深，抽挑尚不甚费力。”奉谕：“吴璥等奏武陟大工现已盘护坝基，估挑上段引河，并赶办导沁归黄等工。本日已派戴均元、那彦宝前往武陟查坝工引河情形，吴璥等现在赶筑坝台，接筑坝尾，不日料物应手，即可兴工进占。是大坝工程已有端绪。其进占丈尺每隔旬余，吴璥等将已得若干，未得尚有若干，奏报一次，以慰廑注。”

嘉庆二十五年十月，吴璥、那彦宝、张文浩、姚祖同奏：“仪封大工自九月十七日节交霜降，工次初见凝霜，河水渐形消落。前经奏明，先将新筑西坝头加帮高厚，刨槽盘底，裹厢稳固。并将东坝原做裹头加压高巩，帮宽坝尾，随时察看水势，以次进占。兹开工后督饬掌坝文武，逐一照估兴筑。计东坝基北面边埽迤东坝身应帮宽加高长三十一丈，接帮坝尾长一百丈，西坝基筑长七十丈，接筑坝尾长九十八丈。以上俱系土工，严督工员夯筑坚实，俾根基巩固宽敞，方可容纳人夫力作。并于坝基迤西筑做格坝一道，长三十丈。又于南北两面各添做雁翅坝两段，南面长二十七丈，北面长三十八丈五尺，亦系土工，既可帮护坝身，且运送土料人夫往来较为便速。俟工竣后，再将高宽丈尺开单奏报。至口门，自新筑西坝头量至东坝头，宽一百九十六丈，估筑东西正坝埽工宽十五丈，上水边埽宽七丈，下水边埽宽五丈，共宽二十七丈。兹已将东西坝基盘筑坚实，即应接续进占，层土层柴，加意追压。截至十月初二日止，东坝做成三十二丈，尚存口宽一百六十四丈，惟有督饬工员恪遵圣训，务于迅速之中倍加慎重。”

嘉庆以前之坝工。嘉庆以前之坝大抵皆土也，而文内或有土字，或无土字，似非一律，然皆因循旧本，未加改削，阅者谅之。

南岸

上南河厅荥泽汛十堡至十一堡，嘉庆二十一年建挑坝，长三十二丈；二十四年，又接长二十丈。

郑上汛头堡核桃园，本名靳家寨。乾隆十九年建鸡嘴坝，并厢埽长九十三丈七尺；嘉庆十一年建挑坝一道，长十四丈；连顺堤接厢埽工，长七十二丈三尺；头挑坝之下并建二挑坝一道，长十一丈。头坝内邵家寨，嘉庆五年建顺坝一道，长三十二丈；九年建头挑坝一道，长二十三丈五尺；并建二挑坝，长十五丈。迤下胡家屯，嘉庆三年筑鱼鳞坝，长二十三丈。核桃园、邵家寨、胡家屯三工相连。五堡东，嘉庆二十五年建头挑坝，长三十一丈四尺；二挑坝长四十丈。

郑下汛九堡东，嘉庆二十二年建顺坝一道，长四十五丈。迤下十堡，嘉庆九年建头挑坝，长二十丈；又建二挑坝，长二十五丈；又建三挑坝，长十八丈；迤下嘉庆七年建斜坝，长十三丈六尺；又建斜二坝，长十八丈五尺；又建斜三坝，长八尺。十一堡石家桥，雍正二年下水筑鸡嘴坝一座；嘉庆三年建头挑坝，长十二丈；又建二挑坝，长十丈；又建三挑坝，长十二丈。十二堡，嘉庆五年建头顺坝，长三十七丈五尺；又建二顺坝，长三十五丈。迤下嘉庆十年建头挑坝，长七丈三尺；又建二挑坝，长八丈。十七堡，嘉庆二十一年建挑坝二道，现淤。十八堡地名西小庄。工尾，嘉庆二十一年建挑坝二道，各长四十丈。

中牟上汛二堡，乾隆五十五年建挑水坝，厢埽一百七十一丈；嘉庆二十一年，又建顺堤挑坝，长七十丈。三堡，乾隆五十二年建顺堤土坝，长三十八丈。

中河厅五堡，嘉庆二十五年建挑水坝一道，长三十五丈；又顺水坝一道，长三十五丈。六堡，嘉庆二十五年建顺水坝一道，长三十丈。七堡，嘉庆二十五年筑头斜坝，长四十丈。八堡，嘉庆二十五年建鱼鳞坝，长二十五丈；迤下又筑二斜坝，长二十丈；又筑头挑坝，长二十五丈；二挑坝，长十七丈；下首鱼鳞坝，长三十丈。九堡安家庄，乾隆三年建挑水坝一道。十二堡，嘉庆五年建挑水坝一道。

下南河厅祥符上汛黑冈黑冈一工，考之《河南通志》，图绘大势，即昔年之李家寨、清佛寺等工。十九堡，嘉庆十三年建盖坝一道，长一百三十丈。二十堡，嘉庆八年建鱼鳞头坝一道，长二十二丈；又于迤下建挑水坝一道，长十四丈；嘉庆二十年，建头挑坝一道，长二十三丈；又筑二挑坝，长二十二丈；又筑三挑坝，长二十九丈。二十二堡，乾隆二年建二坝，长九十三丈；嘉庆二十年，建四挑坝一道，长四十八丈五尺。

兰仪厅兰阳汛三堡，乾隆五十四年旧堤迎溜，上首厢挑水坝一道；嘉庆十一年，于工尾筑坝一道，长四十三丈；十二年，又建挑、托各坝九段，又厢鱼鳞坝一道，长二十丈；十三年，在戚村建挑坝一道，长三十丈；十四年，戚村筑挑厢坝一道，长三十八丈。八堡东二郎庙地方，嘉庆二十四年临河厢柴坝，长一百七十丈；柴坝迤下并筑戗坝二道，挑坝三道。十二堡，地名豆腐店。嘉庆二十五年筑挑坝四道，一长五十一丈，一长二十九丈，又一长二十九丈，一长六十九丈。十四堡，乾隆五十三年筑鸡嘴坝一道；嘉庆二十五年筑头挑坝一道，长九十五丈。

仪封上汛四堡，嘉庆二十五年十二月筑东大坝磨盘坝，长十四丈；又挑水坝，长一百十七丈；下首又筑挑水坝，长五十丈。五堡至六堡，嘉庆二十五年筑挑坝一道，长四十七丈；又于东首筑挑坝，长四十二丈。

仪睢厅仪封下汛，无坝工。

睢州上汛头堡，乾隆五十五年建挑水坝一道。四堡，乾隆五十四年于土坝迤东筑新挑坝。五堡大堤之南，嘉庆四年筑二坝一道，西自新堰二堡下起，东至新堰四堡上止，计长五百七十六丈。新堤三堡，嘉庆三年筑迎水坝一道，长四十七丈；七年建顺水坝一道，长四十四丈；又建挑水坝一道，长四十七丈；又建鱼鳞头坝一道，长八十丈；又厢鱼鳞二坝一道，长七十丈。又，三堡下首，二十二年建磨盘坝，长六十丈。新堤四堡，嘉庆二十年河溜下移，筑戗坝一道，长四十丈；二十一年，接下筑鱼鳞坝一道，长八十丈；又建挑水坝一道，长三十丈；又建挑水二坝一道，长五十丈；又建挑水三坝一道，长二十丈；又建挑水四坝一道，长十八丈；挑水五坝一道，长十八丈。新堤五堡，嘉庆二十二年建挑水六坝一道，长二十八丈；又于下首建磨盘坝一道，长三十五丈；又建挑水七坝一道，长三十八丈；二十五年，又于下首建挑水八坝一道，长五十丈；挑水九坝一道，长六十丈。十四堡，嘉庆二十一年建挑水头坝一道，长二十五丈；又建鱼鳞头坝一道，长六十丈；挑水二坝一道，长三十丈；鱼鳞二坝一道，长七十丈；挑水三坝一道，长五十丈；鱼鳞三坝一道，长五十丈；挑水四坝一道，长五十丈；鱼鳞四坝一道，长六十丈。

睢宁厅睢州下汛二堡，嘉庆二十年二月建盖坝一道，长一百六十丈；柴挑坝二道，一长十六丈二尺，一长二十五丈五尺；又建二坝一道，西至头堡，东至四堡之中，长六百九十五丈。三堡，乾隆五十年建挑水坝一道，长一百四十丈；嘉庆二十四年筑顺水坝二道，一长四十丈，一长二十丈。四堡，嘉庆二十一年建挑水坝三道，一长六十丈，一长七十三丈，又一长六十丈。五堡，乾隆五十三年建挑水坝一道，长一百三十丈；嘉庆十三年建西挑水坝一道，长八十六丈，刷存七十一丈；又建东挑水坝一道，长二十八丈；二十年，于东挑坝下筑戗坝一道，长十九丈八尺；迤下又筑戗坝，长一百丈。六堡，乾隆五十四年筑挑坝一道，长四十丈；又于迤东史村铺建挑坝一道，长五十丈；嘉庆二十年，又建挑坝三道，一长三十丈，一长四十丈，一长一百丈。七堡，乾隆五十四年建戗坝，长一百四十五丈；嘉庆九年建挑坝三道，一长二十五丈，又一长二十五丈，一长十五丈；十一年又筑拦水坝一道。八堡，乾隆五十一年建挑水坝一道。十三堡，乾隆五十二年就堵筑大坝后筑二坝，一道长四百八十丈，以作重门；五十五年建小挑水坝，长三十六丈；

嘉庆九年，溜又南趋，于旧龙门建柴坝，长六十五丈。十四堡，嘉庆八年建小挑坝一道，长五十丈；二十一年，于挑坝上首建磨盘坝一道，长二十四丈；又建挑水坝二道，一长二十三丈，一长三十三丈五尺；二十三年，又建顺水坝一道，长六十丈；二十四年挑二坝上首建戗坝，长四十五丈；又建顺水坝三道，一长十五丈，又一长十五丈，一长四十五丈。十五堡，嘉庆二十二年建挑坝二道，一长四十丈，一长四十五丈；二十三年又建戗坝，长一百丈。十六堡，嘉庆二十三年建顺水坝二道，一长四十丈，一长五十丈。十七堡，乾隆四十三年建挑坝一道。

宁陵汛头堡，乾隆四十九年建挑水坝一道。

商虞厅商邱汛九堡东，嘉庆十九年建土坝一道，长三十五丈；又于十一堡建土坝一道，长三十五丈。又于十二堡建土坝一道，长三十丈。十四堡辛集，乾隆二十六年建坝台三道。十九堡东，嘉庆十四年筑土坝一道，长七十丈。二十堡，乾隆五十九年建土坝一道，长一百丈。

虞城上汛十四堡，乾隆五十九年建挑坝一道，长三十五丈；嘉庆二十年建挑坝三道，一长五十四丈，一长三十八丈，一长三十二丈；二十一年，于三坝下空档建磨盘坝一道，长四十丈；又建四坝、五坝各一道。十五堡，乾隆五十九年建挑坝一道，长四十四丈；嘉庆二十四年建二挑坝一道，长十五丈；又建三挑坝一道，长十一丈。十六堡，乾隆五十九年建挑坝一道，长四十五丈。十八堡，乾隆五十九年建挑坝一道，长二十七丈；嘉庆二十三年，迤东建鱼鳞坝二道，各长五十丈；二十四年，迤下建顺水坝一道，长十八丈。十九堡，嘉庆二十五年建鱼鳞坝一道，长四十丈；又建挑坝一道。

归河厅虞城下汛六堡，嘉庆二十五年建顺水一坝，长七十丈；挑水坝二道，一长四十丈，一长六十丈。十六堡，地名蔡家楼，嘉庆十四年将圈堰加筑坝台，迤东连十七堡，先于十三年建盖坝、戗坝、顺水坝各一道。十七堡，嘉庆十七年建鱼鳞坝一道，长五十丈；又建顺坝一道，长四十丈；又建鱼鳞二坝一道，长三十七丈。十八堡，嘉庆二十一年建挑水坝二道，一长三十丈，一长四十丈；二十二年，添筑挑水三、四、五坝三道，一长三十五丈，一长四十五丈，一长五十五丈。十九堡，嘉庆八年建挑坝三道。

北岸

黄沁厅武陟汛，嘉庆二十二年筑六坝一道，长四十四丈；又筑七坝一道，长四十一丈。康熙六十一年，于沁河口东建挑水坝一座。六月，沁水暴涨，冲塌秦家厂北坝台八丈，南坝台九丈五尺，钉船帮大坝蛰陷四十五丈。九月，秦家厂南坝甫合龙，次日又将北坝尾决开一百余丈。十二月塞讫。总河齐苏勒奏将拦河大坝加厢高厚。雍正二年，嵇曾筠奏钉船帮大坝孤立水滨，须厢雁翅以资帮护，更于大坝上下相度地势，添建挑水坝二三座，挑溜开行，庶秦家厂顶冲之处可减，坝工赖以永固，遂筑姚其营、秦家厂、雁翅坝各一座，东西挑水坝二座。

荥泽汛，无坝工。

原武汛十三堡迤东，大挑水坝一道。

卫粮厅阳武汛，乾隆十六年筑玉皇庙大坝；十八年九月，河水骤涨，漫开阳武汛内五堡三坝及格堤横坝，随经筑固。十七堡，土坝一道，长二百七十丈。二十一堡，土坝一道，长一百七十丈。二十二堡，土坝一道，长六十丈。

阳封汛，嘉庆二十五年于头、二、三堡南筑土坝三道，头堡坝长一百六十五丈，二堡坝长八十丈，三堡坝长一百二十五丈。十四堡，越堤之西，十三堡之东，嘉庆二十五年筑土坝一道，西面厢做防风。

封邱汛，嘉庆八年九月，十三堡衡家楼河忽损堤夺溜，九年三月堵塞，筑大坝，长五百零二丈，挑水坝长九十五丈。是年夏，总河徐端、巡抚马慧裕以衡工大坝挺立河心，三面防守形势险要，内塘周宽二十余里，水深面阔，奏准放淤，退守越堤。十一年，总河吴璥又请放淤。至八月，淤成。龙门以北水深八丈余尺，四五丈之处俱成平陆，至险之工遂成至稳。淤成后，刷存西坝尾堰，长一千一百五十八丈，形如挑坝；又存东坝尾堰，长一千零一十三丈八尺，均在修守。十四年，于西坝后身肘湾建挑坝五道，头坝长六十八丈二尺，二坝长四十八丈二尺，三坝长三十八丈二尺，四坝长二十七丈六尺，五坝长三十丈。十七年，接西堰之东，筑土坝，长一百丈。二十三年，又于挑坝五道之后筑顺坝二道，皆长八十丈。

祥河厅头堡内，乾隆五十一年，筑土坝一道，长一百六十五丈；嘉庆二十五年，头堡越堤建土坝二道，一长七十丈，一长一百一十丈。二堡越堤前，嘉庆二十五年建土坝一道，长六十丈。十堡东，即魁星楼前。嘉庆四年建挑水坝一道，长六十丈；九年，又于迤下堤湾建挑坝一道，长三十五丈；二十五年，又建头挑坝一道，长五十丈，二挑坝一道，长四十丈。十一堡东，乾隆五十四年建头坝一道，长七十丈；五十五年，又于上首建挑坝一道，长十四丈。十二堡，乾隆四十一年建二坝一道，长五十八丈，三坝一道，长五十四丈五尺，四坝一道，长四十五丈；嘉庆九年，迤东又建挑坝一道，长三十五丈。十三堡，乾隆四十五年建五坝一道，长一百四十丈，又建六坝一道，长七十丈；五十七年建七坝一道，长六十丈；嘉庆九年，堡西建挑坝一道，长三十三丈；二十五年，堡西建顺水土坝一道，长三十丈。十四堡，嘉庆十二年筑南戗坝，长一百丈；二十五年，又于迤下建挑坝三道，一长四十丈，余皆长五十丈。十五堡，嘉庆十九年建鱼鳞坝一道，长五十丈；又建挑水坝一道，长四十丈；又建人字坝一道，长六十丈；二十年，又于人字坝下首建挑坝一道，长六十丈。十六堡东，嘉庆二十一年建挑坝二道，一长三十三丈，一长五十五丈；二十二年，迤下又建三四两道挑坝，三坝长六十丈，四坝长七十丈。

下北厅祥陈汛十七堡马坊前，嘉庆二十二年，河势下移北卧，建头挑坝一道，长三十七丈五尺，二挑坝一道，长三十七丈，三挑坝一道，长五十六丈五尺；二十五年，于三坝下建四五挑坝三道，各长五十五丈。十八堡，嘉庆二十五年建头挑坝一道，长五十五丈。

兰阳上汛越堤，上坝长二百五十一丈，下坝长四十丈，上下两坝之中，嘉庆二十五年建鸡嘴挑坝，长一百五十二丈。二堡内，嘉庆九年建新二坝一道，长三十五丈，新三坝长三十九丈。三堡内，嘉庆九年建新四坝，长五十丈；迤下于十二年建顺坝，长三十三丈；又建挑坝，长十七丈五尺；十三年，又于挑坝之东建挑坝，长二十一丈。四堡内，嘉庆十三年建顺水坝一道，长三十三丈。九堡内，嘉庆二十二年建头挑坝，长七十五丈，二挑坝长七十丈。十堡内，嘉庆二十年建头挑坝一道，长七十丈；二十四年，又建二挑坝一道，长三十七丈。十三堡，嘉庆十年建挑坝，长五十丈；二十五年，又于迤东建挑坝，长五十丈；二十一年，又于迤下建头挑坝，长八十丈，接下建戗坝，长五十丈。十四堡，嘉庆十九年建挑坝一道，长三十丈；

迤上二十年建头挑坝，长五十丈；二十三年接下建戗坝，长三十三丈；又建二挑坝，长五十丈；又于二挑坝下建戗坝三十二丈。十五堡，嘉庆十九年建头挑坝，长六十丈；二十一年建顺坝，长七十丈；二十二年建挑坝、厢埽，共长一百零三丈五尺；又建二挑坝一道，长五十丈，三挑坝长五十五丈。乾隆四十八年，李六口堵筑漫工建二坝，长八百零二丈，在上汛界三百三十七丈，其下长四百七十四丈，属下汛管辖。

曹考厅兰阳下汛头堡，嘉庆二十年后，河由上汛十三堡遇下北卧，本汛头堡堤工之斜向东南者，全行迎溜，乃筑鱼鳞大坝数道以御之。二十五年，于鱼鳞头坝之上建头挑坝，长七十丈，二挑坝长五十丈；又于鱼鳞二坝之上建三挑坝，长七十丈；坝下又建挑坝，长四十五丈；又建顺水坝，长六十丈。

考城汛，自改易堤河后无坝工。

卷三

埽工

《宋史·河渠志》："太宗淳化二年，诏巡河主埽使臣巡视河堤。"埽字始见于此。

《唐书·百官志》："诸津令掌天下津济舟梁，天津桥、中泽桥则以卫士拚埽。凡舟渠之备皆先拟其半，袽塞、竹篾，所在供给。"[1] 此埽字唐时已见，惟非专用于河。

埽之制，密布芟索铺梢，梢芟相重，压之以土，杂以碎石，

---

[1] 此段引文与《新唐书》原文有出入。《新唐书》卷四十八《百官三》：诸津令"掌天下津济舟梁。灞桥、永济桥以勋官散官一人莅之；天津桥、中桥，则以卫士拚埽。凡舟渠之备，皆先拟其半，袽塞、竹篾，所在供焉"。

以巨竹索横贯其中，谓之心索，卷而束之，复以大芟索系其两端，别以竹索自内旁出，其高至数丈，其长倍之。凡用丁夫数百，或千人，杂唱齐挽，积置于卑薄之处，谓之埽岸。既下，以橛臬阂之，复以长木贯之，其竹索皆埋巨木于岸以维之，遇河之横决，则复增之，以补其缺。凡埽下非积数叠，亦不能遏其迅湍。

淳化五年正月，开渠韩村埽。

真宗天禧四年，礼部员外郎李垂言："阳武埽东，石堰埽西，地形污下。请自卫州东界北载之高地，合于澶渊旧道，而滑州不治自涸矣。"

天禧五年，知滑州陈尧佐以西北水坏城，无外御，筑大堤。又叠埽于城北，护州中居民。

仁宗天圣初，李若谷知滑州。河啮韩村堤，夜驰往，督兵为大埽，至旦堤完。

天圣五年十月，滑州塞河成，以其近天台山麓，名曰"天台埽"。

《玉海》："天圣七年，高弁、高继密等上黄河诸埽图。"

沈括《梦溪笔谈》："庆历中，河决商河，久未塞，三司度支副使郭申锡亲往董作。凡塞河决，垂合中间一埽，谓之合龙门，合龙之名始见于此。功全在此。是时累塞不合，时合龙门埽长六十步，有水工高超者献议，谓埽身太长，人力不能压，埽不至水底，故河流不断，而绳缆多绝。今当以六十步为三节，每节埽长二十步，中间以索连属之。先下第一节，待其至底，再压第二、第三。旧工争之，以为不可，云二十步埽不能断漏，徒用三节，所费当倍而决不塞。超曰：'第一节水信未断，然势必杀半，压第二节止用半力，水纵未断，不过小漏耳。第三节乃平地施功，足以尽人力处置。三节既定，即上二节自为浊泥所淤，不烦人力。’申锡主前议，不听超说。是时，贾魏公帅北门独以超之言为然，阴遣数千人于下流收漉流埽。既而埽果流，河决愈甚，申锡坐谪，卒用超计，商河方定。”

按：商河虽不在豫，而事有可采，因附及之，以备参考。

神宗元丰二年七月，范子渊言：“因护黄河岸毕工，乞中分为两埽。”诏以广武上、下埽为名。

元丰五年正月，诏：“李立之按视河势向背，应置埽处毋虚设巡河官，毋横费工料。”

十月，洛口广武埽大河水涨塌岸，坏下闸斗门，诏都水监官速护之。

元丰七年七月，命护阳武埽。

元丰八年，乔执中提点京西北路刑狱。时河决广武，埽危甚，相聚莫敢登。执中不顾，立其上，众随之，不日埽成。

哲宗元祐八年十月，三省枢密院言：“今春王宗望等虽于内黄下埽闭断北流，然至涨水之时，犹有三分水势，而上流诸埽已多危急，下至将陵埽决，坏民田。又，上流诸处埽岸虑有壅滞冲决之患，不可不预为经画。”

元符二年二月，李伟言：“相度大小河门，乘此水势衰弱，各立蛾眉埽镇压。”从之。

徽宗大观二年五月，赵霆言：“黄河调发人夫修筑埽岸，每岁首骚动数路。今春滑州鱼池埽合起夫役，尝令送免夫之直，用以买土增贴埽岸，比之调夫反有赢余。乞诏有司，应堤埽合调春夫，并依此例，立为永法。”

重和元年五月，诏：“孟州河阳第一埽，自春以来河势湍猛，侵啮民田，迫近州城，止二三里。其令都水使者同漕臣、河阳守臣措置固护。”是秋，两广武埽危急，诏内侍王仍相度措置。

金始克宋，两河悉畀刘豫。豫亡，河遂尽入金境。金人设官置属以主其事，沿河上下凡二十五埽，六在河南，十九在河北。

世宗大定十三年三月，命雄武以下八埽并以类修筑。

明太宗永乐十年六月，河水漫流中牟、祥符、尉氏诸县。遣工部主事兰芳按视，回奏：“堤当急溜之冲，夏秋雨水涨泛，往往决陁。请以新开河岸卷土下埽，树桩捍御之，庶不至重为民害。”从之。

武宗正德十六年，总理河道龚弘言：“黄河自正德初变迁不常，日渐北徙，大河之水合成一派，归入黄陵冈前，乃折而南，出徐州以入运河。其黄陵冈原筑三埽，先已决去其二。臣兹拟乘水落，补筑一埽以备冲啮。”从之。

神宗万历元年四月，工部覆科臣朱南雍疏言：“武家口、炼城口、铜瓦厢等处之倒湾，当布列夫料，预筑埽台。”从之。

万历十六年，都给事中常居敬疏云：“卷埽胚胎纯用好土，始得坚完。必须预备平日，庶可取办仓卒。❶近因久无水患，管河员役不复议积。每遇急迫，取土窎远，缓不济事，竟日搬运，不成一埽，遂至决口渐阔，为害滋大矣。合无令各守堤守坝堡夫于闲旷之时，查照成法，令各管河官督令预运埽土，堆垛于埽坝及紧要堤岸之上，每年会计之时，查算每处该积土若干，责合各夫如数运积，着实查验，无容虚报。其河流冲射之处，仍当预置旱埽。如伏秋水发，微有冲刷，即时添补。管河官一面督行，一面申报，则有备无患，而埽不虚费，堤防愈有

❶ 此处语意不通。

赖矣。

“河南黄河南岸逼近省城，藩封重地，最为吃紧。如荥泽县之小院村，中牟县之黄炼村，祥符县之瓦子坡、槐疙瘩、刘兽医口、陶家店、张家湾、时和驿、兔伯冈、埽头集，陈留县之王家楼，兰阳县之赵皮寨，仪封县之李景高口、普家营，商邱县之杨先口，俱为要害。北岸迫近漕河，关系运道，如荥泽县之甄家庄、郭家潭，阳武县之脾沙冈，原武县之庙王口，封邱县之于家店、中栾城、荆隆口，祥符县之黄陵冈、陈桥、贯台、马家口、陈留寨，兰阳县之铜瓦厢、板厂、樊家庄、张村集、马坊营，仪封县之挖泥河、炼城口、荣花树、三家庄，考城县之陈隆庄、芝麻庄、孝城口，俱为要害。以上南北两岸要害处所，每岁冬春掌印管河官沿堤相度，或卷干埽以防其汕，或多筑矶嘴以遏其冲。各该管河官驻守河滨，该道不时巡阅，四防二守之法，务须三令五申，丁宁告戒，慎之慎之。

“埽以土胜为主，埽台须要卧羊坡，以便推挽，揪头绳须要紧扯，以防下淌，又须时时打松，令其深下。仍觅惯会泅水之人，入水探验，底埽着地，方下签桩。签桩须要酌中埽，埽钉着方为坚固。傥有数寸空悬，无有不败事者。如寒天，或水急不能泅水，即看揪头宽松便是着地之验。系绳留橛，令人专守，略有走动，便须另下一橛。橛头上填记第几埽、揪头滚肚明白，以便点查收放。埽面出水未高，宁加一小埽，不可多用土牛，推埽时易动故也。此等事须要勇往直前，俗谚谓之抢筑，稍稍逗遛，必有后悔。苟不详慎，劳费罔功，辄疑鬼怪，甚可嗤也。如用大埽长五丈、高六七尺者，用草六百束，每束重十斤，价银二厘，该银一两二钱。柳梢一百二十束，每束重三十斤，价银一分，该银一两二钱。如无柳梢，以苇代之。草绳六十套，每套四十二条，每条长二丈四尺，价银三分，该银一两八钱。桩木五根，每根银一钱，该银五钱。揪头滚肚绳四条，共用苘二百五十斤，每斤价银五厘，该银一两二钱五分。每大埽一个，约共该料价银五两九钱五分，挑土夫工远近不等，难以预算。中埽并土牛工料以次递减。凡堤系埽湾，须预下干埽以卫堤根。此埽须土多于料，签桩必用长壮，入地稍深，庶不坍蛰。如下长三丈、高三尺埽一个，用草一百六十束，该银三钱二分。柳梢四十束，该银四钱。草绳十二套，该银六钱。桩木三根，该银三钱。量用苘作行绳。用堤夫二十工，不议工食，每埽一个，约共该料价银一两六钱二分。”

万恭《治水筌蹄》：“埽名有八：曰靠山，曰厢边，曰牛尾，曰鱼鳞，曰龙口，曰土牛，曰截河，曰逼溜。”

张清恪公《居济一得》曰：“黄河两岸埽工宜废也。除近城近镇者仍下埽外，其余一应埽工尽行停止。查河南从前每年下埽，岁无宁晷，临河州县民不堪命。自佟抚台到任，乃以不治治之，塌堤还堤而不下埽。三十年来民少休息，而河亦无泛滥。今惟仿河南之法，于各险工之内先筑越堤，而后废埽工。外面坦坡要极平，堤要极宽，则水之冲刷无力，而后将埽工两头缕堤先开水口，使水得近越堤。或曰：‘缕堤外地势高，缕堤内地势洼，既开水口，则缕堤内越堤外不几成潭乎？’予曰：‘不然。上开水口，则黄河之水由上而入；下开水口，则黄河之水由下而出，且水长一次，则地淤一次，不数次而缕堤内外可以相平，又何虑其成潭乎？惟相其地势，宽者越堤宜远，地势窄者越堤稍近。而越堤之筑，又宜实加夯硪，乃为有益。’”

按：是时即有废埽之议，可见埽之为用并非治河善策。只可于不得已时暂救目前之急，决不可恃为切要之图。近时减埽增坝，颇著成效，将来埽工或至全行废止，亦未可知。然必坝垛护崖足以捍卫堤岸，方为有济，仅筑越堤，仍未足恃也。

清世宗雍正四年，副总河嵇曾筠上增修埽坝防风疏："豫省土脉虚松，一切堤工必须相机修守，保护万全。仰赖皇上洞悉河防，特颁谕旨，将危险工程增卑培薄，豫为之防。现在另册估报，但连年黄水泛涨，两岸堤根沙停淤垫，堤身多有卑矮。兼以堤内地势甚洼，一遇汛水长发，大溜顶冲，甚属危险，亟应择险要处所增修埽坝，厢做防风，保护堤工。今据管河道副使佟镇详称，上南河厅属郑州汛内薛家寨一带险工，长七百六十丈，应厢防风；来童寨险工，长一百四十丈，应下埽裹堤，加厢防风；下南河厅属祥符南岸程家寨险工，长二百三十丈，应下埽加厢；兰阳南岸河渠险工，长一百二十丈，应厢防风；又，韩陵寺险工，长一百丈，应厢防风；仪封南岸马家店险工，长六十丈，应厢防风；又，亓家庄险工，长一百丈，应下埽加厢；又，周家庄险工，长八十丈，应下埽加厢；又，鹿家口月堤东坝险工，长六十丈，应下埽加厢；又，鹿家口月堤北坝险工，长一百丈，应下埽加厢；归河厅属考城县汛内司家道口起，至王家道口止，险工长六百二十一丈，内应建矶嘴坝二道，工长共二十一丈，接厢防风二十丈；商邱县汛内自考城交界起，至杨家堂止，工长七百七十丈，内择险处做防风二百丈；又，杨家堂小月堤险工，长七十二丈，应下埽加厢，接厢防风；虞城县汛内张家潭险工，长二十七丈五尺，应下埽加厢，接厢防风；上北河厅属原武北岸胡唐庄险工，长六十丈，应厢防风；朱家庄后大堤兜湾险工，长六十五丈，应厢防风；又，柳园村前险工，长七十丈，应厢防风；又，刘务村后险工，长二百丈，应厢防风；下北河厅属兰阳北岸管李寨撑堤、横堤，共长四百八十四丈，应下埽加厢，接厢防风；又，管李寨圈堤内险工，长六百八十丈，应厢防风；又，耿家寨险工，长一百六十丈，应下埽加厢；雷家寺迤西险工，长一百二十丈，应厢防风，并下裹头埽；宋家营一带险工，长六十六丈，应下埽加厢；又，十九堡月堤险工，长五百二十二丈，应厢防风。通共估用工料实银四万三千一百两五钱零。请会核题估，发帑兴修。统俟本年十月内将用过工料汇册题报，次年四月题销。”

雍正五年，筑兰阳南岸管、梁、蔡、耿四水口堤坝，下长桩大埽，上下接做护崖顺埽，加高大堤，创筑鱼鳞月堤四道，以作重门。

《河渠纪闻》曰：“是时，河势南趋，管、梁、蔡、耿四水口湾曲生险，大溜涌注堤根，非长桩大埽不足以捍其冲突，逼使开行。又恐大埽孤立，加帮戗堤，厢垫坚固，再于梁、蔡、耿三水口迎溜处接筑护崖埽，以固其势。大堤之低者高之，增月堤为后障，防守益密。四水口古称大险，河势大而御之益力，不为大患。时祥、陈二县欧潭、盖庄等处民堰水长漫缺，全河之势涌进不可遏。抢护缺口，厢填实固，水即消退，民田涸出，以至兰阳之二、三堡，陈留之八、九堡，地本低洼，溜涌堤前，俱能扼其湍悍使之安流。

“河南为黄河上游，治河南之河，难于江南。江南土性胶结，河深水聚，名曰‘槽河’。河底坚实，深至三丈以外，即得老土，凝结不浮。下湖河水平缓顺流，偶有漫溢，亦易筑塞，为其底坚水平而槽深也。故塞决不须挑引河，但断决口之流，水自循槽而下，浮淤随之俱去。河南土性浮松，河阔水散，名曰‘坡河’。河底沙溃，常时中泓水深不过一丈以外，遇溜淘刷则无底。下流建瓴，水势涌激，遇有漫溢，正河即淤，故称难治。仰惟睿虑周详，慎重河南河务，专设河东总河，畀以重任，添设道厅，分任其责，以至营汛员弁兵夫随宜增设。不惜巨万帑金，大加修筑，建挑坝以杀其流，开引河以疏其气，固正堤以大其防，修格月以善其后。兰阳、陈留、祥符之加堤固埽，岁无停息，及河势南徙，治之裕如而不觉其难者，虑于几先也。如前时中牟、祥符、兰阳诸堤，虽屡告警，不逾时决塞如故，旋决旋塞而不觉其难者，未及于难之时也。中牟诸工之易塞，兰阳诸险之易平，固由人力之齐，抑治河于河工大治之后，其所乘之势异也。”

高宗乾隆八年，白钟山奏覆御史胡定条奏：“黄河事宜，略称黄河浊沙善淤，惟有束水攻沙、以水治水之法。有明潘季驯，我朝靳辅会《禹贡》‘九泽既陂，四海会同’之义，师陂障之法而为堤，师以海为壑之法而不令旁泄，非创论也。至下埽之法，始于汉武帝塞瓠子，命从臣将军以下皆负薪。薪少，乃下淇园之竹以为楗，此即卷埽之肇始也。至宋时，凡黄河有工之处，即以埽名，如天台埽、原武埽、广武埽、阳武上埽等是也。元《至正河防记》始有铺卷埋挂之法，迄今行之。黄河沙水相半，水落沙停，不能禁其不淤，但河之两岸有堤，堤下为滩，滩下为中泓，沙止能淤滩而不能淤水深溜急之中泓，水行中泓即所谓由地中行也。水循其道则治，反其道则坏，今惟有使溜走中泓。伏秋水涨漫滩，及堤相机修守，勿合旁溢，其有大溜偏趋，埽湾顶冲，啮堤侵崖者，则下埽抵御，或建坝挑溜，或挑挖引河，挽溜中行。如夫料应手，抢护及时，不致歧趋夺河，则无大患。除慎守河堤之外，别无他策。潘季驯有言：‘治河无一劳永逸之道，有补偏救弊之策，不可有喜新炫奇之智，惟当守安常处顺之休。’遵守遗规便是行所无事。如奏称近日河工防其冲突，下埽加料，苟安旦夕，糜费不能省。以河身多湾，宜渐改直，内设圈堤，防其漫溢，将所省埽料之费，以开引河，宣泄益易。查黄河水性靡常，形如穿梭，南坍北涨，即成湾曲，非千里一曲也。河工形势，非处处可圈越堤，处处可挑引河，亦不必于圈堤著效之后又挑引河，更不能竟弃年久之大堤，专事新筑之圈堤。靳辅言：'治河守险之方，一曰埽，二曰逼水坝，三曰引河。三者之用，各有所宜。'又云：'护堤之用，莫善于埽。'万恭《治水筌蹄》云：'堤防稍缓者，一年一备可也。若险要之区，桩草等料，宜以一年，所备足两年之用。'今乃谓埽不可用，亦未深考，应请仍循成规。"

乾隆十三年六月，大学士高斌奏："节省桩埽，加培堤工，于岁加五寸之外，随宜增筑。"

《河渠纪闻》曰："岁加五寸，节省桩埽，加培堤工，随事所宜，使帑不糜而堤自固。惟是为之不以实，则修埽削堤，堤不加而费益巨。岁加之功小，削堤之弊大，节埽之用轻，引溜之害重。加以岁加之土匀加坝台，使埽有厚，靠水不得内溃，而埽自稳，堤亦倚埽为护，而土不伤。河工岁修埽段，每以收进为节省，留凳为杜弊。初听似觉有理，及事后验之，厢做一次，留凳一尺，数年之间，埽面收进丈余。埽后坝台必须铲坡，顺势即借此靠埽之土铲厢埽工，既可就近应手，又可省取远土之费。不数年间，向之堤顶宽五六丈者，里铲外缩，去其大半，不得不加帮坝台，向后退收，渐加渐退，昔时旧埽根基竟有厢出河心者。黄河南坍北长，埽收进一丈，则对岸必长沙滩一丈，滩长挑溜，引水入袖埽湾，迎溜变成顶冲，非水性不常，抑由人所自致也。埽工之弊，非留凳可除，河工之费，非缩埽可省，而铲削老堤，引溜生险，败坏于要害之地，病反入于膏肓。惟将埽台顶宽丈尺量定注册，随工验收，不得丝毫铲伤。埽无留凳，遇蛰加厢，以岁五寸之土帮堤，则堤日高厚，埽益宽大，溜至不能冲动，此河工之实用实效也。”

乾隆三十八年六月，河东总河姚立德奏报各工水势情形、修守事宜。

《河渠纪闻》曰：“河工，防守堤岸，至溜势逼近之时，不得已而用埽挡御。若用非其时，埽下则水激，溜涌反增险急。进埽机宜惟以水势为权，早则招溜糜料，迟则失事误工，司河者所宜审也。时议以仪考厅仪封汛七堡前年河分三股，水逼堤根，先后筑做埽工六道，将顺河堤堵截，靠北之鹿河亦已淤断，止由柴坡一河下注，河形逼窄，七、八、九、十等堡坝工甚为吃重。伏汛水长，河心滩地冲刷一百余丈，河形开展，溜奔中泓，颇为平稳。而七堡以下大河旁泄，南趋直走堤根，有建瓴之势，虽有土坝防护，仍由坝头冲激，推之不去。且分泄日久，大河渐淤，水无去路，全溜涌进，非新柴新土所能堵截，固不可恃以为安，所以不逾数年即有时和驿八堡、十六堡之变，至于此塞彼决，患流数载而不息也。”

乾隆四十二年七月，查勘仪封汛黄河南岸七堡、九堡、十堡、十一堡溜势南趋情形，以备修防。

《河渠纪闻》曰：“仪汛黄河大溜向走南岸，自仪封七堡河分三段后，水逼堤根，汕刷险急，仪封之七堡、九堡、十堡、十一堡各坝埽工每年修防需费不赀。至是水长，普面漫滩，深及五六尺。河溜由北岸兰阳汛之牛家场汕刷沟槽，漫滩下注，仪汛大堤一带堤根俱有汇注之水。虽河溜去堤尚远，而堤根有水，即为紧要工程，分段防守险要之处，或帮筑里戗，或加筑子堰，而用柳枝软草扎把挡御，严密防范。秋汛河势由北趋南，仪封之七、九、十等堡土埽及北岸三家庄埽工渐次填淤。至十一月，覆勘仪封汛内北至新走之河，水势归槽，溜不逼堤。南滩旧有之河前此虽经受淤，未曾断流，所分之数不及十分之一。原欲留为来岁分泄汛涨，兹值水冷沙轻，淘刷河底，十月初长水尺余，旧河内新淤易刷，现在宽数十丈，至百余丈，深自数尺至丈余，溜势归旧河者已及十之六。此河历次南趋之情形也。黄河自高而下，水长则漫流出滩，至潦尽水清淘刷沟槽，尤为峻利，数年不治，听其接刷宽深，犹欲留为分泄之地，所以即成大患，至不可治也。”

乾隆四十三年十一月，谕：“昨据高晋等奏时和驿八堡进埽情形，并绘图呈进，已于图内用朱笔标识批示矣。今思口门愈窄，河底愈深，溜势愈急，若仅照常式进埽，显与水争，自不免费时劳力。何不将西坝之埽酌收向北，东坝之埽酌展向南，使为兜袖之势，则急溜至此或成回溜，合龙自应较易。因于仿存图样内用朱笔标记，圈出即可合龙之处，着发交高晋等阅看。如此旨到时已经合龙固佳，否则，照朕标记之图悉心妥酌为之。又今年八月间，偶忆裘曰修曾言：‘下埽渐近中泓，颇难着力，遂每埽系以大铁锚八只，便可直坠到底。’其说似为近理，曾传询高晋等是否可行。旋据高晋等覆奏，从前下埽原有用锚之说，非特多费，抑且耽延时日，近来堵筑总不用锚，且河工谚语云：‘下埽无法，全凭土压。’故每埽惟用绳橛钩绊，埽既下水，即用层土层柴追压，自然到底等语。朕以高晋于河工堵筑机宜最为熟练，所言自属可信，遂听其办理。乃时和驿八堡工程于将届合龙时，屡有蛰塌之事，自系所下之埽根脚不坚，致合龙之期屡展，耽延不为不久。且昨日奏到之折云：‘金门水深七丈，一埽落水，随即加厢，一昼夜尚未到底。’可见层土层柴追压，亦不能实在得力。今口门不及十丈，需埽无多，而溜紧底深，急切不能到底，或可仿每埽用大铁锚八只坠下之法，铁性沉重，着底较易。古人治水多用之，而所存口门不宽，为费亦甚有限，姑试为之，亦似有益无损。朕办事从无成见，高晋自亦不回护前说，惟伫盼合龙喜信，以慰廑怀。”

嘉庆以前之埽工

南岸

上南河厅荥泽汛十一堡东，乾隆九年建埽，长五十六丈；二十七、八年，加长二十丈；三十三年淤闭。十堡至十一堡，嘉庆二十四年，厢埽三段，长三十丈；又于旧堤头厢埽八十九丈。

郑上汛头堡核桃园，乾隆二十八年建埽工，长七十二丈；二十九年、三十年，又接长四十五丈，三十三年淤闭；四十年，复生厢埽，长九十九丈三尺，次年淤闭；四十五年，复生厢埽，长四十四丈，五十一年淤闭；嘉庆十二年，上首接厢埽，长六十四丈七尺；十八至二十一年，又接厢埽，长十六丈，连厢顺堤埽，长十八丈三尺。头堡内，乾隆四十八年至五十一年，建埽工，长二百六十八丈，五十三年淤闭。头坝内邵家寨，乾隆十九年至二十七年，共建埽工，长二百二十九丈，三十三年淤闭；四十六年，复生[1]，五十一年淤闭；嘉庆九年，复生厢埽，长二十八丈一尺；十一至十三年，上首接厢埽，长四十八丈；十九年，接厢埽，长五十七丈三尺。迤下胡家屯，乾隆二十五年建埽，长三百六十六丈，五十二年淤闭；嘉庆三年，复生厢埽，长四十三丈；二十一年，接下至二堡东厢埽，长二十九丈。

---

[1] “生”下脱“厢埽”，据下文“复生厢埽”。

五堡东，嘉庆二十五年厢埽，长五十丈三尺。

郑下汛九堡东，嘉庆二十二年厢埽长三十三丈。迤下十堡，十三年，二坝厢埽，长七十丈三尺；十六年，接下至三坝厢埽，长四十八丈；二十一年，接上厢埽，长三十丈四尺；二十二年，头坝厢埽，长四十四丈；又，十二年，三坝厢埽，长三十七丈；十三年，接下厢埽，长三十九丈。迤下嘉庆七年，斜坝厢顺埽七十一丈；十八年，接下厢埽，长二十五丈；又，七年，斜二坝厢顺埽五十丈；十五年，接下厢鱼鳞埽，长五十丈，二十年，刷塌抢补；又，七年，斜三坝厢顺埽，长二十四丈；二十一年，下首厢埽，长二十五丈五尺。

十一堡石家桥，雍正二年建埽，长一百二十丈；又于埽湾厢防风一千一百一十丈；嘉庆三年，头挑坝厢埽，长二十四丈五尺；十七年，上首接厢埽，长二十三丈二尺；又，六年，二挑坝厢埽，长三十六丈五尺，旋淤；二十二年，复生厢埽，长六十丈五尺；又，三年，三挑坝厢埽，长三十六丈五尺。十二堡，嘉庆五年，头顺坝厢埽，长三十三丈二尺；九年，二顺坝厢埽三段，旋淤。迤下嘉庆十年，头挑坝厢埽工，旋淤；又，二挑坝厢埽四段，旋淤。十五堡来童寨旧有埽工，雍正五年，接厢埽，长二百六十丈，乾隆元年淤闭。十七堡裴昌庙，雍正五年，建埽工二百八十丈，旋淤；十一年，建埽二十一段，乾隆二年淤闭；九年复生[1]，至二十一年，共上下接厢埽长一百五十七丈，五十一年淤闭；五十六年复生[2]，连及十八堡厢埽，长三百三十五丈八尺，嘉庆三年淤闭。

十八堡，雍正十二年，建埽工一百丈，旋淤；乾隆二十二

[1][2] “生”后脱“厢埽”二字。

年，复生厢埽，长一百零五丈，三十四年淤闭；四十四年，复生[1]，五十二年放淤，嘉庆三年淤闭。迤下旧越堤，雍正十三年，建埽工五十一丈；乾隆三年，加厢迎面埽，长六十二丈；九年，加长一百零七丈，十八年淤闭；二十七年，复生厢埽，长四百二十丈，三十七年淤闭；五十二年，复生厢埽，长三百丈，五十六年淤闭。

中牟上汛，头堡，杨桥旧有埽工，久闭，雍正十三年，复生厢埽，长三十五丈；乾隆三年，接[4]长五十丈，九年蛰陷，补厢埽长一百五十九丈，十八年淤闭；二十二年，复生厢埽，长六十丈；二十四年接厢埽，长三十五丈。二堡，乾隆五十五年，挑坝厢埽一百七十一丈三尺，五十七年淤闭。三堡，小潭溪，乾隆十八年建埽，长一百零三丈，二十年淤闭。许家庄，乾隆七年建埽，长三十丈，九年淤闭。十里铺，旧有埽工，久闭，雍正五年，复生厢埽，长一百四十九丈，十二年淤闭。

中河厅头堡，刘家寨，乾隆七年建埽，长四十丈，九年淤闭。二堡，嘉庆十三年，建埽六段；十四年，又建六段；十九年，又接建九段；二十一年，又接建四段；二十四年，又建十四段。现皆淤闭。三堡，即旧十堡。嘉庆十五年，建埽十二段；十六年，又接建十四段，旋淤；二十二年，河溜下移，建埽七十二丈四尺；二十三年，接厢埽，长四十二丈一尺。四堡，嘉庆十六年，接三堡工尾厢埽，长三十丈；二十一年，又厢埽，长六十丈。五堡，嘉庆二十二年，在旧头坝下建新埽五段；十九年，在二坝下建埽二段，皆淤；十六年，在三坝上首建埽十丈八尺；十八年，三坝下建埽三十一丈二尺。七堡尾，嘉庆二十

[1] “生”后脱“厢埽”二字。

[4] “接”后脱“厢埽”二字。

五年，建鱼鳞埽，长六十丈，迤下又厢埽[1]三十二丈八尺。八堡，嘉庆二十五年厢埽[2]，长二十三丈八尺；迤下又二斜坝厢埽二十九丈八尺；迤下又头挑坝厢埽三十丈一尺，二挑坝下首鱼鳞坝厢埽三十二丈七尺；迤下至九堡上首，二十四年，厢顺堤埽二百五十一丈四尺。九堡安家庄，乾隆三年，挑水坝厢埽，长三十五丈一尺；二十一、二年，厢藏头、搂崖、挑水、迎水筑埽一百五十三丈六尺，四十年淤闭；四十八年，复生厢埽，长四十丈；四十九年，接厢埽，长四十八丈，五十六年淤闭；六十年，复生厢埽，长二十三丈；嘉庆三年，接厢埽，长四十丈。十堡，乾隆二十一年建埽，长一百二十二丈，二十九年淤闭；三十七年，复生厢埽二百丈；嘉庆元年，接厢埽，长一百十五丈七尺。十二堡，官亭门，乾隆三十一年建埽，长二十丈；三十三年，接厢埽，长一十丈；四十二、三、四年，接厢埽，长四十四丈；嘉庆元年，接厢埽工，长四十六丈二尺；五年，建挑坝厢埽，长七十丈三尺，十年淤闭。十三堡，太平庄旧有埽工，久闭。

下南河厅祥符上汛，头堡内马家庄，乾隆九年，建防风埽，长四百丈，十八年淤闭。二堡内，乾隆五十二年建埽，长三十三丈；五十三年，接长八丈，五十五年淤闭。六堡，青谷堆，乾隆四年，旧埽蛰陷，建新埽，长一百四十丈，十八年淤闭；二十年，复生厢埽，长二百一十丈，二十七年淤闭。十四堡，马家庄，乾隆十九年建埽，长二十四丈，历年加长二百五十三丈，久淤。十九堡内沙门，旧有埽工，雍正五年蛰陷，埽长二百丈，十二年淤闭。二十二堡，清佛寺，乾隆七年，建防风埽，

[1][2] “厢埽”后脱“建”字。

长一百三十七丈，二十七年淤闭。黑冈，按：黑冈一工，考之《河南通志》，图绘大势，即昔年之李家寨、清佛寺等工。乾隆七年，旧埽蛰陷，厢埽，长六十丈九尺；五十八年，接厢埽，长一百八十丈。按：黑冈为著名险工，河溜上下提移，靡有定所。现自十九堡至二十三堡，皆厢埽坝防范。十九堡，临河旧埽，嘉庆十三年淤闭。二十堡，嘉庆八年，鱼鳞头坝厢埽，长十九丈七尺；又于迤下挑水坝厢埽二十六丈六尺。二十一堡，嘉庆二十年，头挑坝厢埽二十六丈，又二挑坝厢埽二十九丈六尺，又三坝厢埽，长四十二丈。二十一堡，李盘庄，乾隆七年，旧埽蛰陷，厢埽，长六十七丈五尺，历年加长七十三丈，嘉庆六年淤闭。二十二堡，嘉庆二十年厢埽，长七十九丈七尺。祥符下汛，八堡，乾隆五十二、三年，在圈堰建防风埽三百九十五丈，五十五年淤闭；五十八年，复生厢埽，长二百二十丈，已淤。十六堡，乾隆十九年厢防风埽，长九十七丈，二十四年淤闭。十八堡，福神祠旧有埽工，乾隆三年加厢防风埽，长三十六丈，九年淤闭；十八年，复生厢埽，长六十一丈，十九年淤闭。二十堡，槐疙瘩旧有埽工，久闭。二十八堡，陈家寨大王庙前旧有埽工，雍正四年蛰陷，加厢埽，长八十五丈，乾隆十一年淤闭；二十一年，复生厢埽，长九十八丈，二十四年淤闭。三十三堡，西曹家埠道，乾隆九年，建防风埽，长二百八十四丈，二十年淤闭。

陈留汛，八堡，雍正十三年建埽，长四百一十二丈，久闭。其东郝家庄又建埽工，长一百六十九丈二尺，亦闭。九堡，地名三仙庙。旧有埽工，乾隆元年建埽，长七十丈，九年淤闭；二十年，复生厢埽，长一百五十丈，二十一年淤闭。刘家埠，雍正十三年建埽，长一百五十五丈，久闭。

兰仪厅兰阳汛，三堡，蔡家楼，乾隆五十四年，厢雁翅边埽，长五十二丈，迤下厢防风埽，长一百一十丈，五十五年，于挑坝上接埽，长三十丈六尺，于边埽下接埽，长六丈，又于防风之下接埽，长六十九丈；嘉庆十年，旧堤北戗厢埽八段；十一年，接厢护埽八段，并于工尾厢埽二段；十二年，又厢护埽二十段，至嘉庆二十三年，历有厢褚埽段；以上淤闭。是年，工尾接连厢埽十六段；十三年，在鱼鳞坝迤东厢埽五段，戚村厢埽三段；十四年，共厢护埽十段；二十五年，厢旧堤护埽，长二百零二丈五尺。六堡南面地名河渠。至九堡，乾隆四十八年，溜逼堤根，厢防风埽，长一千六百九十丈，五十六年淤闭。八堡东二郎庙地方，嘉庆二十四年，筑磨盘埽三段，长三十七丈，迤西厢防风埽，长五百丈。十堡，南面地名杨庄。乾隆四十八年，厢防风埽，长二百丈，五十一年淤闭。十一堡，南面地名兰北关。乾隆四十八年，厢防风埽，长二百二十丈，五十一年淤闭。十三堡，地名票庄。乾隆五十年，厢防风埽，长六十八丈，五十三年淤闭。十四堡，地名贾庄。头坝，乾隆五十一年厢埽，长一百零六丈二尺，迤上又厢埽，长五十四丈六尺，五十三年淤闭；迤下二坝，五十二年厢埽，长三十三丈四尺；五十三年，又厢护埽，长六十三丈五尺；五十四年，接二坝护埽，长二十二丈一尺，五十五年淤闭。十五堡，地名萧庄。三坝，乾隆五十四年厢埽，长一百一十四丈七尺，五十五年淤闭。

仪封上汛，头堡四坝，乾隆五十三年厢埽，长四十四丈九尺，五十六年淤闭。二堡五坝，乾隆五十三年厢埽，长八十丈三尺，五十五年淤闭。三堡，乾隆五十三年厢埽，长四十二丈八尺；五十四年，接厢埽，长十八丈，又厢七坝埽，长五十五丈，迤下又厢埽，长二百三十三丈七尺，均已淤闭。又毛家寨二坝，五十八年厢埽，长四十六丈六尺，亦淤。四堡，嘉庆二十五年，筑坝尾护埽八段，长八十五丈。迤东，乾隆五十六年，筑护埽，长一百零二丈，现淤。五堡至六堡，乾隆四十九年，厢防风埽，长二百五十六丈，五十一年淤闭。六堡，乾隆四十九年，厢防风埽，长一百六十丈五尺，五十一年，接长六十丈，五十三年淤闭。七堡，乾隆四十九年，厢防风埽，长二百零三丈一尺，五十三年淤闭。八堡，乾隆五十二年，厢防风埽，长一百三十八丈，五十三年淤闭。

仪睢厅仪封下汛，十六堡，堤南地名大里村。乾隆五十二年，厢防风埽，长一百八十一丈，五十三年淤闭。

睢州上汛，头堡至四堡，乾隆四十九年，厢防风埽，长六百五十丈三尺，五十一年淤闭；五十二年，头堡至三堡厢防风埽，长八百五十四丈三尺；五十四年，又接厢五丈八尺；五十五年，头堡内挑坝厢埽，长五十六丈二尺，五十七年淤闭。四堡，乾隆五十三年，于土坝厢埽，长十三丈七尺；五十四年，接长十三丈，迤东新挑坝厢埽，长二十四丈，五十六年淤闭。新堤三堡，嘉庆三年，迎水坝厢埽，长六十三丈三尺，二十年，溜势上提，刷塌，补厢埽工三段，旋淤；七年，顺水坝厢埽工五段，挑水坝厢埽工三段，皆淤闭。鱼鳞头坝厢埽，长六十丈，于二十二年刷塌，乃沿堤厢埽十六段，长一百六十丈七尺。又，七年，鱼鳞二坝厢埽四段，长六十丈；二十一年刷塌，存十五丈，厢埽，长二十三丈四尺。又，三堡下首，二十二年，磨盘坝厢埽，长三十二丈四尺。新堤四堡，嘉庆二十年，戗坝厢埽，长三十丈；二十一年，接下鱼鳞坝厢埽，长七十七丈三尺；又挑水坝厢埽三段，长二十九丈；又，挑水二坝厢埽，长四十四丈二尺，挑水三坝厢埽，长二十七丈五尺；二十四年，厢四挑坝埽三段，长三十二丈。八堡，乾隆四十九年厢防风埽，长五十三丈五尺，五十一年淤闭。十三堡，乾隆四十九年厢防风埽，长一百五十丈，五十一年淤闭。十四堡，乾隆四十九年厢防风埽，长五十丈，五十一年淤闭。迤下，于嘉庆二十一年挑水头坝厢埽，长五十五丈；二坝厢埽，长二十九丈四尺；三坝厢埽，长四十四丈八尺；四坝厢埽，长五十五丈。十七堡，乾隆四十九年，厢防风埽，长二十六丈七尺。十八堡，厢防风埽，长一百零七丈一尺；五十一年淤闭；五十二年，又厢埽，长一百七十一丈，旋淤；六十年，复生厢埽，长二百丈。

睢宁厅睢州下汛，二堡，乾隆五十年，厢西坝尾埽工，长二百丈，又加厢挑水坝埽，长一百五十丈，五十一、二年淤闭；嘉庆二十年，盖坝厢埽，长二十五丈五尺。三堡，乾隆五十年，挑水坝厢埽，长十八丈；五十二年，接厢埽，长六十丈；五十三年，接厢埽，长五十丈，三十五年淤闭；嘉庆二十四年，二顺坝厢埽，一长二十六丈，一长三十六丈。四堡，乾隆五十三年，建新三坝埽工，长四十丈，五十六年淤闭；进东于五十五年厢防风埽，长五百六十五丈，次年淤闭；嘉庆二十一年，建挑水坝三道，厢埽，一长四十一丈八尺，一长二十五丈五尺，一长二十五丈。五堡，乾隆五十三年，挑水坝厢埽四段，旋淤；嘉庆十五年，西挑坝厢埽，长三十九丈四尺，又东挑坝厢埽，长三十六丈一尺；二十年，东挑坝下戗坝厢埽，长二十七丈三尺，迤下又戗堵厢埽，长八十四丈九尺。六堡，乾隆五十四年，挑坝厢埽五段，又，史村铺挑坝厢埽六段，旋并淤；嘉庆二十年，挑坝厢埽，长二十六丈。七堡史村铺，乾隆四十九年，厢埽二百零五丈九尺，五十三年淤闭，又于下首厢埽，长五十一丈五尺，旋淤；五十四年，戗坝厢埽十三段，后淤；迤东厢护崖埽一百五十丈，五十八年淤闭；五十五年，挑坝上下厢埽一百七十丈，后淤；嘉庆九年，建挑坝三道，厢埽一五段、一七段、一六段，后皆淤；十一年，拦坝厢埽四段，久淤。八堡，乾隆五十一年，挑坝厢埽，长五十四丈，五十五年淤，西首厢埽五十丈，旋淤。九堡，乾隆四十九年，溜逼堤根，厢埽，长三百六十七丈，五十一年淤闭。十三堡，乾隆五十三年，挑水坝河势坐湾，厢埽，长一百六十丈三尺；五十五年，小挑坝厢埽四段，又厢埽，长五十丈，次年淤闭；五十九年，复生厢埽三十丈，六十年皆淤闭；嘉庆九年，溜又南趋，补埽三段，后淤。十四堡，嘉庆八年，小挑坝厢埽三段，旋淤；二十一年，复生建挑坝二道，厢埽，一长二十四丈，一长三十丈五尺；二十三年，顺坝厢埽，长三十一丈七尺；二十四年，戗坝厢埽，长三十九丈五尺，又顺坝厢埽，长二十五丈。十五堡，乾隆四十八年，溜趋堤根，厢埽长八十六丈，五十一年淤闭；嘉庆二十二年，建挑坝二道，一厢埽四十一丈三尺，一厢埽长四十二丈四尺；二十三年，戗坝厢埽八十四丈七尺。十六堡，乾隆四十八年厢埽，长八十五丈，五十一年淤闭；嘉庆二十三年，顺坝厢埽，长二十六丈五尺。十七堡，乾隆四十八年，挑坝厢埽，长一百五十丈。十八堡，乾隆四十八年，厢防风埽，长三百六十丈四尺，五十一年淤闭。

宁陵汛头堡，乾隆四十九年，挑坝厢埽，长九十四丈，五十四年淤闭。五堡，乾隆五十一年，厢防风埽，长一百三十丈，旋淤。

商虞厅商邱汛头堡，考商交界杨家堂，雍正二年，河势南趋，厢埽长二百丈，旋淤。二堡，雍正十三年旧工，复生厢埽，长二百丈，旋淤。四堡，朱家庄，雍正十三年旧工，复生厢埽，长七十五丈，旋淤；乾隆二十年，复生厢雁翅、鱼鳞、裹头等埽，共长五十一丈，三十年淤闭。六堡西，乾隆十九年厢埽，长三十丈，迤下又厢埽，长五十二丈，二十年淤闭；二十一年，复生厢顺水、挑水、护崖、裹头等埽，长一百四十三丈，三十三年淤闭。河夫营，在新南堤十堡之北。雍正十三年厢埽，长二百七十二丈，旋淤；乾隆二十三年，七堡至河夫营厢埽，长二百六十四丈，迤下又建鱼鳞等埽，长九十六丈；二十六年，又厢边埽二十一丈，三十四年淤闭。十四堡，辛集，乾隆二十七年，厢护崖、裹头、挑水、顺水等埽一百五十四丈五尺；三十三年，二坝东厢埽，长八十二丈；三十四年，三坝厢埽，长九十六丈五尺；迤东于三十三年厢埽，长七十五丈，均于四十年淤闭。十五堡，雍正三年，厢防风埽，长一百二十丈；乾隆九年，厢裹头等埽，长六十丈，二十年淤闭；二十四年，复生厢埽，长六十丈，二十九年淤闭。十六堡，乾隆十九年，厢迎水、裹头、挑水等埽三十丈，旋淤。刘家埠口新并曹县堤，雍正五年厢埽，长五十六丈，旋淤。

虞城上汛，会议馆新并曹县堤，雍正五年厢埽，长一百三十九丈。祖师庙新并曹县堤，雍正五年厢埽，长七十八丈八尺，旋淤；乾隆四十六年，复生厢埽，长三百六十八丈，四十九年淤闭。五虎庙新并曹县堤，雍正五年厢埽，长九十丈，旋淤。按：该处地属山东曹县，堤于康熙时改隶虞城，故有新并之语。十四堡，乾隆五十九年厢埽三段，久淤；嘉庆二十一年，于三坝下厢埽五段；又四坝厢埽，长四十一丈，五坝厢埽，长四十三丈一尺。十五堡，雍正五年厢埽，长六十丈，旋淤；乾隆五十九年，复生厢埽六段，六十年厢埽，长九十八丈，旋淤；嘉庆二十四年，厢埽二段，长十七丈，又二挑坝厢埽，长二十二丈，三挑坝厢裹头埽，长二十四丈；二十五年，三坝下空档厢埽，长六十六丈。

十六堡，乾隆六十年厢埽，长一百二十九丈八尺，旋淤；五十九年，挑坝厢埽五段，后淤。十八堡，乾隆五十九年，挑坝厢埽三段，六十年厢埽，长一百五十四丈六尺，旋淤；嘉庆二十三年，迤东二鱼鳞坝厢埽，一长三十一丈八尺，一长四十四丈四尺，旋淤；二十四年，迤下顺坝厢埽，长二十一丈。十九堡，嘉庆二十三年厢埽，长九十二丈七尺，二十五年，下首鱼鳞坝厢埽，长三十九丈八尺，又，挑坝厢里护埽，长三十丈二尺。

归河厅虞城下汛，二堡，旧二十六堡卫家潭旧有埽工，乾隆七年，于东首厢埽，长一百三十丈，二十五年淤闭；迤下刘家楼旧有埽工，乾隆七年，接厢三十丈，后淤；十八年复生，接长七十丈，二十年淤闭；迤下王家营，乾隆七年厢埽，长四十丈，后淤。十三堡，旧三十七堡，乾隆二十五年，河势坐湾，厢埽，长二百九十丈，三十四年淤闭。十四堡，旧三十八堡，乾隆三年厢埽，长六十丈，旋淤；十八年复生厢埽，长八十五丈，二十年淤闭；二十五年，复生厢迎水、顺水、挑水等埽，长三十七丈五尺，三十一年淤闭。十六堡，旧四十堡，嘉庆十四年，厢圈堰上首埽工，长四十一丈二尺，又圈堰坝台厢埽，长九十九丈六尺，迤东连十七堡，先于十三年共厢埽长二百四十六丈。十七堡，嘉庆十七年，厢顺堤埽三段；十八年接厢七段；二十年，又厢九段；迤东又厢四段，皆淤。是年，迤下鱼鳞坝厢埽，长十九丈五尺，顺坝厢埽，长五丈七尺，鱼鳞二坝厢埽，长三十七丈。十八堡，嘉庆二十一年，建挑坝二道，厢埽，一长三十三丈，一长三十八丈七尺；二十二年，添筑挑坝三、四、五三道；二十四、五年，厢埽，一，四十七丈六尺，一，三十二丈四尺，一，五十五丈。十九堡，旧四十三堡，嘉庆八年厢埽，长二百四十六丈，九年淤闭。黄堌旧有埽工，雍正五年，厢护崖、雁翅等埽二百五十五丈，后淤。

北岸

黄沁厅武陟汛，拦黄坝，嘉庆二十一年，原筑裹头护埽、挑坝埽工三段，长一百四十五丈；二十二年，接厢空档埽工，长三百六十七丈五尺；二十三年，五、六坝并空档厢埽，长七十丈五尺，又，七坝厢埽，长三十一丈四尺；二十四年，补厢各坝空档埽，长一百二十丈七尺。马营坝埽工，长一百零六丈，秦家厂埽工，长一百八十丈，皆乾隆二十六年筑，旋淤；嘉庆九年至十四年，秦家厂埽复出，旋又淤闭。

荥泽汛六堡，嘉庆八年厢埽，长四十丈二尺，又，二堡至八堡厢防风埽，长八百九十三丈八尺，旋淤。

原武汛，十三堡胡唐庄、朱家庄、胡村镇，在今十五铺之北。迤东堤头村、刘务村，在今阳武三堡。小滩谷堆各有埽工，俱久闭。

卫粮厅阳武汛内，《河南通志》图绘临河缕堤多有埽工，如金马庄、在今十九堡南，地名张庄。越石、系临河挑坝。申家潭在今二十一堡。内外埽工，迤下祥符朱家潭、靛池阁等处至交界，皆有埽工。查通志成于雍正十三年，乾隆三十年以前又有续葺，通志未经叙有何处埽坝，至今亦未生工厢埽，惟于堤南间集土坝，拦截顺堤支河，创废不常。

阳封汛，十四堡前，嘉庆二十五年，外越堤外厢护埽，又，土坝西面厢做防风埽。

封邱汛，十四堡，嘉庆十四年，五坝厢埽，长三十二丈；十五年，于西堰尾支河塘内厢埽五段，长六十三丈；二十三年，于西堰新接土坝，南面厢埽四段，长六十四丈；二十五年，又接厢三段，长三十四丈五尺。

祥河厅，魁星楼前旧有埽工，久闭。十三堡，乾隆四十四年，五坝厢埽，长九十二丈七尺，又，六坝厢埽，长六十九丈六尺；五十七年，在七坝上首空档厢埽，长一百零七丈；嘉庆十六年，七坝下首厢埽，长六十八丈四尺；二十五年，堡西顺坝迤下厢埽，长三十八丈三尺。十四堡，嘉庆十二年，南戗厢埽，长五十八丈四尺；二十年，于戗尾接厢埽，长七十一丈。十五堡，嘉庆十八年，于上首顺堤厢埽，长一百六十九丈五尺；十九年，鱼鳞坝厢埽，长四十六丈，又，挑坝厢埽，长三十三丈四尺，又，人字坝厢埽，长六十一丈五尺；二十年，于顺堤埽下首空档接厢埽，长四十六丈，又于人字坝下首挑坝厢埽，长六十九丈一尺；二十一年，于鱼鳞坝下首空档厢埽，长三十四丈七尺。十六堡东，嘉庆二十一年，挑坝厢埽，长三十八丈四尺，又，一挑坝厢埽，长二十九丈一尺；二十二年，迤下三挑坝厢埽，长二十三丈二尺，四挑坝厢埽，长二十一丈。

下北厅祥陈汛，十七堡马坊前，嘉庆二十二年，头挑坝厢埽，长三十七丈二尺，二挑坝厢埽，长三十五丈四尺。

兰阳上汛，越堤上坝，乾隆五十四年厢埽，长一百一十四丈八尺，后淤；嘉庆二十五年复生厢埽，长一百七十丈一尺。下坝，乾隆五十四年厢埽，长四十四丈一尺。上、下两坝之中迎溜之处，嘉庆二十五年厢埽，长三十六丈八尺。二堡内，嘉庆九年，新二坝厢埽，长四十四丈二尺，新三坝厢埽，长四十二丈七尺，现淤。三堡内，嘉庆九年，新四坝厢埽，长四十七丈八尺，迤下于十二年，顺坝厢埽，长三十二丈九尺，又挑坝厢埽，长二十五丈四尺；十三年，东挑坝厢埽，长三十一丈七尺，现淤。四堡内，嘉庆十三年，顺坝厢埽，长三十丈。十堡内，头挑坝，嘉庆二十四年厢埽，长三十九丈四尺。二挑坝，二十五年厢埽，长二十一丈五尺。十一堡至十三堡，嘉庆二十年，于越堤南筑埽靠一道，长二百七十一丈五尺，又厢埽长二百五十八丈五尺；二十四年，于埽靠迤西堤前，厢顺埽四十七丈八尺；二十五年，接上厢埽六十五丈七尺。十三堡，西接埽靠尾，嘉庆二十五年，挑坝厢埽，长二十九丈八尺。十四堡，嘉庆二十一年厢埽，长四十九丈六尺，迤上二十三年头挑坝厢埽，长三十二丈八尺，二挑坝厢埽，长二十二丈，又连上首戗坝，共厢埽长六十一丈。十五堡，嘉庆十九年，头挑坝厢埽六十丈五尺；二十二年，顺坝、挑坝厢埽，共长一百零三丈五尺。

曹考厅兰阳下汛，嘉庆二十五年，二挑坝厢埽，长二十九丈，三挑坝厢埽，长三十五丈，坝下挑坝，又厢埽，长四十丈。

考城汛，嘉庆二十一年，韩小坡溜近堤根，厢修埽坝，旋淤；二十五年，旧河形内厢埽，长一百七十丈。

曹上汛系山东境。

德宗光绪元年八月，河督曾国荃奏："查近另案补厢埽工，南岸上南河厅属郑州上汛，五堡挑头坝旧有埽工，久经淤闭，因河水陡长，大溜遍注，圈刷坝根，赶在挑头坝抢厢埽工三段，该坝下首埽靠前抢修埽工六段。又，挑二坝二埽，并挑二坝下首顺堤头、二埽及顺坝二、三、四埽，系同治九年缓修，均因水长溜逼，底料刷净，按段补还，共抢补埽工二十八段。中河厅属中牟下汛，六堡顺堤二埽至六埽，九堡挑头坝头埽至七埽，共埽工二十二段，均系同治十三年缓修，节经溜势趋注，底料汇刷净尽，按段补厢。下南河厅所属祥符上汛，十七堡顺头坝下首向无埽工，因河势南圈，塌及堤根，赶于顺头坝下首抢厢护崖新埽四段，并于第二道顺挑坝护崖二埽下接厢三埽一段，又，二十一堡新头坝下首空档顺堤埽工四段，系同治十一年缓修，亦因水长骤注，底料汇尽，按段补厢。共计抢补埽工九段。

北岸黄沁厅属唐郭汛，拦黄埝五坝迤下，空挡埽工八段，系同治十一年缓修，底料朽腐，大溜圈注，先后汇净，按段补还。下北河厅属祥符下汛，头堡斜坝迤下，空档埽工三段，挑水三坝埽工二段，挑水五坝上首埽工二段，二堡挑坝迤上空档埽工五段，共计埽工十二段，系同治十一、二年缓修，因大溜冲刷，底料陆续塌净，照旧补还。以上埽段，均系应办之工，经南北两道督率，各该厅一律追厢高整，盘压稳固，足资抵御。”

光绪二年闰五月，河督曾国荃奏：“查各厅本年抢修埽段，业经厢办稳定。系上南河厅属郑州上汛，头堡胡家屯顺堤二埽至九埽内，八埽分上、下段，因溜势提坐，刷蛰卑矮，按段加厢高整。中河厅属中牟下汛十堡上段顺堤头埽至十埽，共工十段，系光绪元年缓修之工，因大溜逼注，淘刷蛰塌入水，层土层料，逐段加厢高整。下南河厅属祥符上汛，十八堡月埝尾埽工三段，光绪元年缓修十九堡新挑坝埽工四段，二十堡挑水头坝上首空档顺堤埽三段，均系同治十二年缓修，共计十段，因溜注刷蛰，一律抢厢高整。以上各埽均臻稳实，足资抵御。其余各厅之工，俟厢稳报到，勘验明确，再行附奏。”

八月，又奏：“南岸上南河厅所属郑州上汛，头堡胡家屯顺堤十六埽至二十四埽，系光绪元年缓修，四堡顺二坝头、二两埽，系同治十三年缓修，共埽工十一段，因河水叠涨，大溜趋刷，底料陆续汇净，赶即照旧补还。下南河厅属祥符上汛，二十二堡旧二坝埽工七段，系同治十二年缓修，节经河溜逼注，朽底汇塌净尽，补还新埽七段。北岸黄沁厅属唐郭汛，拦黄埝三埽下首埽工四段，顺头坝迤下空档埽工五段，顺二坝下首空档埽工五段，系同治十二、三年缓修之工，底料扪朽，大溜逼刷，先后汇净，照旧补还新埽十四段。以上四厅另案补厢埽工，一律追压稳实，足资抵御。”

十二月，河督李鹤年奏：“赴两岸周历勘工，自下南厅溯查西上，由荥泽口渡河，西至武陟县，盘查河北道库，并勘验黄沁厅工程。复折回，顺查而东，至下北厅兰阳汛口门止，计两岸七厅，均已查遍。勘得南岸下南厅祥符上汛黑冈工，保障省垣，关系至重。自十七至十九堡，盖坝顺河埝，并二十堡至二十一二堡，均系北临大河，南靠深潭，积水情形之险，迥越寻常。据该厅营佥称：目下水小溜微，流行顺轨，一交夏汛，黄流泛涨，大溜逼淘，处处皆形险要。中河厅中牟下汛二、三堡一线单堤，全恃埽工保卫。历年全河注射，叠出险工，且土性纯沙，防守不易。迤下五、八、九等堡埽坝鳞栉，均为至要之区，而五堡旧工新生，尤属吃紧。上南厅荥泽汛荥工大坝，郑中汛胡家屯、邵家寨，并五、八堡及下汛九堡至十一堡临黄埽工，二百数十段，节节迎溜扼要。迤东十四五堡来童寨亦系著名旧险。该处堤形南曲，河溜随湾趋进，一时恐难外移。北岸黄沁厅拦黄埝地处上游，首受出山之水，对岸淤滩挺峙，逼溜北圈，致七坝以下各埽均形吃重。该厅兼辖之武陟沁河汛莲花池西街后一带埽段，地当坐湾顶冲，亦甚关要。卫粮厅西圈埝淤滩稍宽，情形尚缓。东越埝则为旧日衡工，金门伏秋，修守悉赖砖石坝垛为之擎盖。祥河厅祥上汛十五、六堡，前数年叠抢大险，今秋河溜下卸，紧靠十六堡四、五坝前，埽湾东趋。下北厅祥陈汛头、二堡与祥河工段毗连，新旧顺堤埽六十余段，全行着河，溜势提卸莫定。其兰阳汛口门河心间有花滩，大溜靠西行走，一经盛涨，西坝必仍着重。以上各工，臣每到一处皆沿堤步行，逐细审视，虽情形互有险夷，而修守均宜慎重。春融伊迩，水长不时，积料备防最为当务之急。”

光绪四年八月，河督李鹤年奏："沁、黄水势异涨，昼夜驻工，督饬道厅营汛等竭力抢办。上则胡家屯头、二堡，并五、六、七堡，下则石家桥十、十一等堡，共埽二百数十段，无不迎溜汇塌。片段既长，工作日继以夜，几有应接不暇之势。乃厢办甫有目眉，河复接续盛涨。武陟沁河自七月十一日至二十日，计十次[1]，共长水一丈九尺八寸。兼以立秋后阵雨不时，连宵达旦，上游伊、洛、瀍、涧各河长水，并挂滩雨水同时汇流下注，大溜奔腾涌激，以致该厅新旧各埽有甫经盘压出水，复又墩蛰，并水上埽面揭去柴眉者，不一而足。且有无埽之处，急溜冲射，间段汇塌，目睹情形，不寒而栗。当于无可措手之中，饬将汇塌之埽赶紧补还，塌堤处所抢厢新埽。人手不敷，飞调邻汛兵丁帮同力作。一面添购正杂料砖石，以资应手。竭数昼夜之力，渐臻稳定。而应厢、应护之处，段落尚多，工作遽难停辍。北岸黄沁厅兼辖两河，因水势骤涨，埽坝间多蛰塌，沁河汛龙王庙一带埽工尤为吃紧，其余各厅埽石工程亦纷纷报险，均饬该管道厅分投督抢，期臻稳固。再，北岸另案补厢埽工，系祥河厅属祥符上汛十五堡鱼鳞坝头埽，及四五埽，共埽三段；又，鱼鳞、挑水两坝中间空档埽工三段；十六堡埽靠埽工五段，系光绪二年停修旧工，底料朽腐，水长溜逼，先后汇塌净尽，共补新埽十一段。又，抢修埽工，系下北厅属祥符下汛头堡挑水五坝迤下埽工三段，二堡挑坝迤上空档埽工五段，均因河溜圈注，刷蛰卑矮，按段加厢高整。臣逐一勘验，厢办合宜，抵御得力。"

光绪十四年十月，河督吴大澂奏："黄河上游南岸上南厅所属荥泽九、十两堡，新厢各埽，新抛砖石坝垛，仍旧段段着重，

---

[1] "次"疑为"日"字之误，上文"十一日至二十日"恰好十日。

更兼对岸新滩愈撇愈宽，逼溜愈紧，自头埽至二十一埽，无不迎溜顶冲，以致旋厢旋蛰，屡濒于危。其间最为危险之时，如九月二十一、二等日，该堡九埽至十二三埽后身，忽然大堤中心裂缝，塌陷一坯，东西计长四十余丈，南北计宽四丈余尺。几将埽段一齐汇翻，塌存顶宽无几，安危系于呼吸。幸赖人手众多，一时抢挖活土，粉碱补填，并将前面埽段竭力追厢，相机添抛石垛，后面帮筑土工，昼夜不遗余力，方始保护无虞。现在各该新埽均经逐段厢稳，砖石坝垛已抛出水，帮筑土工亦将完竣，抢办险要各工业经一律平稳。总共厢补新埽二十六段，抛筑砖石垛五处，加帮土工八十丈。核计动用料物夫工钱粮为数实属不赀，不得不在大工款内酌量通融，将来归入善后项下分案造报。再，本年各厅办过另抢砖石各工段落，除中河、下南、卫粮、祥河、下北等厅，大河未归故道，未据报案外，兹特查明：南岸上南河厅属，另案补厢郑上汛胡家屯顺堤二埽至九埽内，八埽分上、下段，系光绪五年缓修；又，二十四埽下首二十五埽至三十五埽，系光绪十二年缓修，因大溜逼注，旧胎汇尽，补还新埽十九段。又，另案补厢荥泽汛十堡顺堤头埽至八埽，系同治九年缓修，郑上汛胡家屯顺堤十六埽至二十四埽，系光绪十三年缓修，因大溜圈刷，朽底汇尽，补还新埽十七段；抢修加厢郑上汛五堡盖坝下首顺河埝头埽至十埽，因河流冲激，先后刷蛰，抢厢埽工十段。另案抛办碎石工段，系郑上汛头堡胡家屯顺堤十四埽前抛筑石垛一段，计长六丈五尺，用石七百余方。北岸黄沁厅属，另案补厢唐郭汛拦黄埝新二坝下首埽工七段，顺三坝下首空档埽工六段，均系光绪十二年缓修，交秋水长，朽底汇尽，补还新埽十三段。抢修加厢武陟沁河汛龙王庙埽工六段，西街口埽工五段，师家后埽工二段，师家后上下水埽工各三段，因水长溜逼，先后刷蛰，抢厢埽工十九段，均经各该厅分别厢抛高整，抵御汛涨，挑托溜势，均甚得力。”

卷四

引河

治河之法，引河与堤坝并重，所谓宣防者也。顾其名同而实亦有异。大约唐宋以前之引河，多于河堤之外另开支河以分杀水势。明清以来，各治河书暨案牍所称者，多在河堤以内，如大溜趋重一面，或恐出险，或决口一时不能合龙，则于对方上游大滩中，或十余里，或数里之地，开一引河以分减此方水势。用虽不同，而为疏导则一也。卷中依时代顺叙，不能各分其类，以意逆之可也。

《史记》曰：“禹乃断二渠以引河，北载之高地。”又曰：“荥阳下引河，东南为鸿沟。”此史传言引河之始。

汉明帝永平十三年四月，汴渠成。辛巳，行荥阳，巡行河渠。

晋安帝义熙十三年，刘裕遣刘遵考开汴口，引水运漕。山崩壅塞，更于北十里凿故渠通之。裕既灭秦，遂自洛入河，开汴渠归彭城。

隋炀帝大业元年，命尚书左丞相皇甫谊发河南丁夫百余万，开通济渠千余里，自西苑引谷、洛水达于河，自板渚引河通于淮，渠旁皆筑御道，树以柳。

按：皇甫谊一作皇甫护。通济渠一名汴渠，在汴城西南二里。西苑在洛阳。板渚即板城渚，在旧汴口石门之西，今河南汜水县东四十里有板渚津，汴渠新道自今河南商邱县分派，东南出经夏邑、永城，乱睢、浍，又下至旧泗州入淮。

唐宪宗元和八年，滑州薛平、魏博田弘正征役万人，于黎阳界开古黄河道，南北长十四里，东西阔六十步，深一丈七尺，经黎阳山东，会于古渎。滑人遂无水患。

宋太宗淳化四年，梁睿上言："滑州土脉疏，岸善隤，每岁河决南岸，害民田。请于迎阳村凿渠引水，凡四十里，至黎阳合大河，以防暴涨。"迎阳村在滑州东北，大河北岸。

淳化五年正月，滑州新渠成。又案图，命罗州刺史杜彦钧率兵夫，计工十七万，凿河开渠，自韩村埽至铁狗庙，凡十五余里，复合于河，以分水势。

真宗大中祥符四年，遣使滑州，经度西岸，开减水河。

大中祥符八年，陈尧佐议开滑州小河，分水势。诏可。是年八月，又于荥泽、中牟县各开减水河。

仁宗天圣五年十二月，浚鱼池埽减水河。

天圣八年，诏河北转运使计塞河之备。良山令陈曜请疏郓滑界糜邱河，以分水势。

庆历元年，以河久不塞，议开分水河以杀其暴。未兴工而河流自分，遣使特祀之。

哲宗元祐八年八月，权工部侍郎吴安持等言："广武埽危急，刷塌堤身二千余步。该处地形稍高，自巩县东七里店至见今洛口，约不满十里，可以别开新河，引导河水，近南行流，地步至少，用功甚微。"从之。

徽宗大观元年二月，诏于阳武上埽第五铺开修直河，至第十五铺，以分减水势。有司言："河身当长三千四百四十步，面阔八十尺，底阔五丈，深七尺，计役十万七千余工，用人夫三千五百八十二，凡一月毕。”从之。

十二月，工部员外郎赵霆言：“南北两丞司合开直河者，凡为里八十有七，用缗钱八九万。异时成功，可免河防之忧，而省久远之费。”诏从之。

大观三年八月，诏沈纯试开兔源河。兔源在广武埽对岸，减埽下涨水也。

宣和元年十二月，开修兔源河并直河毕工，降诏奖谕。

元欧阳玄《至正河防记》曰：“其浚故道，深广不等，通长二百八十里百五十四步而强。功始自白茅，长百八十二里。继自黄陵冈至南白茅，辟生地十里。口初广百八十步，深二丈有二尺，已下停广百步，高下不等，相折深二丈及泉。曰停，曰折者，用古算法，因此推彼，知其势之低昂，相准折而取匀停也。南白茅至刘庄村，接入故道，通折垦广八十步，深九尺。刘庄至专固，百有二里二百八十步，通折停广六十步，深五尺。专固至黄墹，垦生地八里，面广百步，底广九十步，高下相折，深丈有五尺。黄墹至哈只口，长五十一里八十步，相折停广垦六十步，深五尺。乃浚凹里减水河，道长九十八里百五十四步。凹里村缺河口生地，长三里四十步，面广六十步，底广四十步，深一丈四尺。自凹里生地以下旧河身至张赞店，长八十二里五十四步。上三十六里，垦广二十步，深五尺，中三十五里，垦广二十八步，深五尺；下十里二百四十步，垦广二十六步，深五尺。张赞店至杨青村，接入故道，垦生地十有三里六十步，面广六十步，底广四十步，深一丈四尺。”

按：此即贾鲁河故道也。

明太宗永乐九年三月，浚河南黄河故道，遣工部侍郎张信视。信访得祥符县鱼王口至中滦下二十余里，有旧黄河故道，岸与今河面平，浚而通之，则水势可杀，遂绘图以进。诏发民十万，命兴安伯徐亨、工部侍郎蒋廷瓒率运木夫，同侍郎金纯开浚，丁夫给粮赏，且蠲今年田租。时工部尚书宋礼督工开会通河，遂命兼董之，至七月讫工。自是河循故道，与会通河合。

四月，命户部开河。有自愿效力开疏，民丁一体给粮赏，免租税。

永乐十年四月，宋礼奏："臣视会通河至魏家营湾，与土河相连，宜于彼开二小河，以泄土河，则无漫衍之患。又，德州城西北亦可开小河一道，益自卫河岸东北至旧黄河一十三里内，五里旧有沟渠，五里系古路，二里系平地。今开通泄水，以入旧黄河，约用夫三千余，十日可完。"

永乐二十年十月，工部言："开封府仁和门外土城，离黄河五里余。河自边村，经独乐冈南入淮。比河决，而西啮城，虽屡修筑，旋复冲决。宜浚故道以弭灾患。"从之。

宣宗宣德六年二月，用御史白圭言，命浚金龙口，引河水达徐州，以济漕运。

河南布政司言："祥符县旧有新开河，直抵黄陵冈，凡四百五十余里，中多淤塞，请加修浚。"从之。

英宗正统十三年，河决荥泽，背沁而去。乃从武陟东宝家湾开渠三十里，引河入沁，以达淮。自后河、沁益大合，而沁之入卫者渐淤。沁水合河处在原武黑洋山。正统以前，其支流与卫河通，及开沁达徐，入卫之故道始湮。按：是时，大河分趋南北，及沙湾既塞，于是正流专趋陈、颍，乃引沁达徐，复引河入沁，以济运漕。

代宗景泰二年二月，命工部尚书石璞治河，浚黑洋山至徐州，以通漕，而沙湾决口如故。寻筑石堤于沙湾，以御决河，开月河二，引水入运河，且杀其决势。黑洋山至徐州，名小黄河。

景泰四年，于开封府金龙口、铜瓦厢等处开渠二十里，引河水东北入运河。

英宗天顺七年二月，布政司照磨金景辉考满至京，奏："黄河不循故道，并流入淮，是为妄行。为今之计，在疏导之以分杀其势。若止委之一淮，仍作堤防之策，恐开封终为鱼鳖之区矣。或谓疏浚之事劳费不任，殊不知欲为长久之计，虽劳费弗足计，不愈于累年修筑之劳费哉？或谓浚河不如迁城，此尤其妄者。城为民设，水患不息，民困未已，城何为焉？又况所费不赀，岂易为哉！臣愚，则始终惟疏浚之是计也。乞敕该部计议，移文巡抚河南右副都御史贾铨，令所在三司，先以金龙口河开浚宽阔，俾水通流，以接漕河。仍相度旧河，或令有泄水之处，讲求古法，斟酌时宜，而兴工开挑。不必计其速成，务为经久之计。合用军夫，皆给以器具口粮，则劳而弗怨，费而弗伤，何水患之不息哉！"部议：从之。

宪宗成化十四年十一月，巡抚李衍奏："河南地方累有河患，皆由下流壅塞，以致冲决。宜自开封府西南隅新城，下抵梁家浅旧河口七里，疏浚壅塞，以泄杏花营上流水势。"

孝宗弘治二年，河徙汴城，命刑部尚书白昂治之。于荥泽开渠，导河由陈颍至寿州，达于淮。

弘治七年十月，河南巡抚徐恪上言："议者以黄陵冈之塞口不合，张秋之护堤复坏，遂谓河不可治。夫黄陵冈口不可塞者，非终不可塞也。顾以修筑堤防之功多，疏浚分杀之功少，故湍悍之势不可遽回。今自荥泽县孙家渡口旧河，东经朱仙镇，下至项城县南顿，犹有涓涓之流，若疏而浚之，使之由泗入淮，以杀上流之势。又以黄陵冈贾鲁旧河南经曹县梁靖口，下通归德丁家道口，可以分水势。今梁靖口以南则滔滔无阻，以北则淤塞将平，计其功力之施，仅八十余里。若疏而浚之，使由徐入淮，以杀下流之势，则决口可塞，运道可完，幸而成功，万世之利也。”下部议：从之。

是年，刘大夏发民丁数万，于上流西岸凿月河三里许，属之旧河，使漕运不与河争道。乃浚孙家渡口，别开新河一道，导水南行，由中牟至颍州，东入于淮。又浚祥符四府营淤河，由陈留至归德，分为二道。又于黄陵冈南浚贾鲁旧河四十里，支流既分，水势渐杀，费轻功重，玺书褒赏。

弘治十一年十二月，河南按察司管河副使张鼐言：“臣尝行视河势，见荆隆口堤内旧河通贾鲁河，由丁家道口下入徐淮，其故迹尚在。若于上源武陟县木栾店别凿一渠，下接荆隆口旧河，傥此后河流南迁，就引入渠，庶沛然之势可以接济二洪，而粮道不致艰阻。”下部覆议：从之。

弘治十九年，河决睢州，由汴入淮，于是开李景高支河，引水出徐。阅二年，复淤。

武宗正德四年，工部侍郎崔严于祥符董盆口、宁陵五里铺各开地四十里。按黄河故道，引水由原阳达亳州。又浚孙家渡故道十余里，引水由朱仙镇至寿州，而各入于淮。疏贾鲁旧河四十余里，以杀水势。

正德十年六月，总理河道赵璜于荥泽县东浚分水河，郑州西凿须水，疏亳州河渠。至是，水势渐平。

世宗嘉靖五年，御史戴金奏：“黄河入淮之道有三：一自中牟至荆山，合长淮之水，曰涡河；一自开封府，经葛冈、小坝、丁家道口、马牧集、鸳鸯口、徐州出小浮桥，曰汴河；一自小坝，经归德府城南饮马池，至文家集，经夏邑至宿迁，曰白河。弘治间，黄河变迁，涡河、白河堙塞，而徐州独受其害。若自小坝至宿迁一带，并贾鲁河鸳鸯口、文家集壅塞之处逐一挑浚，则趋淮之水不止一道，而徐州水患可以少杀矣。”又，提督漕运总河官杨宏亦言：“徐州上流，若归德小坝河、丁家道口、亳州涡河、宿迁小河等处，俱有黄沁分流，支派故道，宜于此开浚，或有路可开，亦从其便，庶可以分杀水势也。”俱下工部议覆。

嘉靖六年六月，总理河道章拯等言：“黄河为患，今欲筑浚分杀者有二处：一曰孙家渡，在荥泽县北；一曰赵皮寨，在兰阳县北，皆可以引水南流，以杀河势。但此二河东至凤阳，经寿春王等园寝，为患叵测。考之宁陵县北岔河一道，通饮马池，至文家集，又经夏邑至宿州符离桥，去宿迁小河口。自赵皮寨至文家集，凡二百余里，其中壅塞者，宜大发丁夫浚治。庶水势易杀，而于园寝亦无所患。”乃为图说以闻，命拯等刻期举工。

十二月，浚赵皮寨、孙家渡口，以杀上流之势。沛漕复通。

嘉靖七年，总督河道盛应期奏开兰阳县赵皮寨白河一带，分杀水势，用工四月，弗绩坐免。

闰十月，河道侍郎潘希曾言：“仍于黄河上汛分浚赵皮寨、孙家渡二处。夫二水兼通，则横流以杀，而运道可保无虞。”工部覆奏，得旨允行。

嘉靖十三年正月，总理河道副都御史朱裳等言：“今日河患，要在分流涡河一支，赵皮寨下流睢州野鸡冈，淤正河五十余里，漫于平地，注入涡河，所宜挑浚深广，引汶水归入正河。仍时疏梁靖口下流，且挑仪封于庄村月河入之，达于小浮桥，则北岸水势杀矣。”得旨允行。

嘉靖十六年十二月，总理河道于湛言：“宜于地丘店、野鸡冈等口上流开凿一河，四十余里，由桃源集、丁家道口入旧黄河，既可以截涡河之水入河济洪，复可以免逼冲王陵之虞。”工部覆以为便，诏从之。

嘉靖十九年，浚睢州孙继口至丁家道口淤河五十里。

是年，兵部侍郎王以旗开李景高口支河一道，引水济洪，役丁夫七万有奇，八月而成。

嘉靖二十一年，又凿野鸡冈上流李景高等口支河三道，导河东注，以济二洪。

嘉靖二十七年正月，总理河道都御史詹瀚奏："乞于赵皮寨等处多穿支河，修筑堤岸，以捍水患。"诏可。

嘉靖三十二年四月，遣侍郎吴鹏来视赵皮寨、孙家渡二支河。初，河决曹县，都御史詹瀚欲杀水势，乃上疏请开赵皮寨之支河，计役夫八万有奇。明年，都御史胡松上疏，请开孙家渡之支河，计役夫六万有奇。二疏俱下河南、山东抚案藩臬臣议之。

嘉靖三十八年二月，河南巡抚章涣言："汴城以河为带，数十年间，南岸倾颓，北岸淤塞，渐成横溢。宜于翟家口大开河口，以杀其势，别挑支河，培筑堤岸，以图永久。请差部臣经略。"诏可其议。

穆宗隆庆五年，总理河道、都御史潘季驯上言："自潘家口历丁家道口、马牧集、韩家道口、司家道口、牛黄堌、赵家圈，至萧县一带，皆有河形，中间淤平者四分之一，河底皆渟沙，见水即可冲刷，臣以为莫若修而复之。河之复其利有五：从潘家口出小浮桥，则新集迤东河道俱为平陆，曹、单、丰、沛永无昏垫，一利也；河身深广，每岁免泛溢之患，虞、夏、丰、沛得以安居，二利也；河从南行，去会通河甚远，闸渠无虞，三利也；来流既深，建瓴之势导涤自易，则徐州以下河身亦因而深刷，四利也；小浮桥来流既远，则秦沟可免复冲，而茶城永无淤塞之患，五利也。”既报可，乃役丁夫五万，开匙头湾塞十一口，大疏八十里，故道渐复。

神宗万历二十三年，创开中牟县河渠。中牟县知县陈幼学创开河渠五十七道，以泄黄河泛溢之水，皆成平地，民咸赖之。

万历二十七年三月，工部覆总河刘东星议，大约谓：黄河自商、虞而下，历丁家道口、马牧集、韩家道口、赵家圈、石将军庙、两河口，出小浮桥，下二洪，乃贾鲁老黄河故道，自元及我朝嘉靖年间，行之甚利。至三十七年，北徙浊河，而此河遂淤。万历七年，总河潘季驯议复开之，以工费浩繁，中罢。今河果决黄堌而南徙，由韩家道口至赵家圈百余里，冲刷成河，即先年议复之故道也。由赵家圈寻老黄河故道开挑，由东镇曲里铺、石将军庙至两河口，直接三仙台，新渠计长仅四十里。据运同赵坰等估，挑阔十丈，深一丈，募夫五万人，费可八万余两，不过一月有半可以竣工。此河一开，则目前大挑运河，及小挑浊河工程俱可节省，诚所谓事半功倍者也。至于善后之策，则永、夏迤西一带旧堤，宜行河南管河官修补；朱家窝东北有母河旧渠，宜接挑宽阔，使足容受洪流；赵家圈弥漫易淤，宜先挑支河，择迎溜处开口，仍于对河南岸卷埽筑鸡嘴坝，逼水直射，以免复淤之患；原吉口故道，去冬已挑成数里，前功似不可尽弃，但有李吉口至镇口三百里而远，不若自赵家圈至两河口四十里而近，况大浮桥既已建闸，节蓄汶泗之水，则镇口一带济运亦无借于黄流也。既经河臣会议详悉，乞敕下遵奉举行。报可。

万历二十九年八月，开赵家圈，循商、虞以下，至于彭城，贾鲁所浚故道也。起曲里铺，至三仙台，凡四十里。又起三仙台，抵小浮桥，开支流若干里。嘉靖末估费四百万，是年仅十万，凡五月成。十月，工部覆奏："江北巡按御史吴崇礼疏，河南张家楼决口在开封府东北，蒙墙寺决口在归德府正北，全河既溃，势难捍御，不若从决口图之，犹可事逸而功集也。查得张家楼决口尚小，堵塞易就。蒙墙寺西北宋家庄，上流傅家集，两河相望，约十里许，乃黄河弯曲之所，须开直河。可以引水东流，仍自徐家口起，至刘家口止，约长十二里，大加挑挖，务俾深阔，容受水汛。并将李吉口以下，至坚城集，三十余里沙淤河道尽力挑通。其黄堌口以南，如马溜、武家营、何家集各处决口，速行堵塞，更加坚厚，使河尽归正槽，免致旁泄。又恐全河来复灌，于镇口再改挑唐家口，而注之龙潭，入小浮桥，庶既资其利，又免其害。目前急切之计，似无出于此者。查各处决口，俱系河南地方。前经廷议推补总河，未奉旨允，焉敢擅行。趁此入冬冰冻，用工颇易，移文河南巡抚曾如春预先料理，一面仍候简放总河大臣，庶不致于误事。"从之。

万历三十年，河决荆隆口。山东抚臣建议以河趋于宋，但迁民而避之，赈其贫者。即以宋为河，纤毫不费，而河已大治矣。河南抚臣贾丰抗疏争之。庙堂忧陵寝，卒就丰议，浚新河六百里，强之北徙。大工之役，破中人之产数百万家，大工之后，继以瘟死者又数百万家。

万历三十一年，河决归德。总河曾如春挑北河，引水入淮。决河口广八十余丈，而新开河仅三十丈，水不能容，下流淤浅，水遂四溢，因涨冲鱼台、单县、丰、沛间，如春惊悸，暴卒。

清世祖顺治十四年十月，陈留知县张重润浚河一道，引河折入新河。

是年，浚仪封县三家庄河，长一千丈，以杀北来水势，而黄渡河涸为田。

顺治十八年十月，总河朱之锡题："河患惟河南为甚，修防之严密，较之他省尤费区画。臣查河溜所冲，无坚不克，虽重堤累埽，而坍塌蛰陷，补救不遑，故莫善于挑引河一着。但形势不同，引河有可挑不可挑之异，水性难定，挑引河又有得成不得成之异，是又在司河者相机设防，期不致于溃决成害耳。"

靳文襄公《治河书》曰："塞决之方，必先杀其势，平其怒，而后人力得施焉，则莫如引河之善也。引河之用有三：一曰分流以缓冲也。河一决则全流尽趋决口，奔腾激荡，桩埽无所施，应于对岸上流别开一河以引之，则决口缓矣。一曰预浚以迎溜也。河身既淤为平陆，即异日黄流归故，必涨溢而他溃，故必预开一渠以迎之，务使水至归渠，遂其湍迅之势，则刷沙有力，而后无旁出之虞。一曰挽险以保堤也。河性猛烈，方其顺流而下也，则借其猛以刷沙，当其横突而至也，则恣其烈以崩岸，故当其倏忽激射之时，宜酌左右之间急开一渠，以挽所冲之溜头引入渠中，以夺其势，而后危堤可保。故曰其用有三也。至于度土地高卑之数，以定挑挖之浅深，验土性淤松之殊，以酌渠路之去取，又在任事者之尽心焉。"挑河之法，固宜相土地之淤松以施浚，然亦有必无松土，不得不于淤处挑挖者，后水到之时，不比浮沙易涮，定多阻滞之处，此等水中之淤，最难施力，必须分外挑深乃可。

圣祖康熙六十年，挑广武山下黄家沟引河一道，导大溜归入正河。

世宗雍正六年五月，挑兰阳雷家寺引河，长四百二十丈。

《河渠纪闻》曰："雷家寺顺堤支河，河势自青龙冈迤下埽湾直趋北岸，刷成支河。沿堤走溜，经宋家营、刁家楼、徐家堂、曲家楼、杨家桥，至三家庄，出口五十余里，激溜汕刷，上下抢救不遑，乃于雷家寺上首加帮高宽，接筑土坝一道，跨断河形，内外下埽厢垫以固其势。其埽湾之处，上湾淘作深兜，与下湾顺直相对，上有吸川之形，下有建瓴之势。开挖引河，水长溜拥，河头开坝放水，大溜掣入，陡刷深通，旧河淤平如镜。又，耿寨河溜坐湾，对岸长出滩嘴，逼溜北趋，直注堤根，刷深三四丈不等，汹涌倍常。先于上水裹头外迈沉水大埽，签钉长桩，坚筑高宽，逼溜开行。堤内有积水深潭，钉桩下埽，填实底土，加筑内戗，仍增培大堤，用埽搂崖以御回溜刷汕，并修月堤以资重障。河工抢险，惟开引河、筑挑坝为善法。而河长至五十里，涨水坐湾，逼注堤根，顺堤行溜，流长则势盛而力益大，冲刷迅利，搜削堤根，河刷深一尺，水力大一尺。日久不治，引溜入垣，推之不去，治之无术，不但为一时之害，且为将来无穷之隐忧。惟挑引河得势，吸川建瓴，引溜分杀，为效速而且大也。河水遇湾更曲，不得遂其就下之性，愈曲而愈急，非必与堤为难也。滩嘴既当其前，溜势复蹙其后，势必攻堤。引之使直，以顺其性，而力反为我用矣。第非有挑坝以激之，则不能聚全力于新河，而支河犹得少分其势，势分则河不能速成，雷家寺引河之成，成于河头之得势，实成于跨断河形之大坝逼溜入河也。”

雍正七年，河道北趋，议开荆隆口对岸引河。

《河渠纪闻》曰：“荆隆口紧接古黄池，内临旧时决口，下有深潭，形同釜底。南岸河势从黑冈口直注而北，自南至北三十余里，大溜顶冲，注射冲塌河崖，密迩运道，尤须先事预防。黄流由古黄池绕湾南向，至柳园口迤东，曲折纡回，激流汹涌。黑冈迤下大滩埽湾之处，刷成兜湾，天然自成，河头有吸川之势。下游柳园口自高而卑，刷成陡崖，得建瓴喷泻之势。乘势开挖，引河长三千余丈，取直顺下，大溜直注中泓，不特荆隆可保无虞，即古黄池一带，均得稳固。时又以陈家寨月堤地势洼下，大溜逼注，水势上提下坐，奔腾坝下，节次加厢，仍进边埽以资抵御。险虽次于荆隆，而逼近省城，尤加防护，盖虑患于未然也。”按：荆隆口引河于八年三月兴工，五月十五日工竣，即日开放。

高宗乾隆十九年三月，河南祥符县北岸平家寨新辟引渠，天然成河，大溜直走中泓，化险为平。迤下南岸附近各工俱平。

《河渠纪闻》曰：“平家寨一带埽坝工程因河溜偏趋，冲激生险，秋汛水势陡长，河心逼溜之滩忽辟引河，溜归中泓。越十余日，水复加长，大溜全归，冲刷两日，旧河普面露滩，埽前已长大滩，河面宽二三百丈及四五百丈不等，旧河淤为平陆。黄河水小走湾，水大走滩，趁其奔涌之势，直走滩面，冲刷成河，平家寨之改河是也。平家寨河转大湾，流行本不舒畅，中间逼流之滩东西相距不远，大汛水长，乘势穿滩直行。水落后，因冲出之形切滩捞淤，功未及半，河形已具。秋汛水更加长，直出滩面，顺河形冲刷宽深，引溜全归，而河成矣。中州以上土松，易于淘刷，屡有天成之河，雷家寺等工皆赖此也。挑引河之法，于河头对岸上首作挑水坝，逼流入口，河头下唇筑接水坝，约拦水势，入里河头，河尾得吸川建瓴之势，然必天时凑合，适当盛涨。涨水消落稍缓，待其冲刷成河，全溜皆归，然后一成不变，否则，消落过速，水小仍复走湾。故暴冲之河不如旧河宽深，虽有挑水、接水等坝，而溜去河淤，不得其用，故引河成于人事，必济以天时也。”

乾隆二十年秋，黄、沁并涨，大溜顺滩直下，冲刷成河，险工尽闭。

《河渠纪闻》曰：“是时，豫东黄，沁并涨，白露后复长水一丈四尺有余，较前更盛。两岸地势南高北凹，北岸水势与堤顶相平，三堡尤为险要。先期对岸挑挖引渠，导溜开行，涨水顺湾直下，溜势全趋引河，冲刷宽深，正河淤长，新滩化险为平。迤下十二堡之崔家坝连年溜逼堤根，啮堤侵崖，极为险要，就向南生湾之形，借势开挑引渠，冀缓北趋。甫经挑竣，河水加长，风顺溜急，顷刻冲刷宽深，大溜全往南徙，崔坝二百余丈埽工，四载未平之险，一旦得冲刷，三堡、十二堡引河大成，得涨水之力为多也。”

乾隆二十六年八月，谕：“张师载奏筹办堵筑漫工，总未达治河紧要关键。南北两岸各漫口固应随时修筑，然杨桥夺溜之处所关尤重，如必待各漫工告竣始议引溜归漕，其决口下游者尚可，若势处上游，而一例急塞，不且愈助大溜之冲，自致棘手乎？看来现在惟以杨桥大工为吃紧要务。至于堵筑、引导，二者为治水必需之法，然分疏引河，先杀水势，以便乘机抢筑，其奏功尤为便利。已于图内河身曲处用朱笔指画，如该处可以设法挑挖引河，令决口上游先分急溜，令其径注旧日原河，则大工既已合龙，而河身逢湾取直，又可免两岸数处险工，岂不一举两得！但不知该处道里远近、地形高下若何，难以遽为悬定，着传谕刘统勋等，及该督抚速行相度情形，商确筹办，具折奏闻。图并发。”

乾隆四十四年正月，命大学士公阿桂往河南仪封工查勘堵筑，并善后事宜。二月，阿桂、袁守侗、姚立德、陈辉祖奏：“于漫口上游十堡郭家庄另挑引河二千六百余丈，大河内拦黄坝两面进埽，共需银二十七万余两。”

是月，谕：“昨阿桂等奏另筹引河坝工一折，自应如此迅速办理，但既已择地另挑，非宽深不能得力，必须开挑极宽，庶可掣动大溜，其河底尤须挑挖深通，使成建瓴之势。至所筑之拦黄坝，更当倍筑高厚，由西南向东北，令挑溜逼向引河。不可复似从前之单薄，致有闪挫。即所费浮于原估之数，亦不靳惜，阿桂等自不复存省费之见。总之，此次施工果能一举集事，所费归于实济，虽多亦不为过。若如高晋等原办之引河，屡引不就，徒成虚掷，岂非因欲省费而转成妄费乎？当善体朕意，妥速筹办。”

又谕：“现在新挑引河，实全河关键，必须挑极宽深，方能得益。阅进到图样，所办之拦黄坝，名为筑坝，即系移堵口之工于此，仍须进埽合龙，工程最为着重，必须引河挑成先放，掣动大溜，然后将大工合龙，方为万全之策。”

又谕：“阿桂等覆奏开挑引河宽深丈尺，及大坝宽厚计共二十丈，并拟于东岸添筑子堰一道，以防旁溢，及引河滑厢筑草坝，逼溜直趋各事宜，所办俱合机宜，惟当董率实力妥办，以期迅速集事。又阅原图内有草坝一道，系因旧引河至其处归入正河，筑以拦御倒漾之水。今既改从上游另挑引河，则河身内不宜复有草坝拦阻，自应即速拆去，俾得引流畅达。至坝外正河身，现在宽深若何？较新开之引河尾深浅尺寸若何？能否得建瓴之势？抑或正河身亦须挑挖，以期畅顺？并宜详悉测量，预为妥办，使临时得以应手，方为万全。”

五月，谕：“连日盼望开放引河及坝工合龙之信甚切。兹据阿桂等奏，五月初七日，西北风竟日不止，河水骤长三尺有余，溜势汹涌，将北坝头及上下边埽冲塌十五丈，正引河头之土堰亦被冲开，仍未能掣动口门之溜等语，览之深为烦闷。此次仪封之工屡隳于垂成，实亦无可如何之事。据称新开引河之西王家庄地方有大兜湾一处，大河溜势于上游南岸扫滩而来，顶至此处，若于此开挖引河一道，归入正河，所谓顺水之性，因势利导。现已勘估开引河一道，长九百余丈，接入原开正引河之第五段，较现在引河引沟更加宽深。一俟盛涨，即行启放，此时自当以此为正务。阿桂等应即董率承办各员上紧挑挖，迅速办成，以便相机启放。”

八月，谕：“昨阿桂等奏开放王家庄引河，初甚畅顺，半日后河水顿落，引河口门一带仍复停淤等因，深为可惜。阿桂等现在一面挑浚引河之淤，一面赶筑坝工逼溜，舍此更无良法。黄河漫口之事所经已多，速或一两月，迟亦不过三四月，无不堵筑合龙，从无似此次之经年未成者。今开放引河又成虚望，览奏彷徨竟夕，不能成寐。因思汛水未经加长，大溜自必稍平，既不能助势畅达引河，则十六堡漫口之水应亦不似从前之汹涌。今引河既不足恃，自应以堵筑漫口为急。今年漫水下流各州县，幸河流不甚泛滥，田庐未致大受灾伤，实赖上天嘉佑，岂能保其长久如是？思之深为可虑。若遇水大之年，湖不能容，清水溢流，其伤并不止下河一带，思之益复可惧。是仪封漫口不独为豫省急图，实为全河关键，阿桂等不可不善体朕意，熟思妥计，速使河循旧轨，弭患卫民，以副廑念。”

是月，又谕：“昨据阿桂等奏，现在赶做顺黄南北两坝，口门只剩七十余丈，将来进埽渐多，口门渐窄。约计九月初旬不过余存二三十丈，水势自可蓄高，引河挑淤之事彼时亦当一律完竣。总可以相机启放，掣动大溜，其时正届霜降，施工较易。堵筑二三十丈之口门，须抢做十余日，约九月二十后可望合龙。伊等现俱实力速办，无俟再为敦促，惟冀如期蒇事，以慰廑念。”

九月，谕：“据阿桂等奏，于十五日开放王家庄引河，势甚畅顺。子时开放，卯刻过六十里外之三家庄，午刻又过山东连界之和好地方，是黄流趋泄甚驶，毫无阻滞。大溜业经掣动，按日而计，河头应早抵江南境。若已过徐州地面，则是黄河已归故道，全局大定，可无他虑。阿桂可即起程回京，其十六堡漫口，及一切善后事宜，交与袁守侗、陈辉祖办，亦自能妥协也。”

乾隆四十六年十一月，阿桂等修埽进堵，开放引河，青龙冈已闭复开。

《河渠纪闻》曰：“青龙冈坝工屡次挫失，河底未净，势难弥缝罅漏以闭其气，惟有开放引河，使坝前不致着重，为因势利导之法。时口门仅宽十四丈，加压厢填，两坝连进二埽，至十六日，口门存宽九丈。随时奏闻，疏称堵筑漫工，必先开放引河，使水有去路，方易堵合。此次所挑引河形势本属就下，无如数次跌坎之后，河底刷成沟槽，大河水面转低于引河数尺。滩面纵横，东流西折，距引河已远，虽接长挑水坝，无能为力。万有余丈之引河，不能再行加挑，惟冀口门收窄，蓄高水势。至初六日后，口门止存四丈，水仍未长，不能开放，致上游水至，复有冲失。连日察勘，水势长多消少，溜势直到引河，头堰外原无水处亦皆有水。现将两埽追压到底，水势蓄高，测量可进水三四尺。先相机开放掣流，再进埽趱堵，惟引河掣溜，俟河水蓄高，有奔放之势，方可畅达。若上游客水骤长，一经开放，陡落难继，则引河必致受淤，一时断难加挑，仍于坝工无益。然必待至水势蓄高，又恐坝工着重，其功用固属相需，而事机又若相反，大要全在机宜凑合，间不容发，漫工最难筹办者，即在于此。前次口门虽仅存四丈，而沟槽太深，未能蓄起水势，未敢即时开放。数日来河头蓄水总有二尺，挑水坝又接筑十余丈，大溜逼近，至十九日，引河头已有水三尺，随于午时开放，初开奔腾下注，流行尤觉畅顺。于二十二日，东坝下门埽一个，次日，复下西坝门埽。口门愈窄，坝前水势顿高数尺，湍激异常，两坝门埽追压到底，即于二十六日辰刻挂缆合龙。层土层柴，昼夜追压，二十七日午刻，追压到底，金门下业已断流，大溜全归引河。塌岸淘底，冲刷宽深，测量中泓，已一丈四五尺，流行迅驶，直达江境。是日亥刻，金门一带陡蛰数十丈，抢至寅时，不能保护，塌去五十余丈。水势奔腾湍涌，引河遂即倒流，大溜仍从漫口下注。推原其故，总因数层跌坎之后，河底刷成深塘，自跌坎以上，水深不过六七尺至一丈不等，迤下至坝前，水深八丈。水性就下，至此已成入袖之势。引河流行虽畅，究因太长，全河之水一时宣泄不及。金门以上长至二丈余，致坝工蹦裂，复有蛰陷。至堵筑漫工，原借引河吸溜，两坝口门收窄，河底流沙日刷日深，开放引河必俟水势蓄高，而蓄水过高，又恐坝工着重，不能久待。且万余丈之引河，挑至一丈六尺，较坝前河底总高五六尺，未合龙以前，实难望其全掣大溜，既合龙以后，虽能畅达，而全河之水业已趋泻深塘，宣泄不及，终至冲塌坝埽。此历次办理先后奏明之情形，虽无可如何之事，然不敢谓人力既尽，犹图后举矣。”

十二月，阿桂等会奏筹办展宽引河、加筹坝工事宜。

《河渠纪闻》曰：“青龙冈大坝已合复开，孔家庄以下河势逼束，不能畅流，仍聚坝前，力重推跌成患。自此逐段察视，拟展宽引河。疏称：青龙冈坝工复开，惟有疏通引河为保坝之根源。连日细察引河情形，自青龙冈至孔家庄十余里，水已漫滩，河面刷宽有二百余丈；至孔家庄、田家寨七八里，黄流所行止在新挑数十丈河内，并未塌崖，河形仅宽二十余丈，水势至此一束；过此，至荣华寺、杨家堂十余里，沙土松浮易刷，而阻于上段满流，不能十分迅驶，致水积坝前，冲塌埽工，受病之源实在于此。伏思此次开挑引河，正河淤与滩平，即在河身挑挖，必须开至旧有河形处，方可接溜，是以长至七千余丈。查治河书内引河最忌太长，长则水为逼束，不能迅疾宣畅。治长之病惟有加宽一法，将七千余丈引河按滩之高下、土性之松坚加宽，自三十丈至六七十丈不等，其应挑深者亦并加深。估土一百二十余万方，分段派员趱挑，计至四十七年正月初十日前即可竣事。两坝塌去埽工，东坝头一带俱有埽底，已将蛰陷处补厢，进做两占；西坝亦进一占。口门存宽三十余丈，俟引河挑成，以次进占，并力追压，渐做过金门水深处。至四十七年正月初二日，口门宽存十九丈，引河于初十日前陆续报竣。十三日至十六日，两坝又各进一占，存口门七丈，水势渐次蓄高，挑水坝复接做数丈，大河正流逼近引河头，冲刷崖岸，势不可遏。随于十九日开放引河，水头高四尺，奔腾下注，势甚迅驶。河头一带即时冲深，趋泄畅达，掣溜已及三分。两坝各进一门埽，追压到底，加厢土坯，增长坝台，拟于二十二日挂缆合龙。忽于二十一日丑刻，东坝中门裂缝，立即陡蛰，抢救不及，塌去三十余丈，败于垂成，变生意外。查视金门一带水深三四丈者，已深至六丈余，推原其故，坝前刷深，搜空坝根，以致陡蛰。议者谓坝裂于合龙三日之后，疑厢压疏懈，不终所事，不知仍受河分三股之病也。引河过长，河工所忌，至数十里外，下游均已淤成高冈，无建瓴之势，固有不能不择善地者矣。”

乾隆四十七年七月，阿桂筹办商、虞、曹、单一带河道疏浅事宜。

《河渠纪闻》曰：“是时改河，由南岸下行，尤当广筹去路。大学士公阿桂奏称：豫省南岸新工，导河由兰阳汛进旧堤，入引渠下达，从商邱汛出，归入正河。此事一成，所有仪考受病地方概可避去。至江南清口迤东，归海之路连岁清水下注，久已冲刷深通，惟河南商邱以东、江南徐州以西，河身间有淤高。臣李奉翰回江省时业经沿途察看量估，复公同筹酌，现距桃汛尚早，自当乘大河见底之时，一律疏浚深通，俾黄水归入故道，得以流行迅畅。因委派道将往勘，据称商、虞、曹、单一带大河俱存有清水三、四、五尺不等，其淤高之处间段露出滩面，须加抽挑。又有数处土性胶结，河形兜湾，应开宽取顺，估土二十余万方，应即办理。在商、虞境内者，令商邱、虞城承办；在曹、单境内者，令曹、单承办，均令于未冻以前挑竣。至江南徐州以西，铜山、萧、砀大河，札知新任河臣何裕城来工时顺道履勘。如有应行挑切者，估定交督臣萨载照办。庶将来启放引河，不特新河可一泄奔腾，即大河亦可一律畅顺，此权通河并治，筹虑在数百里外，益加详慎。至所称清口迤东归海之路，连岁清水下注，冲刷深通，即南岸漫水入湖，变浊为清，刷深海口之明验也。”

乾隆四十八年三月初一日，开放兰阳十二堡新河，大溜畅行下注，乘时堵筑。

《河渠纪闻》曰：“是时改河，由南岸出商邱五堡，归大河，路遥工巨。初开工时，秋汛甫逾半月，距桃汛尚远，乘霜降水落，大河见底之时，加工趱办。先抽子沟开放清水，较准水平，分段以次开宽加深，长百有七十里。其自商邱七堡，河尾淤高露滩，及土性胶结，应行加挑开宽，取顺之处随地施治。至是年二月，挑工告竣，因桃汛未发，相机进筑坝工十余丈，水势渐见湍激。三月初一日，启放新河，寅刻大河水志陡长八寸，辰刻凿开土坝，立见塌宽，建瓴下注，水头高至八尺有余，一泻奔腾，淘底刷崖，势莫能御。自辰刻开放后，至晚，河头一带深一丈八尺，坝前水立消尺余。复转东北风，入夜风力益猛，逼溜南趋。初二日寅刻，水头即出商邱七堡河尾，未及一昼夜，行一百七十余里，归入正河，河面更宽，溜行倍畅。初三日入江南砀山县境，河溜既已分掣，坝工不致着重，乘机铺厢，两坝并进，口门存宽不满三十丈，溜势掣动十之六七，土埽从容就理，视水势之缓急，定进占之迟速，步步稳实，期于必成，有操之在我者矣。”

十一月，兰第锡勘明史村铺应挑引河，并裁北滩兜湾事宜。

《河渠纪闻》曰：“是时大河自兰阳十二堡出口后，渐向东南生湾，至兰阳十五堡，冈头庄基横亘，逼流东注。自仪封三堡至八堡，新堤离旧堤仅宽五六里，河滩逼窄，水力湍悍，毛家寨埽工当冲，是以于堤南圈筑月堤，将毛家寨包络在内，以固河防。自是而下，睢州下汛九堡至十堡，滩土纯沙，议于堤后加筑后戗。奉谕：‘据兰第锡等奏，酌议新河圈筑月堤，并加帮子堰情形，自应如此办理。至睢州汛九堡至十堡土性纯沙，堤前拖溜，该督等拟于堤后加筑后戗三百五十丈，以备大汛经临，迎溜受险，固为思患预防，但阅图内河形南趋，直逼堤根，颇为着重。朕意于史村铺地方挑开引河一道，引流归北，畅流东注，或相度形势放淤，俾堤根不致冲刷。图内朱笔标记，发交兰第锡阅看，是否如此办理，于新河更有裨益之处，熟商妥议，据实覆奏。’勘议覆称：史村铺迤北滩面最为宽阔，河水自村之西北胡家楼迤西分为二股，北股渐行渐远，南股注七堡埽前，对面有村基横亘，现虽河溜平缓，大汛恐致吃重，自应于村北设法筹办，以冀化险为平。询之老兵土民，咸以向北抽挑引河，于工有益。查挑挖引河必得上口有吸川之势，下口有就下之形，方可开放成河。胡家楼西河流分岔之路，溜势向东生湾，由此安设河头，至睢州下汛十堡对面，量长一千五百五十丈，其下即按旧河形顺流下达。现在滩面高水面一尺五六寸，水深七八尺不等，若挑深引河七八尺，即可引溜东注。七堡至九堡埽前可冀倒漾停淤，不致着溜受险，惟胡家楼一带全系新淤嫩滩，人夫尚难站立，必须土冻后再加细估，明春兴挑。再，胡家楼迤北李家楼村南，河势向南坐湾，应将对湾挑切取直。自李家楼迤西，至段家胡同，长千余丈，顺势抽挑，俾大汛长水，得以顺直北趋，南行一股，自可日就淤垫。”

乾隆四十九年七月，谕：“据兰第锡等奏称，睢州头堡至三堡新堤七百九十余丈，着溜颇紧，经在工各员厢护坚实。但阅图内旧河淤平处所，相距不远，段落亦不甚长，自应仍行开挑，比旧更加宽深，引流北注，庶新堤不至吃紧，更可稳固无虞。据奏史村铺引河开放后，淘刷宽深，大溜畅顺，七堡至九堡一带埽前已有停淤，可期化险为平等语。若将高家寨现淤旧河开挖宽深，则下游一带自更得力。况兰阳以至商邱全河尚且成功，想此次淤平之河，重加开挑展宽，所费自必不多，更可无庸靳惜。已于图内用朱笔批示，着传谕兰第锡、何裕城会同酌量妥办，并将如何办理之处据实覆奏。”

八月，兰第锡、何裕城奏报睢州下汛二堡开河堵筑事宜。

《河渠纪闻》曰：“南岸睢州下汛二堡在仪封十六堡张家油房之东，连年漫口，下游久垫，河底未刷宽深，水长壅而为患。时河、沁并涨，伊、洛、瀍、涧同时报长，兼东北风大作，上游之杨桥大坝、中牟九堡十堡、下南之黑冈、下北之铜瓦厢、睢州之下汛四堡均报蛰塌，尚未过水。惟下汛二堡河形坐湾，溜逼堤根，新淤嫩滩，水到即成深坎，加以昏夜大风，船只相搂不定，橛拔船漂，平漫过水，自亥至寅，刷宽八十余丈。疏上，命大学士公阿桂前往豫省督办堵筑。疏称：抵工后与萨载、李奉翰、兰第锡、何裕城等筹办机宜。据兰第锡等拟于大堤头堡、四堡兜湾处接筑土坝，创槽厢埽，东西共长九百余丈。复于东坝加长五百余丈，西坝加长一百余丈，斜对引河头，借以挑溜东趋。原估开挑引河一千七百余丈，复增估开挑，加深加长，直接河形深处，又陆续增估，共长六千余丈。以原估工段俱在河身之内，该处河形地势北高南洼，引河距南堤尚近，恐水长引溜，直逼堤根，是以加估。自中段迤下改移北向，增估取直，接至旧河深水，既可免向南偏趋之患，河尾亦为得势。并史村铺旧有埽工，亦可避过。再于外滩顺堤河形之北，地势高阜，另筑新堤一道，新堤距引河二三里至四五里不等。河形内添筑戗坝，加修防风，俾大汛水长，易于防守。至十一月初，引河工竣，两坝加筑，口门上剩十余丈，启坝开放，引河水头高至九尺，建瓴直泄。自辰至酉，金门消水一尺八寸，引河头水深一丈三尺，大溜流行迅驶。是时已出河尾，入商邱正河，畅达下注。连夜赶进大埽，并内外边埽跟厢，接筑趱办。至十七日，闭气稳固，坝前原水深五丈五尺，合龙后已停淤一丈五尺，引河畅行。凡堵筑必谋万全，开河筑堤，至数千丈，使堤与河相去在四五里之遥，不惟远避冲刷，亦可善后无虞，老成虑事深远，不独为咫尺计安全也。”

九月，阿桂、萨载、李奉翰、兰第锡、何裕城会勘豫省黄河，加挑高家寨、官亭一带正河事宜。

《河渠纪闻》曰：“豫省黄河上自荥泽，下至虞城，计五百余里，向无分泄之路，土性沙松，不堪立闸开渠，引河转易掣溜，惟有疏通正河为善后之策。疏称：‘臣阿桂自陕赴豫，即从荥泽、郑州、开封一带顺道查勘。臣萨载复自睢州漫口循堤而上，勘至荥泽，与河抚臣公同审度豫省堤工。荥泽、郑州境内土性高坚，距广武山甚近。堤头至山脚千四百余丈无堤处所，遇河水长至一丈以外，即由山脚漫滩，漫水归贾鲁河下注，无庸再设减坝。自郑州以下，中牟、祥符、兰阳境内沙土夹杂。兰仪以下，仪封、考城、睢州、宁陵、商邱等处，历次漫口，沙多土少，并有纯沙之处，建坝不能保固。至堤南泄水各河，现俱窄狭，渐有淤垫，如须减黄，必应大加挑浚。两岸筑堰拦御，一经筑堰，坡水无路分泄，又须于河之两旁酌建闸座，增挑汊港以资启闭而泄坡水，需费浩繁，非一时所能集事。再四筹商，兰仪汛高家寨一工，河势坐湾，由仪封旧城折转东出，河道庄基树根颇多，一时难以冲刷宽深，溜势至此奔腾，湍激壅注，高家寨甚为险要。本年伏、秋汛内，经臣兰第锡于正河淤平处绘图具奏，奉朱批指示，仍开此河。为是现在加挑宽深，若再将上游仪封境内高家寨官亭一带正河重加挑浚取直，引溜北注，则上下河道可以畅行，新堤不致着重，此统计豫省全河形势，而知其无可分泄也。’”

乾隆五十年三月，兰第锡奏挑兰封厅陈福庄引河。

乾隆五十二年七月，阿桂赴睢州下汛十三堡，督办堵筑事宜。

《河渠纪闻》曰：“是时睢工盘筑圈堤刨槽，慎办厢筑挑坝及盘头、裹护等工，及时抢修，至疏挑引河去路，一切堵筑事宜尚待商办。阿公相到工会勘定议，疏称：‘臣奉命赴豫，督办堵筑睢州十三堡漫口事宜。七月十五日行抵工次，会同兰第锡、毕沅逐加履勘。漫口即系四十九年二堡漫水时黄流故道，堵闭以后，曾经受淤，堤外地势高于堤内不过数尺。此次漫水仍从故道而出，流行不甚涌急，形势既定，办理自易蒇功。其东西圈堤已分段委办。两岸坝基盘定，以次进筑至引河，系在河身顺势抽挑，虽不至如四十九年估工之多，但该处究系新河，恐一时未能冲刷宽深，必须正河去路畅顺，堤工始不着重，估挑引河，除河头长二十余丈俟水势稍落续行估办，计自河头新筑土坝以来，直至商邱河尾，长九千七百六十丈，估土一百八十余万方。覆加确核面询，据称开放时可过水七尺，实属应办，酌委州县分段承挑。先行挑出十丈子沟一道，掣放水平，地势以次就下，俾启放可掣大溜。大河溜势紧靠引河头生湾，仰蒙皇上指示，于西坝进占，斜向东北接筑挑水坝，挑溜逼归正河，引河必更得力。’抚臣麟书抵工，会同筹商，在大河内估挑引河，形势总属向直，东北归入商邱旧河，再将挑水坝接长，不惟堪资保障下游宁陵、商邱一带河堤均不着重，大河溜势仍由引河头坐湾下注。河崖日见刷塌，测量内外，已有就下之势。候霜降后，水力稍绵，引河将成，即分头进埽，昼夜加工，不使口门收窄时冲刷过深，于趱办之中，倍持慎重，以期一举集事。”

是月，谕：“睢州下汛十三堡黄水漫溢，已命阿桂前往河南，会同兰第锡等商办堵筑事宜。但近年大河溜势日趋于南，以致南岸堤工倍形着重，今该处李六口引渠，前经兰第锡等开放时，据称刷去旧土山六十七丈，则所开引渠较为得势，或从此可引溜北趋，未必非极好机会。现在正河既经断流，何不趁此时将李六口引渠再行挑挖，倍加宽深，将来睢州十三堡堵合后，俾大溜顺势逼入李六口引渠，形势既为径直，且可引溜北趋，南岸堤工不致着重，岂不甚善？其旧土山既经冲刷六七十丈，土性自松，亦应趁此断流之时将未经冲刷者全行划去，使将来合龙之后溜势直趋，去南岸益远，更当畅顺得力。”

是月，阿桂、兰第锡、麟书、毕沅奏报："睢州十三堡开放引河，水势畅顺，合龙竣事，河归故道。"

《河渠纪闻》曰："开放引河，必使坝上蓄水高出下流水面数尺，有吸川之势，方可一泻直达，水不壅坝前。是时口门收窄，挑水坝逼溜北趋，日渐加紧。阿公相会同河抚商定启放，畅流下注。疏称：睢州十三堡引河于九月初十日前一律挑竣。连日东西两坝进四十余丈，口门逼近，止宽二十丈，溜势日渐加紧。挑水坝挑溜北趋，甚资捍卫之力。惟全河大溜测注，东坝未免着重。公同商酌，从前坝工合龙多在冬末春初，水力绵弱，是以引河必待口门收窄至十丈，水势蓄高，始行开放。目下霜降甫过，水力尚未大绵，现在口门二十余丈，溜势已觉湍悍，若不为变计，恐口门冲刷过深。此次所挖引河，势既就下，开放自宜略早，俾分掣溜势，庶引河既得借以塌宽口门，亦不致别有变故。随于十五日启放引河，水头约高四尺余，流行甚为畅顺，翼日已出豫境。引河岸亦俱塌卸，分溜约有五分，坝前水势较前平缓。口门水深三丈余尺，昼夜赶进，金门已在十丈以内，形势甚属顺遂。至二十七日，口门仅宽三丈余尺，加高坝台，即日挂缆合龙。讵连日北风，水力猛悍，二十八日，坝前水深即至五丈，西坝下首回溜尤大，随厢随蛰，冲失两埽，并往后掣去坯厢数层，口门冲宽十余丈。引河溜势东注，尚无淤垫，是日塌埽时，引河溜势骤掣，未免平缓。二十九日，水势稍定，引河即畅顺东注。三十日，引河下游除底水九尺外，复长水二尺，流行迅驶，掣溜约有五分。十月初四日，两坝复各进一埽，金门收窄，水势湍急异常。两坝上首边埽先后陡蛰，几与水平，立时抢厢。初六日复平蛰十余丈，坝头出水原高一丈八尺，蛰后出水仅有四尺。连夜抢厢，至初九日始定，金门存宽三丈余尺。自初六日后引河连日长水，又值南风吹送，大溜全行掣入，流行如驶。随于初十日挂缆合龙，渐次闭气。十一日金门业经停淤。此次堵筑漫口，虽两坝连次陡蛰，几经危险，而竭力抢护，卒保无虞。奏绩不逾三月，信人事之足恃也。"

仁宗嘉庆三年十二月，河东河道总督司马騊奏："睢工大坝东西两岸已做成二百一十五丈，现存口门一十八丈。原拟早晚冰凌融化，开放引河，择吉合龙，乃连日凝寒，初三日至初六日又复瑞雪叠沛，所积较厚，大河冰凌益甚，引河头积凌渐高。窃思堵筑坝工，全恃引河掣溜，并借其冲刷淘深，庶流行迅驶，得以复归故道，坝工合龙亦可稳固。今既为冰凌所阻，引河未便遽开。适接山东抚臣伊江阿来文，称时当三九，天气沍寒，曹工一带河底通身坚冻，恐放河后冰凌壅塞，不能畅流，致有漫溢，于曹工大坝颇有关系。应俟冰凌解化，地脉宣通，再行放水。是两省情形相似，凡在坝文武各员亦以暂缓放河为便。惟有督率两坝官员将大坝加压坚实，慎放冰凌，其引河头拦坝委员加紧守护，俟天气和暖，冰凌融化，立即相机开放，引河掣溜，趱堵坝工合龙。"奉谕："堵合坝工，全仗引河掣溜，借其冲刷，复归故道。今既为冰凌所阻，不便遽行开放引河，不妨稍缓时日，以期一举成功。着传谕李奉翰等，务当趁此睢工未放引河之际，将下游一律赶紧疏浚，俾将来黄水下注时畅达无阻，方为妥善。"

嘉庆四年四月，河东河道总督吴璥议覆："御史马履泰奏淤滩宜挑引渠一条，臣查险工对岸必有淤滩挺出，如能挑成引河，掣溜去得一处滩嘴，即省郤一处险工。但滩有老嫩，老滩可以挑挖，新滩不能施工，且必须看得河头有吸川之势，方能建瓴畅注，若不得地势，水到即淤，徒费无益。又须察看两岸去路远近，河势趋向所在，方可兴挑。否则，此处取直，彼又坐湾，甫闭一工，又生一工，则抢新工不如守旧工之为得也。此非处处可办，亦非处处不可办。可办者，不得惜费坐误；不可办者，亦不得擅修多糜。总在随时随地细察情形，相机筹酌，务臻妥善，以裨河防。”

嘉庆八年九月，谕：“嵇承志等奏筹办衡家楼漫工，向来堵筑口门，必须开挖引河，俾河流得归故道。朕详阅此次所绘图内，十五堡地方似可挑挖引河，但必须相度情形，不拘道里之远近，而在地势之高卑得宜。该堡与正河身高下若何，朕亦不能悬揣。着嵇承志等妥为筹议，酌定引河处所，并测量引河地势，较之正河高下丈尺若干，速行具奏，详细绘图，贴说进呈。”

是月，嵇承志、马裕慧奏：“臣等查明对岸西南孟家庄滩面，就其兜湾之处开挑引河，直对漫口，迤东十五堡甚为得势。其坝基应即于引河头迤下相距八十丈处安设，庶气脉通连，呼应顺捷，将来堵筑挤进，可期吸溜成河，一举蒇事。臣等公同筹定诹吉，十月初三日兴工。”奉谕：“前因堵筑口门，必须开挑引河，朕阅该河督等前次所进图内，十五堡地方似可挑挖引河。是以谕令嵇承志等相度高卑，妥筹酌办。今据奏于孟家庄开挑引河，直对十五堡，与朕指示之处适合。该河督等自必察看情形，悉心筹定，不可稍存迎合，惟当得地势之宜，水性之顺。趁此天气和暖，赶紧施工，及早合龙，俾万民早安衽席为要。至坝基安设引河头迤下之处，所办甚是，决口已深数丈，焉能施工？自应移近引河头以通气脉。阅图内自引河头至旧黄河共有若干丈，引河河身宽若干丈，其东西坝基相去若干丈，深若干丈，均未声叙，仍属疏略。”

十二月，那彦宝等奏：“引河身原定十二月望前竣工。嗣奉谕，令策丹、景安等分段督催，该司等竭力催查，已于初五日普律挑挖完竣。臣等率领随带司员巴哈布、赵麟等，次第详细丈量，所有丈尺数目均属如式。查从前漫工，挑挖引河长止一千数百丈，宽止二三十丈，深止二丈。此次引河工程，计长五千数百丈，宽三四十丈至五六十丈，深二丈五、六、七尺不等，翕受有余，届启放时，似可畅然顺下。原恐时届深冬，澥淤凝冻，而定限本紧，难以克期。兹能先于旬日蒇工，丈尺有盈无绌，已将承办首先完工丈尺有余之员登记，俟通工全竣，再缮清单具奏。此时引河二十余里，一望宽深，以引河待坝工，则从容不迫，可期一气呵成。至豫境下游挑淤抽沟工程，已据委员等逐段勘估，现即委令各厅，酌带引河撤出员弁等遵式妥办，俾各自顾考成，不能致草率从事。”

嘉庆二十年二月，吴璥、那彦宝、方受畴奏：“臣等堵筑睢工，连日察看正河形势，大半向引河头东注，折而南趋。惟盖坝上游分溜处所，前折呈进图内本有分溜四股，经臣等设法排桩编柳，将迤西三股截止，归入正河，已见挂淤。其最宽之一股尚有分溜四分，由盖坝前直趋口门，并将盖坝赶进两占，一并将分溜挑向东趋。臣等细加体察，坝工业经收窄，上游水面蓄高，趁此启放引河，可收其效。当即于初三日午刻启放，旋见河水建瓴而下，电掣风驰，沛然莫御，瞬息间，数十里引河全行铺满。两岸塌崖，初起时，全河奋迅下注，如飞瀑怒涛，实不能详察分溜之多寡。直至初四日黎明，河形渐成长川之势，奔驶稍平，察看溜势，已入引河六分。又有盖坝前分注金门之溜，亦掣动三分，由东坝上水边埽折入引河，统计掣动大河溜势实已六分有余。并据睢宁、商虞二厅禀报，黄水于初三日亥刻水头行抵商虞汛九堡，未及六时，已逾百里，畅流东注，故道复循现在坝工，仅余五丈二尺，尤当昼夜赶紧进占。计初八九日可以挂缆合龙，俟追压稳固，即当驰奏，以慰宸衷。”

嘉庆二十四年十月，吴璥、李鸿宾、琦善奏：“武陟漫口切近东坝头之上段，引河及下游之兰仪两处口门以下河身淤垫，必须开挖引河，尤须通盘筹计，较量高下，估定兴挑，俾得一律宽平，将来启放引河，畅行无阻。臣等查东坝以南上段引河，估长八百三十七丈，现已派定各员弁分段承挑。其导沁归黄之引渠，并堵筑原村缺口，挑筑沁河引渠，亦已遴委府厅营汛分投赶办。惟兰阳漫缺正值异涨之时，自八堡口门至仪封三堡二十余里，淤垫比上游较厚。其仪封三堡至睢州上汛九堡以上河身五十余里。因彼时三堡口门掣溜甚猛，正河水势陡落，上游随溜泥沙不能下注，尽行壅积，遂至滩与堤平，并有滩面高于堤顶一二尺者。先经派委汝宁府知府王世臣带同熟谙文武工员前往勘估，计土方挑费甚大。臣等以引河关系全局，固不可不力求通顺，第以五十余里之河身淤成平陆、挑浚需费不赀，现复饬令谙练道厅各员，即同江南游击张兆等再行确估。其实在不能减挑处所，不敢惜费，致有阻遏，如有可酌减之工，亦不敢稍任多糜，务期量准河底，确核宽深丈尺，俾将来下游水势可以畅行，而工用仍无浮滥。”奉谕：“开挖引河，关系大河全局，必当一律畅顺，若少有高仰之处，壅遏堪虞。据称兰仪漫口以下河身淤垫较厚，且有滩与堤相平者，虽估计挑费较重，然总须设法挑使宽平，将来启放引河，方能顺流下注。现已谕令那彦宝留驻武陟，与吴璥等会办大工，所有挑挖引河事宜，着专交李鸿宾前往确勘妥办。将来引河通畅，是伊之功，如有阻遏，是伊之过，其挑挖引河分数，着李鸿宾亦每隔旬余知会吴璥等会同具奏一次，以慰廑注。”

嘉庆二十五年三月，吴璥、那彦宝、叶观潮、琦善奏：“全河大溜自开放引河后，金门已渐断流，全溜悉归引河。查马营坝地居北岸上游，土性纯沙，水深至十二丈余尺，引河抽沟绵长，至八百余里，需用秸料二万数千垛之多，艰巨情形，为从来大工所未有。至引河自开放后，奔腾下注，据粮河厅禀报，黄水于十二日戌时行入江境。方幸河道通顺，乃于十五日据兰仪厅禀报：十二日戌时见大河分溜，圈注堤身，适值西北大风，溜势涌高丈余，极为勇猛，将仪封三堡以下无工处所乘风撞击，坐蛰堤身三十余丈，掣动大溜，新河挂淤断流。臣等闻信之下，心胆惊裂，而仪封究在南岸下游附近，上年决口，本有刷成河槽，不致过于泛溢，俟马营坝抢护稳固，臣等即驰赴查看，再行奏闻。”奉谕：“马营坝大工虽已合龙，南岸仪封三堡以下堤身又坐蛰三十余丈，掣动大溜，亟应赶紧盘筑裹头免致汕刷日宽。此次漫口是否即上年补筑新堤，辄添以下二字，冀图含混迁就？着吴璥、那彦宝查明。如系上年补筑新堤，将承办此段工程各员弁即行革职，枷号工次，并查明彼时督办大员，指名参奏，所有疏防之该管员汛备弁着查明严参革职，其余协防员弁亦一并先行革去顶戴。再，此次漫口必因引河未能通畅，以致下壅上溃，并着查明仪封三堡以下系何段引河挑挖未能如式，将承办各员据实参奏，以便惩办。”

八月，张文浩、姚祖同奏：“仪封大工，挑河抽沟土方价值，睢工每方四钱，惟上年马工每方加至五钱。今以钱价粮价科计，每方四钱原可敷用，但此次引河出土，历奉圣谕加远运送，计每夫终日往返耽延，出土较少，所得即恐不敷，仰恳准照马工挑河抽沟，每方给例加价银五钱。臣等查在工防汛之即用道娄青熟谙河防，办事精细。现经委令带同干练厅营各员等，自口门迤东至江南交界，逐段丈量，分别挑河抽沟，确估宽深长丈，于向例出土丈尺外，加远运堆，核估土方银数，造册禀送。并一面调集挑河员弁，俟估到核定，即派往兴挑。总赶坝工一月前，插锨兴办，不任迟误。”

九月，张文浩、姚祖同奏：“仪封四堡漫口迤东断流处，正当上年新挑下段引河第四十六分工内，现估挑工本应就该处重挑。惟引河头须与坝基相近，方能吸溜东趋。现在坝基应于大堤裹头处建立，切近南岸，而四十六分之河头偏于向北，地远势背，将来放河，难期得力。查上年所挑引河，土山本在河口三十丈外，迨河口刷宽，土山益近，此时若循旧重挑，其新出之土逾山远送，固已旷日多费，而旧积土山既高且宽，碍难搬徙。其河身自今春启放后，滩崖刷塌，及仪工断流，中泓已多淤垫，加以伏秋时雨冲淋，两腮积沙更厚。兹欲重挑如式，较之平滩挑河，宽深抵算，劳费相等。查旧引河南本系嘉庆九年以前黄流故道，今春放河后，又刷有河形，西高东下，颇得建瓴之势，较去秋受淤后一望平衍情形迥异，就势另挑引河，实为合宜。据该道等撙节确估，应留河头一百五十丈，于坝工合龙前，相机抢挑。自仪封上汛五堡迤上，至睢州上汛十一堡迤下止，共长七千二百四十丈，挑口宽六十丈四尺至二十一丈二尺，底宽五十丈至十八丈，深二丈六尺至八尺不等，计估土三百七十余万方，需银一百八十余万两。至现估河尾迤东，接江南交界河身，间段淤浅，积水占碍，有无高仰不平之处，须俟清水宣放，届时察看抢挑。现在先行择要抽沟，所有沟工及引河头土方银数，统俟挑竣核数，汇同引河，缮具清单具奏。历届引河，例于河口三十丈外出土，今与谙练挑工各员详细讲求，佥称向来兴工之始，已须于六七十丈外循例以次而近，至三十丈为止，势难于例外过为运远。臣等悉心筹计，拟于例定出土丈尺南北各加十丈，以距河口四十丈为度，务使河身宽展，不致坍塌，阻遏为患。适钦差协办大学士尚书臣吴璥、侍郎臣那彦宝到工会同复勘，意见相同。惟引河改近南岸，其大堤间有距河较近处，所应加帮高厚，并酌做挑坝数道，以备来年大汛，溜到时厢埽护堤。俟估勘核定后，再行奏明办理。”

十月，谕：“据给事中周鸣銮奏‘挑挖引河为合龙紧要关键，必须宽深如式，临时方能得力。向来办工，或应大挑，或应抽沟，分段酌估，派临河州县承办，州县委之募友、长随，包于办工之人，往往扣克银两，偷减土方，应大挑者，止于抽沟，应抽沟者，略加挑挖，宽深多不如式。风闻马营坝下游引河多属草率，随复有仪封漫口。兹复赶办引河，请令河道总督于引河收工时，会同钦命大臣亲身勘验，照估查收’等语。兴办大工以引河为最要机宜，本年仪封估挑引河，前据吴璥等奏报，截至上月二十日通工牵算，计已及六分。吴璥等当饬叶观潮督同承办各员，认真办理，务令宽深如式。将来挑工报竣时，吴璥等四人内自行酌量奏明，或一人，或二人，于未经放水之前，前往各工段逐一核实查验。如有办理偷减及出土远近不及原估丈尺者，查明承办之员，指名严参惩办，务期一律深通，俾启放时顺轨东注，永保安澜。”

十二月，吴璥、那彦宝、张文浩、姚祖同奏：“臣等前将凿冰疏通水道乘机启放，引河通畅掣溜，于初三日具奏。查验引河两岸亦见刷宽，中泓水深一丈七八尺不等，下游各厅及沿河州县陆续报到，黄流挟凌下注，驶行极畅。遂于初七日申刻，两坝同时挂缆，层土层柴，慎重厢筑，赶下关门大埽，金门立见断流闭气，毫无涓滴渗漏。连日察看，实已坚固，全黄悉归故道，滔滔东注。下游两岸御水堤埽各工均臻稳实。臣等节次钦奉仁宗睿皇帝谕旨，并蒙我皇上指示周详，因得一举成功。庆幸之余，益增寅惕。至此次大工，两坝料物栉比鳞次，分派文武严密巡查，毫无疏失，两坝及引河人夫不下四十余万，俱极安静，堪慰宸廑。”

卷五

堰埝附

后汉顺帝阳嘉三年，诏自汴河口以东，缘河积石为堰。堰成，刻石记之。略曰：“惟阳嘉三年二月丁丑，使河堤谒者王诲疏达河川，逋荒庶土，云大河冲塞[1]，侵啮金堤，以竹笼石，葺苇土而为遏[2]，坏堤无已，功消亿万，请以滨河郡徒疏山采石，叠为障。功业既就，徭役用息。诏书许诲立功府乡[3]，规基经始，乃简竹轩授使司马登，令缵茂前绪，称遂休功。登以伊洛合注大河，南则缘山，东过大伾，回流北岸，其势郁蒙涛怒，湍急激疾，一有决溢，弥原漫野，蚁孔之变，害起不测。盖自姬氏之所常戚，昔崇鲧之所不能治，我二宗之所劬劳，于是乃跋涉躬亲，经之营之，北率百姓，共之于山，伐石山谷[4]，水匠致治，立激岸侧，以轩[5]鸿波，庆赐说以劝之，川无滞越，水上

---

[1] 《水经注》卷七作“逋荒庶土，往大河冲塞”，据光绪二十三年（1897 年）新化三味书室刻本。下同。

[2] 遏 《水经注》作“堨”。

[3] 府乡 《水经注》作“府卿”。

[4] 北率百姓，共之于山，伐石山谷 《水经注》作“比率百姓，议之于臣，伐石三谷”。

[5] 轩 《水经注》作“捍”。

通演，役未逾年，工程有异[1]，斯乃元勋之嘉谟，上德之宏表也。昔禹修九道，《书》录其功，后稷躬稼，《诗》列于《雅》。夫不惮劳谦之勤，夙兴厥职，充国惠民，弗得湮没而不章焉！故遂刊石记功，垂示于后。”

《水经注》：“汉武帝塞瓠子口，筑宫于其上，名曰宣房宫，亦谓瓠子堰为宣房堰。”

晋傅祇为荥阳太守，造沈莱堰。至今兖豫无水患，百姓为之立碑颂焉。

南北朝齐周之间，汴口石门更名汴口堰。

隋文帝开皇七年，使梁浚增筑汴口堰，遏河入汴。自是，更名梁公堰。

唐水部郎中、员外郎各一人，掌津济、船橹、渠梁、堤堰、沟洫、渔捕、运漕之事。又，河堤谒者掌修补堤堰、渔捕之事。

唐玄宗开元二年，河南尹李杰修汴州梁公堰。

后晋高祖天福二年四月，诏开封府尹等，有堤堰薄怯，水势冲注，预先计度，不得临时失于防护。

天福七年三月，以瓠子河涨溢，诏归德军节度使安彦威督诸道运民，自豕韦之北筑堰数十里，给私财以犒民，民无散者，竟止其害。以功加邠国公，诏于河决之地建碑立庙。

宋哲宗元祐八年二月，三省奉旨：“北流软堰，并依都水监所奏。”门下侍郎苏辙奏：“臣常以谓软堰不可施于北流，利害甚明。盖东流本人力所开，阔止百余步，冬月河流断绝，故软堰可为。今北流是大河正溜，比之东流何止数倍，见今河水流行不绝，软堰何由能立？盖水官之意，欲以软堰为名，实作硬

---

[1] 异　《水经注》作“毕”。

堰，阴为回河之计耳。朝廷既已觉其意，则软堰之请，不宜复从。”赵偁亦上议曰：“有司欲断北流，而不执其咎，乃引分水为说，姑为软堰。知河冲之不可以软堰御，则又为决堰之计。臣恐于工有费，而以河为戏也。”

《文献通考》曰：“宋时天下堰总二十一，监官各一人。”

元世祖至元二十七年，张廷珍为南京路总管兼开封府尹，河决，水入善和门，庭珍亲督夫运薪土捍之。不能止，乃颓城为堰。水既退，即发民增外防百三十里，民免水忧。

明英宗正统八年七月，诏修筑黄、汴二水溢坏堤堰。

景帝景泰四年，命塞沙湾决口，更作九堰八闸，以制水势。

清高宗乾隆五年，豫省裁改浚柳船只，兵夫积土，改筑子堰。

《河渠纪闻》曰：“河工浚船，靡费无实效。豫省坡河，尤难见功。汰浚增柳，南北分管以为运料，救民之需，得其用矣。兵夫积土，往往堆贮于无用之地，零星不能应急，改筑子堰，堤日高而土可计数，每见大水之年，水与堤平，一二尺子堰，当之不致灭顶。事小而所关极大也。”

宣宗道光五年七月，河督张井、巡抚程祖洛奏：“武陟县拦黄堰，从前原系民人自行培筑，保护村庄。嗣因愈培愈高，内外滩面已有高下，一经塌透，即恐掣溜，是以奏明官为修守。自嘉庆二十一年以来，迄今十载，每年厢修，动用钱粮自三四万两至十余万两不等。历年愈久，滩面愈高，建瓴之势愈为可虑。查二十一年奏明官守一百三十九丈，节年增添，已至八百八十余丈。现又增五百余丈，以下尚有二千余丈工段，太觉绵长，不惟与水争地，亦且需费无穷。在南北两岸大堤相因已久，关系运道、民生、城郭、仓库，自不得不加意防范。至如拦黄民堰，设使当日不加修筑，则黄河漫水亦不过至武陟县护城堤根而止。北系沁河高滩，西则青峰岭脚，每年漫水所到，南北仅二十五里，东西约止三十里。听其逐滩上水，为患尚轻，而堤面淤高，收成尚可丰稔。臣张井初到工时，即觉此段工程糜帑无益，后与该道吴光悦及在工官弁反覆讲求。该工以弹丸之地，额赋不及三千，而厢修之费，仅上首之八百八十余丈已岁需数万至十余万两，其余添设官弁，一切杂用尚不在内。此后片段已长，经费岁有增加，滩面日高，增培将无已时。且远在沁河以西，本非黄沁厅所属，自划归该厅之后，上下几至二百里。一遇长水漫滩，时有鞭长莫及之虞。更恐沁河暴涨，则上下隔绝，音问不通，猝有险要，更难得信，将来必致酿成大患。民堰之内，北距沁堤，现仅二三十村之民庐，而糜无数金钱，贻无穷大患，实觉得不偿失。自应熟筹放淤，为一劳永逸之计。臣张井复督同该道逐处较量，查该处黄河滩面高于北面内地不过二三尺至五六尺，现在伏秋大汛长水之时，高下悬殊，一日尚未放淤，即一日不能不守，是以此时土埽工程仍当抢办。若于春冬水落之时，将黄河下游抽挖倒沟，外筑箝口坝，由南启放，使水势增长一寸，进淤一寸，增长一尺，进淤一尺，约计一二年之内，内滩均已淤高，上下拦黄民堰均可弃而不守，即北面沁河自原村、韩村以下，凡有沁堤，南岸土埽民工亦可听其塌去，于官民皆为有益，钱粮又大可节省，似属一举两得。且内滩淤高之后，一片膏腴，永无水患，即为该处民人计，亦当及早筹办。惟此二三十村民人等，止顾目前收获之利，未能深虑远计。拟先出示，遍行晓谕，并将受淤地亩逐细查清，水未涸退之时，全豁钱漕，其上水后，或有坍塌房间，随时另筹抚。统计豁免、抚以及筑做箝口坝等工，通盘筹计，亦尚不足拦黄堰八百八十余丈官工一年销数。臣等一再熟筹，意见相同，谨先行陈明，俟霜降后当饬委明干工员详细估勘，再行奏明办理。”

道光二十四年五月，准河南筑拦黄堰及盖坝各堤，防护省城。

埝

按：埝字为河工惯用之名词，然遍查字书，埝字皆非今音，亦非今义。《广韵》《集韵》：音店下也。又，《广韵》：奴协切。《集韵》《韵会》：诺叶切，音摄益也，又陷也。字典《说文》：下也，引《春秋传》：垫，或作埝字之文，则埝为汉以后之字，可断言也。至其用于河工之俗音，不知始自何时，取义亦不知其何据。正如清咸丰时“捻匪”之“捻”，音义皆不同于古，而一时之文移奏牍皆沿用之，著于官书，成为掌故，遂为后世之典章矣。埝之功用约與堤同，或曰民工为埝，官工为堤，是或然乎？明清以来，黄河两岸之民埝所在多有，而修时不报于官，废弃亦无人过问，工程大小无案可稽，故皆略而不书。其民工之堰亦次第改归官办，如武陟之拦黄堰，其尤著者也，亦称为拦黄埝。其他之就民埝改筑官堤者，亦有之。埝既不大，任意兴修，改为官工，旧迹全失，遂亦无从详考。故今日豫河全部惟温县尚有民埝，余皆为过去之事实也。至滑县之埝，实系官堤，以其间于直隶长垣、濮阳民埝之中，遂蒙是称。兹将近年办理之案辑述于左。

民国四年九月，河南巡按使田文烈饬河防局：“本月六日，承准政事堂封寄本日国务卿面奉大总统谕：‘据濮阳河工督办徐世光呈奉交阅原恩瀛呈请筹防黄河一案，请参酌原议，将直、东、豫三省北岸民埝酌归官办，河防吃紧之处预储物料，并饬三省会同筹度’等语。黄河历年为害，岁糜国帑无算，皆由临时应付，毫无全部计画所致。该三省民埝应否一律改归官办，岁需经费若干，物料如何预储，着该三省巡按使派员详勘，并按照所陈各节，会同核议具覆等因。查豫省北岸民埝，若概收归官办，事实究否便利，经费应增若干，合亟抄发原呈，饬即查照呈内事理，亲赴各该处详细查勘，妥速拟议，详复核办。”

附原呈：“窃本年四月间，恩瀛曾呈‘濮阳河工行将告竣，应另筹善后之策，慎重防守，以免此堵彼溃，顿隳前功’在案。兹不幸所言有中，复在习城集漫溢成口。不知者或谓工程草率，致有此失，殊未悉习城集距新合龙处尚有七八里之遥，两不相涉。非特不能归咎于徐督办，即大名道尹之责成，亦与官工有间。盖因该县北岸民埝约长百里，均甚矮薄，养痈匪伊朝夕，已成于十余年之前。恩瀛于前清光绪二十三年调署该县，在任两年，深知其中情形。彼时河日北趋，势成入袖，虽迭次据情禀呈，无如未动长官之听，空言无补，以致于今受害靡穷。自非不惜国帑，通力合作，即用本地贫民，以工代赈，一律加高培厚，择要厢筑埽坝，仿南岸官工修守，相辅而行，难骤澹此沉灾。然此仍仅一隅，其祸犹小也。昨接家书，所居温县北平皋村东南三四里，武陟县之东宋、赵庄等村，近来河忽南滚，涸出滩地颇广，纷纷执持老契踏勘，恐启争端等语。查各该村向无官堤民埝，河靠北岸流行业已多年，早据土人云，六十载后必有变迁，或者然欤！又，开封迤西北一带，河已北徙，窃为隐忧，其余两岸亦难保必无转折，缘河流势多湾妍，素鲜三五里之直流。经此变动，或向来有工之处，遽尔化险为夷，固属大幸。或向来无工之处，陡然临渊履薄，犹觉可危。秋汛方长，正在吃紧之际，若不思患预防，傥有疏虞，损害民财自不待言，恐耗费公款又将数十百万。值此财政困难，何堪设想？溯自民国成立以来，鉴于河工积弊之深，大加改革，力图节省，自是正当办法。然洪流趋向既经迁移，斯筹备即宜随之设施，所虑各省拘泥预算，不亟先事购储砖石秸木等料，或致仓猝，赶办不及，似非防险之道。愚见宁可备而不用，不可临渴掘井。关系綦重，未便简默，应请饬下直、东、豫三省巡按使，速派实心任事大员，沿河详细察看，绘具图说，呈明核办。”

十一月，河防局长吕耀卿详巡按使：“案查豫省黄河上游两岸各分局所管工段，均经随时亲诣查勘，筹备修防，两经伏、秋大汛，料物充足，工程稳固。其南岸荥泽各段民埝，久已收归官办，于民国二年并入上南分局管理。武陟县境内拦黄民埝，亦于二年改归北岸河防分局，即现名武原分局修防。孟县小金堤及护城堤，久归官办，亦于民国二年设立孟县河防支局管理。第孟县北化工地方有旧堤一道，计长三百四十丈，距河四百余丈。该堤迤下有民埝一道，计长二百零四丈五尺，距河九百余丈。此两段工程因系背工，未归官办，如果将来溜势里卧，情形险要，当然亦在孟县支局范围以内，由该支局一并修守，必不使有推诿之虞。此豫河上游民埝，多已收归官办之情形也。惟查温县黄河，自县属西南之单庄入境，迤逦东注，至平皋出境，上下四十余里，向无堤埝。从前县城距河二十余里，自民国二年伏、秋汛涨，河势北趋，河滩逐渐坍塌。刻下县城距河仅有八里之遥，若不及早设法，则日塌一日，恐县城不堪设想。虽该县地段不在职局权限以内，而职局长忝任茭防，不敢稍存膜视，拟再亲往查勘，另详办理。”

十一年四月，河南省长张凤台训令河务局：“案准直隶省长咨开，据直隶河务局呈：查直隶黄河北岸长垣、濮阳两县民埝，自改归官民共守以后，历年择要加培，堤身尚称稳固。惟长、濮官堤之间隔有河南民埝一段，计长十三里有奇，向归滑县修守。该埝埝根旧有串沟一道，每遇盛涨，串沟溜势甚为吃紧。长垣石头庄、二郎庙及濮阳蘧村一带，因而迭出险工。因思该埝关系重要，曾于上年冬间拟具办法，呈咨河南省长转饬办理在案。现在汛期将届，该处民埝因距河较远，多年未经加培，且溜势迁徙无常，河身淤垫日高。一旦有失，直豫两省临河各县胥受其害，濮阳以下官堤即成虚设。拟请再咨河南省长转饬河南河务局，如能收归官民共守，固属最善。傥囿于经费，仍属官督民修，应请由河南河务局令行滑县知事，于春工期内赶紧择要加培，并由河务局派员监视。至防汛期内，可否按照直鲁民夫协防办法，每年于夏至日起，由民间按堤二里搭盖窝铺一座，平时派夫二名驻守，盛涨时派夫十名认真查防，至霜清日止。复由河南河务局遴派分防一员，驻工督率，以重河防，而顾全局等情，相应咨请查照等因。查此案前准直隶省长咨开，曾经令饬在案，兹准前因，合即令仰遵照酌核办理。”

按：此项民埝即老安堤，另详附录。

浚船

宋神宗熙宁六年四月，始置疏浚黄河司。先是，有选人李公义者，献铁龙爪扬泥车法以浚河。其法：用铁数斤为爪形，以绳系舟尾，而沉之水，篙工急擢，乘流相继而下，一再过水，已深数尺。宦官黄怀信以为可用，而患其太轻。王安石请令怀信、公义同议增损，乃别制浚川杷。其法以巨木长八尺，齿长二尺，列于木下如杷状，以石压之，两旁系大绳，两端碇大船，相距八十步，各用滑车绞之，去来挠荡泥沙，已，又移船而浚。或谓水深，则杷不能及底，虽数往来无益；水浅，则齿碍沙泥，曳之不动，卒乃反齿向上而曳之。人皆知其不可用，惟安石善其法，使怀信先试之，以浚二股，又谋凿直河数里以观其效。且言于帝曰："开直河则水势分，其不可开者，以近河，每开数尺即见水，不容施功尔。今第见水，即以杷浚之，水当随杷改趋直河。苟置数千杷，则诸河浅淀皆非所患。岁可省开浚之费几百千万。"帝曰："果尔，甚善。闻河北小军垒当起夫五千，计合境之丁，仅及此数，一夫至用钱八缗。故欧阳修尝谓开河如放火，不开如失火，与其劳人，不如勿开。"安石曰："劳人以除害，所谓毒天下之民而从之者。"帝乃许春首兴工，而赏怀信以度僧牒十五道，公义与堂除。以杷法下北京，令虞部员外郎、都大提举大名府界金堤范子渊，与通判、知县其试验之，皆言不可用。会子渊以事至京师，安石问其故，子渊意附会，遽曰："法诚善，第同官议不合耳。"安石大悦。至是，乃置浚河司，将自卫州浚至海口，差子渊都大提举，公义为之属，许不拘常制举使臣等；人船、木铁、工匠皆取之诸埽；官吏奉给视都水监丞司；行移与监司敌体。当是时，北流闭已数年，水或决横散漫，常虞壅遏。十月，外监丞王令图献议，于北京第四、第五埽等处开修直河，使大河二股故道，乃命范子渊及朱仲立领其事，开直河深八尺，又用杷疏浚二股，及清水镇河，凡退背鱼肋河则塞之。王安石乃盛言用杷之功，若不辍工，虽二股河上流，可使行地中。

《宋史·文彦博传》："初，选人有李公义者，请以铁龙爪治河，宦者黄怀信沿其制为浚川杷，天下指笑以为儿戏，安石独信之，遣都水丞范子渊行其法。子渊奏用杷之功，水悉归故道，退出民田数万顷。诏大名府核实，彦博言：'河非杷可浚，虽甚愚之人，皆知无益，臣不敢雷同罔上。'疏至，帝不悦，复遣知制诰熊本等行视，如彦博言。子渊乃请觐，言本等见安石罢，意彦博复相，故傅会其说。御史蔡确亦论本奉使无状。本等皆得罪，彦博勿问。"

明刘天和《问水集》曰："浚河，宋人铁龙爪、近时滚江龙之法皆不可用。惟先计浚广若干丈，插标水中，次计所浚若干远，及夫役之数而约计之。然后用新制平底方舟，横排河中为一层。船四维各施桩橛，插系水中，用新制之长柄铁爬立船中，齐浚之。每浚深数尺，即移船少退，以次再浚，之后数丈，复为一层，如前法。则虽水中与陆地施工略同，若止以船只往来河中，所浚十不及一矣。"

方舟之制非特便于浚河，且免夫役入水，爱之意寓焉。疏浚河泥必远置河岸四十步外，平铺地上，免妨耕种。用堤者即以之成堤，毋仍临河，免致雨水冲洗，仍归河内。

万恭《治水筌蹄》曰："治黄河之浅者，旧制：列方舟数百，如墙而进，以五齿爬、杏叶杓疏底淤，乘急流冲去之，效莫睹也。上疏则下积，此深则彼淤，奈何以人力胜黄河哉！虞城生员献策为余言：'以人治河，不若以河治河也。夫河性急，借其性而役其力，则可浅可深，治在吾掌耳。法曰：如欲深北，则南其堤，而北自深；如欲深南，则北其堤，而南自深；如欲深中，则南北堤两束之，冲中坚焉，而中自深。此借其性而役其力也，功当万之于人。又，其始也，假堤以使河之深；其终也，河深而任堤之毁。'余曰：'此深河之法。欲浅河以为洲，若何？’曰：‘反用之耳。其法：为之固堤令涨，可得而逾也。涨，冲之不去，而又逾其顶，涨落则堤复障急流，使之别出，而堤外水皆缓，固堤之外悉淤为洲。’余试之为茶城之洲，为徐邳之河，无弗效者。故曰：‘以人治人，以事处事，以将选将，以兵练兵。’”

按：此所谓堤，实即坝也。堤顺河之两岸，坝横立于水中，故有涨冲之不去，又逾其顶，涨落则堤复障急流，使之别出，而堤外水皆缓等语。若是两岸之堤，岂有使急流别出之理？

《问水集》曰：“淤泥深陷，不能着足之工，则杂施土草，截河筑坝，纵横填路，下施新制兜杓、方杓、杏叶杓，鱼贯以浚之。泥最稀、陷最深者，则用木梢柳斗下取，猿臂传递登岸。瓦砾之工，则用锹镢；溜沙之工，则用兜杓；沙石之工，则制锯齿铁叉，尺寸凿之。”泥陷者施格子法。每州县各截河为数横坝，坝之内则纵横填路，如井字然。兜杓者，以铁为方口，系为兜以取泥，几至斗许。泥稀及溜沙用之。方杓者以铁为平底而周遭各高寸许，泥稍坚者用之。二杓俱前加锯齿及铁叉，皆创制也。杏叶杓者，旧有之而加广厚。泥最陷者用斗子法，涂泥为坎，自下倒戽于上，出水堤外。

万历四年，总漕侍郎吴桂芳言：“曾见前辈文集中有混江龙浚河者，其制用檀木造轴，沉水入泥，随船行走，船行龙转，积泥随起。大约一面可浚积淤二尺，日逐推淌，务深三尺而止。但遇桃花、伏秋水发，即行推浚。每岁，将浚过河身丈尺年终奏报。下工部言，疏浚兼施，治河长策，宜令总河衙门一体推浚。”从之。

清世宗雍正六年，议设犁船混江龙以疏积沙。覆准豫省浚船额定四十，柳船亦照江南之例，成造二十二船。

《河渠纪闻》曰：“此宗靳文襄设浚船用铁扫帚之法也。初，郎中鄂礼议设犁船混江龙，以随流涤沙，不用人力。一切疏浚之功皆可节省。文襄前经议行。《治河书》云：‘浚河之法，非船不行。’先造船二百九十余只试用。每船一只，外铁扫帚二枚。用之有效，再添造三百余只，置扫帚二个[1]，以广淘涤。又云：‘铁扫帚揭沙乘流，浚深河底之法，较挑河之费，所省实多。’与其雇船烦琐，不如多造官船，兼可为守堤官兵平时运料之需。靳文襄治河于大坏之秋，疏归故道，不能骤刷宽深，下流无可施治，故设浚船涤荡之。乘东下之急流，刷未尽之浮沙，需以岁月，假之便宜以程功。然其事费繁而不易，必得治事之人，水之势有可乘，驶船之夫役齐力，管驾之弁兵用命，则易见功也。”

先是，雍正四年七月，河南巡抚田文镜奏：“臣于四月内饬令管河同知，将节年河泓刷深若干尺寸据实确查，分析禀覆。今据开封府上南河同知禀：所属郑州、荥泽、中牟三州县河泓，自雍正二年起，至本年六月止，刷深二三尺及四尺不等。又，下南同知禀：所属祥符、陈留、兰阳、仪封四县河泓，自二年起，至本年六月止，刷深二三尺及八九尺不等；又，上北河同知禀：所属原武、阳武、封邱三县河泓，自二年起，至本年六月止，刷深四五尺及八九尺一丈不等；又，怀庆府黄河同知禀：所属武陟县赵庄坝下至荥泽交界河泓，自二年起，至本年六月止，共刷深五六尺不等；又，归德府河务通判禀：所属考城、商邱、虞城三县河泓，自二年起，至本年六月止，刷深二三尺及六七尺不等。查现在河身渐次刷深，则河面渐次收窄，将来由窄刷深，则崖岸日高，水行地中，自可永保安澜矣。”按：此疏未明言用何法刷深，大约必系靳文襄公浚船等法也，故附及之。

---

[1] 二个 《河渠纪闻》作“二千个”。

高宗乾隆元年，议准豫省浚柳船六十二只，向拨河兵看守，今河兵各归本汛，巡守应募兵夫六十二名。每名岁给银八两，运料之时加募水手，浚船三名，柳船五名，日各给银五分。

乾隆五年，豫河裁改浚柳船只。

《河渠纪闻》曰："河工浚船糜费无实效，豫省坡河尤难见功。汰浚增柳，南北分管以为运料救民之需，得其用矣。"

乾隆六年，豫省裁浚船长夫四十名。

混江龙

清高宗乾隆十八年十二月，谕："向来治河有用混江龙之法，臣工中屡有以此为言，且谓靳辅亦曾用之。朕意前人虽有此法，恐亦纸上空谈，未必实能奏效。株守陈编者，或见为新奇可喜耳。尚书蒋溥又称'明人亦云混江龙殊不可行。前河臣靳辅疏浚河淤之铁扫帚，似较便捷。其法：于二里半一墩，每墩一船，船尾各系铁扫帚二，令河兵往来疏刷'等语。是二里半之长，以河面两岸相距之广，仅船二只，而一月又仅有三日之期，彼弁兵之用力与否，尚难期必，岂能望其一律深通？看来亦未必大有裨益。但亦不妨姑一试之，试之而效，固为有益，即行之无效，亦非有大损，不若开黄河北流故道之迂远难行也。且嵇璜亦主此议，着舒赫德等会同奉命诸人，查勘混江龙铁扫帚之法，均不妨试一行之，其适用与否，不过一二日即可立见，如不可行，亦可释群疑而息异论矣。"

乾隆二十一年，大学士陈世倌奏："治河之具，本有杏叶扒、铁扫帚、混江龙等器。查杏叶扒齿短而锐，挽以竹篙，轻而无用。混江龙排列铁齿，长至尺许，坠以大石，始达河底。白钟山曾令厅汛各员施用，颇有明效，但刘统勋试之，以谓无益。臣因采其意而损益之，请铸铁轴一具，约长六尺，上铸铁齿，长三寸而锐，其角凡三齿，共列五周，两端贯以铁锁，务使直沉至底。用船一只，夫四名，首横木标，将铁锁分系木梁之上，用夫牵挽而行，沿路滚翻，每十船为一排，每十里置船一排。按：此翻泥车之始。先委实心办事之员，沿途备细测量，两岸钉立木桩，书明河底高低尺寸，按月核其浚深若干尺寸，以为赏罚。如果深至一尺，给以记录，至五尺予以加级，多者按此计算，怠玩者分别参处。其已浚深者，将船拨协邻近浅窄处所。除雨雪日期外，一排之船每日往回三次，十日可深一寸，积一月计之，可深二三寸，一年计之，可深二三尺矣。”

文宗咸丰元年五月，谕：“步军统领衙门奏‘民人马咸龄呈递奏章，请复康熙年间混江龙、铁扫帚刷沙旧法’等语。着陆建瀛、杨以增即查明混江龙等法，于何年裁撤，从前有人条陈，请复旧制，因何仍不能行，历查旧案，详细具奏。黄河形势日淤日高，受病滋深，自宜力求疏通之策，务须体查情形，悉心筹度，以为久远之计。”

木龙

宋真宗天禧五年正月，知滑州陈尧佐以西北水坏城，无外御，乃筑大堤。又叠埽于城北，护州中居民，复就凿横木、下垂木数条，置水旁以护岸，谓之木龙。当时赖焉。

《宋史·陈尧佐传》：“天禧中起知滑州，造木龙以杀水势。”

清高宗乾隆十四年，河东河道总督顾琮奏：“中牟县汛九堡大堤对岸滩嘴挺出河心，逼河南趋，应建木龙、挑溜并土埽各工。”议行。

《河渠纪闻》曰："木龙之设，始于高文定，试扎于清口南岸，挑溜北趋，并将头、二、三坝险工淤闭，著有成效。自后踵行，安东西门溜急，埽易蛰陷，是以照例复请安设。嗣宿、虹之烟墩，外河之王家营，及孟城庵等处，岁有设置。定例：每设木龙，缆夫工分年核销，木料工竣汇核。惟木龙功效全在停淤，其业经淤起沙滩，着有成效。木已沉陷沙中，深埋入土，一经刨挖，势必引溜刷滩，前功尽废。是以题定章程，分别销存管收，核实造报。然河工下埽糜费实多，埽一入水，即引溜生工，至大汛抢护，费更不支，尚不能无意外之虞，木龙设置得宜，淤旧停新，安如磐石，较筑坝帮戗，节省不可数计。在审度形势，用所当用，而节其所不必用，则效成而费省。否则，借端开销，虚糜工费，或于所不可用者，而竟用之，亦能逼水引溜，反增无事之扰，不如其已也。"

按：木龙之设，南河甚多，豫河仅此一事。查乾隆十六年黄廷桂等奏："木龙立法未尝不善，业经载估用木料值银二十余万两。是此一项经费，平均年约二万两也。"《河渠纪闻》所谓"用所当用，则效成费省，否则，不如其已。"此木龙之法，所以不能通行于后也。

堡房

《金史·河渠志》："宣宗贞祐四年，延州刺史温撒可喜言：南岸居民，既已籍其河夫，营作戍屋。[1]"

按：戍屋即堡房也。此始见于史传者。

明神宗万历十六年，都给事中常居敬上河工大举疏云："一

---

[1] 《金史·河渠志》原文作："南岸居民，既已籍其河夫修筑河堰，营作戍屋，又使转输刍粮。"

议设堡房以慎守御。臣等查得黄河两岸长、月等堤，并埽坝之处，先年每二里建堡房一间，佥堡老、地方各一名，统领火夫十名，巡守，以防河患。原无工食。数年以来，天时亢旱，河患稍息，人心懈弛，堡房倾倒。而孑遗灾民星散求食，各堤防守遂无人矣。惟各埽坝处堡房尚存数名，然为数亦少，不足应用。昨岁河患，虽出异常之灾，未必不由疏虞所致也。合无于黄河两岸各新旧长、月等堤，每二里仍建堡房一间，每堡佥邻近堡夫二名，每五里佥勤能堡老一名，统率各堡夫昼夜往来巡守，栽培柳树。但有盗决堤防，及砍伐堤柳者，即便擒拿，送官究治。遇有河水泛滥，冲刷损伤，即行填补。每堡老一名，月给工食银五钱，各役月给工食银三钱，俱于河道官银内支给。至于临河埽坝，尤系要害，修守之工倍当加谨。仍每二里建大堡房一重三间，盛放埽料，以备急用。每堡设堡夫五名，每二堡设堡老一名。管河官不时查点，遇有紧急冲刷，不拘昼夜，本堡鸣锣，各堡老督率各夫前来接济，并力堵塞。其堡老必于邻近乡民中选精勤守法者充役，如此，庶防守俱各得人，而河患可保无虞矣。”奉旨：“依议，着实行。”

清世宗雍正元年，添设千总二员，兵夫二百名，建盖堡房三十三座，令其驻防巡护。遇有急，均许调拨应用，所食俸饷，在河库支领，按月给发。

雍正九年，嵇曾筠奏：“豫省每河堤二里，盖堡房一座，设堡夫二名，住宿堡内，常川巡守，搜寻獾洞鼠穴，修补水沟浪窝，每月挑积土牛，以资工用。”

《河渠纪闻》曰：“黄运两岸大堤二千余里，多无工之处，人迹罕到。遇有洞穴，报至已后时失机。设堡夫巡守，上下相应，远近互为声援，法至善也。其法：每二里设一堡房，每堡设夫二名，归汛员管辖，住堤巡守。无事搜寻獾洞鼠穴，修补水沟浪窝，堆积土牛，有警鸣锣，集众抢护。计造堡房千有一百五十余间，堡夫三千三百有奇。按名月给工食，以资防守。”

乾隆二十五年九月，部覆张师载奏称：“豫东黄河大堤堡房，责令州县官修理。因循日久，难免坍漏，不堪居住，虽屡经严饬，究因向无额定岁修银两，延挨观望。请照东省运河例，每座给岁修银五钱。应如所奏，豫东黄河堡房准其自明年为始，照例每座给岁修银五钱，以资修葺。所需银两在藩库存公耗羡银内支给。该抚将每年动给银两数目于岁底造入存公册内，报明户部查核。仍令管河道不时查看，饬州县官修葺坚固，入册交代。傥有坍漏倾圮，不堪栖止者，责令赔修完固，仍照例参处。并于年底将修过堡房座数、支过银两报明户、工二部查核。如有节省，留为下年之用。”此条已见前志经费门，因其稍有删节，故复录之。

兹将民国十二年饬查黄河九分局所辖堡房列表于后。

汛名	各堡旧有堡房座数	各堡现存堡房座数	临河或背工	备考
上南河务分局堡房表				
荥泽汛	头堡一座	现存	临河	
	二堡至六堡旧各一座	现皆无	均临河	皆有基址可查
	七堡至十二堡旧各一座	现皆存	均临河	
郑上汛	头堡一座	现存		
	临河二堡至四堡旧各一座	现皆无	均背工	皆仅存基址
	五堡至八堡旧各一座	现皆存	均临河	

续表

汛名	各堡旧有堡房座数	各堡现存堡房座数	临河或背工	备考
郑中河务分局堡房表				
郑下汛	头堡至三堡旧各一座	现皆无	均临河	
	四堡一座	现存	临河	二间， 由分局长修理
	五堡一座	现无	临河	
	六堡一座	现存	临河	二间
	七堡一座	现无	背工	
	八堡、九堡旧各一座	现皆无	临河	
	十堡一座	现存	临河	草房四间
中上汛	头堡至三堡旧各一座	现皆无		
	四堡一座	现存	临河	二间
	五堡至七堡旧各一座	现皆无	均临河	六堡堡房系 由分局长购置
	八堡一座	现存	临河	二间
	九堡一座	现无	背工	
	十堡、十一堡旧各一座	现皆存	均临河	各二间
中牟河务分局堡房表				
中牟中汛	头堡至七堡旧各一座	现皆存	均临河	民国七年，曾 择要估修一次， 现均破漏不堪
中牟下汛	头堡至三堡旧各一座	现存	均临河	民国七年，曾 择要估修， 现均破漏
	四堡至十三堡 旧各一座	现皆无	惟五堡临河， 余皆背工	

续表

汛名	各堡旧有堡房座数	各堡现存堡房座数	临河或背工	备考
下南河务分局堡房表				
下南上汛	头堡至十八堡旧各一座	现皆无	头堡至十五堡皆系背工；十六堡、十七堡系水滩；十八堡系漫水	
	十九堡、二十堡旧各一座	现存	均临河	民国七年重修
下南中汛	头堡、二堡旧各一座	现存	均临河	民国七年新修
	三堡、四堡旧各一座	现皆无	旧有石工，现皆水滩	
	五堡至八堡旧各一座	现皆无	皆老滩，临河	
	九堡一座	现无	临河临河	
	十堡、十一堡旧各一座	现存	皆临河	民国七年新修
	十二堡、十三堡旧各一座	现存	皆老滩，临河	民国七年重修
	十四堡至二十二堡旧各一座	现皆无	背工	
下南下汛	头堡至二十九堡旧各一座	现皆无	背工	下汛二十九堡向系背工，自清道光以后，各堡房久经失修，早已片瓦无存
陈兰河务分局堡房表				
陈兰汛	十七堡一座	现存	背工	二间，上盖破漏
	十九堡、二十堡旧各一座	现存	背工	各二间，上盖均破漏

续表

汛名	各堡旧有堡房座数	各堡现存堡房座数	临河或背工	备考
孟温河务分局堡房表				
孟县汛	头堡至三堡旧皆无	现各存一座	背工	头堡三间，二堡、三堡各二间
	四堡旧无	现无	临河	
	五堡、六堡旧各一座	现皆存	均背工	各二间
	七堡二座	现皆存	临河	各二间
	八堡一座	现存	临河	三间
	九堡旧无	现有	背工	二间，孟县汛旧有堡房，无案可稽。现所存者系民国四、五年间创
温县汛	修头堡至八堡旧皆无	现头堡、三堡、六堡、八堡各一座	惟六堡临河，余均背工	各二间，温县汛现存堡房系民国五、六年创建，均已破漏
武原河务分局堡房表				
武陟汛	头堡一座	现无	背工	武陟汛旧有堡房九座，多年未经修补。头堡、七堡、九堡全行倒塌，余均破漏不堪住宿
	二堡至四堡旧各一座	现皆存	均临河	
	五堡至九堡旧各一座	现七堡、九堡已无余存	均背工	

续表

汛名	各堡旧有堡房座数	各堡现存堡房座数	临河或背工	备考
武荥汛	共二十八堡，旧皆无	现皆无	均背工	
原武汛	共二十堡，旧皆无	现皆无	均背工	
阳封河务分局堡房表				
阳武汛	头堡至十六堡旧各一座	现皆无	均背工	该汛背工几及百年，各堡堡房逐渐塌毁，未有重修。年代既久，形迹俱泯
	十七堡一座	现存	背工	曾经队兵修补
	十八堡至三十七堡旧各一座	现皆无	均背工	
封邱汛	头堡至十五堡旧各一座	现皆无	均背工	该汛亦背工。年久，各堡房均未补修，形迹未泯一座
	十六堡至十八堡旧各一座	现皆存	均背工	该三堡，因民国七年秋十七堡临河，奉令重修堡房
下北河务分局堡房表				
开封北汛	头堡至十四堡旧各一座	现皆无	均背工	
	十五堡、十六堡旧各一座	现皆存	均临河	

续表

汛名	各堡旧有堡房座数	各堡现存堡房座数	临河或背工	备考
开陈北汛	头堡至三堡旧各一座	现皆存	均临河	按：开陈北汛旧系十七堡。自咸丰五年河由铜瓦厢改道北行，堤工截至十五堡西坝头止，后遂定为十五堡
	四堡至十五堡旧各一座	现皆存	均背工	

桥

晋武帝泰始十年，立河桥于富平津。

《杜预传》：“请建河桥于富平津。”

《晋阳秋》曰：“杜预造河桥于富平津，所谓造舟为梁也。”

按：魏尔朱荣之乱，及尔朱世隆再乱，与高欢、宇文泰相持，皆以三城河桥为战守地。唐袭王世充河阳城，焚河桥，郭子仪以兵断河桥，即此。

后魏孝文帝太和十七年，迁洛，命造河桥于河北，侧岸有二城相对，置北中郎府戍守之。

《旧唐书·职官志》：“凡天下造舟之梁四，河则蒲津、大阳、河阳，洛则孝义也。皆国工修之。”

《元和郡县志》云：“至德中，史思明来寇，李光弼率麾下士马数万东守河阳三城。乾元以后，常置重兵，贞元后加置节度使，为都城之巨防。造浮桥，架黄河为之，以船为脚，竹篾互之。”《晋阳秋》：“杜元凯造河桥于富平津”即此是也。船出洪州，盖晋都洛阳以后，至后魏孝文帝迁洛，命作河桥，并置北中郎府为重地。

《方舆记要》云[1]：“南城，东魏孝静帝大象元年筑。高欢使潘乐屯北城，高永乐守南城，置河桥于河阳。又引《三城记》云：‘河阳北城南临大河，长桥架水，古称设险。南城三面临河，屹立水滨，中滩表里，二城南北相望，黄河两派，贯于三城之间。每秋水方涨，南北二城皆有濡足之患，而中滩屹立如故。’”

宋太祖乾德三年，孟州水涨，坏中滩桥梁。

宋徽宗崇宁五年二月，诏滑州系浮桥于北岸，仍筑城垒，置官守护之。

政和四年十一月，都水使者孟昌龄言：“今岁夏秋涨水，河流上下并行中道，滑州浮桥不劳解拆，大省岁费。”诏许称贺，官吏推恩有差。昌龄又献议：导河大伾，可置永远浮桥。谓：“河流自大伾之东而来，直大伾山西而止，数里方回南，东转而过，复折北而东，则直至大伾山之东，亦止不过十里耳。视地形水势，东西相直径易，曾不十余里间，且地势低下，可以成河，倚山可为马头，又有中滩，正如河阳。若引使穿大伾大山及东北二小山，分为两股而过，合于下流，因是三山为趾，以系浮梁，省费数十百倍，可宽河朔诸路之役。”朝廷喜而从之。

政和五年，置提举修系永桥所。六月癸丑，降德音于河北京东、京西路，其略曰：“凿山酾渠，循九河既道之迹，为梁跨趾，成万世永赖之功。役不逾时，虑无愆素，人绝往来之阻，地无南北之殊。灵祇怀柔，黎庶呼舞，眷言朔野，爰暨近畿，

[1] 记　疑为“纪”，指顾祖禹所撰《读史方舆纪要》。

畚锸繁兴，薪刍转徙，民亦劳止，朕甚悯之。宜推在宥之恩，仍广蠲除之惠，应开河官吏，令提举所具功力等第奏闻。”又诏：“居山至大伾山浮桥，属浚州者，赐名天成桥；大伾山至汶子山浮桥，属滑州者，赐名荣光桥。”俄改荣光曰圣功。七月庚辰，御制桥名，磨崖以刻之。

政和七年六月，都水使者孟扬言：“旧河阳南北两河分流，立中滩，系浮梁。顷缘北河淤淀，水不通行，止于南河修筑一桥。因此河顿[1]窄狭，水势冲激，每遇涨水，多至损坏，欲措置开修北河如旧，修系南北两桥。”从之。

《孟县志》曰：“河桥旧址在县西南三十五里野戍镇故河阳城南。”又曰：“宋之河桥分为南北，俱于中滩系属，则中滩尤建桥之要地，信所为天造之险矣。”

宣和三年，水坏天成、圣功桥，官吏行罚有差。

宣和四年四月，都水使者孟扬言：“奉诏修系三山东桥，凡役工十五万七千八百，今累经涨水无虞。”诏因桥坏失职降秩者，俱复之。

钦宗靖康元年，御史中丞许翰言：“孟昌龄、孟扬、孟揆父子相继领职二十年，过恶山积。大河浮桥岁一造舟，京西之民犹惮其役。而昌龄首建三山之策，回大河之势，顿取百年浮桥之费，仅为数岁行路之观，漂没生灵无虑万计，每兴一役，干没无数。望籍其奸赃，以正典刑。”诏并落职。

《金史·百官志》：“南京延津渡河桥官，兼讥察。管勾一员，同管勾一员，掌桥船渡口讥察济渡、给受本桥诸物等事，内讥察事隶留守司。余浮桥官同此。”

章宗昌明五年，参知政事马琪言：“凡河桥司使、副，拟同

[1] 顿 《宋史》卷九十三作“项”。

都散巡河官选注升除。”

补遗

赵建武中，造浮桥于灵昌津。在延津。石勒之袭刘曜，途出于此，以河冰泮为神灵之助，号为灵昌津。上采石为中济，石无大小，下辄流去。用工百万，经年不就。石虎亲阅作工，沉璧于河。明日璧流渚上，波荡上岸，遂斩匠而还。

宋真宗景德初，契丹寇澶州。枢密使陈尧叟奏请沿河皆撤去浮桥，舟船皆收南岸。敕下河阳、陕府、河中府，如其奏。百姓大惊扰。监察御史王济知河中府，独不肯撤，封敕书，且奏以为不可。陕州通判张稷时以公事在外，州中已撤浮桥，稷还，闻河中府不撤，乃复修。寇相时在中书，由是知此二人。

契丹入寇时，寇准、毕士安为相，士安以疾留京师，准从车驾幸澶渊，力请进前御敌，殿前都指挥使高琼亦固请幸河北。上乃幸北城，至浮桥，犹驻辇不进。琼以所执挝董辇夫背，曰：“何不亟行？今已至此，尚可疑焉！”上乃命进辇。既至，登北城门楼，张黄龙旗。城下将士皆呼万岁，气势百倍。会虏大将挞览中弩死，虏众遂退。

水志水报

清高宗乾隆三十年七月，南河总督现管东河总河事李宏奏：“黄河来源，两岸山沟汊港，汇归之处众多，俱在三门以下。沁、洛二支伏秋水发，实增水势之二三，是上游长落大小，攸关工程平险，不可不一体留心，以资防卫。今查三门系黄河出入之区，巩县城北洛口，为伊、洛、瀍、涧入河总汇。已咨明抚臣，饬陕州、巩县各立水志，每年桃汛至霜降止，水势长落尺寸逐日查记，据实具报。其沁河水志，虽黄沁同知查报，但水志不得其地，长落尺寸恐难定准。并令在木栾店龙王庙前另立水志，按日查报。如伏秋汛内各处水势陡长至二三尺以外，该厅州县即迅速具报。并查宁夏之例，康熙四十八年十一月，订黄河宁夏报水之例。一并飞报江南总河，按：此沁河报水之始。如此上下关会，司河之员咸知长水日期，相机修防，于工程有益。”

陕县东门外万锦滩，为现在豫境黄河报水之起点。其地在三门之西三十里，设有志桩。黄河水势除原存底水外，如遇陡长一尺以上，立即驰报河务局。今用电报。河务局即将万锦滩所报陡长日时及尺寸以传牌书明，飞饬各分局，队汛立即遵照，加意认真防护。无分雨夜，实力巡守，毋得稍有疏懈。

按：水志之设，由来已久，其详不得而知，万锦滩水志，与李宏所奏亦不合。今黄沁各分局皆沿用之，以为水势长落之据，而报于总局。但立桩未必即得其地，又因流势变迁，而随时移置，所报多不可凭。底水之深浅若干，地形之高下如何，亦无一定标准，不过闻其报而早为之备，关系工程至为紧要，几尺几寸，特其大略而已。

按：万锦滩报水，今日颇为重要，而不知起自何时。不惟《治河书》中未之一见，即查各地志中亦未见万锦滩之名。其报水也，必在乾隆三十年以后。查是年李宏所奏“三门系黄河出入之区，巩县城北洛口为伊、洛、瀍、涧入河总汇，已咨饬陕州、巩县各立水志，逐日查记，据实具报”等语，是水报本在三门，万锦滩又在三门上游三十里，地势必较三门为善。故初在三门，而后移于万锦滩也。书籍未载，案牍无传，一百六十余年之事已不可详考。况四千余年之遗迹，其丧失可胜计哉！杨宗义《雪樵诗话》曰：羊报者，黄河报汛水卒也。皋兰城西有铁索，船桥横亘，黄河两岸立铁柱，刻痕尺寸以测水。河水高铁痕一寸，则中州水高一丈，例用羊报先传警汛。其法：以大羊革空其腹，密缝之，浸以茼油，令水不透。选卒勇壮者缚羊背，食不饥丸，腰系水签数十。至河南境，缘溜掷之，流如飞，瞬息千里。汛紧时，河卒操急舟于大溜；俟之拾签，知水尺寸，得预备抢护。至江[1]南，营弁以舟飞邀，报卒登岸，解其缚，人尚无恙。赏白金五十两，酒食无算，令乘车从容归，三月始达。张度西九钺谓此即元世祖革囊遗法。作羊报行，以纪之。

按：此事不见于他书，河工中亦未有所闻。度西，湘潭人，于乾隆二十八年西师奏捷，朝廷行郊劳礼，为直督方恪敏公赋乐歌，大书于郊劳台。复为良乡居民贾户作凯旋榜帖千余纸，一夕立就，距今不过百余年。羊报之事，不应一毫无所传闻。殆喜其事之新奇，可为诗家之资料而咏之，不复计其合理否耳。

宣统元年五月，河南巡抚兼管河工事务吴重憙饬河北道：“近今百度维新，凡事无不改良。因思河工向有陕州万锦滩水报，如遇黄河陡长一尺以上，立即由州具文，六百里加紧驰报。自陕至省，向系一昼夜即递到。沿途各州县皆知河务关系紧要，从未片刻迟缓，深为可嘉。惟溽暑遄行，马夫之劳苦可知，且西路山径崎岖，如遇风雨、黑夜以及山水涨发，冒险尤为可虑，亟宜妥筹改良之策。查陕州向通电报，嗣后如旬报水势，仍照常按旬折报外，遇有陡长，即由该州电禀本部院衙门，各处文报皆一律删除，以省驿站之劳费。本部院接电后，随时转电山东、直隶，并分行两道八厅，一体加慎防护。电文宜从简略，该州来电，止须报明某日某时陡长几尺几寸字样，其万锦滩等

[1] “江”当为“河”之误。

字可无庸赘及。所需电费，准由该州核用具禀，以便批饬八厅公所，照数发还。”

六月，河南巡抚兼管河工事务吴重憙饬河北道：“甘肃宁夏府报水，向以字数为记，惟每字是否一尺，以涨至几字为最大之极点，豫省河工无从查考。当即电询该府去后，兹接复电云：庚电祗悉，青铜峡水志共十字，每字一尺。平时志底去水面尚一丈，今上八字，已涨一丈八尺，是为大水，三数年一见。漫十字时尤少，近二十年惟壬寅、甲辰两次而已。连日大雨，恐尚当续涨，特闻熙叩佳印等情，据此合行转札该道，即饬各厅营汛一体查照。”

民国二年八月二十八日，河防局长马振濂训令各分支局：“河防工程之险夷，视溜势之顺逆为准，而溜势之顺逆，因水流之涨落而变。各分支局于水流涨落均经呈明本局，而所管工段溜势顺逆多未具报。不知险工之生，往往不在水涨，而在水落，有工生险，尚易补救，无工生险，最难措手。本局为全河枢纽，非洞悉全河水势，不足以觇险夷而施绸缪。兹由本局颁发水报表式，通行各分支局，无论黄沁各工，均限自文到日起，按式具报。其水势陡涨及工程有特别变迁，随时呈报，不在此限。荥泽、沁阳向未报水，亦应添设志桩，依限具报，以资考查，而归划一。”民国二年以前，各河厅报水折，或逐日，或三日，或五日，或十日，或十五日一次，并查前二年，或前三年是日水势之大小以为比较。河防局成立之初，仍照前办理。七月以后，则改折为表，全河水势在伏、秋汛内，并由总局按旬汇报民政长，以备查考。

民国三年九月一日，开封电报局函致河务局以奉部电黄襄川等河涨水报，准列免费。

民国九年，修改表式。黄河各分局按汛分填，东沁、西沁则以附近村落为名，按水势区分六种：（甲）顶冲。凡汛内有全河直射之点者书之。（乙）顺溜。凡河流无曲折阻滞，顺序而下者书之。（丙）漫水。凡河流漫衍，迟行无溜者书之。（丁）外移。凡临河工段，河势退出者书之。（戊）里卧。凡河势趋堤日近者书之。（己）背工。凡工段去河道者书之。

水势涨落数目以工尺一寸为单位。例如水涨一尺，则书为“长一”[1]；涨五寸，则书为“长五”；水落一尺，则书为“消一〇”；落五寸，则书为“消五”；无涨落，则书“水停”。余类推。

民国十二年，河务局呈准省长，咨内务部黄沁两河水势涨落表按季呈报，经内务部咨，复在河川测量办法未经实行以前，准按季汇报备案。

下南河务分局报水单，以中汛十一堡志桩为准，由立夏起，每日早、晚报二次；至入伏日，每日按寅、午、酉三时报三次；至霜降后，每日报一次。单内除原存底水外，并比较上年今日水势大小若干，又比较上年盛涨时水势大小若干，以备查考。

民国十三年九月十七日，河南省长公署令：“案准交通部咨开‘准咨，据河务局长请拍发直、东等省黄河水报，一律予以免费等情，咨请查核见复等因到部。查关于黄河报告水汛电报，民国元年间，曾有列作二等公电，免收电费之规定。现在此项办法早经取销，未便再行援用。惟事关公益，本部自应量予赞助，嗣后凡有陕县因报告水汛，拍发直、东等省之电报，应准一律按照四等减收半价，并提前先发，以资迅速。除令知陕县

[1] 长一　应为“长一〇”。根据上下文意，水涨五寸，书为“长五”，水涨一寸应书为“长一”，水涨一尺自然应书为“长一〇”。且下文有“水落一尺，则书为消一〇”。故改。

电报局遵照外，相应咨复查照饬遵’等因。准此。合行令仰该局，即便转饬遵照。”

卷六

豫省历代黄河漫决修复一览表

黄河为患于中国，甲于他水，而为患于河南，尤甲于他省。唐宋以前之漫决，大抵皆在豫境。其上游虽历甘、陕、山西，而两岸崇山夹峙，不得肆其湍激之性，且其流尚微，河槽亦深，自不能恣为冲决。逮出龙门而下底柱，伊、洛、瀍、涧注于南，沁、溴、济、丹汇于北，其势愈大，其力愈横。及过河阴之东，地衍沙松，河成坦坡，防范稍疏，则恣为泛滥。明潘季驯袭贾让增卑培薄之策，创为以堤束水、以水刷沙之说，迄今循之，遂能暂安于目前，其或违之，而患不可思议矣。元明以降，南河以运道之故，其患始多。而究之，豫河安流，则下游之施功亦易。今考自尧以来，黄河在豫境之漫决修复者，悉著于表，其有既经漫决不见修复者，书缺有间，不得不从略焉。

年　代	漫　决	修　复
唐尧十九年		命共工治河　《尧典》帝曰：畴咨若予采？欢兜曰：共工方鸠僝功。郑氏曰：共工，水官名。马融曰：僝，具也。据《竹书》：共工治河，锡命在尧十九年。改命伯鲧治河，在尧六十一年。则此四十余年，皆共工治河也

续表

年代	漫决	修复
六十一年		命崇伯鲧治河九载，绩用弗成
七十五年		司空禹治水
八十六年		司空人觐赞用玄
夏帝少康三年		《禹贡》曰：“禹锡玄圭，告厥成功。”
十三年	商侯冥死于河	十一月，使商侯冥治河
商王河亶甲元祀	嚣有河决之患，徙都于相。内黄县有殷城。《括地志》云：“河亶甲所都。”	
祖乙元祀	相及有河决之患，徙都于邢	
周定王五年	河徙。按：《蔡传》：河徙砱砾。《汉书》无“砱砾”二字。贾让《治河策》有荥阳漕渠。如淳曰：今砾溪口是也。□□[1]曰砾溪，即《水经》所云济水东过砾溪者，亦非砱砾。但此即黄河迁徙之始，禹之故道寖失矣	
显王时	梁惠成王入河于甫田，又引而东。甫田，一作圃田，在中牟县，梁于其迤，为泽八，为陂三十六，东西五十里，南北二十六里，东极官渡，西限长城	

[1] 此处底本似不通。存疑。

续表

年　代	漫　决	修　复
显王十年	梁惠成王十二年，楚师决河，水出长垣之外。《河渠纪闻》云："水出大梁之北，入鸿沟，壅荥川当在白马、宿胥间。"	
威烈王十三年	晋河岸倾，壅龙门至于底柱	
赧王三十四年	赵王之魏东阳，决河水，伐魏氏。 按：周赧王时苏代有言：秦决荥口，魏无大梁，决白马之口，魏无黄济阳，决宿胥之口，魏无虚顿邱。魏公子无忌曰：决荥水灌大梁，必亡。此虽末悉见之实行。可见河为魏害，当时策士早已虑之也	
秦始皇二十二年	王贲伐魏，引河沟以灌大梁。大梁城坏，引水南出，谓之梁沟	
汉文帝十二年	十二月，河决酸枣，东溃金堤东郡。 按：酸枣故城，在今河南延津县北十五里	大兴卒塞之
武帝元光三年	春，河徙顿丘，夺漯川之道，流入渤海。夏，复决濮阳瓠子，东南注巨野，泛淮河，漫郡十六。发卒十万塞之，复坏。按：瓠子，在今滑县	

续表

年代	漫决	修复
元封二年		四月，塞瓠子决口。河自文帝十二年决，至武帝元光三年，凡三十六年。至是，几四十年，帝封禅泰山，自临决口，命从臣将军以下皆负薪，沉白马、玉璧于河而塞之。是时，东郡烧草，故薪少，乃下淇围之竹为楗。既塞，作宫其上，名宣房。导河北行，复禹旧迹
成帝建始四年	秋，大水，河决东郡金堤，灌四郡三十二县	
河平元年		河堤成，遂改元为河平
鸿嘉四年	河大溢，灌郡邑三十二。 是时，杨焉言：从河上下患底柱隘可广之。上从其言。弗克，而水溢，灌渤海清河、信都诸郡邑	
平帝时	河汴决，坏荥泽，塞为平地	
新莽始建国三年	河决魏郡，泛清河平原，浚南至千乘	
明帝永平十二年		四月，诏修汴渠。遣王景与将作谒者王吴督工，自荥阳至千乘海口。汴渠即蒗荡渠也。自荥阳受河，故谓石门。在荥阳山北一十里过汴。以东，积石为堤，亦名金堤
永平十三年		四月，汴渠成
桓帝永兴元年	秋，河溢	
灵帝建宁四年		立石门于敖城西北，以遏浚仪渠口，河汴各安其流。 按：浚仪渠口石门，即汴口石门，在今河阴县北

续表

年代	漫决	修复
晋武帝泰始七年	六月，大霖雨，河洛伊沁皆溢	
北齐武成帝河隋元年	四月，河、济俱溢	
唐太宗贞观十一年	九月，河溢，坏陕州河北县，毁河阳中滩。河阳即今孟县，东魏筑中滩城	
高宗永淳二年	七月，河溢，坏河阳桥。 河桥，晋杜预所造，在河阳县，亦日河阳桥。郭子仪以兵断河阳桥，即此	
武后如意元年	八月，河溢，坏河阳县	
圣历元年	秋，黄河溢	
中宗嗣圣十六年	河南河溢	
玄宗开元十四年	秋，大水，河南、河北尤甚，河及支川皆溢，怀、卫、郑、滑人皆巢居舟处。 八月，河决卫州	
代宗大历十二年	秋，大雨，河溢	
德宗贞元二年	河南河溢	
宪宗元和八年	十二月，河溢，浸滑州羊马城之半	滑州薛平、魏博田弘正征役万人，于黎阳界开古黄河道十四里，经黎阳、山东会于古渎，名曰新河。自是，滑人无水患
文宗开成三年	夏，河决，浸郑、滑外城	
昭宗大顺二年	二月，河阳河溢，坏人庐舍	

续表

年代	漫决	修复
乾宁三年	四月，河圮于滑县。朱全忠决其堤，因为二河，散漫千余里	
梁末帝龙德三年	段凝以唐兵渐逼，乃自酸枣决河，东注于运以限唐兵，谓之护驾水。决口日大，屡为曹濮患	
后唐庄宗同光二年	八月，梁所决河口复溢	命娄继英督兵塞之
同光三年	塞河，复坏	诏平卢节度使符习治酸枣遥堤，以御决河
明宗天成四年	十二月，修治北岸自酸枣至濮州广堤一丈五尺，东西二百里	
晋高祖天顺六年	九月，滑州河决。 十月，河决滑、濮、郓、澶诸州，诏所在发舟救民	
天福七年		三月，归德节度使安彦威塞决河于滑州
出帝开运元年	六月，河决滑州，环梁山，入于汶、济	诏发数道兵夫塞之
开运三年	六月，河决鱼池。鱼池在滑州西。 九月，河决澶、滑、怀州。 十月，河决卫州，又决原武	
汉隐帝乾祐元年	四月，河决郑州、原武。 六月，河决滑州鱼池店	

续表

年　代	漫　决	修　复
乾祐三年	六月，河决郑州、原武	
周太祖广顺二年	十二月，河决郑州、阳武、滑县、酸枣、灵河、鱼池、六明镇诸处	王峻自请行视
广顺三年	河溢河阴城，又决原武	九月，义成节度使白重赞奏塞河决
世宗显德元年		遣使分塞决河，十一月河堤成
显德六年	郑州奏河决原武	
宋太祖乾德元年		正月，修畿内河堤
乾德三年	七月，河决开封府，溢阳武。河中府、孟州并河水涨，孟州坏中滩城军营、民舍数百区，又坏堤岸石	诏发兵治之
乾德四年	七月，河水坏荥泽南北堤岸。 八月，滑州河决，坏灵河县大堤	诏殿前都指挥使韩重斌马步军都头王廷义督工卒、丁夫数万人治之
乾德五年	八月，河溢入卫州城，民溺死者数百	正月，以河堤屡决，分遣行视，发畿甸丁夫缮治。自是岁以为常，以正月首事，季春而毕
开宝元年	六月，河溢，坏民田、庐舍	
开宝三年		正月，增河堤。 十二月，复增河堤
开宝四年	六月，河溢原武	

续表

年　代	漫　决	修　复
开宝五年	五月，河大决阳武及濮阳。 八月，河溢卫州	诏发诸州兵及丁夫凡五万人，遣颖州团练使曹翰护其役。翰至河上，亲督工役，未几决塞
开宝六年	正月，河决获嘉县	
开宝七年	六月，河溢安阳县，坏民居	
开宝八年	河决顿邱	
太宗太平兴国二年	六月，孟州河溢，坏温县堤七十余步，坏荥泽县宁王村堤三十余步。 七月，河决孟州之温县、郑州之荥泽、澶州之顿邱，被灾者悉蠲其租	皆发缘河之丁夫塞之。又遣大将军李崇矩行视水势，堤岸之缺而亟缮之
太平兴国三年	滑州灵河县河塞复决。 五月，河决获嘉县，北注。又决荥阳十月，滑州灵河县河塞，复决	正月，命使十七人分治黄河堤以备水患。命西上阁门使郭守文率卒塞之。 诏翟守素发郑之丁夫千五百人，与卒千人领护塞之。 再塞之
太平兴国四年	八月，宋州河决宋城县。 九月，卫州河决汲县，坏新场	寻塞之
太平兴国五年	河决怀州	
太平兴国七年	河决怀州武陟县，害民田	
太平兴国八年	五月，河大决滑州韩村，东南流至彭城，入于淮。 自夏及秋，开封、浚仪、酸枣、阳武、封邱、长垣、中牟、尉氏、襄邑、雍丘等县河水害田。 九月，陕州河涨，坏浮梁	十二月，滑州决河塞

续表

年　代	漫　决	修　复
太平兴国九年	春，河复决滑州之房村，蠲被灾州县田租。 八月，河州河涨坏民田	发卒五万塞之
淳化元年	孟州河涨	
淳化二年	闰月[1]，河水溢。 四月，河水溢。 六月，河水汴水溢。又陕州河涨，坏大堤。又河水溢浚仪县，坏民堤。河又决于宋城县	上亲临，督卫士塞之
至道二年	闰七月，陕州河涨	
真宗大中祥符四年	八月，河决通利军，合御河，坏大名城。 通利军，即浚县。 九月，河溢于孟州温县	
天禧元年	河决滑州	
天禧三年	六月，滑州河溢城西北天台山旁，俄复溃于城西南，岸摧七百步，漫浸州城，州邑罹患者三十二	
天禧四年	六月望，河复决天台下，走卫南，浮徐、济，害如三年而益甚	二月，滑州决河塞
仁宗天圣元年		五月，命鲁宗道按视滑州决河
天圣五年		七月，发丁夫三万八千，卒二万一千，缗钱五十万塞滑州河决，十月河平

[1] 闰月　疑有误。查淳化二年有闰二月，疑为此月。

续表

年代	漫决	修复
康定元年	九月，滑州大河泛溢，坏民庐舍	
庆历元年		河流自分遣使，特祀之
皇祐元年	河溢鱼池埽	知滑州陈希亮悉召河上使者发❶兵捍之
嘉祐三年	七月，原武县河决	
神宗熙宁四年	十月，河溢卫州王供埽，时新堤距延津二十里	
熙宁十年	七月，河复溢卫州王供埽及汲县上下埽、怀州黄沁、滑州韩村，遂大决于澶州曹村，澶渊北流断绝，河道南徙，分为二派，一合南清河，入于淮；一合北清河，入于海。凡灌郡县四十五。八月，又决郑州荥泽	遣使修闭
元丰五年	六月，河溢内黄埽。 八月，河决郑州原武埽。 九月，滑州河溢。 十月，广武大河溢，塌岸，坏下闸斗门	十二月，塞原武决河
元丰七年	四月武济河溃。武济山，即广武山北支	
哲宗元祐八年	河决内黄口	
绍圣元年	七月，广武埽危急	诏筑拦水签堤

❶ 发 《宋史·陈希亮传》作“发禁”。

续表

年 代	漫 决	修 复
元符二年	六月，河大决内黄口，挟漳卫之水北行，东流遂绝	
元符三年	四月，河决苏村。苏村，在开封府城东	
徽宗建中靖国元年		诏修苏村西堤
崇宁二年	河决内黄	
钦宗靖康间	陈留河决四十余日，漕输不通，京师大恐	开封府尹宗泽命判都水监陈求道治之，七日河复故道
高宗建炎二年	冬，东京留守杜充决黄河，自泗入淮，以阻金兵	
金世宗大定十一年	河决王村，南京、孟、卫州界多被其害	
大定十二年		怀孟等州增筑堤岸，日役夫一万一千，期以六十日毕
大定十三年		三月，尚书省请修孟津、荥泽、崇福埽堤，以备水患。上命雄武八埽，并以类从事
大定十七年	七月，大雨，河决阳武之白沟	十二月，诏发军民增修河堤
大定二十年	河决卫州及延津京东埽，弥漫至于归德	乃自卫州埽下接归德，南北两岸增筑堤，以捍湍怒
大定二十一年	河移故道	命筑堤以备
大定二十六年	八月，河决卫州堤，坏其城	诏刘玮兼工部尚书，往塞之
章宗明昌四年	六月，河决卫州，魏清沧皆被害	

续表

年　代	漫　决	修　复
明昌五年	八月，河决阳武故堤，历延津、封邱至是又一大变矣。 按：宋光宗绍熙五年甲寅，即金章宗明昌五年，是岁河徙自阳武，而东历封邱、长垣、兰阳、东明曹州、濮州、鄄城、范县诸州县界中，至寿张，注梁山泺，分为二派，北派由北清河入海，今大清河自东平历东阿、平阴、长清、齐河、历城瘠阳、齐东武定、青城、滨州、蒲台，至利津县入海者是也。南派由南清河入淮，即泗水故道。今会通河自东平历汶上、嘉祥、济宁，合泗水至清河入淮者是也。河汇梁山，分二派入南北清河，虽自熙宁十年始，寻经塞治。至是，复行其道，而汲、胙之流遂绝	
明昌六年		诏修新河石堤十四里有奇以塞之。新河在新乡县南
元世祖至元九年	七月，卫辉路新乡县广盈仓南河北岸决。 九月，南阳、怀、孟、卫辉新乡等郡淫雨，河水并溢，圮田庐害稼	委都水监丞马良弼与本路官同相视，并力修完之
至元二十年	六月，河溢卫辉、河南等路。卫辉城不没者数版	
至元二十二年	秋，南京、彰德等路河水坏田三千顷	

续表

年代	漫决	修复
至元二十三年	十月，河决汴梁路，冲突河南行省开封、祥符、陈留、杞县、太康、通许、鄢陵、扶沟、洧川、尉氏、阳武、延津、中牟、原武、睢州十五处	
至元二十四年	三月，汴梁河水溢	调南京民夫二十万四千三百余人，分筑堤防。役夫七千，修完故堤
至元二十五年	五月，汴梁路阳武县诸处大霖雨，河决襄邑，漂麦禾。又决汴梁，太康、通许、杞县三县，陈、颍二州皆被害。襄邑，今睢县。 六月，霖雨，睢州河溢，害稼，免其租。又以考城、陈留、通许、杞县、太康各县河溢，蠲其租。 十二月，太康、汴梁二路河溢害稼。 是年，汴梁路阳武县诸处河决二十二所，漂荡禾麦庐舍。 先是，至元九年，河决新乡，是河犹在新乡也。至二十五年，阳武等县河决二十一所，而新乡之流绝，水道一变。自金明昌甲寅河徙，其水大半入淮，而清河未绝流。迨至元二十六年，会通河成，于是始以一淮受全河之水，凡九十五岁	委宣慰使督本路差夫修治

续表

年代	漫决	修复
至元二十七年	六月，河溢太康县，没民田。 十一月，河决祥符县义唐湾，太康、通许二县，陈、颍二州大被患	
成宗元贞二年	九月，河决杞县、封邱、祥符、宁陵、襄邑五县。 十月，河决开封	
大德元年	三月，归德睢州、襄邑、宁陵、鹿邑、开封、许州、临颍、郾城、太康、扶沟、陈留、杞县等县河水大溢，漂没田庐。 五月，河决汴梁。 七月，河决杞县蒲口，自陈留入兰阳、仪封，徐、邳被患	发民夫三万余人塞之
大德二年	六月，河复决蒲口，凡九十六所，泛溢汴梁、归德二郡。 七月，大雨，河决，坏堤防，漂没归德数县禾稼庐舍，免其田租一年。是年又决封邱	遣尚书那怀御史刘赓等塞之。自蒲口首事，凡筑九十六所，自是，塞河之役无岁无之
大德三年	五月，河决蒲口等处，浸归德府数郡	遣官修筑七堤二十五处，共长三万九千零九十二步
大德八年	五月，河溢祥符、太康、阳武、获嘉、浚、滑等县	
大德九年	六月，汴梁、阳武县思齐口河决，灌开封。 七月，陈州之西华河溢。 八月，归德府宁陵、陈留、通许、扶沟、大康、杞县河溢。又归德府陈州河溢	乃自汴梁东董益口导支河入巴河，以杀其势。既而巴河水盛，南决归德，北入济宁，大为民害。复塞治之

续表

年　代	漫　决	修　复
大德十年		正月，发河南民夫十万筑河防
武宗至大二年	七月，河决归德府，又决汴梁之封邱	
仁宗皇庆元年	五月，归德府睢阳县河溢	
皇庆二年	六月，河决陈、睢、亳三州，开封府陈留等县。由小黄村口南淩下灌陈、颍	
延祐元年	六月，河决郑州	
延祐二年	六月，河决郑州，坏汜水县治	
延祐五年		命大司农下都水监，移文汴梁修治小黄口，明年春毕工
延祐七年	七月，河决荥泽县塔海庄东堤，又决横堤，两重数处。又决开封府苏庄，及七里寺二处。 又决汴梁原武，浸灌诸县。一云决阳武	平章站马赤及都水监官并工修筑之
英宗至治二年	正月，仪封县河溢	
泰定帝奉定元年	五月，河溢汴梁桑利堤	诏发丁夫六万四千人筑之
泰定二年	五月，河溢汴梁，被灾十有五县。 七月，河决睢州。 八月，汲县河溢	
泰定三年	二月，归德府属县河决，岁大饥，赈之。 秋七月，河决郑州阳武县，漂民舍万六千五百家，赈之	寻塞治

续表

年代	漫决	修复
泰定四年	五月，河溢睢州。 六月，汴梁路河决。 八月，扶沟、兰阳二县河溢，漂民舍一千九百余家，虞城县河溢，伤稼。 十二月，夏邑县河溢	
致和元年文宗天历三年	三月，河决虞城。汴梁河水溢	
至顺三年	五月，睢州、陈州、兰阳、封邱诸县河溢	
至顺四年	六月，黄河大溢，河南水灾	
顺帝元统元年	五月，阳武河溢，害稼。 六月，黄河大溢，河南水灾	
至元元年	河决封邱县	
至元二年	五月，黄河决白茅口	五月，黄河复于故道
至元三年	六月，大雨，黄河溢兰阳、尉氏，归德府淹没人畜庐舍甚众	
至正四年	正月，河决汴梁。 夏五月，大雨，黄河暴河北，决白茅堤。 六月，又溃金堤，并河郡县皆罹水患	十月，诏修黄河堤堰
至正九年		五月，诏修黄河金堤

续表

年　代	漫　决	修　复
至正十一年		四月，命贾鲁为总治河防使，发军民十七万人，便宜兴缮
至正十二年	七月，河决归德府永城县，坏黄陵冈堤	
至正十六年	河决郑州河阴县，官署民居尽废	二月，修复黄陵冈堤岸，河复故道
明太祖洪武七年	河决开封堤	寻塞之
洪武八年	正月，河决开封大黄寺堤百余丈	诏河南参政安然集民夫三万，塞之
洪武十一年	十月，河决开封府兰阳县，伤稼，诏免其租。 十一月，开封府封邱县河溢，诏免其租	
洪武十四年	七月，河决原武、祥符、中牟诸县	有司请兴筑，帝以为天灾，但令防护旧堤，勿重困民力
洪武十六年	六月，河溢荥泽、阳武二县	
洪武十七年	八月，河决开封东月堤，自陈桥至陈留横流数十里。又决杞县，入巴河	命户部遣官，督所在有司塞之
洪武十八年		九月，诏修黄河诸堤
洪武二十年	河决开封府城，自安远门入，没官民庐宇甚众	
洪武二十年	河没仪封县，迁治白楼村	

续表

年代	漫决	修复
洪武二十三年	七月，河南河水漂没民居，命赈之。又西华等县雨，河水暴溢，溺民田，饥甚，命赈之。 是年，河决凤池口，漂没居民，夏邑、永城更甚，有司不以闻，民诣阙诉之	诏筑归德府凤池河防
洪武二十四年	三月，开封府陈留、睢州，归德夏邑、宁陵河水暴溢，被患者千三百七十四户。遣官往赈之。未几，陈州、项城亦奏河溢民饥，仍遣官赈之。 四月，河决原武之黑羊山，东经开封府城北五里，又南行至项城，经颍州、寿州全入于淮，而故道遂淤	
洪武二十五年	正月，河决开封府阳武，浸淫于陈州、中牟、原武、封邱、祥符、兰阳、陈留、通许、太康、扶沟、杞十一县，诏免今年田租	十月，发开封等府及安吉等十七卫军，修筑原武县河防
洪武二十九年	河决怀庆府	
洪武三十年	八月，河溢，开封城三面受水。 十一月，河又决，南徙入陈州。 先是，河决，由府城北而东行，至是，下流淤塞，故又决而之南也	

续表

年　代	漫　决	修　复
成祖永乐元年	十月，河水溢。 按：雍正《志》在二年	
永乐二年		五月，修孟津县河堤
永乐三年	二月，河决马村堤	命本司官躬督民丁修治
永乐四年		八月，修阳武县黄河堤岸
永乐五年	七月，黄河泛溢河南，伤稼	
永乐七年	正月，陈州卫言：河水冲决城垣及护城堤岸	
永乐八年	五月至八月，淫雨，黄河泛溢，坏开封旧城，被患者万四千一百余户，没田七千五百余顷。遣户部安抚之，十二月，守臣言汴梁河决，坏城二百余丈	
永乐九年		三月，浚河南黄河，诏发民丁十万，命工部尚书宋礼董之，七月乙酉讫工，河循故道
永乐十年	六月，鄢陵、临漳二县骤雨，河水坏堤岸，没田禾。又阳武县河决中盐堤二百二十余丈，漫流中牟、祥符、尉氏诸县	七月，遣官视黄河堤岸，旧为水所溢，悉增筑之。 工部主事兰芳请卷土下埽，树桩捍御之
永乐十一年	八月，荥泽河决堤岸	十月，修荥泽县大宾河堤
永乐十二年	八月，河溢，坏开封府土城二百余丈	九月，修武陟县河堤

续表

年　代	漫　决	修　复
永乐十三年	六月，河南河水泛溢，坏庐舍，没田稼	
永乐十四年	七月，河决开封等府十四州县	
永乐十六年	十月，工部言：河南黄河溢，决埽座四十余丈	命遣官修筑
永乐十九年	河溢归德府	
永乐二十年	夏，河南河溢，浸南北二十余州县	
永乐二十一年	五月，户部尚书郭资言：河南开封府、归德睢洲、祥符、阳武、中牟、宁陵、项成、永城、荥泽、太康、西华、兰阳、原武、封邱、通许、陈留、洧川、杞县及卫辉府新乡、嘉、汲、淇、辉县黄河泛溢，并伤禾稼。遣人按视，蠲其租税	
永乐二十二年	九月，河溢祥符、陈留、鄢陵、太康、阳武、原武诸县，伤稼。敕免钱粮，遣官赈恤	
宣宗宣德元年	七月，黄河沿开封府之郑州及阳武、中牟、祥符、兰阳、荥泽、陈留、封邱、鄢陵、原武九县，漂没田庐禾稼	
宣德三年	九月，河溢，开封、郑州、祥符、陈留、荥阳、荥泽、鄢陵、杞、中牟、洧川十县，免其租	

续表

年代	漫决	修复
宣德六年	河水冲决开封府堤岸，淹没祥符、中牟、尉氏、扶沟、太康、通许、阳武、鹿邑八县民田	
英宗正统元年	七月，河决开封堤岸，伤稼	
正统二年	九月，开封府阳武、原武、荥泽三县秋雨，河溢，决堤岸三十余处	发民二万、军七千，修筑
正统三年	七月，巡抚于谦奏开封府阳武县河决，伤禾稼，遣官覆视	
正统四年	六月，淫雨，开封、卫辉河涨，漂民居，伤稼。命户部遣官，覆视以开	
正统五年	夏秋，开封河水泛涨	
涨正统八年	七月，久雨，黄、汴二水溢坏堤堰甚多	诏随宜修筑
正统九年	七月，开封、卫辉、怀庆三府河溢	
正统十年	夏，河决祥符、原武、阳武、封邱、陈留、睢州、杞县等处。 九月，河决金龙口阳谷堤，及张家黑龙庙口。 十月，睢州、祥符、杞县、陵武、原武、封邱、陈留、安阳、临漳、武安、汤阴、林县、涉县河决，没民田无算	命所司修筑。 命亟修之。 敕河南三司率夫修之

续表

年 代	漫 决	修 复
正统十二年	七月，河决荥泽	命工部尚书石璞治之
正统十三年	五月，河决陈留金村堤及里潭南岸，既筑复决。 又北决荥阳、阳武。 七月，河决河南八柳树口，从原武黑羊山故道，东经延津、封邱，漫流山东曹、濮，抵东昌坏沙湾等堤，伤民田庐无算。 八柳树口在新乡县。又溢荥泽县孙家渡，东过开封城西南，经陈留入涡口，又经蒙城，至怀远，东北而达于淮	命军夫协力修筑之。 命工部右侍郎王永和往视，发工修筑
景帝景泰三年	四月，河决原武，治城沦没，迁之	
景泰四年	七月开封、卫辉各奏淫雨连绵，河水泛溢，乞免租税。遣官覆视	是年，命官塞沙湾决口
景泰六年	六月，河决开封府高门堤二十余里	诏修筑之
景泰七年	夏，河决开封、彰德	
英宗天顺元年	十月，黄河泛溢原武、荥泽二县，田禾淹没。命户部覆视	
天顺二年	河决开封府所属祥符等四县，淹没民田千六百三十余顷	

续表

年代	漫决	修复
天顺四年	六月，雨，河溢决堤，伤稼。令官覆视	
天顺五年	六月，霖雨，黄河涨，决汴梁土城，复决砖城北门。城中水深丈余，官舍民居一空。藩府宫眷各乘筏避城外高处，民死者无算。 九月，雨经旬，河溢开封、怀庆、卫辉等府，宣武河南睢阳三卫，漂居民田舍。命户部覆视以闻。 是年，河自武陟徙入原武，而获嘉县之流绝	命工部侍郎薛远设法筑塞疏浚，抚被害之家
宪宗成化十四年	春，河决祥符县杏花营。 七月，河决延津西算村，泛溢七十余里。 九月，黄水冲决开封府护城堤，居民被灾者五百余家	十一月，巡抚李衍奏：俟水落之日，兴工修筑
成化十五年	河自延津南徙入封邱，延津之流遂绝	
成化十七年	河决开封	诏起复薛远，以工部侍郎前往塞治
成化十八年	五月，河溢开封府州县，没禾稼，水围汴城，城几坏	

续表

年代	漫决	修复
孝宗弘治二年	五月，河决开封府黄沙冈苏村野场，至洛里堤、莲花池、高门冈、王马头、红船湾六处。 又决埽头五处，郡县多被害，而汴梁尤甚。是年，复决金龙口，东北至张秋入运河，江荆口并陈留、通许二县俱淤。 是年，河决，支流为三：其一决封邱金龙口，浸于祥符、长垣，下曹、濮，冲张秋；其一出中牟，下尉氏；其一泛滥于兰阳、仪封、考城、归德以至宿迁	命官治之。命刑部尚书白昂治之，役丁夫二十五万，遂塞金龙口。于荥泽开渠导河，由陈、颍至寿州，达于淮
弘治四年	十月，黄河溢。命有司量赈开封、怀庆二府及归德、宣武、睢阳三卫被灾之家。是年，河决兰阳。 按：河之入海，自碣石而千乘，自千乘而入淮，至是又由汴矣。河之三大迁也	
弘治五年	河溢汴梁之东，兰阳、郓城诸县皆被害。又决金龙口，东注，溃黄陵冈，下张秋	侍郎陈政督夫九万治之，弗绩
弘治六年		二月，陈政卒，命右副都御史刘大夏总理河道事，往治之
弘治七年	河决封邱陈桥集	十二月，筑塞决口成功
弘治八年		二月，筑塞黄陵冈及荆隆口七处，旬有五日，完工。河复南流故道

续表

年代	漫决	修复
弘治十一年	河决夏邑太邱、回村等集，径萧山县出徐州小浮桥	
弘治十三年	六月，河决李家、杨家等口，横流曹单等处	巡抚郑龄请筑归德决河
弘治十九年❶	河决睢州之野鸡冈，由汴河入淮。于是开李景高口支河，引水出徐，阅二年复淤	
武宗正德四年	河溢狐皮营，决曹县温家口、冯家口等处。又北徙至仪封小宋集，而决黄陵冈埽坝，溢入贾鲁河，败张家口等处缕水小堤	命官塞治
正德七年		总理河道刘恺筑大堤，起魏家湾，亘八十余里，至双堌集，又续堤三十余里
正德十一年		总理河道赵璜于荥泽县东浚分水河，郑州西凿须水河，疏亳州河渠，水势渐平
世宗嘉靖十四年		十二月，总理河道刘天和请于祥符之磐石口、兰阳之铜瓦厢、考城之蔡家口各添筑月堤，从之
嘉靖十九年	河决野鸡冈，由涡河径亳州入淮，二洪大涸	兵部侍郎王以旗开李景高口支河一道，引水出徐济洪，役夫七万有奇，八月而成。寻淤。 又凿野鸡冈上流李景高口支河三道，导河东注，以济二洪

❶ 弘治无十九年，此处疑有误，应为“世宗十九年”。

续表

年代	漫决	修复
嘉靖二十四年	河决野鸡冈，南至泗州合淮，又决封邱陈桥集	
嘉靖三十八年	七月，河决原武判官村八百丈，水势由中牟经开封西南，逼府城	寻塞之
穆宗隆庆四年	秋，河决祥符陶家店	
神宗万历元年	八月，河涨渑池县张成口，深五丈	
万历十五年	七月，开封等府，陕州、灵宝等州县淫雨，河涨，冲决堤岸，漂没人畜。 是年，河决祥符县刘兽医口，又决兰阳县铜瓦厢，又决封邱、原武二县，又决荆隆口，溃堤入长垣、东明二县	十月，命工科给事中常居敬相度黄河，议修治之策。寻塞之，后二年复创筑遥堤二千零九十丈，以防涨漫
万历十七年	六月，河决刘兽医口，又漫出李景高口新堤，又冲入夏镇内河，没坏田庐，淹死居民甚多。其余或水与堤平，或堤不没者尺许	十月塞之
万历二十三年		创开中牟县河渠及筑吴家堂堤
万历二十九年	九月，河决开封张家楼，又决萧家口等处，全河南注	
万历三十年	三月，河决蒙墙寺，入归德商水，南徙与淮会，入洪泽湖。又决荆隆口	

续表

年　代	漫　决	修　复
万历三十一年	河决归德府	
万历四十三年	八月，河决陶家店、张家湾，由会城大堤、陈留等处入亳州涡河	本年冬，决口淤平，加筑大坝，河流复故
万历四十七年	九月，河决脾沙冈，水由封邱、曹、单至考城，复入旧河	十一月，筑塞之
熹宗天启三年	五月，河决睢阳	
庄烈帝崇祯四年	夏，河决原武湖村铺，又决封邱荆隆口，败曹县塔儿湾太行堤，趋张秋	六年始塞
崇祯五年	六月，河决孟津口，横浸数百里	
崇祯六年		六月，北筑太行堤，西起虞城，东抵沛县，复筑缕堤，用护太行堤，西起虞城
崇祯十五年	九月，流贼决河于朱家寨，冲破汴城北门，由曹、宋二门出，南入于涡。士民溺死甚众，城俱圮，贼屯高地独全。 时流贼围开封久，人相食，守臣谋引黄河灌贼，贼侦知之，预为备，而令其党黑蛇刘都古决河灌城，城内之水几与城平，民尽溺死	十二月，命工部侍郎周堪赓修治决河，未及奏续而明亡
清世祖顺治元年	秋，温县河北堤塌三十里，村落淹没	夏，黄河自复故道
顺治二年	河决考城县之流通口	次年塞之
顺治三年	流通口决水北徙午沟，至徐州一带，河流涸竭	

续表

年代	漫决	修复
顺治四年		四月，黄河决口工成
顺治五年	河决兰阳	
顺治七年	河决封邱朱源寨	筑荆隆口堤
顺治九年	河决封邱大王庙口，水从长垣趋东昌，坏安平堤，北入海，大为漕运梗。又决祥符之朱源寨，全河北徙	浚支河以分之，越五载始复旧
顺治十二年		太王庙决口塞
顺治十四年	河决祥符之槐疙瘩。河复南徙，决陈留之孟家埠口	筑槐疙瘩堤。于堤南筑缕、月堤五百丈，复筑堤一千二百丈
顺治十五年	河决阳武县城南慕家楼	筑堤御之，赖以无患
顺治十七年	河决陈州郭家埠。河又决虞城之罗家口	槐疙瘩决口塞。旋塞之
圣祖康熙元年	河决开封黄练口，祥符、中牟、阳武、杞县、通许、尉氏、扶沟七县田禾尽被淹没	
康熙三年	河决杞县	
康熙四年	四月，河决，虞城、永城、夏邑三县庐舍田禾多被淹没	
康熙七年	七月，大雨，河水涌涨，平地深五尺，伤官民廨舍甚众	
康熙十一年	虞城黄河水溢	
康熙四十八年	六月，大雨，河涨，漫溢虞城县北岸雷家集堤工二十六丈，仪封县北岸洪邵湾堤工二十一丈，水驿堤断口四十三丈八尺，张家湾断口二十五丈	巡抚汪灏督官抢筑

续表

年 代	漫 决	修 复
康熙五十七年	河溢武陟县詹家店，又溢何家营，经流原武县治北	
康熙六十年	八月，河决武陟县之詹家店、马营口、魏家口等处，并流直注滑、长垣、东明，入运河	九月，詹家店、魏家口合龙。十一月，马营口合龙
康熙六十一年	正月，河水溢，水复漫涨钉船帮南坝、秦家厂子堰，又决马营口堤工	正月，秦家厂、马营口堤工完竣，河归故道
世宗雍正元年	六月，大雨，河溢中牟县之十里店、娄家庄。武陟县姚期营沁黄交涨，决梁家营、二铺营土堤及侯家店、马营月堤，连荥泽之遥堤、格堤。 九月，狂风水涌，河决郑州来童寨民堤二处，兼有郑民误控阳武故堤放水，以致大溜顶冲，漫开中牟县杨桥后官堤	七月，娄家店漫口合龙。十一月，十里店漫口合龙。 七月塞之。 十月，阳武决口合龙。 十一月，杨桥决口合龙，并筑月堤、靠堤，以资捍御
雍正二年	七月，河决仪封县大寨、兰阳县板厂	命巡抚田文镜、副总河嵇曾筠率各属河员并力抢筑
雍正三年	七月，河再决板厂，溃太行入南阳、昭阳等湖，又决大寨	冬，塞之
雍正八年	六月，大雨河涨，祥符县程家寨月堤坍塌过半	督臣田文镜率员役夫万人昼夜加帮里戗一百零四丈，七月工竣
雍正十一年	七月，大风雨，河决陈留县七堡、九堡	八月合龙
高宗乾隆九年	河势南徙	

续表

年代	漫决	修复
乾隆十六年	六月，河决阳武，又决祥符朱水，自十三堡口门经太平镇分为二道，沿堤东流，入延津、封邱二县之渠，复合于封邱之居厢渠，至铁炉庄又分二股，一由太行堤之王家堤口入直隶界，一由太行堤之大邢口入东明县之魏河，出张秋镇，梗运河入海	七月，兴工，先筑月石堤民堰以遏其冲，次筑玉皇庙大堤以塞其倒流，十一月合龙
乾隆十八年	九月，河水骤涨，漫开阳武汛五堡三坝及格堤横坝，冲决十三堡大堤	旋堵塞
乾隆二十六年	七月，河决中牟杨桥。秋汛水势异常，北岸武陟、荥泽、阳武、祥符四汛漫缺内外堤十五处	因南岸杨桥夺溜，大河干涸，随经次第补修完固
乾隆四十三年	七月，河涨，仪封汛漫水六处，考城汛漫水三处，其仪封之十六堡一处，掣溜湍急，刷宽七十余丈	
乾隆四十五年		二月，仪封漫口合龙
乾隆四十六年	七月，黑冈迤东焦桥一带漫水过堤，大堤被刷三十余丈。又决仪封北岸曲家楼，大溜直注青龙冈，屡塞屡决，乃改兰阳河道	
乾隆四十八年		三月，曲家楼漫口堵合
乾隆四十九年	八月，睢州河溢	十一月，睢州漫口合龙
乾隆五十二年	六月，睢州下汛十三堡河溢	十月合龙

续表

年代	漫决	修复
仁宗嘉庆三年	九月，睢州上汛河溢	
嘉庆四年	河决仪封	正月，睢工漫口合龙
嘉庆八年	七月，河溢祥符时和驿。 九月，封邱衡家楼河溢。 十月，河溢武陟秦家厂	旋即淤塞。即塞之
嘉庆九年		三月，衡工合龙
嘉庆十八年	九月，睢州下汛二堡大堤漫口	
嘉庆二十年		二月，睢州漫口合龙
嘉庆二十四年	八月，兰阳、仪封河溢。 又溢武陟汛王家沟。 九月，又决马营坝，口门塌宽一百六七十丈	武陟漫口堵合
嘉庆二十五年	三月，仪封南岸三堡漫口	三月，马营坝漫口合龙。 十二月，仪封漫口合龙
宣宗道光二十一年	六月，下南厅祥符汛河溢。漫缺之处刷宽八十丈，河南、安徽两省共五府二十三州县被灾，轻重不等	
道光二十二年		二月，祥符上汛漫口合龙
道光二十三年	七月，中牟下汛九堡漫口	
道光二十四年	塌宽二百余丈	十二月，中牟大工合龙
文宗咸丰五年	六月，兰阳汛铜瓦厢三堡河水漫溢，全行掣溜，河遂北徙，由大清河入海，南河溜涸竭	
穆宗同治五年	七月，胡家屯河溢	十二月，谕修豫省上游及滑、浚等处长堤

续表

年　代	漫　决	修　复
同治七年	七月，荥泽汛十堡河溢	
同治八年		正月，荥工合龙
德宗光绪十三年	八月，郑州下汛十堡河决，口门刷宽五百余丈	
光绪十四年	五月，郑州坝工失事	十二月，郑州大工合龙

卷七

料物

河工料物惟石最古，汉以前之用法不可得详，而齐、赵、魏石堤则战国已有之矣。成帝时王延世以竹络之，顺帝时王诲以竹笼之。又葺苇土似非独用之物。武帝塞瓠子，命从官将军以下皆负薪，是时东郡烧草，故薪少，乃下淇园之竹为楗。又作歌，其二章曰："河水汤汤兮激潺湲，北渡迂兮复流难。搴长茭兮沉美玉，河伯许兮薪不属。薪不属兮南人罪，烧萧条兮噫乎何以御水！颓林竹兮楗石菑，宣房塞兮万福来。"又《填河告神玉册文》略云："洚水为灾，河决瓠子，朕之不德，上干天和，今乃责躬罪己，修德肆赦，少邀天眷。乃司农出金，司空调役，下淇园之竹以为楗，沉嵩阳之石以为基，必使金堤永固，玉海安澜，神维有灵，鉴题不爽。"则薪当即菱、苇、柳、秸之属。魏晋迄唐，河务较少，古法浸失，而石之绩用弗彰。元明以来，诸物渐备。清道光元年，南河总督黎世序奏请豫河各工用石，群怀疑虑。光绪十六年，东河总督吴大澂始排众议，至今赖之。道光中，栗毓美又请用砖，今亦未能偏废。其柳、秸、苘麻等物不见于唐以前，而近时捆厢筑埽则视为不可缓。爰辑其可考者，备将来之取材焉。

《宋史·河渠志》曰："旧制，岁虞河决，有司常以孟秋预调塞治之物，梢芟、薪柴、楗橛、竹石、茭索、竹索凡千余万，谓之'春料'。'料'字始此。诏下濒河诸州所产之地，仍遣使会河渠官吏，乘农隙率丁夫水工收采备用。凡伐芦荻谓之芟，伐山木榆柳枝叶谓之梢，辫竹纠芟为索。以竹为巨索，长十尺至百尺，有数等。"

宋太祖开宝五年正月，诏曰："应缘黄、汴、清、御等河州县，除准旧制种艺桑枣外，委长吏课民别树榆柳及土地所宜之木。仍按户籍高下定为五等，第一等岁树五十本，二等以下递减十本。民欲广树艺者听，其孤寡茕独者免。"

太宗太平兴国六年，滑州治河防，材苇未具，命南作坊副使李神祐驰往垣曲，伐薪蒸四百万以济其用。

淳化中，赵昌言复知天雄军，大河贯境，豪民峙刍茭图利，奸人潜穴堤防，岁仍决溢，昌言知之。一日，堤吏告急，命径取豪家庤积以给用，自是无敢为奸利者。

真宗咸平三年，申严盗伐河上榆柳之禁。

天禧元年，寇瑊知滑州，总领修河。既而以岁饥罢役，瑊言病民特刍楗耳，今幸调率已集，若积之经年，则朽腐为弃物，后复兴工敛之，是重困民也。乃再诏塞河。刍楗经年朽腐，重敛困民之言，何其痌瘝闾阎之至也。今之治水者，当三复斯言。

天禧三年，滑州河溢，遣使赋诸州薪、石、楗、橛、芟、竹之数千六百万。

仁宗天圣元年八月，募民输芟，塞滑州决河。

是年，以滑州决河未塞，诏募京东、河北、陕西、淮南民输薪刍，调兵伐濒河榆柳。

天圣二年，梅挚知滑州，州岁备河，调丁壮伐滩苇。挚以疲民，奏用州兵代之。崔立通判许州，会滑州塞决河，调民出刍楗，命立提举受纳。立计其用有余，而下户未输者尚二百万，悉奏弛之。

神宗元丰元年十一月，都水监言："自曹村决溢，诸埽无复储蓄，乞给钱二十万缗，下诸路以时市梢草封桩。"诏给十万缗，非朝旨及埽岸危急，毋得擅用。

金备河之恒制：岁用薪百一十一万三千余束，草百八十三万七百余束，桩杙之木不与。

世宗大定二十九年，河南路提刑司言："御水患者，不过堤埽，若土功从实计，薪槁桩杙以时征敛，亦复何难。今春筑堤，都水监初科取土甚近，及其兴工，乃远数倍，人夫惧不及程，贵价买土，一队之间多至千贯。又，许州新科薪槁十八万余束，既而又配四万四千，是皆常岁必用之物，农隙均科则易输纳。自今堤埽兴工，乞令本监以责计度，量一岁所用物料，验数折税，或令和买，于冬月分为三限输纳为便。"诏尚书省详议以闻。刘玑为户部员外郎，上便宜数事。世宗谓宰相曰："玑言河堤种柳，可省每岁堤防之费，及言官钱利害，甚可取，卿等议其可者行之。"

章宗昌明元年春正月，尚书省奏："自今河防所用物色，委都水监每岁于八月以前，先拘籍旧贮物外实阙之数，及次年春工多寡，移报转运司计值，于冬三月分限输纳。如水势不常，夏秋暴涨危急，则于相邻埽分防备之物用之，不足则复于所近州县和买。然复虑人户道途泥淖，艰于运纳，止依税内科折，他物更为增价，当官支付，违者并论如律。仍令所属提刑司正官一员驰驿监视体究，如此，则役有程而河不失备。"制可之。

明昌六年，国史院编修官高霖言："黄河卷埽工物皆取于民，大为时病，乞并河堤广树榆柳，数年后堤岸既固，埽材亦便，民力渐省。”从之。

泰和五年二月，以崔守真言：“黄河危急，刍槁物料虽云折税，每年不下五六次，或名为和买，而未赏其直。”敕委右三部司正郭澥、御史申正、孟铸讲究以闻。澥等言：“大名府、郑州等处自承安二年以来，所科刍槁未给价者，计钱二十一万九千余贯。遂命以各处见钱，差能干官，同各州县清强官一一酬之，令按察司体究。”

元顺帝至正十一年，贾鲁治河，用物凡桩木大者二万七千，榆柳杂梢六十六万六千，带梢连根株者三千六百，槁秸蒲苇杂草以束计者七百三十三万五千有奇，竹竿六十二万五千，苇席十有七万二千，小石二千艘，绳索大小不等五万七千，所沉大船百有二十，铁缆三十有二，铁锚三百三十有四，竹篾以斤计者十有五万，硾石三千块，铁钻万四千二百有奇，大钉三万三千二百三十有二，其余若木龙、蚕椽木、麦秸、扶桩、铁叉、铁吊、枝铁、搭火钩、汲水贮水等具皆有成数。官吏俸给、军民衣粮、工钱、医药、祭祀、赈恤、驿置马乘，及运竹木、沉船、渡船、下桩等工，铁石、竹木、绳索等匠佣资，兼以和买民地为河，并应用杂物等价，通计中统钞百八十四万五千六百三十六锭有奇。鲁常有言：水工之功视土工之功为难，中流之功视河滨之功为难，决河口视中流又难，北岸之功视南岸又难。用物之效，草虽至柔，柔能狎水，水渍之生泥，泥与草并力，重如碇然。维持夹辅，缆索之功实多。盖由鲁习知河事，故其功之所就如此。

明太祖洪武二十九年，河南藩臣请修河防，令预治砖石，俟农隙时为之。用砖始见于此。

太宗永乐十年九月，工部主事蔺芳言：“缘河新筑护岸坝座止用蒲绳泥草，不能经久。臣愚以为若用木编成大囤，若拦圈然，置之水中，以桩钉之，中实以石，却以横木贯于桩表，牵筑堤上，则水可以杀，堤可以固，而河患可息。如允臣言，乞令河南近河府卫征军民于农隙采木，春和修砌。”从之。

孝宗弘治七年五月，工部覆奏：“山东、河南修理闸座、石坝、堤岸所用砖石，请以粮船、民船带运。”

武宗正德十二年七月，总河龚弘奏修河事宜：“一、山东、河南管河副使，宜于秋冬水汛后同各守巡官及沿河知府会计一年修河所用物料多少，呈总理衙门核实起派，各官不协力催督者，查考黜罚。一、每年修河物料自会计后宜即分令各府州县领价买纳，庶缓急得用而侵隐之弊绝。”下工部议，如弘奏。诏可。

世宗嘉靖初，陶谐为河南副使，管理河道。立法：沿河植柳固堤，旁植葭苇，采取卷埽以当草束、桩木、苘麻，则以水利河道，赃罪纸米俱准收折，纤毫不取于民。总理台臣奏请通行，岁省费十余万。

神宗万历初年，总理河道万恭《治水筌蹄》曰：“黄河之骤，急如风雨，智者失其谋，勇者失其力，惟有桑土之彻而已，故势亟重也。语夫则以千计，语料则以万计，乃有备无患。故堤防稍缓者，一年备一年可也。若河南陶家店、铜瓦厢、炼城口、挖泥河、荣花树，山东武家坝，徐州曲头集、房村口，则桩草、苘麻、柳梢，两年备之可也。”总之，黄河要害以头年下埽为次年之防，一年积料为两年之用，事豫则立，阴雨无虞。慎之哉。往治河者以刻削工料为能，以文移往返为事，不知惜小费者妨大计，操散权者无专工。涓涓不绝，遂成江河，坏也久矣，善治者二言以蔽之，曰无惜费，无掣肘。

万历十六年，都给事中常居敬疏云："中州惟河患为最巨，故其治河也为独详。迩年人心玩于积习，法制废于因循，致廑圣怀，特旨修筑，然必料理精详，庶可垂示永久，请预积埽料以防未然。臣等查得河南水平岸高而土疏，其湍急埽湾之处患常在下。虽有高厚之堤，卒然坍塌，无所措手，故防河之患无愈于卷埽，而卷埽之料全资于梢草、桩麻与土也。往年所用桩木、苘麻俱分派于出产州县买运，而柳梢谷草俱于临河地方召商收买，已有定议。近因沿河各县连年苦旱，复遭大水，百谷无收，欲暂将谷草派之别府州县买纳运送，亦通融之策，但道途隔远，不惟脚价浩费，亦恐反滋扰。及查往年谷草定价，每束连耗草二十二斤，给银二分，今年谷草缺乏，价贵，合无每束增银一分，共给价银三分，仍旧召商收买。此后丰年酌量估裁，庶草价既增，而商贩自至矣。"

潘季驯《河防一览》："河防全在岁修，岁修全在物料，而州县河官视为奇货，岁估既定，冒银入己，括取里递草束，河夫攀折柳梢，遮掩一二便为了事。近日徐州判官彭鹤、灵璧主簿元仲贤之事可鉴也。合议于十一月间司道官估计停当，各掌印官领银收买，法固善矣。又须特委廉能职官一二员专管收支。工完之日，将卷筑过埽坝、收支过物料数目开报总河衙门查考，庶几事有责成而钱粮无冒破矣。又，冬初修守稍暇，即督夫于漫坡中采取杂草，每束十斤者，每夫每日可采四十束，积至百万，可省千金，裨益非小。草既备，埽护必周，冲决之患可免。即脱有不测，而物料在手，计日可塞，何致延搁糜费。此河道第一吃紧工夫也。"

庄烈帝崇祯元年二月，御史范良彦言："河流至铜瓦厢而东，尽皆平野，沮洳下湿，溃决不时，故罗家口、苏家林、王家坝诸处岁岁筑塞无虚日。而其所需一应埽料，若柳梢、桩草、苘麻等项，例招商通买。缘官价太少，未及其半，故商人不承，遗累里甲，兼之行水之地树木凋残，咸市之数百里外，脚力有费，雇船有费，交卸、上纳又有费，合计岁发官银一万两，百姓必赔五千余金。中州腹心之地困苦至此，若不讲求长策，两河赤子何有见天之日。因思河南各府原有额定岁修钱粮，有司欲解不时，拖欠数多。夫此项钱粮即使在民若无拖欠，或系别项支借，亦当速抵原数，听河臣凑手即发。如臣所言，柳梢等项招商买办，一一准之民间公平价值，或使稍沾利息，人自乐就，滨河小民其有瘳乎?”旨命饬行。

崇祯五年二月，工部尚书曹珖疏覆：“河南巡按李日宣条议河道，一为支收当讲。凡河工物料，买办、收存、支放弊窦多端，耗费无纪。按：臣立议官买，通计物料，就归德、开封二府裒益价值，使之均平，责成印官自买。小民既免派扰，物料必无折干，莫此为便。”

清世祖顺治十八年十月，总河朱之锡题：“岁修料柳，均派均运，原不专事采青，已经臣于《夫柳为河工大弊等事，敬陈河工管见等事》疏内详议具题，部覆奉有俞旨在案。但岁修之功可以先期估派，陆续催交。至于河势骤变，抢塞决工事机之来，争在呼吸，若俱俟一一分派，运到而后举事，则险者必溃，已溃者必不易收拾。连年如塞雷家集决口、槐疙瘩决口，皆于境内亟采旷地堤路柳枝，不动钱粮，幸而告塞，已事昭然，似又不便胶执一端，坐成贻误。惟是严禁河夫摧毁园圃果木，及借端索诈，有犯重究，不致扰民可也。又，河防之法，全资柳料，若树艺不繁，即使钱粮不乏，人力众多，亦终于束手无策耳。查部覆前河臣杨方兴《遵谕敬陈河道钱粮》一疏内开：河干一带有栽柳三万株，二万株，一万株，亦分别叙录，有栽柳不及三千株，并全不栽者，分别参处，奉有谕旨。臣前《特议建设柳园》一疏，滨河州县各置柳园数处，栽种柳株，秋冬验明，行以劝惩之例，亦准部覆，奉旨在案。但能自置柳园，栽至二万株以上者，许将柳园地名、栽过柳株呈报该道，务于秋冬之时验明成活确数，具结报臣具题纪录。其动支官价，置买柳园，务至三万株方准纪录。如有怠于栽植及柳株枯损，不行补栽者，指名题参，分别议处。庶劝惩行而鼓励争先，修防有赖也。”

靳文襄公《治河书》曰：“水土之工，料物最难，虽经画之以总理，又有谙练之属员，与子来之兵役，而所需不给，以致万夫束手以待，其误事非浅也。然物料非难，采办为难。查旧例，一曰官办。所需之物，行文于各出产地方，有司给价买解，一曰商办。听各商人赴工领银，送料交官。夫地方有司必假手于吏胥，由吏胥而及各行户，层层剥蚀，至料户或分文不给。及运料到工，专管之官贪，婪不职者更复分外苛求勒贿，小民不堪其命。此官办之害也。工料之大莫如桩木，而商人领价，大都真伪相半。其真商领银入己，分派各小行，其值必亏。伪者实无资本，夤缘冒领，花费拖欠。此商办之害也。在大工方急于星火，而文檄追比，督催不前，常至四五年，种种误工则一也。臣莅事以来，稔悉此弊，再三斟酌，终无至当之策。若竟委之在工各官，恐破冒多；若专委之胥役，又恐事轻而无济，惟有择贤而任，以劝惩鼓励之为稍愈耳。除岁修物料不多，不必差员，其大工物料，若苇草、苘麻之属，各委之邻近各邑佐贰。彼既与工近，习知在工所需之物，必不敢欺，且淹其桩木之属，当精选廉干之府佐贰，专行买办。所办之木若坚大如式，价值不浮，又往来迅速，克济大工者，工竣题请优叙，否则，请黜亦如之。庶人知自励，采办不前之弊或可免矣。”

世宗雍正三年，覆准：“各河同知转发各官承办物料，取具分办人员照数领足价值印甘各结，申送查核。如无各结，即将该同知侵扣短少之处参究，分办之官不能如数交完物料者，一并题参，分别治罪。”

又覆准：“嗣后豫省采买岁修、抢修物料，厅汛各官互相秤收，印官分办者亦令厅官秤收，取具并无短少印甘各结存案。如有徇隐，即将该厅汛官题参，加倍治罪。”

又覆准：“豫省豫备物料，堆储险工上游，编立字号，每堆以五万斤为率，傥有霉烂亏空情弊，即将该厅汛各官题参着落赔补。”

又覆准：“豫省河工，承办物料报完之日，委就近贤员盘查，具结申送。如有短少，着落承办秤收之官分赔。傥盘查之人瞻徇情面，照徇庇例议处，短少物料仍照盘查仓库例分赔。傥盘查原系实存，以后该员私自挪移变卖，照侵蚀钱粮例治罪。”

又议定：“豫省河工，岁修秸料，每垛重五万斤，每斤价银九毫，按亩派民，自行交工。”

又议准：“豫省河工，每年抢修所用秫秸，先期酌定敷用之数，与岁修同时发帑，于十一月内一同照数办足，运存工所，价值亦照岁修之例，每百斤以七分报销，永定成规。”

又议准：“豫省需用杨桩，上北、上南二厅在洛阳、济源等县采办。洛阳与济源相对，运至上北河厅属原武汛，以百五十里为则，封邱汛以二百五十里为则；运至上南河厅属荥泽汛，以百五十里为则，郑州汛以二百里为则；阳武汛南岸堤工在中牟县工段之内，以二百五十里为则。下北、下南二厅在巩、孟、孟津等县采办，孟津与孟县斜对，在洛阳县之下，运至下北、下南二厅属祥符汛，以二百五十里为则，陈留汛以三百里为则，自陈留至兰阳河道无多，亦以三百里为则，仪封汛以三百五十里为则。沁河、黄河、归河三厅在温、偃师等采办，偃师与温县相对，在巩、孟之下，运至沁河黄河二厅属武陟汛，以五十里为则，运至黄河厅属荥泽汛北岸，以百里为则，运至归河厅属考城汛，以三百里为则，商邱汛以三百五十里为则，虞城汛以四百里为则。”

高宗乾隆元年正月，工部覆：“河东总河白钟山咨称：‘河工埽坝旧例，每单长一丈，准用柴三十八束，惟黄运湖河水深处所下沉水大埽与埽上加厢，湍激蛰陷，料物自应照数。其有水浅之处，恐风浪汕刷堤根，用柴厢护以挡风浪，名为防风，虽亦有蛰陷，不比顶冲首险，其物料尚有节省。上年在南河副总河任内，会同大学士嵇曾筠，请将此等水浅防风工程每丈节省柴八束，止用柴三十束，诚恐河东形势不同，未敢轻率议减。每于勘工之时，询之厅营，佥云每丈三十束实已足用，复在工亲视厢做，实止需用柴三十束。南北修做防风，用料既系相同，自应划一，每丈节省八束，去浮多之料以资别工之用。除将节省银数存贮河库，如有别项工程动用之处报部查核外，所有节省缘由相应咨明’等因。查先于雍正二年二月内，据前任总河齐苏勒奏称，江南各厅奏销案内用料数目多有参差。如厢垫一项，每宽长一丈、高一尺，有用苇柴九十束，有用四十五束、四十八束、三十八束、三十束不等，多寡悬殊，开销互异。请自今以后均照桃源厅厢垫，每宽长一丈、高一尺，用苇三十八束之例，定为准则，经本部议覆准行。今据该督咨称，河东所做防风止须用柴三十束。南北相同，自应划一。所有雍正十三年河东岁修案内厢做防风，循照南河奏准之例，每丈改用三十束，于销算册内据实声明，并知照江南总河、直隶总督画一办理。”

乾隆二年，谕：“豫东二省河工所用岁修、抢修之柴，皆州县领银采办，交工应用。每斤价值，抢修给银九毫，岁修给银六毫，此十余年之例也。昨据钦差条奏，豫省岁修六毫之价，不敷采办，请概给九毫，以裕民力。朕已允行，但思东省与豫省河道毗连，壤地相接，所需物料价值大率相同，豫省既已增加，则东省岁修之价亦应照豫省之例给予九毫，俾运工车价敷足，小民益可踊跃趋事。”

乾隆三年五月，白钟山奏：“豫东两省岁、抢修工程需用料物，抚臣尹继善请于每年九月发银，恐致有误，仍请照定例每年八月发银采办，限于十一、十二两月运交办足。”经工部议准。

九月，部议：“白钟山奏河防以办料为先务，埽工以桩木为要料，凡岁抢大工卷下大埽，非密钉长桩深入老土，无以关束而资稳固。江南河工，历来杉橛、杨桩并用，豫东两省全用杨桩，每年约千百余株，江南每次委员采买亦不下一千株。沿河地方杨树殊少，豫省各厅向在洛阳、偃师、巩县、孟津、济源、孟县、温县等处购买，东省则在城武、定陶等处购买。经部按照产地距工里数核定脚价，然道远运难，到工每迟，且洛阳、济源二县已据详称，民间杨树历经南北两河采买，及民间伐用，余存无几，请另定产地购办。第思南北两河不能一岁不用桩木，今二县已称稀少，若再年年采办，必致偃师、巩、孟等县相继告乏，不可不为早计。是以屡檄厅营购买小杨，令河兵在沿河高阜地内栽植，复采访培种之法。幸木性土脉相宜，兹据各道委员验明册报，已栽成五千二百余株，长成桩木，即可供二三年之用。若由此年年栽植繁茂，用可不竭。但河兵已有应栽额柳，及积土做工等项，经年力作，并无余力栽杨。查官民捐栽柳株，康熙十五年定例议叙，雍正二、三年又更定遵行。杨桩较柳株更为紧要，似应照例，亦令官民捐栽议叙，以示鼓励。惟柳株所在皆有，价省易栽，所以捐栽之数最多。至栽杨必须购求小杨，每株围圆二三寸，高七八尺，约价银四五六分至一钱不等。连根移栽，浇灌培护，方能长养，栽杨之难十倍于栽柳，而杨桩之贵亦百倍于柳束。如照栽柳株议叙，不免畏难。今约计工本，细加酌量，请嗣后河南、山东沿河附近印河文武官弁，于官地内有能自出己资捐栽小杨，栽成五百株者纪录一次，一千株者纪录二次，一千五百株者纪录三次，二千株者加一级。其濒河民人，有情愿在官地，或在己地栽成一千株，给九品顶戴荣身，印河各官不得勒派。此官民捐栽杨树，俱于每年春栽种，次年秋查验栽成数目，取具该道厅册结，送部题名议叙，杨树交汛官收管。如栽成杨树不及议叙之数，准次年补栽，积算议叙。交汛后如有偷盗，及不用心培养，即将汛官参处。其民人在己地捐栽者，地为树占，不能耕种，即令地方官从公估价给买，归工豁粮。如官员希图议叙，指民田为官田，强占栽种，察出严参。至沿河官地无多，如将来地内栽遍，或原无官地之处，即动河库银两酌买。近河不宜禾稼，堪以栽杨之地，设为杨园，与柳园一例留于河工，永远栽杨。如此则各图议叙，自必踊跃争先，数年后桩木不可胜用，不但每年省数千两桩价，而桩木可就近给用，不致临时拮据，于河防大有裨益。”

“查康熙十五年十月，吏工二部议覆御史魏双凤条奏：捐栽柳秧分别议叙。令管河分司、道官、同知、通判、州县等官于各该管沿河地方栽柳，成活一万以上者纪录一次，二万以上者纪录二次，三万以上者纪录三次，四万以上者加一级，再增者照数加级纪录。雍正三年十月，经齐苏勒奏沿河物料全凭苇、柳为先。嗣后附近印河文武员弁，于山东、江南、河南沿河官地内有能各出己资捐栽柳秧，成活八千株者纪录一次，一万六千株者纪录二次，二万四千株者纪录三次，三万二千株者加一级。有能于各湖内种苇二顷者纪录一次，种四顷者纪录二次，种六顷者纪录三次，种至十六顷者加一级。至效力各官情愿捐栽柳、苇者，亦照此议叙。再，民人栽种柳苇，近亦定议叙之例。如殷实之民，情愿栽柳二万株，种苇四顷者，仍照原例给以顶戴荣身。傥有不肖官员希图议叙，占种民地者，查明题参治罪。至各处河营每兵补栽额柳，向无议叙条例，今请每兵每年栽柳一百株，若不能如式栽种者，将专汛之千把总罚俸一年，守备罚俸半年。傥或补栽柳秧不及一半者，专汛之千、把总降一级，暂留原任，戴罪补栽，守备罚俸一年。自雍正四年始着为定例。经九卿等议覆，所请为数甚多，恐捐栽人员观望不前，酌减。栽柳成活五千株者纪录一次，一万株者纪录二次，一万五千株者纪录三次，二万株者加一级。种苇一顷者纪录一次，二顷者纪录二次，三顷者纪录三次，四顷者加一级。其殷实之民，栽柳二万株，种苇四顷者，顶戴荣身。傥印河文武官弁指民地为官地，栽植柳园累民者，该督抚题参，交部治罪。再，各处河营每兵每年栽柳一百株，傥不能如数栽植，及补栽柳秧成活不及半数，其专汛之千把总、守备等分别查参，交部议处。今据该督咨称云云，应如所奏。”按：此条前志将栽柳、栽杨分记二段，仅及其议叙、议处，而不详原委，故复备录之。

是年，又覆准："豫东二省承办秫秸，交工时，令附近不管河工之同知、通判验收。"

乾隆五年八月，谕："河南被水歉收，因念该省河工埽料秫秸一项皆采于沿河州县，今岁既罹水灾，价值必致昂贵。查旧例，每草十斤为一束，官价九厘，倘此价不敷采办，势将派累里民，着每束增银五厘，共成一分四厘之数。河官照价购买，不许丝毫扣克，累及闾阎。此因岁歉加恩，后不为例。"

乾隆二十三年七月，谕："前据张师载《奏请将河工旧料酌定售卖出借》一折内称：'河工堆积料物，或有昔险今平，所贮旧料历久不用，渐就耗折，请酌量减价出售。再，沿河居民每年例有派办新料，并请于青黄不接时将旧料借给，俟新料登场后，令按数缴，免其再派新料。'所奏虽云去弊，恐因此而益滋弊也。河工办料自当实用实销，而料有新陈，本当通融筹画，但贮料备险之例不自今日始；而河势变迁不常，其向称险工，一旦化险为平者，亦不自今日始。张师载未奏以前，此等料物究竟作何办理，将听其日就消耗而得准奏销耶？抑贮而不用，减损日多，而奏销时承办官员自行赔补耶？若准其奏销，则国家如许帑项，岂当任其耗费？若河员赔补，则各道厅等岂能有如许力量归官价？况既昔险今平，何不将所贮旧料移用他所，即谓移用多费脚价，又何不于年内变价而必迟之四五年耶？至令沿河居民领旧易新，秸秫、苇草日久易腐，而欲使之易以新料，此尤不免病民。看来借给旧料之说亦适以滋弊，张师载非能去弊之人，但恐误听属员去弊之言，转启其滋弊之路耳。白钟山久在河工，此事谅所熟悉，伊曾任河东，向来遇有化险为平，工次所贮料物作何筹画，亦必经办过。再，河东与南河事同一体，若张师载所奏果足以除弊，则南河自当画一办理。着传询白钟山，令其将河东旧日实在作何筹办，并现在应否准其所奏，及南河应否一体办理之处，详悉具奏。”

八月，谕：“据张师载《奏请将河工旧料酌定售卖出借》一折，降旨询问白钟山。今据奏到，伊在河东任内，每年秋汛后，即逐工盘查本年用存旧料确数，酌办次年新料之多寡。至用料时必先将旧料尽数用完，再用新料。其有化险为平之工，即将所贮旧料就近拨赴别工应用，不令久贮折耗。现在南河亦如此办理。是与其筹画于年久折耗之后，种种生弊，何如按年实力办理，不令折耗之为善乎！张师载原奏，现在另行议驳，着将白钟山折钞寄张师载，令其循照旧例，悉心妥办，毋为属员浮议所动，徒启弊端。但河员窳习在在不免，使稽核不能妥协，即沿白钟山成法而有名无实，恐其挪移亏蚀之弊，仍难保其必无，此又在该督之实心厘剔，毋徒墨守成规，遂谓祛弊之良法也。”

乾隆三十一年，议准：“河南、山东二省沿河附近印河文武员弁、民人捐栽杨树，终未得用，将原定议叙之例停止。嗣后责令管河佐杂，会同沿河知县在所属官地，择非盐碱之地，无拘定数，尽地栽植，并令该管道员不时查点。如有不加蓊修培养者，分别严惩，枯槁者勒令赔补。傥有推诿不种，玩视工需，揭报参处。”

乾隆三十三年，谕：“豫省河工埽料，于沿河州县采买。旧例：每草十斤为一束，官价九厘。乾隆四年，因岁歉昂贵，每束增银五厘。今豫省当积歉之余，采办恐有不敷，着仍照乾隆四年之例增加五厘，俾官民不致垫累。”

乾隆四十八年四月，河东河道总督兰第锡奏谓酌定黄河大堤种柳地界，严禁近堤取土，以重河防。

《河渠纪闻》曰："河防恃大堤为保障，旁留余地种柳护堤，近堤不得取土，以防损堤引溜。此定例也，日久渐至废弛。河督兰第锡疏称：豫东两岸堤旁柳地有离堤十丈许者，有仅止二三丈者。缘未划定界限，民人借口粮地，每于空隙处侵耕，以致参差稀疏。柳株为河工要料，栽植宜广，堤根翻犁虚松，冲刷更易。检查沿河州县志乘，百余年来，豁免堤河压挖地粮，减除沙地盐碱等项额赋，每处均有数十百顷，及千余顷不等。乾隆元年，查免河南郑州、原武等十四州县，山东曹、单二县堤压柳占地粮，即本年新堤告成，豁免睢州、宁陵等六州县压占地五百七十二顷，除粮银三千余两，并将河滩地照滩粮例分别减额银八千六百余两。是新旧压占地亩俱先后除粮，何得在柳地内侵种。但积习已久，须立定丈尺界限，明白晓谕，使官民各知遵守。臣前在永定河时，堤旁十丈内皆系种柳官地。黄河要工，自应尤加慎重，请将两岸大堤脚下均留出十丈余地，其月、格、鱼鳞等堤系重门保障，亦各留出五丈为界。界内令兵夫遍栽长柳、卧柳，俾柳根、草丛盘结坚实。此外，除粮柳地或有不止十丈、五丈之处，并额设杨柳官园地亩，并清查普律归工种柳。至河工隐患，更有近堤取土之弊，始则间段坑塘，久则大成河形，其害滋甚。查筑堤取土，定例去堤数十丈。近因堤旁数尺以外，即系民人耕种熟地，每逢取土，多方挠阻，工员庸懦畏事，就近取土，且图省费。黄河内外除粮之滩地，日久踞占，自应申明定例，嗣后加培堤工，在临河一面内滩取土，务在十丈以外。如此酌定界限，既不致顺堤成河，亦不致借远增价，似易遵守。"

乾隆五十二年六月，谕："睢州漫口慚次塌宽，兰第锡等奏'须需秸料等项。幸今岁秋田丰稔，购办尚易'等语。本年秋成尚早，折内所称秋田丰稔，自指去岁而言，乃误写今岁字样，已于折内改正。至采青一事，断不可行，新料既不坚实，体又重脆，于坝工既不能得益。且未经成熟即行刈割，以致小民不能收获，甚为可惜。及至将来筑坝急需料物时，转致短绌，殊属两有妨碍。此时自应先尽去岁旧料买用，断不可存欲速之见用青苗也。”

仁宗嘉庆三年九月，河东河道总督司马駒、河南巡抚倭什布奏：“睢州漫口，臣等相度情形，率同司道将所需料物钱粮通盘筹计，撙节办理。约估秸料二千垛，苘八百万斤，谷草四百垛。向来堵筑口岸，俱由邻封协济，以期易于集事。除前拟协济曹工秸苘留用外，曹工原拟自备秸二千垛，苘三百万斤，又江南协济秸三百垛。今曹工断流，堵筑较易，无须多用秸、苘，请酌拨秸一千五百垛，苘二百万斤来豫。其余正杂料物，俱设厂委员购买，所用钱粮将来工竣核实，应将例价分别赔销，其帮价银两，按照历年办理大工奏定章程，分年摊征归款。”

嘉庆五年，覆准：“参、游等员毋许干预工程，分领购料。核减各案，毋得再行找给。各厅岁料，先期购办，认真收验，以清积弊而重河防。”

嘉庆八年九月，谕：“嵇承志等奏衡家楼漫工，因地势建瓴，两岸刷汕塌卸，逐渐宽至一百八十余丈。采办料物最为急需。昨已有旨，交颜检饬属多为储备，即速解赴豫工。今又降旨，谕令吴璥酌量购办，以资协济。本年豫省秋收稍减，但大河以南年成尚好，自可就近购办，及时应用，较之邻省采办，究为便捷。即将该省约可办料若干，需用他省援济若干，先行具奏。”

嘉庆九年，谕：“豫省河防岁料，向于新料登场后用例价采买。今据奏称，沿河州县上年本属歉收，而此次堵筑衡工，需料较多，搜购殆尽，此时设法办理，未免诸形昂贵，自系实在情形。着照所请，将现在购料之上南等厅，各按距工远近，分别酌加价值，迅行采买，以备要需。所有此项加价银十九万两，着即于司库垫拨，仍照例摊征归款。该河督等当饬令各厅员妥为经理，毋使稍有浮冒累民。”

嘉庆十六年，谕：“李亨特等奏《沿河秸束歉收，购运岁料恳暂增价值》一折，本年黄河异涨，山东、河南沿河滩地被淹，秸束歉收，且江境兴举巨工，料价腾贵，该省豫办岁料例、帮二价不敷购运，自系实在情形。着照所请，将山东、河南岁料价值于例价、帮价外，每斤增银五毫，每垛五万斤增银二十五两，并例、帮二价共银九十五两。所有本年山东、河南应办十七年岁料，即着照加价办理，俟来岁秸束有收，即行停止。其河南增价银两，即着于十七年减办秸垛节省，例、帮二价，及十五、六年捐廉项下节省银两，并开归、河北道库备防秸料价银款内动用。山东增价银两，即着于生息款内动支。”

嘉庆十八年十月，戴均元奏：“睢工漫口，两坝裹头先已厢筑稳固，其时需料甚急，当委员就近购办，并令各厅将所存岁料先行运工应用。至堵筑大工所需秸麻各料较多，购买维艰。先经李亨特派员分投采办，此时皆于四乡购定，尚未到工，现饬停待，俟将次开工时再为行运。又，其备存秸料垛数，仍派兵夫严加防守，以昭慎重。”

嘉庆十九年二月，吴璥、方受畴奏：“堵筑漫口，固宜预筹料物，尤须计算节候。盖水势夏强冬弱，限于天时，此次办理大工，筑坝挑河，即使赶紧集夫购料，总须以三月为期。现已二月下旬，距桃汛不远，而三月十七日节届立夏。据在工各道府禀称，坝工用秸料约需七八千垛，虽已分投采买，因连年歉收，料既瘦短，价亦过昂。苘麻产于陈州，距工亦远，车载船运，断不能于闰二月内全数到工，则兴工已交立夏，水势日旺，水力日劲，难以赶办。刻下为期过促，购料愈难，若率议轻举，一经汛水长发，埽段不能抵御，傥有疏虞，所费钱粮尽成虚掷，而被水灾区仍难涸复。事关国计民生，不得不慎之又慎。再四熟商，惟有先将料物筹备，俟秋汛后水消溜缓，立即兴工，庶埽坝可期稳固，帑项不致虚糜。”奉谕：“堵筑漫口全资料物，睢工需用秸麻为数甚多，现即赶紧采买，而节候已迟，距汛期不远，实难赶办。看来亦只可预为布置，俟秋汛后再行堵筑。”

闰二月，吴璥、方受畴奏：“堵筑大工先以购料、挑河为要务。本年气候较早，九月十二日霜降，节后水力渐弱，坝工即可由浅水进占，步步跟进，必须料物充足。该工应筑正坝、二坝、挑坝，需料繁多，七、八月间即应设厂，采购秸麻等项，于兴工前一律到齐，始能应手赶办。至引河抽沟，自口门下估，至江南交界，工段甚长，尤须挑浚宽深，俾放河时建瓴迅注，坝工方易于堵合。应于开工前，趁人夫闲暇，按段兴挑，即不致匆忙草率，并免临时赶紧，以致人夫抬价居奇。臣等前已详勘，拟筑各坝处所，并引河段落情形，即将需用正杂料物，及土方夫工等项钱粮，与在工各道约估。兹复行据署布政司诸以谦、署开归道唐仁植，及原任开归道陈启文、原任江南徐州道张鼎、原任淮阳道叶观潮等，照现在情形按款估计，禀需银四百万两以外，臣等查该司道等所估各款，虽俱切实无浮，惟秸价每垛银二百两，麻每斤银四分五厘，系照上年冬前河抚臣奏定价值。彼时秸麻歉收，各价较昂，今秋新料登场，如果丰收，自应减少。傥收获未甚丰足，亦须临时再酌。是料价贵贱尚难遽定，而所估秸麻、杂草、橛木、夫工需用数目，并挑河抽沟长宽高深丈尺、方价，现在形势未定，亦只大概估算，总须兴工时方能增减确切。兹复再四撙节核计，约共银三百八十万两，似属必需之数。臣等于二月内先请拨过银六十万两，尚需银三百二十万两。仰恳皇上敕下户部，查明附近省分，拨发银三百二十万两。请于六、七月内先解到工八成，以便陆续发办购料挑河各项之用。其余二成请于八月内一并解到，俾得应手无误。仍俟兴工时察看河势有无迁移，工料有无增减，如所请银两尚可节省，断不敢少任多糜，即将所余之数扣存司库，核实奏明。傥或稍有不敷，亦必复加确核，据实奏闻。”

嘉庆二十四年九月，吴璥、李鸿宾、琦善奏：“武陟汛缕堤九堡马营坝本系沁水漫溢口门，旋经叶观潮堵断，通黄沟槽五道，正在挑渠，引沁归黄，一面筑堰堵截。不料上月二十八日沁沟南首黄河长水，溜势北趋，忽将滩唇高崖刷塌，漫滩下注，忽成沟槽，通连沁沟，由九堡原口门汇流东注。臣等驰抵工次查勘，业已掣溜五分，犹冀设法抢堵。无如大溜全注沟口，口门前宽一百六七十丈，现已二百余丈，水深一丈四五尺至二丈余尺不等。马营坝向无埽工，地居北岸上游，与南岸兰仪漫口相距三百数十里。今马营坝已成漫口，则兰仪口门定即断流，止须筑堰堵门，外厢护埽防御，毋须多用料物。随将原派兰仪大工之料物，分饬承办各员迅速购买运贮马营坝，复添派北岸厅县领银购料运工，以期仰副圣谕桃汛前合龙之期，不敢稍缓。”奉谕：“吴璥、李鸿宾着即驻札北岸，催办料物，通筹大工全局，督率赶办，期于桃汛前堵筑合龙。叶观潮偾辕覆辙，岂可复行委用！仍遵前旨，枷号工次，俾各河员触目惊心，共知儆惧。”

十月，谕："御史蒋云宽条陈河工积习一折，所奏俱是。国家兴办大工，不惜巨万帑金以卫民生，一切工料均应核实。如该御史所奏麻料搀杂沙土，秸垛外实中空，实难保其必无。着吴璥等即责成李鸿宾，并由京带往司员等认真查验，如有前项弊端，即行严参惩办。再，朕闻本年豫省除被水之区，俱属丰收，产料甚多，不过距工较远，运费增多，前已准其量加例价，吴璥等务饬广为购运，勿使工用缺乏。如有盈余，亦可留备岁修，不致虚糜。其堆料厂座并严饬文武员弁昼夜巡查，防范火烛，勿稍疏懈。"

十一月，命直隶、山东、江南协济马营坝工秸料。

嘉庆二十五年八月，张文浩、姚祖同奏："仪封大工兴举，首需购料。查豫省本年雨水调匀，秋成丰稔，七月望后新料、新苘渐次刈获，以产料多寡、运工远近通计价值，与十九年睢工约略相等。查睢工秸料，吴璥等原议每垛一百五十两，嗣购办不敷，复经奏明，每垛自一百六十七两至二百余两不等，是以前后通计，每垛银一百九十两。兹拟每垛给银一百八十两。其苘麻一项，仍照睢工定价，每斤给银四分，约计坝工需用苘麻，已分派河厅州县酌发银两，赶办购运，宽为储备。秸料一项，虽甫先后登场，应俟月尽后晒晾稍干，方可堆垛，以免朽腐。臣等已于地方州县河工丞倅中择其诚实勤干者，分赴两坝挑濠插厂收买民料。缘历届大工秸料，派员领办者居多，本期各路收买工用易给。无如各处贩户，遇有大工，每先期囤积，以图射利。办员既多，限期复紧，或以数员而买一处之料，其价本属易昂，迨至迫于严催，加价购买。一路之贩户得利，则各路之贩户居奇。由是办理棘手，工程紧急之际，每有停待之虞。臣等再三筹议，与其分路采办而迟累滋多，不如在坝招收而远近归一。民户急求得值，自必闻风趋赴，不为囤贩把持，即时有阴晴，运有难易，通长计价，似可不出现定之数，而临时相机收放，仍可由厂员设法招徕，不致贻误工需。臣等仍时赴各厂查验，以防弊混。”

宣宗道光七年，谕：“程祖洛《豫省代办南河秸料，请仍由江省报销》一折，豫省前于道光五年协济南河秸料，照江南例价核算，加给运脚银两。经部臣以未经先行奏明，恐致牵混，行令由豫确切查明，据实具奏。兹据该抚奏称，所办料垛按照江省成规，较之豫省例价稍有浮多，若归豫省报销，恐启加价之例，且用本款代购运送，并未由豫省开支。核与从前协济郭工李家楼料垛各成案，均属节省，实无浮冒。着照所请，前项协济料四百垛，连运脚共用银七万三千五百两，准其江省自行报销。”

道光十五年，河东河道总督栗毓美奏：“护堤之法率用秸埽，然埽能压激水势，俯啮堤根，备而不用，又易朽腐。至碎石坦坡，惟巩县、济源产石较近，而采运已艰，河工失事多在无工处所，千里长堤，势不能尽为储备，而河势变迁不常，冲非所防，遂成决口。砖则沿河民窑终岁烧造，随地取用，不误事机；且砖及碎石皆以方计，而石多嵌空，砖则平直；每方石五六千斤，而砖重三分之一；一方石价购砖两方，而抛砖一方，当石两方之用；其质滞于石，故入水不移，坚于秸埽，故久水不腐；又土不能筑坝水中，砖则能水中抛坝，即荡成坦坡，亦能缓减急冲，化险为易。或谓砖可保将生未生之工，不能用于已生之后，然使将生者可保，即别无已生之工。昔衡工之决，因滩陷埽不能施；马营坝之决，因补堤不得碎石。若彼知用埽不如抛砖，收砖易于运石，则数千万之官银可省矣。”

道光十九年三月，谕："栗毓美奏砖工得力省费情形，着照所请，准于北岸黄沁厅属之马营、荥原两汛，堤南岸下南厅属之祥符下汛、陈留汛，每汛厅各购砖五千方，于情形险要之处酌量多寡，分段堆贮备用。凡所筑土坝，饬令工员用砖择要包砌。此项砖价，先由道库垫发，俟秋间于奏请购石项下拨归款。此外，祥河、曹考、曹河、粮河、上南、商虞各厅应先事预防者，着该河督随时督饬道厅安商办理，并于查验工料时认真稽查，如工员购砖不实，即行严参着赔，以重工需。至用砖抢办险工，较厢埽更为便捷，且较石价多寡悬殊，钱粮节省，又所占河面无几，不至有与水争地之虞。该河督既确有把握，朕即责成办理，总期行之无弊，方为不负委任。其应贮砖块，仍令向民间收买，不必厅员设窑烧造之处，亦着照所议办理。"

文宗咸丰二年二月，谕："颜以燠奏料垛被烧一折。河工料垛帑项攸关，该管员弁自应严加防守。近日南河有料垛被烧之案，而东河兰仪厅料垛竟至延烧六十余垛之多。据该河督查明，尚无借端捏饰情弊，该管同知罗钧亨业经赔补全完。其失火是在该员赴省期内，姑从宽免其议处。兰阳汛千总诸葛元着摘去顶戴，仍责令该员弁等会同地方官严拿放火人犯，务获究办，以示惩儆。"

咸丰五年七月，河东河道总督李钧奏："兰阳汛金门两坝应行盘筑裹头，埽段东坝购料稍易，现在赶办，克日可以完竣。西坝因形势未定，屡厢屡塌，且钱粮不能应手，集料较难，盖附堤里之料先为滩水淹浸，堤外之料复为漫水淤没，远处之料又为雨后积水所阻，大车不能通行，须用小车拨运，极为费力。现在督饬设法招徕，放价采购，并拨运邻所杂料，日内堆储有数，即可一气呵成，必不任借词延缓。"

按：从前河工积弊甚多，久为人所指摘。旧有“文官吃草，武官吃土”之谣，而其真相则鲜有确知之者。今虽时过境迁，不妨述之以见昔时作伪之情形，足为后来之鉴戒。

盖工款向分岁修、抢修两项。岁修则于年前九十月后分次具领，至桃汛止。文职采购料物，秸以垛计，每垛五万斤，例帮二价银自一百六十余两，增至二百余两。前清嘉道之际，国势犹盛，物产丰阜，价值低廉，二百余两之银约值制钱三百串，民间秸价每斤至多不过一文，则虚冒五六倍矣。而犹不尽以价买来也，率皆派之沿河之民，每户按地亩应派若干，迫令送至工所，又不能即时验收，甚或三五日以至十余日不等，其送者或以肩挑，或以车载，势不能不守以待之。俟其情急，则以加三四，或加七八之秤见前志，乾隆三十年河南巡抚阿思哈奏。强抑称收，则是料价之归于实用者，不啻十分之一矣。抢修之料多在夏秋，其时新料犹未登场，旧料已经售罄，采办者更有所借口，往往领款而不即购，致有停工待料之虞。其定价恒较岁修加一二成，而派之于民，悉仍其故，所余之款概归私人囊橐矣。

武职本以工作为务，修补残缺，填垫沟窝，无时或间。而工款到手，则择各堤之最完整者，将堤面浮土略加铲治，堤根宿草稍为芟除，俾见新痕，或少加土，或并不加土，即报修堤若干丈，应需银若干两。或有问取何处之土，则谓已为浮沙盖揜，遗迹不存。河干本多风沙，实亦难于究诘。而真残缺罅漏之处，则明知而不顾。俟其出险，乃以抢修报闻，另案估办。岁修为例案，抢修为另案，亦曰专案。至今两岸河堤之上，旧堡房遗址恒有相距数十丈，或十余丈即见一处者，堡房例以相距二里建一处。皆昔时修补堤工所建也。修堤时，必建堡房一所，为休憩人夫，存储器具之用。此等情形，自光绪中吴大澂、许振祎相继为河督，力加整顿，乃日见减少。迨至民国改组，始廓清也。

卷八

经费

黄河之为中国患，疏浚有费，修防有费，数千年来国帑之掷于虚牝者，巧历不能阶。漫溢之时，廨宇田禾同为漂没，其所耗又不可纪极。至于抢护堵塞，民输其力，官委以财，或有不足，楗杙薪蒸又复取之于民，罔有攸恤，孟子所谓用其二也。黠吏因缘为奸，于民所应输者，倍称而益之；于力所应食者，苛核而损之。出入交愈，用又不止于二矣。是故每一决口，国家虽任其艰，而辛苦窘迫则惟民实甚。盖不独临河之区首被灾害，即距河远者薪刍有加价，力役有摊征，固无一能免者。汉唐以前，殊难索考；宋迄元明，略有可征；清中叶后，屡颁豁免河工摊征银两之诏。以余所闻，光绪季年，州县粮券尚有马营工捐钱若干文，征者不知为何用，输者不知为何名，依例奉行，经百年而不怠。其后河工专定为国家之款，而此券之收纳依然，闻某议员言，民国八九年间，有提议欲清理此事者，以不知其究竟而止。与有清相为终始。今虽悉成往迹，略举历史所载，暨诸家之纪录者，以见一端。

汉贾让《治河策》曰："今濒河十郡，沿堤岁费且万万。"又曰："今濒河堤吏卒郡数千人，伐买薪石之费岁数千万。"

按：此为河工言经费之始，而尚未言确数也。前此则文帝时河决，观梁楚之地，固已数困，而缘河之郡堤塞，河辄决坏，费不可胜计。仅曰梁楚，未确指其何地，大抵皆濒河之区也。

明帝永平十二年，遣王景与王吴修渠筑堤，自荥阳东至千乘海口。景虽简省役费，然犹以百亿计。按：此系全河之费，非专属于豫省也。

宋徽宗政和五年，蔡京任孟昌龄为都水使者，凿大伾山，创天成、圣功二桥，大兴工役，无虑四十万两，两河之民愁困不聊生，而京僩然自以为稷契周召也。

政和七年九月，诏孟扬专一措置两桥，而令河阳守臣王序管办钱粮，督其工料。

金世宗大定九年三月，拜宗叙为参知政事。上谕之曰："卿昨为河南统军时，尝言黄河堤埽利害，甚合朕意。每念百姓凡有差调，吏互为奸，若不早计，而迫期征敛，则民增十倍之费。然其所征之物，或委积经年，至腐朽不可复用，使吾民数十万之财，皆为弃物，此害非细。卿既参朝政，凡类此者皆当革其弊，择所利而行之。"

元顺帝至正九年五月，诏修黄河全堤，民夫日给钞三贯。至正十一年四月，命贾鲁总治河防，十一月毕工，佣资物价通计中统钞百八十四万五千六百三十六锭有奇。

《明会典》："河南管河道副使所属开封等八府并汝州，河堡夫银三万二千八百五十三两。"

孝宗弘治二年四月，河南镇巡等官奏修筑黄河决堤，财用浩繁，欲将今岁起运各边粮存留三分之一。户部覆议，边储现缺，难准存留，惟折银分数可随意量减。旧例，河南输大同、宣府米每石征折色银一两，输真定、保定者石征五钱，或六七钱。今请各递减一钱，可得银六万余两，并以布政司积贮十七万余两给之，亦可足用。

弘治七年五月，工部覆奏："已将本部原贮分银二百万两运送都御史刘大夏为修河之用。凡河南、山东在官钱粮，除送运外，其存留者悉听取用。如尚不足，请以浙江、芜湖二抽分厂之银半济之。”

武宗正德十五年正月，诏自今沿河军卫有司贮库桩草、夫价银，非关河道急务，不得擅用。从管河郎中毕济时请也。

隆庆间，总理河道经费岁用六百余金，并舆皂、门快、金鼓、军民诸役饩食，旧偏累济宁。万历元年，如各边军门例，派之四省，济民之力纾矣。经费仅六百余金，可谓俭矣，后之人其能之乎！

黄河会计预备河患，皆十一月至来年十月止，在山东兖州、东昌，在河南开封、归德，在两直隶大名、凤阳、徐州、邳州、泗州，俱系黄河先年及今经行正道，皆预料之。

穆宗隆庆三年八月，总理河道都御史翁大立请发河南、山东、淮扬河夫桩草银一万两，预籴粟麦贮之仓庾，以备明年河工及赈济之用。从之。

神宗万历四年五月，工部言河道银两专备修河，遂不报部，致偶有奏请无凭，酌议乞行河南、山东各布政使，并南直隶各府州尽数查出，置循环二簿，开明旧管、新收、开除、实在，每半年赴部递换。庶本部有籍可稽，而河臣推调难施。从之。

十二月，免河南本年应征河夫、堡夫银三万二千余两，未调夫役，免追旷工；已调，实夫更班歇役。

万历八年，总河潘季驯疏题：“河工善后事宜，于河南河夫银内每岁量裒六千两，解淮库以济河工。”工部覆议：“河南河夫银六千两之外，又加三千两，每年共支银九千两。”奉旨：“这河工善后事宜，既已谋定，着凌云翼督率各官修举，以终前功。”

万历十六年正月，工部覆总督漕运右佥都御史杨一魁条陈

《一处河费以免遍累》，谓河工岁修银三万两内，仰给于河南者九千。今本省灾伤屡闻，拖欠甚多，而河工势不容缓，欲将每年扣省米价银三万七千余两留备淮上支用，其河南解淮银九千两免行起解，似亦两便。但户部咨称米价原系边饷，难以议留，宜将本年额内量留九千两，抵河南解数。以后仍照例分解，不得偏主于其间也。拟允行。从之。

十二月，工部尚书石星覆总督河道潘季驯题称，河工甚巨，而所恃工费止河堡夫银而已。近缘并入条鞭，有司辄急京运而缓河道，任民逋负，甚至已征而别用，竟不扣还，河工所以坠误也。今议从前借用者，如数抵还，在民者，征解贮开封，待不时之用。

万历十七年，总河潘季驯疏："查得徭编河堡银，工役所恃以为生者也，有司视为末务，倦于追征，吏书干没，收头侵克。近闻并入条鞭解京，止余畸零人户逋欠粮，稍皆作河道钱粮。请令追征，立限催比，如完不及三分之二，即遇考满升迁，不准离任，庶知警惕，而钱粮自裕矣。"

万历三十年二月，工部尚书杨一魁覆河南巡抚曾如春疏：近因蒙墙寺口冲决，黄河南徙，修筑汴堤，诚目前保护至计。第工程浩大，费不下九万，该省岁修止六万余，应留漕折临德二仓赃罚事例等银，以济急需。

五月，工部尚书姚继可言："河工缺乏无措，惟有请发内帑，及河道岁积钱粮。近以税使搜括五万三千有奇，望谕令照数给，以济目前需用。"得旨："内库缺乏，各项进供有何积余？若不得已，且借用太仆寺马价三十万两，其原属河道钱粮五万三千，亦令留用。以后不必搜括，其户部原拟之数依议。此外，尚须接济，尔部悉心计处。"

六月，工部尚书姚继可覆山西池州知州俞汝为条陈河务："一、钱粮经画之制宜豫。上策宜借内帑，发水衡钱，或议漕粮改折，如先臣潘季驯所奏。上则做兵兴故事，内外直省协济，下则责成河南、山东、凤阳院道各从地方工力酌议方略，其行漕地方量派夫工助之，而河道督臣总其成，庶可措手。今请发内帑，已奉旨：'内库缺乏，似难再渎。'水衡金钱之匮，举朝共知，唯请留漕粮。先往户部咨允，协济五分之一。本部题将漕粮抵数，已奉旨准留。其内如直省协济，河南、山东、凤阳派夫，值河工大举之时，近河诸臣自当分忧，正所谓责任宜均之说也。"

万历三十一年正月，工科都给事中白瑜等以总河曾如春揭称："河工现在银七十万两，尚欠三十万两，钱粮不继，恐尽弃前功。因上言：'国家既欲护帝乡陵园之气，又欲漕江南百万之粟，挽全河而之故道。皇上何爱三十万，不为陵寝民生永远计乎？且河程四百里而遥，其钱粮分管当先立碑碣，自司道以下承管诸官，某人某地，一一勒名。若开归地方，防堤与防边同，增卑培薄，岁有修银，候人番卒，各有疆界，与其查参于后来，不若严核于今日。碑碣分树，功罪自明。'"

是月，户部覆总河曾如春条陈河工切要事宜二款："一、储薪米。将滨河一带州县动谷碾米，运赴工所，以备治河人夫食用。芦草秫秸，秸字始见于此。径行附近有司，先发官银时值采办。一、议蠲恤。查签派河夫州县，各将本年存留钱粮酌量蠲免，其二十八年以前带征，系未征在民者，准三十一年停征一年，以宽民力。至于漕河挑沙筑堤之地，既属小民恒产，悉听河臣会同该省抚按剂量安插，毋致失所。"上曰："省直屡遭河患，工作繁兴，夫役众多，百姓办纳艰难。着各官加意抚恤接济，俾令鼓舞趋事。”

四月，户部以河工急需，请于南京兵部总库动支二十万两，淮扬马价一十万两。兵部疏议，陪京备用，亦属吃紧，不得已，酌动十五万，先后给发。兵部覆请，从之。是年，河决归德，总河曾如春所请之款，尚欠三十万。

万历三十二年三月，户部尚书赵世卿言：“河工用乏，宜动支徐州分司库贮商税，并漕米变价银四万四千三百三十八两协济。”从之。

万历三十三年十月，工部覆河道总督曹时聘催请大挑工费疏：议截漕粮，以八十万三分之一，该改折银二十七万两；再借兵部淮扬马价银五万两；南京兵部总库船料草场马价共十万两；南京工部协助三万两。此外，如科臣议，于有漕省直七处依照粮数多寡，均行摊派银二十万两。再，开纳河工事例，搜括岁修银两，及河南布政司，山东东、兖二府库贮河道挑坝桩草等银，悉听便宜取用，务足八十万之数。各该部省不得推诿迟延，以稽工作。在河诸臣即当刻期挑挖，用收全功。得旨：“黄河北徙，南阳运道被灌，大挑朱旺口旧河，使水归故道，费用浩大。各部原当协济，虽帑藏处处空匮，但此真不得已之役，所宜应付，亦难执例吝惜。今次户部可勉从工部之请，如数借给。若漕粮必不可留，亦须设法处足与他。其兵部淮阳马价，及南京兵、工二部钱粮，俱着如数借给。宁于别项撙节，毋得自分彼此。此外，均摊、开纳、搜括等事，俱依议，着会同各抚，按便宜处置，即行刻期兴工，毋轻误妄费。”

十二月，工部覆河道总督曹时聘条议大挑事宜：“一、处钱粮。谓部派各项经费，势难猝至。议咨三省直抚按，不拘库贮、现征，钱粮各照应募夫数暂借应用，俟各项经费到日补还。一、严稽核。谓河工钱粮以十分为率，五分贮之山东，三分贮之河南，二分贮之江北，各委府佐一员，专司支放。凡应给工食，应买物件，听各司核实，出给印结领赴。各巡按衙门挂号存案，另委推官一员，随事稽查，十日一报。工完之日，听按臣委官查核，造册奏缴。一、储薪米。谓夫役云集，米价必至腾涌。议借山东司库银三万两，河南司库银一万两，分发州县收买米麦，运赴工所。再拨徭夫数百名，沿河采草，以供炊爨。”得旨：“依议行。”

万历三十四年二月，河南抚臣沈季文奏：“顷者大挑朱旺口，河南出夫六万，外加跨夫十二万，朱旺口之役，各省派夫，均掌印官亲押赴工，催督开浚。州县官急欲竣事，又私派夫役，谓之跨夫。食用甚夥，恐临期缺食。况三省夫役猬集一方，河上米价每斗用银二钱二分，各夫工食几何，而能堪此？合将开、归二府逼近河工处所州县应解临德二仓麦，折米扣留一万石，以救目前。即扣河工银八千，赴户部以偿米价。”从之。

庄烈帝崇祯十五年十二月，命工部侍郎周堪赓修治汴河，发御前银十万两，并饬所司，不拘何项钱粮，实拨济用，期以二月竣工。

崇祯十六年十一月，诏：“汴河修筑经年，近来何无奏报？殊属延误。着查钱粮有无全到，及工程限期，逐一奏明。该部速行振饬。”

《清会典》：“河南布政司所属河银九万九百八十三两一钱八分零，又河南布政司所属原额河银九万九百八十三两一钱零，除荒实征银四万二千一百八十一两七钱九分零，计缺额银四万八千八百一两三钱九分零。”

圣祖康熙三十三年六月，总河于成龙奏为远方之民应募河工事。部议："先经原任总河靳辅等疏称：'从前兴举河工，派募里民，不胜苦累。臣辅乃易派募为雇募，令各员赍银往江北、东、豫等省分途雇募，每名预给银数两不等。正在兴筑，奉旨停工，各夫四散而去，预给银两无凭扣追。查从前工程，凡有预给，工完扣除，是以在工有预给之实，而册报无预给之名。惟重堤一工，忽然中止，遂有预给之名。仰请蠲免。'臣部以一切工程，并无预给工价之例。应将该督等题请豁免之处，毋庸议题覆奏。"奉旨："新任总河察明具奏。"今据总河于成龙等疏称："访查无异，应如前河臣靳辅所题，仰祈皇恩特赐豁免。"奉旨："依议。"

康熙四十四年四月，河南巡抚赵世显题："为回回寨与韩罗湾，乃祥符、陈留、兰阳三县连界，地势极为卑洼，有大堤一道，并无重堤可恃，不足以资防御。今估筑加帮接高，堤工长一千一百零三丈，连填垫河形，共计土方夫工银一万三千三百四十六两四钱，并无浮冒，应俟工完，造册题销。"

康熙四十九年，议准："嗣后修防工程，河道按工发帑，厅官领银承办。其微末官弁及效力人员，止令修防催趱，押运物料，不得轻给帑金。如果才优家裕，该厅申详该道，转报该督，方准发给。如滥委匪人，致亏帑误工者，本人革去职衔，限一年追完复职。逾限不完，出结，厅官革职戴罪，勒限一年赔完，完日开复。该道降四级，亦勒限追赔，完日开复。限内不完，即依所降之级调用。该督降一级，与该道一同分赔，完日开复，不完另案罚俸一年，仍着该道厅分赔项。"

世宗雍正三年九月，田文镜奏："豫省加帮大堤，绵亘千有余里。臣前赴兰阳工所，与齐苏勒公同遴委熟谙河务廉干能员，细勘实估，所需银两约计十余万两，便可一律加帮，永久坚固。

应否动用正项钱粮，分发兴修，抑即豫省存贮公项内拨用。如允所请，即咨会正副总河会疏具题，再檄令藩司动拨银两，移解河道，于今冬明春乘农务闲暇备料修筑。庶堤防巩固，于国计民生大有裨益。”

《齐苏勒传稿》：雍正三年十二月，奏：“河臣薪水，旧由各厅供应，每年有一万三千余两。臣奏明禁止，并裁革四季节礼。又，河标四营旧有坐粮四十分，每年一千一百余两。臣到任后，交中军为修造墩台制换盔甲器械之用。其盐商陋规银二千两，为出操骑兵赏功犒劳等费，而每年往来勘估及伏秋两汛驻扎三省适中之地，随役及卷案不可减省，凡车马舟楫日用米蔬之需，远者数百金，近者一二百金，前此尚可勉强支持，今春由徐州赴武陟，拮据实甚。现据河库道张其仁言，库收额解钱粮自有随平余银四千两，除道衙日用及各项工食，不过千金，余银三千两请支销看工车船等费。臣未敢擅便，傥蒙恩赏给，则看工之盘费弗缺，益得殚竭心力办理河务矣。”

雍正四年，副总河嵇曾筠上《增修南岸险工疏》：“臣等会看得豫省黄河两岸土埽工程，荷蒙圣恩，估计加帮，并增岁、抢二修，业已绸缪未雨，随经令管河道厅细勘，核估帮筑。臣等亲勘两岸堤工，原有暂缓加帮之大堤，并有未经估计加修之遥、月等堤，又有虽经加帮，或因地本洼下，未能与两头一律平高者，更有两岸堤根被沙淤垫，堤身卑矮，亟应加高培厚者。今据该道详，开封府上南河厅属郑州应增高培厚大堤，共工长一千四百六十二丈，估加新土四万六千二百七十七方二分，来童寨旧断堤工长二百四十丈，估加新土一万二千八百三十五方五分。中牟县应增高培厚大堤，共工长一千四百五十五丈五尺，估加新土七万七十九方四分，月堤共工长三百六十五丈五尺，估加新土一万七千一百六十八方八分。开封府下南河厅属祥符南岸，应增高培厚大堤，共工长七千七百九十八丈五尺，估加新土三十一万四千六十方九分。又，拦土埽工长十三丈，月堤共工长五千二百六十三丈二尺，估加新土十八万六千三百五十方七分。陈留南岸应增高培厚大堤，共工长一千八百八十八丈，估加新土三万五千四百六十一方六分。兰阳南岸增高培厚大堤，共工长七百五十丈，估加新土一万九千二百八十二方。仪封南岸应增高培厚大堤，共工长四千一百零六丈，估加新土十二万一千四十九方三分，月堤工长二千六百四十九丈，估加新土十五万六百零四方六分。归河厅属考城县应增高培厚大堤，共工长二百三十丈，估加新土一千九百一十方。商邱县应增高培厚大堤，共工长二千三百四十四丈，估加新土八万七千八十三方五分。虞城县应增高培厚大堤，共工长二千五百二十丈三尺，估加新土一十二万三千七百四十六方四分。怀庆府黄河厅属武陟县，应增高培厚大堤，工长二千三百零九丈，又填实钉船帮大坝后月牙池周围长一百四十四丈，共估新土十一万四千二十方七分。开封府上北河厅属原武县，应增高培厚大堤，共工长一千二百零六丈，估加新土二万三千三百四十四方。阳武县应增高培厚大堤，共工长三千七十五丈，估加新土八万八千八十九方九分，月堤工长三百四十丈，估加新土一万二千六百方。封邱县应增高培厚大堤，工长四百六十丈，估加新土二千四百七十方。开封府下北河厅属祥符县大堤工长四十五丈，估加新土三千三百八十二方七分，子堤工长一千零四十三丈，估加新土四万三千一百零二十六方。兰阳北岸应增高培厚大堤，共工长四千零一十四丈五尺，估加新土一十六万八千六百九十九方六分，月堤工长一千九百四十三丈，估加新土一十二万零七百八十四方一分。仪封北岸应增高培厚大堤，共工长一千七百五十一丈，估加新土十万四千五百三十八方七分，格堤工长四千五百三十丈，估加新土二十八万八千二百七十方一分。又，山东黄河厅属刘家口曹县外月堤，工长七百五十七丈五尺，估加新土四万六千五百九十九方七分。以上各厅所属豫省大堤，通共估用土方银一十四万五千零五十八两五钱四分零，月格堤工通共估用银八万零七百九十四两四分零，二项共银二十二万五千八百五十二两五钱九分零，俱据实估报。臣等复加亲核，因系紧要工程，照例行令布政司拨银，择险完修，业经委员分段趱筑以御汛水，一面移咨山东抚臣，饬令黄河厅将刘家口、曹县堤工一例发帑兴筑。”

雍正五年十二月，谕：“副总河嵇曾筠衙门无养廉之项，令河南、山东二省，各于公用银两内，以三千两给与嵇曾筠，为伊用度。”

高宗乾隆元年，奏准：“豫省南北两岸黄、沁两河岁修抢修工程，每年豫拨银七万两，永为定额。”

十二月，河东总河白钟山奏请添办上游料物，预拨防险银两，以备缓急。

《河渠纪闻》曰：“防河抢护险工，呼吸之间，异变百出，非料物人夫应手，鲜不败事。每当险急，大埽迭蛰，抢厢不已，料物用尽，束手无策。惟上游料物顺流而下，足以济急，银钱备贮，足用破格加价，人夫踊跃，土料及时到工，化险为平，抢险枢要莫切于此。若拘牵常法，必至失机。庄恪亲尝甘苦，从容敷陈，疏言豫省向有上游料物一项，于酌办岁料抢修外，备贮上游。如遇新生要工，即行拨运，顺流而下，可备急用。豫省黄河两岸，计长一千余里，备贮上游料物万有余金。东省绵长二百四十余里，并无备贮上游之料，请照豫省例拨存公银一千两，豫省再拨银二千两，办料备贮上游，以待拨运。又，黄河水性变迁靡常，岁、抢向有定额，新生工段例应另行估报。当伏秋涨发，星夜抢护，刻不容缓，跑筐买土，压土搬柴，尤须按筐计束，随时给发，始能济急。若待咨行拨解到工，缓不济急。豫省南岸与东省黄河均属汛远工多，宜拨贮备用，请于河南司库拨存公银一万两，以五千两贮南岸郑州，并归德府库，以五千两贮武陟、封邱县库。并于山东司库存公银拨三千两贮曹县库，非有抢护工程，不得擅动。设有要工动用，按数归还，仍照例另行题估，实于河防有裨。此备河工缓急之需，常例所不及，惟实力治事，始能悉其艰难，用戒不虞，至今遵守前法。”

是年，奏定豫省南北两道分管地方河道工程。

《河渠纪闻》曰：“此南北两道分管分办之始也。初，豫省河道工程钱粮系管河道经管，雍正五年添设河北道之初，章程未定，工程需用钱粮一切案件，仍赴管河道衙门支领汇册会转。至是，以管河道驻扎南岸省城，河北道驻扎北岸武陟，相去三百余里，中隔黄河，一切文案支领发办，辗转稽误，河北道所管工程管河道亦无从稽核。议令河北道所属应解堡夫工食，并生息银两，就近起解河北道衙门收支。一切岁抢工程，官兵俸饷，藩司经发河北道收。其估修报销，照南河淮扬、淮徐之例，各自查造，不由管河道汇转，而事归划一矣。”按：此条原志已载，惟不若此文之详明，故复录之。

乾隆十一年二月，工部会议，原任河南巡抚、今升刑部侍郎雅尔图奏称：“豫省钱粮项下额征河工堡夫等银九万九千余两，在昔河南与江南河工统归河道总督管辖，河督设在江南，是以河银均解江南交纳。雍正七年后，添设河东总督，豫省工程专属河东，所有岁、抢各修钱粮即于本省动支报销，惟额设河银仍解江南，未经更正。是豫省原有额设河银因运解江省，致工需无出，另动别项。而江南提解之时，起解未克如期，银数亦难照额，且两省相隔千里，转运劳苦，往返资费。请嗣后豫省河银免解江南，应需岁、抢修钱粮亦毋庸另拨。”经工部查议：“以向来河南、山东工程动用钱粮较江南甚少，所有各省征解河银仍解江南，以济要工。今该抚奏请以豫省钱粮留为豫省经费，似属可行，但直隶、山东二省各有河道工程，其额征河银应否扣留免解，亦应划一办理。至江南河道工程经费浩繁，于何项拨抵，亦当定议。应令江南总河会同该督抚，将不敷河银作何拨补，并应否将三省河银扣留免解，会议具题再议，并令直隶总督、河东总河议覆。”嗣据江南总河白钟山题覆：“以山东、直隶、河南三省，每年其应协济银九万九千八百二十八两七钱三分三厘九毫。今河南协济河银既请留充本省工用，则山东、直隶俱有河道工程，自应划一，将应拨江南河银亦留为本省工用。所有该三省扣留河银，应请在下江司库属解地丁正项银两，按数拨解河库，以济工需。”

复经工部行文直隶、河东总河，将每年额征河银实数，并应留应解，据实查明察覆，以便核议。先后咨据直隶总督高斌覆称：“直属每年额征河银二千七百一十一两五钱一分一厘七毫。今豫省河银既留为本省应用，则直隶事同一律，请将每年额征河银留为本省岁需工用。”又据河东总河完颜伟覆称：“豫省额征河银四万一千余两，每年支解本省夫役工食、修补桥梁等项，共银四千七百余两，下剩银三万六千余两，酌解江省。又，司库内拨补荒缺河银四万九千余两，亦拨解江省。而豫省本地河工岁、抢二修，每年于司库地丁内题拨银七万两，于新料登场，乘时购办，如有余剩，留作次年之用，傥有不敷，即于额增河银项下通融动支，而次年大工银两亦在河银项下通融支给，统俟该年岁、抢二修准销之日，将不敷银两仍在司库地丁银内动拨项。是以历年起解江南河银，并无将三万六千余两尽数拨解之案，总俟本省用存有余，然后酌解。至新生险工，或应筑坝帮堤，或应挑引分溜，俱于所存河银项下通融给发，俟工完另题拨，并不在额拨司库七万两之内。今若将豫省额征河银并拨补荒缺河银免解江南，扣解道库以抵豫省每年岁、抢二修，实不敷用，请嗣后新生险要大工，需费繁多，向系先行通融河银给发者，今仍于河银内通融动支兴工，俟工完题请动拨司库地丁银两项。至每年岁、抢二修办料等银，应将司库拨补荒缺河银四万九千余两移解道库，再于司库地丁银内拨解银二万一千两，以足题拨七万两之数。傥遇岁、抢二修不敷应用，仍循例在道库河银内通融支给，统俟工完，在地丁银内题拨归款。又，山东河银例解江南河库一万八千九百余两，请解贮本省河库留充工用。”查直隶、山东、河南三省协济江南河工银两，统自下年为始，各留为本省岁需之用。至豫省每年岁、抢修额拨银七万两，今该总河虽称免解拨补荒缺河银仅止四万九千余两，请再于司库拨解银二万一千两，以足七万两之数，但查豫省额解江南除拨补荒缺河银四万九千余两外，尚有额征河银内应解银三万六千余两，统计八万五千余两。虽向遇新生险工，或有筑坝帮堤、挑引分溜等事，及岁、抢二修需用繁多，即于前项河银内通融动支，俟工完仍在地丁银内拨给项，用无不敷。应将该省请于司库地丁项下拨解银二万一千两之处，毋庸议。所有每年额拨银七万两，应令统行停止。又，江南总河疏称“江南河道工程经费浩繁，所有该三省扣留河银九万九千八百二十八两七钱三分三厘九毫，请在下江司库地丁银内按数拨解河库，以济工需”等语，应如所请，在附近各州县额征地丁银内拨给，仍于地丁奏销案内附疏声明，册报户部查核。

按：此为停解南河河银之始，关系颇为重要。前志仅有

“覆准河南协济江南河工银，停止拨解，留充本省河工之用”三语，亦未详其数目，故备录原折，以便参考。又，前志叙在乾隆十年，系奏请之期，而议准则在十一年也。

乾隆二十三年五月，巡抚胡宝瑔奏：“支干各河，自应每岁酌用民力，照业食佃力之例修浚培筑。其有工段绵长，民力不继者，应遵部议酌定，请旨动帑，仍照上年量给饭钱之例，按日计工，无庸按方给值，则民力已可足敷，而工程更可速竣。均应于每年临时筹办。惟惠济、丰、乐、响、巴等河，土性浮松，更为要务，必须筹设岁修银两。查惠济河原设有岁修银四千两，应照旧动支，每年就各属情形核实办理，均照原定章程，毋庸更易。至丰、乐、响、巴等河，向无款项，查有入官银地，请以租息按年动用。”

乾隆三十三年十二月，谕：“据阿思哈等奏请，将豫省河工每年节省银两尽数加筑堤岸，所见殊于事理未协。河工每年所定岁修之额，不过约略成数，而言其实，遇有大工年分，所费何啻十余万！若照常工程减少时，即数万亦可敷用。至该督所称费约十一二万之数，已属胶柱鼓瑟。今阿思哈既以每年约销十一二万为划定数目，又以一二万两请尽数加筑堤工，按其情形，竟与估计包工无异。即以埽工而论，所动之十一二万岂必尽关紧要！宁不可覆实撙节以办土工，且河兵在汛，每当防守余闲，又何难令其畚土保护。若必以所余之数尽为每岁加高培厚之用，曾不思堤身绵亘甚长，计每十里加筑数寸，费已不赀，此一二万金所培有几？又岂按年易竟之功？纵使果有增高，而此数寸浮土，略遇风大即吹卷无存，亦何足以资拱卫？是欲尽动岁修银两，徒资河员弊混冒销，而于堤工仍属有名无实。阿思哈本未谙习河务，此奏盖为何煟所愚，于事殊无裨益。着传谕吴嗣爵，将阿思哈所奏情节悉心筹覆，是否应行酌办，逐一确查，据实覆奏，毋庸瞻顾。”

乾隆四十四年二月，谕：“昨袁守侗在京面询河务事宜，据奏南岸堤工，有应行修补者，业已具奏核办。其北岸堤工，亦多有残缺之处。高晋在时，以其尚属可缓，未经议及。朕意北岸堤工就现在而论，虽似不关紧要，但黄河溜势无常，设溜或趋北，则北岸又为着重。若不预行培补坚实，何以御盛涨而保安澜？是北岸堤工亦不宜视为末务，即或所费较多，而先事豫防，较之事后堵筑，其费帑多寡奚啻霄壤！又不可不就全局核计也。但北岸之堤甚长，其应补情形，非大臣亲行履勘，不能核实。曾面谕袁守侗，到工后即同阿桂、姚立德前往，逐段细勘，据实覆估具奏，上紧兴工。第袁守侗甫于今日起程，其到豫计须旬日。目下正当桃汛，而今年伏汛亦较往年为早，既为未雨绸缪之计，则愈早愈佳。现在挑挖引河，已有藩司荣柱承办，而开放引河之事尚早，此时毋庸阿桂在工坐督。阿桂接奉此旨，可即会同姚立德亲赴北岸，将应修补堤工通行详悉查勘，据实确估，一面奏闻，一面择日兴工。倘现发之帑尚不敷用，即按应用之数再请续发，亦无不可。”

仁宗嘉庆三年九月，河东河道总督司马驹、河南巡抚倭什布奏：“睢州漫口两坝，连日督率工员，赶紧盘头裹护。适藩司吴璥来工，臣等督同司道将所需钱粮通盘筹计，撙节办理，但司库所存银两除支发本省额款外，无多余银两先行垫用。此时远处借拨，未能即到以应急需。查有两淮现今解交户部银五十六万五千两，已经在途，行文山东拨护，尚未入境。恳将此项银两由东解豫，先为济用。又，曹工所拨银两，除挑挖引河外，坝工无须多费，请分拨银三十万两，并于附近之浙江、山西二省各拨银三十万两，苏州藩库拨银二十万两，陆续解到以资接济。此外，如有不敷，再在本省藩库通融动支，统于工竣核实，分别赔销，摊征款。”奉谕：“司马驹等奏《筹办睢工情形》一折，该河督等务当相度形势，督率工员，悉心筹办，迅速堵合。所需银两，准其拨解应用。但该处漫工非曹汛可比，经费大可减省，务当撙节办理，不可稍任工员稽延浮冒。”

嘉庆八年九月，谕：“嵇承志等奏筹办衡家楼漫工，请拨银二百万两。除先经拨给豫省存贮银五十五万余两外，着于山西藩库拨银五十万两，安徽藩库拨银二十万两，两淮运库拨银六十万两，连前共凑有一百八十万两。该督等即可先尽支用。如通盘核计，在二百万两以内，自可不必另为筹画，倘尚有不敷，即照向年河工投效之例，速行奏请，以便及早行知各省。仍一面将要工速筹堵筑，其投效银款，亦须数月后方能凑集归款，难以迟待也。”

十二月，谕：“马慧裕奏《工次现在钱价，并酌定料物、土方价值》一折。马慧裕知要工需钱较多，恐市价昂贵，先拨银二十五万两，发交附近府州县照依月报时公平兑易，运工备用，所办尚是。至在工人夫多系被灾穷黎，所得土方价值既因钱价稍增，易换较少，未免难资糊口。着照所请，于定价三钱之外，增给帮价一钱，俾人夫踊跃从事，更可办理妥速。”

嘉庆十二年，奏准：“河南省黄河两岸防险工程，在司库存公银内动支银一万两。以五千两分储南岸郑州并归德府库，余五千两另储武陟、封邱二县库。”

嘉庆二十四年九月，吴璥、李鸿宾、琦善奏：“马营坝漫口已成，及酌请续拨饷银，核定秸麻、土方价值，业经臣等先后具奏。臣等连日督同道府厅营等，于王家沟迤东进水沟口起，至马营坝大堤漫口止，上下履勘。此处漫口即系康熙五十九年前河臣陈鹏年任内漫工旧地。彼时料物夫工俱用民力办理，已费经营，今难办情形迥非当年可比，自应倍加慎重妥筹，以期上紧集事。而购料挑河均须拨给银两，始能办理。现查初次请拨各省饷银已阅四十余日，虽据山东、山西、安徽、湖北等省咨报起解，尚无一处到工，不得不据实直陈于圣主之前。俟初次饷银解到，立即分给购料挑河各员赶办。但银少用多，仍须续拨之饷解到，方可陆续应手。惟有仰求圣恩，敕催续派饷银省分，星夜赶解，庶免停工以待。臣等仍昼夜筹计，凡发银购料挑河，并调派人员等事，孰可先办，即随时上紧办理，以期竭力堵筑。”奉谕：“前次拨解工银二百万两，本日复经降旨，严催续拨工银四百八十万两。昨已谕知该督抚等赶紧起解，不日即可陆续到工。吴璥等惟当鼓励在工员弁兵夫，克期兴办，务于明年桃汛前合龙，方为不负委任。至所称马营坝地方即系康熙年间漫工旧地，从前俱用民力办理，但今昔情形不同，此时安能按亩派敛？若劝谕捐输，或尚可行。着琦善出示晓谕豫省各府州县，以该处漫口康熙年间办理大工，俱资民力。此时黄河南北两岸漫口数处，皇上轸念灾区，不忍令豫省黎庶比户输将，但大工需用浩繁，国家经费有常，尔等绅衿富户谊关桑梓，如能急公好义，捐资助工，即各报明银数，解工应用。将来大工合龙，必将尔等姓名及捐输银数据实奏闻，仍可邀恩赏、给官职。如此恺切晓谕，或可于工用有裨。该抚当饬属妥为办理，不可强行抑勒，或从中侵蚀，致滋弊端。”

十月，谕：“御史蒋云宽条陈河工积习一折，在工人数众多，一切需用什物不能不资商贾贩运。该御史奏称：‘工所玩好充轫，甚至玄狐紫貂，熊掌鹿尾，无物不有。河员等随意购置，为钻营馈送之资，亦系从前陋习。’琦善系本省巡抚，着严行查禁。此次工所除寻常衣服食物外，如有珍奇玩饰开廛列肆者，立即驱逐，毋准停留。该御史又称：‘在工各员领有帑金，任意挪移捐升，希冀工竣照新衔议叙，实开巧捷之门。’著明定章程，凡办工出力人员，只准照现在官职奏恳恩施，不得以捐升阶级请邀议叙，以杜幸进。”

是月，谕：“本年豫省武陟兴办大工，节据吴璥等奏请拨解工需银九百六十万两，又据奏请暂开投效事例，亦准其所请。合计给发工银几及千万，又有投效人员捐资，尽足敷大工之用。将来如有赢余，工竣仍当奏缴，不准再请分毫。慎之。”

是月，吴璥、李鸿宾、琦善奏：“豫省近年历有漫工，惟嘉庆八年衡工地处上游，土性沙松，坝工吃重，兼之引河绵长，是以彼时引河抽沟，例帮价银用至五百四十万两，连大坝、挑坝等工，共用银一千余万两，尚有建筑二坝工银，系工竣后所用，不在数内。本年马营坝漫口地方土性纯沙，与卫工相同，又在上游二百余里，引河更长，自王家沟上段旧河起，至中段之上南、中河、下南等厅，节节停淤，分别挑河抽沟，土方已经不少。下段之兰、仪、曹、考一带淤垫较厚。于中段其尤甚者，仪封三堡以下，至睢州上汛八堡以上，淤滩高与堤平，且有高过堤顶，与子堰顶相平之处，计长五十余里，挑挖最难，土方甚多。至睢州上汛以下，因兰、仪两处漫口，全行旁泄，陡淤积厚之土，至八堡而止。是以九堡以下至江南交界，受淤渐薄，止须间段择要挑挖，其余不过抽沟导引，并查明河身低洼处所即可毋庸抽沟，以归撙节。然自马营坝至江南交界止，计河道绵长八百余里，土方已多，必须河底一律深平，将来开放时方能迅驶畅行，即至省至减，总较估批银数，更有加增。

至马营坝沟口建立大坝，滩土沙松，须倍加筑做坚厚，尚须添建二坝，以资擎托，兼之兰阳、仪封两处漫口补堤厢埽，亦须筑做宽厚。种种情形，较之衡家楼工程更多，即需费更繁。计两次请拨银数实属不敷，仰恳再行敕拨附近省分银二百八十万两，迅速解送来工，庶得工需应手。”奉谕：“吴璥等奏请续拨大工银两，已交部速议具奏，其另片奏开投效之例，已降旨准行矣。”

嘉庆二十五年三月，谕：“吴璥等奏马营坝工合龙稳固，请拨善后工程银八十四万两。昨已于两淮、两浙、粤东商捐各款内饬拨银二百万两，速解工次，即于此二百万两内拨出银八十万两款，其所需秸料及土方价银着照所请撙节办理。其余银一百二十万两留于南岸工次，速行给发，购料兴办。北岸大工所存秸料如有赢余，即运赴南岸备用。至上年南岸缺口甚多，兰阳、仪封而外，尚有祥符、中牟、陈留、考城等处，皆系甫经补新堤，着吴璥等逐一亲往履勘是否坚巩，如有虚松之处，赶紧硪筑坚实，勿致再有疏虞。其补修工料，着落上年承办员弁照数赔缴。”

五月，谕：“张文浩、姚祖同奏《会筹防护大汛事宜》一折，上年黄水异涨，豫省南北两岸河堤漫缺频仍，始而南岸，继而北岸，迨北岸之马营坝将次堵合，而南岸之仪封三堡又复刷塌。河防溃坏，未有甚于此者，皆由前任河督玩愒因循，狃于惜费之见，平日不加意修培，以致临时无从措手。今张文浩、姚祖同会筹全局，凡所称著名险要之区，有应先事防护者，务当设法修守，并多备料物。断不可靳惜小费，致误事机。即无工处所，一经大汛涨发，亦难保不临时生险，当处处派员，无分晴雨昼夜，小心防守，以保万全。至河工防险，以备钱为最要。遇有抢险之时，纵库贮银两有余，一时不能济急，惟钱文充裕，则人夫一呼而集，土料均可应手而至，一经抢护平稳，其所省实多矣。该署河督等于濒河州县豫发银款，令其多换钱文，实贮实存，有缺即补，免致临时拮据。”

十月，再拨部库银六十万两，备河南仪封工需。

是年，谕："吴璥等奏‘马营坝工续请加价银两，请先后统计增给’等语，着准其前后牵算，统计增给，并入摊征项下归款。”

宣宗道光元年十月，除河南孟津县河占地赋。

是年，谕："豫省连年黄河漫口，被水各州县小民失业者众，其未经被灾之区，亦因历年河工加价，摊征款项积累烦多，民力不免支绌。其马工、仪工加价及沁河等项摊征银两，并着缓至三年后再行奏明起限。”

道光二年五月，蠲缓河南睢州等十六州厅县沙压、堤占、水占地赋。

道光五年，谕："程祖洛奏《察看豫省摊征加价积欠》一折，所有嘉庆十八年至二十五年积欠加价摊征等款共八十二万七千二百四十两零，除兰阳因灾已豁免各加价银九千四百二十九两零外，尚应征银八十一万八千二百一十两零，着加恩概予豁免。”

道光十五年三月，谕河南巡抚桂良："有人奏《东河南北厅属动用银两上年安澜折》内称：各员撙节钱粮，埽工、碎石两项省银三十余万两。而十月报销折内则云比十三年省银十二万余两，其碎石存留可值十五万两，前后所奏数目不符。且碎石乃例应筹备之项，今年仍应开销，不得谓之节省。东河自道光元年至十年，每年动用正项钱粮多至一百万两以内，其用百万两以外不过三四年，惟十一年抢办险工用银一百十四万。今吴邦庆任内十二年、十三年、十四年俱用至一百十一万两以外，较之以前有多无少。是所谓撙节钱粮一语，不过为属员升官考语，按之实际，仍属子虚，未免意存隐饰。河工正项动支之外，尚有找补不敷银两，此三年中多找银二三十万两，即系多支银两之证。该抚与吴邦庆驻扎不远，见闻必确，着详晰查明，据实迅速具奏，毋稍瞻徇。"

道光十九年十二月，谕东南两河撙节经费。

道光二十一年七月，谕："牛鉴奏《省城水围匝月，水源盛涨，现在吃重情形》一折。着加意防护，所有河南司库报存正杂各项银，除分解湖北南河外，实存银三十五万五千一百二十余两，又库存封贮银十五万两，均准该抚动用，事竣核实报销。惟省垣猝被水围，百万生灵俱归沉没，朕心实有不忍。莫若即所拨库银以为迁徙赈恤之需，着牛鉴悉心妥酌，剀切晓谕，分派干员加意抚恤，以慰朕念。"

文宗咸丰元年七月，添拨河南司库银二十五万两，备河东防险。

咸丰二年七月，拨河南藩库银二十五万两，备东河防险工程。

咸丰四年五月，河东河道总督长臻奏："遵覆王履谦所奏，河工糜费，现在力杜浮用，逐年撙节。"得旨："览奏尚有限制，然浮冒之处终恐不免。言之匪艰，行之惟艰，必应力求撙节，核实办理。近来河员习气若何，凡汝之不肯明言，及向来未经入奏者，皆一一据实密奏。"

咸丰五年七月，河南巡抚英桂奏："兰阳汛三堡黄水漫溢，现在办理虽稍就绪，第将来兴举大工，约略核计，需费甚巨。

部库既无款可拨，而各省钱粮均尽军需支用，亦皆罗掘一空。臣惟有会同河督臣殚竭智虑，设法劝捐，广为招徕，遇事力求撙节，以期要工次第修筑。”

是月，谕：“黄流泛溢，经行三省地方，小民荡析离居，朕心实深轸念。惟历届大工堵合，必需帑项数百万两之多。现值军务未平，饷糈不继，一时断难兴筑。若能因势利导，设法疏消，使横流有所归宿，通畅大海，不致旁趋无定，则附近民田庐舍当可保卫，所有兰阳漫口，即可暂行缓堵。”

九月谕：“此次黄水复溢豫省北岸，被淹各县绅耆等情愿通力合作，互相保护，既系出于至诚，自可众擎易举。着先出示晓谕，剀切劝导，令各绅耆切实估计，豫集料物，并令印委各员届期会同各地方官督办，务须俯顺舆情，切勿稍形抑勒。一切工料银钱统出该绅经理，毋得假手吏胥，致滋弊端。工竣之日，速予验收，所有出力出资各官绅等着该河督会同该抚分别保奏。”

咸丰六年正月，拨河南司库银八万一千两，添备东河秸料。从河道总督李钧请也。

咸丰八年六月，谕：“前因李钧奏《宝钞现无出路，河工经费请全拨实银》一折，当交户部速议具奏。兹据该部奏称‘河工用项近年均以钞八银二搭放，因本年春间该河督奏称用项不敷，已酌议拨给宝钞六成，实银四成，较之前定银数，已加二成，请饬该河督仍遵前次奏案办理’等语。所奏自为撙节经费起见，惟念河工紧要，钞票既难流通，着再加实银一成，嗣后拨给河工经费，实银、宝钞即着各半搭放。该河督务当力裁冗费，毋得再行渎请。至道库欠发各厅之款，系早经办过工程，自应仍照前定章程发给，以杜牵混。”

咸丰十年闰三月，沈兆霖奏：“兰、仪缺口已经数年，大溜卷掣，口门深不可测，即欲发帑堵筑，其开引河之费数十倍于前。故臣以为宜乘此时顺水之势，听其由大清河入海。张秋下游至海门，既经官民培护，不必施工。惟缺口抵张秋数百里间，当经费支绌之时，岂能议拨帑金！河所汛溢，无非民间恒产，与使惜费而任其久淹，何如捐资而即可乐业。应请饬下直隶总督，山东、河南巡抚，东河总督悉心酌议，核实查估，剀切晓谕，令各处绅民力筹措办，遴派熟悉河务之道府大员，会同本处州县绅士妥为区画，或应开减河，或应筑堤埝，就逐段形势分别相度。其劝捐及出入银钱、雇夫购料，均归绅董经手，毋使委员、吏胥干涉，以致需索扰累。核定后奏准办理，统于本年霜清水落时一律兴工，候来年水涨，再加察看，随时补救。果能经过数汛，稳固无虞，则地方官量予甄叙。捐户由各州县确查，据实详报，数多者奏请核奖，少者分别给赏。从此河庆顺轨，民乐力田。缺额之地丁可复征，历年之赈济可停止。就此裁去南河总督及各厅员，可省岁帑数十万金。而归德、徐淮一带地几千里，向之滨河不敢开垦者，均可变成沃壤，逐渐播种升科，民生既裕，国课自增。似一举而兼数善者矣。”

是年，议准：“每年修守及一切防险工程，以二十万两实银为率，不得再有另行抢险、异常险工名目，致滋流弊。”

是年，又谕：“张之万奏《筹备上南、祥河两厅险要工程，请酌拨节省防险银两》一折。河南上南厅郑州下汛等处，本年叠出险工，均经抢护平稳。惟转瞬春融水涨，堤埽塌蛰堪虞，亟应豫筹物料，以济要需。现经张之万于郑州下汛十堡、十一堡估需银五万余两，祥符上汛十五堡估需银四万余两内，力加核减，必须添拨银六万两，始敷办理要工。所陈自系实在情形，着吴昌寿按照该河督所请，迅速饬令藩司于新章司拨二十万两外，再拨节省防险银六万两，并前任河督谭廷襄奏准定章，年前应拨料麻四成，价银一并勒限于年前全数解交张之万，俾得及时赶办，毋许稍有延缓。其南岸下南厅及两岸长堤各工，并着张之万随时察看情形，认真经理。”

穆宗同治七年七月，河督苏廷魁奏：“上南河厅溜势提至荥泽十堡无工之处，生湾淘刷，水势抬高，堤顶过水，工程险要万分。第查前请续拨节省防险银两尚未奉准，南北各厅赊欠工料已不下七八万串，专待奏拨之款清厖，今又遭此非常巨险，傥非银钱应手，万难保护。大局所关，不敢拘泥贻误，只可撒手办理，冀保危堤，上纾圣虑。”奉谕：“苏廷魁所请续拨防险银两，前已谕李鹤年迅筹拨解。着该河督仍一面饬司宽筹款项，以资接济。惟须工归实用，勿任该厅员等滥支冒销，徒糜帑项，是为至要。”

是年，奏准：“黄河修守，土工为先。既在开归道属上南、中河、下南三厅，河北道属黄沁、卫粮、祥河、下北四厅，共用例津二价银四万八千四百八十九两有零，均系亟应办理之工，另案开销。”

同治八年四月，河督苏廷魁奏：“勘办荥工善后，及两岸各厅要工，于四月十一日出省北渡，溯查而上，历下北、祥河、卫粮、黄沁，折而南渡，复自上南、中河、下南顺查而下。当将各厅已办料物逐一验收，俱尚堆垛坚实，并饬将未办料物上紧趱办，以资储备。所有应办土工、应厢埽段、应抛砖石坝工，亦饬随时体察机宜，上紧赶办。至荥泽汛善后土工，共十四段，长七百零六丈余尺，共土十九万三千五百余方，连水戗共需银八万三千零三十九两零。据开归道督率厅委各员估送清册前来，臣临工亲履查勘，委系确实无浮，现已筑做十之七八，水戗亦将次完竣，大坝前面应厢护埽挨排动料厢办，俟一律厢齐，再将用数查明具奏。以上修守善后各工，非钱粮应手不办，已依户部议拨河南七年分漕折银二十一万两，自当随时催司筹拨，俾免贻误。”

同治九年七月，御史李宏谟奏：“永定河南岸漫口，经直隶总督曾国藩奏参在工人员，分别予以处分。因思天下事，与其惩办于事后，不若防范于事前。黄河之险较永定河为更甚，现当夏汛，尤宜加意修防，以保无虞。臣闻河工之弊多端，而其最足误事者，莫甚于司款者藉口于库帑支绌而吝惜，要款办工者籍口于领款不足而玩视要工，以致疏忽因循，险工迭出。迨患出意外，即将在工人员严行治罪，而沿河百万生灵已不可问矣。至合龙大工，耗费金钱往往较岁修常额多至十数倍、数十倍不等，惜小而害大，处常而忘变，此不可不力除积习，预为之虑也。臣再四思维，深知巨款不可骤添，而常额必不可缓。夫遇事不可稍纵，而先事必当预防。拟请饬令河南巡抚、河南布政使嗣后遇河工应发之款，必尽数发之，款项应发之时，必先时发之，总期工料应手，无误要需。并请饬令河道总督督率河南、河北两道常川驻工，认真巡察，傥在工人员有把持河务，藉端推诿者；领多发少，藉图侵冒者；素有嗜好，不能耐劳者；工料草率，不能坚实者；任听夫役纵恣偷惰，不能弹压振作者，查明立予严参，惩一警百，庶河工之积习既除，而安澜永卜矣。”

德宗光绪元年七月，河督曾国荃奏：“六月十六日至二十九日，此半月内沁、黄两河共长水四丈四尺七寸之多，实属异常猛骤，拍岸盈堤，南冲北射。两岸各厅临黄砖石坝垛，一经大溜趋淘，登时塌卸入水。幸署开归道刘成忠、河北道吴潮宽严得中，诚信孚下，每遇险要之际，该道等督率各厅雨夜驰工，实心实力，抢救防护。料物不足，则赊挪以济用；夫工不继，则称贷以应急，故工程虽万分吃重，均能抢护无虞。现在各厅所办之工，核计司库奉准未拨之款已属大有不敷，且秋汛为日正长，水势淘底搜根，防秋更甚防伏，惟有严督道厅，尽现有之钱粮，料理应办之工，务随时体察情形，确切核算用款。俟查明不敷实有若干，再行援案奏请续添，以资布置而重要工。总之，当经费支绌、筹款维艰之日，能节一分钱粮，即尽一分职守，断不敢任听工员稍事浮冒，致负生成。”

十一月，谕：“曾国荃奏《黄河工程紧要，请添拨来年防险银两》一折，据称‘黄河南北两岸，时有要工。援照上年成案，请饬拨来年防险银二十六万两’等语，黄河工程关系紧要，所有来年修守事务，自应预为筹备。着李鹤年、刘齐衔饬令藩司照数筹拨，于年前先拨四成，春汛再拨六成，俾资应用，将此谕知李鹤年，并传谕刘齐衔知之。”

按：此谕前志亦载之，与此微有不同。前志系着李庆翱、刘齐衔饬令藩司照数筹拨，此云李鹤年、刘齐衔。查前志职官表，是年五月以李庆翱为巡抚，李庆翱未到任前，以布政使刘齐衔署理，而《东华录》则云五月乙丑，河南巡抚钱鼎铭卒，并无以李庆翱为河南巡抚之语，而李鹤年则于二年八月始由闽浙总督调河东河道总督，《东华录》《职官表》皆同。然以事实言之，二谕均当有误。如前志所云，李庆翱未到任前，以布政使刘齐衔署理，则李庆翱到任后，刘齐衔自当仍回布政使本任，即不应云：李庆翱、刘齐衔饬令藩司也。是时李鹤年正为闽浙总督。《东华录》：是年十二月二十九日，尚有“新授福建陆路提督唐定奎从缓赴任，着李鹤年派员署理”之谕，何能分身到河南乎？此系本局旧存档案，民国四年钞送清史馆者，因与《东华录》、前志《职官表》皆不相符，故并存之。

光绪二年十二月，河督李鹤年奏："固工以料物为先，储积以钱粮为重。同治二年，前河督臣谭廷襄奏请减工节费，两岸寻常岁修除河银剔留外，准拨司库银二十万两，如遇非常险工，再行奏提节省防险银两办理。改章以后，用款支绌，岁有险工，岁请添拨银两，缘埽坝延长，河情变幻莫测，无论新工旧险，料物一处不备，即一处可虞，若不先事预筹，必致临时贻误。是来年修守亟宜及早绸缪。臣悉心确核，但值此经费难筹，不得不力求撙节。查甲戌年初次请添银二十七万两，乙、丙两年初次俱请添银二十六万两。兹照上、今两年奏准之数，格外节减，拟请添拨银二十五万两，分拨南岸各厅十三万五千两，北岸各厅十一万五千两。请饬下河南抚臣，转饬藩司，年前先拨四成，春汛再拨六成，以便督饬道厅撙节动支，预购正杂各料，赶办土工，庶汛涨抵御有资，不致临险束手。"

按：此等添款奏折，自同治二年谭廷襄奏定停钞用银之后，至光绪十六年许振祎奏请改章之前，年年有之。大概皆初拨司库银二十万两，添拨二十五六七万两不等，若有特别要工，仍请续拨，不在此限，此同光二十余年之情形也。录一以观其概，余不复赘。

光绪十五年五月，河督吴大澂奏："光绪十四年八月中旬，黄河南岸上南厅属荥泽汛九、十两堡塌滩坐湾，大河全行南卧，迅利非常，以致猝生险要，屡濒于危。其时正当郑州大工尚未堵合，无从添拨筹备。臣目睹情形险要，随即于大工善后款内设法筹措，派员分投，购买料物，采办砖石，帮同该厅昼夜抢办，土料兼施，砖石并进，竭尽两月之力，至十月中旬方始抢护稳固。共计补厢新埽二十六段，抛筑砖石坝垛五处，加帮土工八十丈。于上年十月二十四日奏报在案，嗣准工部行文，令将此案工程核明用数，专案奏销。兹据开归道荫保饬厅将所用银两分别逐款核明，禀请专案奏销前来。臣查补厢埽工二十六段，计用工料银十万零三百余两，抛筑坝垛五道，计用砖石银二万八千四百余两，加帮土工八十余丈，计用方价银二千六百余两，以上三共抢办荥泽险工动用善后工款银十三万五千余两。质无浮冒，自应遵照部咨，专案奏报，题请核销。惟查此项工程系专案奏销办理之工，毋庸列入常年比较，亦毋庸汇送清单，合并随折声明。”

光绪十八年十月，河督许振祎奏：“现准工部咨，核覆豫省河防局十七年承办工料银数，又嗣后工需，请饬归入比较各折片，恭录谕旨，咨行查照前来。查光绪十六年改章，原奏岁额六十万两，以四十八万归各厅员承办，另提十二万两归河防局筹添料石，先事豫防，由臣主之。仰蒙俯从所请，故臣得以督率印委各员弁，逐处防维，不遗余力。今工部责令分案题销，并绘具图说，取具印委切结，一并送部查核。此为慎重公款起见，在部臣主于守法，援引旧例，施之于寻常岁办之工，自属可行，而于臣今日所提十二万之数，则似有未明其意者。臣以为河工天险，恃法不如用人。如以恃法论，则从来所办报销例案，工部知之，河工亦知之，故自每年添款，及郑工报销之千数百万，未闻其不合例也。如以用人论，则臣近蒙圣主破格之恩，准臣改章从事，而比年大险横生，亦均次第抢补，幸奏安澜。至添料添石，固有不尽合例者矣。臣于四十八万之报销，则悉照部章。至另提十二万两，则必求开单者，此诚有实在情形，不敢一字欺饰也。原臣设立河防局，初意厥有二端：一则恐厅员之遇险推诿，藉口无钱无料，故提此巨款，为先事预防之资。一则恐厅员之不实不尽，故添委官绅为临时匡救之用。而限此十二万两，只准纤悉到工，不准丝毫入局，并不准于此开支薪水，此河南官绅吏民罔不知之。即如今岁之得保巨险，就买石一款，已用十一万数千余两，其余则补郑工金门沉裂之堤，总计不过两事，此不能分案题销者也。又多方买石，随处抢堵，险未平则必加抛，险已过则即停止，此不能绘图贴说者也。且以所用各员而论，凡不谙修守、精神稍懈之员，随时斥去。至所用本地各绅，其身家性命皆在堤下，稍不尽心，祸且先及，故虽有河防监工名目，实则扶助厅员之所不及。河防者，防各处之险，监工者，监各处之工，人不一处，事无定所，板篷迁转，日在风沙泥水之中，既无呆办之工，即不复颁给印信。又，此款十分之九皆付买石，责臣可矣，与委员监工者无与，此不能取具印委切结者也。臣愚陋无知，只能据实办理，可否仍照改章原奏，河防局十二万两归入，据实开单报销，河工幸甚。”奉朱批：“着照所请。工部知道。”

宣统三年，河南巡抚兼管河道吴重憙拟定《豫河河防公所章程》。

第一节　总则

第一条　本公所遵照奏案设立，禀承抚院，管理豫河河工款项事务。

第二条　本公所通常事件由总办随时回明抚院办理，临时事件由总、会办会详抚院核办，紧要特别事件由总、会办详请抚院批示办理，并奏咨立案。

第二节　分职

第三条　本公所遵照院札，设总办一员，以开归、陈许、郑河务道兼充。设会办一员，以彰、卫、怀河务道兼充。设提调一员，禀承总、会办综理本公所分科事务。

第四条　本公所设二科一局如左：

一、出纳科。

二、庶务科。

三、巩县石方分局。

第五条　出纳科职掌如左：

一、预算、决算河工经常、临时经费。

二、管理预备金及特别预备金。

三、经理、关领、支发各项经常、临时经费。

四、编造河工经费月报、年报册。

五、掌管公所发交银行存款生息各项折据。

第六条　庶务科职掌如左：

一、撰提文牍稿件。

二、掌管本公所往来文牍档案。

三、管理本公所护勇差役人等及一切杂务事件。

四、管理本公所收发核对文件，监视关防。

五、管理本公所常年出入经费。

第七条　巩县石方分局掌购办石方，分运各厅。

第八条　出纳、庶务两科各设科长一员，科员若干员。庶务科科长暂由提调兼充。

第九条　科长禀承总、会办管理各该科事务，科员受科长委嘱，办理各该科事务。

第十条　各科分设书记生若干名，由总、会办酌定雇用。

第十一条　巩县石方分局设委员一员，由抚院委充管理该局事务。

第十二条　石方分局应设司事丁役，由该委员雇用。

第三节　会计

第十三条　本公所会计年度遵照度支部定章，以每年正月初一日起，十二月三十日止。

第十四条　河工经费预算、决算期限办法，均遵照清理财政局各项章程办理。

第十五条　本公所各项经费预算成立后，应即详请咨部立案，并移咨藩司清理，财政局、两河道知道。

第十六条　河工收支款项均交大清银行经理，除公所常年应用经费外，本公所不得存储款项。

第十七条　豫河河工款项，奏定岁修及一切经费银四十一万两，河防另款银九万两，共银五十万两。除扣六分减平银三万两，实领银四十七万两。每年度分二月、五月、七月、十月四次由公所备具关领，派员赴藩库请领，交大清银行存储。

第十八条　大清银行应立河工经费收支折一本，交公所收存，凡存银、取银均凭折收支，照数登记。

第十九条　凡河工各署局请领经费，均出具印领，呈公所核准，由公所另具支条，编列号数，加盖图章，派员会同承领人向大清银行支取。河工应呈抚院衙门经费款项，由公所向银行支取，备文具批，申解掣领，批回备案。其应解两道衙门经费款项，由公所向银行支取，备文具批，咨解领取，回照存查。

第二十条　大清银行接到公所支条折据，查验无误，应即照数支给登记。折内支条存银行备查。

第二十一条　河工当伏秋大汛及临时险工用款，紧急时大清银行见有公所支条，无论早晚，必须随到随付，不得延误。其平时支用款项，仍照银行向章办理。

第二十二条　河工额领经费，除预算支额外，其余款作为本年度河工预备金。凡各项存款息银，应由本公所按期收缴，大清银行存作本年度预备金。

第二十三条　凡本年节存各款，分交妥实银行、票庄存储生息，作为河工特别预备金。

第二十四条　凡本年度预算用款不敷，或有临时必需用项，得由本公所详具案由，会同布政司详请抚院动支预备金，并移知清理财政局。

第二十五条　遇有非常紧要险工，预备金不敷支用时，一面由本公所总、会办回明抚院，核准动用特别预备金，一面会同布政司，详请抚院电咨度支部、农商部立案，并移知清理财政局。惟非遇非常紧要险工时，不得援照此条办理。

第二十六条　本公所动用预备金时，应另具不列号支条，叙明案由，向大清银行支取。

第二十七条　河工各署应领经费分季领、月领两项。季领于每季之首月给发，月领按月给发，概不得逾支预借。

第二十八条　河工各项经费除有定章外，概不得于河工工料以外事项挪移动用。

第二十九条　本公所及大清银行支领款项均不得支取小费。

第三十条　本公所支发各项经费均照九四库平计算，不得再有扣折、摊提等事。

第三十一条　河工各厅于每月初十日以前，应将上月收支各款造册，报告本公所及清理财政局查核。

第三十二条　巩县分局于每月初十日以前，应将上月收支各款造册，报告本公所查核。

第三十三条　大清银行于每月初十日以前，应将上月收支各款造册，报告本公所及清理财政局查核。

第三十四条　本公所于每月十五日以前，应将上月收支各款造册，报告抚院及清理财政局查核。

第四节　附则

第三十五条　本章程由本公所会同清理财政局拟定，经抚院批准施行。

第三十六条　本章程如有未尽事宜，及遇有修改增减之处，随时由本公所会同清理财政局详准施行。

第三十七条　本公所应用各项簿表册式，应会同清理财政局拟订办理，并详请咨部立案。

河工经费向分岁修、抢修二项。自明以前，皆无确数可稽，即溃时亦先少后多，其递增之数相差甚巨，纪载无闻，终亦莫名其故。如乾隆元年，豫省黄、沁两河岁修、抢修，每年豫拨银七万两，永为定额。而十一年以前，则解南河总督九万九千余两；三十三年，阿思哈奏每年约销十一二万两；道光元年至十年，每年动用正项钱粮多至一百万两以内；十一年至十四年，用至一百一十万两以外。上下数十年间增至十倍，殊为可异。咸丰四年，王履谦奏河工钱粮，东河每年不下一百四五十万两，比之道光，又增多矣。遇有大工，在乾隆时不过十余万两，而嘉庆三年之睢工，则增至一百三十六万余两；八年，衡工请拨二百万两；十九年，睢工请拨三百八十万两；二十四年，马营工骤增至一千余万两；光绪十四年，郑工一千零九十六万余两，比之乾隆则百倍矣。近人山东上游河务分局长王炳熠《治黄刍议》有云："治河之书汗牛充栋，独于经费一节不纪其详，非略也。历朝全盛时代，筹拨经费本无困难，其在叔季，库款空虚，筹划始艰。"其言虽亦有理，究非充分之谈。盖昔时之用款少者，料物有帮价，夫役有签派，各县有河银，官弁有追赔，不皆出之国库，故数少而能济事。顺治十一年，给事中苏文枢奏："朱源口河决，使百姓赔累六十万两。"康熙十二年，佟凤彩奏："河夫岁派银三四十万两。"嘉庆四年，禁止帮价，按年摊征十四五万两，是其证也。嗣后各项陋规历经减免，咸丰五年，尚有河南省河工加价一款，每年应征银四十余万两，着加恩豁免，永不摊征。可见从前岁费之出于民者甚巨，而各治河书之不能详记其数者，为有由也。自光绪十六年许振祎奏请改章，每年以六十万两为定额，二十七年，锡良奏减为五十万两。宣统二年，吴重憙又奏减为四十一万三千余两。民国迭经改组，定为四十二万元，总、分局各费及饷项购石均在其内，比之光绪改章又减半矣。近因库款空虚，不能按时拨发，自民国十年以来三四年间，积欠至百万余圆。应修之工、应购之料辄以无款不能进行，设有贻误，谁能执其咎哉！

卷九

文武员弁　兵夫附

治水之官尚矣！少皞氏有子曰脩、曰熙，相继为玄冥。《月令》曰："其神玄冥。"《左氏传》曰："昔金天氏有裔子曰昧，为玄冥师，生允格、台骀，台骀能业其官。"舜命禹作司空，使平水土；命益作虞，以掌山泽，司空之职，至于周未改。《周礼》又有川衡泽虞，春秋各国尚有虞人。秦汉以来有都水之职，主灌溉陂池，保守河渠，太常三辅皆有其官。武帝尤重之，增左右使者，使统其任而居其事者，莫不明于《禹贡》之学，刘向、平当其尤著者也。刘向以知《书》为三辅都水都尉，平当以明《禹贡》领护河堤。又有水工之徒，以佐知其利害。自是之后，名称益繁，兼及文武，文图方略，武司工程，分任其劳，合奏其绩。历稽史传以溯其初，俾览者有所考焉。

历代官制及名称

汉之水衡都尉，本主上林离宫燕休之处，有丞五人。后汉光武省之，并其职于少府。每立秋貙刘[1]之日，辄暂置水衡都尉。事讫省，凡都水皆罢之。河渠堤防之职不常设官，有事则置，事讫则省。

河堤使者：汉宣帝时，以王延世为之。治河专官始见于此。

按：武帝元光中，河决瓠子，使汲黯、郑当时兴人徒塞之，皆以他官兼领，非专职也。地节中，光禄大夫郭昌使行河亦然。至王延世乃为专官矣。

主簿：汉王尊为东郡太守，河水泛浸金堤，尊率吏民投沉白马祀水神、河伯，请以身填金堤，因止宿堤上。吏民数千万人争叩头救止，尊终不肯去。及水盛堤坏，吏民皆奔走，唯一主簿泣在尊旁，立不动，而水波稍却。主簿之（各）〔名〕始见于此。

河堤都尉：成帝鸿嘉四年，河水溢，河堤都尉许商与丞相史孙禁共行图方略。

使领河堤：哀帝初，平当使领河堤。

长水校尉：王莽时，有长水校尉平陵关并。

将作谒者：明帝永平十二年夏四月，遣将作谒者王吴作汴渠，自荥阳至于千乘海口。

河堤谒者：顺帝阳嘉三年，河堤谒者王诲。

魏亦有水衡都尉，主天下水军舟船器。按：此虽水部之官，而非专

[1] 貙刘　立秋日皇帝检阅武官战斗之仪式。

掌河务。

晋武帝省水衡，置都水台，有使者一人，参军二人，盖亦丞之职任。掌舟航及运部。而河堤为都水官属，有参军二人，谒者一人。元康中，复有水卫都尉，《元康百官名》及《晋起居注》曰：“陈慎、戴熊俱以都水使者领水卫都尉。”江左省河堤。

都匠中郎将：晋武帝泰始三年，遣都匠中郎将河东乐世帅众五千余人修治河滩。

都水官：晋华峤奏浚导河渠，巡禹之旧迹置都水官，事多施行。

后魏有水衡都尉及河堤谒者、都水使者官。

北齐亦置二使者。

司水大夫、小司水上士：后周置。

都水监、都水少监：隋废都水台入司农，寻复置为监。炀帝加置少监，并为令领舟楫、河渠二署。

都水令、都水使者：唐置都水台，后为都水监，置令隶将作。贞观中，复置都水使者二人分总其事。神龙元年，不属将作，领舟楫、河渠二署。

《五代史》无《职官志》。[1] 晋天福二年四月，诏令后沿河逐处观察防御使、刺史等，并兼河堤使名额任差遣，选职员分劈勾当，有堤堰薄怯，水势冲注，预先计度，不得临时失修防护。

河堰牙官：《五代史》唐臣《萧希甫传》：“河堰牙官李筠告本军谋反。”

宋都水监判：监事一人，同监判一人，丞二人，主簿一人，掌内外河渠堤堰之事。输遣丞一人，主外治河埽。或一岁、再

---

[1] 《新五代史》无《职官志》，而《旧五代史》卷一九四有《职官志》。

岁而罢，其间有诸知水政或至三年者。元祐时，南北外都水丞依元丰法，通差文武官一员。凡河防谨其法禁，岁计刍楗之数。前期储积以时颁用，各随其治地而任其责。兴役以后月至十月止，民功则随其先，毋过一月。若导水溉田及疏治壅积为民利者，定其赏罚。凡修堤岸，植榆柳，则视其勤惰多寡以为殿最。南北外都水丞各一人，都提举官八人，监埽官百三十有五人，皆分职任事。

河堤使：宋太祖乾德五年正月，诏开封、大名府郓、澶、滑、孟、濮、齐、淄、沧、棣、滨、德、博、怀、卫、郑等州长吏，并兼本州河堤使。

河堤判官：开宝五年三月，诏自今开封等十七州府各置河堤判官一员，以本州通判充，如通判阙员，即以本州官充。

巡河主埽使臣：太宗淳化二年三月，诏长吏以下巡河主埽使臣经度巡视河堤。

巡河供奉官：淳化四年，巡河供奉官梁睿请于迎阳凿渠，帝许之。

转运使、转运司、都转运使：真宗大中祥符八年，京西转运使陈尧佐议开滑州小河分水势，遣使视利害以闻。又，仁宗天圣八年，诏河北转运司计塞河之备。又，嘉祐五年七月，都转运使韩贽言，四界首古太河所经，即《沟洫志》所谓平原金堤开通，大河入笃马河，至海五百余里者也。乃上四界首《二股河图》。

修河钤辖：真宗天禧三年，河决滑州，命邓守恩为修河钤辖。又，仁宗庆历中，张惟吉〔为〕修河都钤辖。

修河都监：仁宗天圣初，议塞滑州决河，以张君平习知河事，命以左侍禁签书滑州事兼修河都监。

管勾沟洫河道：天圣初，诏畿内及近畿州县长吏，皆兼管勾沟洫河道。

南作坊副使、北作坊副使：李神祐于真宗太平兴国六年滑州治河防，为南作坊副使。李渭官太常博士，于仁宗天圣初上治河十策。诏换为北作坊副使，与张君平并为修河都监。

总河：总河之名始见于此。天圣初，鲁宗道以参知政事总河事。

提举河渠：至和二年十二月，以殿中丞李仲昌提举河渠。

三司河渠司：嘉祐三年十一月己丑，置都水监，罢三司河渠司。《河南通志》云罢都水监河渠司，疑有误。

都水监丞：神宗熙宁元年七月，都水监丞李立之请于恩、冀、深、瀛等州，创生堤三百六十七里以御河。

疏浚黄河司：熙宁六年四月，始置疏浚黄河司，差范子渊都大提举，奉给视都水监丞司，行移与监司敌体。

都大制置河防水利司：程昉初为河北屯田都监，累迁达州防御使、制置河北河防水利御史，假朝廷威福恐动州县。王安石以昉知河事，故加任使。后觉其虚诞，疏之，以忧死，遂罢都大制置河防水利司。

修河司：哲宗元祐四年八月，李伟乞复置修河司。从之。五年九月，中丞苏辙乞速罢修河司。

南外丞司、北外丞司、南外都水、北外都水：元祐七年四月，诏南北两外丞司管下河埽，今后令河北、京西转运使副判官、府界提点分认界至，内河北仍于衔内带兼管南北外都水公事。

专功提举河事：元符三年三月，徽宗已即位。以张商英为龙图阁待制、河北都转运使，兼专功提举河事。

北外都水丞司：七月，复置北外都水丞司。

金都水监掌川泽、津梁、舟楫、河渠之事，兼勾管沿河漕运事。官有监、分治监，专规措黄、沁河，卫州置司。都巡河官，从七品，掌巡视河道，修完堤堰，栽植榆柳。凡河防之事，分治监、巡河官同。

诸都巡河官掌提控诸埽。黄汴都巡河官居河阴下六处：河阴、雄武、荥泽、原武、阳武、延津。黄沁都巡河官居怀州下四处：怀州、孟津、孟州、城北，兼沁水事。卫南都巡河官居新乡下四处：崇福上、崇福下、卫南、淇上。浚滑都巡河官居教城下四处：武城、白马、书城、教城。余八处在山东。凡二十六埽，各设散巡河官一员，凡巡河官皆从都水监廉举。

都巡河官、散巡河官：已见上。

京埽巡河官：世宗大定十九年九月，设京埽巡河官一员。先是，祥符、陈留黄河堤道四十余里，以县官摄其事。南京有司乞专设埽官，从之。

都水少监：大定二十六年八月，河决卫州。命户部侍郎王寂、都水少监王汝嘉驰传措画备御。

提举河防事、管勾河防事：大定二十七年二月，御史台言："自来沿河京府州县官坐视管内河防缺坏，特不介意。若令沿河京府州县长、贰官皆于名衔管勾河防事，如任内规措有方，能御大患，或守护不谨，以致疏虞，临时闻奏，以议赏罚。"上从之。仍命每岁将泛之时，令工部官一员沿河检视。于是以南京府及所属延津、封邱、祥符、开封、陈留、胙城、杞县、长垣，归德府及所属宋城、宁陵、虞城，河南府及孟津，河中府及河东，怀州河内、武陟，同州朝邑，卫州汲、新乡、获嘉，徐州彭城、萧、丰，孟（津）〔洲〕[1] 河阳、温，郑州河阴、荥泽、原武、汜水，浚州卫，陕州阌乡、湖城、灵宝，曹州济阴，滑

[1] 据上下文改。

州白马，睢州襄邑，滕州沛，单州单父，解州平陆，开州濮阳，济州嘉祥、金乡、郓城，四府十六州长、贰皆提举河防事，四十四县令、佐皆管勾河防事。

元都水监掌治河渠，并（提）〔堤〕防、水利、桥梁、闸堰之事，官有监二人，少监一人，监丞二人，经历、知事各一人。领大都河道提举司，有提举、同提举、副提举各一人。又，至正六年五月，以连年河决为患，置河南、山东都水监以专疏塞之任。九年，又立山东，河南等处行都水监。十一年，立河防提举司，掌巡视河道，隶行都水监。十二年，添设判官二人。十六年，又添少监监丞、知事各一人。

河道提举司、河防提举司：已见上。

都水监丞：元世祖至元九年七月，卫辉路新乡县广足仓南河北岸决，委都水监丞马良弼与本路官同诣相视，差丁夫并力修完之。

管河渠使、河渠副使：至元十九年四月，设怀孟路管河渠使、副各一员。

成宗时，尚野为怀孟河渠副使。

都水监卿、都水分监：仁宗延祐元年八月，河南等处行中书省言："黄河为害，宜委请行省官与本道宪司、汴梁路都水分监官及州县正官亲历按验，从长讲议。"由是委太常丞郭奉政、前都水监承边丞务、都水监卿朵儿只、河南行省右丞本通、廉访副使站本赤、汴梁判官张承直，上自河阴，下至陈州，与拘该州县官一同沿河相视。奉政、承务、承直，皆官阶，非人名也。于此可见《元史》之疏。

行都水监、兼知河防事：泰定帝泰定二年二月，姚炜以河水屡决，请立行都水监于汴梁，仿古法捍备，（乃）（及）命濒河州县正官皆兼知河防事。从之。

都水：顺帝至正八年二月，以贾鲁为都水。

总治河防使：至正十一年四月初五日，下诏中外，命贾鲁以工部尚书为总治河防使，进秩二品，授以银印，发汴梁、大名十有三路民十五万人，庐州等戍十有八翼军二万人供役，一切从事大小军民官咸禀节度，便宜兴缮。

明都水监属工部，典川泽、陂池，岁储其金石、竹木，以时修其闸坝、洪浅、堰圩、堤防。凡诸水要会，遣京朝官专理以督有司。役民必以农隙，不能至农隙则僝工成之。永乐元年，遣尚书治河。自后，间遣侍郎、都御史。成化后，始称总督河道。正德四年，定设都御史。嘉靖二十年，以都御史加工部职衔，提督河南、山东、直隶河道。隆庆四年，加提督事务。万历五年，改总理河漕，兼提督事务。八年革。

官河参议：明英宗天顺七年二月，河南布政司照磨金景辉考满，至京奏黄河事。章下工部，以其言颇合时议，请敕吏部如例升擢。即命其往同河南管河参议何升，如其言而行之。

总理河道：孝宗弘治五年八月，命工部左侍郎陈政兼都察院右副都御史，总理河南等处河道。敕曰："朕闻黄河流经河南、山东、南北直隶平旷之地，迁徙不常，为患久矣！近者颇甚。盖旧自开封东南入淮，今故道淤浅，渐徙而北，与沁水合流，势益奔放。河南兰阳、考城，山东曹县、郓城等处俱被渰没，势逼张秋运道。潦水一盛，难保无虞。廷臣屡请修浚，且言事连四省，不相统摄，须得大臣总理，庶克济事。今特命尔带同本部员外郎陶嵩、署员外郎事张谟前去，同各该巡抚、巡按督同布、按二司，及直隶府卫掌印并管河官员，自河南上流及山东、直隶一带直抵运河，躬亲踏勘，计议何处应疏浚以杀其势，何处应修筑以防其决。会计桩木等料若干，着落各该军卫有司措办。然后相度事势缓急、工程大小，起倩附近军民，相兼在官人夫，趁时用工。务使民患消弭，运道通行，不可虚应故事。然此系国家大计，凡事有相关，及敕内该载不尽者，听尔计议停当，便宜而行。文武官职敢有怠慢误事者，轻则量情责罚，重则文职五品以下径自送问，四品以上并方面军职参奏。尔受兹重托，尤应昼夜筹画，勉图成功。仍当抚下人，使皆乐于趋事，则工易完而人不怨，斯无负委任，其勉之，故敕。”

管河郎中：弘治六年二月，陈政卒，管河郎中陈绮请仍遣大臣总其事。

管河副使：弘治十一年十二月，河南按察司管河副使张鼐请于武陟木栾店凿渠，下接荆隆口。

管河主簿、判官：世宗嘉靖八年十二月，总理河道侍郎潘希曾言：“河南仪封县河患已宁，管河主簿宜革。孙家渡口已浚，通请于郑州增设判官一员，专驻其地以防复淤。”工部覆议，从之。

总督河道：总督始见于此。嘉靖四十二年四月甲寅，升总督河道都察院右佥都御史王士翘为右副都御史，提督南京粮储。

按：明时总河自成化后即称总督河道，万历时改称总理河漕。而《河南通志》仅于嘉靖时之盛应期、连矿、胡松、王士翘、吴桂芳、陈尧、李迁、潘季驯八人称总督河道，余则皆称总理河道。万历初，于傅希贽则称督理河道。泰昌时，已改称总理多年，而于王在晋又忽称总督河道。在当时有此二称，或不免于相混。至笔之于书，则当各审其实也。后所列表悉为正之。

提督军务：穆宗隆庆四年四月，以兵科都给事中温纯言，更命河道都御史加提督军务职衔，以南直隶之淮（阳）〔扬〕、颍徐，北直隶之大名、天津，河南之睢陈，山东之临沂及添设曹濮道各兵备官属焉。

八月，起原任都察院右副都御史潘季驯总理河道，提督军务。

勘河给事中：神宗万历二十年八月，勘河给事中张贞观题：会总河尚书舒应龙、总漕陈于陛、巡按御史高举、彭应参、王明，勘黄、淮达海工费。

管河主事：万历二十五年三月，赠管河主事袁光宇太仆寺少卿，以其治河积劳也。

管河参政：万历三十五年十月，以河工告成，纪录管河参政顾三凤，罚治（兖）〔兖〕州同知许仲誉，从总河曹时聘请也。

管河道、管河同知：万历四十四年八月，河决陶家店、张家湾，水由大堤、陈留等处入亳州涡河。带管河道陈荐命河南管河道全良范、管河同知徐可大挑河挽水。本年冬，决口淤平，全筑大坝，河流复故。《通志》在四十三年。

清设河道总督一员，总理黄、运两河事务，驻扎济宁州。康熙十六年，以江南河工，移驻清江浦。雍正二年，以河南武陟、中牟等堤工紧要，设副总河一人，驻扎济宁州，总河兼理南、北两河。七年，改副总河为总督河南山东河道，分管南、北两河。初，南北两总河并兼兵部尚书右都御史衔。乾隆四十八年奉旨，以总河无地方之责，况又有道员升署及简擢，初任之员，嗣后但给与兵部侍郎右副都御史衔，著为令。雍正八年，置河道十一人，河南开归陈许道驻开封，彰卫怀道驻武陟，河南二道兼掌河帑之出纳。管河各官，开归道辖上南河、下南河同知二人，仪考、商虞通判二人，十二汛州判一人，县丞七人，主簿四人。彰卫怀道辖怀庆黄河、开封上北河、下北河同知三人，彰德河务、卫辉盐河、怀庆河务、曹仪河务通判四人，二十汛县丞八人，主簿十人，巡检二人，又，林县管河典史一人。

武职：河南豫河、怀河二营守备各一人，协办守备各一人，千总四人，把总三人。凡河营，参将以下皆掌河工调遣及守汛防险之事。苇荡营，参将以下掌采苇芦，以供修筑堤埽之用。豫河、怀河二营辖七汛，千总四人，把总三人。铜瓦厢决后，同治二年裁兰仪、仪睢、睢宁、商虞、曹考五厅于左。

副总河：清世宗雍正二年四月，命兵部侍郎嵇曾筠为副总河，驻扎武陟县地方，专管河南河务。今按：《河渠纪闻》言，副总河专管北河，兼管山东、河南河务。就近拨河南抚标守备一员，千总一员，把总二员，马步兵丁一百名，听其差遣，按季换替。

按：此东河分治之始也。河南居江南上源，工要于下，非设官分治，有鞭长莫及之势。地方兼理修守，至紧要机宜，或以未能谙悉致误。马营诸口之决始于秋水骤至，承平日久，老堤无工之处防守不到，未能烛于几先，水得乘隙以攻其无备。是时，拨河南抚标守备一，千总二，马兵百名；南河营调千总二，把总四，河兵千名，听候差遣，分派南北两岸住堤防守，粮饷由河南藩库支给。添设开封府上南河、上北河、黄沁同知各一员，沁河主簿一员，分司协理，规制略备矣。

协理河务：雍正六年五月，命左佥都御史徐湛恩协理河南河务。

河道总督：雍正七年三月，改河道总督为江南河道总督，调广东总督孔毓珣补授；改副总河为河南、山东河道总督，以嵇曾筠补授。

是月，以副总河为河东河道总督，将山东境内连河一并管辖。分河道为三：南河总督驻清江浦，东河总督驻济宁，又设直隶河道总督，驻天津。

《河渠纪闻》曰："此三河分治之始也，明时以界连四省，不相统摄，令格不行，选风力大臣出镇，仍复纷如。至此画疆分治，仍咨询商榷，无畛域之分，所以并治也。北河事简于东、南二河，直督兼理其事，统于一矣。"按：此称未确，北河即指河南、山东，对江南言之也。八年十一月，始设直隶河道水利总督。后人别于东河、南河，称直隶为北河，始有三河之目。

设置裁改

元顺帝至正二十六年二月，立河淮水军元帅府于孟津县。明世宗嘉靖八年十二月，裁河南仪封县管河主簿，增设郑州判官，驻孙家渡口。

穆宗隆庆六年七月，吏部覆朱衡等奏守河事宜：一议官守，一议久任。言管河官员防守修筑必经岁月，驻汛地方以便责成。新添河堤计长三百七十里，每六十里用官一员，俱以州判、县簿领之。又添设府同知一员，与管河通判均分调督。如遇有急，互相协理。其每年修河著有成效者，年终荐举纪录，次第迁秩。如管河主簿则升管河县丞，县丞升州判，州判升州同，州同升通判。其系科目者，管河通判则升同知，同知升佥事，递升参议、副使、参政、按察使、布政使。累著成效，则直以总理河道大用之。久其任则河务愈精，久其官则河臣益劝。衡等所陈诚为确论，诏行之。

是年，添设河南副使一员，给敕专管黄河修筑堤岸。

神宗万历十五年十月，大学士申时行等题："今年河流散漫，自开封、封邱、偃师等处及直隶东明、长垣地方，多有冲决。失今不治，明年河水再至，势将北徙，上流不下徐淮，则运道甚可忧虑，此不可不急为之图也。查先年设有河道都御史，凡河南、山东、南北直隶河漕经行之处，皆属统辖。近来裁革此官，分属各巡抚管理，责任既分，事权不得归一。今黄河冲决多在河南，余流所及又在直隶，若冲安平、曹、濮，又在山东。各该巡抚虽已委官相视，画地修筑，然或彼此不相照应，万一推诿，必致误事。臣思河道未至大坏，不必复设都御史，但差风力老成给事中一员，往河南等处踏看冲决处所，稽查各该管河官员，就便催督兴工。各处钱粮，会同巡抚官随宜调拨，期以初春起工，夏间毕事。即伏秋水发，河流不至北徙，徐淮以下自然安流，而运道可保无患矣。”

是日，传谕工部：“朕闻河南等处地方黄河漫流，先年旧堤多被冲决。即今曾否修筑？未见奏报。着各该抚按官督率管河官员用心经理，还选差风力老成给事中一员，前去各该地方踏看，并催督工程。如有怠玩旷职，推诿误事，以致妨害运道者，即指名参奏拿治。”

万历十六年四月，直隶巡按御史乔壁星奏河道冲决为患，请率旧典复设专官以一事权。盖自来治河止于除害，我国家仰给东南，岁输四百万石，自淮至徐实借河利，顾溃决浅涩之患往往有之。永乐九年，分设部司督理，或命部院大臣往视，事已辄罢。正德四年，乃议专设宪臣为总理，河南之开封、归德，山东之曹濮、临沂，北直之大名、天津，南直之淮扬、徐颍，咸属节制，建牙如督抚，重河防也。然理河者不复虑漕，而理漕者亦不复虑河，则亦专设河臣之衅矣。万历五年，偶因两臣意见相左，遂并河于漕。在河南、山东、北直者，以巡抚兼领之，责分而官无督，故修浚之功怠于无事，急于临渴，河患日深。顷者，勘科常居敬亦有专设大臣之议：“非直备官，要在得人。

试按嘉靖以来，河渐北徙，济宁以下多淤。而刘天和之修筑鲁桥，朱衡之开通南阳，潘季驯之浚刷崔镇，河道赖之，此专设得人之明验。”疏下，部覆如议。上命督河再设，以老成才望者任之。

十一月，河南巡按御史王世扬奏：“河南境内，黄河自潼关至归德、开封等处奔流二千余里，去总河督臣甚远，利害之切，见闻之近，必先抚臣。宜于抚臣敕书增兼理河道一条，与督臣协同行事。”诏从之。

十二月，添设河南开封府同知一员，驻扎荆隆口。祥符县丞、荥泽主簿各一员，专管河务。

是年，都给事中常居敬上《河工大举疏》云：

“一、责成正官以便查核。臣等窃维设官定制，在府、州、县虽有清军、管粮、捕盗、理刑、管河等官分任佐理，而兼总条贯则掌印官事，非谓各官之外，掌印官全无相干也。故一州县之中河渠要害，孰非正官之所当料理防守者？况中州生灵命脉系于黄河，可以正官而漫不关心乎？乃向来河务，该道止行文府管河官，府管河官止行文州县管河官，而该府州县全不经由。故问河水冲决，非不曰某州某县之某口决也。问应派人夫、应动钱粮所以治其决者，则曰有管河官在，非本州本县事也。不知河患关系民瘼最切，不此之究，而徒诿之于一二佐贰，彼其威令不行，召集人夫既多阻挠，操持不定，动用钱粮又难清楚。况修理工程必动钱粮，管河官身任其事，则钱粮自有粘带。每年会计，既令其查议矣。乃年终核实，亦令其自为而自核之。无论工程虚薄，钱粮冒破，无由而觉。即工程坚固，钱粮明白，谁则信之？是尤不可解也。合无自后申饬各府州县掌印官，凡遇河务，虽有管河官专管，至于催趱人夫，发给钱粮，各掌印官务破积习，协心共济。其会计工程，亦与管河官会同估议。每年河防毕日，该道将各掌印管河官分别勤惰，开呈两院量行奖戒。如此，则精神流贯而法亦昭明，责任各专而功可永赖矣!”奉旨:“依议，着实行。”

又，《酌议河道善后事宜疏》:

“一、复河臣以一事权。先年设尚书侍郎或都御史一员总理河道，以故事体画一，兴作甚便，议定而行，无敢格者。诸臣经略之迹，至今班班可考。乃迩年罢去不设，归诸总督漕运，而各省则令巡抚兼之。不思河道变迁常在指顾呼吸之顷，非专一则牵制而难行，非身亲则怠缓而误事，稍顾忌则龃龉而败绩，或犹豫则后时而罔功，此其所系何如者！至于各巡抚专制一方，辨官邪，审刑名，稽钱谷，理盐盗，日不暇给，乃欲出其什一以办河务，其将能乎？非独此也。河南之令不能行于山东，山东之令不能行于淮扬。即一举而可以垂永利，此最忠国便计，而各省牵连，甲可乙否，卒以愦惋而止。至于气脉不贯，事体抵牾，此其害未可一二言也。禹平水土，稷教稼穑，未闻兼理，奈何令并漕运、河道而兼之也？即令督臣初任，总理方新，才品卓然，足以胜此，但以河道事理论之，仍当专设总督重臣，庶权不分而事易集矣。

“一、定贤否以便责成。照得东南之所急者，无大于河漕。而所以重河防而责成效者，无过于贤否。今时河道督臣总理于上，部司分理于下。乃各府佐官，则专率州县管河判官、主簿听候部司分委，办料兴工。且吏部给与文凭填注专管河道，不许营求别委，法甚善也。乃贤否则各衙门主之，而部司不与焉。夫河道艰虞，脱有缓急，若救火追亡犹恐弗及，乃部司曾不得操赏功酬劳之权，是求前于却欲责其功力，难矣！以故别衙门、执贤否以便差委，而各官以或冀差委以图亲信，反视河道若骈拇枝指。然及溃决而图之，已无及也。合无查照清江造船厂官事例，凡系管河官专属河道，部司年终考核分别贤否，径呈督抚咨部施行，不许别谋差委。及查滨河处所，俱有各官公署，仍量行修理，常川驻扎，毋使混居府城以妨职业。庶贤否定而人心趋，责成专而分理便矣。”

万历三十年六月，工部尚书姚继可覆山西沁州知州俞汝为条陈河务：一、沿河任事之责宜均。夫河南、山东、凤阳巡抚俱兼河务，中河、南河、张秋、夏镇泉闸俱系管河，特以事权不一，设总河都御史节制之耳！今秦越其心，独累总河，以致物故者、削夺者后先相继，而总河遂为陷阱。请申明玺书，各处有河地方分任其责，功罪一体，庶同舟之念自专，而事可永济。

万历三十一年二月，吏部言总河曾如春疏河工切要三事：一、示激劝。现任河工州县正官着实分别举劾。一、明职掌。河上委员专以该管河道为主，别道不得干预。一、设赞画二员。比东征事例。

四月，工部尚书姚继可题：“总河应照边镇事体，令江北、河南、山东等处巡抚官悉听节制，载入敕书，一体遵行。其藩臬有司有所推举，抚按衙门相同，俱准正荐。玩忽不遵者，不时参治。”从之。

庄烈帝崇祯五年，工部尚书曹珖覆河南巡按李日宣条议河道四款。

一、为职掌宜明。从来印官、河官均任河防，责原相等。按臣议印、河分任职掌，以各按功〔罪〕，不惟交制，且以相济，从前诿卸之习，今始可以尽破。至中州之河道，即运河之部臣，一切防河事宜尤应躬亲督核。

一、议迁改河官。防河重在秋水泛涨之时，呼吸安危顷刻而判。此后道臣升迁务在冬季之后，期于不误秋防。至河厅河厅始见于此。设立同知、通判从来已久，其升迁选授当一遵此法，不致大相悬绝。可之。余分见物料、夫役门。

清世祖顺治四年五月，工部覆总河杨方兴为《分司权轻，判、簿职微，祈严饬道、印各官毋误河工事》："看得河道修浚工程，责任料理在分司佐贰，其地方夫役、治办物料皆赖道府州县正官。故前朝议定，凡有河务者，年终列名考成。如或有误，一体题参，移咨吏部，按以降调黜革戴罪之例。今总河臣具题道、印等官视河务非己任，而整饬措置之责全不料理，卸担于分司佐贰，以致漕河废弛已极，请饬前来。伏乞敕下臣部，咨行山东、河南督抚按衙门，严行申饬各道府州县印官照依往例，务要同心协理，无误河务。如有仍前故违，许该督抚按指名题参，请旨治罪，庶人心知警而河道有赖矣。"

顺治十年正月，工部覆总河杨方兴为《河患日亟，夫料日艰，请复旧规责成印官募官办料以济急工事》："看得治河要务全在责成得人，今据总河臣疏称欲以修筑责之河官，募办责之印官，且照新增之数，夫给现银，料给现价，于治河各官功罪相同，鼓舞有法，河工吃紧无出于此。应请敕下总河臣会同督抚按，严行司道府县印官，嗣后凡系河务，俱要印、河等官相佐为理，不得推诿，永着为令。如有故违，听河臣指名参处。"奉旨："依议行。"

顺治十六年三月，吏部覆总河朱之锡为《申明激劝大典事》。疏称："今十五年，河工久已告竣，合无仍遵前旨，令臣照例分别举劾以示惩劝。管河佐贰等官亦应量择其尤，另疏荐录。至于贪婪不职，一概题参等语。查河臣专司河道，原就本年浚筑之勤惰别其臧否。若概停举劾，则管河之官无以劝惩。相应如其所请，照旧举行。至管河佐贰等官职虽微，其河工之责成颇重。如有勤劳尽职者，应行荐举，宁严毋滥。其贪婪不职者，一体题参。”奉旨：“依议。”

圣祖康熙元年十月，议令督抚责成各州县，专以修护堤防为急务。其有冲决，年终造册报部以定考成。

康熙二年十一月，总河朱之锡题请复河差三年旧例。疏云：黄、运两河上关转漕通塞，而民生安危亦于此焉攸寄。其间修防之方略异致，节序之流转相催，即使明敏之官，亦必得身亲历练，然后当机应变，施措咸宜，无贻事后之悔。以故前明河臣潘季驯有管河分司三年一换犹恐不能观成，请以六年、九年为满。而科臣尹瑾复以管河司道等官遇三、六年考满，加衔照旧管事与破格超迁之议。此皆昔日慎重其事，以为不若此诚不足以专责成而期实效，载在河防刻书之中，历历可考也。即我朝前河臣杨方兴于顺治十四年四月内，亦具有请复河差三年旧例一疏。臣于顺治十六年正月内，复具有《慎重河工职守事》一疏，俱经部覆，奉有（俞）〔谕〕旨遵行在案。今因六部司官轮流升转，又兼满汉并差，议将管河分司亦改为一年更替之例，敢不钦遵成命？第河工关系既重，水性变迁争在呼吸，又与他事不同。若一年一换，初则生手未谙，茫然无措，及至稍知头绪，而差期已满。年复一年，岂免贻误？合无仰请皇上轸念两河重寄，或将兼管钞务所差满官一年一换，其管河分司汉官仍遵前旨三年一换，差内暂停迁转，俟其回京考核之后，准与叙升。既于新例无碍，而国计民生可以收驾轻就熟之效，所裨河政非浅鲜也！

康熙十七年，命撤回南、北、中河三分司部员。其河道工程，委该地方监司府佐贰管理，命豫省岁修工程责成河南巡抚。

康熙二十四年九月，总河靳辅、巡抚王日藻会疏称：“河道全资修守，而修守专赖得人。黄河两岸堤工绵远，一官难以兼顾。今应裁去济源县主簿一员，改为兰阳县管河主簿，与该县县丞分防两岸堤工。裁虞城石榴堌驿驿丞一员，另添设虞城县管河县丞一员，与该县主簿分防两岸。至阳武县主簿，止可专管北岸堤工，其南岸堤工应归该县县丞就近管理。又，原武县主簿既专管北岸堤工，其南岸止有六百余丈，不便添设一官。查此工程现在郑州地界，应归郑州州判兼管。至于考城北岸堤工，界连山东省曹县境内，即归并曹县就近修防。又，山东单县南岸堤工错杂于河南省虞城县境内，应换归虞城县就近修防，俟堤工修完之日更换。”从之。

靳文襄公《治河书》❶曰：“两河襟带数千里，赞襄戮力全在大小群有司。必使人如臂〔使〕❷指，而后其令行；必使人无观望，而后其心一；必使人知惩劝，而后其力殚。往时河工设分司四员，以部郎领其事，三年一易以为常。夫部郎之亲民也，视郡邑有间，举事率多格滞。且以年之有限也，往往履任之初皆疏迂❸，及车轻路熟，又以瓜期去，故请撤部郎而归之监司郡丞。盖监司郡丞之于郡邑，呼吸一气，公事易集，且可遴选其诸练者以名闻。又绵其岁月，责其成功，是以吏习民安，而政克举。然大工庞杂，又非数郡丞可理，故又分设监理、分理，画疆责任。俾各专其事，展其长，以课其殿最，而黜陟行焉，

❶ 此书全称为《治河奏绩书》。

❷ 清文渊阁四库本《治河奏绩书》“臂”下有“使”字，据增。

❸ 清文渊阁四库本《治河奏绩书》“疏迂”二字互乙。

而河工无不效力之员矣。”

河南黄河南岸自陕西潼关入阌乡县境，经灵宝、陕州、渑池、新安、孟津、巩县、汜水、河阴，至荥泽县而始有堤工。自此而郑州、原武、阳武、中牟、祥符、陈留、兰阳、仪封、考城、商邱、虞城，至江南之徐州砀山县界。北岸自山西垣曲县入济源县境，经孟县、温县、武陟，亦至荥泽县而始有堤工。自此而原武、阳武、封邱、祥符、陈留、兰阳、仪封，以至山东曹县界。凡系开封府者，属南河同知管辖，北岸属河北同知管辖。系归德府者，南岸属归德府管河通判管辖，北岸系山东曹、单二县界，属兖州府管河同知管辖。又，沁河一道，属怀庆府管河通判管辖。

清顺治初，设河南管河道一员，驻扎开封。康熙五年裁，九年复设。开封府南河同知一员，驻扎本府，专管南岸河务。康熙七年裁，归清军同知，九年复设。开封府北河同知一员，驻扎祥符县陈桥镇，专管北岸河务。归德府河捕通判一员，驻扎考城，专管归德属河务。康熙七年裁，九年复设。又，商邱、虞城、考城三县管河主簿各一员，怀庆府粮河通判一员，驻扎本府。河内、武陟二县管河县丞各一员。

卫河分司驻扎辉县，顺治十三年，差汉官司一员。本年裁，归卫辉府同知兼理。十四年复差，三年更代。康熙四年裁，归分守河北道及卫辉府通判管理。六年，裁河北道，令通判专理。九年，复设河北道。

世宗雍正二年正月，嵇曾筠奏，堤工既经修筑坚固，防守必须能员。临河各堤仍令管河厅汛驻扎本汛近堤之处，早晚巡防。不许仍前远驻府县城内衙署，致水发抢护鞭长莫及。自今河南厅汛官员，应令总河巡抚不拘资格，拣选熟谙能员题补。

保固工程三年限满，该督抚各题，准其应升之缺即用。如有怠误，不时查察。其太行大堤应令州县照所管之地不时巡防，遇风雨水涨时严加防护，不许奸民盗决堤工。如有盗决者，严加治罪。其失于巡防之地方官并隐匿不报之道厅等，俱照例严议。

雍正七年闰七月，添设怀、豫两河营守备二员，凡一应修筑事宜，令督率千、把总堵筑防护。其所添守备员缺，令督臣于河营千总内拣选在工年久、熟诸河务者，照例题补。

高宗乾隆元年十一月，罢河东副总河不设。

乾隆七年，刑部侍郎周学健奏请裁撤河东总河并添设之厅汛各官，效力人员量留数员，余尽裁汰，悉归南河总理。一切修防事宜，抚臣会同河臣定议，办料拨夫责成地方官专司其事。厅道监督工程，裁减岁、抢修各费。山东以上运道，专责地方官办理。奉朱批："交大学士、九卿议奏。"

白钟山奏称："臣委任总河八年于兹，河工情形无不身亲目睹。熟虑深思，窃以为总河可裁也，添设之厅汛官、效力人员不可尽裁也；办料拨夫责成地方官可也，裁减岁抢修各费不可也。请以今昔情形言之，即如康熙六十年，河决原武之詹家店、马营口、魏家口等处，合流直注山东寿张县沙湾入运河，泛滥四出，漕运几梗。黄水经过，直隶、山东皆受其害。费帑不（不）〔下〕[1] 百万，仅能塞之。六十一年，又决于钉船帮，由李先锋庄逼马营口，堤裂二十余丈。又决秦家厂，钉船帮大坝陷四十五丈。乃于王家沟、官庄峪挑引河二道，水势稍平，始得相继筑塞，雍正元年正月报竣。而是年，武陟姚其营、梁家营、二铺营及詹家店、马营口又漫坍八处，中牟县十里店、娄家庄

[1] 《河渠纪闻》嘉庆霞荫堂刻本卷二一载："黄水经过，直隶、山东皆受其患，费帑不下百万，仅能塞之。"据改。

漫二处，郑州亦决来童寨民堤二处。郑民惶恐，遽挖官堤泄水，冲漫中牟杨桥一带。二年，又决兰阳板厂、仪封大寨，旋塞（施）〔旋〕❶决，再决再塞，绵延至于四载，为费已百万不止。是时，尚未分设河臣，未添建厅汛也。至分设添建以后迄今十余年，未（常）〔尝〕❷有连决数处，淹注数省，绵延数载之事。而周学健乃谓冲决未少于前，险要已倍于昔，殊弗察也。从来河决则水分，水分则流缓沙停，为费无已。故前河臣齐苏勒疏云：武陟决口，河底淤垫已经二年，全河下注，两岸有出水仅尺许者，有与水平者，更有直至两岸堤根宛若湖淀者。据此情形，为患不知何所底止，而十余年来安然无恙。向之搴裳可涉者，今则深不可测矣。向之大堤卑薄残缺者，今数百里一律高厚，屹若坚城矣。向之两岸滩地普漫若湖淀者，今者非甚盛涨不出槽漫滩矣。二渎安澜，历年顺轨。而周学健乃谓河愈治而患未除，是于今昔情形全未稔悉也。黄河自三门七津而下，地平土疏，亿万生灵托命于一线沙堤，非堤何以御水？非埽何以卫堤？河既偏趋，趋南则北淤，趋北则南淤，非相形势挑掘引河，何以挽溜中行？治河惟有补偏救弊之法，昔人常明言之。周学健乃渭筑堤挑引为私智穿凿，是未知治河之成法也。至属员蒙蔽上司，河员喜事纷更，事诚或有。如周学健所言工尚未险，流尚未改，预为张大其词，耸动河臣不得不为上请，言亦太过。如果工未险要，何忍以有用之国帑费于无用之地？况详题则有该管河道，会题则有两省抚臣，岂皆漫无稽察？周学健

❶《河渠纪闻》卷二一载："雍正二年，又决兰阳板厂、仪封大寨，旋塞旋决。"据改。

❷《河渠纪闻》卷二载："至分设添建……尝有连决数处，淹注数省绵延数载之事。"据改。

未尝身历河干，乃以数十年前情事论今日之河工，亦已过矣！修防必需料物，料中秫秸需用最多，历系地方官承办，不论远近概行派拨，亦不发给现价。料户送于数百里外，比至工所，人困牛毙，犹且露处守候，交收无期。自设立河帑，一茎一束皆先给价，而后交料，价银委员赍交各知府转发州县领办，以杜牵混影射等弊。而周学健犹以为扰民，视从前不先给值为何如？至人夫帮筑堤工挑挖引河，皆系按方给价，濒河贫民情愿赴工力作赖以糊口，并非州县派拨。抢险皆跑筐买土，不论时日，一夫到工即按筐给钱，视从前不给价值为何如？至东省运河，从前大小挑时，俱系远近州县派拨民夫赴工协挑。今大小挑俱照从前额定募夫，于正项内分别动给雇募，宽其时日，酌其淤沙厚薄，令长夫尽行挑浚，不烦民力，不增募夫，运河自南至北一律深通，视从前出夫贴钱为何如？今扰民诸弊悉已革除，乃反以为扰，皆言之未得其实也。若谓扰官，殊不知河防、民社原属一体，地方官办料募夫，非有栉风沐雨之劳，履危蹈险之难。周学健既请将办料责成地方官专司，亦未必不扰也。濒河州县本有河道民生之责，河堤冲决堵筑用项销六赔四，定例府县与道厅营汛分赔。深原例意，盖以濒河州县遇抢险运料，集夫呼应较灵，若令优游事外袖手旁观，势必贻误。至新收工程，例厅承修之员保固，地方河员各有承修，各任保固，从未有河员承修，地方官分任赔补之事。此必一二漠视河工之员妄生浮议，故其所言皆与实在情形相左。河工最忌浮言惑众，今以动帑募夫创为扰累官民之言，地方官民势必借为口实，浮议繁兴，自此观望迟延，不至于因循废弛不已，此周学健所言之失当也。”

乾隆八年，白钟山奏覆御史胡定条奏河防事宜。疏略曰：

如奏称河道不宜兼理巡道，黄河险要，河道任大责重，原无余暇。巡道案牍纷烦，顾此失彼，应专其任。查河道、民生本属一体，毋庸歧视。河道所管黄河即其守巡地方，原可就便查办。河道不兼守巡，州县视为不关紧要之上司，呼应不灵。设遇工程险急，大声急呼而夫料不至，贻误河防为患更大。惟遇入闱署印等事，免其派委，伏秋汛内必令住宿河干，冬春盘查一切，不必再添守巡道，致滋糜费。如奏称黄河同知、通判应于河员内选补，州县初任河务，诸事茫然，岂能奏绩？果有熟悉河务能胜任者，预行保举，遇有缺出方许题补。查河员专任修防，州县协办夫料，如果同心协力，何险不平。无如州县中贤愚不一，往往膜视河工，是以历任河臣皆以责成州县为请。

潘季驯疏言：州县正官职专亲民，故民易驱而事易集。奈相沿之弊视河患如秦越，视管河官如赘疣，妨工偾事实因于此。靳辅疏亦云，管河同知、通判、佐杂等官与民绝不相亲，于街坊里下毫不关涉。如拨夫运料等事，安能设施？府州县正印官每膜不相关，无同舟共济之情，掣肘误工不一而足。前副河臣嵇曾筠以印官、河员循资升调，分为两途，即办事同城亦不无歧视，请将沿河府州县升调河工道厅，河工厅汛升调沿河府州县，俾印、河各官协力同心为地方保障。部议准行。此东、豫两省题补河官之始。江南州县调补亦照此例。如此激劝鼓舞，而州县中有志向上者固踊跃奋勉，其好逸苟安者，望升之心犹不胜恶劳畏难之念，彼盖以离衙舍而宿河干，辞家室而伍卒徒，舍乘与张盖之荣，而奔走于炎风暑雨之中？犹且身践危堤，心骇巨浪，稍有疏虞即罹参处，以视州县之安荣，不肯以彼易此。议者犹以河员独膺议叙，州县往受参处分赔。若并此而去之，则迁转无望，其歧视推避又不知若何。至请预行保举，定例河工缺出，先行题署试用一年，经历三汛，果能胜任，方出考题授。如不胜任立即撤回，与预保无异。应请仍照例行。

如奏称河工效力，请照盐大使之例，不加殷实印结。凡候补、候选及因公挂误之员、科甲贡监人等，如有熟悉河务愿往效力者，或本地方官，或同乡官出具印结，河臣考核差委，验其果堪任使，咨部注明，俟三年著有成效，分别补用。查黄河自西至东，运河自南至北，各绵长千有余里，凡排河、筑堤、蹽泉、防险、查工、催料等事，需员差遣，是以历来愿投效者，河臣俱酌量收录。惟因公挂误之员例不准收，盖恐废员得以借工混滥也。至效力之员必须殷实者，则以到工租房、携仆、畜马以候，日用薪米、草料在所必需。奉差则船马、丁仆、盘费更烦，非殷实之家力不能继。州县出具效力河员殷实印结如不确实，照例议处。请嗣后各省愿往河工效力人员，照旗员由本旗都统咨送之例，领取本籍州县家道殷实印结，径赴吏部衙门投递，由部咨送河臣收工差委。到工后著有劳绩，酌量人地相宜分发录用，亦无庸概定以三年纷纷咨送。

如奏称黄河营汛立定处分，请嗣后如全河骤涨，一时人力难施，设堤抢护动用多金，仍照旧例外，傥河水原不十分汹涌，备弁平日懈弛失于检点，以致漂淌糜费，查照漫溢例酌量分赔。查黄河同知、通判承修工程，出入钱粮皆其专责，卷埽、签桩、压土以及浚筑抢护，一切履危蹈险，备弁出力佐理。已修埽工，自应厅员不时检点，岂得委之备弁。设有疏忽，漂淌糜费，惟厅员是问。是以定例止有陡遇冲决人力难施者，厅员按股分赔。其平时漂淌糜费，着落承修厅员赔补，不便令备弁分赔，启厅员推诿废弛之渐。

乾隆二十三年五月，巡抚胡宝瑔奏：“同知、通判有一府两员者，应将所管州县分定，则责成益重，而查察易遍。至州县事务纷繁，临时或难遍及。应将境内各河分派于县丞、主簿、巡检等官随时体察，报明正印，并于道厅往勘时随行查办。秋末春融酌量兴工，分头兼管，庶可同时并集。至各河大者百余里，小者亦数十里，必须民间亦有责成。请每河按照村庄设立渠长，选择诚实干力之人承充。其所管业佃略如保甲之制，并将每河分定里数界限，责令经管。如有淤垫及堤堰残缺者，随时报官，于兴修时即令集夫督修。”

仁宗嘉庆五年五月，谕：“河工省分各设厅汛员弁，专管修防。其地方守令无兼河之责者，原不应派令办理河务。乃闻近来遇有堵筑挑浚大工，多借帮办为名调派州县，令其贴解银两，并将上司应赔工程亦令州县代赔，以致派累百姓，挪移仓库，本任地方职守且多旷废。着直隶、江南、山东、河南督抚及河道总督等通行禁止，嗣办理河工，只准调派丞倅杂职等官，不得再派州县，致滋弊窦。”

嘉庆十九年五月，命李鸿宾为河东副总河。自乾隆元年罢副总河，至是复设。

八月，吴璥奏调南河同知、通判、游击五员，咨调守备、千把总及佐杂十五员，河兵三百名，赴睢工听候差委。

嘉庆二十年正月，吴璥内迁，仍督办睢工，命李鸿宾署河东河道总督。复裁副总河。

嘉庆二十二年三月，谕：“大挑举人原以疏通寒畯，近来各省分发人员渐觉壅滞。朕思南河、东河、北河三处需员差委，若于大挑一等人员内分发试用，俾之学习河务，既可策励人材，亦可疏通额缺。应如何酌定员数，并试用甄别限期及补用缺分章程，吏部详议具奏。”寻议：“照地方一时无相当之缺，准以原衔借补佐贰之例，以管河直隶州州同、州判，府属州同、州判，府经历、县丞等项补用，仍照原衔升转拟定。南河发往三十员，东河二十员，北河十员，给发执照，令其赴工差委。俟一年期满，照例甄别。”奉旨：“此项大挑一等分发河工人员，著令为试用二年，经历六汛后甄别。该河督秉公察看，其能通晓河务者，留工照新定章程分别补用。如河务不能练习而才具尚堪膺民社者，改拨地方仍以知县补用。其迂拘者，以教职改补。”

嘉庆二十四年八月，调南河参将、游击、备弁十员，河兵四百名，续调备弁四员，弁目十五员，河兵二百七十五名，赴河南兰仪漫工听候派遣。

宣宗道光十二年闰九月，谕：“本日据大学士会同军机大臣议奏，京员拣发河工学习工程。河防关系重大，必得通晓熟练之员方有裨益。着于内阁、翰、詹、六部、都察院各衙门不分满汉，择其正途出身、清慎勤敏者，每衙门保送一员，咨交吏部带领引见，候旨发往东、南两河。如不得其人，无庸滥保，并着为两年拣派一次。该员到工后，随同该河督等专心学习估工查料，及一切疏浚堵筑各事宜，不必承办要工，亦不准经管钱粮。并着该河督量才差遣，周历河湖堤堰查勘情形，俾资历练。其有谬妄滋事者，不但该河督应随时参劾，即两江总督、山东、河南巡抚均有兼辖之责，并准其据实劾参，毋稍瞻徇。其黾勉勤慎尚堪造就者，二年差竣，着该河督出具切实考语，送部引见，候旨录用，此系为慎重河务起见。其不谙河务者，准其仍回本任，不准乞恩改补地方。如遇大挑年分，仍照旧例分发试用，着该河督随时甄别。各该员等务须实心学习，期于熟谙宣防，厘工熙绩，以备国家任使。”

道光十五年三月，谕河南巡抚桂良：“河工之要首在破除积习，经理得人。有人奏吴邦庆接任以来，以河南候补同知、通判、试用县丞、候补州同、府经历改拨河工。如果差委乏人，不难奏请分发。乃以地方候补人员纷纷改拨，无非为属员谋缺。地（步）〔方〕历年安澜，保举不过十余员。上年保至二十五员之多，未免冒滥。该抚与吴邦庆驻扎不远，见闻必确。着详晰查明该河督保举有无冒滥，即据实迅速具奏，毋稍瞻徇。”

文宗咸丰十一年四月，河东河道总督由北岸移驻开封。

穆宗同治二年，裁兰仪、仪睢、睢宁、商虞、曹考五厅，及所属十一汛州判、县丞、主簿、巡检等员缺，以咸丰五年六月下北厅兰阳〔铜瓦厢三堡漫口，河流北徙，由大清河入海，旧河干涸故也。德宗光绪七年十一月，吏部奏：通政使司副使张绪楷奏“昔库款充裕时，东、北两河岁发数百万，保奖照军营例，处分亦严。自库款支绌，岁修不及其半，处分亦因之较宽。然使大臣督〕[1] 率有方员弁力加振作，实事求是，涓滴归公，未始不足于用。无如积弊已久，减料偷工视为故事，甚且敷衍蒙蔽，全饱私囊，以致日就废弛，动辄（漫）〔溃〕[2] 溢。当险工迭出之时，不为可虑，转觉可喜，以为获咎不过革职留工耳！不数月间修复即开复原官，依然故我，又可多领帑项，从中侵渔，此其尤堪痛恨者也，非严为惩创不足以示警。应请饬部严定处分，一经革职，永不叙用，并不准留工效力”等语。

查定例：修筑黄河堤岸定限保固一年，修筑运河堤岸定限保固三年。如黄河堤岸于半年内，运河堤岸于一年内冲决者，

[1] 据1926年刊本《豫河续志》卷九《沿革》补。

[2] “漫”当为“溃”。据宣统元年（1909年）刊本朱寿明《东华续录（光绪朝）》之“光绪四十三”：“以致日就废弛，动辄溃溢。”

将经修防守之同知、通判、州县等官均行革职，道员降四级调用，总河降三级留任，俱公罪。如已过保固年限冲决者，经修官免议，将管河、防守各官革职，戴罪修筑。道员降二级调用，留工督修，工完开复。总河降一级留任，俱公罪。

又定例：凡堤岸冲决，河流迁徙，照前例处分外，若堤岸因河水冲决，河流不移，系在保固限内者，令经修官赔修；在保固限外者，令防守官赔修，俱革职留任，限六个月修完。道员降四级督赔，工完开复。如限满不完，将赔修官革职，道员照所降之级调用，总河降一级留任，俱公罪，未完工程仍令赔修。

又，河南省应修水利，如有虚冒钱粮，侵蚀入己，以致工程不坚者，将承修之员参革治罪名等语。

此次张绪楷奏称南、北两河修防减料偷工，全饱私囊，以致动辄溃溢。迨险工叠出，又复多领帑项，从中侵渔等语。此等情形，近来河工恐在所不免，自应严定处分以昭炯戒。嗣后河工修防各员，始经该上司奏参有减料偷工，从中侵渔情事，应即比照河南省应修水利，如有虚冒钱粮，侵蚀入己，以致工程不坚者，参革治罪例，一律议以革职治罪。如此从重办理，较之该副使原奏尤属加严，庶足以杜浮冒而重帑项。查河工文武事同一律，应请嗣后河工修防武职各员，如经该上司奏参有减料偷工，从中侵渔情事，即从严议以革职治罪，以惩贪墨而重工需。

卷十

文武员弁兵夫附

清初豫河各官制

管河道驻扎开封府。凡开封、归德及旧属河道所管彰德、卫辉、怀庆各府河道，俱归并本道管理。所辖同知二员，通判三员。

开封府属

南河厅同知一员，驻扎开封府。

郑州管河州判一员。祥符县管河县丞一员。

祥符县管河主簿一员。阳武县管河县丞一员。

阳武县管河主簿一员。荥泽县管河县丞一员。

荥泽县管河主簿一员。兰阳县管河县丞一员。

兰阳县管河主簿一员。仪封县管河县丞一员。

仪封县管河主簿一员。中牟县管河县丞一员。

陈留县管河县丞一员。

北河厅同知一员，驻扎周桥。

祥符县管河县丞一员。祥符县管河主簿一员。

阳武县管河县丞一员。阳武县管河主簿一员。

原武县管河主簿一员。荥泽县管河县丞一员。

荥泽县管河主簿一员。兰阳县管河县丞一员。

兰阳县管河主簿一员。仪封县管河县丞一员。

仪封县管河主簿一员。封邱县管河主簿一员。

归德府属

分管河务通判一员，驻扎考城。

商邱县管河主簿一员。虞城县管河县丞一员。

虞城县管河主簿一员。考城县管河主簿一员。

彰德府属

安阳县管河县丞一员。汤阴县管河典史一员。

林县管河典史一员。

卫辉府属

分管河务通判一员，驻扎卫辉府。

汲县管河县丞一员。新乡县管河县丞一员。

获嘉县管河县丞一员。辉县管河主簿一员。

淇县管河县丞一员。

怀庆府属

分管河务通判一员，驻扎怀庆府。

河内县管河县丞一员。武陟县管河县丞一员。

康熙时豫河各官制

管河道一员，专管通省黄河南北两岸，及卫河、丹河、洹河、沁河、淇河各河道工程。

开封府知府一员，兼管府属黄河工程。

南河同知一员，专管府属黄河南岸工程。今分上、下南河同知二员。

北河同知一员，专管府属黄河北岸工程。今分上、下北河同知二员。

祥符县知县一员，兼管本县黄河工程；县丞一员，专管本县黄河南岸工程，乡徭、堡夫一百七十二名；主簿一员，专管本县黄河北岸工程，乡堡夫五十六名。

陈留县知县一员，兼管本县黄河工程；县丞一员，专管本县黄河南北两岸工程。乡堡夫一十六名。

中牟县知县一员，兼管本县黄河工程；县丞一员，专管本县黄河南岸工程，乡堡夫三十八名。

阳武县知县一员，兼管本县黄河工程；县丞一员，专管本县黄河南岸工程，乡堡夫一十八名；主簿一员，专管本县黄河北岸工程，乡堡夫三十六名。

原武县知县一员，兼管本县黄河工程；主簿一员，专管本县北岸工程，乡堡夫八十八名。

封邱县知县一员，兼管本县黄河工程；主簿一员，专管本县黄河北岸工程。乡堡夫七十八名。今揩绅、县丞管河。

兰阳县知县一员，兼管本县黄河工程；县丞一员，专管本县黄河南岸工程，乡徭、堡夫四十名。主簿一员，专管本县黄河北岸工程，乡徭、堡夫八十名。拨补曹县夫十名。

仪封县知县一员，兼管本县黄河工程；县丞一员，专管本县黄河南岸工程，乡堡夫六十六名；主簿一员，专管本县黄河北岸工程，乡徭、堡夫一百零六名。

郑州知州一员，兼管本州黄河工程；州判一员，专管本州黄河南岸工程，乡夫六名。

荥泽县知县一员，兼管本县黄河工程；县丞一员，专管本县黄河南岸工程，乡堡夫二十二名；主簿一员，专管本县黄河北岸工程，乡堡夫六名。

归德府知府一员，兼管府属黄河工程。

管河通判一员，专管府属黄河南岸工程，北岸系山东界。

商邱县知县一员，兼管本县黄河工程；主簿一员，专管本县黄河南岸工程。乡堡夫四十二名。

虞城县知县一员，兼管本县黄河工程；县丞一员，专管本县黄河南岸工程；主簿一员，专管本县黄河南岸工程。以上共堡夫六十名。

考城县知县一员，兼管本县黄河工程；主簿一员，专管本县黄河南岸工程。乡堡夫六十名。

彰德府知府一员，兼管府属洹、卫、淇三河河道。

管河同知一员，专管府属洹、卫、淇三河河道。《河南管河道治河档案》云：康熙三十二年，总河于成龙等题准，彰德府河务向系同知专管，通判有粮捕之责，难以兼管，应仍令该同知专管河务。

安阳县知县一员，兼管本县洹河；县丞一员，专管本县洹河。

汤阴县知县一员，兼管本县卫河；县丞一员，专管本县卫河。

卫辉府知府一员，兼管府属卫河、丹河河闸；管河通判一员，专管府属卫河、丹河河闸。

汲县知县一员，兼管本县卫河；县丞一员，专管本县卫河。

新乡县知县一员，兼管本县卫河；县丞一员，专管本县卫河，人夫一百名。

辉县知县一员，兼管本县卫河源五闸；主簿一员，专管本县卫河源五闸，人夫一百一十五名。

获嘉县知县一员，兼管本县小丹河；县丞一员，专管本县小丹河。

淇县知县一员，兼管本县淇河；县丞一员，专管本县淇河。怀庆府知府一员，兼管府属黄河、沁河、大小丹河工程；管河通判一员，专管府属黄河、沁河、大小丹河工程，驻扎清化镇。

河内县知县一员，兼管本县沁河、大小丹河工程；县丞一员，专管本县沁河、大小丹河工程，堡夫十名。

修武县知县一员，兼管本县小丹河工程；县丞一员，专管本县小丹河工程。

武陟县知县一员，兼管本县黄河、小丹河、沁河工程；县丞一员，专管本县黄河、小丹河、沁河工程，堡夫一十四名。

又，内黄县知县一员，兼管本县卫河；县丞一员，专管本县卫河。

浚县知县一员，兼管本县卫河；县丞一员，专管本县卫河。

滑县知县一员，兼管本县卫河；县丞一员，专管本县卫河。

以上三县原属直隶大名府。

乾嘉后豫河各官制

河南开归陈许道属

上南厅：按：雍正二年，添设同知。乾隆四十七年，改设守备，原管开封府属荥泽、郑州、阳武、中牟四〔州〕县境内黄河南岸堤埽工程。嘉庆十一年，添设中河通判，将中牟下汛拨归中河。同知一员，守备一员。为汛四：曰荥泽汛，曰郑州上汛，曰郑州下汛，曰中牟上汛。

荥泽汛：县丞一员，荥郑把总一员。按：原设把总管荥、郑、阳、中四州县堤工。乾隆四十七年，改荥郑协防为把总，分管荥、郑二汛。其阳、中二汛改为千总。嘉庆十一年，将阳武南岸堤工奏隶中牟县，遂改中牟上汛千总。十四年，分郑州为上、下汛，以上汛归荥郑把总管辖。管堡夫二十三名，兵十五名。

郑州上、下汛：州判一员，按：原管郑州境内堤工，后虽分汛，堤河统管。管堡夫五十名，兵七十名。

中牟上汛：原设中牟县丞一员，分管中牟境内堤工。乾隆四十七年，分汛为二，别以上下，裁阳武县丞，添设下汛县丞，原设县丞改为上汛，兼管阳武南岸堤工。嘉庆十一年，将阳武南岸之堤改归中牟县，遂隶上汛县丞管理，千总一员。乾隆四十七年，添设原管阳武、中牟二汛堤工。嘉庆十一年，改为中牟上汛千总。十四年，改郑州为上、下二汛，以郑下汛归并管理，名郑中汛千总，管堡夫三十名，兵一百十五名。

中河厅：按：嘉庆十一年，由开封府粮捕通判裁改，并添设协办守备、中牟县丞、外委各一员。通判一员，协办守备一员，中牟下汛县丞一员，外委一员，为汛一，管堡夫四十八名，兵一百名。

下南河厅：按：雍正二年，分南河同知为上、下河厅，原管祥符、陈留、兰阳三县境内河务。乾隆四十八年，南岸改筑新堤，添设兰仪通判，将兰阳汛拨归管辖，下南河厅止管祥符上、下二汛并陈留汛河务。乾隆四十七年，添设协办守备一员。同知一员，协办守备一员，为汛三：曰祥符上汛，曰祥符下汛，曰陈留汛。

祥符上汛：县丞一员，千总一员，原设分防把总，乾隆四十七年改。管堡夫九十九名，兵一百零七名。

祥符下汛：主簿一员，外委一员，管堡夫九十九名，兵八十名。

陈留汛：县丞一员，分防外委一员，按：嘉庆九年，裁汰祥陈把总，改为外委。管堡夫三十二名，兵三十二名。

兰仪厅：按：雍正二年，分开封府属之南河厅为二，曰上南河、下南河。归河厅本管归德河务，乾隆四年，改归河为仪考通判，管仪封、考城两县境内河务。四十八年，南岸改筑新堤，将下南河厅属之兰阳汛拨归管辖，改为兰仪通判。五十一年，添设仪睢厅，分仪封为上、下汛，改兰仪通判为同知，管兰阳及仪封上汛河务。又，乾隆四十七年，设仪考都司。四十八年，改为兰阳都司。道光五年，并仪封厅地入兰阳县，为兰仪县。其仪封厅管河经历，改为仪封司管河经历，仍分汛属兰阳、仪封二厅。同知一员，都司一员，为汛二：曰兰阳汛，曰仪封上汛。

兰阳汛：县丞一员，千总一员，按：原设陈兰分防外委，隶下南河厅。乾隆四十八年，改为兰阳外委，属兰仪厅。五十一年裁汰，以济宁卫千总改为兰阳千总。道光三年，添兰阳汛额外外委一员。管堡夫五十四名，兵六十五名。

仪封上汛：经历一员，按：原系仪封县管河县丞，乾隆四十九年，改为仪封主簿。五十一年，改为仪封经历，道光四年，改仪封厅为仪封乡，仪封厅管河经历为仪封司管河经历。把总一员，按：原管仪封一汛，乾隆四十八年，添设下汛千总，把总止管上汛工程。管堡夫二十名，兵七十二名。

仪睢厅：按：乾隆五十一年，因兰仪、睢宁两厅所管新堤工程较多，奏明将兰仪通判改为同知，另设仪睢通判。五十六年，因兰仪都司所管堤工绵长，奏明添设仪睢守备。通判一员，协备一员，为汛二：曰仪封下汛，曰睢州上汛。按：睢州本无河工，乾隆四十八年，新筑南堤，始在睢州境地。

仪封下汛：经历一员，按：合管上汛堤工，并隶兰仪厅辖。分防外委一员，按：乾隆四十八年，添设仪封下汛千总，属兰仪厅辖。五十六年，裁汰千总，改为分防外委，拨隶仪睢通判。管堡夫十八名，兵三十二名。

睢州上汛：州同一员，按：乾隆四十八年，南岸改筑新堤添设。把总一员，按：乾隆四十八年，原设睢州上汛千总与州同同隶睢宁厅属。五十一年，添设仪睢厅，拨属仪睢。嘉庆八年，裁汰千总，改为把总。管堡夫四十八名，兵一百零四名。

睢宁厅：按：乾隆四十八年，南岸改筑新堤，裁南阳府通判，改设归德府睢宁通判，原管睢州、宁陵两境内黄河堤工。五十一年，添设仪睢通判，将睢州上汛拨隶仪睢。五十六年，改通判为同知。嘉庆十年，复改同知为通判。乾隆四十八年，添设协备一员。通判一员，协备一员，为汛二：曰睢州下汛，曰宁陵汛。

睢州下汛：州判一员，按：乾隆四十八年，改考城县丞为睢州下汛县丞。五十二年，改为州判。分防外委一员，按：乾隆四十八年，改考城汛分防外委为睢州下汛分防外委。管堡夫四十二名，兵八十六名。

宁陵汛：主簿一员，按：乾隆四十八年，裁仪封北岸主簿，添设宁陵主簿。分防外委一员，按：乾隆四十八年，原设把总。嘉庆十六年，改宁陵把总为商邱千总，而改宁陵为分防外委。管堡夫三十二名，兵四十名。

商虞厅：按：乾隆四年，添设通判，分归河厅，管商邱、虞城两县河务。乾隆元年，添设协备，随同豫河营守備管理通工河务。乾隆四十七年，改为商虞协备。通判一员，协备一员，为汛二：曰商邱汛，曰虞城上汛。

商邱汛：主簿一员，千总一员，按：原设商考虞千总，乾隆四十七年改为商邱千总。管堡夫五十六名，兵七十六名。

虞城上汛：主簿一员，分防外委一员，管堡夫四十四名，兵六十四名。

归河厅：按：嘉庆十六年，添设通判，裁商邱汛千总，改归河协备。道光四年十二月，改归德府通判，永城县薛家湖集添设守备、外委各一员，驻永城县。移永城县千总驻虞城汛，虞城汛把总驻永城县新桥集，改永城县山城集额外外委为经制外委，添设归德营存城额外外委。通判一员，协备一员，为汛一：曰虞城下汛。虞城下汛：县丞一员，分防外委一员，管堡夫四十四名，兵六十名。

河南河北道属

黄沁厅：按：沁河向设通判一员，专管丹、沁诸河。康熙年间，怀庆府属武陟县黄河尚无专员管理。雍正二年，副总河嵇曾筠奏添怀庆府黄河通判，专管武陟、荥泽二县境内黄河北岸河务。乾隆七年，总河白钟山请裁沁河通判，将原管武陟、河内二县沁河两岸民修堤工，及丹河等水利泉源归于该府粮捕通判。其武陟木栾店埽工改归黄河同知就近兼管，名黄沁同知。五十二年，与南岸睢宁通判互易，仍改同知为通判。嘉庆十年，复与睢宁互易，仍改衔为同知。乾隆四十九年，将上北厅原管之武陟汛堤三十七里零拨归黄沁厅管辖，并添协办守备一员，至今因之。同知一员，协备一员，设兵一百八十六名，堡夫二百三十一名，为汛三：曰武陟汛，曰荥泽汛，曰原武汛。

武陟汛：县丞一员，按：旧管沁、黄二河工程，乾隆七年，改为专管黄河堤工。武荥汛：把总一员，武陟分防外委一员。今兼管拦黄坝。

荥泽汛：主簿一员，把总即武陟汛兼管。

原武汛：主簿一员，分防外委一员。

卫粮厅：按：开封府黄河北岸，康熙时止设同知一员，分原管之汛地为二：曰上北河、下北河。下北河同知分管原武、阳武、封邱三县境内堤工。七年，设怀河营守备，统理北岸工程。乾隆四十九年，部议覆准四十六年大学士公阿桂、总河韩鑅等请添豫省都司二员，协办守备二员，随厅分地管理，上北始有协办守备。五十年，将原武汛堤三十七里零拨隶黄沁厅管理，以下北河所属祥符汛堤三十里零改隶上北经管。阳武、阳封、封邱、祥符四汛。嘉庆八年，总河嵇承志奏准，以阳武、阳封、封邱三汛堤工改隶卫辉府管粮通判管理，名上北卫粮厅；以祥符汛地专令上北同知管理，改名祥河〔同知〕❶，复改上北都司为祥河都司，裁睢州上汛千总，添设阳封协备，专管上北卫粮所属工程，至今因之。通判一员，协办守备一员，额设

❶ “河”后脱“同知”二字。据下文“以祥符汛内十二堡至十六堡……专令上北同知管理改名祥河同知”补。

河兵一百七十名，堡夫一百四十五名，埽夫二十名，为汛三：曰阳武汛，曰阳封汛，曰封邱汛。

阳武汛：主簿一员，分防外委一员。

阳封汛：县丞一员，按：县丞隶封邱，乾隆四十六年，裁汰获嘉县丞，添设是缺。分防外委一员。本系把总，乾隆五十年改为祥封把总，以封邱下汛外委改为阳封外委。

封邱汛：主簿一员，分防外委一员，嘉庆八年添设，管上汛。千总一员。嘉庆九年添设，管下汛。

祥河厅：按：祥符北岸一汛，雍正二年分设下北厅后原隶下北，乾隆四十九年改隶上北。嘉庆八年，以上北所属之阳武、阳封、封邱三汛改隶卫粮通判兼管。以祥符汛内一二堡至十六堡险工叠生，乃将头堡至十七堡堤埽工程专令上北同知管理，改名祥河同知，添设阳封协备，改上北都司为祥河都司，至今因之。同知一员，都司一员，所属祥符主簿一员，把总一员，嘉庆八年，改祥封把总为祥符上汛把总。管堡夫六十五名，埽夫二十名，兵夫九十八名。按：《行水金鉴》载：祥符北岸堤工长五十里，陈留县北岸堤工长一百一十丈。而《续河南通志》载：祥符北岸堤长三十二里九十丈，陈留北岸堤长十九里九十丈。比之《金鉴》，祥符少堤三千一百五十丈，陈留多堤三千四百丈。而《通志》及现在图绘陈留汛堤仅有二堡，其祥符上、下二汛共有堤长五十五里，虽与《金鉴》所载之数较多，而与《续志》所开堤数则大相悬殊，《续志》似有错误。

下北厅：按：雍正二年，北岸添设上北厅后，下北厅原管祥符、陈留、兰阳、仪封四县境内堤工，下至山东曹县交界。乾隆五年，总河白钟山奏添曹仪通判，将仪封一汛拨交管理。四十九年，总河兰第锡奏准，将祥符汛地头堡至十六堡下止，堤长五千一百四十丈拨归上北厅管理。又将兰阳汛地分而为二，以下汛堤长二千七百余丈改隶曹考，下北厅止管祥符汛十七堡起至兰阳上汛堤埽止，守备系雍正七年所设。怀河营原缺惟昔系统辖河北各汛，后则随厅分析，汛地渐促。同知一员，守备一员，堡夫九十七名，兵一百九十名，为汛二：曰祥陈汛，曰兰阳上汛。

祥陈汛：巡检一员，雍正二年添设。分防外委一员。按：本设祥陈把总，嘉庆八年，改为分防外委。

兰阳上汛：主簿一员，千总一员。

曹考厅：按：山东曹县黄河北岸堤工原隶曹单同知，河南仪封黄河北岸堤工本隶下北河同知。《续河南通志》载：乾隆五年二月，总河白钟山请于曹州添设曹仪通判，专管曹县曹家庄起至仪封县与兰阳县交界止河道工程，听山东河道、河南河北道各行督察，其原设之黄河同知即为曹单同知。四十八年，仪封曲家楼决口，屡堵未成，大学士公阿桂等奏移黄河，于南堤之南另辟新河，改南堤为北堤，移考城县治于北岸张村集，属卫辉府。将南岸考城之地全归睢州，北岸仪封之地全归考城，乃改曹仪通判为曹考。四十九年，以下北河厅所管之兰阳下汛分堤长十五里改归曹考管辖。初设兰仪通判之始，本无营备，在山东者隶黄运守备，在河南者隶怀河营守备。四十六年，大学士公阿桂、总河韩鑅请添豫省河营都司二员，协办守备二员，随厅分地管理。于四十九年，部议覆准添设曹考，遂设都司，名怀河营都司。五十三年，与上北对调，乃改都司为协备，至今因之。通判一员，协办守备一员，堡夫六十四名，兵五十名，为汛三：曰兰阳下汛，曰考城汛，曰曹上汛。

兰阳下汛：巡检一员，按：雍正五年添设，名兰仪巡检。乾隆四十九年，添管考城汛头堡至八堡新旧堤工，名兰考巡检。分防外委一员。按：原设兰仪千总，乾隆四十六年改为兰封北岸千总，四十九年裁千总，改为分防外委，专管兰阳下汛。

考城汛：主簿一员，按：乾隆四十八年，随县移驻北岸。分防外委一员。按：道光二年三月，添设考城营游击、守备各一员。

曹上汛：不属河南，故从略。

历代河务职官姓名表

<table>
<tr><td colspan="2">凡河务专管官，其有姓名可考者，自夏迄明列表于左</td></tr>
<tr><td colspan="2">上古</td></tr>
<tr><td>夏后禹</td><td>唐虞时司空</td></tr>
<tr><td>商侯冥</td><td>夏时水官</td></tr>
</table>

续表

汉	
徐伯表	武帝时水工
王延世	宣帝时河堤使者
许商	成帝时河堤都尉
平当	哀帝时使领河堤
王景	明帝时河堤谒者
王吴	明帝时将作谒者
王诲	顺帝时河堤谒者
司马登	顺帝时河堤谒者
晋	
乐世	武帝时都匠中郎将
自南北朝至唐，亦有于河务有功而姓名可考者，因非专职，故从略	
五代	
李筠	后唐时河堰牙官
宋	
梁睿	太宗时巡河供奉官
李神祐	太宗时南作坊副使
邓守恩	真宗时修河提辖
张惟吉	仁宗时修河都提辖
张君平	仁宗时修河都监
李渭	仁宗时北作坊副使
鲁宗道	仁宗时总河事
李仲昌	仁宗时提举河渠
张怀恩	仁宗时都水监
韩贽	仁宗时判都水监
杨纬	仁宗时勾当河渠事
蔡挺	仁宗时勾当河渠事

续表

张巩英	宗时判都水监
王亚	英宗时提举河渠
李立之	神宗时都水监丞
程昉	神宗时制置河防水利司
范子渊	神宗时都水监丞
宋昌言	神宗时都水监丞
刘琀	神宗时都水监丞
俞光	神宗时判都水监
俞充	神宗时判都水监
陈祐甫	神宗时北外监丞❶
侯叔献	神宗时都水监丞
孙民先	神宗时水官
吴安持	哲宗时都水使者
李伟	哲宗时都水监丞
张商英	哲宗时专功提举河事
王令图	哲宗时领都水
贾种民	哲宗时水宫
王孝先	哲宗时都水使者
郑祐	哲宗时都水监丞
王宗望	哲宗时都水使者
郭祐	哲宗时都水监丞
曾孝广	哲宗时都水监丞
冯忱之	哲宗时都水监丞
孟昌龄	徽宗时都水使者

❶ 北外监丞 “北外都水监丞”的简称。据《续资治通鉴长编》卷三一二《神宗》：“（元丰四年五月）己酉，诏北外都水监丞陈祐甫符冲替，以御史满中行言……”

续表

孟扬	徽宗时都水使者
鲁君贶	徽宗时都水使者
陈求道	徽宗时判都水监
吴玠	徽宗时都水使者
孟揆	钦宗时都水使者
金	
王汝嘉	世宗时都水少监
大龄寿	世宗时都水少监
田栎	章宗时都水监丞
奥屯忠孝	章宗时河平军节度使，兼都水监
元	
马良弼	世祖时都水监丞
郭守敬	世祖时都水监丞
尚野	成宗时怀孟何渠副使
陈仁祖	都水使者
贾鲁	顺帝时总治河防使
秃鲁	顺帝时大司农，兼领都水监
明	
王恕	陕西三原人，进士，刑部右侍郎，成化时总理河道
白昂	江南武进人，进士，户部侍郎，总督河道
娄性	兵部郎中，协治河道
陈政	工部尚书兼都察院佥都御史，总督河道
刘大夏	湖广华容人，进士，兵部尚书兼都察院副都御史，总督黄河
陈锐	平江伯，协理河道。以上均弘治时
崔岩	工部侍郎兼都察院副都御史，修理河道
李镗	湖广蕲州人，进士，工部右侍郎兼都察院佥都御史，总理修河
李燧	总督河道

续表

张凤	都察院佥都御史，总督河道
刘恺	都察院右副都御史，总督河道
赵璜	工部右侍郎兼都察院佥都御史，总督河道
翼弘	江南嘉定人，进士，工部右侍郎兼都察院右副都御史，总督河道。以上均正德时
章拯	工部侍郎兼都察院佥都御史，总督河道
盛应期	江南吴江人，进士，都察院都御史，总督河道
潘希曾	浙江金华人，进士，工部右侍郎兼都察院佥都御史，总督河道
李绯	河南固始人，进士，都察院右副都御史，总督河道
戴时宗	兵部尚书兼都察院副都御史，总督河道
朱裳	北直隶沙河人，进士，都察院右副都御史，总督河道
刘天和	湖广麻城人，进士，都察院右副都御史，总督河道
李如圭	湖广沣州人，进士，兵部侍郎兼都察院副都御史，总督河道
于湛	江南金坛人，进士，都察院副都御史，总督河道
李瓒	山东濮州人，进士，户部尚书，总督河道
胡缵宗	山东泰安人，进士，都察院都御史，总督河道
郭持平	都察院右副都御史，总督河道
王以旗	江南江宁人，进士，兵部右侍郎，总督河道
周用	江南吴江人，进士，吏部尚书，总督河道
韩邦奇	陕西朝邑人，进士，都察院右副都御史，总督河道
詹瀚	江西玉山人，进士，刑部尚书，总督河道
何鳌	浙江山阴人，进士，都察院右副都御史，总督河道
连矿	北直隶永年人，进士，都察院右副都御史，总督河道
曾钧	江西进贤人，进士，都察院右副都御史、工部右侍郎，总督河道
胡植	江西南昌人，进士，都察际右副都御史，总督河道
孙应奎	浙江余姚人，进士，都察院右副都御史，总督河道
王廷	四川南充人，进士，都察院右副都御史，总督河道

续表

胡松	江南绩溪人，进士，总督河道
林应亮	福建侯官人，进士，户部右侍郎兼都察院右副都御史，总督河道
孙植	浙江平湖人，进士，都察院右佥都御史，总督河道
王土翘	江西安福人，进士，都察院右副都御史，总督河道
于湛	见前，嘉靖二十四年复任
吴桂芳	都察院右副都御史，总督河道
陈尧	北直隶通州人，进士，工部右侍郎兼都察院佥都御史，总督河道
李迁	江西新建人，进士，工部右侍郎，总督河道
孙慎	都察院右佥都御史，总督河道
朱衡	江西万安人，进士，工部尚书兼都察院副都御史，总督河道
潘季驯	浙江归安人，进士，嘉靖四十四年总督河道。以上均嘉靖时
翁大立	浙江余姚人，进士，都察院右副都御史，总督河道
潘季驯	见前，隆庆四年再任
陈大宾	工部右侍郎兼都察院佥都御史，总督河道
朱衡	见前，隆庆六年再任
万恭	江西南昌人，进士，兵部左侍郎兼都察院佥都御史，总督河道
周于德	督理两淮盐课都御史，兼理河道。以上均隆庆时
传希挚	北直隶衡水人，进士，督理河道徐拭兵部右侍郎兼 都察院佥都御史，总督河道
潘季驯	见前，刑部右侍郎，三任
李世达	陕西泾阳人，进士，都察院右副都御史，总督河道
吴桂芳	江西新建人，进士，万历六年以总漕兼任总河
潘季驯	见前，工部尚书加太子太保，四任总河
舒应龙	江西全州人，进士，工部尚书，总理河道
顾养谦	工部尚书，总理河道
杨一魁	山西解州人，进士，工部尚书兼都察院副都御史，总理河道
刘东星	山西沁水人，进士，工部尚书兼都察院佥都御史，总理河道

续表

李颐	江西余干人，工部右侍郎兼都察院副都御史，总理何道
曾如春	江西临川人，进士，河南巡抚，升工部右侍郎兼都察院右佥都御史，总理河道
李三才	北直隶通州人，以淮抚兼管总理河道
李化龙	北直隶长垣人，进士，太子少保，总理河道
曹时聘	应天巡抚、工部右侍郎，总理河道
周孔教	江西临川人，进士，应天巡抚、都察院副都御史，总理河道
刘士忠	陕西华州人，进士，都察院右佥都御史，总理何道
李景元	北直隶大名人，进士，工部侍郎兼都察院右佥都御史，总理河道
吴桂芳	见前，工部右侍郎兼都察院右佥都御史，再任
邹应龙	广西全川人，进士，工部尚书，总理河道
王佐	浙江鄞县人，进士，工部尚书，总理河道。以上均万历时
王在晋	兵部右侍郎，总理河道
陈道亨	江西新建人，进士，工部左侍郎兼都察院佥都御史，总理河道。以上均泰昌时
房壮丽	工部右侍郎，总理河道
南居益	陕西渭南人，进士，工部右侍郎，总理河道
李从心	工部尚书，总理河道
张九德	工部尚书兼都察院副都御史，总理河道。以上均天启时
丁启睿	刑部侍郎，总理河道
李若星	总理河道
朱光祚	湖广江陵人，进士，工部尚书兼都察院副都御史，总理河道
刘荣嗣	北直隶曲周人，进士，工部尚书、都察院右副都御史，总理河道
周鼎	江南宜兴人，进士，总理河道
张国维	浙江东阳人，进士，工部右侍郎兼都察院佥都御史，总理河道
黄希宪	总理河道
周堪赓	总理河道。以上均崇祯时

续表

总河以下之专官附列于后	
何升	天顺时管河参议
陈绮	弘治时管河郎中
谢缉	弘治时管河员外郎
张鼐	弘治时管河副使
毕济时	正德时管河郎中
何栋	嘉靖时管河郎中
陶谐	嘉靖时河南副使，管理河道
郭应奎	嘉靖时管河郎中
封祖裔	嘉靖时管河员外郎
章时鸾	隆庆时管堤副使
张贞观	万历时勘河给事中
常居敬	万历时督理河工给事中
袁光宇	万历时管河主事
余希周	万历时河道佥事
全良范	万历时管河道
徐可大	万历时管河同知
顾三凤	万历时管河参政
李茂松	山西太原人，举人，崇祯十五年任工部都水司，驻辉县
申胜芳	江南人，恩贡，崇祯十七年任工部都水司
清时治河各官已见前志，不复赘	

兵夫

汉武帝元光三年，河水徙，从顿邱东南流入渤海。五月，河决濮阳，泛郡十六，发卒十万救决河。

自河决瓠子后二十余岁，天子既封禅，明年旱。乾封[1]，天子乃使汲仁、郭昌发卒数万人塞瓠子决。

魏明帝景初二年，以河水底柱以下，五户已上，其间一百二十里有十九滩，(遗)〔遣〕都督沙(邱)〔丘〕部监运，谏议大夫寇(谷)〔慈〕帅工五千人平其岨，岁常修治。

晋武帝泰始三年五月，以底柱十九滩水流迅急，势同三峡，遣监运大中大夫赵国当有姓名，原阙。都匠中郎将河东乐世帅众五千余人修治河滩。

后晋天福二年九月，汴州阳武县主簿左墀进〔策〕十七条。其一，请于黄河夹岸仍防秋水暴涨，差上户充堤长，一年一替，委县令十日一巡。敕曰："修葺河岸，深护田农，每岁差堤长巡检深为济要，逐旬遣县令看行，稍恐烦劳。堤长可差，县令宜止。"

宋太祖乾德三年秋，大霖雨，开封河决阳武。又，孟州水涨，坏中滩桥梁，澶、郓亦言河决。诏发兵治之。

时诸国尚未一统，正用兵之际，不遣丁夫而以兵治河，宋之重农惜民有可嘉者。

乾德四年八月，滑州河决，坏灵河大堤，发士卒丁夫数万人治之。是年，潘美方用兵南汉，或以兵之不足，始用丁夫欤！

开宝五年五月，诏发诸州兵及丁夫凡五万人治阳武、濮阳等处河决，遣颍州团练使曹翰护其役。

太宗太平兴国三年夏，诏发郑之丁夫千五百人与卒千人，命翟守素领护之塞荥阳决河。

太平兴国八年五月，诏发丁夫塞滑州河决。堤久不成，帝

---

[1] 乾封　汉朝时指晒干新筑的祭坛，后泛指天旱。另外，指唐高宗的一个年号。本处指前者。

忧之，遣枢密直学士张齐贤乘传诣白马津，用太牢加璧以祭。十二月，滑州言决河塞，群臣称贺。

太平兴国九年春，滑州复言黄河决。帝曰："近以河决韩村，发民治堤不成，安可重困吾民，当以诸军代之。"乃发卒五万，以侍卫步军都指挥使田重进领其役。又命翰林学士宋白祭白马津，沉以太牢加璧。未几役成。

真宗咸平五年，车驾巡师大名，调丁夫十五万修黄汴河。盐铁判官王济以为劳民，诏济驰往经度，奏省十六七。

天禧三年六月，发兵夫九万人治滑州南岸天台山河溢。

天禧四年六月，河复决天台下，走卫南，浮徐、济，害如三年而益甚。帝以新经赋率，虑殚困民力，即诏京东西、河北路经水灾州军，勿复科调丁夫。其守捍堤防役兵，仍令长吏存恤而番休之。

〔民夫〕[1]

仁宗天圣五年七月，发丁夫三万八千，卒二万一千，缗钱五十万塞滑州河决。

哲宗元祐初，以吴安持为都水使者，委以东流之事。京东、河北五百里内，差夫五百里外，出钱雇夫，及支借常平仓司钱买梢草，斩伐榆柳。

元符二年二月，北外都水丞李伟以河北、京东河溢，言相度大小河门，乘此水势衰弱，并先修闭，各立蛾眉埽镇压。乞于河北、京东两路差夫三万人，其他夫数令修河官和雇。

徽宗大观二年五月，赵霆上免夫之议，（犬）〔大〕略谓黄河调发人夫修筑埽岸，每岁春首骚动数路，常致败家破产。今

[1] 据原书目录加。

春，滑州鱼池埽合起夫役，尝令送免之直用以买土增贴埽岸，比之调夫反有赢余。乞诏有司，应堤埽合调春夫并依此例，立为永法。诏曰："河防夫工岁役十万，滨河之民困于调发。可上户出钱免役，下户出力充役，其相度条画以闻。"

钦宗靖康元年三月，京西转运司言本路岁科河防夫三万，沟河夫一万八千。缘连年不稔，群盗劫掠，民力困弊，乞量数减放。诏减八千人。

金世宗大定十八年二月，发六百里内军夫，并取职官人力之半，余听发民夫，以尚书工部郎中张大节、同知南京留守高苏董役，修筑白沟河决。

大定二十年，诏于归德府创设巡河官一员，埽兵二百人，且诏频役之地与免今年税赋。

大定二十六年十月，上谓宰臣曰："朕闻亡宋河防一步置一人，可添设河防军数。"

大定二十九年十二月，工部言营筑河堤用工六百八十万余，就用埽兵军夫外，有四百三十余万工当用民夫。遂诏命去役所五百里州府差雇，于不差之地均征雇钱，验物力科之。每工钱百五十文外，日支官钱五十文，米升半，仍命彰化〔军〕节度使、内族裔都水少监大龄寿，提控五百人往来弹压。

元世祖至元二十五年六月，汴梁路阳武县诸处河决二十二所，漂荡麦禾、房舍，委宣慰司督本路差夫修治。

成宗大德元年五月，发汴梁民三万余人塞河决。

大德十年正月，发河南民十万筑河防。以去年河决汴梁、归德、陈州等处也。

文宗至顺三年十月，发民丁二千二百五十人修楚丘县河堤。

明太祖洪武八年，诏河南参政安然集民夫三万余人，塞开封府大黄寺河决。

洪武二十五年冬十月，发河南开封等府民丁，及安吉等十七卫军士修筑阳武县河防。

太宗永乐七年正月，河南陈州卫言，河水冲决城垣三百七十六丈，护城堤二千余丈，请以军民兼修。从之。

永乐九年七月，河南浚黄河故道讫。工凡役民丁十一万四百有奇，月余而毕。

英宗正统十三年六月，河南陈留县奏："今年五月间，河水泛涨，冲决金村堤及黑潭南岸。已倩人夫修筑，将完复决，比旧阔深难制，乞命军夫协力修筑。"从之。

孝宗弘治二年，命侍郎白昂治汴城河溢，役夫三十五万。遂塞荆隆口，于荥泽开渠，（道）〔导〕[1] 河由陈、颍至寿州达于淮。

弘治五年，河溢，汴梁之东兰阳，郓城诸县皆被其害。复决杨家、金龙等口，溃黄陵冈，再犯张秋，遣工部左侍郎陈政总领疏浚修筑之事。已集河南丁夫八万人，山东丁夫五万人，凤阳、大名丁夫二万人，随地兴工，分官督役。奏上，未几政卒。

武宗正德元年，刑部左侍郎何鉴以黄河已平，议停签防河夫役。事下，巡抚河南都御史陶琰查奏："河患不常，先年荆隆口决水奔入海，漕河失利。治河大臣建议起夫并力修塞，其患始息。因备行一省随户丁之多寡，编签河夫五万八千七百余名以备之。近已减五分之一矣，若再停革，恐非先朝预防之意。况所设虽有前数，亦惟用于有事之日。若河流循轨，固不妨废

[1] "道"当作"导"，改据清文渊阁四库全书本《行水金鉴》卷二十《河水》："于荥泽开渠，导河由陈、颍至寿州达于淮。"

农业，但宜严禁有司勿频扰而私役之耳!”工部覆奏，谓勿革便。从之。

世宗嘉靖七年四月，总督河道右都御史盛应期言，治河丁夫七万，计工六月，约费米十万余石，乞假留河南、山东二省起运粮米四五万石就近给工。诏如所请，或米已起兑，许于临清仓内支用，即以修河银解太仓。

刘天和《问水集》曰：“堤铺夫守堤防河，所系甚重。予历询之，多远地之民赴役，有数十百里外者，有别州县编役者，且岁一更易，以故堤多坍损，柳多砍伐，甚至河水已至或被盗决，而官犹未知，坐失防御，为害匪轻。已经行令将近铺居民编当，如徭役已定，则将别差更换。别州县者，亦将别差兑编。以后编役更不必改易，仍将本铺所管堤岸，每夫画地分管，专令修堤植柳，时阅而劝惩之，均为徭役。初无损于公家，而铺夫便于守视，堤自固矣。”

万恭《治水筌蹄》曰：“徐州参将营属总河，而总理督两直隶、山东、河南四省军务，皆始于隆庆〔四年〕❶，一为护运，一为联络中原也。

先是，四省多盗，一省擒之则逃（散）〔散〕三省，兵权不一，以故中原多盗。且劫掠运艘（轻）〔经〕❷赍，岁饥，则杀越而夺之粮，往往见告矣。乃以总河兼制之，盗发则檄四省十二兵备会擒之。隆庆末万历初，盗亡得脱者，自是衰息。

而又以山东管河副使兼济宁兵备，属兵一千。徐州参将正、

❶ “庆”后脱“四年”二字，万历张文奇重刻本《治水筌蹄》卷上：“而总理督两直隶、山东、河南四省军务，皆始于隆庆四年。”据补。

❷ “轻”当为“经”，万历张文奇重刻本《治水筌蹄》卷上：“以故中原多盗，且劫掠运艘经赍。”据补。

二、三、四月运盛行，则提徐州军壮八百名驻于徐以护运，为左哨。五、六、七、八月提归德卒一千驻于商邱，以备高秫之匿盗者，为右哨。九、十、十一、十二月提宿州卒七百驻于宿，以右控河南，左制江北，为中军。盗小发则分营三擒之，大发则合营总擒之。而十二兵备之兵，睢、颍翼于西，徐、扬振于南，济、沂犄于东，济、曹、临、天、大名之兵角于北，数千里响应，盖朝廷有深意矣。”

嘉靖十七年七月，先是，总理河道右副都御史于湛奏，原设河夫二千三百余名，今黄河南徙，夫役无用，量留五百名备修堤岸。其一千八百名折银贮库，以备河道支用。工部覆议从之。

嘉靖二十六年二月，户科给事中陈棐疏请减河役以苏民困，谓两直隶、山东、河南先年设闸夫、河夫、堡夫，远者征银，近者给役，以供黄河修筑之用。今皆积有盈余，而岁征如故，民实不堪，宜量为减免，待河工兴举银力不敷，仍旧征派。工部议覆，报可。

穆宗隆庆六年七月，诏派两直隶、山东、河南河夫于各州县，毋偏累濒河地方。

神宗万历四年十二月，免河南本年应征河夫、堡夫银三万二千余两，未调夫役免追旷工，已调实夫更班歇役。

万历六年七月，巡抚直隶御史崔廷试题称，各州邑所派之夫日给三分，而远者日给七八分，次亦不下五六分，彼里中所取办，民已不胜其苦矣！事竣之时，当事者又多裁削之。或遇有冲决，辄令复筑，不复计工。夫洪水所冲何坚不破，而可令穷民赔偿耶？以后量从宽处，免其扣累。庶几民忘其劳，而称佚道之使也。上允行之。

万历十六年，都给事中常居敬上《河工大举疏》：

一、议处工食以恤贫民。臣等查得估计修筑堤坝工程，每筑方广一丈，高五寸为一工。每夫一名日完一工方，给工食银三分三厘三毫。夫以一人而日筑一工已为难完，况取土有远近之不一，填筑有险夷之不同。概以一例计工，既不能依期报完，复又计工给银，安望尽满所望。且今岁米价腾贵，数倍往昔，一工给银三分三厘三毫亦不足其食用。若一日不完一工，则所得工食益不足以糊口。无惑乎每遇募夫，召之不至也。合无将今岁做工夫役，每一工给工食银四分。如取土在百步之内及在平地修筑者，俱仍以方〔广〕一丈，高五寸为一工。若在坑坎水内填筑，及在百步之外取土者，酌量减其寸数，俱每工给银四分。如此，则工食既加而养赡足，工程有等而劳逸均，人心亦知乐从矣！其已后成熟年分，仍照旧查给。

一、议处厂夫以杜偏累。臣等查临河祥符等县设有官厂八处，收贮梢草、桩麻以备卷埽。每厂原有厂夫二名或三名，令其看守物料。先年俱于各州县堡夫内选殷实大户充之，凡管厂官合用心红纸札并雇觅书手造写循环倒换盘缠，及雇人晒晾物料并修理厂房墙垣，冗费百出，每名每年费银五六十两。如遇不才官员需索常例，费至百金者有之。后因称累，以堡夫二名朋应厂夫一名，每年工食银四十八两。至万历十三年，该前任巡抚臧惟一允河道议，每名裁定工食银三十六两，以其数非不多也，不知工食有限，而额外之费无穷。夫厂夫原以看厂为名，惟晒晾物料是其职守。乃至责以不赀之费，磨累无休，身家荡败，无惑乎合口称苦，不敢承役也，相应痛革。以后每厂夫一名，以二人当之，给条鞭工食银二十四两，扣除十二两存贮官库，不许复签。正头惟召募邻近土民充当，一切杂费如管河官心红纸札等项，量于编派。其登报文册，修理墙垣，即于前扣银内申请动支，不许滥派厂夫出办。惟（稍）〔梢〕草等料有浥烂数多，各役失于苫盖晒晾者，姑免问罪，令其量赔。如此，庶需索之弊既革，而厂夫之害可免矣。

一、及时给散以杜侵克。臣等查得河工全赖人夫，夫役全资工食。河道钱粮俱贮府库，管河官不得自由，必至河岸衡决方议调人夫，请支钱粮，已无及矣！合无每遇春时，该道行管河同知、通判等官赴府领银，分发沿河州县专备不时之需。遇有河患，一面募夫，一面申请，事完稽查，庶不耽误。至于给散工食，往时独责之各县管河佐贰官，各官多不亲理，又委之部夫、阴医等官，称凿给散。其中不免扣克，以致各夫鲜受实惠。合无以后给散河夫工食，俱听该府管河官督同各县掌印官眼同包封，唱名给散，再不许令各县部夫官总领，致滋奸弊。如府管河官偶在别县督工，一时不暇者，听各县掌印管河官径自给散。如此，庶扣减之弊既除，而夫役之逃可免矣。

万历十七年，总河潘季驯疏："河防在堤，而守堤在人。宜令堤坝之上每二里修一堡房，令堡老、堡夫常川驻守防护埽岸，修补坍塌，填塞穴窝，看守柳株。三伏九秋之间，不分风雨，昼夜防守，法至备矣！但不周恤，人心易怠。宜于近堤官地，堡老给与六亩，堡夫五亩，以便耕种，稍助食用。仍给帖照免其粮差，则人心乐为之用，而堤防可久矣。"从之。

万历十九年五月，总督河道都御史潘季驯条议：一、设长夫以备修守。一、改堤夫。一、专疏浚。部覆：俱依议行。

万历三十年六月，工部尚书姚继可覆山西沁州知州俞汝为条陈河务：一、夫役募集之方宜酌。河工重大，役民动以万计。当此灾伤之后，沿门起夫裹粮从役，大怫民情。傥行臣前议，开河止于通水，借水刷之可省工力十分之四。塞河用船、用囊沙二法，可省工力十分之三。往时用夫十二万、十四万者，今可用去七八万。而此七八万先备留河南、山东、凤阳班军，次宜借洪夫、闸夫及淮安牙募夫，总计二万有余。此辈有本等工食，每日每人加给银一分，约束颇易。然后议起民夫，选能干有司统之，并力兴作，河工自可计日就绪矣。诏依议行。

万历三十三年十二月，工部覆河道总督曹时聘条议大挑事宜：一、募夫役。谓乌合之众漫无统纪，势不得不借力于有司。议派山东募夫十万，河南六万，江北四万，听各司道剂量均派，掌印官亲押赴工，督催开浚。

庄烈帝崇祯五年二月，工部尚书曹珖疏覆河南巡按李日宣条议河道四款，一为核实工役：河防易隳，率由夫役多虚冒与工料无实用耳！必使夫役既无影占，工食始免虚糜。是宜按月消算，通行截给。每月终，印官出印领，关支不迟一日，不冒一工。如有包估侵克与工料不实，即以为印河之功罪。

崇祯十六年二月，总河周堪赓上言，河之决口有二：一为朱家寨，宽二里许；一为马家口，宽一里余。两口相距三十里[1]，至汴堤之外合为一流，决一大口直冲汴城，怒涛千顷，工力难施。必广浚旧渠数十里，然后畚锸可措。顾筑浚并举需夫三万，河北荒旱，（兖）〔兖〕西兵火，竭力以供不满万人。河南万死一生之余，未审能应募否。是不借不得[2]助抚镇之兵也。乃敕工部速议，而令堪赓刻期兴工。

---

[1] 两口相距三十里　当时负责堵口的周堪赓，在《报堤工将竣疏》和《河工情形疏》中作“两口相距三四里”。参见周堪赓《治河奏疏》卷一，乾隆年间刻本。

[2] “不借”与“不得”互乙。据句意改。

清世祖顺治十二年三月，工部覆总河朱之锡指陈事：议得黄河自元年以来，南北屡决，民受募夫、办柳之累已极，河工筑塞令官自募夫。稍能糊口，谁肯应募？应募者必无赖贫民，工食入手，难保不逃。至于埽料用柳繁多，柳复不产一处。若令官买，官难分身，必假吏胥，则包揽冒破之弊益生。然则治河必用夫、柳，夫、柳必出于里甲。民虽劳，诚有不得不然者。但河臣所称依规给价采柳，按日给夫官银，未必无克扣、折干、需索情弊。况更有有司之借题科敛，委员之包揽冒破，皆其重为民累者。河臣虽专力治河，恐耳目不能遍及。相应该督抚协同不时体访，务令工食、价值实实沾被于民。如有克扣使费、科派准折等弊，立行题参以苏民累可也。奉旨："依议严饬行。"

顺治十六年正月，总河朱之锡题为《陈明河南夫役事》：窃照黄河经由河南地界，南岸自荥泽县堤界起，至虞城县界止，计六百四十里。北岸自武陟县堤界起，至考城县界止，计三百四十余里。山东之境仅北岸历曹、单二县，计二百里，每岁修守固有成例，但查曹、单额设夫数除裁减抽民外，尚有徭夫一千三百零八名，看堤铺夫一百八十六名。河南开、归等府止现在堡夫八百余名。臣檄查该省河属旧籍皆已散失无考，仅检得前河臣翁大立疏草内开，河南黄河夫役，每年五百里内七十三州县，编做工河夫一万五千七百六十二名（半），每名做工三个月，工食银三两，共计工食四万七千二百八十七两五钱。五百里外三十五州县，编征银河夫一万一千六十一名，每名征银三两，共计银三万三千一百八十三两，听候办料及雇夫支用。若临河二十六州县，又于均徭内编签堡夫一千一百五十七名看守堤坝、船厂等役，每名工食银一十二两，共计银一万三千八十四两。又检得前河臣潘季驯《河防书》[1] 内开，河南、山东自遥堤成后无复冲决者，夫力多也。今徐北至单县界现修堤坝长一百五十余里，而夫役止七百余名，是每里仅四五名耳！其何能济？夫以百余里之堤，犹以七百名为少，河南两堤所云夫多者，又可类推矣！隆万年间，该省岁修夫数大概如此，不知何时更变，五百里内亦止一例征银，计通省岁额共八万八千余两。本朝以来，除岁荒缺额不及三万。此外，止察出新增银一千有奇。河工岁修仍沿明季之制，每年估计准工鸠夫，计夫给食，堤工以土方论，埽工以日期论。在官曰募，其实在民不得不计亩而派。总以河工之役最苦，日给之食本廉，若凭空号召，纵悬金市门，谁则肯应？若欲概从民间平价，则河帑虽裕，势亦不敷。据万历时《黄河全书》内河臣刘士忠有云：贫者不肯应募，富者论地派夫。即翁大立疏内既称河夫每名工食银三两，而亦不免曰编者，是募夫之法又必兼派而行，不特今时为然也。若以黄河已决为有事，岁修为安澜衡量夫数，则前河臣曾如春、曹时聘蒙墙之役两请帑金至二百万，用夫三十万者，一决口也。去岁雷家集、柴沟、姚家荡用夫不过数百名者，亦一决口也。由前言之，则积数十年岁修而有余；由后言之，则第较岁修一工且不足。是又未可执一而论，即所云安澜之义，正以为河本湍激，未至横流，谓之曰安，然其湍激之性固无分于已决未决也。伏秋水涨，数里之岸呼吸而至，一当埽湾迎溜之所，非有埽护之，纵有重障，如穿缟葭。其防之也，一里之堤非三万余工不成，高一丈、长十丈之埽，非千人数百人不任推挽。今岁之堤历再岁而风雨之所淋卸，车道、獾穴之所毁蚀，高者已卑，厚者已薄。加以浊流无定，倏南倏北，缕堤不支，

[1] 《河防书》指《河防一览》。

弃而守月〔堤〕，月堤之内不得不又议土工。是故朝廷设官无不以节财爱民为职，独治河一事以劳民者，保民费财者，经国岁修之制载在敕书，岂不欲与民休息哉！河之所在，势固无如何耳！现在河南夫数屡经诸臣条陈，未免以夫多为疑。臣惟该省疮痍虽经新复，洪流宁异昔时，今虽不必远照隆万旧例，若徒一意锐缩，势必驯至坐毙之患。案查臣于去年十一月内，题覆河南按臣李及秀《河夫之征派当更》一疏，据司道府厅佥议，通省夫数已经部覆，行臣会同河南抚臣覆议，奉有谕旨。但臣职掌所关，河道情形得于目击，夫役规则亦属司存，任其责而不究事体原委，与事体不干，典守而缄默不以入告，皆溺职也。除前折容臣会同河南抚臣贾汉复覆议具题，另候部覆外，所有河道夫役事宜覆议疏内不便备述，谨具专疏陈明。奉旨："依议。"

十二月，工部覆总河朱之锡疏称：塞大王庙决工，河南初时每起四十五顷派夫一名，久后不足，故为二十二顷五十亩派夫一名。此外，岁修用夫不在大王庙工数内，况此一万二千五百余名不过通省虚额，量工调用，足用而止，原非一概全役。堡夫一项仅有八百余名以供瞭望等项，惟日不给，万万难济卷埽筑堤。其卢氏、固始等县离河原远，预估工程每岁皆以本府为主，本府不足，然后渐次调协。傥数年之间近府俱经调过，然后再调远府以宽近河民力等因，具题前来。查得部臣调议，与河南前任按臣李及秀所陈之款事同一体。既经总河会同河南抚按酌妥，除冲决大工外，至于岁修分为三分，数年之间始一轮流调用。庶民有余力，劳逸得均。相应如议，永为定例。仍请敕下总河臣与河南抚臣严饬道府，嗣后凡遇修筑，照议调用。徭役既平，而河工可以无误。如未调之先，有司于额数之外擅行加派，该督抚按指名参处可也。奉旨："依议。"

顺治十八年十月，总河朱之锡题，查两岸堡夫率皆取之傍河居民，既已效力河干，何堪复充别役？所有本身门夫杂差，似应量与豁免，以示体恤。至于劈柴一项，严禁已久，并堡夫应办课程，俱经前抚臣贾汉复于陈堡夫之剧累等事疏内查明具题。部覆：奉旨在案，相应仍照部咨通饬遵行者也。

又，远郡之夫役宜免河夫苦役。凡人之情，未有不好逸而恶劳，但堵塞大工尚不免调及各省。每年岁修夫数虽少，远地既曰宜，近者又曰河患，原关通省，不宜偏累近地之民。臣前覆按臣李梓然《河夫之派当更等事》一疏，河南一省原系分别远近，照地出夫。其在五百里外者，仍议间年始一调用，未尝不曲示宽。至云免签河夫，派以供兵喂马等役，则差徭更有分隶，远近未必相当，彼此纷纭，似属不便。现今按臣刘源浚复有免夫解银之议，容臣会同抚臣另议具题，以听部覆可也。

又，建厂贮料仍设厂书以资登记。设厂夫以资看守，原系旧例。今议厂书即于河官书手内选充，厂夫即于河夫正身内殷实守法者选充，工食不必别议。而责成既切，稽核自是倍严矣！

圣祖康熙十二年三月，工部议河南巡抚佟凤彩疏称河夫之偏累。奉旨："九卿科道会议具奏。"九卿等会议：当日岁修派夫供役原动河银支给，于顺治十八年停其支给银两。今若仍行派夫修理，似属累民，应将豫省河夫停其签派。如遇岁修工程，仍动河道钱粮雇觅夫役。若钱粮不敷，该抚应动某项钱粮具题可也。奉旨："依议。"

康熙十六年，总河靳辅议在河南开封府属募夫一万三千名，归德府属募夫八千名，于清江浦河身两旁近水之处，离水三丈各挑引水河一道。

靳文襄公《治河书》曰："旧制沿河堤岸额设河夫以供修防之役，然有司按籍签点必假手于吏胥，由吏胥而及之乡长里甲，大都冒张虚数，临时倩应老弱，故名存实亡，而功以隳也。今改设河兵八营，管领以守备递为千、把总，一以军政部署之。其无故除补有报，逐日力作有程，各画界而守，计功而作，视其勤惰而赏罚行焉。有事则东西并力，彼此相援，无事则索绹蓺柳，巡视狐獾窟穴，较额夫旧制有条而不紊，有实而可核矣。然守弁惟以督率兴作为务，至于钱粮出入稽查商榷，非文职不可。故有一备即有一厅员监之，然后文武相资，而事易集焉。"

康熙二十二年五月，总河靳辅题为《请修上流堤岸事》：工部议得河南开封、归德两府堤工通长一千余里，附近州县原有岁修人夫，每年加修颇称巩固。前抚佟凤彩具题归官雇夫修理之后，民既膜视罔顾，而官复畏难不勤修理，以致工程渐坏。自康熙二十一年以前，江南决口未堵，上流不致十分壅滞。今江南决口全堵，除核减水坝之外，更无旁泄之途。江南费过如许金钱，甫有头绪。设或河南一有疏失，则前功尽弃。伏乞敕下巡抚将开封府、归德府两岸堤工遍勘，某处高厚坚宽可以不修，某处卑矮窄薄断须加修，某处极险，或仍照往例拨岁修人夫兴筑，或照近例动帑兴筑。上流既保无虞，下流得以刷深，方为万全之计。查康熙十二年，原任河南巡抚佟凤彩将河南河夫停止签派。经九卿会议，修理河堤若仍行派夫，似属累民。如遇岁修工程，动支河道钱粮雇夫，若钱粮不敷，应动何项钱粮之处，该抚具题，应将拨夫之处勿庸议。河道系总河专责，不便止交河南巡抚。相应敕下总河、河南巡抚，如果有卑矮窄薄极险应修之处，会同详定。一面估题，一面动岁修河库钱粮，务须尽心鼓励各官修理坚固，永保无虞。奉旨：“堤岸工程专令河南巡抚暂行料理，如有应会同总河事情，仍移文商榷，勿致贻误。”

康熙二十四年九月，总河靳辅题为《请豁免堡夫课程柳料以苏苦累事》。工部议得，先经河南巡抚王日藻疏称，豫省黄河荥泽至虞城额设堡夫九百余名，所给工食甚少。而每夫每年纳柳一百束，苘十斤，芟三十套，缆二十条，计其所纳课程之费，过倍于工食之数。因之相率逃亡，河务废弛。乞将堡夫课程概行蠲免，专令防守堤岸，余闲栽柳灌溉。傥遇埽工，令协采堤园官柳具题。臣部以柳、苘等物关系河工，应行总河靳辅将堡夫课程应否豁免，及免此课程而豫省河务有无贻误之处，会同详确定议具题。续据靳辅会同河南巡抚王日藻疏称，各夫尽力，所备物料久收朽坏，别工忽然取用，不得不从新另赔，于是苦累至极，势必相率逃亡，反将本等力役废弛。乞将课程豁免，庶豫省实有裨益，并无贻误。

臣等查得总河靳辅疏称，河南额设堡夫工食，每名每岁止给银三两八钱有奇。论其力役，则灌溉堤园官柳，修补堤工残缺，实不能闲。自办纳课程，而堡夫苦累不能堪矣！将柳贮于堤旁，日见损失蹂躏，此柳一日不交工，堡夫一日不能释负。久贮之柳多年不用变成灰土，无益于工，反将修补残缺等力役尽行废弛。臣因柳束久贮变成灰土，雇船运来江南为岁修工用。柳价尽为水脚尚苦不足，亦甚非计。臣于康熙二十二年曾经题请豁免，部议不准。究竟有课程之虚名，而无用柳之实际，反弛堡夫实在力役。伏乞自康熙二十四年为始概予除免，庶夫力稍苏，修防不废，有裨河道民生良非浅鲜等因，会同河南巡抚具题前来。查顺治十三年，原任管河道方大猷条奏，责令各夫每年种植柳、麻等项，于各县河衙门公收入场，毋致浥烂等因在案。应行该督将此柳、麻等项，于河南堤工处所每年应用之数、余剩之数，查明具题。奉旨：“依议。”

康熙四十年三月，部覆河南巡抚徐潮题，臣等议得台臣李奏称：自戴家楼起，至仪封交界止，堤工三十里，计长五千余丈，系河南考城县地方，康熙二十五年归并曹县修理，请仍归河南考城县官民修筑等因。今据河南巡抚徐潮会同山东巡抚王国昌疏称，查此工乃前任河臣靳辅奏，以河南考城县北岸堤工五千余丈，界连山东曹县境内，所卫者系曹县之地，换归曹县就近修防。历今十有余年，深有益于运道民生，应仍遵照题定改换之成规。但查曹邑换归堤工，考邑已协夫五十名。兹再议于南北两岸各县乡堡夫内抽拨夫四十名，共工食银一百四十四两，同协夫银一百八十两，共银三百二十四两移归曹县雇夫，取具曹县印领报销等因前来，应均如该抚等所题可也。奉旨：“依议。”

世宗雍正二年十一月，署河南巡抚布政使田文镜奏，豫省黄河南北两岸堤工设有堡夫九百七十四名，住宿沿河大堤堡房昼夜看守，诚不可一日乏人。嗣因连年黄水泛涨，堤工在在危险，额设人夫不敷驱使，复调江南河兵一千名协力防护，所以今年秋汛水势倍常，堤工坚固。是河兵之设以济堡夫之不足，未便因设兵而遽可裁夫也。臣前因河臣齐苏勒请增豫省河员等事原题内，有过秋汛裁汰堡夫之语，曾向抚臣石文焯、副总河嵇曾筠议及。后兵科给事中管河道陈世倕到任，复与言应将堡夫仍留工所，傥遵照部议裁汰，不免防守乏人，或致贻误。今据陈世倕奏请停裁，仰蒙谕旨，着臣具题。臣查堡夫一项皆系永远土著，水势缓急，堤岸情形无不深知，且搜寻獾洞、鼠穴、狼窝、蛰陷尤其所长。或猝有险要，搬运泥土竭力填塞，非堡夫不能胜任。至于新设河兵，虽厢填、钉桩、卷埽、下埽固所熟谙，然风防雨守，寒暑无间，昼夜巡视，不辞劳苦者，总不如堡夫。况今加帮大堤，工程绵长千有余里，又系新筑之工，正须兵夫兼用，协力防御方有实效，所有原设堡夫断难议裁。

《河渠纪闻》曰："黄河堡夫除寒暑两月外，月积土十五方，责成汛官查报。河兵在埽坝力作，霜降后工务稍闲两月，照堡夫每二名月积土十五方，河兵所积之土入于该备册报，立法详密。然为堡夫计，守堡忧室家之累，离堡罹旷役之谴，或官查而始来应名，或谋生而时不到汛，皆事所必有。有堡夫之名而无其实，与无堡同。一夫数口，日食不敷，势难迫之安役。惟筹其养赡，使得安心出力，而后堡不圮而夫可用也。近堤淤出官地，按名量给以资耕作。黄河日渐淤高，堤前临河高者出土六七尺，堤后黄水不至。旧制犹存，高者出土二三尺，低者不及二尺，岁修只加培堤前。因堤后工倍费重，例不估修。今照堤前较量，六七尺以下之堤皆为空虚无用之地。每堡二里，得堤坡三千余丈，令堡夫自种梨、枣果实。数年成活落实，岁可得数十金。堡夫自顾生计，挈眷看守。枣结实时，正当伏秋，公私两得其益，不待驱迫而自赴功也。堤内外十丈皆属官地，督令勤种柳枝，照六柳之例多方培植，空地间种蔬菜、禾豆，爨食有资，谁不乐赴？然其责任则在员弁鼓舞善导，不侵其所有，不责其所无，而人皆用命矣。"

雍正十三年，议定东河弁目、兵夫照南河例，按月积土，搜治獾鼠洞穴。

《河渠纪闻》曰："河工有事极微细而竟成大事者，莫如老堤之獾鼠洞穴。獾洞尤大，出水尤猛。鼠穴虽小，初出甚微，及至溃大，往往赴救不及，此汛兵、堡夫专任搜捕者也。庄敏高斌谥。初莅官河东，首重防汛，课兵夫积土，搜捕獾鼠。其洞穴屈曲穿透之处，务令刨挖到底，填筑坚实。所获獾只，持耳尾呈验，给赏奖劝，诚知其重也。兵夫住宿堤上，挑积土牛以备不时之需。照南河堡夫、河兵积土牛，入备弁交代项下，不足数，将该管厅营汛参处。慎重堤防，工无遗事，人无遗力，久安长治之道也。”

高宗乾隆五年，豫省酌改獾兵捕獾固堤。

《河渠纪闻》曰：“酌改獾兵捕獾，尤为防险之大要。疏称獾、鼠潜藏大为堤患，地鼠为物尚小，行亦不远，兵夫张弓伏弩应手而获。至野獾性狡善走，宵行昼伏，一窟藏身，一窟贮食，弯环深邃，莫知其处。惟伺其游行尾追，先驱狩犬逐斗，随用铁叉擒获，非惯于察捕者不能。有本汛河兵不能捕獾，附近居民能捕者，名为獾户。应于额设河兵内，每汛酌改捕獾步兵二名，令专司捕獾，俟有步粮名缺，即令顶补。该汛员弁令在本汛，常以实力察捕。民人有察知踪迹或新旧獾洞，报知厅汛另行优赏，务绝根株，不使孳生繁育，延及河堤，永庆磐石之安矣！鼠穴在堤顶二三尺内，穴浅易捕，且必至涨水平堤始显其患。即患既生，而其穴尚小，犹易为力。至獾洞伏于堤根，宽大难治，不待水长平堤即足为患。及患成而后塞之，水已冲刷成渠，往往补救不及，历来黄河口岸大半由此。黄河赖大堤为屏障，如雨淋水沟及支河注汕，风浪冲激显露于外者，犹知防护。惟獾鼠洞穴隐藏于内，草深地僻、人迹罕到之处尤易潜伏。一遇水到堤根即成大患，所谓‘千金之堤，溃于蚁穴’也。”

乾隆二十六年八月，谕张师载奏堵筑杨桥漫口单内雇觅人夫一事，现在工程重大，势不得不资用民力。今仿以工代赈之例，令附近被水各州县传集人夫，计工给值。灾民既得糊口，工务亦可速竣，于公私皆有裨益。但不得令吏胥人等从中滋弊，致闾阎被水之余，复以苛派贻累。此事专交与常钧妥办，将来如有未协，惟该抚是问。

乾隆五十九年七月，李奉翰奏，查豫省黄河南北两岸十厅，额设河兵共一千九百有四名，每厅自一百五六十名至三百一十名不等。惟兰仪厅仅存八十二名，每当大汛暂于别厅调拨，缓不济急。今请于各厅兵丁较多、工务稍减之处，添拨河兵六十八名归兰仪厅力作，俾敷各工修防之用。

仁宗嘉庆十八年十月，广厚、戴均元奏："臣等于初五日将睢工购料集夫情形，及拟请缓办缘由缮折驰奏。后奉谕：'此次漫口工程自应克期堵合，但兴举大工必须鸠集人夫。目下河北贼匪滋事，地方距工次不远，难保无窜逸零匪溷迹其中。现在该处购料维艰，工次料垛最关紧要。该匪狡计多端，设潜往焚毁，或乘间掳掠，所关匪细。着戴均元抵任后，与广厚会同筹酌，先将漫口裹头做好，从容购料。工次人夫无须太多，择附近村庄朴实可信者量为雇募，务须万分留意为要。俟河北贼匪扫除将净，再多集人夫克期进占，并可将失业难民以工代赈。该河督斟酌机宜，妥协办理可也。'

"又，初六日奉谕：'昨因睢汛工次与河北贼氛相距不远，谕令将漫口工程缓办，不必多集人夫。兹朕再四熟思，该处与贼氛甚近，设所募人夫中潜匿贼匪，或有乘间焚掠之事，所关匪细，看来现在工程竟以停办为是。着戴均元督率在工员弁，将已做裹头厢议稳固，毋任复有塌卸。其应备料物暂停采办，如已采运到工，妥为安置，或拨派兵役严加防守，勿稍疏虞。

所拨工需银两陆续解到，实贮开封藩库，毋任存留工次。’”

卷十一

沁工

沁水不见于《禹贡》，自汉以前未之闻；郦氏《水经注》谓即春秋之少水；郑氏《通志》谓沁水，一名少水；《左传》“襄公二十三年，齐侯伐晋，封少水”是也。秦时开渠以溉民田，魏司马孚重修之。晋武帝时，与河、洛、伊同时并溢。隋唐之间，开永济、利民等渠以资灌溉，卢贲、李元淳、温造其尤著者也。元明以来，溃决之患遂不绝书，所谓利者不及其害之大。有清之于沁工设专官，耗国帑几与黄河并视矣！迁流之迹今昔不同，略即往籍之所载者，诠而次之，以备省览。

源流

桑钦《水经》：沁水出上党涅县谒房山。

郦注：“沁水，即涅水也。”或言出谷远县羊头山世靡谷，三源奇注，径泻一隍。又南会三水，历落出左右，近溪参差，翼注之也。南过谷远县东，又南过陭氏县东。按：陭氏属上党，猗氏属河东。原本及近刻“陭”，并讹作“猗”，注内同今改正。孙校曰：“《元和志》翼氏县，本汉陭氏县地，沁水在县东一里。”

沁水又南经陭氏县故城东，沁水又南历陭氏关，又南与骉骉水合。水出东北巨骏山，乘高泻浪，触石流响，世人因声以纳称，西南流注于沁。沁水又南与秦川水合，水出巨骏山，东带引众溪积以成川。又西南径端氏县故城东，其水南流入于沁水。又南过阳阿县东。

沁水南径阳阿县故城西，《魏土地记》曰："建兴郡治阳阿县，郡西四十里有沁水南流。"沁水又南与濩泽水合。水出濩泽城白涧岭下，东径濩泽。应劭曰："泽在县西北，又东径濩泽县故城南，盖以泽氏县也。"其水际城东注，又东合清渊水。水出其县北，东南径濩泽城东，又南入于泽水。泽水又东得阳泉口水，出鹿台山。刊误，曰"出"上落"水"字。山上有水渊而不流。其水东径阳陵城南，水历嶕峣山，东下与黑岭水合。水出西北黑岭下，即开隥也。其水东南流径北乡亭下，又东经阳陵城东南注阳泉水。阳泉水又南注濩泽水，濩泽水又东南，有上涧水注之。水导源西北辅山，东径铜于崖南，历析城山，北山在濩泽南。《禹贡》所谓砥柱、析城至于王屋也，下有二泉，东浊西清。其水自山阴东入濩泽水，濩泽水又东南注于沁水。沁水又东南，阳阿水左入焉。水北出阳阿山南流径建兴郡西，又东南流径午壁亭东，而南入山。其水沿波漱石、湍涧、八丈环、涛毂转，西南流入于沁水。沁水又南五十余里，沿流上下步径裁通，小竹细笋被于山渚，蒙茏茂密，奇为翳荟也。

又南出山，过沁水县北。

沁水南径石门谓之沁口，《魏土地记》曰："河内郡野王县西七十里有沁水，左径沁水城西，附城东南流也。"石门是晋安平献王司马孚为魏典农中郎将之所造也，按其表云："臣孚言，臣被明诏兴河内水利，臣既到，检行沁水源出铜鞮山，屈曲周回，水道九百里。自太行以西，王屋以东，层岩高峻，天时霖雨，众谷走水，小石漂迸，木门朽败，稻田泛滥，岁功不成。臣辄按行，去堰五里以外，方石可得数万余枚。臣以为累方石为门，若天旸旱，增堰进水；若天霖雨，陂泽充溢，则闭防断水，空渠衍涝，足以成河，云雨由人，经国之谋，暂劳永逸，圣王所许。愿陛下特出臣表，敕大司农府给人工，勿使稽延以赞时要。臣孚言诏书听许，于是夹岸累石结以为门，用代木门枋，故石门旧有枋口之称矣。溉田顷亩之数，间二岁月之功，'间二'讹舛，当作'间关'。事见门侧石铭矣。"

其水南分为二水，一水南出为朱沟水。沁水又径沁水县故城北，盖借水以名县矣，春秋之少水也。沁水又东径沁水亭北，沁水又东，右合小沁水。水出北山台渟涧，南流为台渟水，东南入沁水。沁水又东，倍涧水注之。水北出五行之山，南流注于沁水。

又东过野王县北。

沁水又东，邘水注之。水出太行之阜山，即五行之异名也。其水南流径邘城西，邘水又东南径孔子庙东。邘水东南径邘亭西，其水又南流注于沁。沁水东径野王县故城北，沁水又东，朱沟、枝津入焉。又东与丹水合，水出上党高都县故城东北阜下，俗谓之"源源水"。《山海经》曰："沁水之东有林焉，名曰'丹林'，丹水出焉，即斯水矣。丹水自源东北流，又（出）〔屈〕❶ 而东注，左会绝水。"《地理志》曰："高都县有莞谷，丹水所出，东南入绝水是也。"绝水出泫氏县西北杨谷，故《地理志》曰："杨谷，绝水所出，东南流，左会长平水。水出长平县西北小山，东南流径其县故城。"其水东南流注绝水，绝水又东南流径泫氏县故城北。绝水东南与泫水会，水导源县西北泫谷，东流径一故城南，又东南经泫氏县故城南而东会绝水，乱流东南入高都县，右入丹水。丹水又东南流注于丹谷，丹水又径二石人北，丹水又东南历西岩下。丹水又南，白水注之，水出高

❶ "出"当为"屈"，改据《水经注》卷九《沁水》："丹水自源东北流，又屈而东注。"清武英殿聚珍版丛书本。

都县故城西，所谓长平白水也。东南流，历天井关，白水又东，天井溪水会焉。水出天井关，北流注白水，世谓之“北流泉”。白水又东南流入丹水，谓之白水。交丹水又东南出山，径郏城西，丹水又南出而西转，兑沟水出焉。丹水又西，径苑乡城北南屈东转，径其城南，东南流注于沁，谓之丹口。沁水又东，兑沟水注之。水首受丹水东南流，界沟水出焉。又南入沁水，沁水又东南，流径成乡城北。又东径中都亭南左合界沟水，水上承兑沟东南流，长明沟水出焉。又南径中都亭西而南，流注于沁水也。

又东过州县北。《汉志·河内郡州县》。

县，故州也，《左传》：“昭公三年，晋以州田赐郑公孙段。”有白马沟水注之。水首受白马湖，湖一名朱管陂，陂上承长明沟湖水，东南流径金亭西分为二水：一水东出为蔡沟，一水南注于沁也。

又东过怀县之北。

县北有沁阳城，沁水径其南而东注也。

又东过武德县南，又东南至荥阳北东入于河。

沁水于县南水积为陂，通结数湖，有朱沟水注之。其水上承沁水，于沁水县西北自枋口东南流，奉沟水石出焉。又东南流，右泄为沙沟水也。其水又东南径野王城西，枝渠左出焉。以周城溉，东径野王城南。又屈径其城东，而北注沁水。朱沟自枝渠东南径州城南，又东径怀城南，又东径殷城北。宋沟水又东南注于湖，湖水右纳沙沟水，水分朱沟南派，东南径安昌城西。沙沟水又东径隰城北，又径殷城西，东南流入于陂。陂水又值武德县南，至荥阳县北东南流入于河。先儒亦咸谓是沟为济渠，故班固及阚骃并言济水至武德入河，盖济水枝渎条分，所在布称，亦兼丹水之目矣。

《清通志》："沁水源出山西沁州沁源县北之绵山，东南流经县南，又南经屯留县西、岳阳县东，又南经沁水县东，有海河来会。又东南经泽州府城西北阳城县东，有泽河来会。又南入河南界，经怀庆府北境，有广济河支津来会。又北有大丹河水自潞安府经高平、陵川、凤台诸县，合诸水来会。又东经温县北，至武陟县东入黄河。"

《水道提纲》："沁水源出山西沁州沁源县北之绵山车家岭，俗曰'水谷'。河东南流，其东源出琴谷者，自东北来会。经绵上镇南，又南经阳城村西南官军镇东，有二小水自东北来会。一香果山水，一马圈沟水。西南流，有五龙川合浩河自西北来会。五龙川出土岭西山东南流，有浩河出仁雾山东流，经韩洪镇北、郭道镇南，与五龙川会，东南流入沁水。又南经县东而南，有青龙河自东来会。折西南，有西川河自西北来会。南流经围寨镇西，有大南川自西北来会。又南经屯留县西境、岳阳县东境之高壁村东，有和川自西来会。又南经苏村东卫寨西，有边寨镇水自东北来注之。又西南至端氏镇南，有邢堡水自西北来注之，其南即三峡偃月山也。又东流，一小水自东北来注之。又南经沁水县东境，有海河合诸水自东北来会。海河出沁水县西之乌岭关，东流，北合一水，东南流经县城北。又东南流，有固镇水合一水自西南来会。又东有碧峰山水自北来会，俗曰'大峪沟'。又东有友泉村水自南来注之，东入沁水。又东流，有海子河、玉溪河自东北合来注之。折而东南，经泽州西北境至阳城县东，有小水自东来，芦水自西来并会。又南，有泽河自西来会。泽河出阳城县西南境析城山西北之岳神山，东北流合一小水，折东南流经濩泽故城南。又东流，有小水西北自西山来会。又南流，有桑村河自西来会，又东入沁。折而东，受东北来之长河水。又南流入河南界，经怀庆府西北济源县北之太行山，东南流经窑头村南。又东南至府西北，有一水自西南来注之。东经府城北而东，有广济河支津自西南穿城而东北流来会。其北受大丹河水，水势益盛。大丹河出潞安府西南山南流，至高平县东北，有浮云河西北来会。南经县城东又南，许河自西来注之。有耳白水东北自陵川县东北之圣宫山西南流，合蒲水来会。又南流，东受白羊河水。又南经泽州东南境，有白河、黄沙河西北自州城合，而东南会天井关北水东入丹河。又折而东南入河南界，经怀庆府北境之方山东。又东南出山，流分为二：其东流者曰小丹河，东北经修武、获嘉与卫河合者也。其南流者曰大丹河，至怀庆府城之东北入沁水。又折而东，经温县北境至武陟县城北，折而东南流数十里入河，曰'沁口'。在涧沟村东二十余里，南岸即河阴县北境也。"

《河南通志》："沁河源出山西沁源县，穿太行山出济源县，至怀庆府武陟县入黄河。"

沁河源出山西沁源县，穿太行山出济源县，经河内、武陟入黄河。自济源大陂界起至河内县，计长七十里。又东与大丹河合，而至武陟县界，计长七十里。又东流，绕武陟城北，由东而南。北岸计长七十里，南岸计长五十五里，宽一百六七十丈，中皆浮沙，浅深无定，伏秋水发，常虞泛滥。

《怀庆府志》："沁河源出山西沁州绵山，穿太行达济源。自武陟流经获嘉县界，东南接新乡县界，至开封府境入黄河。"

今按：沁河由武陟木栾店直入黄河。明宣德间，沁河水溢，冲决马曲湾，经获嘉县至新乡，水深成河，直指卫辉，与卫河合流，势甚披猖，为害下流甚大，命工部议筑马曲堤岸。嘉靖、万历间重修。清雍正七年、十三年屡修。初，景泰间，佥事刘清因运河水浅，请引沁入卫。都御史徐有贞言不利，遂止。隆庆间，颍丞邹元明请开卫受沁，卫守王天爵议不果行。万历间，督河杨一魁请导沁入卫，言有故道，给练常居敬有疏辟之。按：常疏言引沁入卫之害，剀切详明，后屡有引沁入卫之说，咸主常疏确不可易。

《济源县志》："沁河源出山西沁源县铜鞮山，由泽州入济源界。"又云："沁河在县东北三十里，自山西泽州径本县流入河内县界。"

《河内县志》："沁水源出山西沁源县，经阳城县出太行山，经济源县东北沙沟村入县界窑头村。”水北岸为县之利下二图窑头村，其南岸为济源县地。齐召南《水道提纲》：沁水“经怀庆府西北济源县〔北〕❶ 之太行山，东南流经窑头村南”。今窑头村在紫䧅镇北，紫陵镇在武头村少东北，以图言之，实皆利下二图也。水入县以北岸为先，故详次水道皆以北岸言之。《山海经》：“谒戾之山，沁水出焉。”《汉书·地理志》：“上党郡谷远县羊头山世靡谷，沁水所出。”按：《地理志》：涅水出涅县，沁水出谷远县，其源自别。谷远盖今沁源县地。《经》又言：“水南出山，过沁水县北。”沁水县盖在今济源县东北境。

东南经长沟村，安泉水入焉。安泉水出阳洛山麓，县西北第一泉也。连环五六泉，若贯珠然，土人名果泉。东南流至小王范村，屈南流穿村出沁堤，依堤东流，经长沟村南，南流入于沁。按：安泉水，源出阳洛山下，经宋寨、窑头曲折东流，至龙泉村东入沁。沁水南岸为县之清下四图覆背村也。

又东南经龙泉村，尧池水入焉。

尧池水一名安阜河、仙人河，入阳洛山东仙人口。南流七八里，磨石岭当其冲，水分为二：一径东紫陵镇西，一径西紫陵镇东，各行五六里复合为一，东流入安阜河。安阜河出城西北三十里太行山麓捏掌村，泉畔有尧庙，庙前处处有水，掬手可饮，汇而东南，蒹葭掩映，灌田可耕，流二十里入于沁。沁水南岸西王曲镇也。《水道提纲》：“又东南至府西北，有一水自西南来注之。”按：今城西北并无西南来注之水，安阜河自西北来注于沁，或南字误。《水经注》：“沁水又东（经）〔迳〕沁水亭北，世谓之小沁城。沁水又东，〔右〕合小沁水，水出北山台渟渊，南流为台渟水，东南入沁水。”按：今无所谓台渟水者，县旧志《古迹图》即以尧池水为小沁水。而《府志》云小沁城即覆背村，龙泉村在其东，尧池水于右出焉，与《注》适合。尧池即小沁水，又名台渟水也。水道变迁，古

❶ 脱“北”字，补据清文渊阁四库全书本《水道提纲》卷六《入河巨川》：“又南流入河南界，经怀庆府西北济源县北之太行山，东南流经窑头村南。”

今异名，理或然欤！

又东经沁阳村，邘水注之。

邘水出城西北二十里邘泉村，土人名“苇园泉”，在邘台镇东南，南流十余里倍涧寺东入沁。其流甚微，傍泉栽莲，风翻馥郁，堪称香国。《水经注》：“沁水又东，倍涧水注之。水北出五行之山，南流注于沁。”按：倍涧，今名贝涧。《府志》云：今在城西北，贝涧山泉出两山之间，南出迤西行，俗名“石子河”。南流数里，至卫泉东合尧池，与《水经注》异矣。《水经注》：“沁水又东，邘水注之。水出太行之阜山，即五行之异名也。”水南流径邘城西故邘国也，城南有邘台。京相璠曰：“今野王西北三十里有故邘城，邘台是也。汉武帝封李嘉为侯，国邘。”水又东南径孔子庙东，东南径邘亭西，又南流注于沁。《府志》云：今水在邘城东，与《注》文小异。孔子庙故址在今七里桧邘亭，虽不可考，而培涧寺当邘水西南出口处，疑即古邘亭欤！

又东经县北西沁阳村，流浚渠入焉。

沁水北岸诸渠皆出于丹水九道堰独流浚渠，上流不可见。今自陈村其流方大，南入于沁。

又东，康济渠入之。

康济渠上流亦湮。

又东经南华阳村，下清南渠、下清北渠入之。

渠水上承丹水于九道堰，五里至张家坡分为二，屈曲南行入于沁。

又东经郭巨寺村，又东经北金村，永兴渠入之。

渠承九道堰水，至白龙庙后鸡心石分为二，东南行为中泗渠，至沙滩园村复合焉。永兴渠屈曲南行约三十里入于沁。

又东经北金村东，丹水合焉。

丹、沁交会在利上一图北金村东，距城东北八里，其南岸为西王召村。《水道提纲》：沁水“东经府城北而东，有广济河支津自西南穿城而东北流来会。其北受大丹河水，水势益盛”。《水经注》：“沁水东（北）❶ 径野王县故城北，水北有华岳庙。沁水又东，朱沟支津入焉。又东与丹水合。”按：朱沟支津无考，殆即《水道提纲》所云广济河支津者也。而今穿城东北流入沁者为济水，非广济支津，广济、支津又不穿城也。济水入沁在龙涧村东，不与丹、沁交会处相对。

又东经刘村，张金渠入之。

渠承九道堰水一支，为小太保河，东南行经七里长滩，水顺滩流入张金渠，滩上为小太保河，滩下为张金渠。张金渠南流，屈而东南三十里入于沁。

又东经蒋村，大太保渠入之。其南，济水自西南来会焉。

渠承九道堰水，东南流至狄岭村，又东南二十八里入于沁。其南岸为龙涧村，济水穿城自西南来合之。

又东，老武、白沽二渠入之。

渠承九道堰水，至狄岭村北播为二。其迤西为老武渠，迤东者为白沽渠，各行三十里入沁。

又东经胭粉庄，张济渠入之。

渠承九道堰水，东南流至十里店，三郭渠水会之。水自九道堰分流，过新庄许良镇逯店村，至十里店合张济渠，东南流三十里入于沁。

又东南，量下西渠、量下东渠入之。

渠自九府坟首受西民渠水，南流至辛庄村分为二，迤东者为东渠，迤西者为西渠。二渠各行三十里，东渠至东界沟村入于沁，西渠至陈村入于沁。旧统名曰量下渠，无东西之别焉。沁水南岸为尚香镇。《水经注》：“沁水又东，光沟水注之。水首受丹水，东南流，界沟水出焉。又南入沁水，又东南流径成乡城北，又东径中都亭南，又合界沟

---

❶ “北”字衍，清武英殿聚珍版《水经注》卷九《沁水》：“沁水东径野王县故城北。”据删。

水，水上承光沟东南流，长明沟水出焉。又南径中都亭西，而南流注于沁水也。”按：今光沟、界沟、长明沟之名皆不传，以地势考之，西渠或可以当光沟，东渠或可以当界沟，盖二渠上流同出，似与注合。成乡城，旧志云：相传府东二十五里，沁河南尚香镇有古城濠，即成乡城故址。中都亭，今为内都村。未敢臆断，述其沿流以俟博闻。

又东经内都村。

其南岸为徐堡镇。《水经注》：“又东南径成乡城北，又东径中都亭南。”谓沁水也，而《府志》以为光沟水云。光沟水径中都亭南，不知上言又南入沁水，则言光沟之事已毕，下言又合界沟水，则明为界沟之入沁，而《府志》盖误读也。

又东经武格寨入武陟县界。

其南岸为武德镇，少东为西张计村，入武陟县境。《水经》：“又东过州县北，注：县，故州也；有白马沟水注之，水首受白马湖。湖一名朱营陂，陂上承长明沟。湖水东南流径金亭西分为二水，一水东出为蔡沟，一水南流注于沁也。”按：武德镇即古州县城也，元魏于此置武德郡，或谓即今之金城镇……沁水北岸武格寨西有白马口村，或即白马沟水注沁之地。

《武陟县志》：“沁水自山西阳城县东南流入河南界，经济源县北之太行山，东南流出五龙口。又东南至府西北，经府城北而东受大丹河水。又东，自河内县东境之西张计村入武陟县界，过东张计北，其北岸曰沁阳村。又过王顺、滑封、陶村、岳庄、大虹桥北。又过古樊南，过山涛庙、张村之北，其北岸曰小刘村。又过王张村、原村、韩村、杨庄北，其北岸曰芦里、下封、大原村、于原村。又经县城北，自西折而南流经县东门外，其东岸曰木栾店，有政济桥。又南过莲花池、三里店、郭村、南贾村东，其东岸曰方陵。又南至姚期营，又折而东流过梁营南。又迤南流至詹店、马营口坝，东南入黄河。”

方履篯《沁河考》曰：“沁水出山西沁源县东。”《水经》云出上党涅县谒戾山。《注》曰即涅水也。或言出谷远县羊头山世靡谷，三源奇注，径泄一隍。《隋书·地理志》：铜鞮县有涅县地，涅故城在今武乡县五十五里。又，谷远县，汉所置也。晋省，后魏建义元年置沁源县。谷远故城在县南门外，羊头山在县东北，即古谒戾山。《山海经》："谒戾之山有金玉，沁水出焉。"齐侍郎召南《水道提纲》曰："沁水源出沁源县北之绵山车家岭，俗曰水谷河。"其东源出琴谷者来会，经绵上镇南，又南经阳城村西南，有二水自东北来会。《沁源县志》云："沁河在县东，'其源有四：一在滑凤村东北沟中石崖下，一穴出水湍急；一在崖头村北山麓，有泉一泓，旱涝如常，俱由琴峪而南，至阳城村转东；一由车家岭底，水在地下出，势甚雄放，由绵上镇至阳城合流；一在白狐窑、马圈沟，至交口村相合'。"盖沁水有四源，皆出于沁源县东，与郦氏所谓"三源奇注，径泄一隍"者正相符合。齐侍郎所谓二小水者，亦即其源也。合而西南流，有五龙川合浩河自西北来会。此二水惟见于《水道提纲》。又南经沁源县东而南，有青龙河自东来会。折西南，有西川河自西北来会。南流经围寨镇西，有大南川自西北来会。又南经屯留县西境，又经岳阳县东境之高壁村东，《水经注》曰："沁水南经陭氏县故城东，又南历陭氏关。"按：陭氏即今岳阳地。有蔺河自西来会。《水道提纲》曰："和川自西来会。"今按：《岳阳县志》乃系兰河由和川故城之北入沁，则和川非川名也。又南经苏村东卫寨西，有边寨镇水自东北来注之。又西南至端氏镇南，有邢堡水自西北来注之。今《岳阳县志》《沁水县志》皆不载边（塞）〔寨〕镇水及邢堡水，惟《水道提纲》有之。又南历大将村入沁水县境，西南行经五十余里至郑庄村，有梅河合杏河诸水自西北来会。又东流，有海子河合玉溪河自东北来注之。《水经注》云，沁水南与骉骉水合，水出巨骏山。沁水又南与秦川一水合，水出巨骏山东。按：巨骏山即宇骏山，在沁水县东北一百里。而骉骉、秦川二水，今县志皆不载，或即海子河、玉溪河之旧名，尚俟详考。折而东南至阳城县境，经屯城南，左为润城镇，右为尉迟村，有芦河自西北来注之。自南西屈少转而东，至五河村，有濩泽水会西河水自西来注之。《水经注》云，濩泽水出泽城西白涧岭下，合清涧水、阳泉水，历嶕峣山东下与黑岭水合，又上有涧水注之，东南注于沁水。经九女台下合阳阿川水东南流，经黄坦坪入凤台县界，西为阳城，东为凤台。《水经》云，又南过阳阿县界。《注》曰，南经阳阿县故城西，又南与濩泽水合。又东南，阳阿水左入焉。阳阿故城在今凤台县西，而《阳城县志》云，栖龙潭水“在县东六十里，旧《志》以为即《水经注》之阳阿水也”。濩泽水之左为沁渡，有史山河自东北由沁渡北来注之。长河水自东由沁渡南来注之。又少东南行复西南，屈水之右为子孙坪，有桑林水西南来注之。史山、长河、桑林三水皆见于《阳城县志》，而《凤台县志》不载。沁水又西南，旋而东至公娥涧，涧介于阳城、济源之间。水过涧侧，东南流入凤台县界。自马鞍村迳黄连滩，至杜家河东约二十余里，有冶底河合冯家沟水东注焉。又迤东南行，迳圪脑儿约三十五里许，又径叶村东，犁川河水自北来入焉。又迤东北折，经朝凤山、西山，半细迳悬出绝壁，下临河流，乱石恚怒，俗名为“插飞路”。又东落磨儿滩，南径漏道底村，自圪脑儿至此约五十里许。《水经注》所云“沁水又南五十余里，沿流上下步径裁通，小竹细笋被于山渚，蒙笼茂密，奇为翳荟”者，即此也。

又迤南东行径黑雨河村，土河水入焉。又北折径曹家河村，自漏道底至此约十余里。又南径七盘山西，又径范家河村，由枋口出山入济源县界，又距曹家河二十五里矣。又南径石门，是为沁口。秦时以枋木为门，至晋安平献王司马孚为魏野王、典农中郎将时，表请易为石门。表文见前。于是夹岸累石用代木门。《水经注》曰：“水西有孔山，山上石穴洞开，穴内石上有车辙牛迹。《耆旧传》云自然成，着非人工所就也。其水南分为二水，一水南出为朱沟水。”盖沁自凤台、阳城以上利少害多，良由地险难堤，人力未能开导也。至出枋口，而灌溉之益足济民生，故唐温造又奏复修枋口堰，以溉河内、济源、温、孟、武陟田五千顷。自枋口至五龙口，又得明袁应泰时为河内令，凿山开洞穿为三渠，曰广济、永利、利丰，皆分沁水顺地势以东注，杀泛滥之害，润浇瘠之田，其利尤溥。广济本秦时旧渠，唐温造浚之。至元中统二年，奉诏通浚，始名曰“广济”。洪编修亮吉乾隆《府厅州县志》云，即古朱沟水也。广济渠自五龙口南流入河内界，东至府城西南之七里桥，东南入温县界。经卫村至许王村凡五里，复交河内界，至保奉村东交武陟界。永利渠自五龙口南流，分东西两支，西支由济源至孟县入溴，东支至济源县东分水池又分南北两渠，南渠入溴，北渠径河内界十二里入温县为余济河。至赵改村又分为南北二渠，北渠入〔猪笼〕❶河，南渠入溴。利丰渠自五龙口东南流，至程村西南天平闸分为利仁、丰稔二渠，东行入河内境。又东经府城西北，至东关会沛水入沁。丰稔渠西流，至河内崇义镇入猪龙河。广济之北又有广惠渠，在铁窗下至仙人桥，其一百八十丈。沁水又西自沙沟村入河内县界之窑头村，其南岸尚系济源县界也。东南经长沟村，安泉水入焉。又东南经龙泉村，尧池水入焉。《水经注》曰“沁水又迳沁水亭北世谓之小沁城”，又东合小沁水，“水出北山台渟渊，南流为台渟水，东南入沁”。按：今无所谓台渟水者，河内县旧志即以尧池水为小沁水。《怀庆府志》云，小沁城即覆背村，龙泉村在其东，尧池水于右出焉。与《注》适合，或即台渟水之异名欤！尧池与贝涧水合，即《水经注》之倍涧水也。沁水又东经沁阳村，邘水注之。又东经县北西沁阳村，流浚渠入焉。又东，康济渠入之。又东经南华阳村，下清南渠、下清北渠入之。又东经郭巨寺村，又东经北金村，永兴渠入之。又东经北金村之东，丹水入焉。《水经注》曰，沁水东经野王县故城北，又东，朱沟水支津入焉。又东，与丹水合。《水道提纲》曰，有广济河支津自西南穿城来会。益可信朱沟水之即广济渠

❶ 脱“猪笼”二字。道光九年刊本《武陟县志》卷九《山川志》：“至赵改村分为干渠南北二渠，此渠入猪笼河，南渠入溴。”据补。

矣。沁水又东经刘村，张金渠入之。又东经蒋村，大太保渠入之。其南，济水自西南来会。又东，有老武、白沽二渠入之。又东经胭粉庄，张济渠入之。又东南，董下东西渠入之。又东经内都村，其南岸为徐堡镇。又经武德镇北，即《水经》所云州县也。又东经武格寨，由西张计村入武陟县界。过东张计，其北岸曰沁阳村。又过大虹桥北，又过古樊南，过山涛庙及张村之北，怀县故城在其侧。又由县城西北折而南，流经县东门外，其东岸曰木栾店，有沁河桥。又南过莲花池、三里庄、郭村、南贾村，又南至姚期营，又折而东流，过梁营南。又迤南流至詹店、马营口，东南入黄河，其南岸为荥泽县境。此沁水穷源溯流之大纲也。

再按：沁水自太行、王屋之岩建瓴而下，遇夏秋暴涨，又为黄水所遏，则有溃防决堤之患。自晋泰始七年，霖雨，河、洛、伊、沁皆溢，见于史册，嗣后历代皆有泛滥之灾。至金大定二十七年，遂令沿河长、贰官皆提举河防事。明洪武十八年，诏修沁堤。万历中，河臣潘公季驯《申明河南修守疏》因沁河湍急，请于武陟县之莲花池、金圪垱最要害处筑堤四百余丈。国朝百八十载以来，政教修明，河防勤密，沁水虽间有冲决，而随时堵筑，民无昏垫之虞。守土者慎重保固，增高培厚，自可永安。计沁堤南岸起于河、济交界覆背村，东至东王曲村止。自东曲村以下至路村西，因地形稍高，向无堤堰。至天师庙方有埽工，直至马营口入黄之地。北岸则起自河、济交界之窑武头，其东埽工或断或续，自蒋村之东堤埽延袤，直与黄河遥堤相接矣。

最近测绘之沁河道

沁水自太行山出枋口入济源县境，是为沁口，有广济、永利、利丰三渠，自秦以来引沁水以溉民田者也，其北岸有广惠渠。又东径沙沟村入沁阳县境之窑头村，《沁阳县志》：宋村名，见天圣八年《经噇记》。南岸犹为济源县境。又东径武头村，南岸曰覆背村，《沁阳县志》：旧名复背村，见唐咸通二年《药师像行》。始有堤工。民国八年，河务局附设测量处，兼测绘沁河北岸，即自武头村起，东径王村、范村、常口，又东少南径鲁村，又东径西高村、东高村，宋村名，见天圣八年《经幢记》。又东径解住同上。少北曰屯头村。又东径龙泉村，龙泉水自西北来注，龙泉之北岸曰南上村。又东径卫村，卫河水自北来注。又东径倍涧村，又东南径义和村、西沁阳、东沁阳，宋村名，见元祐二年《阳帝庙碑》。有潦河水自西来，径新庄、染花村，又东南径水北关入沁。沁水又东南，径官马村，北京村，《沁阳县志》作北金村。丹河自北来注，丹河之东岸有陈庄。沁水又东，明河自北来注，明河之东岸有刘村，其南濒沁。沁水又东南径蒋村、张庄、孝敬村、大岩村、小岩村，又东经西王河、东王河、《沁阳县志》作西王贺村、东王贺村。内都村，又东径西凉村、《沁阳县志》作西良士村。白马沟、南张茹，宋村名，见元祐二年《阳帝庙碑记》。又东径吴角寨南，《沁阳县志》作武格寨。又东出沁阳县境，又东径沁阳村入武陟县界。又东径全街、南王、北王，又东北径小东，又东径北陶村，又东北径高村、北樊，又东径赵樊、胡村，又东北径陆村，又东径北原村。又东径武陟县城北门外，其东岸曰木栾店。又南径三里庄、郭庄，又南径南贾入黄河南岸。自覆背村而东，径祁村、东乡。又东径王曲镇，又东径东王村、路村、西岳村、东岳村、孔村，又南径小北庄，又东径马坡水、南关、实当、沁阳县城北门外。又东南径张庄、赵庄。又东径泰山庙、仲贤村、西王召。又东南径东王召、马铺、龙涧、尚乡镇。《沁阳县志》作尚香镇。又东径元村、徐堡镇。又东径羑台、型村、莫村、吴宝寨，又东径西张集《沁阳县志》作西张计村。出沁阳县境。又东径东张集《武陟县志》作东张计。入武陟县境。又东径王顺、华封、《武陟县志》作滑封。白水，又东北径北阳，又东径南陶村、拾金村、岳村、江街，又东北径小江，又东径王庄，又东径原村，原村凡三村也。《武陟县志》有小原村、西大原村、大原村、于原村，凡四村也。又东北径武陟县北门折而南流，径其东门。又南径同官、李马棚、袁马棚、《武陟县志》作原马棚。张马棚，又南径方陵入黄河。查图中所载沁水经过各地，与诸书多有不同，或因水道变迁，或以地名更易。然此图为最近之所测绘，当较为确实也。

工程

晋武帝泰始七年，大霖雨，河、洛、伊、沁皆溢。

隋炀帝大业四年，开永济渠，引沁水南达于河。

卢贲为怀州刺史，引沁水灌民田，名曰“利民渠”。又，派入温县，名曰“温润渠”，民赖其利。

唐李元淳为怀州刺史，开沁渠七十余里。

温造为河阳节度使，奏复怀州古秦渠枋口堰，以溉济源、河内、温、武陟四县田五千顷。

宋真宗治平七年，黄、沁河溢。

金世宗大定二十七年，沁水溢。

元世祖中统初，谭澄为怀孟路总管，岁旱，令民凿唐温渠，引沁水以灌田，民用不饥。

中统二年，提举王允中、大使杨端仁奉诏开沁水渠，凡募夫千六百五十一人，一百三十余日毕功。所修石堰长一百余步，高一丈三尺，石斗门桥高二丈，长十步，阔六步。渠四道，长阔不一，计六百七十七里，经济源、河内、河阳、温、武陟五县村坊四百六十三处。渠成甚益于民，名曰“广济”。

中统三年八月，中书省臣忽鲁不花等奏：“广济渠司言沁水渠成，今已验工分水，恐久远权豪侵夺。”乃下诏依本司所定分水，已后诸人毋得侵夺。

世祖时，郭守敬面陈水利六事。其一云怀孟沁河虽浇灌，犹有漏堰余水东与丹河余水相合，引之东流至武陟县入御河，可灌田二千余顷。

至元二十年六月，沁河水溢，坏民田。

至元二十七年八月，沁水溢，害民田。诏免其税。

文宗天历三年，怀庆路同知阿合马奏，天久亢旱，访问耆老，咸称沁水可溉田。中统间，诏开此渠，于沁口古迹置分水渠口，开浚大河四处。今五十余年，旧渠迹均有可考。若依前浚治，引水溉田，于民大便。可令河阳、河内、济源、温、武陟五县使水人户自备工力疏通，分水渠口立闸起堰，仍委谙知水利之人多方区画，请移交孟州、河内、武陟委官讲议。寻据孟州等处申，亲诣沁口咨询耆老，若将旧广济渠依前开浚，减水河亦增开深阔，禁安磨碾，设立闸堰，自下使水，遇旱放闸浇田，值潦闭闸退水，公私便益。工部回文：“本路委官相视施行。”

明太祖洪武十八年秋，诏修沁河堤。

太宗永乐二年九月，修武陟县马曲沁河堤岸。

永乐五年，沁水决。明年正月，武陟县知县请修堤岸。以去年霪雨，沁水冲决堤岸，自县东关至北贾村等处宜及时修筑。从之。永乐九年，修沁河决口。

永乐十二年九月，修武陟县郭村、马曲等沁河土堤五百余丈。

永乐十三年，沁河溢。

宣宗宣德八年，沁水溢。

宣德九年正月，河南新乡县知县许宣言，比年沁河水涨，冲决马曲湾，湍势涌急，经获嘉至新乡，水深成河，环绕城垣北又汇为潭，其患滋甚。已筑堤百余丈防之，终莫能御，盖修筑马曲湾堤岸不固所致。乞令怀庆府县督工坚筑，俾水归沁河，则水患可息。上命行在工部遣人视其地势，及计议用工难易，以时兴役。

英宗正统三年七月，巡抚于谦奏，怀庆府武陟县沁河决，伤禾稼。上命行在户部遣官覆视。谦又奏请修筑沁河堤，以便民耕种。从之。

景帝景泰五年八月，河南按察司佥事刘清言，张秋之决由沁合黄，若引沁入卫，则张秋无患。行人王晏亦请漕沁，分沁水南入黄河，北达卫河。遣官按视，以为不利，议遂寝。

英宗天顺八年七月，金景辉请浚陈桥集古河，分引沁水北通长垣、曹州、巨野，以达漕河。诏按实以闻。

孝宗弘治二年五月，河决埽头等处，入沁河，郡县多被害。

弘治十一年七月，工部管河员外郎谢缉言："吕梁、徐州二洪全赖沁水接济，其源出山西沁源县，径河内、归德等州县，至徐州小浮桥流出。虽与黄河异源，然近年河、沁二流混合为一。即今黄河自归德南决，恐牵引沁水俱往南流，则徐、吕二洪必至浅阻，为忧滋甚。乞饬工部行直隶并河南巡抚都御史，各委官于归德冲决处所量为筑塞疏浚，遏黄河之水流入徐州以济漕运其沁水，仍行河南管河官员常加挑浚淤浅，修筑堤防，务使流入徐州以济徐、吕二洪，不致为黄河牵引别流。如此，庶水利深广，漕运通利。”工部覆奏：“请下所司会勘，计议筑塞挑浚。”从之。

弘治十二年二月，淮安漕运佥事郭锭等言：“河南按察司副使张鼐奏，欲将荆隆口等处旧河随宜修浚，傥后黄河南迁，就引沁水入渠，庶使徐、吕二洪不致艰阻。缘本官专管河道年久，且才力足以办此，宜令其督理。迨工完，量请旌擢。”工部覆奏，从之。

弘治十三年二月，河南管河副使张鼐见河势南行，奏欲自荆隆口分沁水入贾鲁河。行河南巡抚都御史带同管水利官，亲诣相度计处。

三月，巡抚都御史郑龄奏谓：“徐、吕二洪为漕运要道，借河、沁二水合流东下以接济之。今丁家道口上下河决堤岸十有二处，共阔三百余丈，而河道淤塞者三十里。上源奔放，则曹、单受害，而安平可虞；下流散溢，则萧、砀被患，而漕运有阻。疏浚修筑诚今日急务，臣等请各尽其力。”从之。

胡尚书世宁奏议谓，旧闻沁水至[1]〔红〕荆口分流一道，六十里通卫河，近年始塞是河。因沁可以通卫也，且黄河与卫河亦相去不远，宜差官踏勘荆口及阳武上下，相度地势，相应处所开掘一河北通卫辉，稍拨附近粮船于此习运，以防会通河一时之塞，亦国家之长计也。

世宗嘉靖五年，巡按直隶监察御史刘栾[2]言：“归德州小坝河、丁家道口河、亳州涡河、宿迁小河等处，俱有黄沁分流支

[1] 脱“红”字，补据清文渊阁四库全书本《胡端敏奏议》卷七《陈言治河通运以济国储而救民生疏》：“沁水至武陟县红荆口分流一道，六十里通卫河。”

[2] 考诸《明世宗实录》卷七一，嘉靖五年十二月丙子条，以下当为提督漕运总兵官杨宏所言，而非巡按直隶监察御史刘栾所言。

派故道，宜于此开浚。或有捷路可开，亦从其便，庶可以分杀水势。”

世宗嘉靖二十二年，沁水决。

嘉靖二十五年，沁水决。

神宗万历十四年，沁水溢。

万历十五年，督河杨一魁议因决济运，导沁入卫。督理河工给事中常居敬言：卫辉城卑于河，恐一决有冲溃之患。沁水多沙善淤，入漕未便。不如坚筑决口，开河身，加浚卫河，民得灌田，尤为完计。从之。

是年，沁决入卫，特简科臣督修之。明年，总河潘季驯请筑沁水石堤。

《明史·河渠志》：“万历十五年，沁水决武陟东岸莲花池、金圪垱，新乡、获嘉尽淹没。廷议筑堤障之。”

《河防一览》：潘季驯《申明河防修守疏》：查得沁河发源于山西沁州绵山，穿太行达济源，至武陟县而与黄河合。其湍急之势不下黄河，两河交并，其势益甚。而武陟县之莲花池、金圪垱，最其冲射要害处也。去岁沁从此决，新乡、获嘉一带俱为鱼鳖。今幸堵塞，筑有埽坝矣，但系浮沙，恐难久恃。且坝内有商民辐辏之地，烟爨不下千余，以堤为命，关系不小。查得最险之处仅四百三十五丈，甃之以石方为可久。况每（年）岁修费亦不赀，积之数年与石（何）〔无〕[1] 异，何惮而不为耶？已行该道查估，随守随筑，迟以三年之久必可竣事。此堤一成，百年永赖矣！其北岸大樊村亦系埽湾险要之处，均须留意。

---

[1] “年”字衍，“何”当为“无”。改据清文渊阁四库全书本《河防一览》卷十一《申明河南修守疏》：“况每岁修守费亦不赀，积之数年，与石无异，何惮而不为耶？”

万历十六年，总督漕运杨一魁条奏引沁水以济卫河，谓：黄河挟沁水入卫，繇天津下海久矣。自河徙，而沁与俱南，卫水时苦涸竭，其流浊也。欲仿徐有贞广济河之势引沁入卫，不使助河为虐。且乘武陟间沁水方决，因便疏浚，万夫一月之力耳！固自有见。第考先臣黄绾、霍韬并有分沁入卫之议，似欲借以杀河患，非为卫水益也。改作入卫，经费既难，冲决可虑。工部覆议会勘。

万历二十八年，河内令袁应泰、济源令史记言始循枋口之上凿山开洞。其极西穿渠曰“广济”，为河内民力所开，工最巨。次东曰“永利”，为济源民所开。又次东曰“利丰”，乃旧渠，而河内民重浚。买济源民地以顺水东下，兼利济地，而仍嘉靖时故名，土人呼为五龙口三洞者也。

《河内县志》：“广济河在永利河西，由广济洞引沁水入渠。自五龙口南流，径官庄、休昌折而东，又径小许村，至程村交河内县界，长十八里。先于许村东北浚减水河，长一里九十丈，泄入沁河正河，由程村又东径新庄南寻村，又东至府城西南之七里桥，东南径住村入温县界。径卫村至许王村凡五里，复交河内界。至保奉村东交武陟界，统计河内长八十六里。又东南径武陟之二仙庙，逾温之平皋镇，又东至南贾口入河。在武陟境共四十一里，原制二十四堰，今存十五堰：案：《通志》云，广济渠即古枋口秦渠，郦道元所谓朱沟水是也。乾隆《府厅州县图志》云，广济河，沁水支流，其在济源、河内者，即古朱沟水。其至温县入河者，即古沙沟水也。永益堰、自北官庄南闸起，至许村南闸，长八里。天富堰、自许村闸口起，南径大许村、东许村、小许村，至河内辛庄，长六里。太平堰、上接天富，自河内武家作东至刘家庄，长十五里。万盈堰分头、二两堰，自河内七里桥东至彭城村，长三十里。旧广阜堰、自南屯沙冈至辛旺，长十里。以顺入万盈头堰，用水故不敷。

又考此水入温县界，自薛村起，至双流村入利丰之永兴堰。兴福堰、自彭城尚香镇至刘家庄，长十里。大丰堰、自南寻村西分广济河水，迤南而东，至贾村东交温县王太保村，东流至五郡村入于河。在河内境四十五里，在温县境四十五里。大有堰、自南寻村东分广济河水东南流，旋折而东，二十三里至感化村南交温县。又七里至双流村汇于丰捻北河，入猪龙河。兴龙堰、自住村起十二里，交温县郭村十八里，至南张村东并入长济。长济堰、自温县卫村东北起，至曲河村并入大丰堰入于河，长十八里。通济河、分永济上、中、下三堰，自河内七里桥起，至温县二仙庙仍入广济河，长三十里。自护城至南尚村为上堰，自南尚至祝策为中堰，自祝策至彭城为下堰。彭城下旧有利，今无。府旧志云，通济河分广济河水，至尚香镇入于沁。初，封郎中萧鸾用价买河口，永免本家夫役。支堰河。分广有上、下二堰。自河内高家桥分通济水，至龙涧村东北入沁河，长二十五里。自周家庄至寨村为上堰，自寨村至龙涧为下堰。府旧志云，支堰河分通济河水，流至石涧村入沁。以上共十五堰，各有阴洞、堰头，按时启闭。河通长一百五十里，溉济源、河内、温、武陟四县田。按：是河久多淤塞，下游获利甚微。乾隆三十七、八年间，河内令积善集人夫挑浚，以路远隔境，功未得成。四十八年，知府布颜重修浚。是年八月开工，次年二月工竣。口宽三丈，底宽二丈，深丈，水势得畅，浇河、济、孟、温田五千余顷。"

袁应泰《广济河碑记》云："本河自太行山凿洞引水，经济源、孟县、河内、温县、武陟达于黄河，延袤一百五十里……共分二十四堰：第一，永益堰。由官庄至休昌，长三里。第二，永利堰。第三，长丰堰。俱并入永益堰。第四，天富堰。由许村，长二里。第五，永福堰。顺入利人河。第六，广福堰。由许村官庄入丰稔河，归黄河，长一百二十里。第七，利丰堰。由辛村、高村，长五里。第八，广丰堰。由东许村、金塚、白沟作双流，至小营入黄河，长一百二十里。第九，大丰堰。由南寻西李家桥、曲沟、柿园、土坯、贾村，至黄闷可减水入黄河，长一百三十里。第十，大有堰。由南寻、保方、王赞、杨村、北董至沙冈，长三十里。沙冈有郑府寄庄七顷五十亩，除本堰三分水一日。第十一，太平堰。由武家作、张家作至刘家庄，长一十里。第十二，广有堰。由七里桥、故事、马铺至古涧入沁河，长二十五里。第十三，永济堰。由护城、五王、祝策、彭城、尚资镇、张相，至苏王东宏福堰，长七十里。尚香西砌拦水（牐）〔闸〕❶，减水入沁河。第十四，广阜堰。由南屯沙冈至辛王，长十一里。第十五，新兴堰。由李村、冷家庄、贾村至北真，长一十八里。第十六，广隆堰。由五王，长二里。第十七，万盈堰。由分水石、七里屯、五王、卫村至彭城，长三十里。第十八，常济堰。由住村、珍珠庄、高照，至耿家庄入涝河归黄河，长六十九里。第十九，兴隆堰。由郭村、王里、李家庄至北张，长一十八里。第二十，兴福堰。由彭城、尚香镇至刘家庄，长一十里。第二十一，宏福堰。由苏王、南徐涧至南张，〔长〕一十五里。第二十二，万亿堰。由西冷至东周，长一十里。第二十三，大济堰。由北冷至杜家庄，长八里。第二十四，永通堰。由保（村）〔封〕❷、董宋、赵庄，至唐郭入黄河，长四十里。中间支渠之在各堰者，遍满原隰，不妨随便开导。惟此二十四大堰较其远近，酌其盈缩，民已称均平矣。”

清世祖顺治十年，武陟沁水决，浸及修武。

顺治十一年，沁水决，坏庐舍田禾，给事中李实秀请塞决口。

武陟县《旧志》：“顺治甲午，分守河北道张藩曾督修木栾

---

❶ 碑文“牐”作“闸”，见康熙三十四年刻本袁应泰《广济河申详条款碑记》，康熙《河南通志》卷四十七《艺文·碑记》。

❷ “村”当为“封”，据同上改。另，考诸道光《河内县志》卷八《疆域志》，亦惟有“保封”村。

店、金圪垱并大樊等处堤工，知县赵奠丽立石记其绩。”

顺治十二年，筑武陟沁河傅村堤。

圣祖康熙元年七月，淇县沁水溢，灌入御河，浸没民田甚众。

康熙二年七月，沁河决。

康熙九年，筑武陟木栾店堤。

康熙十年，河内、武陟各筑沁河堤。

康熙十一年，筑武陟大原村堤。

康熙四十九年，总河赵世显疏称，武陟木栾店近着黄、沁交会处，堤工卑薄，应帮高厚。

康熙六十年八月，黄、沁并涨。

康熙六十一年六月，沁水溢，冲决堤防，漂没庐舍，命署总河陈鹏年治之。鹏年疏请建挑水坝于沁河口，东逼沁水会黄南趋，不使东下。疏下议行。会牛钮、齐苏勒等奏筑沁河堤头至詹家庄十八里遥堤。杨宗义以武陟百姓佥言此十八里若筑堤，则田亩易淹，且致冲决邻邑，奏寝其役，诏鹏年确勘。鹏年奏：“黄河南岸有广武山为屏蔽，而北岸沁水则从此出口。当沁、黄交涨时，听其流入水寨及原武县之黑羊山沙地，水势宽平，不致冲溢，前人实非无见。若一并筑堤，则暴涨必冲射堤根，工险难于防护，岁修费亦不赀，宜留此十八里以备宣泄。”从之。又建挑水坝于沁河东。

世宗雍正元年六月，沁、黄并涨，水从姚期营无堤处漫溢，致将马营、詹家店之西堤坝汕刷过水，漫及原武。

是年，于沁河堤、荥泽大堤补筑十八里遥堤，赵家庄建筑挑水坝。

雍正二年正月，嵇曾筠奏：上年传旨，着派大学士张鹏翮前往河南，会同总河齐苏勒、巡抚石文焯、侍郎嵇曾筠，将乘秋水减退永远保固之处，详加议定具奏。臣等齐集马营工所周览黄沁交会形势，南岸广武山高峙，北岸系属平原，沁水自西来，会黄于此。伏汛时，沁、黄二水迭涨，则循流而逝。若遇二水并涨，南高北卑，易致汹涌，必竭人力以资堤防，其势然也。臣等谨详具条议：

一、秦家厂系捍御沁、黄交会之关键，修防保固最为紧要。大坝靠堤并越堤应再加帮宽厚，均至底宽十丈，顶宽四丈，高一丈至一丈五尺不等。应照南河例岁修，每年河南抚臣估计题销，仍派本管厅员驻工防守，协同千总带领河兵、桩埽手人等驻工修防。如三年著有劳绩，抚臣会同河臣具题，以应升之缺即用。如有怠玩，不时查察治罪。其修工夫役，仍照例着地方官雇募。如有违误，照例参处。

一、秦家厂大坝北尾应筑堤一道接连遥堤，底宽十二丈，顶宽五丈，高一丈二尺，加厢埽工以护其冲，庶溢出之水不致下注。詹家店有顶冲之险，但遥堤尚属卑薄，应再加帮，底宽四丈，顶宽一丈，与旧堤相平，再于顶上加高三尺。

一、秦家厂南尾堤应筑至荥泽县所管临河大堤，底宽十丈，顶宽四丈，高一丈，以资捍御。

一、马营旧有河形，且地处洼下，一遇泛涨保固最难。应将坝后土堤加帮宽厚，均底宽十五丈，顶宽六丈，高一丈至一丈七尺不等。

一、詹家店旧堤捍御沁黄交会之水，亦关紧要，应加帮宽厚，均底宽十二丈，前面卑洼处加添埽工以资防护。

一、沁、黄交会处长有沙滩，沁水会黄不畅。今冬水落后，该督抚带领管河道厅及地方官往度形势，如系老滩，则挑挖引河，俟水长风顺开放。若系淤泥人力难施，则乘长水半淹之际，用南河铁篦子操舟疏刷，沙随水去。如此，则沁水畅流，姚期营一带不致泛溢，即秦家厂、马营等工可资保固矣。

一、北岸太行堤自武陟县木栾店起，至直隶长垣县止，系奉圣祖仁皇帝指示修筑之工，关系黄、沁并卫河运道重门保障，应令河南抚臣严催承修各官作速修筑，一律坚固。如有迟延，听其指参。

高宗乾隆元年二月，谕：河南武陟县木栾店沁河堤工关系居民庐舍，每年派民夫修筑以防水患，里民按亩派钱约计二千四百余两，颇为地方之累。若设立长夫三十名，岁支工食银三百六十两，即可省民间二千余金之帮贴。着该部传论河南总河白钟山照此办理，其设立长夫应领工食，即动豫省存公银两。

乾隆七年五月，总河白钟山覆奏：所属厅汛各缺有可以裁并者，如河南怀庆府沁河通判事简工少，当据实请裁。怀庆府黄河同知经管武陟、荥泽二县黄河工程，实关紧要。况现将武陟沁河埽工归该同知兼管，更为黄、沁两河最要之缺，断难议裁。又武陟县沁河主簿一缺，查沁河水性猛烈与黄河相等，该县旧设县丞一员，专管黄、沁两河，工长八十余里皆系险要，势难再管沁河。且现将沁河通判裁汰，则沁河工程专责该主簿一人，仍裁并，县丞势难兼顾，实在不可裁汰。

乾隆十二年秋，沁、黄并涨，水浸武陟县护城堤，塞南门、西门数日，河北道胡振组率属防守。

乾隆十六年夏，黄、沁两河并涨，河北道率各官治之。秋汛，河复涨，民堤冲决，同知武锡彤、主簿顾秉衡塞之。

是年夏，大雨连旬，沁水涨溢，濒河之庐舍田畴亦多淹没，被灾之民有栖于树、溺于水者。武陟县知县赵开元及簿、尉诸人共相救济，备极焦劳。秋初，阳武大堤溃决，总河、河道驻宿河干。武陟距阳武百二十二里，沁河堤防上官不遑兼顾，堵筑工程归之簿领，而分猷宣力，亦可谓无惭职守矣。

乾隆十七年夏，沁、黄复涨，濒河村庄多淹没，河北道督率同知及令、丞、簿、尉治之。

乾隆十八年秋，大雨，沁、黄并涨，堤岸几危，知县查开相机堵筑，竭力修防。冬，沁河复险，同知、知县协力治之。

乾隆二十年八月，大雨连旬，沁河水溢，知县王靖及主簿姜培柱、典史任经竭力修防，民堤得以保固。

沁河堤动帑修筑者数百余丈，其余皆民筑民修。县治之南地势既洼，河流更急，频年危险，守土与防河者咸极焦劳。未雨绸缪，当为善后之策。

乾隆二十六年七月，山水长发，沁、黄并涨，田庐被淹，命仓场侍郎裘曰修会同巡抚常钧查勘赈恤。

十月，谕：裘曰修奏沁水堤堰民工，天师庙、寻村二处及各段大小缺口，皆为急不可缓之务。现据该府县估需银四万两，士民吁请借领库项亟为动工，分作十年清等语。此等堤堰虽系民修，现今被水之后，秋成未免歉薄。若借给库项乘时修筑，事属可行。着传谕胡宝瑔即照所奏速为办理。但工程用至四万两，虽由士民借领，亦必须专派一地方大员董率稽查，庶堤可期稳固，而银两亦归实用。裘曰修仅称知府沈荣昌估计，其将来兴工时，应作何派委大员总司经理之处，折内未经声明。着交与胡宝瑔一面检员督办，一面即行奏闻。随经添筑天师庙斜堤一道，长二百三十七丈，挑水坝长十八丈。此条已见前志，惟稍有删节，不及此之详备。

乾隆四十六年七月，黄、沁并涨，既骤且大，南北两岸堤工漫塌八处。总河韩鑅、巡抚富勒浑集料堵筑。

乾隆五十二年六月，沁、洛并涨，黄河南北岸各工俱有塌卸。开天然闸、王营减坝，启放新挑玉皇阁引河，溜势畅达。

仁宗嘉庆二十三年六月，谕：吴邦庆奏查勘古樊村沁河漫溢之处，初时水面高于堤顶，约计口门宽一百余丈，连日长水消落丈余，两头堤岸涸出，业已盘头裹护。口门实宽六十二丈，水深一丈四五尺至一丈八九尺不等，现在筹酌堵闭等语。前吴璥于召见时奏称沁河决口，此时汛水长落靡常，未能即时堵闭，此系吴璥未经亲勘悬揣之词。现在口门宽止六十二丈，两头堤顶盘裹已定，自可逐渐进占，堵闭合龙，又与吴邦庆初奏时不同。若不乘此漫水消落之时连为堵合，以沁河全势趋并缺口，下游民田既受淹浸之害，且沁河正道既已断流，沁、黄交会处所无沁水攀托，恐黄水盛涨吸入沁口，乘势下注，此亦不可不虑。着吴璥驰抵确勘情形，如水势可以施工，即督率工员赶紧堵筑。约计何时可以合龙，先行具奏。

嘉庆二十四年八月，谕：叶观潮奏“黄沁厅武陟汛缕堤、九堡，于初六日河水堤长，兼之沁水汇注，水高堤顶二三尺，缕堤、九堡子堰随筑随塌。该处向无埽工，堤身已刷宽一百余丈。幸距正河一千七百余丈，仅系滩水漫缺，并未分溜。其漫堤处所，东首及南面黄河进水沟槽五道，西面沁河进水沟槽二道，赶将通黄沟槽堵断三道，余仍漏夜趱堵，可无掣溜之虞”等语。前此黄水盛涨，黄河南岸漫堤除兰阳两处掣溜外，其余过水沟槽甚多。兹因沁水汇注武陟汛缕堤，九堡又复漫缺。该处地当北岸上游，且下注卫河，有阻运道。着即饬叶观潮专责，伊赶紧抢办，务期堵筑完固，不致又成口门，俟工程完竣可保无虞。叶观潮再赴南岸，将过水漫堤各小口以次堵合。

嘉庆二十五年六月，谕：张文浩等奏《会勘沁河堤工请给款修筑》一折，豫省河工北岸倍要于南，而黄、沁交会处近年尤为险要。兹据张文浩等会勘沁河两岸堤工及拦黄民堰，卑缺处所甚多。现距大汛为日无几，工限紧迫，止能择要兴修。着照所请准其借帑修办，工竣后，于怀庆府属各县地粮内，俟前数案摊征。完竣之日，接续摊征，分作五年归款。该河督等即当督率工员赶紧办理，限于大汛前一律完竣。仍严密稽查，务令修筑坚实。其现在估修各工之外，虽因大汛前不及施工，至大汛经临时，亦应饬该道厅等一律周密防护，毋稍疏虞。

宣宗道光二年十一月，堵筑武陟县韩村、小刘村及原马棚沁河漫口。按：沁河以是年八月溢，命程祖洛勘办，见前志。

道光三年，河督严烺、巡抚程祖洛奏“武、陟县沁河北岸小刘村无工，民堰因盛涨漫溢。前经附折奏闻，后即星驰来工，于漫口上下逐一查勘。缘沁河本年水势自入伏以来，因暑雨较多，山水暴发，叠次异涨。武陟县南之张村、原村，北岸之芦里、下封、龙王庙，以及最上之河内县天师庙、蒋村等处，无不溃埽塌坝。该道府督同各县昼夜抢护，东筑西蛰，处处险要。”

六月二十七日，南岸原马棚漫溢后，水注内塘。经该护道王康督率府县将正河赶紧疏消，以冀溜势分行，一面将拦黄堰迤东离黄较远之涧沟地方开挖沟槽，导引涨水南注黄河。内塘水势业已消落七八尺，被水村庄民心渐定。

至七月初四、五等日，又复大雨滂沱，连宵达旦，沁、丹两河复同时并涨，下游黄河亦长水三尺余，擎托水势，去路不畅，以致上游益见壅高。维时南北两岸埽工尚未补完，该护道王康及署知府李璧分驻两岸，督同印委员弁冒雨抢厢。

至初六日，水势又陡涨五尺二寸，连底水共深九尺，北岸龙王庙堤身又刷塌二丈余，万分危险。该护道等正在督夫抢护，上游小刘村地方因河势圈湾由南北注，堤土本极沙松，一经大溜趋刷，登时坐蛰过水，掣溜北趋，正河旋即断流。现在缉量口门，陆续塌宽至八十三丈，水深一丈四五尺至二丈不等。先经该护道督同府县赶购料物，盘护裹头，查看均属稳实，可免续塌。并经委员于正河断流处赶筑拦河坝，以防续涨增淤。该处地当北岸，漫水由小丹河经行修武、获嘉、新乡、汲、浚等县，归注内黄县之卫河。各该县先因卫河涨水未消，水势散漫，被水村庄自数十村至二百余村不等。现在天晴水落，逐渐刷有河槽，各村庄亦渐见消涸。虽秋禾大半淹没，尚可播种二麦。经藩司杨国桢带同委员暨该府县逐处安抚，散放馍饼席片，扎筏救度，民情尚俱安贴，人口并无损伤。

臣等与司道府厅等公同商酌，自应将漫口克期堵闭，以期各该县被淹民田及早涸复。惟下游河身节节淤高，亟须择要间段抽挑沟渠，而南岸原马棚漫口虽已断流，现在口门积水尚深至二丈以下，河身壅积泥沙尤为高厚，更须先将浸口堵闭，并将高仰之处一律挑通，庶小刘村堵合时水有去路。其涧沟出水处所，现在内塘水渐消落，究系临黄保障，已饬赶紧堵合稳固。至北岸最为低洼，水势过于就下，堵筑工程向较南岸棘手。历查乾隆五十九年北岸芦里漫工，及嘉庆二十三年北岸古樊村漫工，办理均极艰难。惟经费有常，且漫口灾区无不在在需用。臣等就现在情形撙节约计，省之又省，拟先行购办秸三百余垛，麻四十余万斤，派委附近各州县赶紧采购。旬日余，新料登场即可勒限交工。一面遴派熟谙委员将应挑引河沟工挨段勘估，先期兴挑，以俟正杂料物积有成数，立即兴筑，期于寒露后蒇工。专交护河北道王康义驻工督办，佐限早完，不容延误。

文宗咸丰二年正月，修筑河内县沁河南北岸民堤，从巡抚李僡请也。

咸丰三年六月，粤匪窜怀庆，放泄城外沁水。

穆宗同治七年七月，武陟县赵樊村沁河溢。

同治十年七月，河内县小王庄沁河溢。

德宗光绪十三年八月，武陟县小杨村沁河漫口。

光绪十五年，河内县王贺庄沁河漫溢决口。

光绪十六年九月，河督许振祎、护理巡抚廖寿丰会奏筹办沁河修防事宜。查沁河发源山西，由济源县入境，历河内、武陟二县，合大丹河之水汇入黄河。该两县地势较低，河身太窄，每遇伏秋大汛，险工叠生，惟借堤岸支持。河内县南岸计长七十六里，北岸七十八里；武陟县南岸计长六十余里，北岸七十余里。向属民捐民修，实归两县代为承办。光绪九年改为官督绅办，每年由司库各发岁修银一万二千两。彼时未及更定章程，仍系官为经理，冗费过多，官亦不能常驻河干。公事既多假手，上下隔阂各不相闻，连年生险，转失初意。非去浮核实，认真整顿，责成绅士专办，势将流弊日滋，难期经久。当经檄饬候补道陆襄鉞前往沁河上下游周历履勘，督同怀庆府知府李芳柳、河内县知县高袖海、武陟县知县贾联堂，传集绅士公议。两县各设总办沁工公所一处，遴选家道殷实、素称办事公正之候选教谕李伯恭、教谕王辂等，每县四人派充首事，总办工务。至沿河分段举办，即饬该总绅公举滨河附近耐劳习事之人，各分地段设立分防公所。河内县共计工分八段，武陟县共计工分七段，认真修守，保卫堤防。

其岁修领款一万二千两，每年十月先发五千两采办砖石、正杂等料，预为储备。次年正、二月间，发银四千两以备春厢筑堤，并添购料物，雇募夫工。余银三千两，四、五月间拨发，以备伏秋防汛等用。均由该总绅具领，责成办理。所有从前办公、幕友、外工、书役并一切浮费，悉行革除。并经道员陆襄钺传见该绅士等，告以查办情形，传宣朝廷德意。为保护地方冀免河患起见，各该绅莫不欣然感奋，愿从承办。此河内、武陟两县沁工现拟厘订章程，责成官督绅办之情形也。此条前志仅载大略，故复录之。

光绪三十二年，武陟县北樊村沁河漫口。

河内县：沁河南岸民堤西自覆盆村起，东至回龙庙接连官堤止，计长二十里。官堤西自回龙庙起，东至张家庄接连民堤止，计长六里。又，民堤西自张家庄起，东至武陟县交界张计村止，计长四十里。

北岸民堤西自留村起，东至张茹村止，计长四十五里。

武陟县：沁河南岸民堤西自张计村起，东至方陵村止，计长七十五里。北岸官堤七处，坐落大樊村、留村、原村、郭村、詹家庄、何家营、马营，计长二十一里。北岸民堤四处，坐落东曲、传村、木栾店、南贾村，计长六十九里。

今水学云，近阅邸钞，武陟县马营、詹家店一带堤岸，历来听民自筑。又，沁水堤头至詹家店，约计六十里，向无堤岸。沁、黄一时并涨，由此分泄归槽，故不议筑。然河自孟津而下，出险就平，兼会济、沁、伊、洛，大有奔放之势。此处甚属紧要，似宜题请照南河例概入钦工。其向有堤岸之处，亦动国帑加筑。高厚之堤，仍于堤内量设闸坝，以为蓄泄之计。如此，庶于河南工程少有裨益云。

民国二年八月，武陟县大樊村沁河堤工漫口。查该堤身与河流距离约七八十丈，向系无工处所。乡民引水灌田，取便就堤身设闸，滩地挖沟计有多处，叠经示禁，莫能制止。是时，上游山水暴发，加以大雨，又兼下游拦黄堰河水同时陡长，漫溢成灾。大溜幸未外移，施工尚易。河防局长马振濂饬令武陟支局会同县委抢筑子堰，并赶筑圈堤一道，长二十五丈，厢护埽段以资防卫。又补大堤一段，长十丈，用银圆一千六百八十余圆。嗣又将圈堤、护堤一律加高，护埽前添筑人字坝一道，用资善后。

又，沁阳县内都村堤工向不临河，老滩距水甚远。二年八月，丹、沁两河同时并涨，由引河导入，猝将闸口冲决。是时，秸料既青黄不接，土工复阴雨难施。甫进东占，水复盛长，口门刷宽二十五丈，引河夺溜至十分之六，水深四尺。进占为难，工作五旬始竣。计筑西裹头坝一道，长一丈五尺。进占二个，长约三丈余，牵宽各四十尺，牵高九尺。东裹头坝一道，长一丈四尺，进占四个，宽长高度与西坝相等。防风埽五段，以及填垫水塘，加筑后戗，通顶加高。各工共计用银圆一万七千六百余圆。

又，八月十七日，内都村堤工二次决口，宽七丈余。八月三十日，内都村堤工三次决口，宽七丈余，均经先后堵合。

又，沁阳县马铺堤工向不临河，旧时闸口年久失修。二年八月，沁河堤涨，猝至失慎，口门宽至九丈，水深二丈有余，引河夺溜，施工极难。漏夜进占，旬日堵合，计用银圆一千三百六十余圆。

又，沁阳县常栾、长沟等处堤工均不临河，老滩距水约六七百步，惟堤身皆极卑弱。二年八月，沁河盛涨，水较堤高，同时漫溢成口。幸工程不大，分别补筑，即时堵合。

民国六年九月十八日，黄、沁、丹诸河同时并涨，沁水被黄河顶托，大溜涌注武陟县方陵地面无工之处，以致堤身过水。该处向无料石，又在黑夜，大雨如注，遂将堤身刷塌二十余丈。河防局长吴篔孙当饬武陟县知事史延寿，督同沁工所长赶运料物，盘做裹头。时水势猛迅，人力难施，堤身续塌至四十五丈，沿河村舍田禾多被浸没。旋因水势消落，口门断流，方克盘做裹头以护堤身。赶做占子九个，共长四十五丈，宽五丈，高一丈五尺。做裹头埽三段，长十七丈，高、宽各一丈五尺。做后戗铺柴底，长四十五丈，宽四丈，高一丈五尺。做护崖埽十二段，长六十三丈，高、宽各一丈。做西坝堤工，长三十丈，底宽八丈，顶宽四丈，高一丈一尺。做占子后戗上面堤工，长四十五丈，底宽九丈，顶宽四丈，高一丈三尺。十月二十八日竣工，共用银圆一万九千四百四十九圆有奇。

民国七年八月二、三等日，大雨如注，沁河陡长八尺五寸，丹河同时长至一丈三尺。沁阳县马铺民堤无工处所，狂波巨浪，水与堤平，漫溢成口宽至八丈有余，幸未夺溜。同时，南岸天师庙蛰陷埽台三段，泰山庙后塌堤十余丈，仲贤村埽台十七段全行蛰陷，龙涧陡生新险，元村蛰陷埽台四段，走失埽台三段，并将堤身冲塌六七十丈。北岸鲁村蛰陷埽台三段，走失埽台三段。西沁阳蛰陷埽台五段，水北关溜势上提，留村埽台十二段全行走失，并将大石坝冲塌二丈余。孝敬新生巨险，堤塌百余丈，抢做新埽九段，走失四段。西良士埽台四段全失，南张茹蛰陷埽台四段，走失一段。

当经沁阳知事王恩绂呈报河务局，督同沁工公所先后抢护，力与水争，将马铺口门堵合，计用银圆九千九百三十八元有奇。又筑斜堤一道以资善后，泰山庙后仲贤各工购办料石用备厢护，元村堤工帮做后戗一道，长六十丈。北岸鲁村、西沁阳、水北关、留村、孝敬、西良士、南张茹各工一律备办料石，孝敬堤工帮做后戗一道，长一百丈，用银圆六千零五十六圆有奇，于八年四月十五日竣工。

又，八月三日，武陟县赵樊村沁河决口六十九丈，全河夺溜。十一月十七日合龙，计堵口大工及事先抢险用银洋四万四千□百余圆，善后工程用银洋一万五千三百余圆，共五万九千□百余圆。

民国八年四月，内务部呈大总统准河南督军兼省长赵倜咨称：案据河南河务局长吴篔孙呈称，查奉颁《河务局暂行办法》第三条，各河务局之管辖区域如左：

一、直隶、山东、河南各河务局管辖各该省境内之黄河及其他有关系之河流，但河南河务局兼管河南境内沁河工段等语。查沁河工程向系官督绅办。民国二年，河防设局未久，适沁阳内都、武陟大樊先后决口。吕前局长谓系改章之故，呈请规复旧制。乃频年以来，仍复一再溃决。局长莅任年余，迭次巡视，目睹河身淤垫，堤埝残缺，每值大汛甚以为忧。而岁费巨万，工款性质复类包办，究竟措施能否得当，局长监督虽属有责，考核固实无从。再四筹维，与其任听绅办，徒有监督之虚名，不如收回设局，转收统驭之实效。用是拟请仍归官办，于沁阳设西沁河务分局，武陟设东沁河务分局各一处，各置队兵四十名。其组织办法悉援黄河二等分局规制略事变通，计两局年支经费洋一万四千二百五十六圆，仍照民国二年沁工设局办法，在黄河工款内设法筹拨，不另请领。其沁阳、武陟两县原有之沁河工款二万七千七百七十八圆，则完全作为办公之用。将来若遇汛涨，拟仍旧募集民夫以资辅助。所有夫工款项，并请暂照该工向例实报实销。

兹谨拟定沁河河务分局员役经费支配表，拟请先行试办。俟一年后再行体察情形，呈明办理。请转咨核示等情，检同原表咨请查核等因。查沁河源出山西，容汇诸水，地低河狭，防守悉形困难，办法屡有更张。乃比年以来，该河水患纷乘，堤防时溃，人民荡析离居，情形尤堪悯恻。自非统一事权，责成主管人员力加整顿，不足以澹沉灾而纾昏垫。兹准原咨拟将沁河工程改归官办，设置二等分局管理各节，自系为慎重河务，厘剔积弊起见，洵属目前扼要之图。拟请准其试办，借重宣防。

奉指令："准如所拟办理。"

民国十二年八月，河务局长陈善同训令东沁分局：案查武陟沁河两岸附近居民，每过春旱辄欲呈请开闸溉田以利耕种，事毕虽经堵闭，究于河务堤防实有莫大之危险。兹本局长仿照豫南各属沟渠溉田办法，制造木质石垆模式一具，并附说明用法，合行令仰该分局长即使遵照会商，该县绅董妥慎筹议。嗣后如遇春旱，不得再请开闸，即以发去石垆依式照办。必须详察河势情形，万不可在顶冲迎溜之处设置，以防意外之虞。灌毕随将垆洞堵闭，用时再启。庶于堤埝既不相妨，而于农田可资灌溉。事关创始，务须慎审。为之附发木质石垆一具，说明一纸。

用石垆引水溉田法

法：于堤内近水之处用砖石砌池一方，名为垆头。用石垆接砌横置堤底，直至堤外地亩。可以接至数十丈。于其地亦砌砖石池一方，名为垆尾。以为汇水之区。平时用木橛将石垆之口塞紧，木橛作丁字形，其尾与石垆口之牝椭相合。外仍用土筑护严密。如冬春用水时，将土拨开，拔去木橛，将水引至垆头，导入石垆泻出垆尾中。

交桃汛后，仍将埽头闭紧以防他虞。石埽每一段长一尺五寸，或稍短亦可。方径七寸，中凿圆孔，径四寸，两头作牝牡榫，榫长一寸，厚五分。每段以牝牡榫相接，牡榫向堤外，牝榫向堤内。交缝处用石灰砌固，安置石埽处，底须用砖石铺平，相堤内水平与堤外地平之高下为之。上用土筑固。埽头、埽尾内作一直线，须与水溜取逆势，如在北岸，埽尾须摆向西北；如在南岸，埽尾须摆向西南。决不可用顺势，致掣动大溜，反遭冲决也。

经费

沁河两岸堤工向多民修民守。在河内县境者，南北共长一百五十余里；在武陟县境者，共长一百三十余里，官修者不及十分之一。遇有大工，则借官款兴修，事竣仍摊征于民，或五年，或十年，讫而止。往往前后积累，计数十年不能清偿。间亦有蠲免之诏，而民实得之惠微矣。其余所需各费概出自民，其拟派收纳之法不可得详，大都按亩加征，贫富不免。官修之岁、抢二费，则皆并于河工案内支销，无复分别。惟乾隆元年，谕武陟县沁河堤工设立长夫三十名，岁支三百六十余两，即可省民间二千四百余金。

光绪元年七月，护理河南巡抚刘齐衔奏：同治七年，赵樊沁工加价援照荥工，请以盐斤加价款。此次徐堡、方陵沁河漫口工程，增培河、武二县沁堤工程内，分例价银三万三千四百五十七两零，作正开销；堵口加价及培堤津贴共银一万一千八百二十七两零，请于盐斤加价项下弥补。光绪九年，河内、武陟两县沁工改为官督绅办，由司发岁修银一万二千两，为动用官款之特案。十六年，重订章程，设立沁工公所，岁修之款分三期发给。已见工程门。由此渐属于官，不如前者累民之甚矣！顾工长且巨，断非凋敝之民力所能胜。

民国二年，武陟、沁阳连开数口，河防局长马振濂呈请改为官办，先令沁阳县知事就近拨济五千金。既而内都复决，龙涧、解住各工新险迭生，沁阳支局又请再拨五千金，武陟大樊工程亦报销费钱二千余千。而白马沟绅民堵塞闸口，又请补助半费。至霜降后，工始告竣。三年，继任局长吕耀卿以沁、武两县人民争控不休，仍还之民。而民间数千百年之重任甫得息肩者，又不能复弛矣！八年，局长吴筼孙呈准划一河务局办法，又请收归官办，所有堤工永不责之于民。与今水学所言照南河例概入钦工，动用国帑之意适相符合。而近数年来，堤坚工稳，亦未于河款额支之外别有增加。然则前此之取诸民者，究何用也！

设官

沁水自入豫境以达于河，长约二百里，湍悍迅急，时生巨险。两岸之官堤民堰纵横交错，至为繁赜，自昔未有专官，大都兼于牧守令、丞及黄河员弁。金有黄沁都巡河官，居怀州，兼沁水事。而《百官志》又称皇统三年四月，怀州置黄沁河堤大管勾司，未详何年罢，是怀州之兼管沁水者已有二官。宋太祖诏怀州长吏兼本州河堤使。金大定二十七年，从御史台言，令沿河京府州县长贰官皆于名衔内管勾河防事。虽未明言，沁水自已在其中矣。

明成化二十一年，罢河南布政司管河、沁二水官，添设主事一员。弘治元年，又罢管河、沁二水主事，令徐、洪主事提调，请设黄沁同知一员，沁河主簿一员，分司协理。而怀庆府知府，河内、武陟两县知县，兼管所属黄河、沁河、大小丹河工程。

清康熙五十八年，以清化镇河捕通判为沁河通判，河内、武陟二县管河县丞专管所属黄河、沁河、大小丹河工程。乾隆七年，裁沁河通判，将原管河内、武陟二县沁河两岸民堤，归怀庆府粮捕通判分管。其武陟木栾店埽工，改归黄河同知就近管理，名黄沁同知。二十四年，并沁河通判，归黄沁同知兼管。五十二年，改同知为通判。嘉庆十年，复改为同知，又设协办守备及把总分防外委等武职协同修守，而皆隶于河北道。

民国之初，改黄沁厅为沁阳沁工局、武陟沁工局。二年，改为沁阳支局、武陟支局。三年，交归绅办，改为沁阳沁工公所、武陟沁工公所，不复设官。八年，仍改为官办，改沁阳沁工公所为西沁二等分局，武陟沁工公所为东沁二等分局。其武职各设一等汛长一员，一等汛弁二员。

各官姓名自明以前无可考，清代之可考者已见前志，民国以来详后，职官不复述焉。

职员

卷十二

河务各官，清代以前详见沿革者，勿论已，民国肇兴，未遑议及。然国体既改，百度维新，河务为具体之一端，官制、官规自不得胶柱而鼓瑟，风会所趋，穷者必变。划分豫东、豫北二道之河务权限而设总局也，八厅之改为分局也，丞、簿各员之裁撤，都、守、千、把之取销与夫营汛名称之改定，皆势有不得不然者也。至若赏罚黜陟，治民之官以之为进退人才之具，治水之官亦以之为激扬清浊之资，则官规之重与官制等，亦考河务者所宜论及也。

官制

民国二年三月十九日，河防局长马振濂呈都督兼署民政长：奉训令：河工现设河防局，自应发给关防以昭信守。现经本都督先行刊刻木质关防一颗，文曰“河南河防局之关防”，除俟咨请国务院铸给关防，到日再转发更换外，所有现刊之木质关防，合先颁发以便办公，并将旧日河防公所关防具文缴销等因，于三月十九日开局启用关防，具文呈报。

三月二十四日，河防局长马振濂函致豫东、豫北观察使：奉都督兼署民政长训令，豫河现已专设河防局，所有南北两岸河工事宜，自应统归该局经管，以专责成。豫东、豫北两观察使衙门凡关于河工案件，应即迅速移交该局接收，以便接续办公。并自阳历四月一号起，截止河工开支以归划一。除令知各该观察使遵办外，合行令仰该局查照等因，合函请贵观察使查核，迅将关于河工案件移交过局，以便继续办公。

五月六日，河防局长马振濂呈都督兼署民政长：查豫省河防事宜，在前清时代，诸凡工程修守，由南北两道分别督率厅员，各专责成。河防公所为经管财政机关，权限既判，责任亦轻。现既设立专局，举凡南北两岸一切工程款项事务，统同归并，事烦责重，一切布置自非周详慎密，不足求实是而蕲成功。虽际此库帑奇绌，不宜铺张浮滥，糜费病国。然事值更张，百废待举，亦不敢苟且因循，致蹈有名无实之陋习。前次筹拟章程既奉令准试办，自应按照内开各条悉心妥拟办法，以期内无冗员，外无废事，谨为缕晰陈之。

查本章程内第二、第三两条规定，本局职员名称及分科数目，本局统管豫河全部并附属有沁河等工，内而计划财政，外而办理修防，官工、民工均归管辖，事务綦繁。兹拟分设四科：第一科总司本局事务，及不属其他各科一切事宜；第二科专司豫河南岸一切防守事宜；第三科专司豫河北岸一切防守事宜；第四科专司河防款项事宜。其每科员数，除第一科事务较繁，拟设科长一人，科员三人外，余每科均设科长一人，科员二人。另设技正一人，技士三人，专司两岸一切测绘事宜。

又查第四条至第七条规定设立河防分局、支局。兹拟就南北两岸原有八厅，以及荥泽、兰封、孟县、武陟、沁阳五工局改组，惟下南厅密迩省会，黄沁厅兼管沁河，关系尤为紧要。拟将该两厅改设分局，名为南岸河防分局、北岸河防分局。其余六厅五工局悉暂因其旧名，改设支局，所管工段及驻在地点亦均仍旧。俟将来伏秋汛时察看水势情形，如分局、支局必须流动移驻时，再行另分地界。至各该分局长、支局长，亦请仍用旧日厅员、委绅以资熟手。至第九条规定雇员，遵即参照现行官制酌量雇用。除第十条所载营汛旧制应否改革暂从缓办外，所有筹拟本局分设科数员额，及改组河防分局、支局各缘由，理合呈请鉴核，指示遵行。

五月二十一日，河防局长马振濂呈都督兼署民政长：查本局前呈筹拟分设科数员额，及改组两岸河防分局、支局一案，奉指令均准照拟办理。查本局科长、科员、技正、技士等，业经开列职名呈请委任在案。其两岸河防分局、支局。除沁阳工局暂从缓办外，旧日各厅名称间有与现时情形名实未符，不得不分别沿革。兹将拟定各分局、支局名称详细胪陈，呈请核夺。计拟改下南厅为南岸河防分局，黄沁厅为北岸河防分局，上南厅为上南河防支局，郑中厅为郑中河防支局，中河厅为中牟河防支局，卫粮厅为上北河防支局，祥河厅为中北河防支局，下北厅为下北河防支局，荥泽工局为荥泽河防支局，兰封工局为兰封河防支局，孟县工局为孟县河防支局，武陟沁工局为武陟河防支局。各厅旧日关防现时已不适用，各该工局原无颁发钤记，亦拟请一并按照改定名称刊发关防，颁令转发更换启用，俾归划一。

五月二十九日，河防局长马振濂呈都督兼署民政长：案查本局试办章程第四、五两条，各分局、支局应设局长、局员、技士等职，局长由本局呈请民政长委任，局员等由各该局长呈请本局委任。现在各分局、支局长业经分别任事，亟应规定局员、技士员额以资襄理。惟各该局管理工段既有长短、险夷之不同，修防事务自有烦简之区别。若不由本局划分等级，厘订员额，难保无自为风气、靡费冗滥之弊。

查南北两岸分局为一岸表率，事务较繁，应设一等局员一人，二等局员二人，三等局员六人，技士一人。其各支局应按事务繁简区为三等。郑中、中牟支局临黄工段颇长，最为险要，应作为一等支局，设一等局员一人，二等局员一人，三等局员六人，技士一人。上南、孟县支局为两岸工首，段长工险，应作为二等支局，设一等局员一人，二等局员一人，三等局员四人，技士一人。荥泽、兰封、上北、中北、下北、武陟、沁阳等支局，或地段较短，或工程平夷，应作为三等支局，设二等局员一人，三等局员二人，技士由三等局员内选派一人兼任。至孟县、沁阳、武陟诸处，向无营汛，原有沿河绅民协同防汛，及本地首事分岸防守，帮办采料等事，暂仍旧贯，不事更张。其八厅原有房书，并饬令各该分支局长考验，酌定去留，改充雇员。限制分局四人，一等支局三人，二等支局二人，三等支局一人。似此等级既分，劳逸可均，庶期局无冗员，人无废事。除令行各该分、支局长遵照办理，限自六月实行外，理合呈报察照。备案施行。

六月三日，河防局长马振濂呈都督兼署民政长：查河工文、汛各员对于修防事宜仅有弹压之责，并不负完全责任，其不临河之处尤属无所事事。现在南北两岸厅局业经改设分局、支局，其营汛武职本局正在筹划改编。所有管河州判、县丞、主簿、巡检等缺，既不在本局改组厅营之列，且与划一官厅组织令相抵触，自应呈请民政长概予裁撤以一事权。如蒙允准，拟请一面知照铨叙局，一面先行批准实行，以免窒碍。至该支汛向有经管柳园、滩地及其他官有收入，安阳、汤阴等处县丞尚有管理水利，稽查铁路事件，应责令该分局、支局及不临河处所各该县知事就近切实查照，分别验收接办。至所管堡夫、埽夫等项，并令造册移交各该武汛接管，理合呈请核夺施行。

奉指令："据呈请裁撤河工文汛、佐职员缺均甚妥协，应即照准，限于六月十五日以前，将下南、中河、郑中、上南、黄沁、卫粮、祥河、下北八厅，所属之州判、县丞、主簿、巡检等二十缺一律裁撤，即于裁撤之日停止廉俸、公费。除咨呈国务院转饬铨叙局查照外，合即令仰该局长分别转饬知照，迅速裁撤，毋稍违延，余悉依所议办理。"

六月九日，河防局长马振濂呈都督兼署民政长：五月二十六日，奉指令，据呈职员月支薪俸数目已悉，现在公署及各署局科员一等之外，尚有二、三各等，非惟等级分明，且亦隐寓升黜激劝之意。兹阅来呈，薪水统照一等支发，而二、三各等均付阙如，未免过于简略。仰即遵照指示，另行核议呈覆等因。查本局各科员，或综司庶务，或分管防守，或专理财政，职务均极繁重，负担亦甚相同，故初定月俸未便稍为轩轾。兹奉指令自应详加核议，惟各科科员除第一科三员外，第二、第三、第四科科仅二员，而各员又各有特别责成。若混一分等，未免稍有窒碍。现就各科酌分等级，拟定第一科员一等一员，二等二员。第二科员一等一员，二等一员。第三科员一等一员，二等一员。第四科员一等一员，二等一员。其一等各员月支薪俸数目业经拟定呈核，其二等各员亦拟参照各机关现行之例，每员每月额定银一百二十圆，按六成实发七十二圆。再，本局酌用雇员原拟一、二、三等额数，亦经呈请核示在案。现因分科以来缮写文件不敷支配，拟添三等四员，每员每月薪水仍照二十圆实发。至技士三员，测量、绘图协力同劳，职务上难分等级，合并陈明。再，局长薪俸每月规定若干，现在事三月，应自何日支领，一并仰候训示祗遵，理合缮具清折呈覆鉴核。

计开：

科长四员，并技正一员：每员每月额定薪俸银二百圆，按六折实发银一百二十圆，每月共实发银六百圆。

一等科员四员：每员每月额定薪俸银一百五十圆，按六折实发银九十圆，每月共实发银三百六十圆。

二等科员五员：每员每月额定薪俸银一百二十圆，按六折实发银七十二圆，每月共实发银三百六十圆。

技士三员：每员每月额定薪俸银一百五十圆，按六折实发银九十圆，每月共实发银二百七十圆。

一等雇员五员：每员每月实发银四十圆，每月共实发银二百圆。

二等雇员四员：每员每月实发银三十圆，每月共实发银一百二十圆。

三等雇员八员：每员每月实发银二十圆，每月共实发银一百六十圆。

拟添三等雇员四员：每员每月实发银二十圆，每月共实发银八十圆。

以上统计每月实发银共二千一百五十圆。

批：据呈拟具科员薪俸等级，并请规定局长薪俸数目及起支日期等情已悉。局长责任重大，自任事之日起，每月应实支薪俸银四百圆以资办公，余所拟尚无不合，均准照办。

六月十一日，河防局长马振濂训令各分支局：案查本局前次筹拟改组南北两岸分局、支局一案，业经民政长指令照拟办理在案，所有各分、支局月支经费亦应早日规定，以期依限实行。除关系工程用项另行规定外，其局员人数及薪俸圆数，以及雇员、局夫办公费用等一切额支、活支各款，合即分别按照等级酌量拟定。至办公一项，系按照审计分处规定名目，包括文具、邮电、购置、消耗等活支费用而言，虽每月支数多寡不等，惟均不得超过约数之外以示限制。一面呈报民政长鉴核备案，合将规定各该分局、支局经费数目钞单令行。

计开：

南北两岸河防分局

分局长一员：每月额定薪俸银二百圆，按六折实发银一百二十圆。每月津贴、车马费实发银三十圆。

一等局员一人：每月薪水实发银四十圆。

二等局员二人：每员每月薪水实发银三十六圆，共月支银七十二圆。

技士一人：每月薪水实发银三十圆。

雇员四人：每人每月薪水实发银八圆，共月支银三十二圆。

局夫六名：工用人夫，不在此限。每名每月工食实发银四圆五角，共月支银二十七圆。

各项办公费：因工费用，另行规定。每月约共银二百三十圆。

以上每分局月支银六百五十三圆，计两岸分局共月支银一千三百零六圆。

一等河防支局

支局长一员：每月额定薪俸银一百五十圆，按六折实发银九十圆。每月津贴、车马费实发银三十圆。

一等局员一人：每月薪水实发银四十圆。

二等局员一人：每月薪水实发银三十六圆。

三等局员六人：每员每月薪水实发银十二圆，共月支银七十二圆。

技士一人：每月薪水实发银三十圆。

雇员三人：每人每月薪水实发银八圆，共月支银二十四圆。

局夫五名：工用人夫，不在此限。每名每月工食实发银四圆五角，共月支银二十二圆五角。

各项办公费：因工费用，另行规定。每月约共银二百圆。

以上每支局月支银五百四十四圆五角，计郑中、中牟两支局共月支银一千零八十九圆。

二等河防支局

支局长一员：每月额定薪俸银一百二十圆，按六折实发七十二圆。每月津贴、车马费实发银三十圆。

一等局员一人：每月薪水实发银四十圆。

二等局员一人：每月薪水实发银三十六圆。

三等局员四人：每员每月薪水实发银十二圆，共月支银四十八圆。

技士一人：每月薪水实发银三十圆。

雇员二人：每人每月薪水实发银八圆，共月支银十六圆。

局夫四名：工用人夫，不在此限。每名每月工食实发银四圆五角，共月支银十八圆。

各项办公费：因工费用，另行规定。每月约共银一百七十圆。

以上每支局月支银四百六十圆，计上南、孟县两支局月支银九百二十圆。

三等河防支局

支局长一员：每月额定薪俸银一百圆，按六折实发银六十圆。每月津贴、车马费实发银三十圆。

二等局员一人：每月实发银三十六圆。

三等局员二人：每员每月薪水实发银十二圆，共月支银二十四圆。

技士一人：由三等局员内选派兼任，每月津贴实发银六圆。

雇员一人：每月薪水实发银八圆。

局夫三名：工用人夫，不在此限。每名每月工食实发银四圆五角，共月支银十三圆五角。

各项办公费：因工费用，另行规定。每月约共银一百一十圆。

以上每支局月支银二百八十七圆五角，计上北、中北、下北、兰封、荥泽、武陟、沁阳七支局，共月支银二千零一十二圆五角。

通共分、支局十三处，共月支银五千三百二十七圆三角。

六月十四日，河防局长马振濂训令各局营：保管料石为河防要务，亟宜明定专章以资遵守。兹定简章六条，发交该局营转饬汛官及额外外委、委兵一体遵照。

保管料石简章

一、存储料石。由该管分支局长、营官，督饬汛官、额外外委、看厂委兵妥慎保管。

一、看厂委兵。由局营会商酌定每厂若干名，秉公选派。

一、委兵奉派看厂。应轮班昼夜梭巡，勿或疏懈。违者，分别轻重记过斥革。

一、看厂委兵饷银。每月由营计日造册，送分支局核实，发交营官转给局营，均不得摊扣，违者查究。

一、料石如有损失，除看厂委兵应从严惩办外，该管分、支局长、营汛官及额外外委，各按所得摊赔，以昭公允。

一、分支局长、营官及汛官、额外外委，均须随时认真查厂，以察委兵勤惰。

六月十四日，河防局长马振濂呈都督兼署民政长：查河工岁办石方，向于巩县设立分局，隶属河防公所，专司采购，分运各厅，由厅验收存储。现在河防公所职务既已归并本局，则该石方分局当然归入本局范围之内。惟查前河防公所对于该局不过转发款项，至于采办方价若干，转运水脚若干，以及堆工抛工等项，仅据该局每月循例呈报，究竟是否实用实销，堆垛石方有无架井空虚等弊，均无稽考。刻下改章伊始，必须切实整顿，以期料无虚糜，款无浮支。

又查前次呈准试办本局章程第十二条内开，本章程施行后，旧官制有与画一办法抵触者，须一律改组等语。该局若仍称石方分局，未免与南北两岸分局名称含混。且前河防公所仅管发款，并不稽查该局详细支数，亦与现在统一办法有所抵触。查河工款项以购办石料为大宗，兹拟改归本局自办，仍在巩县东站镇设购石处，名曰“河南河防局购石处”，由本局遴委廉干妥员专司其事。前饬令每月将该处详细支款，呈由本局覆核后汇列呈报。其运到各分局、支局石方，亦由本局临时酌量派员验收，庶几事权统一，稽查便利。除一面规定该处人员薪俸，并切实调查方价、水脚、堆工、抛工等项有无浮冒，续定详细章程折衷价目另行呈请核夺外，所有拟将石方局收归本局自办，并改定名称及画一办法，理合呈请鉴核施行。

批：据呈请将河工岁办石方收归本局自办等情，系属便于稽核，讲求实际起见，应准照办。所有更改名称及规定画一办法各节，亦均准如拟办理，并即取销旧有之石方分局，饬将钤记缴销。

六月十八日，河防局长马振濂呈都督兼署民政长：案查本局前将各厅改为分、支局，业经呈准试办在案。至各营汛如下南、黄沁等字样，以及都司、守备、协备、千总、把总、分防等名目，均与现行章程相抵触，亟应更定以符新章。刻拟将营官改称营长，汛官改称汛长，外委改为汛弁，额外外委改为记名汛弁，兵丁改为汛兵，并将祥符汛名目改为开封汛。除另单通行各该营汛知照外，谨将改定名称呈请查核备案。至营汛关防，在本局试办章程未经国务院核覆以前，暂仍其旧。

计开：

一、下南营改为南岸第一营，中河营改为南岸第二营，郑中营改为南岸第三营，上南营改为南岸第四营。

一、黄沁营改为北岸第一营，阳封营改为北岸第二营，祥河营改为北岸第三营，下北营改为北岸第四营。

一、各汛名称暂仍其旧，惟祥符上、下汛名目系因祥符县名而定，现在祥符县已改为开封县，应即一律改为开封上、下汛字样。

一、各营官均一律改称营长，所有都司、守备、协备等名目，一概取销。

一、各汛官均一律改称汛长，所有千总、把总、分防等名目，一概取销。

一、各汛外委均改为汛弁，额外外委改为记名汛弁，兵丁均改为汛兵。

一、所有各营汛印信暂仍其旧。

六月二十一日，都督兼署民政长张镇芳训令：案准内务部咨开，土木司案呈，准河南都督兼署民政长咨开，豫河现已专设河防局经营两岸修防事宜，亟应妥订章程以资遵守，并酌拟章程十三条，俾得豫筹布置，咨请核覆等因到部。查阅此项章程近于官制，应提出国务会议，业经咨达在案。兹准国务院函开，查此案现经国务会议公决，此项章程应加修改，并将修改条文送内务部查照，转行办理。至旧日河防营汛，自宜另行规定，应由内务部转行该省民政长另案办理各等因。除改编营汛一节另行分咨外，相应将国务院《修正河南河防局章程》咨达查照，转行遵照等因。准此，除将原改正章程存案外，合行钞发，令仰该局长查照办理。

修正河南河防局章程

第一条　河南河防局为河南河务总机关，主管豫河南北两岸一切事宜。

第二条　河防局设职员如左：

局长　科长　科员　技士

第三条　河防局得设二科至四科，其科数及员额由局长呈请民政长核定之。

第四条　豫河南北两岸各设河防分局，专管一岸河防事宜，设职员如左：

分局长　局员　技士

第五条　豫河两岸均得酌设河防支局，协助分局办理河防事宜，设职员如左：

支局长　局员　技士

第六条　河防分局、河防支局均受河防局之监督指挥，支局并受辖于本岸分局。

第七条　河防局设于省垣，分局、支局之设置地点由局长呈请民政长核定之。

第八条　河防局长由河南民政长呈由内务总长荐请任命，

科长、科员、技士、分局长、支局长，均由局长呈请民政长委任。分局员、支局员及分局、支局技士，均由分局长、支局长呈请局长委任，仍呈报民政长备案。

第九条　河防局及分局、支局为缮写文件，得酌用雇员。

第十条　河防局办事细则由局长拟定，呈请民政长核准，仍报内务部备案。

第十一条　本章程施行后，凡旧制有与划一办法抵触者，应裁撤或改正之。

第十二条　本章程自公布日施行。

七月二十二日，都督兼署民政长张镇芳训令：案准内务部咨开土木司案呈，准河南民政长咨报。据河南河防局呈称，奉内务部修正河南河务章程与原拟章程，除第二、第七、第十条外，其余各条虽字句稍有更易，大旨均属相同。惟第二条删去技正一职，对于支配测绘事务恐有窒碍。拟将技士四人改为一等技士一人，二等技士三人，于工程较有裨益。兹将更正后办事细则咨请备案，本部逐加覆核，所拟各条大致尚属妥协。惟技士分别一等、二等办法，查技术官官制之规定，只有级而无等，且技士同为委任，第五条所列二等技士承一等技士指挥，均有未合。现在外省官制及各特别官应官制尚未规定，此项章程原系暂行之件，姑准备案，仍俟编定官制时再为详核。相应咨复，查照转行等因。准此，合行令仰该局遵照。

民国三年三月，河防局长马振濂呈民政长：案查局长所属两岸营汛，上年改组时曾拟具章程，请将都、守、千、把、外委等职改称营长、汛长、汛弁各名目，以归划一。奉前署民政长张指令，据呈改定两岸营汛名称及章程均悉，正核办间。旋准内务部咨开，准河南民政长咨，拟具河南河防局章程到部。

当经本部提出，国务会议将章程修正咨行，转饬遵照在案。其关于旧日河防营汛办法究应如何编制，相应咨行查照，就近察度情形，迅速详拟办法咨部核办等因。准此，合将原折发，令仰该局长察度情形，通盘筹画，妥拟办法，以便咨部核夺办理等因。查两岸营汛自改章试办以来，一切进行事宜尚无窒碍。惟原设缺额及各营工段多年未经改编，河流已改，汛段依旧，因之有工无汛，有汛无工者，所在多有，劳逸不均，从脞堪虞。现在大汛已过，工程稳定，亟应及时改编以求工汛适当。

按：河防营汛以防御危险，维持公安为目的，虽袭军营名称，确系警察性质。若就根本解决，自以仿照各国河川警察制度从新编置，方足以符名实而规久远。惟原有员弁、兵丁工作之外，毫无维新知识，不明警察意义，何以行警察职务？若改用警察毕业人员，而工程非所素习，掠名废实，贻误实非浅鲜。且俸饷、经费本极廉薄，旧制河兵半工半农，呼应尚称灵便。若按警察编制，薪饷倍增，筹款匪易。当此库帑支绌之时，既不敢胶柱鼓瑟，致增司农仰屋之忧，又未敢因噎废食，膜视河伯肆虐之患。再四筹维，河防营汛改军为警，必待数年后养成人材，宽筹经费，方能完全成立。若非历过此层阶级，窃恐躐等之弊甚于因循。

兹特参考旧制，按切现象，酌定改编章程十六条，分别加具按语附呈察阅。明知非军非警名义尚有未合，然为今日修防之计，不如此不足以推行尽利。故宁沿袭旧称，改变实质，虽未尽臻美备，而布置实较周密，统系亦觉分明。且以裁并支局节省之款移作添设营汛经费，尚属有赢无绌。而比较部定预算支款，则又有减无增。将来编制之后实行训练，各汛弁兵知识渐新，程度日高，自可改设警察，冀臻完美。惟营汛对于中央关系，前清原隶兵部，嗣复改隶陆军部。河防本系内务行政，营汛兼有警察性质，似又以改属内务部为宜。究竟如何规定之处，静候达部核示。至所订章程如系可行，乞一面据情转部核夺，一面先行批准试办。理合呈请鉴核示遵。

河南河务局改编营汛章程

第一章　编制

第一条　黄河南北两岸各设一营，曰豫河南营、豫河北营，沁河附属于北营。

按：旧制本分豫河、怀河二营，现以地理因革，名义变更，特为酌改以符名实。原来有工无营及有营无工之处概为扩并，俾专责成而一事权。

第二条　豫河南、北二营分设二十汛，南营八汛曰荥泽汛、郑上汛、郑下汛、中牟上汛、中牟下汛、开封上汛、开封下汛、陈兰汛。北营十二汛，曰孟县汛、武陟汛、武荥汛、原武汛、阳武汛、封邱汛、开封北汛、开陈北汛、沁阳南汛、沁阳北汛、武陟南汛、武陟北汛。

按：荥泽县境临黄工段，除荥泽汛原管工程十一里余外，尚有民埝及广武坝工专设支局经理，并无营汛。现以该工事务简单，将支局裁撤，归并荥泽汛管理。兰封自铜瓦厢决口，河流北折，坐湾吃重，设有专局驻守，未设营汛。本年工程紧急，将兰阳北汛移驻南岸，专司修守，改称兰封汛，其北岸原管工段则并入开陈汛管理。现复将陈留汛裁并，统名曰陈兰汛。孟县当大河出山首冲，最称险要，向未设有营汛，调度每至不灵，因添设一汛以资修守。武陟工段以唐郭汛拦黄埝为最要，其上下尚有民工两段，向系官督绅办。本年该工收归官办，当将武陟沁河汛移驻该处，与唐郭汛分段防守，改称唐郭上汛、唐郭下汛。沁河一段官工，则划归武陟支局管理。现复将唐郭上、下两汛合并，统名曰武陟汛，以资挹注。阳武、封邱两汛，原系阳武、阳封、封邱上、下四汛，因均系背工，酌并为二，依限划界，按境分守。沁阳、武陟沁工向系官督绅办，亦无营汛。现均一律添设，每县各设二汛，分岸驻防。其余各汛均仍其旧。

第三条　南北二十汛各按工程险夷，地段长短分为一、二、三等，荥泽、郑上、郑下、中牟上、中牟下、开封上、陈兰、孟县、武陟九汛，均列为一等。开封北、开陈北、沁阳南、沁阳北、武陟南、武陟北六汛，均列为二等。开封下、武荥、原武、阳武、封邱五汛，均列为三等。

按：旧汛久未改编，有设弁兵多额而背河无工者，有工程险要而弁兵反少者，甚有有工而无汛者，亟应从新厘分，详酌配置。荥泽等九汛，或工段窎远，埽坝栉比，或坐湾入袖，工程吃紧，故均列为一等。开封北、开陈北二汛虽系临黄，工段较短；沁河水力较黄河究为薄弱，各汛防守稍易，故均列为二等。开封下等五汛多年背工，有巡守之责，无修防之劳，故均列为三等。惟河流变迁无常，以后湾改轨易，各汛等级尚须随时升降。

第二章　缺额

第四条　南、北二营各设营长一员，曰豫河南营营长、豫河北营营长，驻扎南北二分局。工段以内，每一支局分驻营官一员，曰豫河南营上南营官、豫河南营郑中营官、豫河南营中牟营官、豫河南营陈兰营官、豫河北营孟县营官、豫河北营下北营官、豫河北营沁阳营官、豫河北营武陟营官。

按：旧制设有都司、守备等职分厅驻守，混属一营，并无统系。本局改组之初，大汛逼临，未暇更编，仅以名称不合，暂就原有营额改称第一、二、三、四营长以图简易。惟局营有连带关系，局既有分、支之别，营即宜有主、助之分。现特于分局工段内设一营长，支局工段内设一营官，俾局与营互相扶持，而营制复秩然不紊，以明统系而专责成。

第五条　一等汛设汛长一员，汛弁二人，一等河兵十名，二等河兵七十名。二等汛设汛长一员，汛弁一人，一等河兵十名，二等河兵五十名。三等汛设汛长一员，汛弁一人，二等河兵三十名。

按：旧制各汛设有千、把、外委、分防、额外等职，河兵又分别战、守二级。前以名称不合，暂将千、把等名改称汛长、汛弁，兵则悉仍其旧。现在汛段既从新划分，名额又须按势均配。除汛长为全汛首领，汛弁为汛长指臂，名义适当，仍宜沿用外，惟河兵修守工程向系通力合作，战、守之分未免胶执，亟宜酌为厘定，仍按原有饷项等级改称一、二等河兵，以为升降地步。一等汛工程浩繁，故设汛长一人，汛弁二人，一、二等河兵八十名。二等汛工程较简，故少设汛弁一人，河兵二十名。三等汛现在无工，故无一等河兵，仅设二等河兵三十名，以备守护堤柳，催收滩租。

第六条　营长得用雇员二人，营官、汛长各得用雇员一人。

按：旧制各营均有字识缮写文件，保存卷宗。改组时将字识裁撤，即设雇员，每营长得用二人，汛长得用一人。现以营长公牍较繁，仍准用雇员二人，营官汛长公牍较简，准用雇员一人，由各该长官自行选补。

第三章　职权

第七条　营长至弁兵所有职权分列于左。

一、营长直隶于河防局，有指挥监督各营官及本管汛长、弁兵从事修防之职权。每届年终，应将各营官及本管汛长、汛弁办事成绩出具考语，会同分局呈由河防局核办。

二、营官直隶于河防局，并分隶于营长，有指挥监督本管汛长、弁、兵从事修防之职权。营长莅工时并应受其指挥。每届年终，应将本营汛长、汛弁办事成绩出具考语，会同支局呈由河防局核办，并分报于营长。

三、汛长直隶于营长、营官，并分隶于各该河防分、支局长，有督率弁兵从事修防之职权，应随时稽查弁兵勤惰，请求本管局营长官分别赏罚。

四、汛弁直隶于汛长，有督率河兵从事修防之职权，应随时稽查河兵勤惰，陈请汛长核办。

五、河兵直隶于汛长，汛弁应服从命令，从事修防。

按：旧制豫、怀两营都、守等职品级虽有高下，而厅分域别，下级不受上级管辖，此疆彼界，窒碍殊多。兹特将营长事权最予扩张，全营修守事宜均归监督。惟一岸工段长至数百里，兼顾则鞭长莫及，遥制又恐失机宜，故营官所管工段仍令完全负责。遇有特别工程，营长莅工时，须受其指挥，俾责任既专，而事权仍不至于混淆。汛长、汛弁直接办理工程，对于局营均有密切关系，故须承营长、营官及分、支局长双方命令，督率河兵从事修防。庶几指臂相顾，呼应灵通，俾免畛域隔阂之弊。

第八条　营长及营官为河防修守专管官，一切工程均应商同分、支局局长，会呈河防局核办，不得搀越工程以外事务。

按：旧例河工豫备料物，以厅员为专管官，守备为兼管官。修做埽工以守备为专管官，厅员为兼管官，责令互相稽查，权限分明，自宜沿用。惟分、支局长为一局主体，一切用人行政均须通盘筹画，方无顾此失彼之虞。营长、营官职权仅限于工程一部分修守事宜，非得分支局之同意，必不能工款兼顾。行政事宜若任营长、营官之搀越，又恐事权混淆，推诿贻误，故因旧制酌为厘订，俾专责成而免争执。

第九条　南、北二营各设训练所一处，每届霜清后，由营长调集各汛弁兵轮流教练。

按：旧日河兵乘隙训练，虽有明文规定，而虚应故事，直等具文。兹责成南、北两营长各于该营适中地点设训练所一处，每届霜清之后，由营长商同分、支局长择各局职员内学科优长、工程熟悉者，调充该所管教各员，轮流传集各汛河兵开堂授课，教以简易识字、河防要义、工作方法及浅近警章、测算、森林、体操各学科，并讲演一切规则、命令，以期工程精练，知识发达，为来日改编警察之预备。应需经费，除管教员由各局营职员担任不另给薪外，一切杂费酌定每月五十圆，每年以六个月计发。

第四章　俸饷

第十条　营长月俸一百二十圆，夫马费三十圆，办公费十五圆。营官月俸一百圆，夫马费二十圆，办公费十圆。一等汛汛长月俸七十圆，办公费五圆。二等汛汛长月俸六十圆，办公费五圆。三等汛汛长月俸五十圆，办公费五圆。一等汛汛弁月俸四十圆，二等汛汛弁月俸三十五圆，三等汛汛弁月俸三十圆。雇员月薪八圆。一等河兵月饷三圆，二等河兵月饷二圆。现以库款支绌，俸饷均按六成支发，办公、夫马费及雇员月薪均照数实支。

按：旧制守备月支俸银一两五钱五分九厘，薪银四两，蔬菜、烛、炭银一两，心红纸张银一两，马干银四两。把总月支俸银一两四钱，薪银一两九钱六分，马干银二两一钱。战兵月支饷银一两五钱，米折银二钱二分。守兵月支饷银一两，米折银二钱二分。均按七成扣发，禄不足养廉，饷不足糊口，故员弁均恃土工、津贴及柳园、滩租以自肥，侵蚀弋射，弊窦丛生。本局改组时，化私为公，暂定一等营长月俸六十圆，夫马费三十圆，办公费十五圆。二等营长月俸五十圆，夫马费二十圆，办公费十五圆。一等汛汛长月俸四十圆，办公费五圆。二等汛汛长月俸三十六圆，办公费五圆。三等汛汛长月俸三十圆，办公费五圆。汛弁不分等，月俸二十四圆。雇员月薪八圆，河兵饷项悉仍其旧。现以营长、营官等级既分，各汛工程繁简亦异，因将原定俸给略为变通，按十成规定，六成开支，比较前数仍无大出入。至河兵饷项，自光绪年间荥泽决口时，调有北岸河兵助工，事后兵留南岸，饷未划拨，豫、怀二营兵饷遂有参差。且原定兵饷均系银两，现在行政经费须以银圆，计数折合零星，诸多不便。因将两营饷项划归一律，统以银圆，规定亦按六成开支，饷数较前已稍增加。工作防守时再为加给饷糈，庶足以资糊口而备策使。

第十一条　河兵修筑工程驻守厂坝时，得计日给予加饷银一角二分。如有功过，除分别拔升斥革外，每记大功一次，得奖一角以上、二圆以下之赏项。每记过一次，得扣一角以上二圆以下之罚金。

按：旧日各厅传派河兵到工当差，均给予饭食钱百文上下不等。本局改组时，酌为变通，按照通工修守情形，于河兵全类内抽定四百五十名分配各工，责以修作及看守事务，每人每日酌定饭食银七分。惟河兵皆系附堤居民，有事作工，无事归农。底饷所以羁其身，加饷所以糊其口，底饷不妨从俭，加饷必须从丰。是以此次所定加饷数目较前稍优，并一律以银圆计发，以归划一。至河兵勤惰，向由营官意为赏罚，毫无限制。兹复画定范围，俾便执行而昭奖劝。

第五章　附则

第十二条　改组后，局营统系附表列明。表从略。

第十三条　改组后，营汛经费附表列明。表从略。

第十四条　营长以下各职任用章程，未奉中央颁布河工官制以前，暂依任用分支局长员成案办理。其召募河兵一切程序，仍查照旧制继续进行。

按：旧日河工官吏，两道以下厅官之同知、通判，营官之都司、守备，均系四五品职俸，与新官制之荐任官相等。本局改组时，因河工官制未奉中央颁布，暂将本局科长、科员，分支局长及营长一律呈由民政长委任。现在此项官制仍未奉明文规定，自应援照成案，营长、营官由本局呈请民政长委任，汛长、汛弁由本局委任，俟河工官制奉到中央公布后再行一律遵办。至召募河兵，向就濒河居民内择年力精壮有身家者充补，并由该管地方官查取亲邻保结、丁口清册，加盖印信备案，以示郑重。旧制完美，自宜沿用。

第十五条　营汛及训练所办事细则，由河防局另行规定，呈报民政长备案。

第十六条　本章程自公布日施行，如有未尽事宜，由河防局随时修正，呈请民政长达部核办。

六月三日，河防局长吕耀卿呈覆民政长：查豫河两岸原设八厅各专责成，不相侵越。自上年改组以后，各分支局同为八厅之变相，初无统属之可言，乃互异其名称，略高其位置，特设分局于南北两岸，并使支局受辖于分局。不独河工无此体制，即现在地方亦无此层累之阶。而考其所驻地点、所管工段，与旧时无少差异，且各支局上下文件均系直接，并不由分局核转。是两分局徒拥遥制之虚名，难收监督之实效，于义无取，于事奚裨？拟将分支各局审度工作之险夷，修防之难易，事务之繁简，列为一、二、三等，俸给有差。虽等级略示区分，而事权仍归划一。自经改定，则南岸、北岸名称未能吻合。查所改之南北分局，即昔时之下南、黄沁两厅。今拟以南岸分局仍复旧名为下南分局，其所辖之开封上、下两汛，亦改为下南上、下汛。北岸分局虽系黄沁所改，惟现在该局所辖已无沁河工段，不便仍复旧称。该局现管三汛曰武陟，曰武荥，曰原武，即定名为武原分局，庶使名实足以相副。其驻所暨经管地段仍照从前之规定，毋庸另行移易。所有各分局俸给，另于裁并总局二、三科案内酌议增加。

又查八厅额缺向系同知、通判之职，论官阶本在知县之上。今县知事既为荐任，分局长反居其次，未免向隅，应请一律作为荐任官，以昭公允。南北两岸工程队长既管本汛工程，兼辖四处支队，担负全岸修守事宜，责任颇为重要，亦请改为荐任，以崇体制而资策励。其支队长仍为委任，分局局员以及汛长、汛弁悉仍其旧，俾免纷更。所用关防钤记自宜分别，荐任官用铜质，委任官用木质，借辨等威而昭信守。两河所管工程分隶于各县之区域，遇事动须借助治河。即以卫民河工地方，实不易分权而治。凡属沿黄、沿沁之地方官吏，必须受河防局之节制，共同负责。出险固应受过，安澜并予论功，不至借词诿卸，自可期协力进行，斯堤防无疏失之虞，黎庶有安之望，洵于河工地方两有裨益。抑局长更有请者，河防局系合并两道组织而成，范围颇广。局长统率十局十队，经管两岸河工六百四十余里，事繁责重，其职权与道尹相同，乃与县知事同为荐任之官，适启各地方以轻视之念。设遇紧要事件须借群力，势必呼应不灵，贻误良非浅鲜。究应如何办理俾资统治之处，职局长未敢擅拟，谨护下忱，伏冀钧裁。

六月十日，河防局长吕耀卿呈民政长：窃职局前请将沁河工程仍归官督绅办，业经批示允准在案。沁工既归绅办，则沁阳、武陟两县之河防支局，以及工程支队当然一律取销。惟查黄河北岸卫粮、祥河两厅，上年经马前局长改为上北、中北支局。本年二月，又以上北、下北并归中北，改中北为下北，工长一百五十余里，且下北地居极东，实有鞭长莫及之势。日前职局长巡视北岸，详加履勘，卫粮地段现在虽多背工，然不能置之不顾，必须有备方能无患。今拟因卫粮厅治复设分局一处，工段悉循旧界，计长九十余里，以阳武、封邱两汛划归管辖，即定名曰“阳封河防分局”，并遵例添设支队，名曰“阳封工程支队”，共担责任，各有专司，庶下北一局可免兼顾不遑矣。又，南岸分局昨请改名下南分局之上、下两汛，下汛工长四十七里，余皆系多年背工，共上汛工长四十四里。余各堡埽坝林立，二十堡一带又为当年祥工合龙之处，汛兵八十名，实属不敷分布。又，中牟分局之中牟下汛工长三十九里有奇，埽坝既较郑中加多，且十堡地质纯沙，最难防守，实为全河最险之处。八堡系从前牟工合龙处所，工段既长，而兼吃紧，汛兵原有一百二十九名，本年二月经马前局长裁去四十九名，仅留一汛八十名。郑中工长不及中牟，而汛兵反有一百六十名。以此例彼，亦断不敷应用，应请与下南分局均各添设三等一汛，名曰“下南中汛”“中牟中汛”，俾工作无虞延误，实于修防大有裨益。再如马前局长本年二月改组局汛时，汛分三等，一等额兵八十名，二等六十名，三等仅止三十名，殊嫌单薄。即以阳武、封邱两汛而论，均列三等，共有汛兵六十名，所管工段九十余里，不免有顾此失彼之虞。拟请将三等汛兵额各加十名，定为四十名。现在南北两岸共设三等汛五处，每处各加十名，共五十名。又添设下南、中牟三等汛两处，共汛兵八十名，二共加添兵额一百三十名。以裁撤沁武四汛兵额二百四十名计之，尚余一百一十名，所裁之饷与沁、武两县所裁局费，除复设阳封分局支用外，余款请于裁并总局经费，增加分局俸给呈内并案统计办理。似此酌盈剂虚，权宜缓急，庶河防修守可期收效。理合呈请鉴核，俯赐批示，并祈咨部立案。再，南岸已请更名为下南分局，所有南岸工程队长，即以下南三汛为其汛地，其上南、郑中、中牟、陈兰各支队均归节制。北岸分局已请更名为武原分局，所有北岸工程队长即以武原三汛为其汛地，其阳封、下北、孟县各支队均归节制，合并陈明。

谨将改订河防各分局等第、名称，并工程队、支队以及管辖汛名，缮折呈鉴。

一等下南分局南岸工程队，管辖三汛。一等下南上汛、三等下南中汛、下南下汛。

二等上南分局工程支队，管辖二汛。一等荥泽汛、郑上汛。

二等郑中分局工程支队，管辖二汛。一等郑下汛、中牟上汛。

二等中牟分局工程支队，管辖二汛。三等中牟中汛、一等中牟下汛。

三等陈兰分局工程支队，管辖一汛。一等陈兰汛。

二等武原分局北岸工程队，管辖三汛。一等武陟汛、三等武荥、原武汛。

三等下北分局工程支队，管辖二汛。二等开封北汛、开陈北汛。

三等阳封分局工程支队，管辖二汛。三等阳武汛、封邱汛。

三等孟县分局工程支队，管辖一汛。一等孟县汛。

以上共计九分局、二工程队、七工程支队十八汛。

六月七日，河防局长吕耀卿呈复民政长：窃职局长任事之初，即有裁减总局经费之议。月余以来，察看各科情形，权其轻重，酌盈剂虚，谨拟办法，请为宪台陈之。查职局向设四科，月支经费三千八百零二圆九角。第一科总核各科事务及不属于各科文牍一切事宜，所有收发、监印、校对、庶务、会计等事均附之。第四科总司河防收支款项，以及预算、决算并各分局工程队关于款目一切事项均隶之。此二科者，事务均极繁重，原设员额不敷分任，尚须拟请增添，万难裁减。惟第二、三两科分司南北两岸工程，事务较简，员额可以酌裁。拟将第三科裁去，归并第二科办理，原设之第四科即改为第三科。但归并之后，第二科事务既增，旧有员额办理不免竭蹶。庶请与第一、第二两科均添设三等科员一人以资佐理，每员月支俸给五十圆。技士一项原设一等一人，二等三人，专司测绘。其事既非恒有，而所绘之图复不适用，未免虚耗廪禄。应裁去三人，酌留其一，薪水定为六十圆，聊备任用。雇员应按事务之繁简随时酌量雇用，不必预定额数，此总局裁减员科之情形也。

至南北各支局拟请一律改为分局，列为一、二、三等，俸给有差，曾经另案呈明。查原定各分支局长俸给，多者不过一百二十圆，少者仅只六十圆。该员等修守河防责任何等重要，乃最多数之月入不足百金，殊非重禄劝士之道。兹拟将各分局长按等加俸，一等一处，定为二百圆；二等四处，每处定为一百六十圆；三等四处，每处定为一百二十圆。又，购石处采办员原支九十圆，亦拟定为一百六十圆。其局员薪水，马前局长原定有一等、二等之分。一等即旧日之工总，月薪四十圆。二等即旧日之库储，薪水三十六圆。然按其事实，适与河工之旧例相反。盖从前库储居首，工总居次也。今拟局员不分等第，皆名之曰局员，薪水均给四十圆。其原定三等局员改为一等雇员，原定之书记改为二等雇员，其薪水则照旧支给。所有各分支局原设技士，职局长前于赴工时接见各该局长，均称所绘之图不能适用，应请一律取销。综计职局每月可以减洋三百七十八圆，裁撤沁、武两局并支队以及局员技士等项，除加增分局及购石处俸给，加增局队汛兵外，实余洋二百五十四圆三角三分，统共节省洋六百三十二圆三角三分三厘，应请另款存储以备缓急之用。所有裁并职局二、三科并技士节省经费、加增分局暨购石处俸给各缘由，理合详细列表，呈请鉴核，俯赐批示，并祈咨部立案。再，此案即请自七月一日施行。

八月十九日，河防局长吕耀卿详巡按使：窃职局接奉钧饬，三年七月十七日准内务部咨，据河防局长拟修正河防局制，添设阳封分局，增减各汛名额，请查核立案到部。本部逐加详核，所拟各节自系为权宜缓急、因时制宜起见，现在伏汛伊迩，应即准予试办，以期推行尽利。惟卷查该局原设之支局支队，现据裁撤五处，新置分局比较以前又增五所。虽各该分局等级有一、二、三等之别，但机关较高，所有该分局人员俸给经费似不能仍援旧例，且划出之沁、武两局汛兵仍须酌留，分拨他处。所有此项经费，虽系声称即以裁并总、支各局腾出款项，以为酌盈剂虚之举，但该局俸给等项经费经此次修正局制以后，于核定预算数目有无超越，亦宜就原定额内连同沁工应用款项通盘筹画，详细斟酌，妥为均配。又，工程队及支队，据咨称南北岸支队均归各岸工程队节制，系属两级制度，而折内列为一项，统系未尽明晰。益以该局此次添设阳封分局，增减兵额，所有关于编制一切章程及办事细则，并管辖统系暨薪饷各表，均宜悉心规画，重新厘定，俾专责成而资遵守。相应咨行，转饬该局长仿照上次部颁各项表式章程，详细分别拟具表册一并报部，以凭核办等因。准此，合行转饬该局长查照部咨事理，详候分别核明转咨等因。查职局此次改编局制，所有裁设分局，增减兵额，支配一切经费，系以总局并科裁员及裁撤沁、武两局队所羸，为添设阳封分局及三等各汛，并加给分局长俸给之用，悉就预算原额通盘筹画，酌盈剂虚，不使超越。盖去岁沁工设立支局、支队所有俸给、经费，均在额定岁修之外另款开支。此次所设总分公所用款，仍按照旧章归入岁修工款数内。其原设沁、武两处局队经费，实系照数全裁。而新添之阳封分局及下南、中牟两中汛均列三等，加增之兵亦系二等。其原有各分局，但酌加局长俸给，其他办公等费悉仍旧贯。比较增减，每月尚可节余银六百余圆。前已于裁减职局经费、加增分局俸给案内声请另款存储，以备缓急之用。此修改局制所有经费，仍就预算原额妥为匀配，并无超越之情形也。

若各工程队与支队均按各该分局汛地划分管理，现在各分局均无管辖关系，而工程队及支队对于分局又处于同等之地位。不过工程队对于支队须负表率监督之责任，并非事事均归遥制。至河工队兵专司工作，原与军队性质不同，且每名每月饷项不过一圆有余，糊口尚虞不足，向系有工服务，工竣归农，势难于霜清之后责令操练，致绝其谋生之路。所有训练所一节尚难实行，此工程队、支队依照核定编制各章程略予变通，以期推行尽利之情形也。奉饬前因，理合遵照部咨事理，将此次改组以后关于编制一切章程，及各机关办事细则，并管辖统系员役经费支配各表悉心规画，重新厘定，详请鉴核转咨。

河南河防局暨所属各分局、工程队、支队编制章程

第一条　河南河防局直隶于河南巡按使，主管豫河南北两

岸工程及款项一切事宜。

第二条　南北两岸河防分局直隶于河防局，分管料物、款项，并会同工程队及支队办理所辖汛地内一切工程事宜。

第三条　南北两岸工程队、支队直隶于河防局，会同各分局管理所辖汛地内一切工程事宜，各支队兼受辖于本岸工程队。

第四条　河防局编制如左：

局长　科长　科员　采办员　技士

第五条　河防分局编制如左：

分局长　局员

第六条　工程队及支队编制如左：

队长　支队长　汛长　汛弁

第七条　分局长及队长、支队长均受河防局长之监督指挥，汛长、汛弁受辖于本管队长、支队长，兼受辖于本管分局。

第八条　队兵名额依事务之繁简酌量设置，由河防局详请巡按使咨部核定。

第九条　河防局设于省垣，各分局及工程队、支队按照汛地分别设置，由河防局详请巡按使咨部核定。

第十条　河防局附设购石处，置采办员一员驻扎巩县，专司采购转运石方事宜。

第十一条　河防局长由河南巡按使呈请大总统任命，科长、科员、采办员、技士、分局长、队长、支队长，均由河防局长详请巡按使委任，局员由各该分局长详请河防局长委任，汛长、汛弁由河防局直接委任。均详报巡按使备案，并于每半年咨报内务部备案。

第十二条　河防局及分局工程队、支队、购石处，为缮写及庶务得酌用雇员。

第十三条　各项员额、俸饷、支配及统系各表另订之。

第十四条　河防局及分局工程队、支队办事细则分别拟订，详请巡按使核准，仍咨部备案。

第十五条　本章程施行后，如与新颁官制抵触，或进行阻碍时，得由河防局随时详请修正。

第十六条　本章程自奉部核准日施行。

七年十一月，内务部呈大总统：窃查河务事宜为内务行政之最要之大端。前清设置督理佐治各官，大小相维，责任綦重。民国肇造，旧制既不尽适用，现行法令亦尚未经规定，名称复杂，殊难收整齐画一之效。迭经本部先后通行管河各省区分别改组，直隶设置东明河务局，由大名道道尹兼辖。山东原设上、中、下三游河务局，上年复经改为三游总局，另设总办及上下游局长等综理局务。河南承河道之制改设河防局，管理境内黄河上、下游两岸修守事宜，荐任专员派充局长。嗣复改为简任，并将原有厅官改为分局数处。至河防各营，亦更名为工程队。湖北设立万城、钟祥堤工局，分委局长管理。又，直隶自永定、北运两河划归京兆管辖后，复设天津河务局，综理大清、子牙、南北两运修守事项。京兆则设置永定、北运两河防局，遴派局长呈部备案外，浙江海塘工程，前年该省分设海宁、盐平两局，委任局长管理。此近年各省河局设置之大概情形也。

惟呈总理局务人员或为局长，或名总办，局长之下又有特设分局、支局，或上游、下游等局者，虽工段有广狭之悬殊，局所因繁简之各别，但同为管河机关，自未可名目互异，致涉纷歧。本部职掌宣防，迭经会商法制局，佥以河务关系至重，在官制未定以前，允宜先行厘订暂行办法，以资整顿。惟河防名义狭隘，职掌未能悉赅，本部再四筹思，特将此项机关定名为河务局，酌拟暂行办法二十六条。复以各省河务机关辖地广狭、工段险易各有不同，并经酌分二等，一等局长简任，二等局长荐任，一等分局长荐任，二等分局长委任，以期推行无碍。至各局应需俸给、经费等项，仍暂行按照原列预算开支，用维财政。如蒙核准，再由部通行一体遵照办理。是月十五日，奉指令："准如所拟，由部通行遵照。"

河务局暂行办法

第一条　河务局管理该管区域内治水工程，及其他一切河务。

第二条　河务局之名如左：

一、直隶河务局。

二、山东河务局。

三、河南河务局。

四、湖北河务局。

五、天津河务局。

六、永定河河务局。

七、北运河河务局。

第三条　各河务局之管辖区域如左：

一、直隶、山东、河南各河务局。管辖各该省境内之黄河，及其他有关系之河流，但河南河务局并辖河南境内沁河工段。

二、湖北河务局。管辖万城、钟祥等堤工，及其他有关系之河流。

三、天津河务局。管辖直隶省境内之南运、北运、大清、子牙等河，及其他有关系之河流。

四、永定河河务局。管辖永定河及其他有关系之河流。

五、北运河务局。管辖京兆境内之北运河，及其他有关系之河流。

第四条　河务局依事务之繁简，管辖区域之广狭，分为左列二等：

一、一等河务局。

二、二等河务局。

第五条　河务局置职员如左：

局长　技术员　事务员

技术员、事务员之员额，由该管最高行政长官报由内务部核定。

第六条　一等河务局局长，由该管最高行政长官报，由内务总长呈请简任。二等河务局局长，由该管最高行政长官报，由内务总长荐任。

第七条　局长总理局务，监督所属职员。

第八条　技术员及事务员，由河务局长委任，报由该管最高行政长官转咨内务部备案。

第九条　技术员承局长之命办理技术事务。

第十条　事务员承局长之命分理局务。

第十一条　河务局得分为数科，各科之职掌由局长定之。

第十二条　河务局因缮写文件及其他庶务，得酌用雇员。

第十三条　河务局因事务之必要，得设置左列分局：

一、一等河务局，得设置一等或二等分局。

二、二等河务局，得设置二等分局。

第十四条　河务分局置职员放左：

局长　技术员　事务员

技术员、事务员之员额，适用第五条第二项之规定。

第十五条　一等河务分局局长，由该管最高行政长官报由内部总长荐任。二等河务分局局长，由该管最高行政长官委任，报告内务部备案。

第十六条　分局局长承局长之命，综理分局事务，监督所属职员。

第十七条　分局技术员、事务员之任用，适用第八条之规定。

第十八条　分局技术员、事务员之职掌，准用第九条、第十条之规定。

第十九条　河务分局得分为数股，其职掌由分局局长拟定，报由河务局长核准。

第二十条　第十二条之规定于河务分局适用之。

第二十一条　河务局及河务分局因办理河工认为必要时，得设置驻工办事处。

驻二办事处规程由河务局长拟定，呈由该管最高行政长官咨报内务总长核定。

第二十二条　河务局因事务之必要，得设置工巡队，工巡队得分隶于河务分局。

工巡队章程由河务局长拟定，呈由该管最高行政长官咨报内务总长核定。

第二十三条　河务局、河务分局办事规程由该管最高行政长官核定，报由内务部备案。

第二十四条　河务局因办理河工，得委托沿河各县知事协助之。

第二十五条　本办法之规定，海塘局准用之。

第二十六条　本办法自核准日施行。

八年一月，河务局长吴篑孙呈河南督军兼省长：民国七年十二月八日奉训令，案准内务部咨。查本部筹拟《划一河务局暂行办法》，前经呈请大总统核准施行在案，相应检同原办法咨行查照办理。仍将改组情形报部查核，并钞送原呈暨办法到署。查河南河务局辖地极广，工段尤险，自应列为一等，所有应设局长一员，业将该局长加考，电请简任在案。兹准前因，合行令仰该局立即遵照，迅速妥拟章程规则，连同改组情形，并将应列一、二等各分局长，分别开单呈候核办等因到局。正筹拟间，旋奉钧令，以内务部咨，民国七年十二月三十一日，奉大总统令，任命吴篑孙为河南河务局局长等因转令到局。

遵查奉颁暂行办法第五条，河务局置局员如左：

局长　技术员　事务员

又，第十一条河务得分为数科，各科之职掌由局长定之。查职局原设三科，现拟将第一科改为总务科，仍掌本局总务及不属其他各科事宜。第二科改为技术科，掌理工程测绘。第三科改为会计科，综司财政。按照原有科员、技士员额，设技术员、事务员共十一员，分隶各科。惟原有技士月薪六十圆，现改为二等技术员俸给，年须增加一百四十四圆。原附设购石处采办员，专司采运全工石方，责任较重，拟改为购石处，处长、员役经费照旧开支。又，职局对于各工应行查验事项，倍极殷繁，在前吕局长任内设有差遣员十二员，所需经费向在预算旅费项下动支。现拟悉仍其旧，以资任使，此职局之改组情形也。

又，第十三条第一项一等河务局得设置一等或二等分局。查原有南岸下南一等河防分局，上南郑中、中牟等二等河防分局，均系工段绵长，异常险要，事繁责重，保障攸资。又，北岸武原二等河防分局地居黄沁交汇之区，情形亦极紧要，在前清时代均系河工要缺，拟请均列为一等河务分局，其经费悉照原定二等河防分局开支。至陈兰、孟温、阳封、下北等三等河防分局，或埽坝栉比，或旧险新生，均拟改为二等河务分局，经费仍照原额，工段悉循旧界。惟下南一局较诸原有经费，年可减支洋一千三百余圆。此分局之改组情形也。

职局长筹维再四，惟期款不虚糜，人无废事，所有名称、员额准诸定制虽略事变通，而所需经费则酌剂盈虚，实无逾越。除将沁阳、武陟两县沁河工段设局办法，暨工巡队改编情形另文呈请核示外，理合将编制章程、办事细则，及统系员役、经费、支配各表重新厘订，呈请鉴核转咨。

河南河务局暨所属各分局工巡队编制章程

第一条　河南河务局直隶于河南省长，主管河南省境内之黄河及其他有关系之河流，兼管河南省境内沁河工段。

第二条　黄、沁两河河务分局直隶于河务局，督同工巡队管理所辖汛内修守事宜及工储料物。

第三条　黄、沁两河工巡队直隶于河务局，兼受辖于本管分局长，管理所辖汛内一切工程事宜。

第四条　河务局编制如左：

局长　科长　技术员　事务员　购石处处长

第五条　河务分局编制如左：

一等河务分局局长　二等河务分局局长　技术员　事务员

第六条　工巡队编制如左：

队长　汛长　汛弁　队兵

第七条　河务局及各分局及工巡队，得适用未改组以前原驻地点，但因办理工程认为必要时，得酌量移改，由河务局呈请省长咨请内务部核定。

第八条　河务局附设购石处，置处长一员，驻扎巩县，专司采购转运石方事宜。

第九条　河务局局长，由河南省长报由内务总长呈请简任。一等河务分局局长，由河务局长呈请河南省长咨由内务总长荐任。二等河务分局局长，由河务局长呈请河南省长委任，并报内务部备案。河务局科长、技术员、事务员、购石处处长、工巡队队长，由河务局长委任，报由河南省长转咨内务部备案。河务分局技术员、事务员及工巡队汛长、汛弁，均由河务局长委任，每月汇报河南省长转咨内务部备案。

第十条　河务局及分局、工巡队、购石处，因缮写支件及其他庶务，得酌用雇员。

第十一条　各项员额、俸饷、支配及统系表另订之。

第十二条　河务局及分局办事细则，由河务局长拟呈河南省长核定，报由内务部备案。

第十三条　工巡队章程由河务局长拟定，呈由河南省长咨报内务总长核定。

第十四条　河务局因办理河工，得令委沿河各县知事协助之。

第十五条　本章程自奉核准日施行。

一月二十七日，河务局长吴篑孙呈督军兼省长：查奉颁内务部呈准《画一河务局暂行办法》第二十二条内载“河务局因事务之必要，得设置工巡队，工巡队得分隶于河务分局。工巡队章程由河务局长拟定，呈由该管最高行政长官咨报内务总长核定”等语。伏查豫河现有工程队系沿绿营旧制，在前清时南北两岸共设都守八营，各营队兵均系就地居民，有工则招集力作，工竣则听任归农。民国改组都守各缺，改为营长，旋复改为工程队长及支队长，名称虽有变更，规制固仍旧贯。职局长莅任年余，时就各工情形详细体察，有不得不量予变通者。

查各汛队兵每名月饷仅一圆八角，或一圆二角，为数过微，糊口不遑，势难责以终日驻工，于是长堤一望几至阒其无人，此按诸工防应行改革者一也。

各工看守厂坝志桩以及捕獾、报水等役，均系在队兵内酌派兼充。惟正饷既微，势不得不加以津贴，故原定每名每日给饭食洋一角二分，是为加饷。若临时加埽抛石传集队兵，须计日予以津贴。招雇民夫即计事予以工资，是谓夫工。夫工一款，则秸料一垛例支洋十七圆余，碎石一方例支洋二角三分余。于是夫工性同包办，而正饷无异虚縻，稽核无从，费成骈指，此按诸财政应行改革者二也。

不宁惟是，查各汛队兵大半系近堤殷实居民，在前清时代，名隶河营即可蠲除徭役，故应募之队兵，其目的在支撑门户，而不在劳动工作。于是遇有工程，转以临时募集之民夫为主体，积习相沿，于今依旧。夫河工兵必常备，原期朝夕历练，熟习水性，俾养成工作之材。若厢抛全恃民夫，是有兵与无兵等。此按诸训练应行改革者三也。

职局长服官东河历有年，所办理工程均系队汛完全负责。队兵应募入伍月有常饷，工有定程，久拟仿照改编以副名实，只以相沿已久，未敢轻议更张。兹奉大部规定，令饬改编工巡队章程。复经详加考察，拟将原有兵额酌量裁减，增加饷项，俾其饘粥有养。平时应修工程完全由队长指挥厢抛堤段残缺，亦责成随时填垫向日之水沟、浪窝。经费及厢埽、夫工、石方、抛工等项，兵一千一百二十名，每年正饷加饷三万四千二百三十六圆六角，沟窝经费洋三千二百四十圆，石方抛工洋四千一百五十八圆，秸料夫工洋六千九百四十四圆五角，共计洋四万八千五百七十九圆一角。

兹经按照各汛工段之长短，河势之险夷，分别支配队兵之多寡，计黄河两岸设兵六百五十名，沁阳、武陟两县沁河改设分局，各设队兵四十名，共计七百三十名。每兵一名，每月给饷五圆，每年共需洋四万三千八百圆。又，沁工设汛应需员弁、雇员及办公各费，计洋二千四百七十二圆。原有黄河南北两岸工程队长俸给，年可减支洋二百八十八圆，总计每年节余洋二千五百九十五圆一角，加入预算防险费项下，以备每年大汛万一队兵不敷支配，临时雇夫之用。如是则队兵无忧夫衣食，官府得责以考成，既于预算总额不致超越，而于工程前途裨益非浅。至被裁队兵，拟请发给三个月恩饷，并俟队兵缺出尽先顶补，以示体恤。

兹谨拟定工巡队办事细则暨员弁队兵支配经费各表，拟先按照试办一年。如有未尽适宜之处，再行呈明改革。总期逐渐进行，力袪积弊，庶收工固澜安之效。理合呈请鉴核，转咨内务部核示祇遵。再，各汛向分三等，各有等差，此次改组本可无庸轩（轻）〔轾〕，但属试办伊始，员弁俸给暂仍其旧。惟中牟分局所辖之中牟下汛原列一等，现在该处工程较简，而中牟中汛原列三等，频年工程甚繁，拟请将中牟中汛汛长、汛弁改支一等俸给，下汛汛长、汛弁改支三等俸给，以昭核实。

二月，改沁阳沁工公所为西沁河务分局，武陟沁工公所为东沁河务分局。

八年三月，内务部呈大总统：窃查《画一河塘局暂行办法》前经本部筹拟具呈，于上年十一月十五日奉令，由部通行各省区最高行政长官，转饬所属河塘各局遵照改组。旋于厘定永定、北运河务局等次，并请简局长。呈内声明凡现任局长业经任事三年者，准其实授。其未满三年者，无论原有资格是否与简荐缺相当，一律作为署理在案。但前办法仅限于任用局长，所有以次荐委各项人员，或辖治一局事务极繁，或佐理庶司职责亦重，关于任用章程亟宜分别规定，以资遵守而策进行。当由部拟具《河务官吏任用暂行办法》十条，于本年二月八日呈请鉴核在案。兹承准国务院咨开，本日大总统发下内务部呈拟定《河务局官吏任用暂行办法》文一件，当交法制局核复。兹据复称，本案系以《画一河务局暂行办法》第六条“一等河务局长由该管最高行政长官报由内务总长呈请简任”之规定办理外，复增加径由内务总长遴选呈请之规定。查河务行政本系内务总长之专责，此项任用办法虽于河务局暂行办法第六条之规定略有变通，然为整理河务起见，自属必要。其他各条亦尚妥洽，惟文字上尚有应行修改之处，另缮清单呈请鉴核。查所拟修改文字尚属妥协，应请查照修正，再行具呈等因。查法制局修正各条经部详加复核，均尚妥洽，如蒙核准，再由部通行一体遵照办理。三月五日，奉指令：“准如所拟，由该部通行遵照。”

河务官吏任用暂行办法

第一条　河务局官吏之任用，依本办法行之。

第二条　一等河务局长。由各该省区最高行政长官就合于左列资格之人员，咨由内务总长查核后呈请简任，或径由内务总长就合于左列资格之人员呈请简任。

一、具有文职任用合第三条列举资格之一，并富有河务经验或学识者。

二、曾任或现任与简任相当之河务官吏三年以上，著有成绩者。

三、有相当资格人员，经本部或各省区最高行政长官咨部预保，以简任官吏存记者。

第三条　二等河务局长。由该管最高行政长官就合于左列资格之人员，咨由内务总长查核呈请荐任：

一、具有文职任用令第四条列举资格之一，并富有河务经验或学识者。

二、曾任或现任河防河务海防水利各局长三年以上，著有成绩者。

三、各省区最高行政长官咨部核准，以荐任河务官吏存记者。

第四条　一等河务分局长。由河务局长就前条所列资格人员呈请该管最高行政长官，咨由内务总长呈请荐任。

第五条　二等河务分局长。由河务局长呈请该管最高行政长官，就合于左列资格之人员分别委任，报由内务部查核备案：

一、具有文职任用令第五条列举资格之一，并富有河务经验或学识者。

二、曾任或现任与分局长相当职务之河务官吏二年以上，著有成绩者。

第六条　技术员。由河务局长就合于左列资格之人员分别委任，报由该管最高行政长官查核，转报内务部备案：

一、在各学校土木工科及河海工程学校毕业者。

二、现在或曾在河工办理技术事务三年以上，著有成绩者。

第七条　事务员。由河务局长就合于左列资格之人员分别委任，报由该管最高行政长官查核，转报内务部备案：

一、具有本办法第五条列举资格之一者。

二、现任或曾任河务、河防、海塘、水利各局职员二年以上，著有成绩者。

三、分发河工任用者。

四、具有本办法第三条资格，仍留原有资格。

第八条　河务官吏虽具有第二条、第三条、第五条之资格，但有文职任用合第六条情事之一者，不得任用。

第九条　本办法之规定，海塘局官吏准用之。

第十条　本办法自呈奉核准日施行。

河南河务局办事规程

第一章　总纲

第一条　河南河务局直辖于河南省长，主管河南省境内之黄河及其他有关系之河流，兼辖河南省境内沁河工段。

第二条　黄、沁两河河务分局直隶于河务局，督同工巡队，管理所辖汛内修守事宜及工储料物。

第三条　黄、沁两河工巡队直隶于河务局，兼受辖于本管分局长，管理所辖汛内一切工程事宜。

第四条　河务局暨各分局及工巡队，得适用未改组以前之原驻地点。但因办理工程认为必要时，得酌量改设，由河务局呈请省长，咨请内务部核定。

第五条　河务局附设购石处，置处长一员，驻扎巩县，专司采购转运石方事宜。

购石处办事规程另定之。

第二章　职务权限

第六条　局长一员，管理黄、沁两河河务，并监督各分局之所属职员。

第七条　技术员四人，事务员七人，承局长之命分掌各科事务。

第八条　河务局置左列各科：

一、总务科掌管本局庶务，收发文件，监用印信，暨局员迁调，及其他不属于各科事务。

二、技术科掌管黄、沁两河堤埝、埽坝一切工程，及稽核各分局料物、石方暨测绘事务。

三、会计科掌管本局预算、决算及各项收支经费，并稽核各分局队之会计。

第九条　各科置科长一人，以事务员或技术员充之，主管本科事务。

第十条　科员以事务员或技术员充之，助理本科事务。

第十一条　购石处处长承局长之指挥，掌管购运石方事务。

第十二条　依《河务局暂行办法》第二十一条之规定，设驻工办事员十二人，承长官之命驰赴各处，验收料石及其他一切工程事务。

第十三条　雇员分配各科，助理庶务及保存案卷，缮写文件等项事务。

第十四条　总务科附设收发股、庶务股、核对股、监印股，会计科附设收支股，均以事务员掌管之。

第三章　办事程序

第十五条　凡外来文件，由传达处接收后，原封送交总务科，收发股摘由登入收文簿内，呈送局长核阅盖章，分配各科核办。如事属两科或三科者，则依次加盖各科戳记，而以前列者认为主管科。

第十六条　各科收到文件，由科长支配各员办理。若系重要事项，应请局长核示，然后拟稿。如局长对于各种文件已确定办法，于文内批示者，即遵照办理。

第十七条　文件关系两科或三科者，应照第十五条之规定，由主管科主稿，并与关系之科协商妥议。定稿后，仍会同盖章，送请局长核阅判行。

第十八条　各科科员承办文件，分别最要、次要，最要者随到随办，次要亦不得逾三日。拟稿后加盖名戳，由科长核定盖章，送请局长核阅判行。

第十九条　凡稿件由局长核定判行，发该科，即由科长指挥雇员照缮。

第二十条　雇员对于承办文件，须即时缮写。缮竣，于稿件上加盖名戳，送核对股核对后，交监印股钤印，送请局长署名盖章，由收发股填日期登簿封发。

第二十一条　收发股设立稿件传观簿，每日文件封发后，将各稿摘由登簿，轮送各科传观，以免隔阂。

第四章　办公时刻

第二十二条　办公时刻：四月至九月，上午八钟至十二钟，下午一钟至五钟。十月至三月，上午九钟至十二钟，下午一钟至四钟。遇有特别事件及事务不能中止时，得酌量延长。

第二十三条　本局设立考勤簿，各员每日到局，均须按照规定时刻亲笔画到。一俟规定到局时间已逾，即将考勤簿送局长查阅。

第二十四条　本局以星期、令节及国庆纪念等日为例假期，但各科须留一人轮流值日。

第二十五条　技术员以下请假逾一日以上者，须开具理由，由科长呈明局长认可。如逾十日以上者，由科长呈请局长核准，派员代理。

第二十六条　办公时刻内凡有外宾来访，除因公预约外，概不接见。

第五章　保存文卷

第二十七条　本局一切文卷，派管理文卷人员保存之。各项稿件缮发后，收发员分送各科传观毕，即将原稿连同来文并附属各件，交管理员标明事由、年月，编记档册分别归档。

第二十八条　管理员接受收发股送交文件时，须每日用簿登记，每星期与收发员核对一次。除认为办稿缮写未完之文件外，如有查无着落者，得随时质明之。

第二十九条　各科备调卷空白凭条。凡调问卷宗随时填写，交由管理员查照。检送阅毕交时，将原条收回涂销。

第三十条　无论何项文稿，非得局长认可，不得私自钞出或给人阅看。各职员对本局未发表之事件，尤不得泄漏或私自告知于利害关系人。

第三十一条　每届月终，各科应将所收文件已办若干件，例存若干件，未办若干件查明列表。其未办各件，须逐件摘由呈请局长查阅，并附表列明某员承办若干件，以觇成绩。

第六章　稽核经费

第三十二条　每月十五日以前，庶务股应将上月经费收支各款开具决算清单，并将赈簿呈请局长查核盖章。至河工全体款项每月收支余存数目，由收支股开单呈阅。

第三十三条　本局职员薪俸，每月二十日由庶务股发给。其到差未及一月者，按日扣算。分设薪俸各簿，交受款人亲自签收，并各填收据签名盖章，粘贴印花税票。其勇役工食，亦令其亲自具领，并于单据上画押。

第三十四条　各科需用办公物品，由科长开列清单，交庶务股备办，但价值二十元以上者，须由局长核准。

第七章　附则

第三十五条　本规程如有未尽事宜及应行修正之处，得随时修正，但须分报查核。

第三十六条　本规程俟呈奉河南省长核定，咨内务部备案后施行。

卷十三

职掌

河务各官：省长承清季巡抚兼管河工之例，为一省最高行政长官。河务局长总揽黄、沁两河，并监督各分局长及所属职员各司其事。其任既专，其责綦重。虽不若昔时河道总督之范围广阔，而凡河道总督之职掌固无一非其职掌也，而办事之难则有十百于昔时者。河督操至大之威权，全省文武各官皆可随时调遣。今则除局内职员暨各分局长、队汛长、弁外，沿河各县知事虽亦可以令饬，而遵行与否未可知也，其不滨河者更无论矣。河督请用国帑，朝上封章，夕为指拨邻储关税，如取如携，罔敢或靳。今则预算之案直等具文，常费、工资积欠至巨，石方、料物鲜有存储。职责攸归，又不能不勉为其难，冀补偏而救弊，承其乏者可不慎欤！其各河务分局长受河务局长之监督，管理所辖本工存储款项料物，并督同工巡队长，指挥弁兵办理该管汛地内一切修守事宜。各工巡队长对于该管工程训练、巡查暨一切应办事宜，并受该管分局长之指挥，督查弁兵认真办理。至长弁之委调，薪饷之支领，暨支出计算，均直接总局，分局长但考察贤否，随时报告而已。

河南河务局呈报暨例行文件时期表

时别	文件种类	发文日期
按月	呈报委调局内外额设长员日期，并送履历	无委不报
	汇报委调队汛长、弁日期，并送履历呈省长咨财政厅送每月支付预算书，并请款凭单	无委不报
	呈省长咨财政厅送本局及各机关支出计算书、表、簿	现因财厅欠发经费，不能按月呈报
按三个月	呈送水势涨落表	
按节令	清明后二十日转报桃汛安澜	
	庚伏转报河势工程情形	
	立秋转报伏汛安澜	
	白露转报河势工程情形	
	霜降转报秋汛安澜	
	立春转报凌汛安澜	
按年	呈报设置沁河办事处	七月五日
	呈报派委帮办驻工各员姓名	七月五日
	呈报保奖本局暨各机关出力各员	每年霜清后呈请为三汛安澜保案，三年为三届安澜保案
	呈报派办各分局秸料	十月二十日
	呈报派办各分局石方	十月二十日
	咨送年度岁入、岁出预算书	四月二十七日
	呈省长咨财政厅送年度岁修计算书、表、簿、据、料票	因财厅欠发工款，不能按年呈报
	通令各分局估办春厢	二月二十一日
	通令各分局节交庚伏，河水日旺，不准离工。通令各分局遵章栽种柳株，并堆积土牛	七月十三日
说明	一、以上呈咨及通令各日期，姑就近来填注，而历年办理亦有或前或后者。 一、各科均有临时发生文件，随到随办，无从列入	

河南河务局购石处呈报例行文件时期表

时别	文件种类
按月	呈报经费支出计算书
	呈报运石，列各分局方数、款目
半年	呈报购石款项数目，并附各分局印收回照
按年	呈报起运日期
	呈报停运日期
说明	一、购石处每月经费，向由本局庶务处具领、支领，并无公文。 一、购石款项，按派石方数目随时请领

河南河务局各分局呈报例行文件时期表

时别	文件种类
按日	下南分局报水单自立夏起至庚伏，每日报二次。自庚伏起至白露，每日按寅、午、酉三时报三次。自白露至霜降，每日报二次。自霜降至立夏，每日报一次
按五日	各分局工作表
按十日	各分局旬报表
按月	各分局用存杂料款项于次月五日以前呈报
	各分局用存石方、砖方、土牛
	各分局新收石方、料物暨堆积土牛
	各分局、队请领每月经费
	各分局、队每月经费支出计算书
按节令	清明清明日起扣至二十日止为桃汛，呈本局转报省长桃汛安澜
	庚伏呈本局转报省长河势工程情形
	立秋呈本局转报省长伏汛安澜
	白露呈本局转报省长河势工程情形
	霜降呈本局转报省长秋汛安澜
	冬至凌汛自此起
	立春本局转报省长凌汛安澜

续表

时别	文件种类
半年	队汛员弁考语
	滩地课租亦有按年呈缴者
入伏	截存料石、砖方、土牛
霜清	截存料石、砖方、土牛
	保奖员弁队兵
	队兵花名清册
按年	经费用存余款按会计年度，每年六月底截止
	用存城门照票
	新栽旧存柳株
临时	到任后，呈报任事日期，并送履历
	到任后，查勘河势工程情形，并送图折、兵册工巡队看料厂队兵姓名册
	接收前任交代
	呈请委任事务员、技术员，附履历折
	开补队兵送结册
	估办春厢兴工、工竣日期
	修筑工程兴工、工竣日期
	购买秸料、开厂、封厂日期
	水势陡长、见消日期
	队汛到任日期，并送履历
说明	查本局公牍向归三科分理，除技术科专司工程料物，有按月按季应办各稿，其总务则司升迁禀控，会计则管理款项，均系临时发生，随到随办，合并声明。 再查陕县万锦滩黄河，自夏至日起霜降日止，由县按半月缮折呈报水势涨落情形，傥遇陡涨一尺一等，电专报免电费。 又，凡每次局长巡工，各分局造报队兵花名清册，职员、队汛长名册，所辖黄河水势工程情形图，本年所办工程册，工存砖石、料物等册，当面呈递

下南分局

分局长驻扎中汛十堡大堤北面和尚庄南岸，工段上自开封县称堤村起，下至蔡寨止，工长一万六千五百一十六丈。民国元年，仍名为下南厅。二年，改为南岸分局，与北岸分局对峙，虽与各支局同受河务局之管督指挥，而本岸他支局皆为所辖。三年，河防局三次改组，将支局名称取销，一律称为分局，而职掌始无轩轾矣。

下南工巡队

队长驻扎中汛十堡，管辖工段同分局，分三汛，各设汛长一人。上汛分二十堡，汛长驻扎二十堡，工段上自称堤村起，下至南北堤止，计长四千六百四十五丈。中汛分二十二堡，汛长驻扎二堡，工段上自南北堤起，下至刘庄止，计长五千三百六十二丈。下汛分二十九堡，汛长驻扎九堡，工段上自刘庄起，下至蔡寨村止，计长六千五百零六丈。旧称为豫河下南营，虽与下南厅属对等机关，而对于本岸他营无管辖之权。民国二年六月，改为南岸第一营营长。三年三月，编制营汛，仅南北岸两营称营长，余称营官，浸浸乎有指挥监督本岸各营官之职权。盖局营有连带关系，局既有分支之别，营即宜有主助之分，其势然也。后虽改称工程队长，而权力仍在。八年，划一河务局暂行办法，凡队支各长一律称为工巡队长，职权始为平等，且各服从分局长之命令，而隶属于河务局。

中牟分局

分局长驻扎下汛八堡东漳寨，管辖南岸上自中牟县三刘寨起，下至中牟县朱固村止，工长七千一百三十二丈八尺。民国元年，名为中河厅，与七厅权限同。二年，该厅列为支局，属下南分局管辖，权稍逊于分局。未几，支局名称取销，改为分局，恢复原状。

中牟工巡队

队长驻扎中汛二堡，管辖工段同分局，分为中、下两汛，各设汛长一人。中汛分七堡，汛长驻扎六堡，工段上自三刘寨起，下至新寨止，计长二千二百一十丈。下汛分十三堡，汛长驻扎头堡，工段上自新寨起，下至朱固村止，计长四千九百二十二丈八尺。旧称中河营，位与中河厅对等。民国二年六月，改为南岸第二营。三年三月，改为豫河南营。中牟营自受本岸营长之监督指挥，寻改为工程支队长，对于本岸队长不无主从之分。然其时各局均改称分局，与工程队长已无关系，该支队长遂有独立自主之权。八年，改为工巡队长，削去支队名称。其始直隶于河务局者，今则兼受该管分局之监督指挥矣。

郑中分局

分局长驻扎郑下汛六堡来同寨，管辖南岸上自郑县于村起，下至中牟县三刘村止，工长六千六百三十丈零三尺六寸。民国元年，仍名郑中河厅。二年，改为支局，后又改为分局，其职权之消长与中牟分局等。

郑中工巡队

队长驻扎来同寨，管辖工段同分局，分郑下、中上两汛，各设汛长一人。郑下汛分十堡，汛长驻扎头堡黄大王庙，工段上自于村起，下至杨桥止，计长三千四百一十七丈。中上汛分十一堡，汛长驻扎三刘村，工段上自杨桥起，下至三刘村止，工长三千二百一十三丈三尺六寸。旧称为郑中营，民国二年六月，改为南岸第三营。三年三月，改为豫河南营。郑中营官其余职权暨改称各事，均与中牟工巡队同。

上南分局

分局长驻扎郑上汛五堡，西近赵寨，管辖南岸上自荥泽县广武坝村起，下至郑县于庄止，工长八千三百六十四丈五尺。自清雍正二年添设上南厅，其时郑上、郑下两汛皆属该局职掌。至光绪二十二年，添设郑中厅，割去郑下一汛，范围遂为缩小。民国二年，改称支局。三年，归并荥泽支局，寻又改为分局，详见衔名表说明内。

上南工巡队

队长驻扎郑上汛五堡，管辖工段同分局，分荥泽、郑上两汛，各设汛长一人。荥泽汛分十二堡，汛长驻扎荥泽坝大王庙，工段上自广武坝村起，下至核桃园止，计长五千三百零九丈六尺。郑上汛分八堡，汛长驻扎头堡大王庙，工段上自核桃园起，下至于庄止，计长二千零五十四丈九尺。旧称上南营，民国二年六月，改为南岸第四营。三年三月，改为豫河南营。上南营官其余职权及改称各事，与郑中工巡队同。

武原分局

分局长驻扎武陟县城内，管辖北岸上自武陟县之赵庄起，下至原武县之柳园村止，工长二万零七百三十六丈。民国元年，仍名黄沁厅。二年六月，改为北岸分局，其职权在北岸各支局之上。三年三月，各支局均改为分局，始为平等。

武原工巡队

队长驻扎武陟汛二堡，管辖工段同分局，分为武陟、武荥、原武三汛，各设汛长一人。武陟汛分九堡，汛长驻扎头堡，工段上自赵庄村起，下至方陵止，计长六千一百三十六丈。武荥汛分二十八堡，汛长驻扎詹店村，工段上自西小庄起，下至真庄止，计长七千八百五十六丈。原武汛分二十堡，汛长驻扎十堡，工段上自张家庄起，下至柳园村止，计长六千七百四十四丈。民国元年，仍名为黄沁协备怀河营。二年六月，改为北岸营长，凡北岸各支队长胥受其指挥。三年三月，改支局为分局，营长为队长。虽支队长之名义犹存，实已脱本岸队长之范围，而不受其管辖矣。

阳封分局

分局长驻扎封邱汛十二堡荆隆工镇，管辖北岸上自阳武县柳园村起，下至封邱县李七寨村止，工长一万六千五百一十丈。该局自清雍正二年设立，名曰上北分厅。后改为卫粮厅，系上北河务通判缺。民国元年，仍名卫粮厅。二年，改为上北支局。三年春，并上北、中北、下北为一，名曰下北支局。四月，局长吕耀卿以该局工段绵长，复将上北划出，名阳封分局。今仍之。

阳封工巡队

队长驻扎荆隆工，管辖工段同分局，分阳武、封邱二汛，各设汛长一人。阳武汛分三十七堡，汛长驻扎五堡，工段上自柳园村起，下至朱庄止，计长一万零三百六十丈。封邱汛分十八堡，汛长驻扎荆隆工，工段上自李小河起，下至李七寨止，工长六千一百五十丈。旧名阳封营，民国二年，改为北岸第二营，受北岸营长之指挥、监督。三年三月，改为豫河北营、下北营官。四月，局长吕耀卿于下北分局内划出旧日上北工段，添设阳封分局，并添一工程支队长，此阳封工巡队分立之始也。八年一月，改定今名。

下北分局

分局长驻扎开封北汛十五堡陈桥镇东厂房，管辖北岸上自开封县辛庄村起，下至陈留县丁庄止，工长九千九百六十三丈。民国元年，下北分局其管辖仅今开陈汛之一汛。二年，改祥河厅为中北支局。三年，归并下北、上北于中北，仍用下北名称。

其后虽将上北划出，而中北支局汛地仍归管辖，较从前实扩张一倍矣。

下北工巡队

队长驻扎开封北汛十五堡堤上，管辖工段同分局，分二汛，各设汛长一人。开封北汛分十六堡，汛长驻扎同队长，工段上自辛店起，下至夹堤止，计长五千四百一十丈。开陈北汛分十五堡，汛长驻扎开陈北汛头堡堤上，工段上自夹堤起，下至丁庄止，计长四千五百一十三丈。旧名下北营，二年改为北岸第四营，而祥河厅改为中北支局，祥河营改为北岸第三营，寻与下北合并。三年，改为豫河北营下北营官，又改为工程支队。八年一月，改定今名。

陈兰分局

分局长驻扎雷家集，管辖南岸上自陈留县蔡寨起，下至兰封县杨庄止，工长五千六百三十三丈。民国元年，仅名兰封工局，不得与于各支、分局之列，且受南岸分局之监督。二年五月，改为兰封支局。三年五月，改为陈兰分局，始与各分局等。

陈兰工巡队

队长驻扎二十堡，管辖工段同分局，设陈兰汛汛长一人，分为二十二堡，汛长驻扎十九堡，各工巡队之管辖，惟陈兰最小。民国以前，未设营汛，属下南营兼管。三年三月，将兰封北汛移驻南岸，专司修守，改称兰封汛。复将陈留汛裁并，统名陈兰汛，是为豫河南营陈兰营官，后又改为陈兰工程支队长。八年，改为工巡队队长。

孟温分局

分局长驻扎孟县南门里迤东，管辖北岸上自孟县窑村起，下至温县王安村止，工长一万四千四百九十丈零五尺。民国元年，名为孟县工局，亦与兰封工局等。二年五月，改为支局。三年五月，改为分局，其权力所及仅孟县汛管辖区域以内。至五年温县堤工告竣，改孟县分局为孟温分局，职权乃扩张矣。

孟温工巡队

队长驻扎孟县汛坝工所，管辖工段同分局，分孟、温二汛，各设汛长一人。孟县汛分九堡，汛长驻扎本汛大王庙，工段上自窑村起，下至东化工村止，计长七千四百九十丈。温县汛分八堡，汛长驻扎本汛大王庙，工段上自小营起，下至王安村止，计长七千丈。民国以前，未设营汛。元年，仍属黄沁协备兼管。三年，以孟县当大河出山首冲，最称险要，添设一汛以资修守，称为豫河北营孟县营官。五年，改为孟温工程支队。八年一月，改定今名。

西沁分局

分局长驻扎沁阳县城内，管辖沁河南北两岸。南岸自覆背村起，至西张计村止，计工十一，黄河谓之堡。共长一万四千二百四十丈。北岸自窑头村起，至张武村止，计工十六，共长一万三千七百七十丈。民国元年，名曰沁阳沁工局，大率官督绅办。二年，改为沁阳支局，收为官办。三年，仍还之民。八年，又收官办，改为西沁分局。

西沁工巡队

无队长，设汛长一员，驻扎仁孝寺。南岸分四段，共十一工，曰覆背，曰王曲，曰天师庙，曰仁孝寺，曰仲贤，曰龙涧，曰亢村，曰水南关，曰泰山庙，曰寻村，曰西张计。北岸分四段，共十六工，曰范村，曰鲁村，曰解住，曰西沁阳，曰水北关，曰西良仕，曰南张茹，曰郝疙瘩，曰观门，曰留村，曰蒋村，曰孝敬，曰王贺，曰白马沟，曰内都，曰武阁寨，皆取附近之村以为名。汛弁三人，队兵四十名。民国十一年冬，以不敷工作，将孟温队兵拨来十名。

东沁分局

分局长驻扎武陟县城内，管辖沁河南北两岸。南岸自张计村起，至方陵止，计工有七，堤共长九千四百一十丈。北岸自沁阳村起，至白马泉止，计工有四，堤共长一万零九百七十丈，设汛长一人。民国元年，名武陟沁工局，余与西沁分局同。

东沁工巡队

无队长，设汛长一员，驻扎南岸杨庄工。南岸七工，曰白水，曰石荆，曰岳庄，曰虹桥，曰张村，曰杨庄，曰方陵。北岸四工，曰南王，曰赵樊，曰老龙湾，曰木栾店，余事并与西沁同。

《河南河务分局办事规程》

第一条　各分局各置分局长一人，受河务局长之监督管理。所辖本工存储款项、料石，并督同工巡队指挥弁兵，办理所辖汛地内一切修守事宜。

第二条　各分局各设技术员一人，事务员一人，承分局长之命分掌各股事务。

第三条　各分局设左列二股：

一、总务股。掌管文牍、会计及一切庶务。

二、技术股。掌管所辖汛地各项工程，暨料物石方之保管。

第四条　各工储备料石，每年由河务局派定垛数、方数，俟购石处采运石方到工，即行督饬人夫坚实堆储。正杂各料，每届应办之期，由河务局发给款项，照章购买，依式堆储，均由分局长认真经理。其购办秸料及保管料石章程，由河务局拟定，呈明省长备案。

第五条　四汛期内遇有应做工程，由各分局长估计需用料石、土方数目，呈请河务局核定。一经奉准，立即督同工巡队切实兴筑。如系工程紧急，准其一面酌量抢修，一面飞报河务局。

第六条　承修埽坝土石等项工程，倘查有减料偷工等情弊，及用省不尽适宜之处，除各分局长负完全责任外，工巡队长及汛长亦同负其责任。

第七条　一切工程事项发生如系关连二分局者，应会商协办，不得互相推诿。如有意见不同之处，即面请河务局长裁夺。其因工程紧要难离汛地时，应分具意见书，呈请河务局长核定之。

第八条　各分局所辖汛段内河水涨落及工程情形，在伏秋汛内，按五日列表呈报河务局，余则每十日呈报一次。若遇水涨一尺以上，则无论风雨黑夜立即飞报。凌汛期内，并将封河、开河情形随表填注明晰，年终造具本年暨前三年河水涨落比较表，以便统计。

第九条　各分局局长、技术员、事务员等，均应常川驻工，不得擅离职守。

第十条　各分局局长应将本月分旧存、新购正杂料物数目，及用存运到碎石暨堆积土牛各方数，缮具四柱清折，于次月五日以前呈报河务局备查。

第十一条　各分局之职员，有因事务繁重必须临时添设者，由分局局长备具说明书，呈请河务局长核定之。

第十二条　各分局局长应于每年年终，将所属队长、汛长、汛弁等办事成绩出具考语，呈由河务局长核办。

第十三条　队长、汛长、汛弁如有办公不力，或舞弊营私，准由该管分局局长呈请河务局覆查明确，分别记过撤惩。

第一四条　各分局对于所属工巡队工作、训练及一切应办事务，按照工巡队办事规程认真监督，勤加点验，不得稍事推诿。其工巡队办事规程另定之。

第十五条　每届年终，各分局局长应将所属技术员、事务员、雇员等办事成绩加具考语，呈报河务局查核。

第十六条　各分局财政事项，应遵照河务局所编预算数目，并现行审计章程切实办理。

第十七条　本规程新设沁河河务分局亦适用之。

第十八条　本规程自奉省长核定，咨内务部备案后施行。

《河南河务局工巡队办事规程》

第一条　工巡队之组织如左：

队长　汛长　汛弁　队兵

第二条　队长对于各该管工程、训练暨一切应办事宜，应受该管分局局长之指挥，督率弁兵认真办理。

第三条　凡四汛期内遇有应修工程，完全由队长指挥各该汛弁兵分投厢抛。如情形紧要，本管队兵不敷分布，准调用邻汛队兵协助之。如邻汛队兵均有工作，势难兼顾，即报由分局长呈明河务局，调用邻局队兵协助之。如邻局队兵亦有工作，则由分局长一面雇集民夫，一面飞报河务局派员监视。但非遇必要时，仍须呈明后始准雇夫。

第四条　各该管汛内正杂料厂，由队长体察情形，责成汛长督饬队兵分别昼夜轮流值管。并于本月五日以前，将派定轮值队兵造具地点、姓名清册，呈由分局查核，转报河务局备案。

第五条　大堤发见水沟、浪窝及埠道残缺、鼠穴、獾洞，均由各该汛弁兵随时坚实填垫，不得玩延。

第六条　冬季植柳，由队长督令各该汛兵按照每兵一名种柳三十株，指定地点如式栽种。栽齐后，并将上年所种柳株成活数目一并由分局呈报河务局委员验收。但种柳各株相距不得在一丈以内，并须勤加灌溉。如成活不及六成以上，责令如数补栽。

第七条　每年霜清后，由队长禀承分局局长设立训练所，照章分班，传集队兵轮流教练。其训练规则由河务局拟定，呈明省长备案。

第八条　各汛队兵除工作、训练时间，仍按名堆积土牛，以备工用。其堆积土牛办法，由河务局拟定，呈明省长备案。

第九条　各汛队兵每日工作情形，由队长将地点、时间及积土数目、队兵姓名，按十日列表，呈由分局转报河务局备案。

第十条　队长及所属员弁，除专管河务修守事宜外，不得搀越工程范围以外事务。

第十一条　承修埽坝土石等项工程，傥查有减料偷工情弊及用省未尽适宜之处，该队长及本汛汛长、汛弁共同负其责任。

第十二条　队长、汛长、汛弁等均应常川驻工，不得擅离汛地。队兵非遇特别事故不得请假，但假期内须请人替代，逾限不归即行开除。

第十三条　各汛队兵遇有死亡、斥革等缺额，应立时另募补充，不得藉延。其新补之兵，由该队长取具姓名、年岁、籍贯及箕斗即指纹。册结，呈由分局转请河务局派员点验。仍将所属队兵按月造具花名清册，呈由分局转报河务局，以备不时查验。

第十四条　各队长于每年年终，应将所管汛长、汛弁等办事成绩出具考语，呈由分局转呈河务局核办。

第十五条　汛长、汛弁如有办公不力或舞弊营私，经该管队长查明属实，即呈明分局转请河务局覆查明确，分别记过撤惩。

第一六条　汛长应随时考核弁兵勤惰，呈请本管分局长暨队长分别赏罚。

第十七条　汛弁应随时考核队兵勤惰，请汛长核办。

第十八条　各队财政事项应遵照河务局所编预算数目，按月由队长直接赴河务局请领发放，并按现行审计、会计各章程造具决算书，粘贴据簿，呈河务局查核。

第十九条　本规程应先行试办，俟一年后再由河务局长体察情形，遇有应行增删修改之处，得随时修正，但须分报查核。

第二十条　本规程自奉省长咨，请内务部核准之日施行。

官规

河务官吏与普通官吏不同，其官规之制定自不能援引比附，为削足适屦之举。清时，如《工部则例》及《处分事例》等书，规画极为严重，诚知河务关系国计民生者至要，故于河员之考成，责备愈不敢轻也。国体既更，援引旧法动多滞碍。因革损益，按近今之情势，参已往之成规，另订专条借资遵守。兹辑民国以来已公布之奖惩条例，用备省览。

《河务官吏奖惩条例》

第一章　总则

第一条　河务官吏之奖惩，悉依本条例之规定行之。

前项河务官吏，凡塘务官吏暨负有协防责任之地方官吏均属之。

第二章　奖励

第二条　奖励分为三等，依劳绩之大小给予之。

第三条　第一等奖励如左：

一、勋位。

二、升职。

三、实职。

四、勋章。

第四条　第二等奖励如左：

一、进等。

二、进级。

三、加俸。

第五条　第三等奖励如左：

一、奖章。

二、记大功。

三、记功。

前项奖章，依河务奖章条例之规定办理。

第六条　河务官吏于大工合龙，或三届期内有左列事实之一者，给以一等奖励：

一、河塘堤埝变出非常，竭力抢堵消灭重大危险，三届获庆安澜者。

二、三届安澜著有特殊成绩者。

三、承修决口大工特著奇能，减轻灾害者。

四、督率队兵迅赴事机，奋不顾身者。

第七条　河务官吏于大工合龙，或三届三汛期内有左列事实之一者，给以二等奖励：

一、督率兵民驻堤防护，致未溃决，确有异常劳绩者。

二、督率兵民抢办溃决堤埝，致未成灾者。

三、督率所属民夫赴堤防护，著有懋绩者。

四、办理决口大工如期合龙，经查明工料坚实者。

五、承办工程逾保固年限仍属坚实者。

六、协助大工著有特别成绩者。

七、财政官吏如期拨放河务经费，裨益工务者。

八、每汛期内著有劳绩，曾受第五条最高之奖励者。

第八条　河务官吏于大工合龙，或三届三汛期内有左列事实之一者，给以三等奖励：

一、三汛安澜著有劳绩者。

二、抢险出力者。

三、承办工程于保固年限内未致溃决者。

四、督率队兵汛前签堤，发见獾洞、鼠穴、水沟、浪窝，填做坚实者。

五、督率队兵沿河植树，成活在六成以上者。

六、劝导沿河村民植树，成活在三千株以上者。

七、劝导沿河村民独力植树，成活在千株以上者。

八、劝导沿河村庄绅董募捐植树，成活在三千株以上者。

九、革除河工积弊，裨益河务者。

第九条　凡前各条所未列举而事实相等者，由各该最高行政长官或督办大员报由内务总长核定，分别给予同等之奖励。

第十条　依第六条之规定，一等河务局择尤列保人员，每次至多不得过十五人，二等河务局至多不得过十人。但合龙大工列保人数至多不得过三十人，其有特殊情形者，得咨明内务部查核，酌予增加名额三分之一或三分之二。

前项列保第三条第二、第三两款者，均以列保员数十分之四为限。

第十一条　第八条规定之奖励，每款记一次。但就劳绩之大小，每款得并记二次。

第十二条　记大功或记功之奖励，均得以过抵销。

第十三条　勋位或勋章之奖励，依各本令办理。

第十四条　加俸期间为一月以上一年以下，数目为月俸十分之一以上三分之一以下。

第十五条　第一、二等奖励，除第三条第一款外，由各该最高行政长官或督办大员详列事实，报由内务总长查核，呈请大总统行之。第三等奖励属于第一款者，由各该最高行政长官或督办大员报由内务总长核准行之；属于二、三两款者，由各该最高行政长官或督办大员专行之，但仍须汇报内务总长。

第三章　惩戒

第十六条　惩戒分为三种，除案涉刑事应归司法机关办理外，依事实之重轻处分之。

第十七条　第一种惩戒如左：

一、褫职。

二、降职。

第十八条　第二种惩戒如左：

一、降等。

二、减俸。

第十九条　第三种惩戒如左：

一、记大过。

二、记过。

第二十条　河务官吏有左列事实之一者，受第一种惩戒：

一、故意破毁完固堤工，希图兴修得奖得利，查有实据者。

二、主管官值汛时不赴堤督率抢堵，以致堤埝漫决，灾情较重者。

三、承办河工、塘工偷减工料，修筑不坚，因而冲决，查明属实者。

四、兴举大工口门将合，因工程草率复致堤坝冲溃，重糜帑项者。

五、保固年限内所修堤埝冲溃，隐匿不报，或妄报他处冲溃，希图规避者。

六、有协防之地方官吏，值汛时怠于饬令民夫赴堤防堵，以致出险伤损人民生命财产者。

七、兴举大工，沿河海之地方官吏于采办料物不予援助，以致迟滞贻误要工者。

八、合龙愆期者。

九、抢险时，防守人员畏缩不前，及不听长官指挥者。

十、抢险不力，意存观望者。

十一、值汛时，未经请假，擅离职守者。

十二、侵蚀工款查有实据者。

十三、购置料物虚报价格，或以少报多，架空取巧，希图得利，查有实据者。

十四、克扣队兵饷项，或名额不足者。

十五、浮收河租，或私立名目违法勒捐者。

十六、纵容河兵滋扰沿河村民，经人告发，查明属实者。

前项一、三、四、五等款，及十二、十三、十四、十五等款，均须责令赔修或追缴。

第二十一条　河务官吏有左列事实之一者，受第二种惩戒：

一、河塘淤泥怠于疏浚者。

二、堤岸塘身坍塌，怠于修培者。

三、汛前、汛后怠于签堤者。

四、三汛期内，主管员司怠于巡视者。

五、管闸人员启闭失宜，以致出险者。

六、堤塘闸坝不先时查勘修筑，及虽修而失时者。

七、工程不依呈报图式，做法或无图式，及做法未经呈准径行兴工者，但险工及岁修工程不在此限。

八、河塘出险，呈报迟延者。

九、工程逾限者。

十、沿河沿塘之地方官吏，不服从河务局长或塘务局长之命令者。

十一、所属职员舞弊，知情而不举发者。

十二、工用料物保护不力，致被窃、被焚或损毁者。

十三、三汛期内，河堤紧要处所应用料物怠于置备者。

十四、交代不清，或挪用工款者。

十五、财政官吏发款迟延，致误要工，或虽未误工而故意措发者。

前项一、二、六、九、十三等款，如无款或发款迟延者，不在此限。

第二十二条　河务官吏有左列事实之一者，受第三种惩戒：

一、呈报不实，或不呈报，有意规避处分，或希图邀奖者。

二、所属职员废弛职务，漫无考察者。

三、沿堤、沿塘成活之树，未经长官核准私伐图利者。

四、成活之树看护不力，被人窃伐者。

五、凡沿堤居民毁坏堤岸塘身，不加禁止者。

六、处理行政事务延缓者。

七、交代不清，扶同隐徇者。

八、官有堡房失于修葺者。

九、督率队兵植柳成活不及五成者，但有特别情形者，不在此限。

第二十三条　凡前各条所未列举而事实相等者，由各该最高行政长官或督办大员报由内务总长核定，分别呈请予以同等之惩戒，但第三种及委任职之惩戒不在此限。

第二十四条　河务官吏受第二十条之惩戒者，得留任或留工效力，但事属因私而受褫职或降职处分者，不在此限。

第二十五条　第二十二条规定之惩戒，每款记一次。但就事实之轻重，每款得并记二次。

第二十六条　记大过或记过之惩戒，均得以功抵销。

第二十七条　受褫职之惩戒，除因公得留任或留工效力外，其因私而受褫职，或科刑并褫夺公权者，非复权满二年后，不得开复。

第二十八条　受降职之惩戒，除因〔公〕[1]得留任或留工效力外，其因私而受降职处分者，非撤消降职处分满一年后，不得任用。

第二十九条　受减俸之惩戒，其期间为一月以上，一年以下，数目为月俸十分之一以上，三分之一以下。

第三十条　荐任职以上受褫职、降职、降等，或减俸惩戒者，由各该最高行政长官或督办大员详列事实，报由内务总长查核，呈请大总统交文官高等惩戒委员会议决行之。受记大过、记过惩戒者，由各该最高行政长官或督办大员行之。委任职之第一、二两种惩戒，由各该最高行政长官或督办大员，组织文官普通惩戒委员会议决行之。第三种之惩戒，由各该最高行政

[1] 脱“公”字，据下文“因私而受降职处分者”增。

长官或督办大员专行之，但仍须分报内务总长备案。

第四章　附则

第三十一条　各河堤塘保固年限由各该河务局或塘务局酌定，保固单行章程呈部核定。

第三十二条　本条例如有应行修正之处，得由部呈请以教令行之。

第三十三条　本条例自公布日施行。

摘录内务部咨《河务官吏惩奖条例议定办法》三条：十年十二月省公署通令。

一、嗣后管河各省区凡因安澜请保人员，应由该管局于每届三汛安澜后，开具简明履历事实清册，呈由该管最高行政长官咨部存记。

二、无论三汛或三届保奖，除列保人员先由部存记外，应将请保理由及拟保人数先期报部查核，呈准后开单请保。

三、凡请保升职、实职人员，非经本部三次存记者，不得列保，以免冒滥。

《河务奖章条例》

第一条　河务官吏合于《河务官吏奖惩条例》第八条各款之一者，给予河务奖章。

第二条　凡对于河务有合于左列各款之一者，得给予河务奖章：

一、资助款项者。

二、捐助物料者。

三、出助夫役者。

四、供给劳力者。

五、沿河村民独力植树，成活在千株以上，有裨河务者。

六、沿河村庄绅董劝捐植树，成活在三千株以上，有裨河务者。

七、研究河务着有专书，经部核准者。

八、其他对于河务有特别之补助者。

第三条　河务奖章分甲、乙两种，其图式及绶色如附图，甲种分二等如左：

一、一等金色双犀河务奖章。

二、二等金色双犀河务奖章。

乙等分五等如左：

一、一等金色单犀河务奖章。

二、二等金色单犀河务奖章。

三、三等金色单犀河务奖章。

四、四等银色单犀河务奖章。

五、五等银色单犀河务奖章。

第四条　河务官吏初受奖章，简任职自二、三等单犀奖章起，得累进至一等双犀奖章。荐任职自三、四等单犀奖章起，得累进至二等双犀奖章。委任职自四、五等单犀奖章起，得累进至一等单犀奖章。其委任职以下各职有特别劳绩者，亦得给以五等单犀奖章，进至四等为止。

前项甲种奖章之给予，由部专案呈明大总统。乙种奖章由部给予后，汇案呈报大总统。

第五条　第二条第一款给予奖章者，依左列之规定：

一、资助款项至一百圆者，给五等银色单犀河务奖章。

一、资助款项至三百圆者，给四等银色单犀河务奖章。

一、资助款项至五百圆者，给三等金色单犀河务奖章。

一、资助款项至一千圆者，给二等金色单犀河务奖章。

一、资助款项至三千圆者，给一等金色单犀河务奖章。

一、资助款项至五千圆者，由部奖给匾额，并给一等金色单犀河务奖章。

其资助款项至一万圆或一万圆以上者，由部专呈大总统特奖。

第六条　凡合于第二条第二款以下各款之一者，应酌定价格佣值折合银圆，依前条办理。其无可折算者，应由部酌量核减。

第七条　凡对于河务本负有特定义务者，不得依第二条请奖。但河务长官认为有特种劳绩，或于应尽之义务外有合于第二条列举各款，仍得照给奖章。

第八条　凡依本条例应行给奖者，由该管长官详具事实，咨部核给。

第九条　凡奖给匾额者，应由部专案呈报大总统。

第十条　奖章执照应由部制定，连同奖章一并核发。

第十一条　本条例关于河务官吏之规定，塘务堤务及办理各项水利工程之官吏均适用之。

第十二条　自本条例施行日起，《河工奖章条例》废止之，依《河工奖章条例》给予之奖章，仍不失其效力。

第十三条　本条例自公布日施行。

《河务奖章条例施行细则》

第一条　凡依河务奖章条例请奖者，由该管长官叙列事实，开具履历，呈由各该省区最高行政长官咨报内务部分别给奖。

第二条　合于本条例第一条、第二条之规定应行给奖者，由内务部随时核给。

第三条　凡依本条例应准给奖者，无论内外国人均得给予。

第四条　凡依本条例第五条核奖者，依据现行法或参照成案办理。

第五条　依本条例第六条酌定价格佣值折合银圆，应由该管官厅拟定数目呈请核转。

第六条　本条例第七条所称负有特种义务者，如沿河居民向负有守筑堤圩之义务等均属之。

第七条　凡核准给予奖章及匾额者，由内务部发交原请省区长官转给，但声明直接向部请领者不在此限。领受奖章及匾额后，由受奖人依第九条、第十一条之规定，将应缴之费交由该管官厅呈解，该管最高行政长官报解内务部掣取收据。

第八条　凡进给奖章者，应将原领奖章缴部，其缴费办法依照前条办理。

第九条　凡核给奖章，收费如左，其特别免费者，不在此限：

一等金色双犀河务奖章，十四圆。

二等金色双犀河务奖章，十二圆。

一等金色单犀河务奖章，十圆。

二等金色单犀河务奖章，八圆。

三等金色单犀河务奖章，六圆。

四等银色单犀河务奖章，五圆。

五等银色单犀河务奖章，四圆。

第十条　凡依从前河工奖章条例受有奖章者，其进级时须补缴本细则规定费用。

第十一条　凡奖给匾额者，收费如左：

特奖匾额，注册费六圆。

部奖匾额，注册费四圆。

第十二条　遗失奖章应准声明事实，并依第九条之规定分别补缴铸造费，呈由内务部补给。

第十三条　奖章得终身佩带之，但因刑事处分，受褫夺公权之宣告时，应由裁判确定后，将所得奖章及执照一并追缴。

第十四条　自本细则施行日起，《河工奖章条例施行细则》废止之。

第十五条　本细则自公布日施行。

民国十二年十二月十六日，直隶黄河河务局局长张昌庆、山东河务局局长张庆沄、河南河务局局长陈善同会呈省长：窃维治河之法首重得人，而用才之道端资信赏。前清时，关于河员考成办法，如《工部则例》《处分事例》诸书，其惩罚固綦严重，而奖叙亦最优崇。举凡抢护巨险、防守安澜各案，所有在事河员果能成绩卓著，或由随呈列保，或归大案请奖，故人皆畏罪而图功用能，人才日兴，治法日备，而河患亦日以弭。

民国以来，河员薪俸既迭经减裁，河防经费又每多迟发，其困难艰巨百倍畴昔，而河工奖案则独须俟三届安澜始得汇案请奖。迨既届三年，又限于名额，限于资格。每一河务机关所辖局、汛人员共计百余人，或数十人以上，而每案仅保实职六人。各河员蹈危履险，出死入生，外不足以立名，内不足以赡家。每有一贫如洗，十年不迁之叹，殊非策励人材，整顿河工之道。

溯自民国肇造，凡军警、司法各机关，均已另订专章优定奖叙，而河海工程对于国计民生关系既极重要，河防职务比于普通官吏情形亦属不同。民国八年，内务部修订《河务官吏任用暂行办法》十条。十年，又拟订《河务官吏奖惩条例》三十三条。官职以定，赏罚以明，意美法良，同深钦戴。惟各省河务局因囿于经费，组织遽难完备，故对于条例援引每感困难。局长等为培植人材起见，谨遵奉颁条例之大纲，共商切实进行之细节。既于部定条例并无违背，庶于将来奖案俾有遵循。谨举数端上备采择：

一、查奉颁修正《河务官吏任用暂行办法》第二、第三、第四、第五、第六、第七各条，凡一等河务局长为简任实职，二等河务局长及一等河务分局长均为荐任实职，二等河务分局长及河务局、河务分局事务、技术各员均为委任实职。又查奉颁《河务官吏奖惩条例》第二章第三条，一等奖励，二〔等〕升职，三〔等〕实职。谨查各河务局荐任官吏著有成绩，合于一等奖励。其任用未满三年者，得请奖，俟荐任实职期满后，以简任职升用。其任用在三年以上者，得请奖以简任，存记升用，历经办理有案。所有各河委任官吏著有成绩，合于一等奖励者，当然得查照其任用年期请奖，以荐任职分别升用，以符定例而昭大公。拟请将各河务局一等河务分局事务、技术各员，援照文官县佐之例作为委任实职，分为署理、实任。凡遇请奖案内如有成绩卓著，合于一等奖励，其任用实职未满三年者，得请奖。俟委任实职期满后，以荐任职升用。其任用实职在三年以上者，得请奖以荐任职，分省任用，此其一也。

一、查河塘堤埝巨险环生，危机百出，安危判俄顷之间，一发系千钧之重。各河员不惜身命力与水争，往往有与堤埽俱陷以身殉工者，有因积劳受伤旋至病故者。该员独能出死入生，建奇制胜，挽狂澜于既倒，弭后患于无形，保全国计民生何等重大！较之平时抢堵非常险变，消减重大危险，尤为难能可贵。

傥不优予奖叙，何以作士气而励人心？查奉颁奖惩条例第九条，凡前各条所未列举而事实相等者，由各该最高行政长官或督办大员报由内务总长核定，给予同等之奖励等语。拟请以后各河遇有特别巨险，而河员中果能出奇制胜，转危为安者，准由该管河务局胪举险工情形，及该员抢护事实，呈报省长咨部请奖。此其又一也。

以上二端实于治河用人前途大有关系，局长等忝任工防，愧无善策。夫治法端赖治人，既以培植人才为首义，而懋功必资懋赏，尤以严明赏罚为要图。所有拟请将河务官吏优定奖叙各缘由，理合会衔呈请鉴核，转咨内务部察酌施行。

民国十三年四月二十日，河南省长李济臣训令：案准内务部咨开，准会咨请，将河务局一等河务分局事务、技术各员优定奖叙等因到部。查原咨所称各节既系为慎重河务，激励人才起见，事尚可行，自应照准。即请转饬河务局，将一等河务分局事务、技术各员名册、履历送部查核、注册，借昭郑重。再，河务官吏奖案业经呈奉批准，由部主持审核所有河务局所属机关各职员详细履历，并请饬令克期造册送部注册以资考核，相应咨复查照等因。查此案前据会呈，当经会同直隶、山东省长咨部核办在案。准咨前因，合行令仰该局即便遵照办理。

民国十四年一月九日，河南河务局长陈善同函内务部土木司：查钧部规定《惩奖手续办法》第一项载，嗣后管河各省区凡安澜请保人员，应由该管局于每届三汛安澜后，开具简明履历事实清册，呈由该管最高行政长官咨部存记等语。惟查存记人员额数在新章原无一定之限制，若依照《河务官吏惩奖条例》第十条，一等河务局择尤列保人员，每次至多不得过十五人之规定，则此次呈请存记额数亦只十五人，未免有种种之窒碍。盖伏秋大汛时河务官吏之出力，其事实合于惩奖条例第六、第七、第八各条所列各项者，奚止十五人？必以此数为限，实有人才向隅之叹。且第一次或第二次三汛安澜各员存记之后，或另有位置转职他处，或始勤终怠致令解职，或人寿无常中道物故，此等情事在所难免。至第三次三汛安澜呈请存记，实不符从前存记人员之数，傥另拣员补足，又与惩奖手续办法第三项所定“凡请保升职实职人员，非经部三次存记者，不得列保”大相违反。敝局再四思维，为避免将来三届保奖发生困难问题起见，可否钧部准于每次三汛安澜案内，比照列保十五人之数加倍呈请存记，伏乞指示，俾得有所遵循。

民国十四年一月三十一日，内务部土木司公函准函称：于每次三汛安澜内，可否比照列保十五人之数加倍呈请存记等因到司。查《河务官吏奖惩条例》第十条内载，一等河务局择尤列保人员，每次至多不得过十五人一语，系指各河务三届安澜请保人数而定，并非对于三汛安澜存记人数有所限定，条文至为明了。又，本部声明，办法第三项所称凡请保升职实职人员，非经三届存记者，不得列保等语，亦系为慎重奖案起见，不得不稍示限制以杜冒滥。兹准函同前因，经详加复核，尚无不可相应，函复查照办理。

衔名表

豫省河员系采四级制：曰省长，曰河务局长，曰河务分局长、购石处长，曰工巡队长，皆属现时之名词。试稽八年以前，其名称管辖变更繁赜，几如矫龙游云，莫可究诘。欲得其详，先立表以清次第，并加说明以志迁流。

年月	衔名			
民国元年正月	巡抚齐耀琳免，以张镇芳为河南都督，兼理民政	开归陈许郑道袁镇南 胡鼎彝	开封府下南河厅同知姚诗富	豫河营下南协备张国宏
二月		陈善同 彰卫怀道何廷俊 刘樽	开封府中河厅通判文铨 郑中河厅通判杨崇萱 上南河厅同知许广身 怀庆府黄沁厅同知王郿 卫辉府卫粮厅通判王嶲 开封府祥河厅同知许师谦 开封府下北河厅同知李湘 荥泽工局委员苗德均 兰封工局委员陆文泩 孟县工局委员赵淮 武陟沁工局阎鼎铭 沁阳沁工局刘执信	中河协备朱明文 郑中协备贺文彩 上南守备李明远 怀河营黄沁协备黄坤 阳封协备高庆云 祥河都司徐进德 下北守备衡万清
八月		以杨敬远为开归陈许郑道		
二年二月	设民政长，仍以张镇芳兼署	改开归陈许郑道为豫东观察使，以沈铭昌为之 改彰卫怀道为豫北观察使，以胡远灿为之		

续表

年月	衔名			
三月	以马振濂为河防局长	以李星垣为兰封工局委员		
五月			以姚诗富为南岸分局长 王郾为北岸分局长 许广身为上南支局长 杨崇萱为郑中支局长 文铨为中牟支局长 王嶲为上北支局长 许师谦为中北支局长 李湘为下北支局长 苗德均为荥泽支局长 陆文浩为兰封支局长 郑有为孟县支局长 阎鼎铭伪武陟支局长 李国华为沁阳支局长	以张国宏为南岸第一营长 黄坤为北岸第一营长 李明远为南岸第四营长 贺文彩为南岸第三营长 朱明文为南岸第二营长 高庆云为北岸第二营长 徐进德为北岸第三营长 衡万清为北岸第四营长
七月			以李星垣为兰封支局长	
九月	以张凤台为民政长		以谢寅亮为上北支局长	
十月				以徐进德为南岸第一营长 张国宏为北岸第三营长

续表

<table>
<tr><th>年月</th><th colspan="4">衔　　名</th></tr>
<tr><td>十二月</td><td></td><td></td><td>以王崇礼为武陟支局长</td><td></td></tr>
<tr><td colspan="5">按：是年三月，专设河防局，凡豫东、豫北观察使所管南北两岸河工事宜，统移该局管辖。五月，改下南、黄沁两厅为南岸分局长、北岸分局长，其余六厅及五工局均改为支局。而六厅之中，中河易为中牟，卫粮易为上北，祥河易为中北。同时，裁撤文汛佐职员缺，取销都司、守备、协备等名目，而改称营长，并将祥符汛改为开封汛，下南营改为南岸第一营，中河营改为南岸第二营，郑中营改为南岸第三营，上南营改为南岸第四营。其北岸黄沁、阳封、祥河、下北等营，亦各冠以北岸第一、第二、第三、第四等名称</td></tr>
<tr><td>三年二月</td><td>以田文烈为河南巡按使，时改民政长为巡按使</td><td></td><td>以段继武为孟县支局长</td><td></td></tr>
<tr><td>三月</td><td></td><td></td><td>以张文瀚为南岸分局长
马春祺为中牟支局长
朱印章为上南支局长</td><td>以徐进德为豫河南营营长
黄坤为豫河南营、中牟营官
贺文彩为豫河南营、郑中营官
姚亮为豫河南营、上南营官
孙继光为豫河南营、陈兰营官
朱文明为豫河北营营长
张国宏为豫河北营、下北营官
李明远为豫河北营孟县营官，未到任以前，以孟县汛长东永安代理
衡万清为豫河北营武陟营官，王锦荣为豫河北营沁阳营官</td></tr>
</table>

续表

年月	衔名			
四月		以吕耀卿为河防局长		
五月			以文铨为下南分局长 范守佐为上南分局长 陆文泩为陈兰分局长 姚诗富为武原分局长 王鄘为购石处采办员	
六月				以柬永安署理孟县工程支队长
七月			以周笃成为郑中分局长 杨崇萱为阳封分局长	以衡万清为中牟工程支队长 林士儒为郑中工程支队长 张国宏为阳封工程支队长 朱明文为下北工程支队长 贺文彩署孟县工程支队长
八月			以王鄘为中牟分局长 孟广瀛为购石处采办员	
九月			以邵令畴为上南分局长	
十一月				以焦瑞昌代理孟县工程支队长
十二月			以孔繁昌兼代下南分局长	

续表

年月	衔名			
按：是年正月，局长马振濂第二次改组，裁荥泽支局，归并上南支局。又将上北、下北两支局归并中北支局，而仍用下北名称。其营制，南岸第一营改为豫河南营营长，第二、三、四等营改为营官，北岸第一营改为豫河北营营长，第二、三、四等营亦为营官，而各冠以支局之名。并裁撤北岸第二、第四两营，新设陈兰、孟县、武陟、沁阳等四营，合计十营。旋奉部令，各分支名称及归并办法尚合，惟河工以工程为重，不应与营制牵混，改南北两营长为工程队长，即豫河南工程队长、豫河北工程队长。其南北八营官削去豫河南北字样，冠以各支局名称，改为工程支队长。四月，吕耀卿继任局长，复行改组，将南岸分局改为下南分局，北岸分局改为武原分局，其余各支局一律改为分局。又以下北工段绵长，仍将旧日上北工段画出，添设阳封分局，并添一工程支队。沁阳、武陟沁河工程向系官督绅办，自前局长马振濂收归官办，沁、武两县人民争控不休，仍交该地方官督绅办理，改为沁阳沁工公所、武陟沁工公所，由该官绅负完全责任，而河防局所管辖者，仅黄河九分局两工程队七支队而已				
四年二月			以邵令畴调署下南分局长 张葆珍为下北分局长 许师谦为上南分局长 苗德均为孟县分局长	
五月			苗德均丁忧，以李云第代理孟县分局长	
六月			以李湘为陈兰分局长	
七月			以叶季泰为郑中分局长	
八月			苗德均丧满回任	以孙继光署上南工程支队长 王玉林为陈兰工程支队长
九月				以衡万清为郑中工程支队长 王得元升署中牟工程支队长

续表

年月	衔名			
十月			以李湘为郑中分局长 杨崇萱为陈兰分局长 许广身为阳武分局长	
五年二月				以张丙南升署陈兰工程支队长
三月			以陆文泩署理下北分局长	
四月				以吴国桢升署郑中工程支队长
七月	以田文烈为河南省长 时改巡按使为省长		以王鄘为下南分局长 邵令畴为购石处采办员 孟广瀛为孟温分局长 李云第为陈兰分局长 李保诚为中牟分局长	
九月			以周笃成为中牟分局长	
按：是年五月，温孟堤工告成，改孟县分局为孟温分局，孟县工程支队亦改为孟温工程支队。七月，巡按使改称省				
六年一月				以林士儒署理阳封工程支队长，王桂元升署下北工程支队长
六月				以曹鉁升署郑中工程支队长
七月			以吴源为郑中分局长 张锡锦为下北分局长	以张丙南调署下北工程支队长，张国宏署理陈兰工程支队长

续表

年月	衔名			
八月		以吴篔孙署河南河防局局长		
九月			以刘葆珂为购石处采办员	
七年一月	以督军赵倜兼署河南省长，田文烈调内务部总长	以吴篔孙实任河南河防局局长		
二月			以许广身调署上南分局长 许师谦调署阳封分局长，寻以杨鹤亭为阳封分局长 许师谦调署上南分局长	
十一月				以王得元署阳封工程支队长，许灿升署中牟工程支队长
八年二月			以孟广瀛为郑中分局长 段继武为孟温分局长 谢寅亮为陈阑分局长 汪福荫为下北分局长 翟福谦为西沁分局长 李国华为东沁分局长 刘葆珂为购石处处长	
三月				以杨作梅署上南工程支队长 王殿元署北岸工程队队长

续表

年月	衔名			
九月			以丁双代理东沁分局长	
十月			以郑有代理阳封分局长	
十二月			杨鹤亭回阳封本任	
按：是年一月，奉部令划一河务局暂行办法，改河防局为河务局，局长为简任职，各河防分局改为河务分局，分一等、二等，一等为荐任职，二等为委任职。各工程队支队一律改为工巡队，无支队名称。又以沁工自交官督绅办以来叠出险工，兹仍收回官办。改沁阳沁工公所为西沁分局，武陟沁工公所为东沁分局，以与各分局名称划一。因限于经费，东、西沁工均未设队，仅各添一汛。此即现在局队之名称也				
九年一月				以张继德代理下南工巡队队长 王得元为中牟工巡队队长 吴国桢为阳封工巡队队长
二月				以张丙南为上南工巡队队长 金廷兰为下北工巡队队长
三月	以王印川署河南省长			王桂元署武原工巡队队长
四月				以张继德署理下南工巡队队长 焦瑞昌调署武原工巡队队长 王桂元调署孟温工巡队队长
八月	以张凤台为河南省长			
十年一月			以段继武调署西沁分局长 翟福谦调署孟温分局长	

续表

年月	衔名			
二月				以金廷兰为上南工巡队队长
三月				以林士儒为下北工巡队队长 林士儒调署孟温工巡队队长，王桂元调署下北工巡队队长，刘宗翰代理郑中工巡队队长
八月				以郝际昌兼护郑中工巡队队长
十二月			许师谦丁艰，以王鄘兼代上南分局长 孟广瀛调署武原分局长 姚诗富调署郑中分局长	
十一年一月				
三月			以许师谦回上南分局本任 以孟广瀛回郑中分局本任 汪福荫署理武原分局长 杨秉恒为下北工局长	
七月		以邓长耀署河南河务局局长	以邵金盘为购石处处长	
八月			王其浚代理中牟分局长	

续表

年月	衔名			
九月			以周笃成回中牟分局本任 陈锺鼎代理上南分局长	以李纯纲为阳封工巡队队长 王同生为下北工巡队队长 王宪岭为武原工巡队队长 苏福田为陈兰工巡队队长 陈得山为上南工巡队队长 郑继成为下南工巡队队长
十一月		以陈善同为河南河务局局长	以李缵曾为上南分局长 朱学轼代理西沁分局长	以王兴有为下南工巡队队长 张丙南为上南工巡队队长 高麟为下南工巡队队长 张国宏为陈兰工巡队队长 吴国桢为阳封工巡队队长 王桂元为下北工巡队队长
十二月			朱学轼改为署理，以段继武署理武原分局长，郑有代理武原分局长	以焦瑞昌为武原工巡队队长 赵士有为武原工巡队队长
十二年三月			以杨秉恒调署西沁分局长 朱学轼调署下北分局长	以杨世忠代理武原工巡队队长
四月			以段继武回武原本任	
六月			以翟福谦调署东沁分局长 谢寅亮调署孟温分局长 郑有调署陈兰分局长	以杨世忠伪阳封工巡队队长，赵士有仍回武原工巡队本任
八月	以李济臣为河南省长			

续表

年月	衔名			
十一月				王桂元调署上南工巡队队长 郝际昌为下北工巡队队长
十三年二月			以康昌第为孟温分局长	以郝际昌署阳封工巡队队长，金廷兰署下北工巡队队长
六月			康昌第调署中牟分局长 陈凤衔署孟温分局长 郑有调署东沁分局长 翟福谦调署陈兰分局长	
七月			以邵锦林署阳封分局长	
八月				以赵士有署中牟工巡队队长 王庆芝署武原工巡队队长
九月				以赵士有代理孟温工巡队队长 林士儒代理中牟工巡队队长
十二月	以孙岳为河南省长，孙岳未到任，由胡景翼兼代			
十四年二月				
四月	胡景翼卒，以岳维峻兼代河南省长		以韩运章署阳封分局长	以皇甫巡善署阳封工巡队队长
八月				以谢观澜为孟温工巡队队长
九月			以周延麟署陈兰分局长	
十五年二月	以靳云鹗为河南省长			

公牍

卷十四

自书契代结绳之治，而文字日繁，于是逮下者，有诏、策、谕、饬之文；奏上者，有疏、对、呈、禀之文；商榷事理，论列是非，则有书、启、函、牒之文；申明约束，共相遵守，则有律令、章程之文。历世相沿，虽多迁改，名称繁赜不可胜详，而大端不离乎是。民国肇兴，颇厌文敝，务趋简易。而行于下者曰令，曰批；贡于上者曰呈，曰禀；平等往来曰咨，曰公函，亦可概其余已。河务既改为局而直隶于省长，不能如从前之专折奏事，公文、函牍除本省外，与中央无若何之关系。即直、鲁等省之有河务者，交际亦寥寥焉。兹特诠次十余年来之可资考镜而不属于其他各门者，录之于左。

民国二年六月二十三日，河防局长马振濂呈都督兼署民政长：查上北支局呈报被匪抢伐官柳一案，曾经呈请转饬封邱县严办，并拟请沿河存有河工款项各县兼受本局指挥各在案。民国二年六月二日奉批，据呈称封邱县查办官柳一案，并特别规定河工存款均受指挥。查栽植官柳原为巩堤防，保治安。该县队兵、居人擅行抢伐，自应饬县知事分别惩办，以儆效尤。沿河各县对于河工招夫抢险、采料、缉匪等事，自有应负之责任，均不得临时推诿，致误要工。至开封、鄢陵、尉氏、通许、禹县五处领有河工存款，每年利息向由该县解交应管衙门查收。经此次改章后，应解交河防局直接收存，以免周折而昭灵便。查沿河各县招夫抢险、采料、缉匪，既负河防责任，自应受本局指挥。至开封、鄢陵、尉氏、通许禹县五处领有河工存款，每年催解利息亦时与该县直接。

乃查各县对于本局公文有用呈者，有用函者，参差不一。形式上既无规程，精神上仍不联贯。谨参照现行公文程式，有所指挥者，以训令行之。其因呈请而有所指挥者，以指令行之。遇有关于河防事宜，拟径向沿河各该县指挥办理，庶程式既归划一，呼应亦自灵通。至各该县对于本局，应令一律用呈，南北两岸分支局对于各该县，往来文书应用公函，借资协助。如蒙允准，并乞通令各县一体知照。

七月，河防局长马振濂呈民政长：案查河防工用各品，如土方、砖石皆系笨重之物，代价均属有限，而费用良多者，其原因不在于购买，而在于转运。即以土方而论，本属无须代价，然既不能近河刨挖致损堤根，大雨冲刷，水沟、浪窝附近多无干土，必须取之于数十丈或数里之外。居民往来辇送或以方计，或以车计，其费尽在于运。又如购石赴工向由水路运往，尚较陆运稍为便利，然一装一卸均须人夫。且该船等卸石以后，并无其他货物可以装载上水，势必放空而回，故运费亦甚昂贵。历查各工用石，每方价目大抵石价居其一，而运脚则自两倍至四倍不等，良以无轻捷利便之转运器械有以致之也。特欲购办器械，必先筹措款项。目下库帑支绌，何能应付？恐便利之功用未收，困难之现状已至。

查沁阳县常口凭心煤矿公司前因亏欠库款，以煤作抵，由前藩司购置轻便铁道车轨全具运售煤斤。现在煤已尽销，此项机械业经停置不用。若以之移设河岸，于装石取土及搬移一切料物实有无限之便利。即可省无限之工资，且系以官有物件仍充公家需用，无须另筹购置之费，洵属一举两得。伏祈饬员查明该处官有轻便铁道共计铁轨若干条，铁车若干辆，准予全数拨归河工应用。如蒙赐允，并乞令知本局派员前往该公司承领，运赴工次相度布置，俾济工需。

八月，河南民政长张镇芳指令：内务司案呈，据前防局局长呈称，凭心煤矿公司煤已销尽，请将所有轻便铁道车轨全数拨归河工，以便装运物料。查该公司所存之轻便铁道车轨系由前藩司购置，原以运售煤斤。现在煤既销尽，此路已属无用，拨归河工自属可行。惟此物业交焦作交涉委员经理，应向该委员商办一切。除令知外，即派妥员前往承领，搬运可也。

九月，河防局长马振濂训令北岸河防分局：案查常口凭心公司所存官有轻便小铁轨、铁车等件，前经民政长批准拨归河工应用，业由本局委派丁晓兰、王廷柏二员前往接收，并饬先行运赴该分局存储备用各在案。兹据该员等呈称，接收完全铁车斗九十一个，完全铁车架七十一个，破坏铁车架十八个，小铁轨长节四百一十八条，短节六条，岔道四条，共计重量约六万三千五百斤，由火车转运至黄河北岸。该分局长即便遵照，先择定卸车适宜地点，妥为存储。其需人车价目款项，暂由该分局筹垫，核实报销，再行拨发。

十月，北岸河防分局长王鄘呈河防局：案奉训令并电饬筹拟存储铁轨、铁车，及择船运便利之处妥为安置等因，当即转饬武荥汛汛长苗恩锡遵照。兹据该汛长呈报，九月三十日，经委员丁晓兰、王廷柏将铁轨、铁车等件由火车载至黄河北岸桥头，会同照料卸车，点交清楚，并无短少。由汛长恩锡暂借瑞盛公司地方存储，饬派汛弁丁合昌小心看管。并将铁轨、铁车等件数目暨由詹店载至桥头火车费及卸车等费，开单呈报请领。除照数挪款垫发外，理合照缮清折呈报鉴核。

民国三年二月，河防局长马振濂训令北岸分局：据兰封河防支局长李星垣呈称，兰工工程吃紧，仰蒙局长准将南关铁轨一百八十九条饬令运兰备用，现车尚存北岸分局。兹因修筑堤工，拟欲借车运，故按工估计，前运铁轨似不敷用，可否再请运铁轨二百二十条，车三十辆。理合呈请局长饬知北岸分局、支局长，即派人赴该处装运至兰，以备应用。查该支局修筑堤工拟借铁车运土，自系正当办法。所请拨给铁轨二百二十条，车三十辆，应即照准。该支局派员到时，即便如数拨付，运工应用可也。

三月，河防局长马振濂训令北岸分局：据孟县支局呈称，该局段长工险，亟应预储石方以备防守，拟假用轻便铁轨以济工需。查该局为慎重工储起见，自应准如所请。惟此项铁轨系由该分局长经手存储，合行令饬该支局派员前往酌量运用，即便点交，仍将运用数目呈报查考。

四月，北岸河防分局局长王鄘呈河防局：先后接奉训令，据陈兰、孟县二支局或因修筑堤工，或因储备石方，呈请假用轻便铁轨、铁车等件。饬俟各该支局派员到时拨付应用，并据该支局等先后派员具领前来。当即令饬管理储存该件，武荥汛汛长苗恩锡分配点验。给发去后，兹据该汛长报称，于民国二年九月内奉令接收，存储铁车、铁轨统共六百零八件在案。兹于民国三年三月又奉训令，俟陈兰、孟县各支局派员到时，按照文内数目拨付。遵于四月四日，率同汛弁丁合昌当面点交孟县支局来员杨培熙，运去完全铁车斗六十一个，完全铁车架四十一个，破坏铁车架十八个，小铁轨长节二百六十条，短节六条，岔道二条。四月八日，又当面点交陈兰支局来员许景衡，运去铁车架三十个，铁车三十个，小铁轨一百四十九条，岔道二条，二共六百零八件。分局长复查原存、拨发各数目，均属相符。前件业已发竣无存，理合呈报鉴核。

四月，河防局长马振濂呈民政长：案奉前民政长训令，奉内务部训令，吾国黄河流域各行省向多水患，唐宋以来，言治河者第就河流之变迁筹办堤防，久已偏重在防而不在治，河患遂因之愈不治。本年阴雨连绵，洪流暴涨，直、豫、鲁、晋等省各河漫溢成灾，人民荡析流离，殊堪悯恻。若不速筹善策消弭巨患，此后议赈、议蠲岁需国帑，且京汉、津浦、津奉、正太各干路轨道被毁，运输停止，工事修复用款浩繁，其影响于国家岁入、岁出两大宗者，所关至巨。虽目前库储支绌，大举为难，本部职掌宣防根本救治之法，自不能不及早筹备。为此令行该民政长饬属，于河南省辖境各河道所经分别切实调查，将何处受淤，何处当冲，河脉发源之区，支条贯通之迹，两岸距离之远近，水量容积之广狭，逐项绘具简明草图，附以说明，从速报部。俾得先期筹备方法着手进行，永苏昏垫，是为至要。转行到局，查测绘河图为治河入手之必要，上年河务改组后，局长检察旧卷工图，非今昔形势不同，即绘说过于简略，殊难据为修防之标准，当令技士李缵曾等驰赴临河紧要工段，绘具明细图说以资参考。奉令前因，随复派令该技士等偕同熟悉地形水势员弁，前往黄、沁两河经行处所详细测绘，切实调查。旋据查明呈复，当即遵照部令各节逐项绘具简明草图，附以说明装潢成帙。除饬令照绘一册另呈钧署备案外，理合具文呈请鉴核，俯赐转呈。

七月，河防局长吕耀卿批陈兰分局：查此项铁轨系奉巡按使面谕，发给教养局以备挑沙之用，所需运费应由该分局核实，开具数目径赴教养局请领归款。再，此后来文务遵制定官署公文程式，改用正副详，以便批答，毋得再用呈文。

十月一日，河防局长吕耀卿饬各分局：照得修筑坝工砖、石并重，而值工程紧要之时，石方由巩县起运，往往缓不济急，且现在船只不多，各分局所派例石恐亦不能如数运到。惟有及时采办砖方借资补助。查各该分局附近旧有烧砖民窑颇多，应即招令定造。砖块形势务取宽厚，每个重量统以八斤为率，价值连运费在内以每斤一文为准。如附近无窑者，即行就地收买旧砖。所须方价及堆抛各工，由本年度各该分局派定石方数内拨付。仰即查明附近有无窑户，愿否承揽烧造，及就近收买旧砖能得若干方，克日详覆，以凭核办。

民国四年三月五日，河防局长吕耀卿饬各分局队长、支队长：案查河工修防向恃埽段，因其能御变于仓猝，故遇事机危迫，石不及备，则厢埽以资抵御。然埽能压激水势，俯啮堤根，既有引溜生工之害，又有腐朽脱胎之虞，年年舍旧谋新，劳费迄无底止，是以言治河者，咸以减埽增坝为上策。惟此等办法非通盘筹画，豫为布置，不足以收效果。现在桃汛瞬交，河水渐长，亟应详查来源，定其趋向，庶几胸有成竹，以免临事周张。仰该分局长、队长、支队长会同亲诣工次，就现在河势情形，勘明某处工程将来必致迎溜吃重，某处埽段必须抛护碎石。如有可以改做坝垛之埽段，务即详叙理由及需用石方数目，绘图列折具覆核夺。职守攸关，毋得敷衍塞责。

五月七日，河防局长吕耀卿详巡按使：案查三年度各分局应备石方，当将派定数目列表具详在案。窃维河工修守以坝垛为根本，埽段为庇翼。惟埽能引溜生工，年年舍旧谋新，劳费迄无底止。职局长自上年任事以来，不时亲赴各工察看河势情形，统筹全局，实行减埽增坝政策。查上年共领料价八百垛，已经派购新料五百垛，下余三百垛料价，拟即留为增派石方之需。前经分饬各分局勘估详覆，有以埽改坝者，有埽前应行护石者，陆续抛用，工储实非宽裕。夏汛瞬交，河流日见畅旺，抛筑坝垛为日方长，不可不宽为购储以期有备无患。查下南分局原派石三千方，现拟加派六百方。中牟分局原派四千六百方，现拟加派四百方。郑中分局原派二千六百方，现拟加派六百方。上南分局原派四千六百方，现拟加派八百方。武原分局原派八百方，现拟加派四百方。下北分局原派一千六百方，现拟加派一千方。陈兰分局原派一千方，现拟加派四百方。统共加派石四千二百方，计水脚方价银三万五千三百二十四圆二角四分。又，堆抛夫工每方牵算银四角一分，共银一千四百二十二圆，统共三万七千零四十六圆二角四分。查节存秸料三百垛，每垛银八十两，共银二万四千两，合洋三万三千三百三十三圆三角三分。以之尽数改办石方计，尚不敷银三千七百一十二圆九角一分，拟在三年度节存工款项下设法挹注。似此一转移间，于预算并未增加，于工程则弥增稳固。此后傥能分年渐进，自可永庆承平。

民国六年三月二十七日，河防局长吕耀卿呈省长：窃据孟温分局长孟广瀛呈称，案查孟工石方，旧章以大秤六千斤为工方一方，相沿至今，并未更改。而考查南北两岸各分局石方，现在均以大秤七千斤为一工方。孟工限于旧章，丈尺虽与各分局相同，而斤重独异。船户运石，分局承办，均不免赔累。再查孟温堆抛工价，凡一工方均发制钱一百二十文，较之各分局堆价每工方洋一角七分，抛价每工方银一钱六分，相差甚巨。昔时粮价低贱，尚易雇觅夫工。今则米粮异常昂贵，往往相视裹足。傥遇紧要工程，深恐贻误。恳请按照各分局工方斤重暨各分局堆抛工价一律更定，以昭划一而策进行。当因案关改变旧章，自应慎审调查以期核实。即由职局委员吴孜前往该分局，将运到碎石称出大秤七千斤，眼同切实堆垛，是否足堆工方一方，据实呈候核夺。兹据该委员覆称，遵即较准权衡，将运到碎石称出大秤七千斤，眼同夫役按照定章丈尺切实堆垛，恰合一工方之数，四周齐楚，堆心亦均丰满，在场察看委无隐饰，具覆前来。

查各分局石方旧章，每工方额定六千斤。嗣于民国元年，经前南北两道切实厘定详准，改为每工方重七千斤，均已查照办理。惟孟温分局系就工局改设，是以相沿至今，仍按六千斤计算。现在既经委员眼同称查堆垛，每工方确可堆足大秤七千斤之数，且职局长对于各该分局堆垛石方时时调查整顿，不准稍有架井空虚。是所称分局船户均不免有受亏之处尚属可信。际此百物昂贵，分局俸给无多，自难常此赔累。船户等劳力谋食，亦难令其受亏。应请准予按照各分局定章，将该分局碎石一律定为大秤七千斤为一工方。至该分局堆抛各价，亦与各分局定章互异，并请与各分局改归一律每方堆工洋一角七分，抛工汴平银一钱六分，以示体恤。惟事关更改旧章，职局未敢擅便，理合呈请鉴核，并请分咨内务部审计院立案。再，该项石方斤重暨堆抛工价加增以后，所需款项仍在额定预算数内酌量支配，不请另行增加。

四月，河南省长田文烈训令河防局：案准内务部咨开，查治河防海备在水经，筑埝修堤并详史乘。汉唐以后代有专书，元明之间尤多故迹。惟是沧桑屡易，浩劫频经，官府庋藏既多散佚，私家著述亦渐沦亡。虽故河略改，泥古难以律今，而前事可师，考同尤须证异。比年以来，水患频仍，险工迭报，岁糜巨款，民苦离居。护埽防堤，旧法难期久远；因桩筑槛，新工讵易坚牢。自宜参用中西，冀纾昏垫，沟通新旧，俾澹沉灾。

兹由本部组织全国河务研究会，召集技术专家及旧时熟悉河务人员妥慎筹维，悉心讨论，溯遗规于神禹，采治法于欧邦，穷究源流，共画宣防之策，力筹疏塞亟为根本之图。顾闭门造车，驰驱靡易；削足适履，行止弥艰。宾泽防川未可拘于成见，集思广益实有赖于周咨。为此旁搜载籍，博采群言，所有各省历年办理险工纪志，以及耆宿时贤关于所著治水论说，无论片羽碎金均请转饬广为征集。其现任河务人员本诸实验有所条陈者，并准直呈本部以资采择。至此项图籍，即希于文到一月内迅速报部，庶期穷源竟委，考究精详，并顾兼筹推行，尽利田畴作，烝民蒙乃粒之庥，河海安澜，众庶免其鱼之叹。相应咨行，并希速复。合亟令仰该局转饬所属查照部咨所开事理，限文到二十日迅速呈报。

五月，河南河防局长吕耀卿呈省长：奉训令，准内务部咨组织全国河务研究会，征集各省历年办理险工纪志，以及耆宿时贤关于所著治水论说，咨送查考。查豫省自前清光绪十四年郑工决口合龙以后，历年修守缜密，河流顺轨，迄今三十年尚无决漫要工。至昔年所有全河一切案件，前清时代均归河督衙署专管。嗣将河督裁撤，分归鲁、豫两抚兼管。历经变迁改革，大都散佚不全。迨民国二年，职局改组成立，奉前民政长将所管文卷发交职局保存。职局长三年四月到任，派员清理，实多参差错落，不能成帙。奉令前因，遵即分令各分局查复。旋据陆续呈覆，大致相同，既无纪志论说，亦无图籍可稽，谨就职局旧管案卷详加检择。自咸丰五年铜瓦厢失事，以及办理荥、郑各险工章奏，逐条钞录。其咸丰以前，历届险工均付阙如。并就现在河势情形绘具全图一份，检同《大王将军画像》《纪略》二部，一并呈请鉴核，转咨以备参考。

民国七年三月十六日，督军兼省长赵倜训令：案准内务部咨开，查河防事宜为内务行政之大端，水土能否治平，实关民生之休戚。故治水之策，前古不少成书；防河之官，历代皆有专职。当前清时，设置河道、督理、佐治各官，大小相维，考成綦重。民国成立，旧制多已变更，所有各省区河务机关，曾由部通行转饬，一律改为河防局。其旧日营汛制度，并经分别改称工程队等名目在案。惟是管河机关必须设置完备，指臂相联，庶呼应灵通，缓急可恃。现在各处局所组织尚有歧异，名称亦复互殊。当此河患方殷，未便听其纷歧，致紊行政系统，自应通盘规画以策进行。此河防局制之亟应讨论者一也。

河防官吏，在前清时职位有文、武之分，人材严登用之法。其重要职务，皆由管河大员遴选富有河工经验人员充任。改革以来，河员任用章程尚未制定，现任职员其在工日久，经验素著，或曾在工程学校毕业者，固不乏人，而仅具普通学识，于河务情形颇形隔膜者，亦在所不免。良由官人未有成规，以致取材竟乏标准。际兹河务丛脞，险要纷乘，苟非妙选通才，何以豫弭灾患？自应妥定任用章程，慎选熟悉河防及确有工程学识人员通力合作，难咨整理。此关于河员任用之亟应讨论者二也。

比年以来，洪水为灾，堤防告溃，田畴绣错，并付沮洳，蒸庶流离，恒忧垫溺。欲为标本兼施之谋，宜有新旧沟通之策。我国旧日管河人员经验至深，水性娴悉，惟偏于培高而忽于浚深，熟于防堵而疏于测量，明于一隅而暗于全局。至于雨量之多寡，流率之缓急，均乏明确之考查，致无善良之治法。且同为一河，而主管机关又分数处，计画未能统筹，修防每多推诿，以故此处见为利者，他处恒见为害。若不化除畛域之私，速议协防之计，采撷新知，剔厘旧弊，诚恐辗转因循，互相牵制，影响于河务者实非浅鲜。此河防事务之亟应讨论者三也。

以上数端，第举其大者言之。至于河海工程，关系民命田庐极为紧要，常因蚁穴之溃，即召其鱼之灾，故虽岁修签堤之微，亦难存因陋就简之意。本部职掌宣防，既不能因循废弛，贻下民昏垫之忧，复未便墨守成规，为闭户造车之计。再四筹维，拟于统筹兼顾之中，冀收广益集思之效。前经本部设立全国河务研究会，召集专门技术及熟悉河务人员悉心讨论。一年以来，各员提出之案已达数十余起。其业已议决者，并经分别采择，通行查照办理在案。惟审查之件与各省河务机关极有关系，亟应协同集议，妥慎筹维，始足利推行而资接洽。兹定于七年四月十五日，召集各省河堤塘工局长开会讨论，希即转饬所属河防局长届期到京与议，毋得延滞。其应行会议各案并经油印装订成册，应请督同该局长加以审核。如有意见，即希分别签注。至贵省对于所管事务有应行增损改革者，并请转饬编成议案，一并提交该会研究以期周洽。再，各省最近河海详图暨现行编制章程、办事细则及经费俸给支配表册等项，亦请转饬检齐带会，俾资参考。并送全国河务研究会议案十册，除存留四册备查外，合行检同原送议案，令仰该局遵照办理。

民国八年十一月二十一日，河南督军兼省长赵倜训令：案准内务部咨开，查河防事宜关系綦重，两年以来，本部迭经派员驰往京兆、直隶、山东、河南等河详加考察，据称各该主管河务人员办理一切尚无贻误。惟兹事体大，所有各河目前防护情形，以及将来施治计画，精筹密画，不厌求详。现在节逾霜清，各河工事告竣，自应召集主管人员妥慎筹维，悉心察度，借期允洽而利推行。兹定于八年十二月一日，在本部河务研究会开会讨论，希即转饬所属河务局长等届期赴部与议，以重宣防。合行令仰该局遵照办理。

是月，河南河务局长吴筼孙呈省长：窃职局筹办黄、沁两河正式水准测量，前因购办美国仪器寄到需时，并蒙咨商内务部暂借应用。现因前项仪器业经派员领回，自应及时赶办。查黄、沁两河南北两岸共计九百六十余里，预计约需两年可以竣事。兹拟先由沁河着手，次及黄工。已在职局附设测量处，于本年十一月一日成立。查有曾鸿一员熟悉测绘事宜，堪以委充该处主任。并委刘复瑗、成国钧、唐纪尧三员充任测量员，所有经常费预计每月约需银洋五百八十九圆，两年共约需一万四千一百三十六圆。至购置仪器及印刷等费约需三千余圆，不在其内。此项费用系属特别用款，不在预算范围之内。第值财政奇绌，请款需时，拟由职局工款内设法筹垫，将来如准拨款再行归还。理合缮具经常费预算表呈请鉴核，转咨内务部备案。

是月，河南河务局长吴筼孙呈省长：窃查前清豫河案卷历经改革，散佚甚多。自民国二年，奉前民政长发交河防局保管。职局长履任后，每经调阅，见其迭次大工及岁修各卷均有缺略，自非重加厘订不足以资参考。兹拟于局中附设豫河成案编纂处，遴派专员从事编辑，俾垂久远。查有前清湖北候补道周云才长学富，堪充总纂，业由职局长函聘担任，并委河南任用县知事袁允樠充任编纂，分别送给薪金。其余编纂、缮、校各员，均由职局科长、科员中遴委兼充，酌给津贴。每月约需经费三百余圆，预计一年可以竣事。第此项经费，职局预算工款均有指定用途，碍难挪动。惟查吕前局长任内，由预备金项下购买三、四、五等年内国公债票三万圆，拟请由前项债票利息内撙节动支，不另请款，一俟编纂完竣，核实报销。理合呈请鉴核，转咨内务部备案。寻奉督军兼省长赵倜训令：内务部咨河南河务局附设豫河成案编纂处，每月约需经费三百余圆，准予备案。

十二月，督军兼省长赵倜训令：案准内务部咨开，准咨称派员办理黄、沁两河测量各情形，当以原咨所拟，于河务局内设立测量处，先由沁河着手，次及黄工，预计约需两年可以竣事，自系为治河根本之图，应即准予备案。至所需经费，既经声称共需经常费一万四千一百二十六圆，购置仪器等费约三千余圆。此项特别用款不在预算范围以内，暂由该局工款内设法筹垫，将来如准发款再行归还各节，亦系为兼顾财力起见，事尚可行。惟案关财政，经咨行财政部查核。兹准复称，查据豫省拟于河务局内附设测量处，系为测量河道起见，本部自可赞同，惟该省八年度预算业经本部编定提交国会审议。此次所拟设置测量处共需经费一万四千一百二十六圆，又购置等费三千余圆，既不在预算范围以内，只可由河务局工款内设法匀支，不得另行请款追加预算，以示限制。相应咨行查照，合行令仰该局知照。

民国九年三月三日，督军兼省长赵倜训令：案准内务部咨开，案据全国河务研究会呈称，本年河务会议议决沿堤种柳，宜任树艺专员案；各河源流及经流诸山，宜派员详加考察，以为造林治水之准备案；秸料、埽坝宜酌改石工，以垂永久案；各河工程队，宜比照东省改编一律工作案；各处河道情形，每月应由各河务局报告一次案；各河成案，宜仿豫省设立河务编纂处案，关系綦重，请分行各省转饬妥筹办理情形。查近年以来，水患频仍，偏灾屡告，筹赈筹工几无宁岁。虽治标之法遽难视为缓图，而树本之谋尤当急为规画。详查该会提议沿堤种柳，官任专员，各河源流宜加考察，秸料、埽坝宜酌改石工，各河工程队宜比照改编。各案均系树本之策，自属不无见地。至各河务局应按月报各河情形，暨仿豫省设立河务编纂处编纂各河成案等案，亦系为沟通内外，酌古准今起见，事属可行。应请督饬所属河局妥筹兴办，以澹沉灾而慰民望。并钞送议案到署，合行检同原件，令仰该局遵照办理，仍将办理情形随时呈候转咨。

附：原议案

《沿堤种柳宜任树艺专员案》

查沿堤种柳，根株盘结可以护堤，且有险工发生，卷埽抢防又便取材，功用颇大。豫河堤柳向责成队兵按年栽种，惟弁兵均乏树艺知识，是以成活甚少，为效亦鲜。现拟于黄河两岸设置树艺员四人，沁河设置二人，择其确有林业学识者，期收实效。

会员吴篔孙提

《各河源流及经流诸山宜派员详加查察，以为造林治水之准备案》

我国治河书籍见于坊间者汗牛充栋，不胜枚举，然其主要不外疏浚河流，增培堤岸，提倡埽坝之工程，推阐苘秸之用法而已。至河流为患之源，河身淤积之弊，如何而分泄洪流，如何而潜消水势，类皆略而不详，疏而不备。而近世之谙悉工情，久任河务者，不失拘迂，即流泥守，以致河流环曲，险要纷乘，滩碛纵横，疏宣弥滞。尝考河水浑浊之由，多系发源及经流诸山林木无多，沙砾横亘。夏令水涨，挟沙带泥，奔腾澎湃。上游地方既无阻遏之备，下游河形高仰，堤堰卑薄，洪流巨溜容御无自寖假而成漫决之患者，不知凡几。今试就黄河言之，黄河发源星宿海，流经受降城。中间沙漠广袤，水卷沙行，自成淤浊。加以豫省境内沁、洛、淏等河源出深山，流杂沙石，溜急势凶，益难抗御。下游山东地方奇险百出，施治维艰者，胥由于此。此外，永定、沁河等虽危急不逮黄河，然其挟沙之重，溜势之猛，亦与黄河相埒。我国历来治黄均自河南之阌乡县起以达山东，阌乡以上则如秦人视越人之肥瘠，无休戚之相关也。此外，永定各河，其施治之方亦与黄河无异，舍本逐末，无惑乎患愈深而治愈难矣！似宜遴派技术专员驰往上游地方详加测勘，或开减河分泄来源，或增堤堰减轻流速。其流经诸山并宜赶办林业，以期吸收水量，遏阻泥沙。惟地质肥瘠各有不同，亦宜遴派林业专员协同前往考察，酌拟造林办法及需费数目，由部酌度国家财政情形分年举办，似于河务前途不无裨益。

会员向迪琮提

《秸料埽坝宜酌改石工以垂永久案》

查黄河工程在前清时几无岁不决。光绪初元，豫、鲁两省始酌改石工，一时成效昭著。现在豫省黄河险工地方所有坝垛，用石抛砌者几占十之七八。鲁省上、中游险要工段多系石坝、石护崖等，惟下游取石不便，石工尚少。直隶黄河因购办石料须赴豫省巩县，以故仍用秸料，埽坝基址则抛石维护。年来各河相继为患，黄河独庆安澜者，未始非石工之效也。不过石工所费倍于秸料，东省辖境绵远，预算竭蹶，岁修经费仅为秸料之筹备已虞不足，以故情形危急较甚各河。此外，永定河每年所用防护料物悉系秸料及青料等项，虽可维护一时，但河水势猛，跑埽等事不一而足，因此而酿成巨险者，尤属指不胜屈。且秸料、青料最不耐久，本年所厢新埽不及二年又须重砌，费工费款亦属不赀，似宜参酌石工以垂永久。

会员向迪琮提

《各河工程队宜比照东省改编一律工作案》

查旧制，河局之下设有河防营汛，招募兵丁实行工作。原期指臂相顾，呼应灵通，直接工作以为缓急之需，庶几饷不虚糜，事无废弛，而于河务前途亦有莫大之裨益。此次考察各河工程队编制之完善者，比较上以山东为最。山东黄河两岸共设河兵十八营，按各工之险易分驻各游。上游计三营，中游计七营，下游计八营，划段分防各有专责。每营又分五汛，分驻段内险工地点以防不虞。每汛除营长并带一汛不设汛长外，各设汛长一员，汛弁一员，一等汛兵五名，二等汛兵八名，汛夫一二名不等。汛长承营长之命令，支配工兵分理汛内修防事宜。

至汛兵工作，平时则无分冬夏常时驻工，除投递公文，看守官柳，防护电线等常差外，由开凌至五月止，每日修理埽坝，察垫獾洞、鼠穴，挑修坝基，栽种树株。伏秋大汛时期，则堵填水沟、浪窝，修做埽坝，抛砌护根石等。遇险工发生，无分雨夜抢加料物，或加抛护根石以防走埽，或捆枕挂柳以御冲激。霜清后，堆积土牛，预备凌牌，防护埽坝。至其薪饷，每营除营长、汛长、汛弁另有定额外，计一等兵二十五名，每名月饷五圆六角；二等兵四十名，每名月饷四圆六角；汛夫上游七名，中游十二名，下游八名，每名月薪四圆。合计工兵约一千六百余名，虽以经费支绌，工食无多，然山东黄河工段绵长千余里，得以分配咸宜，修守无误者，皆此工兵工作勤苦所致。直隶自濮阳决口后，经部改为官民共守，所有工程队悉系募自山东，一切组织亦与东省无异。

至河南河务局原有工兵二千余名，向系寓兵于农制度，饷给极形微薄，一等工兵月支一圆二角。大汛期内始行招集来工襄助防守，每名尚须增加饭费，汛后即行遣散。其留工常川驻守，派司看守秸料、坝垛等职务者，按日给以饭食，谓之加饷。每月酌加三元左右，亦系临时酌给者。相沿既久，此项兵队几不知工程为何事。现经该省咨请将原有队兵名额分别减少，即就所余之款招募队兵实行工作，约计可招集七百余名。此外，京兆永定河原设工巡兵目、巡兵等共一千二百名，北运河原设河兵二百七十二名，其饷糈及工作情形，亦与豫省未经改组时之营汛无异，要皆徒具工兵之名而无工作之实。在各队兵等饷糈微薄，自给维艰，势非于工作之余另谋他业借资糊口。然国家岁费巨资养此多兵，匪惟无济于工务，且各兵附住河干办购料物往往从中把持，希图渔利，转于河务进行多所窒碍。际兹庶政刷新，自应实事求是。可否由各局就原有预算，将工程队兵比照山东一律改编，切实选练，严督工作以重河务。

会员向迪琮提

《各处河道情形每月应由各河务局报部一次案》

查直隶省大清、南运、子牙各河水患，近年以来丛生叠出，河务局督办有方，颇见减少。然来日方长，天灾未定，仍宜将各河道情形每月报部一次，水势涨落如何，堤岸破坏若干，修补工程如何，缕细详呈。在部则知各处之情形，在下不致积久生怠，上下消息既极灵通，不致因小故而生大患，于河务进行大有裨益矣！

会员周象贤提

《各河成案宜仿豫省设立河务编纂处案》

查河工旧案至为繁颐，往因庚子兵燹，此项案卷悉付灰烬。而部中所存者，仅光绪三十三年以后卷宗，脱略疏漏，参考每感不便，办理时形棘手。虽前清《吏部处分事例》及《工部则例》可资依据，然于各河成案究嫌略而未备。现在各省区河局保管前清文卷计尚不在少数，若不及时清理，日久必致散佚。为慎重档案便利参考起见，似宜仿照河南河务局办法，在各该局内附设成案编纂处，就本局人员，或熟悉河务人员中分别选任，从事编辑，所需经费仍由各该局在预算项下酌量支用，一俟编辑成帙，再行送部查考，似于河务行政不无裨益。

会员谢振翮、向迪琮提

十月，河务局长吴筼孙呈省长：案据华新纺织公司股东代表徐世光函称，孟温河务分局存有轻便铁轨，拟请暂借卫辉纱厂应用。查职局前存轻便铁轨等件分拨孟温、陈兰两分局备用，旋于民国三年奉前巡按使田谕，将陈兰分局存储铁轨等件拨交教养局以备挑沙之用。其孟温分局所存轻便铁轨等件多半破坏，于河工修防不甚适用，当饬工员妥为保存。兹据华新公司函请暂借，业已点交，理合缮折呈报查考。

民国十年，河务局长吴筼孙呈省长：查河工修防端资工款，必须筹备有素，方免临事周章。职局九年度预算总额共计四十四万圆，内分工款二十三万七千余圆，经费二十万零二千余圆，经管黄、沁两河工程所属有十一分局，九工巡队。近年沁河改归官办，设立分局添购料石，并办黄、沁两河正式地形测量，均由预算额内挹注，并未呈请追加。现在八、九年度经费工款欠发三十五万余圆，迭经呈请饬发，迄未照拨。上年河水迭涨，险工环生，虽幸保获安澜，而补苴已往之工程，筹备本年之修守，均属刻不容缓。兹因款未拨到，以致停顿不行。而在工员弁业已枵腹数月，呼应更恐不灵。且转瞬春融，水涨工生，库如悬罄，工乏积储，苟有疏虞，为患何堪设想，郑工前车可为殷鉴。

兹于无可设法之中免为筹维之计，查直隶河工款项暨前清河夫银两，均由沿河各县按时径解本省，各道尹公署经费亦由各县分解。职局所需款项似应仿照办理，拟由黄河南岸之孟津、巩县、汜水、河阴、荥阳、荥泽、郑县、中牟、开封、陈留、兰封，北岸之济源、孟县、温县、沁阳、武陟、获嘉、修武、原武、阳武、封邱、延津、滑县、浚县等县分配认解，计经费每月银圆一万六千余圆，应饬按月摊解。正杂料价暨土方价，则于漕粮开征之日起，于三个月内分次解清，石价仍照向办于每年二、五、八等月三次分解。其各县分配数目应由财政厅核定，分饬遵照。至前欠各款多由职局挪垫，并请令饬财政厅饬由上列各县，于开征后尽先拨解，俾资归垫以应急需。除咨财政厅查照外，理合呈请鉴核，饬厅遵照，并转咨内务、财政二部备案。

七月五日，河务局长吴篔孙呈省长：窃查职局前于本年二月因财政厅欠发工款过巨，拟按照直隶河工款项暨前清本省河夫银两办法，将河工全年工款经费改由沿河各县摊解。当经分别呈咨，并奉准指令，候令仰财政厅核议具覆，饬遵各在案。现已时延数月之久，财政厅对于此案究竟如何议复，尚未奉钧署令饬遵照，亦未准咨复到局。而此案经部提交国务会议业经通过，昨见报载有内务部提议河务经费，准责成管河省分各财政厅酌指沿河各县径解河局，议决照办等语，是中央之对于河工经费异常注意。又，昨奉钧署令钞发内务部咨送甘肃查灾委员，电陈善后办法，内有崖谷被震崩塌，土尽疏松，将来冲刷直下，直、豫黄河尤易淤填，急应先事预防等语。河务本为数省生命财产所关，筹备不容稍疏，拨款自不宜稍缓，事机迫切，何异军需？本年应办各工，因无款而事多停顿。转瞬庚伏即交，设有疏虞，咎将谁属？彷徨夙夜，焦灼万分。昨经分别呈咨，请筹拨大宗款项以救燃眉，亦只为暂顾目前之计。际兹时艰款绌，亟宜规定久远，用策进行。况十年度现已开始，如再长此因循，河务前途大有不堪设想之处。职局长梓桑服务，不忍坐视沦胥。前拟请将河工全年工款、经费改由沿河各县摊解，实系为补偏救敝计画。除再咨请财政厅迅予核复外，理合呈请钧署，饬将此案所拟办法迅即核定分配数目，议复施行。

七月二十日，河南省长张凤台训令：案准内务部咨开，查河务事宜关系国计民生，至为重要。前清时，管河省分关于河防经费，每岁均由省库专款存储，用备急需。即河务机关于额支外，亦有特别预备金以为意外之用。虽河决不常，偏灾迭报，而上下兼筹，危机旋息。民国以来，军事繁兴，库储竭蹶，宣防之费裁减无多，且未应时照发，以致险象纷乘，筹防愈困。迭据山东附河绅民张道镛暨“国际统一救灾会”先后具报，山东上、中、下三游河工迫切情形深为注念。迭经咨电该省转饬，迅拨款项妥速筹防在案。惟闻外人方面对于东省河工异常注重，已派专员同往勘办。本部职掌宣防，兹际荒旱之余，弥切沦胥之惧，业派本部咨询工程师方维因、技正周象贤前往该省详加考察，会拟筹防办法，应俟复到再行咨报查核。惟是东省黄河工段一千余里，河窄堤卑，夙称难治。耀珊往官，齐鲁知之最深。兹复据中外人民迭呈呼吁，情词迫切，万难再置缓图。现据该省来电，对于河工经费虽已定由财政厅筹拨十六万圆，但河局欠领经费据闻已达三十余万，几及全年预算三分之二。此外，河南、京兆等处河工经费欠领情形亦属大抵相同，长此不加维持，窃恐昏垫之灾尤有甚于上年天津者。查上年山东河局应领经费，曾由该局呈明就沿河各县应解款内划拨充用，借赖维持。当此河务吃紧，重以伏秋盛汛转瞬届临，所有应需工款自非先行指定难期有济。拟请按东省上年办法，责成管河省分各财政厅酌指沿河各县，将应解公款径拨河局以免贻误而餍众情，当由部提交国务会议公决。旋承准国务院函，知此案业经议决照办。除咨行财政部并分行外，相应咨行查照，督饬迅速照办见复。查此案前准内务部，并据该局先后咨呈，迭经令行财政厅遵照在案。兹准前因，查黄、沁两河现正大汛期内，迭据呈电报告，水势日益增涨，工程尤为紧要。除分令并咨复外，合行令仰该局查照。

十月八日，河务局长吴篔孙咨财政厅，案奉省长训令，案准内务部歌[1]电咨悉，本年入夏以来，霪雨兼旬，江河并涨，直隶之范庄，山东之官家坝，湖北之王家营，均经先后溃决，漫溢成灾。其余尚未出险地方，自应责成管河机关加意筹防，冀免溃决。豫省黄、沁两河经费，该厅所称各节复核尚属实情。惟近据河局报称四月以来，仅领过现款五万余圆。际此伏秋盛涨，防守各工尤关紧要。查豫省河局经费按预算所列，每年四十三万余圆。即如该厅所称已筹拨十四万有奇，是尚不及半数，矧又与河局所报已领之数不符。应请严令财政厅迅速赶为设法，按照原列预算尽数筹拨，并遵照前次议决原案，酌拨附河各县

[1] “歌”当作“吾”。

应解公款，从速径解河局以应急需，仍将拨解日期报部备查，一面责成河务局长督率在工各员认真防护，毋稍疏懈以重要工。除电复并分令遵照外，合行令仰该局迅即督率在工员弁，无分雨夜认真防护。

查敝局前以贵厅欠发工款、经费过巨，复因本年河水盛涨，筹办工料需款孔殷，迭经分别函咨，请迅予拨发，并准贵厅陆续筹拨暂资接济。际兹财力维艰之时，亟宜规定久远之计。现经内务部提议，将河工经费改由沿河各县摊解，交国务会议通过，咨行到局。惟究竟某县赋收多寡，每年能摊拨若干，敝局无从悬揣，必须贵厅核定分配数目方能实行。现在部中对于此事既深为注意，自应赶紧筹定办法，分别呈请立案，并令饬遵行。拟请将原拟黄河南岸之孟津、巩县、汜水、河阴、荥泽、荥阳、郑县、中牟、开封、陈留、兰封，北岸之济源、孟县、温县、沁阳、武陟、获嘉、修武、原武、阳武、封邱、延津、滑县、浚县等二十四县，再加入考城、睢县、偃师、汤阴四县，共二十八县，即自十年度就敝局全年预算数四十四万圆内划分摊解。一转移间，既于敝局工款经费有着，而于贵厅亦可免筹拨之烦，实为一劳永逸之计。兹奉前因相应咨请核办，迅速见复施行。

十一月三十日，财政厅咨复，查豫省年荒匪乱，收数顿减，支款日增，以致库空如洗，军政各费不能依期发放。遇有特别急需即行束手，间有迟延，实属不得已之举。既准贵局嘱拨临河县分，只好将武陟、沁阳、温县等县十一年丁漕款内照数续拨。所有每月发款通知及拨款通知，一切手续仍旧办理，以清款目而免牵混。

民国十一年七月，河南河务局长吴篑孙呈省长：窃职局前因豫河案卷散佚甚多，呈请遴派专员从事编辑，应需经费由预备金项下内国公债利息内撙节动支，不另请款。当蒙转咨内务部覆准，嗣以编纂完竣，业将裁撤日期呈明各在案。兹查该处职员薪津共支银洋一万零四百九十九圆，其余纸张笔墨及一切杂支，均由职局经费内设法挹注，不另开支。所有支用款项，理合造具支出计算书检，同收据一并呈请核销备案。

又函政务厅长：查敝局附设豫河成案编纂处，聘任周世臣君为总纂，现已编辑完竣，呈报省长在案。第查旧存卷宗缺佚太多，未能编年记载，惟有分类搜集，定名为《豫河志》。有清一代，大工亦可概见。除将底本存档外，特录具副本十二册送上察阅，即希转呈省宪赐制序文，发赏孙，是所至祷。

是月，代理河务局长邓长耀呈省长：案查职局接管卷内编纂处自民国八年十一月成立，每月经费预算银洋四百零六圆，由公债利息项下开支。当经呈明钧署咨请内务部核准立案，以一年为期。截至九年十月底止，共应开支银洋四千八百七十二圆。一年期满，编纂未竣，前局长吴赏孙理应呈请咨部展期，遍查档卷无此底案。乃吴前局长呈报以十一年六月底为截止日期，共开支银洋一万零四百九十九圆，延长日期竟至一年零八个月之多，超过预算数目五千六百二十七圆。虽经吴前局长造报，未知内务部能否准销，毫无把握。职局长接任伊始，案关交代，不得不据实陈明。

八月，河南省长张凤台训令：案准内务部咨开，准咨送河务局附设豫河编纂处，造具支出计算书据，请予核销。查豫河成案关系宣防至为綦重，既准咨报，业经编印成帙，至深嘉尚。所称编纂处职员薪津共支银洋一万零四百九十九圆，经部覆核，与原案尚属相符，自可准予核销。惟案关审计，除由部分行财政部审计院查照核销外，相应咨复，合行令仰该局查照。

九月，河南河务局长邓长耀呈省长：查职局原住地点系清时臬司旧署，屋宇轩厂[1]，计二百三十九间。自民国三年奉令饬改归前河防局办公，八年改河务局，均仍其旧。本年八月，奉督军令饬租赁民房，迅速迁移。遵即租定本城旗纛街民宅东西两处，共七十六间，尚不敷用。又租青云街民房十五间，以为队勇、马号住用，当将迁移情形呈报在案。惟查新租三处房屋自十一年九月份起，每月租金共计银洋九十圆，职局预算经费并无此项规定。现值财政奇绌，自难追加，拟请即在职局预算杂费项下酌量挹注，不另请款。理合呈请鉴核，转咨内务部财政部审计院查照。

十一月，河南省长张凤台训令河务局：案准内务部咨开，准咨称，据河务局呈称，河局原住地点改住军队，现租定民宅三处，每月租金拟在预算杂费项下酌量挹注，请查照。查原咨所称河务局新租三处房屋，自十一年九月分起，每月租金共计九十圆，拟在预算杂费项下酌量挹注，不另请款各节。经部复核尚无不合，自可准予备案。惟事关财政，经咨行财政部核复兹准，复称豫省河务局迁移，新租民房自本年九月份起，每月应需租金九十圆，该局拟在预算杂费项下酌量挹注，不另请款。本部复核，既未超越额定预算范围，应准备案。相应咨复，合行令仰该局知照。

十二月二十六日，省长张凤台训令：案奉大总统巧电令开，据内务总长齐耀珊呈称“河防经费向由省库专款存储，迩来库储竭蹶，既经一再核减，矧又发不应时。经本部调查山东、直隶、河南、京兆等处河堤，或险工百出，或淤垫失修，即令如

[1] “厂”当作“敞”。

数拨给，已虞难敷支配，乃各河局欠领经费几及全年三分之二。上年春工既丝毫未举，盛汛亦筹备多疏，此次宫家坝堤既以无款溃决。值兹冬令，所有明年各河应需料物亟待拨款置备，恳请责成各该省区妥实救济”等语。河务关系民生至为重要，所需经费积欠过巨，待用方殷，应由各该省区长官严饬该管财政厅长按照原定预算数目，就沿河各县应解公款径拨河局应用，不得再有蒂欠。至各河局责有专属，于应办春工及应需防汛料物，应即切实规画，预为筹备。仍着该部按照奖惩条例随时认真考核，以免疏误而重河防。除分令外，合行令仰该局立即遵照，毋稍稽延。

附：民国十二年河务局拟定《委员提款简章》

河工预算案内应领款项，从前向由财政厅按年直接拨发。自近年库帑空虚，应拨之款未能如期应付，积欠日久。内除经费一项每月仍由财政厅饬金库拨发，照章填送通知书外，其工款一项多系填发外县拨款通知书，由本局加填领款总收据，派员驰赴各县公署领取。所有委员旅费向系按日计算，运款、磅价及护送人役赏号等，准其作正开支。而日久玩生，不免有任意滥支，以少报多情事，甚至有出省时经多日，县款丝毫未拨，或仅领到少数，往返旅费开报数十圆之多者。似此漫无限制，殊非慎重公款之道。现由本局折衷规定，除查验各工委员旅费仍照向章办理，于委任令内注明不计外，至提款委员旅费及一切应享利益应办手续，另拟简章开列于后：

一、委员赴省外各县提款，不计路之远近，不计日之多寡，局内人员每县发给往返川资洋五圆，局外人员每县发给往返川资洋六圆。所有火车价、车价及住宿费、火食杂支等项一并在内，不得另行开支，其愿带仆从与否听便。

一、火车运款、磅价及县派勇役护送赏号，以及小费等项，应准作正开支，惟须实报实销，不准稍有浮冒。

一、通汇兑各县分该委员如因提回现款太多，不便随身携带者，准其就近汇省，至销差时开报汇费，惟须将汇单呈验以资证明。

一、委员赴外县提款，除规定旅费外，另由本局酌给奖励金以资鼓励。提回应拨之款一千圆至三千圆者，每千圆准给奖励金二圆；提款至三千圆以上者，每千圆准给奖励金四圆，视提回款项之程序发给奖励金之多寡。如提三千圆者，发给六圆；提回四千圆者，连前六圆共发给十圆，每多千圆递加奖四圆，以此类推。此项奖励金至销差时具领。

一、委员赴各县提款，由本局随文发给通知书。此项通知书无论款项是否拨齐，应由委员商之县知事，于书之背面注明拨款数目及年月日期，盖印以资备查，至销差时呈缴回局。

一、委员赴各县提款，由本局随文发给总收据。此项总收据须该县将款拨齐方能付给，以资抵解。否则，不准先行交县，仍应缴回。

一、委员赴各县提款携带总收据外，另由本局随文发给临时收据，此项临时收据以备县款不能拨齐，先付若干出给证据。惟每张固定印就一千圆，如拨款不足一千圆者，不能付给，俟将来款拨齐全再行掣换总收据，由该县抵解税款。

一、临时收据计存根、收据、备查三联，除存根一联留局外，收据及备查二联发交提款委员随带。如领到一千圆，将收据一联交县，备查一联销差缴回。倘未经领到拨款，收据、备查二联均应同时缴回备案。

一、委员赴各县提款，于何年月到县，所提之款是否能将全数拨到，抑该县知事允先拨付若干，或丝毫不能拨付，应将催款情形随时函禀以备查考。

一、委员赴各县提款须遵照所定简章办理，如有未尽事宜，将来再行酌加。

民国十二年一月，河务局长陈善同函华新纺织有限公司：案查接管卷内，敝局所辖孟温分局旧存轻便铁轨、车斗等件，前于中华民国九年五月，经贵公司工程处借用，派员运回。兹查敝局现因运输材料便利起见，拟于两岸筹办轻便铁路，贵公司前借铁轨等件仍未见还，以备应用。除俟筹办就绪，定有地点再行派员往取外，相应先行函达，即希查照见复。

按：此函发后，华新公司迄未见复。查此项轻便铁轨本系官有之物，该公司暂时借用未为不可。惟已经五年之久犹未送还，函索亦不见复，诚不知是居何心也！

三月十三日，河务局长陈善同呈省长：查黄河各汛队兵向系绿营旧制，饷项至微，遇有工程必须雇夫办理。自民国八年遵奉部令设工巡队，仿照东河办法，兵改常备，加给饷糈，一切工程完全责成办理。旧日厢埽、抛石、夫工款项一律裁免，原期用一人收一人之效，养成专门工作之材，法至善也。惟改革之初，限于经费，各汛兵额规定太少，不敷分布。职局长莅任后，迭据各分局长面陈困难情形，业于查勘黄、沁两河各工文内声明妥筹办法，另文呈明办理在案。伏查黄河两岸各汛管辖堤段，工长三四十里不等，每汛队兵多者四十名，少者仅二十名。平时分段驻守，遇有工程，招集既已需时，力作实多不敷。每值伏秋大汛，水势盛涨，险象环生，分投抢护间不容发，稍一迟误为患不堪设想，是不能不妥筹救济之法。第预算限制綦严，际此财政困难，兵额断难加增。节经令饬各该分局长条议办法，并召集来局会议，公同讨论。惟有随时相度情形，酌量雇夫以助兵力之所不及。查职局经费、防险费项下，年列银七千三百余圆。原定大汛、平时工程兵力难继，专备雇夫之用。拟即动用此款，按照河势之险夷，工程之繁简，核实支配，不另请款。现在黄河两岸最为险要之处为下南、中牟、郑中、上南、下北五分局所辖各汛，节节临黄，均极吃重。拟请遇有厢抛工程兵力实有不及之时，准其据实呈请，酌雇短夫帮同办理。其余各处河势较缓，仍完全责成队兵修防。傥河势变迁，或生特别巨险，另行呈明办理。似此于预算范围既无出入，而工程前途裨益非鲜。除由职局另定限制办法，随时稽核免涉冒滥外，理合呈请鉴核，转咨内务部、财政部、审计院备案。

又训令黄河九分局：前据各分局长陈述，工巡队改组以来，夫工全裁，兵额太少，办公多感困难。当经饬具条议办法，并召集来局会议，公同讨论。查绿营旧制既不适用于今日，增加队兵又为预算所束缚。兹由本局经费内筹拨款项，作为临时雇夫之用。现在黄河两岸以下南、中牟、郑中、上南、下北五分局较为吃重，本年暂定五分局得酌量雇夫协助，其余各处工程较简，暂不发给。将来河势如有变迁，应行增减之处，随时核夺饬遵。总之，此次筹款雇夫系因紧要工段兵力万一不敷，恐致贻误，并非规复夫工旧制，致背改章本旨。各该汛队兵应由该管局队长认真督饬，从严考核，务须实行工作，不得再任旷逸。兹经本局规定雇夫限制办法，合行令仰该分局一体遵照。

《河南河务局黄河各分局临时雇夫限制办法》

一、各汛承办厢抛工程，仍完全责成队兵工作。傥遇险工同时发现，兵力实有不及，始得雇夫协助。

一、雇夫系临时性质，工资应按日计算。惟每按雇夫之多寡，须按动用料石之数目为比例。兹比照向例夫工定额规定限制数目，除队兵工作外，每用秸料一垛，雇夫工资总额至多不得过六圆；用石一方，不得过一角二分。傥至风雨深夜发生巨险，具有特别情形，得酌量加给以免贻误。

一、春厢工程如队兵实在不敷分布，该管分局应于呈估春工文内声叙明白需用料石数目，除队兵工作外，须雇夫若干名，经局覆估核定。一俟工竣，将支款数目报查。如不预为声明，不得支销。

一、伏秋大汛抢修埽坝应否雇夫，亦于呈报文内详细声明，听候核示。傥工程实在紧急，队兵委属不敷，准其一面雇夫帮同抢办，一面呈报。惟必须逐案呈明，不得笼统汇报。所有办过工程，仍由本局随时派员查验。

一、大汛期内雇夫支用款项，应按月截算报查。

一、各汛队兵饷项均须照章按名实发，不得有克扣、缺额情事，随时由本局派员查验。

一、工巡队改组以来，队兵月有常饷，工有定程，原冀用一人收一人之效。嗣后有工则力作，工暇则填垫沟窝，堆积土牛，不得仍任旷逸，应由该管局队长严加考核。傥再沿旧习，一经查出，定即从严究办。

四月十三日，河务局长陈善同训令东西沁分局：照得本局长前因黄河各分局工巡队兵额不敷分布，召集全体会议公同讨论，当将黄河雇夫协助办法先行议决，沁工具有特别情形，另行规定。查沁河工程自民国八年收归官办设立分局，工程尚属整齐，而岁修款项漫无制限[1]，浮冒太甚。上年经邓前局长规定

[1] “制限”二字互乙。

将岁修工款提归本局支配，并经加增兵额，奉部核准通行在案。旋据各该分局一再陈述工段太长，兵不敷用。查两沁工段绵长固属实情，傥遇工程必要时，自应仿照黄工办法，酌量雇夫协助，以免贻误。兹经规定，东沁分局每年雇夫支款总额，至多不得过八百圆；西沁分局不得过一千圆，并定限制办法。比较黄河业已加增，各该分局务须核实办理，勿稍虚糜以重工款。

《河南河务局东沁、西沁两分局临时雇夫限制办法》

一、平时厢抛工程完全责成队兵办理，傥遇险工同时发现，兵力实有不及，始得雇夫协助。

一、春厢工程每年应提前早日兴工，如各埽面加压大土，队兵实难分布时，得呈明划出数段酌量雇夫协助。工竣，将支款数目报查。傥事前未经呈准，不得支销。

一、伏秋大汛抢修埽坝应否雇夫，亦应于呈报文内详细声明，听候核示。傥工程实在紧急，队兵委属不敷，准其一面雇夫帮同抢护，一面呈报。惟必须逐案呈明，不得笼统汇报。所有办过工程，仍随时由本局派员查验。

一、大汛期内雇夫款项，应按月截算报查。

一、沁工雇夫每年支款总额，东沁分局至多不得过八百圆，西沁分局至多不得过一千圆。

一、各汛队兵饷项均须照章按名实发，不得有克扣、缺额情事，随时由本局派员查验。

一、队兵工作之暇，由汛长督率填垫水沟、浪窝，堆积土牛，不得旷逸，该管分局应随时严加考核。

八月十八日，河务局长陈善同训令黄河九分局：照得各大王将军庙奉祀历代河神，揆诸崇德报功之义，自应虔敬保存，永垂弗替。本局长履工查勘，目睹沿堤各庙多半倾圮坍塌，蓬蒿没人。若不赶速清查从事修葺，风雨摧残，日就颓废，殊不足以重禋祀。又，各分局办公处所及旧日道院、行馆共有几处，事关河工公产，亦应查明，随时择要酌修。其余若沿堤堡房为队兵栖止之所，关系修防尤为重要，自应一并详为调查。兹经本局拟定表式，除分行外，仰该分局长遵照详细声明分别填列，并将庙宇及局署、行馆每处绘具略图，呈候核夺。

十月，测量处主任刘复瑗呈河务局长：窃复瑗于十一年十二月三十日奉令："以测量处主任曾鸿辞职，遗差以刘复瑗接充。"遵于十二年一月二日接任。查民国八年十一月，曾前主任鸿奉令委测量黄、沁两河事宜，次年四月测竣沁河，计长一百一十余中里，曾经呈奉报部立案，即于五月间着手测量黄河。

查黄河自济源以上两岸皆山，孟县以下地平土疏，水患频仍，工程叠出，故实测以孟、济交界为始点，下至直隶之长垣县止，东西经距长为三百八十一中里又一千余尺，沿线甚长，测工本需时日。寻常河川测量均以洪水最高位为止，黄河南北洪水河床虽亦不过十里左右，然河水经行之地时南时北，变迁靡常，自与寻常河道略有区别，故以两岸大堤为界。于是河身窄者在十里左右，宽者乃至二十余里。加以堤外附近数里内之村庄位置高下，南北宽广竟在三十里之谱[1]。况七百余里之堤工宽窄高低，以及二千有余之各种工程形状、位置，均悉详细测绘，方足以资考查而裨实用。乃测工如是之巨，办事员仅规定四员。

曾前主任接事以来，积极进行不遗余力。无如十年夏季以后，各县匪氛日炽，架勒频闻，职处在外几濒于险，不得不格外审慎，防患未然，驻扎之处均须在较大村集，往往远至三十

[1] "谱"同"普"，广之意。

里外。以每日十时计算，徒步往返动需四五小时，所余测量时间不过五六时矣。他如冬令之雪，夏季之水，以及雨后之泥泞，风沙之障目，渡河之不易，无一不足以增长时间，此曾前主任所以未能依限测竣之情形也。

复瑗于接事后，当将未测之陈、兰两县测竣，接绘去年秋季所测各图，并将历年所测六千分之一原图已缩成者，及未缩制者，克日绘制完善，晒印成幅，而全图告成。所有奉委测量完竣暨因事逾限各缘由，理合连同去秋测绘六千分之一原图计六卷共十七张，历年所测六千分原图计十九卷共五十二张，纸绘四万分之一缩图底一卷，布制四万分之一清图一幅共二卷，黄河南北两岸堤工纵断面图纸图底及布绘各一卷，横断面纸图底及布绘各一卷，蓝纸晒图三种一份共九份，计二十七卷，恭呈宪鉴。

十一月六日，河务局长陈善同训令黄沁各分局：照得沿堤植柳保固堤身，厢护埽坝，为用甚广。向章冬季栽种时，每兵一名种柳三十株。各该分局长认真督责者固不乏人，而奉行故事，视若具文者仍自不少，殊非慎重工防之道，亟应严加整饬以固虹堤。除通令外，合行令仰该分局长立即督饬该队汛长责令汛兵。本届种柳倍予增加，该分局境内应即派种一万五千、一万株，务于临河方面滩头埽、尾坝、垛两腋处所多栽卧柳、低柳，以期易活而根可蟠结，其间栽高柳者亦听。如坐湾顶冲及水溜所趋之处，酌用栅柳种法，并各遵照规程排匀深种，不得任意乱栽。

所需柳秧，各该分局所辖境内如能就近取材固属甚善，倘不敷用，即赴孟温分局工段内知会该队长分别砍取，用船或车装运，由本局酌给运价以资津贴。除孟温分局应栽柳秧就近取用外，计下南、陈兰、下北、阳封四分局，每局酌给运价洋五圆，上南、郑中、中牟、武原、东沁、西沁六分局，每局酌给运价洋三圆。统限立春以前一律栽齐，造册呈候查验。傥或验不足数，或仍沿积习敷衍从事，一经查出，兵则立予斥革，弁则从重惩戒。各局汛兵到孟温堤上砍取时，仰该分局长督饬该队长统率汛兵妥为照料，毋得违误。其已经砍伐之老株，该队长等并应严密保护，毋许地方不肖乘机盗伐，亦不许人畜作践，违者立予究办。至沿堤堆积土牛，尤为筹防先务，亦应趁此工暇，责成汛兵认真堆积以备工需，并遵章列表呈报，均毋违延。

附：卧柳、低柳等种法

种卧柳法：将土挖成斜坡沟形，深尺许，长三尺许，以长四尺、粗寸许之柳枝，或一二枝，或三四枝斜卧沟内，上覆以土筑紧，外露尺余。此法宜于淤滩及埽脚、埽尾等处用之。

种低柳法：用长四尺、粗一二寸之铁锥，钻入土中至二尺余，以长三四尺、粗一二寸之柳枝插入，外露尺余，四围筑紧。此法宜于坝垛两腋及埽头、堤根等处用之。

种高柳法：如低柳法，但稍高耳。

种栅柳法：以粗如鸡子之柳桩截成五六尺长，先以铁锥钻土深三尺，再将柳桩相距一尺挨次密密排插，有若栅然，故谓之栅柳。此法用之于坐湾顶冲及水溜所趋之地，可以缓冲，可以保堤。又有于前一排用栅柳法，其后仍用卧柳一排，更为坚实可恃。

下南、武原、阳封、东沁、西沁五分局派各种一万五千株，上南、中牟、郑中、孟温、下北、陈兰六分局派各种一万株。

十一月，河务局长陈善同呈省长：案据购石处长邵金盘呈，据石厂代表马广量、船户代表刘鸿钧禀称，窃查河工需石，自前清以来即由巩县、偃师两县购运，尔时粮价每斗不过数百文，人工每日不过数十文。其他一切器具等项开支亦甚相宜，所定之方价、水脚适得其平，而厂、船各户均踊跃从公。故当时积储碎石甚多，运石船只约有四百余家。近年以来粮价日昂，一切开支较前加增数倍，而方价、水脚一仍其旧，厂、船各户均赔累不堪。是以厂户相继倒闭者数家，而运石船户歇业三分之二。倘不早为补救，大有停顿之势。因而公同商议，恳请转呈务祈格外体恤，于原定方价、水脚之外酌量加增，俾厂、船各户借资养赡，以免停顿。处长覆查该代表等所称委系实在情形，拟于原定方价之外加给汴平银一两五钱，水脚每斤加给制钱一分五厘，呈请核示。查职局购运石方原定孙湾、寇湾两厂，每山方汴平银四两三钱，水峪石厂每山方汴平银四两八钱，东站镇石厂每山方汴平银六两九钱。船户水脚系按照各分局路程远近，每斤自制钱六分至一文五分五厘不等。但水脚系以制钱为本位，当时银价每两约合一千六百文左右，即定为按一六合银，行之数年，遂为常例。现在银价增涨仍以一六合银，该船户实隐受其益，似应无须再加以节经费。惟石厂方价原定以银合计，非复折合制钱可比。年来粮价日昂，百物踊贵，其赔累情形实属难免。该处长呈请各石厂每山方按原价酌加汴平银一两五钱，似应予照加以示体恤。仰祈俯念工需至重，转咨大部暨审计院查核示遵。至现拟增加方价，系在职局预算石方价内通融挹注，并不另请追加。除一面令饬购石处严督厂、船各户仍旧照章认真趱运，一俟奉到部文再行照办外，理合呈请核咨。十三年一月，省长训令内务部咨准予备案，转饬遵照办理。

十二月，财政厅长刘绍曾、实业厅长吴肃、林务处长任文斌、河务局长陈善同会呈直鲁豫巡阅使、督理河南军务、河南省长：案准华洋义赈救灾会函开，南京金陵大学函请在豫省与敝会合作防灾事宜，拟利用黄河堤开辟林场。当经本会公决，赞成该校建议，并组织黄河委员会。呈请督、省两长准与金陵大学合作，并准在铜瓦厢一带敝会新筑之河堤上造林，并有全权保管该处挂柳，区内新涨之滩地所得利益，将来仍由敝会处置，以便办理与敝会宗旨相符之事业。除另函征求财政厅林务处同意外，相应函请赐予赞同，并照钞草定黄河委员会计画书一份送请查照，并希共策进行。当以事关全豫实业、河防以及滩地收益，不得不审慎计议。厅长等一再会商办法，并蒙督理省长召集会议。伏思实业、河务均系行政事宜，职权各有所属，责任均无旁贷。且沿河滩地或属官有，或属民有，均系照章分别缴纳租赋。职厅现在清查经界，其间纠纷甚多，在河务方面只能按河势情形就工程上施以相当之保护，不能因保护而取其利益。该会所拟滩地利益由会处置之处，既妨国家税收，复侵行政权限，其不可行无待明辨。至沿堤种柳原为工程上应有之计画，职局按年栽种未敢稍懈。本年复经严定考成，限各分局今冬种柳十三万五千株，业经呈报在案。职处综司全省林政，已于四道设立小林区署。其铜瓦厢一带业饬第一区派员前往筹办造林，黄河南北两岸沙滩均划在小林区内，并一面调查全豫各处荒山荒地、官有沙荒，积极造林。所有黄河委员会之建议一再会商，碍难率予赞同。除函复外，理合会呈鉴核。再，此案系由局长善同主稿，合并声明。

是月，河务局长陈善同呈直鲁豫巡阅使河南省长：局长日前晋谒，仰蒙温谕，优加殷殷训勉，感悚交并。伏念局长豫南下士，宦辙频移，四汛修防，愧乏建树之绩，两河险要，敢弛整饬之心？莅任以来，夙夜凛惧，工程则力求坚实，积弊则悉心厘剔，谨将修防巡守及本年筹办事宜择要陈之。

一、工程躬亲查勘也。足到、眼到为先贤治河之名言，局长上年莅任之时适值严冬，因料物亟须筹备，即赴两岸逐段察视。今年各局遇有险工亦均随时躬亲履勘。及伏秋之交，两河水势盛涨，复冒雨奔驰历十余日之久，所至督率工员相机抢护以昭核实。

一、用人注重经验也。河务官吏对于修防事宜取其经历有素，未便率意更张。局长莅任后，考核局内员司多系五年以上，因即悉仍其旧。至各分局长皆系久历河工，经验宏富，间有人地稍有不宜，亦即量予调迁，撤换甚少。其工巡队长、汛长等，亦均取其由河兵出身、明白工作者，依次擢升，冀收得人之效。

一、堤岸以次分砌石崖也。豫河两岸堤多沙松，溜冲堤根实多危险，向赖埽坝抵御狂澜。但坝须相度河势，不能随地设置。埽则秸质易腐，亦难持之久远，莫若沿堤砌筑护崖。本年已由郑中分局择要筹办，嗣后逐渐推行，以期两岸悉成石壁，借资保障。

一、遇有要工，分局得径自雇夫协助也。黄河各分局工程，部定办法完全责令队兵办理，而兵额无多，大工往往不敷分布。遇有特别急要工程，分局必须禀准职局，始得增募民夫，多不免有贻误临机之虑。职局乃于预算经费内严加节省，腾出一款留备各工缓急临时雇夫之用。令各分局遇有急工，得以便宜径自募夫，免致仓卒误工，致贻偾决。本年秋汛，郑中工段屡出要工，所以该分局得保全无事者，实由于此。

一、沿堤柳株积极种植也。沿堤植柳根株盘结，既可保护堤根，复可吸收水分，关系至重。乃查各工向例栽种多不合法，成活甚少。本年种柳倍予增加，并定栽种方法，饬于临河方面滩头、埽尾、坝垛两腋处所多栽卧柳、低柳，及水溜所趋之处酌栽栅柳，以求实效，总数共计十三万五千株，（刻）〔该〕各分局已督率队兵着手栽种，逆料将来成活必当在八成以上。如此行之三年，沿堤柳株必可布满矣。

一、沿堤堡房酌予修复也。查各分局工巡队之弁兵，河干奔驰巡查河势，看守材料、柳株，倍极辛劳。乃旧有堡房多年失修，半就倾圮，以致风雨黑夜栖止无所，殊不便利。现已委员分赴各处切实估勘，庀材鸠工，赶速兴修以便驻守。

一、刻印豫河志书以垂久远也。查治河之书多详于南河而略于豫河，欲考豫河陈迹几于无从措手。前任吴局长筼孙搜辑豫河成案，编纂《豫河志》二十八卷，未及成书。局长莅任后，复加修正校雠付印，现已告成，另文呈送。但此志仅载有清一代之成案，而明代以前概未之及。民国成立又十余年，局务改组，事势变迁，与清季亦多互异。拟将民国经过情形，以及修筑疏浚之成法，秸料、砖石之历略，为之溯其源流，考其沿革，汇萃为书，名曰《豫河续志》。而自夏迄明，亦为搜辑各书，编为《豫河变迁史》。俟呈准后，即着手办理，庶河务之沿革得以开卷了然。

一、河务备具详明图籍也。宣防要政非图不明，必须形势灿陈，方能了若指掌，择要施工。豫河自民国八年设置测量处，办理黄、沁两河正式测量，迭因兵燹匪扰，久未告竣。局长莅任后，积极进行，黄、沁两河一律绘制成图，前已备文呈送，借资考核。

一、沁堤装用石炉也。武陟、沁阳两县每遇春旱，两岸农民请求决堤灌田。禁止则有碍耕种，放任则危及河防，档案具在，岁有争执。因令仿照豫南各属渠塘溉田办法制造石炉，于必要时相度启闭，庶于工防、农耕两得其全。

以上各端均属本年经过之事，总期实力整饬，有裨工务。其余例行兴革之处，谨当随时秉承训示，恪遵办理，不敢稍涉率忽，以期无负知遇。

又呈，查豫省黄河工程，前清时由河东河道总督统辖，南岸归开归道，北岸归河北道分别兼管。另设河厅八处，工局五处，分段修防。光绪二十八年，河督裁撤，归豫抚兼理。民国二年，改设河防局，并将河厅、工局改为分支局十四处，两岸工程统归河防局办理。三年，复将分支各局归并为分局九处。八年，经内务部划一河务局制，当将原设河防局改称河务局，简任局长办理。计南北两岸共设一等分局五处，各置荐任分局长一员，二等分局四处，各置委任分局长一员。至沁河工程向系官督绅办，嗣因频年溃决，复经部厘定由河务局管理。八年，该河改组，设置二等分局二处，各置委任分局长一员。黄河南北两岸合计工长七百余里，沁河两岸工长二百余里，常年规定预算工款经费四十四万圆。而堤工因经费奇绌久未大修，日形淤垫，河身高于平地由一丈以至二三丈不等，专恃大堤以束水，复赖埽坝以护堤。

按：向来埽工皆用秸苇，性既脆而易朽，质复轻而易漂，每岁折修动费工料。自清道光年间创办石工后，历年逐事扩充，凡迎溜险要处所坝垛护崖，节经改用碎石者十居七八，年来迭庆安澜，未始非石工之效。其坚巩远胜埽段，且可历久不坏，不似秸苇蛰走朽烂，糜款费工。虽时有坍塌，要易修整。以一时计固所费较多，以经久计则所省实巨。

惟近年以来，厅库竭蹶，宣防之费所发无多，不过择要补苴，未能一律修治。岁岁贪天，终非久计，况黄、沁两岸为人民生命财产所托，一有疏虞，损失甚巨，权衡轻重殆有过之。善同悉心规画，目前办法惟有实心实力勉事维持。顾经费异常支绌，展布綦难。如石方一项，职局常年预算规定洋十六万二千二百余圆。民国十年，购石用洋二万六千六百五十余圆。十一年，购石用洋四万五千六百一十余圆。十二年，购石用洋六万三千八百余圆。秸料一项，预算规定洋三万七千五百圆，十年，购料用洋一万三千三百余圆。十一、十二两年，每年购料用洋一万五千圆。以上两项经费均因厅库欠发，是以未能如额采购。伏秋大汛抢办险工，幸赖历年积有存储，尚可借资挹注。现在工存日少，设遇水涨工生，实属无从措手。如欲巩固堤防，自非普改石工不足以收其效。如欲改办石工，尤非经费充足不足以观其成。

查上南、郑中、中牟三分局节节临黄，异常险要；下南分局所辖祥工、黑冈等处为省垣屏障，且地多浮沙，修守尤为吃重。其迎溜顶冲各工除已改办石工外，共计尚有埽工三百四十三段。苟能赓续进行，分年举办，数年后自可渐臻稳固，庶可免昏垫之虞。惟沁河购运石方本极困难，而堤身又甚卑矮，故每至伏汛，洪涛骤涨，险象环生。该堤前虽择要修培，而限于经费，未能普律修治。嗣后拟于黄河减购秸料余款项下设法兴修，以资捍卫。

善同赋性愚拙，固不敢稍涉浪费致帑项之虚糜，尤不敢贻误要工，忽绸缪于未雨。大凡不可抗力之来，每非事前预料所及，欲弭将来之危险，端在平日之筹防。所有经常等费，增固无从再增，减亦不堪再减。如能按照预算照数实发，撙节动支，相机筹办，设或稍有赢余，亦可留备非常缓急，借资救济。此则职局责任所在，不敢不覼缕以陈者也。

河南河务局所辖黄河险要工段现存埽工并拟逐年改修石工护崖表

局别	现存埽工	拟改石工	增修护崖	备　考
上南分局	五十二段	十四段	五处	
郑中分局	十一段	四十段	三处	
中牟分局	七十六段	十二段	三处	
下南分局	五十四段	十四段	四处	
武原分局	三十四段			该分局河势较缓，石工拟暂缓办
下北分局	八十六段			该分局河势亦缓，石工拟从缓增修
综计	三百四十三段	五十段	十五处	

说明：查石方预算常年规定经费洋十六万二千二百六十二元，连运脚堆工约计购运碎石二万方之谱。此项经费如能照数发足，酌量各工河势之情形，预计分运碎石之多寡，除派运各分局抛修原有石坝、石垛及堆储各工备防外，每年腾挪石方将各工现存埽段三百四十三段，拟先尽最要处所改修石工五十段，每段约需石一百方，共约需石五千方。并拟增修护崖十五处，每处约长二十丈，每丈约用石十方，共约需石三千方。以上两项约需石八千方。如此扩充，每年赓续进行，办一年有一年之效，办一丈有一丈之益，得尺得寸，日起有功，约计行之七年，可将最要之上南等四分局现存埽段尽行改完。再当相度机宜，将次要之武原、下北二分局各工继续改办，以期两岸石工栉比，无论风雨晦明，则修守巡防必资得力。顾石工保常，埽工御变。兹虽厉行减埽增坝政策，而埽工亦未便尽行废弃。盖每遇险工骤生，小险则抛石可御，大险则非广用秸料鲜有济者，此乃历

来治河不易之法也。

十二月，河南河务局长陈善同呈直鲁豫巡阅使吴、督理河南军务张、河南省长李：窃以黄河横贯中原，为北条之巨浸。上游陕、甘等省，其流尚细，无工可言，亦无事可纪。迨出龙门而过底柱，汇纳群流，地势平衍，土性沙松，浩瀚奔腾，不可向迩。故河至豫而始有患，亦至豫而始有工。然自元明以迄有清，以漕粮之运输专注重于南河，而《河防一览》《治河方略》《行水金鉴》等书，率皆详于南而略于豫，不知豫河不治则横流旁溢，下游亦不可施功。惟豫河向无专书，除各史之《河渠志》及《河南通志》略有记载外，欲考豫河陈迹几于无从措手。前河务局长吴篔孙思补其阙，乃呈请前兼省长赵咨准内务部，取有清一代关于豫省河务之成案，编辑《豫河志》一书，为图一卷，源流三卷，工程九卷，经费六卷，祀典三卷，职官三卷，附著三卷，合二十八卷。未及成书即行交卸。邓前局长长耀继之，亦未踵行。善同受任以来，即饬妥慎校雠，时阅数月乃克告竣，付之排印。现已装订成书，恭呈四部用备钧览。

抑善同更有进者，《豫河志》仅备有清二百六十余年之成案，而于明代以前概未之及。民国成立又十余年，其局务之改组，事势之变迁，与清季又多互异。窃不揣其谫陋，拟将民国以来经过各情形，以及修筑疏浚之成法，秸料砖石之历略，为之溯其源流，考其沿革，汇萃为书，名曰《豫河续志》；而自夏迄明，亦为搜辑各书编为《豫河变迁史》，庶俾始终贯注，而豫省河防之往迹得以开卷了然。其续志体例除另行厘订呈请鉴核外，理合将豫河志四部奉呈钧鉴。

又呈直鲁豫巡阅使吴、河南省长李：窃职局长前以《豫河志》印成，业经恭呈钧览，并声明《豫河志》仅备有清一代之成案，拟将民国以来经过各情形，及修筑疏浚之成法，秸料砖石之历略，溯其源流，考其沿革，编为《豫河续志》。而自夏迄明，亦拟搜辑各书，编为《豫河变迁史》，其续修体例另行厘订，呈请鉴核等情各在案。兹即援照民国八年吴前局长筼孙编纂《豫河志》成例，于局中附设《豫河续志》编纂处，遴派专员从事纂辑。查前志共设编纂主任一员兼任编纂，先后共派十二员，兼任校对二员，缮写四员。惟主任系函聘前湖北候补道周云，余皆局内科长、科员兼充，每月开支银洋四百零六圆，由民国三、四、五等年职局购买内国[1]公债票三万圆之利息内动支。现查局内尚不乏此项人才，编纂主任不聘外人，以及编纂各员概由科长、科员兼任，由职局长督率进行。惟是搜查案牍，参考群书，未便没其微劳，亦拟酌给薪水，仍在公债票利息项下撙节拨用，不另请款，期以半年成书，一俟编纂完竣，核实报销。若有特别情事，再为酌量伸缩。理合呈请鉴核，并恳转咨内务部备案。

民国十三年二月，河南河务局长陈善同呈省长：查职局吴前局长任内呈准设立豫河成案编纂处，业将支款数目造送计算书呈咨内务部覆准在案。吴前局长未及付印成书，即行卸事。邓前局长到任，拟将移交所编《豫河志》稿印订百部以垂久远，应需钞缮、印刷、纸张、工料等项，业经呈准在职局另存款内动支。邓前局长未及踵行，亦即交卸。职局长受任以来，观所编《豫河志》皆有清一代成案，实为修防要典，允宜赶印成书。复饬妥慎校勘，数月蒇事，当即付之钞印。以前请印刷百部不敷分送。兹共印成二百部，所有钞缮、印刷、纸张、工料等项

[1] “内国”二字互乙。

共支银洋六百二十一圆九角二分二厘。此项即遵呈准前案，在职局另款存储项下动支，并未用预算案内正款，理合呈请备案。

七月，河务局长陈善同呈直鲁豫巡阅使吴、督理河南军务张、河南省长李：窃职局长昨据河南华洋义赈救灾会送到说明书，内载测量黄河项下所列四条，核与河防颇有关系，谨将管见所及缕晰陈之。查四条中，以束狭河流一条为最关重要，至于疏浚河身，切湾取直，均束狭河流范围中之所有事，无庸特加研究。而挂柳护堤一条，则为临时抢护之办法，亦可暂从缓议。盖"束狭河流"四字，质言之，即是改造河身，举凡向来旧有埽坝堤埝，一律作为无用。其工程之重大，需款之浩繁，约非一二万万圆巨帑不办。然此系经费上问题，亦且姑置不论。今第就有无妨害一方面而言，证以现时河务情形，实有诸多碍难之处。

窃维治河之道，必合全河形势通盘统计，乃无顾此失彼之忧。今该会但就河南立论请言河南。查河南境内黄河，北岸自孟县以西，南岸自荥泽以西，山岭绵亘，素无工程。孟、荥以东至直隶长垣县界逐渐低下，地平土疏，水患频仍，两岸工程计长六百余里。故自宋元以来，言治河者必以河南为注重。其河身宽量，宽者十余里，或二十里，极狭者亦不下五六里。河水深量，凡现有工程处所，底水一丈五尺，连长水则深者三丈余，浅者二丈余不等。沿河堤身高者亦三丈余，今若束狭河流，则河身既窄，河水自深。今姑就该会黄河河道平面图中拟改之河道言之，假设将河流统行束作二里，则是原宽十里之河身应减窄十分之八，而河水深量即应随之加增。是原深二丈之河即应陡增为十丈，以十丈深量之河水，而筑能容如此水量之堤防，其加高亦应称是。如是则堤身之原高二丈者，将增高为十丈；

原高三丈者，将增高为十五丈矣。既经增高，必应培厚，堤面增宽自不待言。而该会《拟改黄河河道标准切面图》河堤止拟定十米达宽，四米达高，实未免隔膜太甚。且现时河身高于开封城外地面者，已一丈有余，城内尚不止此数。若再继长增高，则黄河之俯视省垣，几如崇山之临深渊，真不啻高屋建瓴之势矣！况乎河面既窄，河流益急。以之冲刷淤沙固为有效，然若下流窒塞阻碍流通，则横决之患在在堪虞。故束狭河流，要必以疏浚下流为入手，此至论也。

至于现时情形，因河身宽裕，蓄纳深广，溜势得以通畅，故河南全河有工之处约不过十分之二三。若河流狭隘，水势迅猛，切湾取直违其本性，则三百七十余里之长河，南北两岸节节吃紧。虽埽坝林立，视今多至十倍或二十倍，仍属防不胜防。其岁修抢修之费，增于今者当不止十倍二十倍。需人之多，亦不止十倍、二十倍也。不宁惟是，查河南境内，各种支河入黄合流者为数甚多，以洛、沁两河为最著。若黄河河身增高，则支河非惟难入，且必有倒灌之虞。故欲改造黄河，必先兼治他水，此亦不易之论。且黄河溜急，他河力弱，以水性言，已有不敌。故现在洛、沁两河偶遇黄流稍涨，即不免时有倒灌。而况河身改造之后，势愈高而力愈猛乎？其为患可胜言哉！或谓此论诚是，然黄河自河南出境以后，所经直、鲁等境，河身宽量率亦不过三五里者，何也？不知黄河自孟、荥以上既为山束，无以遂其奔腾澎湃之性。孟、荥以下地势平衍，土性松浮，水势至此为之一伸，治河者必因其势而利导之。陈潢有言：“水性猛疾，必纾之使宽。”此之谓也。惟因河南河身以宽受急，其猛疾之势为之减杀，故直、鲁境内力势较弱，河身亦隘，然犹因河身狭隘之故，溃决之患时有所闻。若河南再束河使狭，则大河趋势愈益猛疾，无萦回旋折之余地，窃恐直、鲁、豫三省境内上游之河流朝束，而下游之堤防夕决矣；下游之河流朝束，而上游之横溢夕见矣。此理至明，人所易晓。

总之，因地制宜者，治河之名言，与水争地者，昔人之大戒，善哉！潘季驯之言曰："治河无一劳永逸之功，惟有补偏救弊之策，不可有喜新炫奇之智。惟当守安常处顺之休，但使水由地中，便是行所无事。"又曰："欲顺其性，先防其溢。"如束流之议河南果见实行，则直、鲁二省亦必协力合作，同时举办，方免顾此失彼、横决漫溢之患。盖图功之始，着手亦自为难，尤须一气呵成，不可中途停止。兹事体大，关系匪轻，全局统筹诸多窒碍，所谓未见其利，先见其害者也。

至谓两岸涸出滩地悉皆膏腴，约计可值五千万圆等语。查河南沿河滩地尽属民产，各有主名，往往河流南滚则种北滩，河流北移则耕南淤。民服先畴相依为命，不知凡几千万户。傥一旦以官力治之，收为官有，恐实有猝难办到之处。职局长职司宣防，籍隶豫省，既利害之切近，又职分之攸关，管见所及，理合据实呈请鉴核。

八月，林务监督任文斌、河务局长陈善同会呈直鲁豫巡阅使河南省长：案奉训令：奉巡帅交据河南农业专门学校本科毕业生张宝贤等，请在河南河务局附设黄河两岸造林局，以裕国计而利民生原呈一件，查所陈各节是否可行，除分令林务监督会同核复外，合检原呈令仰该局即便会同核议具复，再行核夺。查种柳固堤，修防要着。职局向章，于每年冬至后，责令队兵每名种柳三十株。但栽种多不合法，成活甚少。职局长到任后，即积极进行，预定计画，各分局年须种柳一万株至一万五千株，曾令饬遵办，并呈报在案。兹查成效犹未大著，其原因在专员未设，的款未筹，并其他各种方法均未设备。正拟订（定）[1] 章程，大加整顿，适奉令发。

该生张宝贤等原呈审核再三，其意思本属佳良，其办法殊多障碍。如在黄河沿岸设造林总分局暨苗圃，是与职局同一区域，同一种植，则彼此权限将如何划分？又，该局圃每年经费共一万八千八百余圆，俱在职局经费中筹拨。该生等但知河务预算年四十四万圆，讵知自民国十年十一月起至本年七月底止，厅库积欠已达八十余万圆之巨。况本年已过半年有余，款目尚未领到三分之一，内除工款通知书六万八千二百余圆，领到未及一半，不准挪作他用外，其拨到经费仅六万九千五百余圆，已不敷职局及十一分局购石处、九工巡队之支用。若更拨一万八千八百余圆作该局圃之经费，则河工愈不支矣。似此种种窒碍，实未可行。

职局业规定简章，于总分局各设一管理员，择职员素谙种植法者充任之，以专责成。于购办各料项下暂支借三千三百六十八圆以作经费，令各分局按所辖堤段之长短，依照指定之种法、地点、时期，年须种柳六十二万六千四百株。更严定奖惩以程功效，循序渐进，不数年自蔚然成林。准此兼筹并顾之法，较该生等所规画不另用人，不多支款，于河务经费无若何影响，于堤防培护并日起有功，实无另设专局之必要。职监督局长往返筹商，意见一致。除分呈外，理合缮具简章呈请鉴核。再，此呈系职局主稿，合并陈明。

附：《河南河务局沿堤种柳简章》

第一章　宗旨

第一条　以巩固堤防，保护埽坝及取材备用为宗旨。

---

[1] 依句意，“定”字衍。

第二章　管理及责任

第二条　本局设总管理员一人，总司十一分局汛地内沿堤种柳事宜。凡采购柳秧，指示栽种地点，以及伐除变价、巡查保护等均归主持，随时会同各分局长办理。

第三条　各分局各设管理员一员，帮同总管理员偕同工巡队长，督同汛长、汛弁率领队兵种植培护。

第四条　总管理员由本局委派本局职员素谙种植法者充任之，管理员由各分局委派分局局员素谙种植法者，呈请本局委任之，除酌给旅费或津贴外，均不另支薪水。

第五条　各分局长担负监督责任，总管理员、管理员及队汛长弁担负管理责任，队兵担负种植培护责任。

第三章　种法

第六条　种法计柳分为四种列左：

（甲）高柳，其种法用长四尺、粗径一寸五之铁锥，钻入土中深二尺余，以长五六尺、径一寸五之柳桩插入，四围拥筑坚实。

（乙）低柳，其种法如高柳，但树身不令过高。

（丙）卧柳，其种法将土挖成斜坡沟形，深尺余，长三尺余，以长四尺、径寸许之柳枝或一二枝，或三四枝斜卧沟内，上覆以土，外露尺余，四围坚筑。

（丁）栅柳，其种法以径二寸许之柳桩截成五六尺，先以铁锥钻土深三尺，将柳桩挨次排插，相距一尺，有若栅然。

第四章　种植地点

第七条　种柳地点按柳别为四项列左：

（甲）高柳，宜于大堤两坦边种之。

（乙）低柳，宜于坝垛两腋及埽头、堤根等处种之。

（丙）卧柳，宜于淤滩及埽脚、埽尾等处种之。

（丁）栅柳，宜于坐湾顶冲及水溜所趋之地种之，如前一排用栅柳，后一排用卧柳，更属坚密可恃。

第八条　高柳每株以相距一丈为度，其原有旧柳而相距太远者，则相度补种。至第二年或第三年，如新柳未成活，或旧柳已伐除及吹倒，亦应补种。如无上项情事，则按三角式种之。第四年、第五年则按梅花式种之。其低柳、卧柳、栅柳，则酌量地势，另按他式种之。

第五章　种植时间

第九条　自每年夏历十月起至次年正月底止，一律种齐，由总管理员亲赴各局汛地，会同分局长按照定额眼同种植，呈报验收。

第六章　支配株数

第十条　株数按各分局所辖堤段长短支配之。

下南六万六千株。中汛三、四、五、六等堡多种。

中牟二万八千株。下汛三、四、五等堡多种。

郑中二万六千株。

上南三万三千四百株。

陈兰二万二千四百株。

孟温五万八千株。嗣呈准减种二万株。

武原九万二千株。

阳封六万五千二百株。

下北四万株。

东沁八万一千四百株。嗣呈准减半。

西沁十一万四千株。嗣呈准减半。

共计六十二万六千四百株。嗣呈准减为五十二万八千七百株。

第七章　经费

第十一条　总管理员每月旅费洋十六圆，各分局管理员每月每员津贴洋八圆，每月共洋一百零四圆，每年共一千二百四十八圆。

第十二条　种柳需用树秧，除就地取材外，由本局察看各处采购情形，酌给购秧费。于每年种植时，由总管理员会同分局长具文请领，以便采购。

购秧费数目列左：

下南二百五十圆。

中牟一百一十圆。

郑中一百圆。

上南一百三十圆。

陈兰九十圆。

孟温一百五十圆。减为五十八圆二角七分六厘。

武原二百八十圆。

阳封二百六十圆。

下北一百四十圆。

东沁二百八十圆。减为一百四十圆。

西沁三百三十圆。减为一百六十五圆。

每年共洋二千一百二十圆，嗣减为一千七百六十三圆二角七分六厘。

说明：以上经费，每年共需洋三千三百六十八圆，现当试办之初，拟暂在购办各料项下借支应用。俟三年后旧柳应伐、新柳成材时，即将购秧费先行取消，所有伐取材木除留备工用及留作树秧外，下余材料酌量变价作为收入。其总分管理员等旅费、津贴，即在此项尽数开支。借款即依数减少，俟足敷支付，将借款全行停止，截清数目。如收入再有赢余，便陆续归借款。倘果林木发达，借款清后仍有赢余，应即另款存储，以补助工款。

第八章　奖惩

第十三条　如有办理合法，成效卓著者，自总管理员以下及队兵等，均准予奖叙。其办理不力，毫无成绩者，分别撤差记过，赔偿斥革，以示惩儆。

（甲）成活八成以上者，总管理员、管理员、队汛长弁及经管队兵各记大功一次。若第二年、第三年成效如前者，俟三届安澜时分别酌保。

（乙）成活七成者，各记功一次，经管队兵同。

（丙）成活六成者，无奖惩。

（丁）成活五成者，各记过一次，经管队兵同。

（戊）成活四成者，各记大过一次，经管队兵同。

（己）成活三成以下者，总管理员、管理员分别轻重，酌予罚薪或撤差，队汛长弁酌量罚俸，经管队兵即行斥革。

第九章　附则

第十四条　各分局长及总管理员如欲兼种他种树木者，准其会呈本局，咨由林务公署颁发树秧以广林业。

第十五条　本简章自呈奉巡阅使、省长核准后，通令施行。

九月，河南河务局长陈善同呈省长：窃查局长于去年十二月呈请拟编纂《豫河续志》，并请期以半年成书，若有特别情事，再为酌量伸缩等情具呈在案，本年一月二十七日荷蒙批准。遵即遴委纂修、参校各员，组织《豫河续志》编纂处，于三月初一日成立，开始编辑，扣至八月底止，限期届满。职局长详查各员所任功课，均已纂辑过半，尚未一律脱稿。查此次所修系自夏以来迄于民国，凡豫省河防之往迹，务期始终贯彻，得以开卷了然。是以搜辑各书，检查案牍倍觉为难。较之前志仅备有清一代之成案者，其劳逸繁简迥不相侔。然前志于民国八年十一月经始，本期一年成书。其后展至十一年十一月，共计三年有余方经脱稿。诚以纂辑一书，搜罗往籍，参考成编，至不易也。职局长不敢遽援斯例，察酌情形，拟请展限三个月。职局长督促纂修各员，无论如何务必于展限期内编纂完竣，即将编纂处裁撤以节经费。其校对、印刷等事另行斟酌，不再支薪。理合呈请鉴核。

十月，河务局长陈善同呈省长：案据购石处处长邵金盘呈，据船民代表刘鸿钧、宋建义呈称，民等在局领船运石已历有年，近因生活程度日高，较之往时增加八九倍不等，所领水脚按一六合银，虽无形中蒙增一倍，但与一切粮食及所用物价比较，相差仍然太远。即极力撙节，亦不足以资糊口，渐至养家无着。各水手纷纷携眷赴陕省营业，运石商船业经一空。民等领有官船，更有绅商作保，不敢私自外出别寻生路。而欲尽力运石，雇用水手已无人应役。一旦河务吃紧，势必贻误要工。拟请设法酌加水脚，俾期踊跃等情。处长覆查该代表等所呈各节尚属实在情形，拟请于原定水脚外，每石一斤增加制钱一分五厘，呈请转呈。

查职局购办石方运赴黄、沁两河各分局应用，原定由孙湾、寇湾、水峪、东站四处起运，每斤水脚按运路远近，自五分五厘至一文五分五厘不等，系以制钱为本位。当时因银价每两约合钱一千六百文左右，即定为按一六合银。行之数年，已成惯例。上年该处长以船户生活困难，呈请酌增水脚。当因现在银价增涨，船户已隐受其益，未予照准。是年十一月间，呈请酌加石厂方价文内声明在案。据呈前情，局长复细加考察，窃以目下物价涨率实超过往年数倍，该船户等所呈困难各节尚系实在情形，且职局近年厉行减埽增坝政策，各工需石甚殷。该船户等因生计困乏，相率迁业他方，设不予以救济，万一水手缺乏，船运不继，则于河务前途不无妨碍，似应照准。该处长所请于原定水脚外，每斤酌加制钱一分五厘，俾示体恤而维运务，合无仰恳俯念工需重要，转咨大部暨审计院查核示遵。至现拟增加运石水脚，系在职局预算石方价内通融挹注，并不另请追加。除一面令饬购石处严督各船户仍照旧章认真趱运，一俟奉到部文再行照办外，理合呈请转咨。

民国十四年二月，河务局长陈善同训令黄沁各分局：案据下南分局长王鄘呈称，窃查河堤柳株向归汛队长管理保存，负有专责。乃队汛长遇有交替，对于柳株一项向无移交接收等手续，办理殊欠完备。现值扩充植柳，重订新章，积极进行，是保护柳株之责任较前尤重。如遇队汛长交替时间，因仍旧辙，略无交代，傥或有盗伐短少情弊发生，势必彼此推诿，无凭稽核。分局长有鉴于此，二月间，职局下汛汛长易人，特令其新旧两方点验柳株，于移交接收后各造清册一份，并令新任出具接收无错印结，呈送职分局存查备案。以上办法，分局长前于晋谒时曾经略为陈明，仰蒙嘉许，理合具文详陈，鉴察备案。查该分局长所陈办法系为注重柳株，责成保存起见，足征办事认真，合亟令仰该分局长转饬所属查照办理。

八月，河南省长岳维峻训令开封等县知事：案据河务局呈称，据职局购石处长邵金盘呈报，船民贪利背约，船只缺乏，恳请饬沿河各县知事出示禁止，方船不准装载客货，以儆贪玩而重河防事。窃卑处运石全赖方船，故每岁于冬春两季赴孟津之铁谢镇，封号自陕西来之绵花船百余只以备应用。其号船之手续，系由卑处会同孟津县知事酌定船之价值，再由该县知事选派公正绅董帮同办理。俟船到岸，即将该县知事封条贴于船头，将价钱交船户收领，将船号齐交卑处带回。向来之办法如此，公家与商民两无亏损。处长接事以来，一仍其旧。至船户之承领此项船价者，必先取得切实保户出具保结，注明专运石方，并不装载他货。

去岁停运后，考查能用之船尚有一百五十八只，拟再添号一百二十只，当经呈准在案。适因时局变乱，花船均未下河，故未封号。今春憨军肇乱，将此项运石船只拿赴河北等县装载粮秣。事后详细调查，沉溺二只，毁坏三只，乘乱潜逃，不知去向者八十九只，仅剩船六十四只。当经传集各保户再申前约，俾其另出保结，只准装载石方，不准装载他货，并将各船户姓名呈报在案。乃船户等贪利背约，竟依船为家，私自装货赴山东等处，置公务于不顾，视法令若弁髦，揆诸天理人情均属不合。前以大汛在即，派护兵宋得山赴山东寻找，往返二十余日，押解回巩之船仅有七只，其余均无踪迹。是此一百四十余只方船尽在大河装载客货毫无疑义，现届大汛，黄、沁两河险工累累，需石急于星火。船户贪利背约，玩法误工竟至于此。傥不禁止方船装载客货，即令再号船百只，恐船户仍蹈故辙，于各工鲜克有济。

况历来惯例，河工生险，无论何等船只，一概扣作装石之用。矧此曾经封号之船，承领之初即具有保结，并不准装载他货，致误工程。而竟自食前言，稍有天良何能如此？拟请转呈省宪，饬沿河各县知事布告河干严禁，方船不准装载客货，庶船户与客商知所畏惧，则装石之船或可源源而来。据此呈请转饬沿河各县知事，严禁方船装载客货，以重工程而维河务。查此项方船既经封号交价，由各船户取保具结承领，岂能任其贪利违约，装载客货。除指令并分饬严禁外，合行令仰该县遵照，迅将该管境内沿河方船严禁装运客货，以儆贪玩而维河工。

十一月，河务局长陈善同呈省长：窃职局应办十四年度秸料，前经派定数目，令饬各分局设厂收购，并将派办情形具呈在案。兹据下南分局长王鄘、郑中分局长孟广瀛、上南分局长李缵曾、中牟分局长康昌第、下北分局长沈秉成等会呈称，分局长等奉令派办十四年度秸料，遵将料价先后具文领回，以备设厂购办。伏查购料定章，每料一垛，计长六丈，宽一丈五尺，檐高一丈，脊高五尺折高一丈二尺五寸，例重三万五千斤。每垛料价应领京平银五十五两，合洋七十六圆三角八分九厘。本年所领料价均系豫钞，按照现在价值，仅换一百五十千之谱。且钱票行用乡间，尚须暗受折扣。调查沿河料价，每斤约得钱十四五文左右。若按例定斤重设厂收购，相差悬远。值此财政困难，亦未敢请求加价。分局等一再熟商，既不敢因噎废食，致误工用，尤恐购办太少不符定章。不得已，谨将秸料价昂，难照例定斤重购买情形据实会呈，可否按照所领料价尽数收购，以昭核实。

查河工购料章程，自清初定制以来，阅年已久，初无更变。近年百物昂贵，料价亦视前突增，循例购办，实际本已不敷，况值钞价低落，办理更形匪易。查民国五、六两年，亦因豫钞日跌，曾经呈准加价。惟此次派办料垛，局长因鉴于上年财政厅拨款迟延，以致未能依时购办。是以先由职局筹拨料价四成，令饬赶购，冀备工用。际此工款奇绌，筹措已极为难，若再补发加价，需款极巨，实非现力所能胜任。该分局长等所请按照所领料款尽数收购，事关变通旧章，应否从权办理，以昭核实之处，理合呈请鉴核示遵。十二月，奉指令："准如所请办理。"

民国十五年二月，河务局长陈善同呈省长：窃职局应购十四年度秸料，前以财政厅拨款需时，深虑不及购办。当经先行筹拨料价四成，分饬赶购。嗣据各分局以本年料价奇昂，又值省钞低落，势难照章办理，拟即尽款收购，呈请核示。当以事关变更旧章，未便擅专。经据情呈请钧示，旋奉指令准如所请，当经转饬各分局遵照。

兹据各分局先后呈报收购完竣，计下南分局购成二十二垛，上南、中牟两分局各购成三十二垛，郑中分局购成二十七垛六分，下北分局购成六垛，共计购成新料一百一十九垛六分。每垛丈尺斤重均折实计算，计长四丈，宽一丈，檐高一丈，脊高一丈五尺，重一万五千斤。经局长遴派妥员分赴各该分局逐垛秤收，斤重、丈尺均与原报数目相符，委无架并短少情弊。至十四年度应领正杂料价三万七千五百圆，除新购正料一百一十九垛六分，共用洋九千一百三十六圆一角二分四厘。及应购杂料外，其余料款一俟财政厅如数筹拨到局，或再行补购新料，或改办石方，当随时察看情形，呈明办理。所有尽款购买十四年度秸料数目，理合呈请鉴核，转咨内务部、财政部、审计院备案。再，沁工应购料垛亦因省钞低落过甚，拟援照黄工现在办法尽款折成办理，俟购办完竣再行呈报。

工料

卷十五

修防之必资工料，犹衣之需布帛，食之需菽粟也。土、石、柳、秸诸物略已见前，而古今载籍类皆述其已成之绩。至于料之用法及其名称情状，一概略而不书，岂不以为琐琐细务一老兵工役事耳！非荐绅士夫所当亲也，将何解于朱梅麓尚书足到、眼到之言乎？兹特博稽成案，并周询习于河务者。凡工作之成法，沿袭之名词，器具之形状，估勘之算法，无不备书。庶向来之密而不宣者，今悉昭然若揭。即非服务茭防，亦展卷而知其奥秘，并以见河工之事，固无不可告人者也。

总名词

凡有其事，必有其名。庄子曰："名者，实之宾也。"河工名词各有相沿之例，类而记之。

大溜：全部河流集中之处，猛勇直下，是为"大溜"。

中泓：河流之中线每高于两边，是谓"中泓"。

边溜：河水靠边有微溜者。

顺溜：河流无曲折阻滞，顺序而下者。

分溜：河内有鸡心滩，分溜为二者。又，决口时，口门分出之溜亦名之。

拖溜：大溜之下、水深之处，比大溜稍缓，似来而未来，即为“拖溜”。

掣溜：河水冲开大堤别行一路，是谓掣溜，亦曰“夺溜”。

埽湾：溜走边埽，微有湾曲。

漫滩：水长出槽，普面漫衍。

淘底：大溜在埽底冲刷。又，伏汛水溜在上，秋汛水溜在底。

漫水：水流滩上迟行无溜者。

窜沟水：与大河不相连，另窜小股，潴而不流者。一作“串沟。”

临黄：工段滨河者。

背工：工段去河远者。

顶冲：全河之势直射工程之点，是谓“顶冲”。

侧注：大溜斜趋之点，是为“侧注”。

回溜：大溜越过，回转侧流。

外移：临黄工段河势退落者。

里卧：河势趋堤日近，是谓“里卧”。

上提：河溜直射处崖岸塌成深湾，下游之水无力，上游之水愈紧，则愈往上提。

下坐：崖岸土松，水力益大，激怒而下，是谓“下坐”。

坐湾：河势里卧成湾形。

入袖：坐湾成半圆形，大溜冲入不易流出之意也。

陡长：河水于一日之内涨至一尺以上者。

消落：长水见落。

土工

土工以堤为主，名目虽多，皆堤属也。豫河筑堤有五宜二忌，五宜者何？地势宜审，取土宜远，坯头宜薄，硪工宜密，验收宜严是也。二忌者何？一忌隆冬，恐土凝结，凌块难融，重硪未易追透也；二忌盛夏，恐水漫滩，无土可取也。故兴修大工，非春秋二季不可。兹将五宜分述于次。

何谓地势宜审也？估计堤防必因地势，相择高阜不与水争，而后堤能御水。又，堤身避顺直而宜湾曲，备他日河溜扫湾，就堤外曲处厢埽二三段，即能挑溜开行。否则，顺走堤根，生工不已。至于估计之要，先定顶宽丈尺，以次收分。如顶宽三丈或五丈，两坦须照里三加五估计，名“卧羊坡”。其高务将水平量确，较盛涨水面高出五尺。堤成之后，更于两坦多种笆根草，借免水沟浪窝及风浪撞刷之患。

何谓取土宜远也？查筑堤首重土塘，工员稍不注意，外滩则挖成顺堤河渠，即为将来隐患。内塘则普面坑洼，经雨之后，积水汪洋，设遇抢险，篑土难得。故开挖之先，指定土塘地点务离堤根二十丈，各塘更宜酌留土格以为埂界。大抵每十丈留宽一丈，每三十丈留宽二丈。至插丈时，尤宜计算每堤一丈用土若干。如顶宽三丈，底宽十五丈，高一丈五尺，每丈需土一百三十五方。土塘以挖深五尺为度，每丈只能出土五方，必宽二十七丈方敷工用。连原留二十丈，应于堤根四十七丈外插锨挑起，逐渐退后，庶堤工告成，土塘与堤根尚有二十丈之距离。

又有滩塘、内塘之别，取自外滩者曰“滩塘”，取自堤内者曰“内塘”。向多两面分取，第外滩土塘一经漫淤便成平陆，有用之不尽之妙。若内塘则多取一筐即少一筐，自应存留以备他日抢险之用。

何谓坯头宜薄也？堤既估定，自应察看地基。对于老土打行地硪，以重硪套打一遍为度。对于新淤须挖槽二尺，虽不必按照所估底宽全行刨挖，亦宜于临河一面挖宽三丈，用硪套打。所有槽土方必须两坯分做，追打坚实，锥试不漏方准再行上土。如每虚土一尺三寸打成一尺，则估高一丈五尺之堤分十五坯做，如有不敷，再加一坯，复分工。上土应多栽木段，以一尺三寸为志，每坯高厚均须一律。惟分工交界之处积习相沿，彼让此推，恒留成一丈沟形，最为隐患，尤宜严谕各工员司交互多做两丈。如上段于底坯二丈添做下段，即于二坯多做二丈，各自行硪，务使坯坯交互，套打坚实，以免交界虚松之病。土坯又有干潮不一之时，有水则于一坯上完之后，用水渐渐窨透，待至半干，用硪连环套打，自可保锥。无水则将头锨撇去，用二锨以下潮润之土，乘其潮性即便行硪，其保锥能力较用水尤属妥善。

何谓硪工宜密也？堤坚经久，硪工是赖。硪有腰子硪、灯台硪、片子硪等，就中以腰子硪为最。每架硪头应重七十余斤，打时宜高起平落，坦坡平地均适用之。灯台硪、片子硪辫子皆短，仅宜坦坡。腰子硪每架用十人，春秋日连环套打，二架每日能打二十五六方。旧例有日记、包方两种，日记硪系按日计工，弊在偷懒。包方硪系以方计价，弊在草率。惟有论方包锥一法，每日收硪，签试少有漏渗即令再盘，盘好再收，庶无弊混。两垙硪工尤关重要，须坯坯包坦套打，于完工后，更就坦面套打一遍方能坚实。此外，尚有套二硪法。一硪连打二下，究不若东西一单遍、南北一单遍较为周密。每段用硪多寡应以出土计算，如土塘夫多而硪少则添硪，堤上硪多而夫少则添夫是也。再，草根树皮等类入土必至漏锥，应每坯另雇日记夫一名，专手拣净，庶免后患。

何谓验收宜严也？堤既筑成，自应按照原估验收。而得力之处，莫如总催随时查察。盖筑堤大弊无逾收挖堤根，堤根挖深一尺则堤身少做一尺，不特比较别段工程矮低，且外滩洼下即成顺堤河，隐患无穷。惟有钉志桩一法，然间亦有偷挖者。果能于验收之先查察认真，此弊自少。次则底坯坯头高厚，签试如严亦难尝试。就中最宜注意者，莫如包边硪。包边硪者，如堤底宽十五丈，坡系五收，行硪之时，两边只打丈许，任凭签试，坦锥亦不渗漏。故验收时，坦坡虽饱满，尚应于坦上刨挖一坑，用签横打，如见渗漏即有此弊。然究不若总催终日分段梭巡，坯坯锥试较为省事。又，纯沙之土渗而不漏，新淤之土饱则饱满，漏则大漏。验收之时须辨土色，用两合土重硪套打，百无一失。

大堤：离河近者，一名“缕堤”，状其长也，即主堤也。

遥堤：离河远者，俗名“二堤”。

越堤：因遥堤卑薄，再重筑之，以备大堤出险退守之用也。

月堤：越堤之形如月牙者。

格堤：格者，隔也。有东西横筑者，恐重门失守，借资保障。有南北直筑者，因积水既广，借以间隔，防其浸漫他处也。

撑堤：于格、缕之间南北直筑，借以撑持也，大意与格堤同。

卧羊坡、走马坦：言坡坦宽大，羊可眠，马可上也。

拦黄埝：埝小于堤，因河流逼近，作埝以拦之也。

子埝：于大堤上临河一边添筑小堤，因附在大堤，如子附母，故曰子也。

圈埝：若堤前埽坝不守，堤身塌卸，则在堤外赶筑圈埝为退守之具。

帮后戗：以黄河南岸论，大堤系北面临黄，埽坝工程均在北面。如历年既久，埽段行蛰，石坝、石垛坍塌皆足以伤及堤身，甚且裂缝崩塌，致堤面顶宽不敷原来宽数，有碍堆存料垛、石方等物。须在南面加帮堤工，其长短宽窄以现存顶宽若干，拟为加帮若干酌量估计。如原来该处堤顶系宽六丈，现时仅存四丈，拟估加帮二丈，做成仍合六丈，以此类推。北面厢埽打桩约在一丈之内，南面堆储料垛两排，或碎石若干方，约三丈有奇，中间人马车辆来往尚余二丈，无碍工作，此帮后戗功用之大概情形也。其做法照前加帮二丈论。如估长一百丈，而此一百丈中万无现存顶宽均系四丈之理，当然，有宽有窄即须分段估计。至用土方数，如估工长一百丈，顶底均宽二丈，则每丈须土五十方，共土五千方。以此类推，土方算法见另条。土方约价以土塘远近定之，营造尺一丈长，一丈宽，一尺厚为一方。光绪末年，每方至近处三丈外取土。天平银一钱七八至二钱不等，远则每方四钱或五钱不等。若过远及积水绕远，更须加增，今则按银洋计算。此系为包方而言。分段包作，克期完工，按方付价。如春令或秋后人夫闲暇，莫如“跑现钱”。号“跑现钱”者，以现钱买土也。按土车一辆，酌付现钱若干，即时开发。起人夫踊跃之心，免经手剥削之弊，且工程可期速成也。

堤面加高：因堤上车马践踏，风雨剥削，须分段修理，加高堤面，其做法与前略同。

筑土坝：因多年背工老滩，察看河势大溜将至，亟须相度堤身情形，将老滩上赶筑土坝一道或数道，以防河临。虽滩存在百丈以外，亦须赶筑。缘河势若顶冲前来，一日可塌数十丈，是以不可轻忽。亦有看河势之上下游，恐此处将来临黄，预筑土坝以为防备，则缓办无妨。惟既筑土坝，必须存储石方。若河势塌至坝头，赶急抛石以挑之，则坝下首之河溜必缓。如河势上提下卸有二三道坝头，着河加抛石方，使其节节推出，则堤身定无临溜之虞。盖守坝实易于守堤也，做法一切亦与前同。

串堤面：因堤顶南北两面皆高，中间独形低洼，雨后积水不消，既碍工作，又伤堤身，须用土串填，俾一律平整。

积土牛：土牛作用，因土塘过远之处取土困难，如埽段行蛰殊属棘手，傥再遇风雨交加更虑误事，故预于人夫闲暇之际，在堤面宽处积土成堆，名曰“土牛”，以备急需。除无须用硪外，余与前做法同。谓之牛者，状其形势，且牛于五行属土也。

垫浪窝：因夏令大雨时行，致将堤身冲作坎潭，名曰“浪窝”；其水流成沟者，名曰“水沟”。因其损坏堤工，必须用土填垫，层坯层硪。垫成后，须较原旧稍高，以免复冲。

井穿：堤顶雨过而有窟，外小而内深阔，名曰“井穿”。

过梁：堤面井穿尚小，而内已透堤坦，名曰“过梁”。二者皆因初筑时未经硪实，急宜将堤顶挖开，加土重硪坚筑。

估土工：凡估土工，如该工原有来沙土堆，外来沙土。当抢划去也，豫俗土语。除净尽，全用淤土。其抢出之土可用者，名“自来土”。估办时，将抢土扣除土方。

丈尺：凡丈尺不容偷减，必须量准，铺足底土照收分递加，不得堆顶凹腰，挂口接爪。

铺底土：未铺底土以前，必须将估做堤工之滩面，预将草根芟除再打地硪，以免日后渗漏。

偷底：“偷底”之弊应行查禁。凡取土须在离估帮新底十五丈外，其十五丈以内草根麦苗概不准动，留以为验。

压花套打：凡做土工由下而上，底坯约厚二尺余。须先将旧堤开出层蹬，如台阶然，使新帮之土合在蹬阶之上，名曰

“咬查”。读如查验之查。每一尺为一坯，趁潮压花套打，层层咬查，以至于顶，则新土、旧土不致离骨矣。至硪工须层坯层打，打时须套二连打两硪。连环，不使离开，如眼镜然，所谓“压花套打”也。硪工如此方能坚实，否则，恐不保锥。其土中硬块须打碎，葛藤、草根须检净。

试锥：铁锥必须细长，连耳四尺为度。锡壶嘴亦要细长。所灌之水不许用白芋、榆树皮、山药、鲇鱼等物作水取粘，希图混饰。

坦坡、陡坡：凡修筑堤工，其堤临河一面必须平坦宽大，即使漫刷不致倒崖卸压，有损堤工，故坡以平坦为要。其堤内一面如不临河流，则宜窄而不必宽，缘宽则费帑于无益之地，窄则帑节而工亦固。故将堤脚内收做成陡坡为宜，要在临时相地为之也。

鲫鱼背：堤顶平正为平顶，如心中稍高两唇数寸以及尺许者，名“鲫鱼背”。

接爪：如接高堤一段，依顶丈量，顺长则两头直立以断人畜。在来必于两头拖出堤爪，以便行走修守。

打边硪：凡筑新堤或帮旧堤，俱以虚土一尺打成六寸为度。其临边一层上下均停如灯基样，以便用硪层层打实，至顶再将堤边平实坚打，则堤身丰满，边硪更实矣。

戴帽：如旧堤顶上加筑新堤，其旧堤本系坦坡，新筑易陡，陡则有塌卸之虞。务使新堤与旧堤一律坦坡，若上陡下坡，谓之“戴帽”。又，凡填垫窝穴，俟平堤面后，又于其上筑土稍高成凸形，亦谓之“戴帽”，是一定之办法，非关弊窦。

假坯：做假坯系夫役之诡弊，希图工省土厚，且易竣工也。监工者以铁杆插试，其土深处即系假坯，令其挖爬摊薄，加硪坚筑，则假坯之弊除。

切堤：凡筑堤先看其地形之老土，次看其结草之根盘。如系新土，并无草根，兼之外高根洼，即为盗切堤根。

种花：切根之时，随即密布草子，借草芽掩其新迹，名曰“种花”。

螳腰：一名折腰。凡堤坦有低洼之处，名曰“螳腰”。恐致积水，堤身易伤，须补筑丰满为要。

堤工走漏：堤工走漏皆因堤内獾洞、鼠穴为害，兼之堤外水刨埽刷，稍有浸渗即散开走漏矣。视堤内河水畅流，其堤外有如碗口大小往下旋之水，即系漏孔。急令人下水探之，得其洞口，大者用锅，小者用盆或用碗覆之即止。若覆住后仍然过水不止，或水势深急，人力难施，或洞口难觅，不能堵塞者，即须将堤顶掘开，用絮填塞，层土坚筑至顶，再将内隙掘开，仍前补填，谓之“内堵”。

土工做法：修筑土工不外新筑、培修二种。新筑者，宜就勘定界址丈量相符，插立标杆，将地面土块铲平打碎，拣净草根，泼水润透。其地势低洼之处酌量填垫，铺土一尺，硪实六寸，自底至顶逐层行硪。然后更就坦坡硪筑坚实，俾无渗漏虚松之患。至培修旧堤，约分帮宽、加高、填垫残缺三种，要亦按照估定丈尺拨沙取淤，层土层硪。昔潘季驯有言：“固堤以杜决，而欲堤之不决者，必真土而勿杂浮沙，高厚而勿惜巨费，让远而勿与争地。”洵名言也。

民国十三年十一月，河务局长陈善同呈省长：窃查中牟分局所属下汛三、四、五、六等堡因背工多年，久失修培，堤身坝垛日见倾颓。当民国六年，吴前局长任内曾议普律修筑。嗣因估款过巨，请发匪易，遂尔中辍。本年入夏以后，河势逐渐南圈，该处瞬临大河，情形骤形吃重。前据中牟分局长呈请，拟谋先事补苴办法，将各该堡浪窝残缺先行填垫整齐，再将堤面平高垫低，作为修培基址。其残缺各坝垛，亦均一律修复，借作治标之计。并据分段估计，自中牟下汛三堡起至六堡止，估工六十一段，计工长一千九百九十七丈，需土一万七千二百五十二方八分五厘。每方价值连边锨硪工在内按三角，合银洋五千一百七十五圆八角五分五厘等情。

当经派委勘明，委系必须修筑之工，原估土方价银亦均核实，本拟照估修治，惟现在款项奇绌，筹拨维艰。兹拟先将三堡工段填筑，余俟明春经费稍裕，再行一律兴办。令据该分局长遵照办竣，呈经委员验收各在案。

至填筑沟窝残缺，本应由队兵自行工作。第该处工段绵长，堤身塌卸既多，坝垛残毁尤甚，此次概行修筑，工程极其繁重。若责令队兵工作，无论原有兵额分配不敷，且虑迁延时日。设或河水涨发，势必险象环生，贻误实非浅鲜，不能不勉力筹维，期资防御。所需土工价款，即由职局十三年度土方项下动支，如有不敷，当于工款中设法挹注，理合呈请鉴核备案。

中牟分局民国十三年厢修堤坝埽段各工程

中牟下汛

三堡顺堤

堤工残缺共十九段，计工长四百七十八丈，宽高不等。又，第一段头道坝齿，第四段二道坝齿，第八段四道坝齿，第九段五道坝齿，第十一段二道、三道坝齿残缺，计工长二十九丈，宽高不等。第十段挑坝面残缺，工长十二丈，第十一段顺坝面残缺，工长七丈，俱宽高不等。共用土六千八百一十八方六分。

四堡顺堤

堤工残缺共十一段，计工长五百三十五丈，宽高不等，共用土一千九百七十六方二分。

五堡顺堤

堤工残缺共十段，计工长四百八十五丈，宽高不等。又第三段二道坝齿残缺二十三丈，牵宽六丈，牵高三尺。第三段顺头坝至顺三坝，第六段顺四坝，第七段顺五坝，第八段顺六坝坝面残缺，计工长一百三十四丈五尺，宽高不等。共用土六千七百八十八方。

六堡顺堤

堤工残缺共六段，计工长二百八十丈，牵宽一丈七尺五寸，牵高三尺五寸，共用土一千三百七十方。

石工

石工以坝为主体，其功用不外使河溜外移，不近堤身，但得河走中泓，则此处下游之埽段、石垛等均可无蛰塌之患矣。按：坝有土、石之分，纯土者为土坝，加石者即为石坝，惟坝以砌石为完固。今故归石工部内，土工不列，然石又实无离土独立之性质也。

挑水坝：凡河溜急紧之处，于上首建筑石坝，挑溜开行。此坝宜于埽湾险工，用处甚大。建得其地，用能挑溜攻滩；建非其地，则对岸下游反受大害。故建筑之始，须详审地形，相度溜势初湾之处，酌量大溜离堤若干，自河岸至大溜一半处应长若干，或建二三道，总以挑溜外移，不复坐湾。由堤生根接出坝尾，滩上纯用土工，见漫水处护以防风，至缓溜处丁厢窄埽，进至急溜深水，全用埽个修成裹头，抛下碎石围根深溜。埽前亦然。若堤太远无法生根，须就大溜湾处建之，用扇面式，形圆而长，挑而兼顺，庶水势舒展，不生回溜。

迎水坝：凡迎溜之处，堤必受伤，须筑坝以抵溜。

又，凡埽湾回溜及正回溜交汇之处，宜修迎水坝，以免溜势汹进。惟坝身不宜太长，长则难守。

领水坝：如支河旁溢，溜行不由大河直去，务在上游筑坝，领溜归入大河。

抢水坝：在上水高筑一坝，逼令河道顺直，不致泛溢。

鸡嘴坝：凡河溜刷湾之处建筑埽坝，必须用料厢做防风、雁翅。上水雁翅则迎溜顺行，下水雁翅则抵御迎溜，中间坝台远出，其尖上挑形如鸡嘴。

扇面坝：凡直射顶冲之处建筑埽坝，中间远出挑溜开行，上下两边贴坝厢埽以为防御，形如扇面。

鱼鳞坝：即鱼鳞埔。凡厢埽坝，一工分为数段，相去十丈或十余丈，重叠遥接，头缩尾翘。头缩者，恐全溜冲激；尾翘者，挑水远去，名曰“鱼鳞”。

人字坝：形如人字，以御回溜。

拦河坝：决口已成大河，须于南北堵筑一坝以拦其水，以便在下游旧河身处挑挖引河，或建于新挑引河之对岸逼流归引，或筑于支河旁岔阻流入袖。

又，正河上游如长沙嘴，侵逼大溜转趋旧有支河或洼塘低坎，此等支河塘坎多在滩地，迫近堤根，低于临河滩唇数尺。若不早为拦截，势必日刷日深，沿堤另成新河，旧河逐渐淤塞，新险百出。亟应乘正河有水之日，或紧接大堤，或倚靠高滩，稍稍斜向两溜分处筑堤一道，长至水际土堤两面。水势如小，则厢做防风护崖；水势如大，则卷下顺厢边埽。其临河堤头更厢做马头埽，务将埽个挨次进至大溜过半之处，使支河流势不畅，仍分大溜趋入正河。正河之溜较前宽深，则向前再进一埽，溜递增埽递进，一阖一开，彼消此长，不特正河可复，旧险可平，即上游沙嘴亦得随溜刷去。倘正河、支河分流之处去堤太远，又无高滩可就坝基，无处生根，则宜一面于两河分中高滩相隔，俗名“龙舌”之上顺溜开一引河，一面将坝基移入支河下流一二百丈近堤或高滩之处创立根基。如是修筑，水已入袖，而引河亦必日见宽深，导河仍复故道。

盖坝：盖取盖护之义，使大溜不近堤身也。

托坝：托取推托之义，使大溜外移也。

又，埽湾回溜之处护沿搂崖势短，恐溜已伸腰，力甚猛悍，宜修托坝以抵御之，长短尺丈以托出回溜为度。

顺坝：顺溜抛筑以护堤根。

此坝俗亦名“鸡嘴”，一名“马头”，专设于大溜横冲之处。盖本堤水刷汹涌，虽有边埽，难以久恃，须从堤首筑顺坝一道，长十数丈或五六丈，上水出厢边埽，将裹头埽藏入在内，下水退厢边埽，藏入裹头埽内，庶筑坝一丈能逼水远去数丈。

磨盘坝：具体圆形，有如半磨。

石垛：垛即坝之小者，宜于坝埽档内筑之。

护崖：宜于坝垛空档处修筑，行之既久，可变土堤为石壁。

护石：宜于埽前抛护，久之即改埽工为石工。

挑沟周厢：土坝垛将及临河，预于周围挑沟抛石，是为周厢。

加抛：坝垛被溜刷蛰，添抛高整，曰“加抛”。

跟抛出水：新生石工随抛随蛰，必须加抛出水，始臻稳定。

防风碎石：防风既经厢埽，犹恐未臻稳固，更用碎石压之。

石工之做法及利害：有就土坝加抛碎石者；有用柴料作芯或土作芯，外抛碎石者；有就埽段改作加长帮宽者。除土坝加抛系就坝身着河处用石抛护，以不伤土坝之身为要。其余则均系将碎石抛弃水中，看溜势之缓急，测下手处水之深浅及储备料物之多寡，然后着手进行。果能进尺得尺，诚属得手，但须防其淘底。务须核计存石能否敷用，有无继续，方为稳当。若只图表面好看，一旦急溜趋至，而近处存石无多，一经塌卸，救急无法，必致前功尽弃。且建筑石坝宜取何种形式，必须统筹全局，不可偏重一隅。治河家言“左堤强则右堤伤，左右皆强伤下方”，是知挑水大坝不可不审慎修筑也。

豫河石工直用碎石：豫河石工皆用碎石抛护，不用石灰砌筑，缘河底纯沙，浅深靡定，砌石工表面虽较整齐，但胶粘过坚不易下蛰，淘底搜空，隐患甚大。不如碎石抛护可以随蛰随抛，根基稳固。

土忘石坝做法：大河将临，堤身单薄。为绸缪预防之计，宜筑土忘石坝。先将丈尺估定，用土筑成坝基。复将周围挑沟深四尺佘，宽五尺余，用石抛护沟内，高至坝坦。一旦河至，苟非顶冲大溜，足资抵御。傥溜势勇猛，蛰卸过甚，即行加抛，不致束手无策。

柴心石坝做法：堤根业已着河漫水，冲刷深不过四五尺之际，宜筑柴心石坝。先用秸料为心以为坝基，或碎砖亦可。外面护石，宽四、五、六尺不等。傥大溜至前冲刷蛰动，陆续加抛即臻稳固。

石垛做法：垛即坝之小者，做法亦无区别，土芯、柴心均无不可，相地为之。盖因两坝距离过长，于坝档之内抛筑石垛数个以免冲刷，其抵御之功与坝同，但挑托力逊。

护崖做法：豫河向例，坝垛空档多厢埽段以御回溜。但埽易朽腐，往往引溜生工。欲求久远之图，莫若沿堤修筑护崖，即在无河之处就近取用滩土，逐段挑筑，宽四五尺，高五六尺，无异加帮堤埝，外用碎石抛护。行之既久，土堤变为石壁，且工作时可在护崖上行走，不致损伤堤唇。

上南分局民国十三年抛护各工程

荥泽汛

四堡顺堤二道土坝护石、五堡顺堤头道土坝护石冲激塌卸，民国十三年六月，抛护高整，共用碎石六十一方。

十一堡顺堤头埽、二埽被大溜搜淘，墩与水平。又，顺河埝二埽、六埽形蛰入水。十三年八月，将顺堤头埽、二埽改为护石，顺河埝二埽、六埽厢修高整。

郑上汛

头堡顺堤九埽及十四、十八、十九、二十等埽被溜刷蛰，十三年八月，各厢修二坯，一律高整。

郑中分局民国十四年修厢堤坝崖埽各工程

郑下汛

头堡顺堤

头道石垛下首石崖加抛石六十方。

二道石垛下首石崖加抛石六十方，又加抛石三十方。

三道石垛下首石崖加抛石一百方。

四道石垛下首石崖加抛石一百方，又加抛石三十方。

四埽、五埽各整厢二坯，加厢二坯。

头埽、三埽各整厢一坯，加厢一坯。

八埽托缆补厢一坯，蛰厢二坯，加厢一坯。

九埽蛰厢一坯，加厢一坯。

二堡顺堤

增修二道石垛长七丈，宽三丈，加高二尺，用土四十方，加抛石六十方。

三道石垛下首石崖包护碎石六十方。

第一道戗坝上首长二十二丈，宽三丈五尺，加高三尺。下首长一丈，宽二丈五尺，加高四尺。合计用土三百三十一方，包护碎石一百五十方。

第二道盖坝上首长三十六丈，宽二丈，高三尺五寸，共用土三百六十方。又，该坝后根残缺一处，长七尺，宽一丈二尺五寸，深五尺，计用土四十三方七分五厘，包护碎石一百八十方。

第三埽蛰厢一坯，加厢一坯。

四堡顺堤

增修第二道顺水坝，长四丈，宽三丈五尺，加高三尺，用土四十方。

下首新建石崖一段，长二十四丈，后面土宽三尺，加高五尺，用土三十六方。

头道石垛长六丈八尺，宽五丈，加高四尺，用土一百三十六方。

二道石垛长三丈四尺，宽二丈九尺，加高四尺，用土三十九方四分四厘。

三道石垛长三丈，宽二丈，加高二尺，用土十二方。

第三道挑水坝长六丈，宽三丈五尺，加高二尺，用土四十二方。

六道石垛长二丈五尺，宽二丈五尺，加高四尺，用土二十五方。

第一道顺水坝加抛石四十方。

第二道顺水坝加抛石六十方。

头、二、三、四埽改修石崖一段，抛石九十方。

头道石垛加抛石五十方。

二道石垛加抛石五十方。

三道石垛加抛石四十方，下首石崖加抛石六十方。

四道石垛加抛石三十方。

第三道挑水坝加抛石五十方。

六道石垛加抛石五十二方，下首石崖加抛石四十方。

七道石垛下首添石崖一段，抛石六十方。

第五、六、七埽均托缆补厢一坯，跟厢一坯，加厢一坯。

第八埽托缆补厢一坯，蛰厢二坯，跟厢一坯，加厢一坯，共补厢四段，用秸料六垛。

五堡顺堤

第四道顺水坝加抛石六十八方。

六堡顺堤

头道石垛下首石崖加抛石六十方。

二道石垛下首石崖加抛石九十方。

三道石垛下首石崖加抛石九十方。

五道石垛下首石崖加抛石六十方。

十二道石垛下首石崖加抛石三十方。

头埽、二埽各蛰厢一坯，加厢一坯。

四埽、五埽各蛰厢一坯，加厢一坯。

八道石垛下首石工加抛石五十三方。

十二道石垛加抛石三十方。

十二道石垛下首护崖一段，加抛石六十方。

十四道石垛下首护崖一段，加抛石六十方。

第二道挑水大坝二道，坝齿下首加抛碎石八十五方。

九堡顺河埝

四坝下首头埽改抛石工一段，用石三十方。

第四道挑水坝加抛石四十五方。

十堡顺河埝

第六道挑水坝加抛石三十六方。

中上汛

头堡顺河埝

二坝下首老埝北唇修补残缺二十五丈，宽一丈五尺，高一尺五寸，用土四百三十一方二分五厘。

第二道顺水坝下首石崖后新填残缺一段，抛护碎石六十方。

头堡顺堤

第二道顺水坝下首石崖加抛石六十方。

第四道顺水坝下首石崖加抛石九十方。

头堡顺河埝

第二道顺水坝加抛石七十六方。

第三道顺水坝加抛石三十方。

四堡顺堤

第六道顺水坝加抛石七十方。

五堡顺堤

第一道顺水坝下首空档抛护石崖一段，用石一百方。

第二道顺水坝坝根加抛石二十方。

第二道顺水坝又加抛石三十方。

六堡顺堤

第四道顺水坝加抛碎石六十方，条砖十三方。

七堡顺堤

第二道挑水坝加抛石六十方。

八堡顺堤

第二道托水坝加抛石三十方。

第五道挑水坝加抛石八十一方五分一厘。

第六道挑水坝加抛石一百二十方。

十堡顺河埝

第八道挑水坝下首石工加抛石三十方。

第十道挑水坝加抛石三十方。又，下首石崖加抛石三十方。

十堡顺堤

第七道挑水坝下首石崖加抛石六十方。

第九道挑水坝下首石崖加抛石九十方。

十一堡顺堤

第八道挑水坝下首石崖加抛石六十方。

十一堡顺河埝

第二道挑水坝下首护崖加抛石三十方。

第六道挑水坝下首护崖加抛石六十方。

头坝下首老埽三段一律改成石崖，计抛石二百四十方。

四、五、六埽护石改修石崖一段，加抛石六十方。

七、八、九埽护石改修石崖一段，加抛石六十方。

下南分局民国十四年抛护各工程

中汛九堡顺堤第三道天然土坝，河势逼近，新土头坝、护石并见塌卸。十四年七月，均经抛护坚固。

中牟分局民国十三、十四两年抛护坝埽各工程

中牟中汛

三堡顺堤

三坝下首三埽，四坝下首五埽、六埽，头道石坝下首三埽先后形蛰，十三年九月，一律抛厢完整。

头坝下首四埽平身墩蛰，用料加厢。

二坝下首四埽、三坝下首三埽均下截汇化，十四年七月，用石抛护，一律改为石工。

四坝上首被溜掣卸，四坝下首六埽同时汇化，十四年九月，用石抛护，共用碎石八十三方七分。

又，头坝下首三埽、四埽，四坝下首七埽，十四年九月，一律加厢完整。

头堡顺埝

砖石坝被溜掣卸，十三年九月，抛厢完整。

中牟下汛

头堡顺堤护头坝、二堡顺堤六道石垛均被溜掣卸，十三年九月，抛厢完整，共用秸料九垛，碎石一百二十方。

头堡人字坝下首空档汕刷汇塌，十四年二月，抛护稳定，共用碎石四十方。

头堡三道石坝下首头埽、三埽，二堡头道石垛下首头埽、二埽先后形蛰，十四年七月，加厢高整。

石方产处及方价运脚

查碎石计方，向分山方、工方两项，在山采办以山方计，运工堆储以工方计。每山方一方合大秤三万斤，每工方一方合大秤七千斤，一山方计堆工方四方二分八厘五毫七丝。其设厂采办地点原系在偃师县孙家湾，巩县寇家湾、窟头、东站街、仁存沟、沙峪沟、水峪村等七处，嗣因窟头、仁存沟、沙峪沟三处无石可采，现时采办地点均在孙家湾、寇家湾、水峪村、东站街四处，所采办方价及装运各河务分局，水脚列后。

孙家湾山方石，每方价银五两八钱。旧价四两三钱。

寇家湾山方石，每方价银五两八钱。旧价四两三钱。

水峪村山方石，每方价银五两八钱。旧价四两八钱。

东站山方石，每方价银八两四钱。旧价六两九钱。

以上方价，系按民国十二年新增现行之价开列。

黄、沁两河各分局运石脚价目表附堆费

局别	起运处	卸运处	水脚——每斤脚价以制钱计算	堆费
上南分局	孙家湾		九分五厘	每一工方，另加堆费一角七分，各分局均同
	寇家湾		九分	
	水峪村		八分五厘	
	东站街		八分	
郑中分局	孙家湾		一文	
	寇家湾		九分五厘	
	水峪村		九分	
	东站街		八分五厘	
中牟分局	孙家湾		一文零五厘	
	寇家湾		一文	
	水峪村		九分五厘	
	东站街		九分	
下南分局	孙家湾		一文一分五厘	
	寇家湾		一文一分	
	水峪村		一文零五厘	
	东站街		一文	
陈兰分局	孙家湾		一文五分五厘	
	寇家湾		一文五分	
	水峪村		一文四分五厘	
	东站街		一文四分	
孟温分局	孙家湾	温县汛	一文五分五厘	
	寇家湾		一文五分	
	水峪村		一文四分五厘	
	东站街		一文四分	

续表

局别	起运处	卸运处	水脚——每斤脚价以制钱计算	堆　费
武原分局	孙家湾		七分	
	寇家湾		六分五厘	
	水峪村		六分	
	东站街		五分五厘	
阳封分局	孙家湾		一文一分五厘	
	寇家湾		一文一分	
	水峪村		一文零五厘	
	东站街		一文	
下北分局	孙家湾		一文二分五厘	
	寇家湾		一文二分	
	水峪村		一文一分五厘	
	东站街		一文一分	
东沁分局	孙家湾	方陵	七分五厘	
		木栾店	八分五厘	
		杨庄	八分九厘	
		老龙湾	九分三厘	
		张村	九分八厘	
		赵樊	一文零三厘	
		岳庄	一文零八厘	
		白水	一文一分四厘	
		南王	一文一分八厘	
		虹桥	一文零三厘	
		石荆		

查东沁分局各工运石水脚原定价目系以孙家湾为率，如由寇家湾、水峪村、东站街装运，按照原定之数递减五厘。

西沁分局用石系就本处采购，故运费不列此表。

运石水脚近因生活程度日高，已于民国十三年呈准，每斤加钱一分五厘，并船运艰难情形，均经呈明在案，见公牍门。

埽工

埽工为护险救急之先锋，用以辅土、石两工之不足，厥绩甚伟。现时减埽增坝之议虽见实行，然坝工未经普及之际，埽工之作用安可忽？诸埽工所用料物之多寡及其大小长短已见前志，兹不复述，述其名称暨功用而已。

埽工做法

埽之名十有二：曰护崖，曰捆厢，曰搂崖为顺厢，曰藏头，曰护尾，曰鱼鳞，曰雁翅，曰磨盘，曰扇面，曰贴边为丁厢，曰龙尾，曰柳条为柳条埽。做法有二：险将至，卫堤而下于旱地者曰“等埽”，是防险也，其工易；险已至，挑槽而下于水中者曰“搂崖”，是抢险也，其工较难。无论旱厢、水厢，宜先看明地势，量定宽长，就堤根数尺外挑挖深槽，以槽内之土平铺坦坡，垫成埽台以便卷埽。先下藏头，分别层路，顺堤根初下者曰“肚埽”，外迈埽曰“面”，是为二路一层。埽下加埽曰“套”，是为二路二层。钉厢散料务须坎厢匀，一根吞压一根，仅露料头，谓之“厢垫”。

铺埽之际，如埽长十丈，用长十二丈绳二条，顺堤两头拉齐，钉于橛上以为标准，每五尺用行绳一条。铺毕即拉子，临河用绳扎口，里用柳椽穿口安穿心揪头等绳，再用小绳扎住埽心，将揪头等绳挽结埽心，堤两头先铺草后铺柳，柳少则代之以秸，铺平即会行绳先拉埽尾，然后发号。俟两头平整，随将子头用绳挽结紧实，以柳橛有倒钩者钉绳头于埽内，俗名“埽脑子”。靠埽者与手留绳揪头者，尤宜听埽手口号，急徐有度，俾前埽紧挨后埽，沉水之后无鸡窝、猫洞、串水溃堤之病。初下之埽未易落实，其揪头、钩战、留橛须时时看守，必须松紧得宜。盖揪头过松则无力，过紧钩战则发橛故也。

厢填埽眼忌多用土挤埽外出，摆档成险。池水加厢，如料一尺，厥土五寸，厢至二尺用骑马一路，埽眉出水即钉长桩，或用碎石围护埽根亦可。惟新埽行蛰势所不免，须用大绳攀桩层层厢垫，齐以骑马，于埽身挑水挂角处多补大桩，随填土料，则愈紧愈实，堤根永固。

埽由：自高一尺至高四尺止，不用腰缆、揪头绳等，只用柴草小绳箍头，即谓之“埽由”，此系搪风抵浪之物。

埽个：长十丈，高五尺以至高二丈者，谓之“埽个”。最大之埽个，秸草至万束，绳缆亦至万斤，拉埽勇夫至四百名，捆运颇为不易，非至必要时不宜轻用之也。

丁头埽：抵水横行，不用揪头绳即为丁头埽，下有蛰实旧埽之处方加此埽。或长三四丈，两箍头用缆绳迎水竖下，一头顶堤，挨排数个，名为“丁头埽”。

顺埽：沿边顺下者为顺埽。

面埽：上下二三埽，其在上者，即为面埽。或下埽二三路，其外面一路亦为面埽。

套埽：水深埽矮不能沉底，再用套埽联签，下坠二、三、四、五层，层叠尽下。

沉水埽：凡漫水，初盘根基水势必甚湍急，但用秸、柳等物卷者，恐一时难至水底。埽内必酌量加土，沉水方速。

边埽：埽临水面尚有二、三、四层者，即为边埽。

裹头埽：临险要处已做埽工，上水不无迎溜，须下斜横埽个包裹埽头。或遇漫口，堤之两头日益坍卸，急宜裹住以免塌宽。

护岸埽：因崖岸离埽较近，且系漫水不时冲刷，须下边埽护崖。其紧靠崖岸者亦同。

包滩埽：堤根低洼，河势较近，滩崖土地日渐刷卸。宜借滩以抵全溜，必须卷下包滩埽个以御之。

鱼鳞埽：顶冲大溜之处下埽，务将埽个上头藏于前埽尾内，使前埽尾向外出可以挑溜，后埽藏头以免撞击之患，前后衔接，形如鱼鳞。

萝葡埽：凡合龙之处口门，必系上水宽而下水窄，须下大头小尾埽个，形如萝葡。

神仙埽：如支河之类，其形势小者，在于口门两边兜起绳缆，用柴铺于绳缆之上，层土厢压到底，名“神仙埽”，一名“兜缆埽”。

龙尾埽：防备水势暴涨，恐其冲堤刷崖，须用一尺高埽由联络。签套必相度地形高下，河身宽窄，以定水之浅深。或二、三、四、五层，或十数层，相机应用，形如龙尾扁排。

凤尾埽：以绳系柳稍垂于崖下以御冲刷，又名“挂柳埽”。

门埽：凡堵截支河，两边岸筑立坝台，对面卷埽，形如闭门。

等埽：因河势较近，水长必险之处，预在干地挑槽，卷下埽个，以待水长抵御。

防风埽：河水长发积聚注下，风浪鼓荡冲刷堤根，用层柴颠倒丁厢以资防御。

藏头埽：顶溜兜湾之区下埽时，先于上首半水半旱处，将旱地挑槽埋藏埽头，以免河水冲激。

护尾埽：临河之处上首建坝挑溜，其下水必系回溜冲刷，须卷下斜横埽个，不使回溜迎冲埽尾。

埽眼：因两埽并下，或埽靠堤坦者，其间必有顺埽沟槽一道，名曰“埽眼”，必须填塞坚实，以免内溃。

顺厢：将柴根俱朝外面，梢头在内，经土压实即系外昂内洼，名为“顺厢”。

鱼鳞厢：将柴自边起至堤根止，势如以瓦盖屋，使厢压之内并无空虚，名“鱼鳞厢”。

丁厢：凡厢防风，恐中心空虚，将柴一颠一倒作丁字式厢，务使根梢合式，不致虚松。

骑马厢：于埽上加厢厚四五尺，用大绳一条拴系于临河一面十字木架之上，再穿过拴入留橛，不使厢铺外游。

马面厢：底出上缩即为马面，如堤坦也。

扎枕厢：因溜过急，前面作工人无立足之地。须用秸柴扎成长个，形如枕头，内用麻绳、苇缆作为筋骨，不使入水脱节。两端用绳拢头将枕推入水中，河兵即随之而下，立在枕上工作。两头用撑杆各一根，约长一丈余，使枕不靠堤身，赶将秸料推下，迅速丁厢约五尺厚，压以柴土或花土，一坯柴上盖土，不露柴曰“柴土”，露柴曰“花土”。临时看情形施之，层层跟厢，以得底为要。如埽未蛰实，溜不见缓，更恐致埽外游。应赶用绳缆桩橛密抛，钉在堤顶，用大土盘压。稍一迟延，埽不着底，堤根反汇，至为危险。

跨篓厢：亦因水大溜激，前面无处生根，因用小船一只托缆厢作，名曰“跨篓”。船头、船尾均用绳缆牵住系于堤上，离堤丈余，档内用料抢厢，层柴层土，盘压到底。

按：以上两种厢法，皆为溜势紧急新生埽段而设，缘此种新生埽段宽仅丈余，若河势久住不移，则埽愈蛰愈宽，甚且有形蛰不停而跑去者。至于终年临黄处所之埽段，久经盘压坚固，尽可抵御大溜，即稍有蛰动随时加厢。但得家伙使用得当，压土厚薄相宜即可，无大妨碍。

托缆软厢：堤前边溜水深数尺，欲生新埽以免冲刷，是宜用缆编兜托缆软厢，层土层柴，跟厢数坯即可盘压到底，再以大土压之，可臻稳固。

加厢：旧埽蛰陷难资抵御，应即用料加厢，或于每岁春工择要厢修，先事预防，事半功倍。

拆厢：旧埽久不临河，均经朽腐，溜势忽临不能加厢，只可拆去补新埽，以期坚实。

护搂厢：遇有漫水临堤深不过三四尺，风浪汕刷，堤身易伤。是可托缆护搂料根，均向两端用绳缆兜住，钉于堤顶，宽四五尺，亦须盘压到底。较之埽段可以节省料物，然不过暂时防御，仍宜用石抛护，改作护崖，方能经久得力。

抢厢：埽之所以陡蛰者，或埽底淘深，或埽身朽烂。然必先现形而后蛰动，断无突如其来之理。惟在管工汛弁时刻留心查看，即可预为防范。盖一工之埽多则百余段，少则数十段，虽溜势提坐靡常，然着重者不过三四段。如今日溜走某某埽前，势极汹涌，即当于着溜几段不时探测水量，如深过原做时丈尺，即应包眉钉橛，将绳缆备齐，一见形蛰，即动料加厢，不过追压几坯便可稳实。如系旧埽，恐有脱胎之患。察看尚堪抢护者，照样加厢。如实在腐朽不堪，当预先捆船签钉底钩，齐集人夫、料物，一切全备，俟旧埽塌尽从新搂厢，亦可抵御。再如三埽行蛰，四埽尚未见动，急须将四埽拿住埽眉抢厢数坯。因恐三埽不能保住，四埽抢定空档无多，尚易补厢。否则，连塌数埽，溜势冲腰，塌坡溃堤，变成危险矣。大凡塌蛰埽段即为抢厢，顾名思义，自当以速为主。傥一埽既走，连段蛰塌，大险已成，补救为难矣。

追盘：每厢一层至三四尺高曰“一坯”，即须压之以土，层土层柴，追压到底，是为追盘。

面土：厢成后，埽面压之以土，曰“面土”。

埽眉：埽既厢成，其各坯层累之痕，曰“埽眉”。

墩蛰：急溜淘刷，陡然见蛰，曰“墩蛰”。

形蛰：埽蛰之轻者，曰“形蛰”。

脱胎汇化：背工淤闭之旧埽，河溜忽来即时腐化。

毛洞：埽眉破烂之处，曰“毛洞”。

打橛：于堤上以桩硪打橛入土，外留一尺为挂缆之用。

拉骑马：每厢一坯，将骑马下好，再加一坯，由堤上拉之，使坚嵌眉内。

打齐板：用齐板拍打埽眉，使之平整。

听桩：埽既盘厢到底，仍恐走漏，则打桩以听之。如下有过水处所，其深者桩颤声大，其小者桩虽不动，亦有水声。仍须重土压实，以毫无喘息为妥。

秸料之功用：河工之用秸料由来（旧）〔久〕矣。秸者，秫秸也。一名柴料。每年秋禾登场，择要工地点购储备用。伏秋大汛水势湍激，顶冲直射，坍塌不已，欲求于最短时间筑成巨大体积，而使水溜改向，借保堤防，非秸埽莫属。是其作用在临时防险，或堵塞决口最为伟大。惟秸本草质，水浸日晒，一二年后化为灰土，非若石工之堪垂久远也。

秸垛之重量、丈尺及价值

黄河秸料，每垛〔长〕[1]六丈，宽一丈五尺，檐高一丈，脊高一丈五尺，计重三万五千斤。每一垛定价九四库平银五十五两，按七钱二分，合成银圆七十六圆三角八分九厘。每垛附杂料银十二两五钱，合银圆十七圆三角六分一厘。

沁工秸料每垛长二丈五尺，宽一丈二尺，檐高一丈，脊高一丈五尺，计一万斤。每垛价银十五两七钱一分四厘有奇，合银洋二十一圆八角二分五厘。现亦援照黄工办法以归一律，详见公牍门。杂料另办，不附正料计价。

堵筑决口

大河漫决，堵筑工程先资秸料合龙。占子即埽个之大者，略述大要，次于埽工之后。

全河夺溜：先将堤之决口两边盘筑裹头，是为东西两坝各分埽段，然后各就裹头埽前进占，每占约长三四丈。计算口门之丈尺，预定几占。并于正坝之上下更为边坝各一道，同时进行。边坝距正坝约丈余，名曰“土柜”，先用黄料作底，以土填垫，随占前进。正坝占前备捆厢船数只，将绳缆托在船中，运料厢筑东西两坝。相距七八丈之谱即挂合龙大缆，下金门大占，土料并进，盘压到底，一面开放引河，即可闭气。

分溜：大河仅有二三分溜出口，施工较易。先将东西两坝裹头，埽占盘筑，同时进占。只用正坝一道占子，俗名“独龙过江”。占前用捆厢船数只，将绳缆托在船中，背河亦用黄料垫底，上填以土，与占子一同前进。即作后戗，两坝相距六七丈之谱，挂缆合龙，赶运大土盘压即可闭气断流，不必挑挖引河也。

---

[1] “垛”后脱“长”字，据下文“沁工秸料每垛长二丈五尺，宽一丈二尺”增。

裹头：裹头者，裹护决口冲断之堤头也。用料盘筑坚实以防冲宽，是为决口以后，合龙以前第一要事。惟盘筑之时，宜视决口距汛期远近。如值暮秋节近霜清，来溜渐弱，则就冲断原堤头卷下埽个护住堤头，免其冲宽，口门盘筑宜急。如当伏汛方长，水势正大，则相度形势，溜重顶冲之处，酌量多退若干丈；水缓背溜之处，酌量少退若干丈，掘断好堤深与地平，或比地再深四五尺下埽，其中，签桩压土与在大溜中无异。其上下水各下顺埽若干丈，预防将来刷到埽边托溜、回溜，盘筑宜缓。

坝基：凡决口，当霜清后水势稍定，预备堵筑。首重坝基，以进占能否得力，合龙否能[1]成功，全在坝基能否得势。如大溜尚走正河，漫口系分溜几分，是为分溜。坝基宜建于两河分岔之处，切忌退后，致成入袖之势，因难成功。如大溜全归口门，正河下游干涸，是为夺溜。须先定挑挖引河，使水有去路，再择坝基。大抵坝基宜去引河七八十丈至百余丈，恐近则搜后，远则寡效也。又宜建于老崖深处，两岸均得老崖固妙，即令溜离中泓，亦必一岸老崖方可施工。万一两岸均系新淤嫩滩，惟有退至决口上游大河转湾之处另觅河头。例如南岸决口，河流向北坐湾即其地也。坝身宽窄视水深浅，水深四五丈以外，坝身应宽十五六丈，高出水面三丈，上边坝宽五六丈，下边坝宽四五丈，高出水面二丈五尺。水深三丈以内，正坝应宽九丈十丈，高出水面二丈，上边坝宽四五丈，下边坝宽三四丈，高出水面一丈五尺。

坝台：坝基既定，应即盘筑坝台，昔人谓之“出马头”，即进第一占子。宜细按形势，东西两坝头对准盘筑，大抵两坝微

[1] “否能”二字互乙。

迎上水。如就老堤堵筑，先将原断旧堤加土夯筑，以高出水面一丈五尺为度。上下两边各退十丈刨槽，入水深七八尺以防搜后。料土交接之处用软草、油泥细细盘筑，俟十分坚实，方可捆盘挂缆出占。如就滩上、滩边堵筑，先筑上埝，上首接至老堤，下首接至坝台以为坝基。防备水涨汇后，亦以高出水面一丈五尺为度。傥恐溜到行蛰，则应刨槽入水深一丈许做顺埽防护。

上边坝：此为正坝加护，亦用船搂厢。虽随大坝进占，亦应参差错出，遮盖埽眼方资得力，厢压方法一如正坝。

二坝：历来漫工专以大坝，合龙者虽属不少，失事者亦不无其例。缘大坝口门收窄时，上水高于下水几至丈许，奔腾下注势若建瓴，坝前愈刷愈深，大坝蛰塌不已。若有二坝擎托，以水抵水，则大坝上水比下水不过高三四尺，二坝上水比下水不过高五六尺许。水头分而为二，两坝各任其力，而大坝之负担轻减[1]矣。惟两坝距离不宜过远，当以二百丈为率。盖近则擎托得力，远则溜势伸腰，东西冲撞必出坐湾，不特大坝不能得力，即二坝亦必一面受其冲击。二坝宽厚，水深四丈以内，则坝身宽五丈，上边坝宽三丈，如水加深，各再加宽。下边坝可以不做坝身，长短察看溜势，以擎住溜头为要。

出占：正坝每占长三丈五尺，高深八丈五尺，宽十五丈。计单长四千四百六十二丈五尺，勾绳一百四十条，四冲。共七百条。

大占三十四条，四冲。共一百四十条。

底占四路二十八条，四冲。共一百四十条。

冲心揪头六排，每排用绳二十一条，五冲。共七百五十六条。

---

[1] “轻减”二字互乙。

腰占四路，每路用绳七条，一冲半。共四百二十条，亦曰“肚占”。

连环占四排，每排用绳二十八条，二冲。共三百三十六条。

上下水撑挡骑马用绳二十条。

骑马十二副，计十六排，每排用绳一条，共一百九十二条。

共绳二千七百三十四条。

上下水边埽照正坝用物，临时酌减。

外备苏缆一千二百条。

边埽占均要盖护正坝眼，以封其门。

后身护埽盘头乃扎根起首之地，先要鱼鳞厢护周密，以防搜后。

拉船上位：凡出占未经临水，先于旱地刨槽软厢，一经见水数尺，即将艎船拉上位置，以便进占筑做。

捆龙骨：船已上位，欲使船身免其损失，用直木一条，比船略短，置于船面，是为“龙骨”。按五六尺一空，多用绳缆由船底周围捆紧绕于龙骨之上，共六七道，为担缆守家伙之用。

明过肚：船虽上位捆过之后，其船敌溜必致颤动。即于船头、船尾生上明过肚，缆后占打橛上篢，一俟撑档，其缆跟冲前进。

暗过肚：艎船头尾虽有明过肚收管，而船中间空处又须生出暗过肚，俾资楼束坚固，庶免屈抑之虞。

底勾：艎船明暗过肚已备，即将生缆担入船上，共十余道，其一端挂于坝上各橛，是为底勾。底勾各缆挂齐，派兵在船专守家伙。

撑挡：各缆挂齐，即用篙木往前撑档离开正坝，以便铺做。

打张：所谓打张者，因金门收窄，溜势益形湍激，艎船被逼，档难外撑，只得将勾绳间档出篑，派兵活留使家伙外松。于前眉后二尺压盖脊土，集夫上跳，令埽眉吃重，眚头得以外张。

打张一次，埽档仍不甚宽，遂活留，仍在前眉后二尺如前压土，集夫跳埽，船上跟游前进，使埽身增宽丈余，即谓二打张也。

二次打张之后，金门仍不能合，即照前式跳宽丈余。活留后，艎船满压盖柴花土，加厢再成此占。

面勾拉活留：档已撑足，厢高丈余，其缆间档出篑拉活留后，艎船压盖花土，即下串心揪头，上下倒眉均下骑马，再回活留，加厢追压到底，面勾长台压土。

揪头：连环占专为搒束埽身，占占连络，免其外游，揪头串心，则免埽身之外游也。

挑水坝：筑在金门上首，专挑全河溜势归入引河，俾其畅流下注，使金门易于堵合。

船上、坝上用物之名词：底勾，即生缆之撅。面勾，占埽厢成回缆之撅。暗过肚，乃为艎船外撬。明过肚，为稳定艎船之头尾。边占，为兜束迎面埽眉，免其前眚。串心揪头，为防埽身外游，串心腰占，所以摘住埽心不致挫动。连环占，系将坯占均为连络，免其外游。腰占，所以搂束埽身。

出船：两坝门占均已做成长台，拉船出位得以挂缆合龙。

挂缆：艎船既出，一面启放引河，一面速进一占，即在两坝挂缆十余条以备合龙。

金门合龙：缆既挂齐，速填关门埽占。尤恐稍有罅隙，急撒手抢买柴土层层追压，一气呵成，以资闭气。

引河做法

踏勘：夺溜口门正河受淤必近，先分溜渐成夺溜口门者，正河受淤必远，近则千丈，远则数千丈至万余丈不等。估计之法首重河头，当于大河新转湾处深水陡崖，有吸川之形方为得势。上口宽五十丈，下口与引河同。先于河头滩面较量，滩高水面若干，挑深若干，计可过水若干，又开放时大河应落下若干，金门收窄，水势抬高若干，仍能过水若干，总以过水一丈以外为准。河尾直估至未曾受淤，现有深水大塘处为止。此下如有高仰处所，抽沟足矣。至于河身，愈宽愈妙。第经费有定，须立限制。大都河里挑河底宽十二丈，口宽照二收，随估挑浅深定之。老滩挑河底宽二十丈，口宽亦照二收。总须察看土色，如系沙土，不妨稍窄；如系淤土，尚宜加宽，仍须循旧河形，因势利导。盖走溜之处土性多沙，挑河固易见功，淘刷亦易见效。如旧河形内间有稀淤，宜量淤之浅深。傥深不过二三尺，此下仍是沙底，尚易为力。傥稀淤过深，当绕越避之。绕越之时，须详询土著老人。否则，因避浅淤，反遇深淤，转致棘手。如旧河地势高洼不一，须用竹精细丈量，插段宜短，俾易一目了然。

开工插塘：工程估定，各工员认定工段之后，当查明所分工内原估宽深丈尺。如原估十五丈，口宽十九丈，深一丈，每丈出土一百七十方，限四十日完工，每日应出土四方二分五厘。按夫每日出土五分余计算，每丈插夫八名，预防风雨耽延，加夫二名，共计每丈应插夫十名。惟夫头到工人数类皆冒报，务须点验清楚，按夫插塘。

估勘验收

土工算法

土工每长一丈，宽一丈，高一尺为一方。假如估算堤工一段，先以顶宽若干，底宽若干，合总对折，以高乘之便是。每丈计土若干之数，再以通长若干丈乘之，便得共土若干之数。倘堤顶两头宽窄不一，又当以宽窄对折，或用四归除之亦可。若明于此，或斜尖，或带圆，即可会意而类推之矣。

假如筑堤长一百五十丈，顶宽五丈，底宽十二丈，高二丈八尺，该土若干？法：先以顶、底丈尺合并得一十七丈，折半以五乘之，得八丈五尺。又以高二丈八尺乘之，得每丈需土二百三十八方。又以长一百五十丈乘之，共计土三千五百七十方。

又如筑堤长九十八丈，顶宽五丈五尺，底宽十三丈，南高二丈六尺六寸，北高一丈六尺六寸。又南北积水牵深四尺五寸，宽二丈五尺，共该土若干？该银若干？法：先以顶、底丈尺合并对折，得九丈二尺五寸，另以南北高丈尺合并对折，得二丈一尺六寸。即以九丈二尺五寸乘之，每丈该土一百九十九方八分。次以长九十八丈乘之，得共该土一万九千五百八十方零四分。另以水面宽二丈五尺，以水深四尺五寸乘之，得每丈该土十一方二分五厘。又以长九十八丈乘之，得共该土一千一百零二方五分。二共该土二万零六百八十二方九分。如每方价银九分六厘，即以银数乘上土方之数，得该银一千九百八十五两五钱五分八厘四毫。

如有顶上加高之工，上首底宽四丈，下首底宽四丈五尺，顶宽三丈五尺，上首高一尺，下首高二尺，长六十丈。法：以上首、下首底宽合成若干对折，得底宽四丈二尺五寸，加入顶宽三丈五尺对折，得顶、底均宽三丈八尺七寸五分。再以上高一尺，下高二尺，对折得一尺五寸。即用一五乘之，知每丈土五方八分一厘二毫五丝。然后用长六十丈乘之，即知共土三百四十八方七分五厘。又法：先以顶、底折半为实，次以南北高折半为法，即得每丈土若干方，再以长数乘之，即知总数。

又如估人字坝一道，上首顶长十八丈，下首顶长十四丈，上下共长三十二丈。中顶宽十三丈，中底宽十五丈，顶底牵宽十四丈，高五尺。依前法乘之，每丈合土七方，共合土二百二十四方。

又如估磨盘坝一道，周长二十八丈，中顶宽十二丈，中底宽十四丈，顶底牵宽十三丈，高五尺，每丈合土六方五分，共合土一百八十二方。

又如估帮宽加高土工一段，长三百二十丈，现量原存顶宽上二丈九尺，下二丈八尺。牵宽二丈八尺五寸，底宽上四丈七尺四寸，下四丈六尺四寸。牵宽四丈六尺九寸，顶、底牵宽三丈七尺七寸，牵高四尺六寸，每丈合土十七方三分四厘二毫，共合土五千五百四十九方四分四厘。

如拟估临河随坦帮，宽九尺五寸，高与原顶平，每丈合土四方三分七厘，共计土一千三百九十八方四分。

再以新旧顶宽三丈八尺作底，加高二尺，按二成收新顶宽上三丈零五寸，下二丈九尺五寸。牵宽三丈，顶、底牵宽三丈四尺，每丈合土六方八分，共计土二千七百七十七方。

做成大堤顶宽上三丈零五寸，下二丈九尺五寸。牵宽三丈，底宽上五丈六尺九寸，下五丈五尺九寸。顶、底牵宽四丈三尺二寸，牵高六尺六寸。每丈合土工十八方五分一厘二毫，共计九千一百二十三方八分四厘。

附注：如有残缺洼形之处，应加估填垫，应需土方若干，再行帮宽加高。

以上所述，乃分晰新旧两算之法也，或将旧堤按照现存形式丈尺算明原有方数后，按修成丈尺通盘总计，除去旧堤方数，其理亦同。

如有先填洼形五十丈之工，牵宽二丈，牵深二尺。每丈土四方，共土二百方。每于顶上通身加帮，底宽二丈三尺，顶宽一丈一尺，高一丈三尺，长六十丈。每丈土二十二方，一分共土一千三百二十六方。

如有旧堤一道，长三百丈，顶宽一丈二尺，底宽二丈八尺，高五尺。今议估三面加帮，加至顶宽二丈，底宽五丈，高一丈，共加新土若干□法：应以旧堤顶宽一丈二尺，底二丈八尺，两数相并得四丈，折半得二丈。以高五尺乘之，得每丈旧土十方。今估加顶宽二丈，底宽五丈，高一丈。算法如前，计每丈新旧土共三十五方。除去旧土十方，计新土二十五方。再以长三百丈乘之，共计新土七千五百方。

收分

收分者，即坦坡之斜度也。如堤高五尺，顶宽三丈，按二收计算，即每高一尺，堤之两面各收二尺计，高二尺应收二丈。加入顶宽三丈，底宽定作五丈。更有所谓二五收或三收者，其理一也。然坦坡之收分究以若何限度为宜，是在临时察看，未可胶柱鼓瑟。有谓临河方面坦宜取宽，免使易于冲刷，背河方面不妨稍陡，既可节省帑金，且妨车马践踏。然亦未可持为定论，盖堤坦过大，设遇坍塌，抛石尚可，若厢埽，未免困难耳！前例系照内外平收计算。

假如底十二丈，高八尺，用二五收。法：以二五乘高，即得南北坦均高二丈，顶宽八丈。

假如底宽十六丈，南高四丈，北高一丈一尺五寸。南坦二五收，北坦三收。法：先以二五乘南高，得南坦长十丈。再以三收乘北高，得北坦长三丈四尺五寸，即得顶宽二丈五尺五寸。

收土塘法

假如土塘东宽三丈五尺，西宽一丈七尺，合得五丈二尺。

折得均宽二丈六尺，南北长十一丈五尺。将前折宽二丈六尺作为实数，以长十一丈五尺为法乘之，共得二九九之数，合成对折，得底宽若干。再以上高、下高对折，得一尺五寸乘之，得每丈土若干。然后用长乘之，即得全数。

算各种土塘图式、歌诀

半月土塘算法

歌曰：半月先将长阔乘，另将宽数自乘明。并来折半为之实，再用深乘方数成。

注：先以矢宽十八丈乘弦长三十六丈，得六百四十八丈；另将宽十八丈自乘，得三百二十四丈。二数合并折半，共四百八十六丈，置为实。再以深三尺乘之，得积土一千四百五十八方。

又法：宽、长相并折半，再以宽乘，然后用深乘之亦得。

又法：以周长五十四丈自乘，得二千九百一十六丈，再用六归归之得积，再用深乘之得方。

又法：以周长乘弦长，用四归归之得积，再用深乘之得方。

歌曰：东西并折半，南北亦如斯。相乘为实位，深数再乘之。

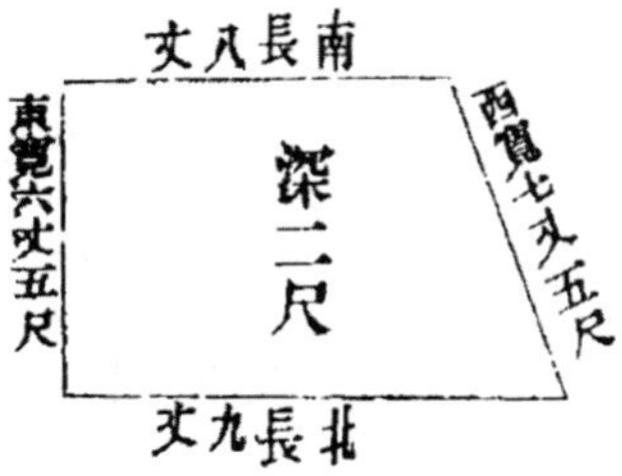

斜方土塘算法

注：如东宽六丈五尺，西宽七丈五尺，相并折半，得牵宽七丈，置为实。另将南长八丈，北长九丈相并折半，得牵长八丈五尺为法。以法乘实得五十九丈五尺，为实再将深二尺乘实，得积土一百一十九方。

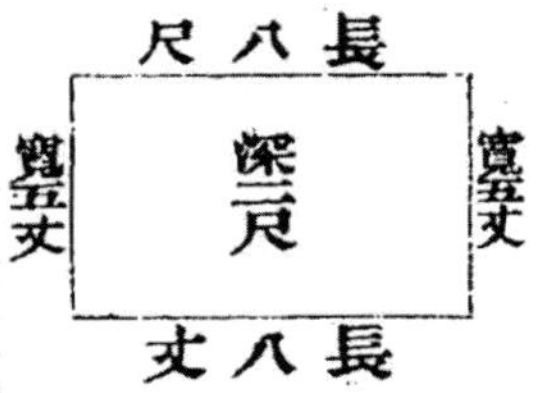

直方土塘算法

歌曰：直塘只以长乘阔，深再乘之方数详。

注：如两长相同，宽数亦同，俱勿庸牵折，但以长八丈乘宽五丈，得四十丈为实，以深二尺为法，乘实得八十方。

方塘算法同。

圆土塘算法

歌曰：圆塘径自乘，七五折分明。再乘深数毕，方数不差零。

注：以径长七十二丈自乘，得五千一百八十四丈，却用七五折之为实，再用深三尺为法乘之，得土一万一千六百六十四方。

又法：以径长乘围长，再用四归归之得积，又以深乘得方。

圭形土塘算法

歌曰：尖塘先用长乘阔，折半乘深便见方。

注：先将中长六十丈用宽二十丈乘之，得一千二百丈。折半得六百丈为实，再以深三尺乘之，得土一千八百方。

又法：用半宽乘长，半长乘宽，然后乘深俱可。

梭形土塘算法

歌曰：梭形半阔乘长数，再用深乘即得方。

注：将宽二十丈折半得十丈，乘长六十丈得六百丈。再用深三尺乘之，得土一千八百方，与圭形同一算法。

碎石算法

假如顶宽二尺照二收，底宽六丈八尺，高三丈三尺。法：以高在位，照收分，该放底若干，加入顶宽即得底宽之数。以顶底对折，以高乘之，每丈石若干，以长乘之即得全数。砖照五收，算法与碎石同。

估抛碎石法

顶宽以三尺为度，外（同）〔周〕[1] 长比里周长加三尺，因顶宽三尺故也。法：以高深丈尺为实宽，里用二收者多，即以二乘之，加上顶宽即得底宽之数。两头或二收用四乘，或一五收用三乘。以收数乘之，加上顶长即得底长之数。顶、底长须用五乘，长、宽亦如之。

算抛石方法连收分两头二收，临黄二五收。

今抛碎石一段，入水三丈五尺，出水三尺，顶宽三尺，长八丈，宽二五收，长两头二收。法：以入水、出水高深三丈八尺为法，二五收成九丈五尺，再加顶宽、底宽共六尺，并得十丈一尺，折半得五丈五尺。用三丈八尺为实乘之，每丈应得碎石一百九十一方九分。再以前高三丈八尺为法，二收成一面七丈六尺。再加一倍，共十五丈二尺，加顶宽、底宽共十六丈，并得三十一丈二尺，折半十五丈六尺为法，以前每丈应得一百九十一方九分乘之，总共二千九百九十三方六分四厘。

秸料算法

以檐高、脊高并在一处，用二除之，得数以宽乘后，再以长乘之。

埽工单长算法埽工方一丈，高一尺为一单长。

假如埽长八丈，上宽三丈五尺，抢厢入水二丈，出水五尺。

---

[1] “同”当为“周”，据下文“里周长”改。

法：以上下宽相并折半得三丈，以长八丈乘之，得面方二十四丈。再以入水、出水共高深二丈五尺乘之，得单长六百丈。

埽工用料数目

今有埽工一段，长二十丈，宽三丈，蛰厢高六尺，计单长三百六十丈。每丈用秸料三十三束二分，麻九斤，计共用秸料一万一千九百五十二束，麻三千二百四十斤。每单长合秸斤，春工以九二六乘，另案以九二四乘，防风每单长以九乘。每单长合麻斤，春工以九乘，另案以一三五乘。又，向例每单长春工用四十五斤，麻绳二条，另案用三条。

购料办法

秸料向于霜清后派由各分局设厂购买，每垛例定九四库平银五十五两，折合银圆七十六圆三角八分九厘，所有喝车、拦料车、各弁兵，及泥垛、腿夹垛、档堆垛夫赏项，并应用料票、印刷、工料一切开厂费用，一并牵算在内，不准另行开支。且秸料来路远近不同，天气阴晴、秋成丰歉又复各异。兼之设厂之初，先须放价招徕后再逐渐收回，故以每一垛计算，不免有截长补短之处，惟以通计不逾定额为限。

黄、沁两河各分局堤埽坝垛各工一览表

据民国十五年五月上旬《旬报》

上南分局				
荥泽汛	堤工五千三百零九丈六尺，分十二堡	埽工十一段，护石崖三十一段，护石土坝十七道，土坝齿五道，护石土坝齿十六道	石坝二十七道，土坝一道	石垛八十五个

续表

郑上汛	堤工三千零五十四丈五尺，分八堡	埽工二十三段，护石土坝齿九道	石坝四十八道，土坝齿一道	石垛七十三个
郑中分局				
郑下汛	堤工三千四百一十七丈，分十堡	埽工二十九段，护石崖六十三段	石坝三十七道，土坝三道，石坝齿四道	石垛四十个
中上汛	堤工长三千二百一十三丈三尺六寸，分十一堡	埽工无，护石崖二十九段	石坝五十五道，土坝十三道	石垛二个
中牟分局				
中牟中汛	堤工二千二百一十丈，分七堡	埽工七十三段，护石三十一段	石坝十五道，土坝十六道，护石土坝十二道	石垛十六个
中牟下汛	堤工四千九百二十二丈八尺，分十三堡	埽工二十六段，护石十二段	石坝九道，土坝三道，护石土坝六道，土坝齿十四道，护石土坝齿八道	石垛十八个，石工七处
下南分局				
上汛	堤工四千六百四十五丈，分二十堡	埽工二十四段，护石六段	石坝五道，砖石坝十二道，土坝七道	石垛三十五个
中汛	堤工五千三百六十二丈，分二十二堡	埽工二十一段，护石七段	石坝十七道，砖石坝十一道，土坝三道	石垛十八个
下汛	堤工六千五百零六丈，分二十九堡	埽工无，护石无	石坝无，土坝无	石垛无

续表

陈兰分局				
陈兰汛	堤工五千六百三十三丈，分二十二堡	埽工三段，护石五段	石坝八道	石垛十八个
孟温分局				
孟县汛	堤工七千四百九十丈零五尺，分九堡	埽工无，护石一百零五段	石坝五十九道	石垛一百四十九个 土垛十二个
温县汛	堤工七千丈，分八堡	埽工无，护石十六段	石坝无，土坝三道	石垛十九个 土垛二个
武原分局				
武陟汛	堤工六千一百三十六丈，分九堡	埽工三十四段	石坝五十六道，土坝七道	石垛一百五十五个
武荥汛	堤工七千八百五十丈，分二十九堡	护石十一段，埽工无，护石无	石坝无，土坝十道	石垛无
原武汛	堤工六千七百四十四丈，分二十堡	埽工无，护石无	石坝无，土坝二十八道	石垛无
阳封分局				
阳武汛	堤工一万零三百四十六丈，分三十七堡	埽工无，护石无	石坝一道，土坝八十五道	石垛无
封邱汛	堤工六千一百五十七丈，分十八堡	埽工无，护石无	石坝三道，土坝三十道	石垛无

续表

下北分局				
开封北汛	堤工五千四百一十丈，分十六堡	埽工四十七段，护崖石五段	石坝十道，土坝二十三道，包石土坝一道	石垛十七个
开陈北汛	堤工四千五百五十三丈，分十五堡	埽工二十五段，护崖石二十一段	石坝十三道，土坝七道，包石土坝一道	石垛十四个
东沁分局				
南岸	堤工九千四百一十丈，分七工	埽工八十二段，护石四十二段	石坝二十六道	石垛四个，石坡五堤
北岸	堤工一万零九百七十丈，分四工	埽工二十三段，护石九段	石坝十道	石垛十二个，石坡八处
西沁分局				
南岸	堤工一万四千二百四十丈，分四段十一工	埽工一百一十九段，护石四段	石坝七道，土坝三道	石垛八个
北岸	堤工一万三千七百七十丈，分四段十六工	埽工一百八十九段，护石六段	石坝五道，土坝二道	石垛六个

按：各分局之工程，《黄沁两河图》中已列有表，惟该图系民国十二年所绘，距今已阅三年，河势不无变迁，坝、埽因之亦有增减，故与前表微有不同。兹据十五年五月上旬《旬报》复详列之，以见治河之不可执一论也。自今以往，迁流之迹更将月异而日新，亦惟俟后来者之赓续前修焉耳！

黄、沁两河各分局实存秸料数目表

据民国十五年五月上旬《旬报》

上　南　分　局			
荥泽汛	十五垛	郑上汛	二十四垛
郑　中　分　局			
郑下汛	平顶垛四垛，合脊垛三垛二分	中上汛	无
中　牟　分　局			
中中汛	三十一垛	中下汛	七垛
下　南　分　局			
上汛	二十四垛	中汛	二十垛
下汛	无		
陈　兰　分　局			
陈兰汛	无		
孟　温　分　局			
孟县汛	无	温县汛	无
武　原　分　局			
武荥汛	无	武陟汛	无
原武汛	无		
阳　封　分　局			
阳武汛	无	封邱汛	八垛
下　北　分　局			
开封北汛	十垛	开陈北汛	无
东　沁　分　局			
石荆工	四垛	岳庄工	三垛
张村工	四垛五分	杨庄工	一垛
赵樊工	二垛	老龙湾工	一垛
西　沁　分　局			
天师庙工	十六垛	仁孝寺工	十垛

续表

仲贤工	二十四垛	龙涧工	二十垛
亢村工	二十垛	寻村工	三十二垛
水北关工	二十四垛	留村工	二十一垛
蒋村工	三十三垛	孝敬工	十六垛
西良仕工	十垛	南张茹工	九垛
北孔村工	二十四垛	西王贺工	五十垛

黄、沁两河各分局实存石方数目表

据民国十五年五月上旬《旬报》

上　南　分　局				
荥泽汛	民堡	三千零七十四方	二堡	二百一十方
	三堡	二百四十方	四堡	一百八十方
	五堡	六百方	六堡	六百九十方
	七堡	二百七十方	八堡	三百六十方
	九堡	二百三十方	十堡	一百八十方
	十一堡	三百一十五方		
郑上汛	头堡	一千零五十方	四堡	八百七十方
	五堡	一千五百五十五方	六堡	一百九十九方
	七堡	七百九十方	八堡	八百三十四方
郑　中　分　局				
郑下汛	头堡	五百九十九方	二堡	三百六十方
	三堡	八百二十方	四堡	八百五十五方
	五堡	一千零七十七方	六堡	一千六百二十方
	八堡	九百八十方	九堡	一千五百五十方
	十堡	四百二十方		
中上汛	头堡	七百八十方	二堡	一百五十方
	三堡	三百八十方	四堡	六百二十方

续表

中上汛	五堡	二百三十方	六堡	一千零六十方
	七堡	四百二十方	八堡	一千一百六十方汛
	十堡	六百三十方	十一堡	七百五十方
合计	一万四千四百六十一方，又存椭砖一百八十方，条砖三十三方，碎砖二百三十五方			
中牟分局				
中牟中汛	头堡	一千三百五十方	二堡	八百一十方
	三堡	八百四十八方六分	四堡	三百方
	五堡	一千五百一十七方	六堡	八百四十方
	七堡	六百七十四方		
中牟下汛	头堡	二千二百零七方九分	二堡	一千一百八十三方五分
	三堡	八百零五方	五堡	一千一百八十六方四分
				大条砖二万五千块，小条砖九万五千二百块
合计	一万一千七百二十二方四分，又存大条砖二万五千块，小条砖九万五千二百块			
下南分局				
上汛	十六堡	三百二十方	十七堡	五百九十方
	十八堡	二百四十方，大椭砖一百五十方	十九堡	五百三十六方，大椭砖一百四十方
	二十堡	二百三十六方，小椭砖三十方		
中汛	头堡	二百二十方	二堡	五百九十八方，小条砖五十五方一分
	三堡	二百方	四堡	二百五十八方
	九堡	一千五百三十七方	十堡	九百四十四方
	十一堡	八百五十方	十二堡	三百六十方

续表

<table>
<tr><td>合计</td><td colspan="4">六千九百八十九方，又存大椭砖二百九十方，小椭砖三十方，小条砖五十五方一分</td></tr>
<tr><td colspan="5">陈　兰　分　局</td></tr>
<tr><td colspan="2">十九堡</td><td>八百方</td><td>二十堡</td><td>一千五百九十二方</td></tr>
<tr><td>合计</td><td colspan="4">二千三百九十二方</td></tr>
<tr><td colspan="5">孟　温　分　局</td></tr>
<tr><td rowspan="4">孟汛</td><td>头堡</td><td>八百七十八方</td><td>二堡</td><td>八百五十四方九分</td></tr>
<tr><td>三堡</td><td>八百四十方零八分</td><td>四堡</td><td>八百八十九方</td></tr>
<tr><td>五堡</td><td>四百五十七方五分</td><td>六堡</td><td>一千九百一十五方</td></tr>
<tr><td>七堡</td><td>一千一百七十三方</td><td>八堡</td><td>七百九十五方</td></tr>
<tr><td>温汛</td><td>六堡</td><td>一千五百一十九方一分四厘</td><td></td><td></td></tr>
<tr><td colspan="5">合计九千三百二十二方三分四厘</td></tr>
<tr><td colspan="5">武　原　分　局</td></tr>
<tr><td rowspan="5">武陟汛</td><td>头堡</td><td>一千三百零九方</td><td>二堡</td><td>二百六十三方</td></tr>
<tr><td>三堡</td><td>一百九十方</td><td>四堡</td><td>四百七十方</td></tr>
<tr><td>五堡</td><td>四百八十方</td><td>六堡</td><td>四百四十方</td></tr>
<tr><td>七堡</td><td>八百方</td><td>八堡</td><td>九百五十方</td></tr>
<tr><td>九堡</td><td>二百一十五方</td><td></td><td></td></tr>
<tr><td>武荥汛</td><td>二十六堡</td><td>三百方</td><td></td><td></td></tr>
<tr><td colspan="5">合计五千四百一十七方</td></tr>
<tr><td colspan="5">阳　封　分　局</td></tr>
<tr><td>阳武汛</td><td>十七堡</td><td>二百方，砖八十六方</td><td></td><td></td></tr>
<tr><td>封邱汛</td><td>十七堡</td><td>三千四百零三方四分二厘</td><td></td><td></td></tr>
</table>

续表

合计三千六百零三方四分二厘，又存条砖八十六方				
下　北　分　局				
开封北汛	十四堡	九十方	十五堡	二百三十六方
	十六堡	五百零二方四分		
开陈北汛	头堡	一千四百一十方	二堡	二千三百四十七方
	三堡	一百五十方		
合计四千七百三十五方四分				
东　沁　分　局				
白水工		十二方	石荆工	三十六方
张村工		三十四方	杨庄工	十二方
方陟工		六方	南王工	四十六方
老龙湾工		四十六方	木栾店工	四百五十方零零三厘
合计六百四十二方零零三厘				
西　沁　分　局				
王曲工		三十方零八分	天师庙工	四十四方
水南关工		四十方	仁孝寺工	十方
亢村工		六方八分	范村工	九十二方
解住工		六十五方二分	鲁村工	一百二十五方
西沁阳工		三十八方	水北关工	三十二方
张村工		三方	西良仕工	二十四方六分
南张茹工		六方		
合计五百一十七方四分				

黄、沁两河各分局实存土牛土方数目表

据民国十五年五月上旬《旬报》

上南分局				
荥泽汛	九堡	二座，一百九十二方	十堡	五座，二百零一方
	十一堡	十六座，二百三十四方		
郑上汛	头堡	九座，四十九方七分四厘	五堡	六座，三百九十五方五分二厘
	六堡	三座，二百二十二方四分		
合计土牛四十一座，土方一千二百九十四方六分六厘				
郑中分局				
郑下汛	头堡	四座，二百四十六方	六堡	三座，八十三方
	十堡	小土牛六座，二十一方		
中上汛	头堡	小土牛十二座，六十三方		
合计土牛二十五座，土方四百一十三方				
中牟分局				
中中汛	二堡	一座，九十六方	三堡	四座，三百八十六方
	四堡	一座，一百九十二方		
中下汛	头堡	三座，二百八十八方	二堡	二座，一百九十二方
合计土牛十一座，土方一千一百五十四方				
下南分局				
上汛	十九堡	二座，一百九十二方	二十堡	三座，二百八十八方
中汛	头堡	三座，二百八十八方	二堡	四座，三百八十四方
合计土牛十二座，土方一千一百五十二方				
陈兰分局				
陈兰汛	十二堡	一百九十方三分七厘	十九堡	一百零九方一分
	二十堡	三百四十二方		
合计土方六百四十一方四分七厘				

续表

孟温分局				
孟汛	七堡	二座，一百二十方		
温汛	六堡	一座，五十五方	七堡	二座，九十六方
	八堡	二座，九十六方		
合计土牛七座，土方三百六十七方				
武原分局				
武陟汛	头堡	四座，三百七十七方	二堡	三座，二百八十八方
	三堡	一座，九十六方	四堡	一座，九十六方
	五堡	二座，一百三十六方	六堡	二座，一百四十七方
武荥汛	月埝	十四方	二堡	一座，二十五方
	三堡	一座，三十五方		
原武汛	九堡	一座，五十方	十堡	三座，三十方
	十六堡	一座，十方	十七堡	二座，二十方
合计土牛二十二座，土方一千三百二十四方				
阳封分局				
封邱汛	十六堡	六座，五百七十六方	十七堡	八座，七百六十八方
	十八堡	二座，一百九十二方		
合计土牛十六座，土方一千五百三十六方				
下北分局				
开封	十五堡	二座，一千九十二方	十六堡	六座，五百七十六方
开陈北汛	头堡	五座，四百八十方	二堡	二座，一百九十二方
	三堡	一座，九十六方		
合计土牛十六座，土方一千五百三十六方				
东沁分局				
白水工		一座，八十四方	石荆工	一座，二十方
虹桥工		二座，一百三十二方	张村工	三座，三百九十方
杨庄工		二座，一百七十方	赵樊工	三座，二百五十方

续表

老龙湾工	二座，一百二十方		
合计土牛十四座，土方一千一百六十六方			
西　沁　分　局			
天师庙工	二座，破一座	仁孝寺工	二座，破一座
泰山庙工	一座	仲贤工	五座
龙涧工	一座	亢村工	五座
鲁村工	破一座	沁阳工	破二座
水北关工	一座	尚香工	破一座
留村工	破二座	孝敬工	一座
西王贺工	四座	西良仕工	一座，破三座
南张茹工	七座	武阁寨工	破一座
合计土牛三十座，又破者十二座			

黄、沁两河各分局实存柳株数目表

据民国十五年五月上旬《旬报》

上　南　分　局		
荥泽汛	民埝	二万二千七百五十七株
	头堡	三百六十六株
	二堡	一百二十四株
	三堡	三百一十二株
	四堡	五百八十九株
	五堡	八十八株
	六堡	三百三十四株
	七堡	八百九十七株
	八堡	四千一百九十株
	九堡	四百六十九株
	十堡	四百五十六株
	十一堡	一千二百五十六株

续表

郑上汛	头堡	八千四百六十九株
	二堡	一千五百七十七株
	三堡	三十六株
	四堡	二千七百二十二株
	五堡	一万五千零六十七株
	六堡	一千四百三十株
	七堡	六百八十五株
	八堡	三百七十七株
合计六万二千二百株		
郑　中　分　局		
郑下汛	头堡	六百一十七株
	二堡	三百一十五株
	三堡	九百零七株
	四堡	五千五百三十四株
	五堡	五百二十四株
	六堡	七千三百七十四株
	七堡	七千七百一十八株
	八堡	一千一百四十五株
	九堡	四千六百七十二株
	十堡	四百八十二株
中上汛	头堡	三千零四十六株
	二堡	二千八百四十三株
	三堡	一千一百四十株
	四堡	一千七百七十六株
	五堡	四百六十八株
	六堡	一千六百一十七株
	七堡	三千九百八十六株

续表

中上汛	八堡	五千零三十九株
	九堡	四千零五十二株
	十堡	三千九百零二株
	十一堡	一千四百九十五株
合计五万八千九百三十二株		
中　牟　分　局		
中牟中汛	头堡	三百一十七株
	二堡	一千一百一十四株
	三堡	一千五百七十九株
	四堡	九百七十八株
	五堡	七千二百二十五株
	六堡	三千三百零九株
	七堡	七百五十株
中牟下汛	头堡	一千二百八十八株
	二堡	二千四百六十二株
	三堡	一万四千六百七十二株
	四堡	二千八百二十五株
	五堡	一万五千九百一十三株
	六堡	六千一百零五株
	七堡	一百零八株
	八堡	八株
	九堡	八株
	十堡	一百三十八株
	十一堡	二百五十五株
	十二堡	二百零三株
	十三堡	二百五十三株
合计五万九千五百一十株		

续表

下南分局		
上汛	头堡	三十四株
	二堡	四十株
	三堡	三十六株
	四堡	四十五株
	五堡	四十三株
	六堡	五十株
	七堡	五十七株
	八堡	三十四株
	九堡	六十四株
	十堡	五千零二十一株
	十一堡	三千三百四十株
	十二堡	三千五百六十株
	十三堡	三千二百三十二株
	十四堡	四千四百五十一株
	十五堡	一千二百零三株
	十六堡	四百二十九株
	十七堡	一万五千九百八十五株
	十八堡	四百零五株
	十九堡	六百三十五株
	二十堡	四百六十二株
中汛	头堡	二百八十八株
	二堡	一千零三十五株
	三堡	六千五百六十四株
	四堡	五千三百四十六株
	五堡	五千七百一十六株
	六堡	五千五百九十八株

续表

中汛	七堡	四千六百零四株
	八堡	六千六百五十株
	九堡	一千一百六十七株
	十堡	一千一百八十四株
	十一堡	一千四百四十七株
	十二堡	二千七百九十九〔株〕
	十三堡	五千八百零八株
	十四堡	八千五百零六株
	十五堡	七千六百株
	十六堡	七百五十八株
	十七堡	八十七株
	十八堡	三十二株
	十九堡	二十九株
	二十堡	无
	二十一堡	四十一株
	二十二堡	无
下汛	头堡	无
	二堡	一百七十二株
	三堡	三百六十四株
	四堡	一百二十四株
	五堡	一千一百四十六株
	六堡	四千八百四十五株
	七堡	八千六百三十四株
	八堡	二千二百八十四株
	九堡	三千六百四十七株
	十堡	二千七百零五株
	十一堡	二千八百二十一株

续表

下汛	十二堡	七十二株
	十三堡	五十三株
	十四堡	六十四株
	十五堡	十三株
	十六堡	二十三株
	十七堡	一百二十一株
	十八堡	一百四十六株
	十九堡	一百零六株
	二十堡	二百三十八株
	二十一堡	八十六株
	二十二堡	一百四十一株
	二十三堡	二百七十三株
	二十四堡	一百五十株
	二十五堡	一百五十四株
	二十六堡	二百九十六株
	二十七堡	一百三十四株
	二十八堡	一百三十五株
	二十九堡	二百一十九株
合计一十三万三千五百五十一株		
陈　兰　分　局		
陈兰汛	头堡	五百二十株
	二堡	二百四十六株
	三堡	二百一十八株
	四堡	二百三十五株
	五堡	二百七十六株
	六堡	一百四十二株
	七堡	四十株

续表

陈兰汛	八堡	九十五株
	九堡	九百五十株
	十堡	五千六百三十五株
	十一堡	三千零一十二株
	十二堡	四千一百四十七株
	十三堡	一千二百一十株
	十四堡	无
	十五堡	九十一株
	十六堡	六千九百九十五株
	十七堡	一千一百八十七株
	十八堡	一千九百九十株
	十九堡	五千八百三十九株
	二十堡	六千八百四十七株
	二十一堡	一千九百二十株
	二十二堡	五十四株
孟县汛	头堡	无
	二堡	无
	三堡	三百零一株
	四堡	五千二百五十九株
	五堡	二千七百八十六株
	六堡	三千三百一十四株
	七堡	一千四百五十二株
	八堡	三千零三十七株
	九堡	三千五百九十八株
温县汛	头堡	一千八百一十一株
	二堡	二千三百三十五株
	三堡	二千四百四十三株

续表

温县汛	四堡	二千二百八十七株
	五堡	二千六百一十五株
	六堡	八千五百一十一株
	七堡	二千三百一十九株
	八堡	二千二百二十一株
合计四万四千二百八十九株		
武原分局		
武陟汛	头堡	七千九百三十一株
	二堡	一万零五百七十株
	三堡	八千一百九十九株
	四堡	一万一千零五十五株
	五堡	四千六百八十六株
	六堡	六百六十九株
	七堡	四百九十四株
	八堡	一千零七十四株
	九堡	二百八十七株
武荥汛	头堡	遥堤二十六株，缕堤三百二十八株
	二堡	遥堤八十株，缕堤三百二十四株
	三堡	遥堤九十五株，缕堤八十三株
	四堡	遥堤二十五株，缕堤二十四株
	五堡	遥堤三千八百四十四株，缕堤五十一株
	六堡	遥堤二千四百二十株，缕堤五十株
	七堡	遥堤四百四十八株，缕堤无
	八堡	遥堤五千一百零四株，缕堤无
	九堡	遥堤六千六百零八株，缕堤十四株
	十堡	遥堤二百三十七株，缕堤无
	十一堡	遥堤二十七株，缕堤一百二十二株

续表

武荥汛	头堡	西格堤二株，北尾堤十株，荥泽堤二千零（零）八株
	二堡	西格堤七十株，北尾堤三百八十三株，荥泽堤二千一百零六株
	三堡	西格堤一千五百二十三株，北尾堤三百株，荥泽堤四百八十株
	头堡	马营埝八十一株，荥泽埝七百株
	二堡	马营埝无，荥泽埝一千五百株
	三堡	马营埝无，荥泽埝二千九百株
原武汛	头堡至八堡	无
	九堡	五百七十株
	十堡	一千一百一十七株
	十一堡	一万七千五百五十三株
	十二堡至十四堡	无
	十五堡	二株
	十六堡	六十八株
	十七堡	五千九百八十四株
	十八堡	五千七百株
合计十万零七千九百三十二株		
阳　封　分　局		
阳武汛	头堡至十五堡	无
	十六堡	一万一千二百八十四株
	十七堡	七千零一十九株
	十八堡	一万七千八百五十三株
	十九堡	一百九十二株
	二十堡至三十七堡	无
封邱汛	头堡至二堡	无
	三堡	四十三株

续表

封邱汛	四堡至十堡	无
	十一堡	三千九百九十六株
	十二堡	四百七十一株
	十三堡	五千六百五十一株
	十四堡	四千八百八十七株
	十五堡	二千六百六十株
	十六堡	无
	十七堡	五万三千五百六十四株
	十八堡	一万零七百六十株
合计一十一万八千三百八十株		
下　北　分　局		
开封北汛	头堡	四十一株
	二堡	六十株
	三堡	一百二十八株
	四堡	八株
	五堡至六堡	无
	七堡	二十四株
	八堡	十三株
	九堡	一株
	十堡	一株
	十一堡	八百三十株
	十二堡	八百九十二株
	十三堡	一千一百八十二株
	十四堡	二千八百四十三株
	十五堡	二万一千七百六十八株
	十六堡	八千八百二十二株
	头堡	一万零七百六十七株

续表

开封北汛	二堡	一万二千七百六十八株
	三堡	一万一千四百六十七株
	四堡	六十株
	五堡至十五堡	无
合计七万一千六百七十五株		
东　沁　分　局		
南岸	白水至虹桥	八千一百五十株
	虹桥至张村	二千九百七十四株
	张村至杨庄	五千八百五十二株
	杨庄至方陵	七千九百四十五株
北岸	沁阳至赵樊	一万零五百一十三株
	赵樊至老龙湾	四千七百四十一株
	老龙湾至木栾店	二千零二十三株
	木栾店至南贾	三千七百八十株
合计四万五千九百七十八株		
西　沁　分　局		
南岸	覆背工	无
	王曲工	六百零一株
	路村工	九百五十株
	孔村工	二千五百四十株
	马坡工	七百七十七株
	天师庙工	一千八百二十八株
	水南关工	一千六百株
	东关工	五百三十七株
	仁孝寺工	二千二百六十株
	张庄工	一百四十七株
	泰山庙工	四十四株

续表

南岸	仲贤工	二千四百一十五株
	西王召工	二百株
	东王召工	二百四十株
	马铺工	二百五十株
	龙涧工	一千零八十七株
	尚香工	五千零三十五株
	亢村工	一千四百八十四株
	徐堡工	一千一百六十株
	善台工	一百八十株
	寻村工	三百五十株
	慕庄工	三百七十株
	吴卜村工	二百株
	西张计工	二百一十株
查职员门，西沁分局南岸共十一工，皆取附近之村以为名，与此不同。盖工程则假名于较大之村以便兴作，种柳则并各小村计之以便管理，故有二十四工也		
北岸	鲁村工	三百株
	高村工	三百株
	沁阳工	二百七十七株
	水北关工	一千零五十株
	留村工	二十株
	蒋村工	二百株
	孝敬工	二百二十株
	大岩工	二百四十株
	小岩工	二千一百株
	西王贺工	二千一百七十株
	内都工	七百零八株
	西良土工	六百七十株

续表

北岸	白马沟工	一千零八十二株
	南张茹工	六百零六株
	武阁寨工	二百五十株
合计三万四千六百五十八株		

〔器具图〕[1]

右本局所存《工用器具图》仅此十余种，洵为不备。而清道光中，南河总督长白麟庆撰《河工器具图说》四卷，分宣防、修浚、抢护、储备四门，为图一百三十三帧，为器二百五十四种。每帧各为之说，溯其源而明其用，至详且备。而此十余图多在其中，亦有其所未载者，或南北之异宜耳。惟其书虽刊于南河，未久而南河总督缺裁，其板不知归于何处，故豫省知之者鲜。今欲详为刊载，则卷帙浩繁，疑于夺主；或加以甄择，则意为取舍，有诬前贤，故识其目于此，而于本续志刊成之后重付剞劂，俾得并行，庶不致缺略不全，又可观其图而绎其说，其裨益于河务者，殊非浅鲜也。

又，徐世光《濮阳河上记》所载绳缆之类，凡三十有二，曰过渡绳、站绳、底勾绳、玉带绳、金斗骑马绳、倒骑马绳、拐头骑马绳、小骑马绳、练子绳、揪头绳、包站绳、束腰绳、分边绳、包角绳、抄手绳、合龙绠龙须绳、小引绳、扎头绳、龙衣羊角绳、鸡脚绳、三星绳、附单头人字绳、暗站绳。棋盘绳、附双棋盘绳。五子绳、附连环五子绳、霸王五子绳。七星绳、附连环七星绳。九连绳、箍头绳、经子绞关绳、锚顶绳网兜，并附录绳斤丈尺。

---

[1] 据目录补。

桩木之类二十有八，曰过渡桩、站桩、底勾桩、玉带桩、骑马桩、揪头根桩、揪头桩、包站桩、束腰桩、分边桩、包角桩、抄手桩、五花骑马桩、合龙桩、羊角桩、鸡脚桩、三星桩、单头人字桩、暗站桩、棋盘桩、五子桩、七星桩、九连桩、逼凌桩、架缆桩、揪艄桩、锚顶桩、志桩，此系志认堤工长短之桩，与志水痕之消长者不同。名称较豫省为繁，皆有详明之解释。大抵皆因其所用而异名，览者不必以迹泥之也。

又，其《河营器具》曰：以上所列均属重要器用，已分别详明。兹再将河营所用器具略举于下。如铡刀、大月斧用以断眉，大剁刀用以截剁绳桩，三齿勺用以水中勾物，两头忙用以斫劈桩木，小石硪、铁硪、油锤用以打桩，小月斧用以斫截子，齐板用以打齐埽眉，枣核榔头用以打齐骑马，小榔头用以钉签，打凌榔头用以敲冻，铁锨用以挖槽，拉边锨、钢橛用以开冻，片钳子、鹰嘴锤用以接续铁缆，扎竿为进占时用以护料，黄、红、蓝三色灯旗用以表示进土、进料、进碎料之符号，木马合龙时用以钉桩，戳夯、手夯、大石硪用以砸土，铁爬用以平土，木爬用以收拢碎料，打水杆、水尺、铅锤即千金坠。用以测量河水，蒲包、麻袋用以填土。他若号土、签桌、高凳、大秤、料牌、料架，以及一切应用物件，均不可或缺也。

工用器具图

部尺：清乾隆五十三年颁发，经钦差大学士公阿桂、工部侍郎德成较准，并镌二人衔名于其上。

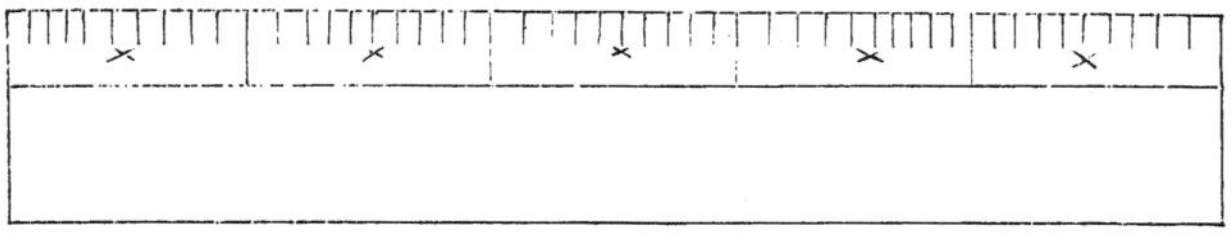

部弓：《荆州万城堤志》曰：“制弓须留意，弓式大小以尺为凭。然木架必放开寸许，两股钉脚恰居其中，方能如式。若木架大小仅符部式，钉脚每股收进半寸，则每弓短一寸，一丈须短二寸，通堤计之，则短多矣！”

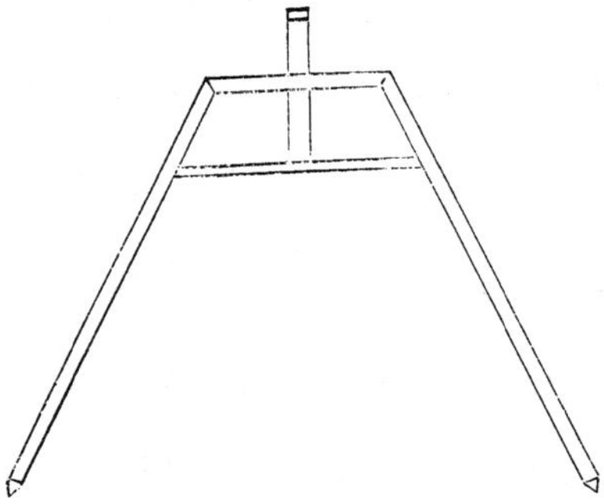

桐苇缆：厢埽牵骑马用。

丈 十 長

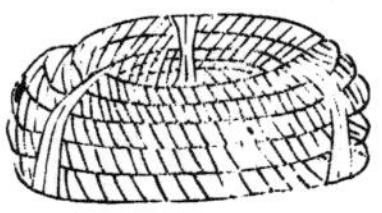

骑马：厢埽扯拉埽眉用。

尺 五 長

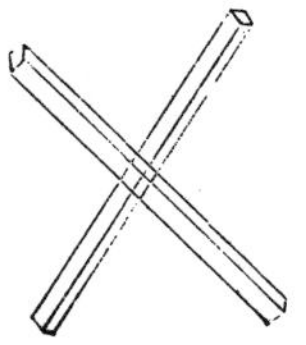

尖橛：厢埽挂缆用。

尺 五 長 橛

核桃绳：厢埽捆枕用。

長五尺

石桩硪：打埽橛用。

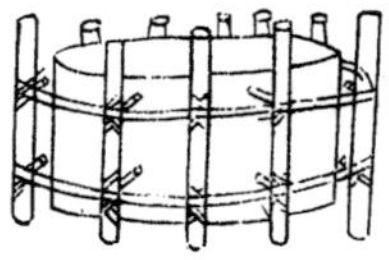

榔头：打埽内肚橛用。

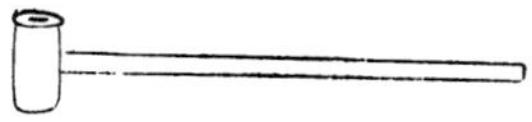

齐板：拍埽眉用。

長五尺

凌桩：凌汛护埽用。

長一丈五尺

铁锥：验土工用。

铁壶：验土工用。

高板

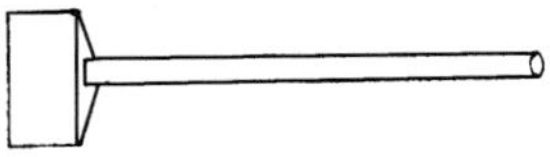

箍

長五丈

云硪：做土工用。

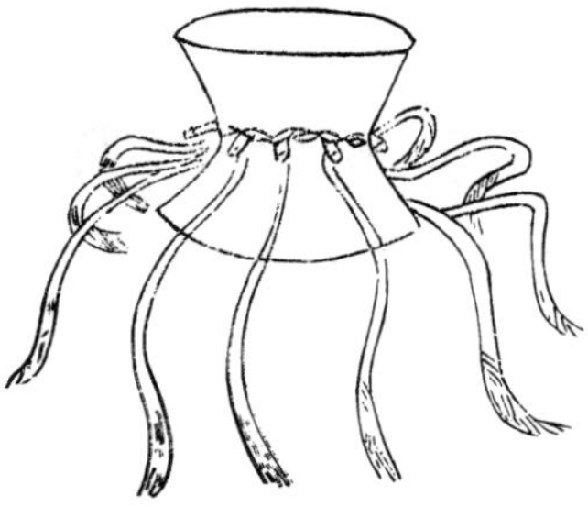

铁锨

志桩：量水长落用。

丈杆：量料石用。

埽杆：量料埽用。

财政

卷十六

修防要着，工料为先；筹备大端，经费为重。历来办理险工，岁糜巨款，苟平时毫无储备，必至有措手不及之虞；而用款漫无限制，亦恐涉任意滥支之弊，此河工经费所以有预算规定未可轶出范围者也。大要河工款项，分经常与岁修两类，用之于机关，如总、分各局及队、汛等应支之俸薪、役食、兵饷、办公费、杂费等项曰经常费；用之于工程，如黄、沁两河应办之石方、秸料、杂料、土工等项曰岁修费。在昔未经区别，岁无定额。自许振祎奏定每年九四库平银六十万两，嗣又奏裁十万。洎财政局清理后载在河防公所预算册内，年定四十三万两有奇。而厅营汛廉俸、马干、兵饷并五工局岁修等银七万三千余两，另由司库支发，尚不在内，总共九四库平银五十万零五千二百九十六两八钱六分九厘，折合洋七十一万二千一百一十三圆。民国二年四月，河防局成立，暂就原预算支发河工各机关。迨改组已定，编制二年度预算，统计岁出经常、工程二款，年需洋五十三万四千九百二十一圆，较之未改编以前预算实已减去四分之一。至办理三年度预算，则减为五十二万六千六百七十圆，四年度预算又减为五十一万圆，七年度预算又递减七万圆，定为年支四十四万圆，自是岁以为常。预算案内之款，增固不能再增，减实无从再减。惟是年来财政艰窘，达于极点，厅库欠拨河工款项日积月增。就预算论，虽有规定之全年四十四万圆，而实则近年所领确数，每岁平均计算不过二三十万圆，或竟支发不及一半。司农仰屋，无可如何。值来源枯竭之时，为维持现状之计，有时岁修工款不敷支配，自不得不暂挪经常费以应急需；有时经常费积欠太多，亦不得不动用岁修工款以资挹注。至河工预算，虽有直接收入之生息、滩租等项，而归入预备金者，仅银行利息与公债利息两种，为数至微。近年均指定用途，已有入不敷出之虑。其余当商生息、柳园滩租两项系为厅库代收，每年均须解厅抵拨。预算案内应领之数，河防局成立以后，历年之收入支出虽经过数任，屡有变更，一为之摘要删繁，条分缕晰，不难按图索骥，了如指掌。欲知河工财政内容者，或亦参考之一助乎！

总分局及工巡队汛经常费[1]

民国元年，河防局尚未成立，所有河防公所由司库领支转发各款，均以银为本位，其预算经费大致与前清宣统三年数目相同。且有非经河防公所直接领支转发者，散见各卷，调查难以完全，无庸赘列，以免参差。工款仿此。

民国二年，河防局成立之初，就旧日河防公所原有经费支配规定预算。计总局支洋六万一千六百二十九圆，购石处支洋四千七百九十一圆，南北岸两分局各支洋九千零六十四圆，郑中、中牟二一等支局各支洋七千五百二十二圆，上南、孟县二

[1] 与原目录标题不符。

二等支局各支洋六千三百六十四圆，上北、中北、下北、兰封、荥泽、武陟、沁阳七三等支局各支洋四千一百九十八圆；又，南岸营汛共支洋二万三千一百五十五圆，北岸营汛共支洋二万六千零二十五圆，通共支洋十九万零八百八十六圆，支出计算共合实支洋十八万零四百零九圆三角零一厘。

按：河防局编送二年预算后，嗣于呈请改并荥泽等支局案内，奉前民政长批准，将上南二等支局改称一等支局，兰封三等支局改称二等支局，上北、中北、下北三等支局并为一局，统名为下北支局，荥泽三等支局裁撤；又，营汛改营为队，均于三年三月间实行。是年，并未另编预算，以上各数仍系查照原送预算册编列。再，营汛名目繁多，碍难分列年支细数，以上所列南岸营汛、北岸营汛各年支总数，亦系查照原预算册办理。

民国三年预算：总局经常费支洋五万九千六百零六圆，购石处支洋四千九百四十圆，南北岸两分局各支洋八千五百圆，郑中、中牟二一等支局各支洋七千零七十八圆，上南、孟县二二等支局各支洋五千九百四十四圆，上北、中北、下北、兰封、荥泽、武陟、沁阳七三等支局各支洋四千零一十八圆。又，南岸营汛共支洋三万四千五百四十三圆，北岸营汛共支洋三万四千三百四十七圆，通共支洋二十万零四千六百零六圆，支出计算共合实支洋十六万五千二百六十圆零八角四分。

按：河防局编送三年预算，彼时改并支局及改编营汛两案尚未呈奉批准，嗣奉准部覆实行，未再另编预算，是以仍根据三年原预算册数目编列。

民国四年预算：总局经常费支洋五万六千一百一十六圆，购石处支洋五千零四十三圆，下南一等分局支洋八千三百九十二圆，郑中、中牟、上南、武原四二等分局各支洋七千零四十二圆，陈兰、下北、孟县、阳封四三等分局各支洋五千八百三十六圆，南岸队汛共支洋三万八千八百三十二圆，北岸队汛共支洋二万七千一百五十圆，通共支洋十八万七千零四十五圆，支出计算共合实支洋十七万三千三百五十一圆二角六分九厘。

按：四年内呈奉巡按使批准，裁并总局二、三两科及技士，即以节省经费加增分局暨购石处之俸给，其等级名目、支配数目均与上年略有变更。

民国五年预算：总局经常费、购石处均同四年，下南一等分局支洋八千零三十二圆，郑中、中牟、上南、武原四二等分局各支洋六千六百八十二圆，陈兰、下北、孟县、阳封四三等分局各支洋五千四百七十六圆，南岸队汛共支洋三万八千八百三十二圆，北岸队汛共支洋二万七千一百五十圆，通共支洋十八万三千八百零五圆，支出计算共合实支洋十七万七千一百八十一圆一角八分四厘。

按：五年以前预算册，各分局经常费均列有特别费一目，系属购土、雇夫、填垫水沟浪窝之用。至编造五年度预算时，经常费内将此项裁去，归入岁修款内请领支销，故各分局经常费数目较上年减少。

民国六年预算：总局经常费、购石处、下南一等分局，郑中、中牟、上南、武原四二等分局，陈兰、下北、孟温、阳封四三等分局，南岸队汛均同前，北岸队汛共支洋二万七千五百六十九圆，通共支洋十八万四千二百二十四圆，支出计算共合实支洋十七万零一百九十圆零八角七分。

按：六年内孟温分局因添设温县一汛，改称孟温分局，即将该分局原有一等汛一处改为三等汛三处，所需经费增减相抵，计不敷洋四百一十九圆，即在岁修土方项下减支挹注，是以六年预算北岸队汛经常费较五年数目加增。

民国七年预算：总局经常费支洋五万零五百九十六圆，购石处同前，下南一等分局支洋七千八百一十六圆，郑中、中牟、上南、武原四二等分局各支洋六千四百六十六圆，陈兰、下北、孟温、阳封四三等分局各支洋五千二百六十圆，南岸队汛共支洋三万五千八百八十四圆，北岸队汛共支洋二万七千九百三十二圆，通共支洋十七万四千一百七十五圆，支出计算共合实支洋十七万零九百三十五圆九角五分二厘。

按：七年预算系遵财政部电切实核减，经常费项下统共裁去一万圆，所有局长俸给、雇员薪水、防险费并各分局一等雇员薪水、各队汛二等队兵正饷均于是年减支。

民国八年预算：总局经常费支洋五万四千五百四十圆，购石处同前，下南、郑中、中牟、上南、武原五一等分局各支洋六千四百六十六圆，陈兰、下北、孟温、阳封四二等分局各支洋五千二百六十圆，西沁二等分局支洋七千四百一十六圆，东沁二等分局支洋六千八百四十圆，南岸队汛共支洋三万八千七百圆，北岸队汛共支洋三万六千八百六十四圆，通共支洋二十万零二千七百七十三圆，支出计算共合实支洋十九万七千六百七十八圆九角一分二厘。

按：八年预算系遵内务部核准筹拟，改组河务局暨改编工巡队，并沁阳、武陟沁工公所改设二等分局，所定各项经常费支配数目分别编列，与七年预算数稍有出入。

民国九年预算：总局经常费支洋五万五千零九十二圆，购石处，下南、郑中、中牟、上南、武原五一等分局，陈兰、下北、孟温、阳封、西沁、东沁六二等分局均同八年。南岸队汛共支洋三万八千四百二十四圆，北岸队汛共支洋三万六千五百八十八圆，通共支洋二十万零二千七百七十三圆，支出计算共合实支洋十九万八千三百七十四圆一角八分六厘。

按：九年预算南北两岸工巡队经常费，共减支雇员薪水、杂支夫马费等项洋五百五十二圆，即以此项加入总局防险费内，以备临时支配动用，余仍按照部准筹拟，改组经费数目列支与八年并无出入。

民国十年预算：总局经常费，购石处，下南、郑中、中牟、上南、武原五一等分局，陈兰、下北、孟温、阳封、西沁、东沁六二等分局，南岸队汛、北岸队汛均同前，通共支洋二十万零二千七百七十三圆，支出计算共合实支洋十九万九千五百二十圆零二分六厘。

民国十一年预算：总局经常费，购石处，下南、郑中、中牟、上南、武原五一等分局，陈兰、下北、孟温、阳封、西沁、东沁六二等分局，南岸队汛、北岸队汛均同前，通共支洋二十万零二千七百七十三圆，支出计算共合实支洋十九万六千八百七十八圆二角七分一厘。

民国十二年预算：总局经常费支洋五万七千零一十二圆，购石处，下南、郑中、中牟、上南、武原五一等分局，陈兰、下北、孟温、阳封四二等分局均同前，西沁二等分局支洋六千三百一十二圆，东沁二等分局支洋六千零二十四圆，南岸队汛、北岸队汛亦同前，通共支洋二十万零二千七百七十三圆。

按：十二年预算裁减西沁、东沁一二等额外技术员及稽查员薪水，共洋一千九百二十圆，即以此项加入总局防险费内，以备临时支配动用，故是年度经常费除总局增添公署房租一项及东西沁分局数目稍有增减外，余数仍与十一年预算同。再，各分局队汛十二年支出计算，因经费不能按时拨发，至今尚未汇送齐全，难定确数，故未编入。

民国十三年预算：总局经常费，购石处，下南、郑中、中牟、上南、武原五一等分局，陈兰、下北、阳封、孟温、西沁、东沁六二等分局，南岸队汛、北岸队汛均同前，通共支洋二十万零二千七百七十三圆。

总局及各分局并各工巡队汛经常费预算支出总数一览表

民国二年度至十三年度

年度别 局队汛	预算总数	支出总数	备考
二年度	一九〇八八六圆〇〇〇	一八〇四〇九圆三〇一	
三年度	二〇四六〇六圆〇〇〇	一六五二六〇圆八四〇	
四年度	一八七〇四五圆〇〇〇	一七三三五一圆二六九	
五年度	一八三八〇五圆〇〇〇	一七七一八一圆一八四	
六年度	一八四二二四圆〇〇〇	一七〇一九〇圆八七〇	
七年度	一七四一七五圆〇〇〇	一七〇九三五圆九五二	
八年度	二〇二七七三圆〇〇〇	一九七六七八圆九一二	
九年度	二〇二七七三圆〇〇〇	一九八三七四圆一八六	
十年度	二〇二七七三圆〇〇〇	一九九五二〇圆〇二六	
十一年度	二〇二七七三圆〇〇〇	一九六八七八圆二七一	
十二年度	二〇二七七三圆〇〇〇		
十三年度	二〇二七七三圆〇〇〇		
合计	二三四一三七九圆〇〇〇		
说明	查表内所列各年度预算、支出总数，系查照局存原预算计算册稿分别编列，其中有预算业已规定，嗣后奉部文另行增减，或重新改组，并非所领之实在确数者，业于按语内大概说明。至十二、三年计算，尚未据各分局队造送齐全，难定确数，兹姑从阙		

石方价

民国二年预算册列石方价洋十五万五千零二十二圆。支出计算：购石处共购山方石三千九百六十九方八分九厘四毫，合工方一万七千零一十三方八分三厘一毫，方价、水脚、堆抛工等项，共支洋十三万七千四百五十二圆八角二分二厘；又，兰封支局自办石一千方，支洋五千五百五十五圆五角五分六厘，统共实支洋十四万三千零零八圆三角七分八厘。

按：采购石方，从前向以九万两库平银为率，所有方价、水脚、堆抛工价均在其内。二年，河防局成立后，筹拟递年减埽增坝，以期永固堤防，特将料价减去二百五十垛，改办石方，故此项较以前数目加增。

民国三年预算册列石方价洋十五万二千七百七十八圆。支出计算：购石处共购运山方石三千五百二十五方四分二厘六毫五丝，合工方一万五千一百零八方九分七厘零七丝，方价、水脚、堆抛工等项共支洋十二万六千二百八十三圆一角零七厘；又，陈兰分局自办石一千方，支洋四千八百六十一圆一角一分一厘，孟温分局自办石二千零九十六方零五厘，支洋六千七百九十八圆三角八分八厘，统共实支洋十三万七千九百四十二圆六角零六厘。

按：三年预算石方价系遵部定京平折合洋数，故与上年预算数稍有参差。

民国四年预算册列石方价洋十八万零六百七十六圆。支出计算：购石处共购运山方石四千五百九十四方四分九厘六毫，合工方一万九千六百九十方零六分九厘七毫一丝，方价、水脚、堆抛工等项共支洋十六万四千七百八十三圆八角零七厘；又，陈兰分局自办石六百方，支洋二千九百十一圆八角零九厘，孟温分局自办石二千七百四十六方零五厘，支洋九千三百七十圆零九角九分七厘，统共实支洋十七万七千零六十六圆六角一分三厘。

按：四年预算将兰封、荥泽、孟县各岁修工款共洋二万二千六百二十七圆，又原预算经费内移拨洋五千二百七十一圆，均归入办石方价之用，以期逐渐减埽增坝，永固工防，故预算石方价又较上年数目加增。

民国五年预算册列石方价同四年。支出计算：购石处共购运山方石四千零六十二方四分零八毫，合工方一万七千四百一十方零三分二厘，方价、水脚、堆抛工等项共支洋十六万一千二百四十九圆五角零三厘；又，孟温分局自办石五百六十八方，支洋二千一百九十二圆八角四分五厘，孟津县汉陵坝抛石两次，计一千七百六十六方零一厘五毫，支洋六千零一十三圆五角九分二厘，陈兰分局自购条砖四方一分，支洋十六圆四角七分三厘，统共实支洋十六万九千四百七十二圆四角一分三厘。

按：五年预算石方价与四年同。汉陵坝石工原不在预算范围以内，因据该县知事及当地绅民请拨款抛修，以期坝基巩固，故此款即在石方价项下动支。

民国六年预算册列石方价同前。支出计算：购石处共购运山方石三千八百四十五方九分八厘，合工方一万六千四百八十二方七分七厘一毫，方价、水脚、堆抛工等项共支洋十五万七千零四十九圆九角九分七厘；又，孟温分局自办石一千六百零一方零四厘，支洋七千九百一十一圆三角九分二厘，统共实支洋十六万四千九百六十一圆三角八分九厘。

按：六年预算石方价仍与五年同。内除实支购办石方外，尚有呈准移拨沁阳沁工抢险费洋四千三百三十一圆五角五分六厘，沁阳、武陟两县修培堤工洋六千二百四十一圆零四分五厘，另在沁阳沁工岁修及土方价项下分别编列。

民国七年预算册列石方价同前。支出计算：购石处共购运山方石三千九百九十四方三分六厘五毫八丝，合工方一万七千一百一十八方七分一厘，方价、水脚、堆抛工及领款旅费等项共支洋十四万一千五百五十三圆八角四分三厘；又，孟温分局支石方堆抛工一洋八十一圆四角二分三厘，统共实支洋十四万一千六百三十五圆二角六分六厘。

按：七年预算石方价仍与六年同。其支款内有领款旅费一项，因石方价向由财政厅直接拨发，嗣因库款支绌，应付维艰，河工岁修工款多改饬沿河各县筹拨，购石处派员赴各县领款，往返旅费赔累难支，故七年呈奉省长咨部核准，购石处领款旅费即在石方价内作正开支，以免赔累之苦。

民国八年预算册列石方价洋十六万二千二白六十二圆。支出计算：购石处共购运山方石三千二百五十二方四分六厘，合工方一万三千九百三十九方一分一厘四毫，方价、水脚、堆抛工、领款、旅费等项共支洋十一万二千零十一圆五角八分二厘；又，孟温分局自办石十一方八分三厘，支洋二百五十七圆七角七分二厘，孟津汉陵坝抛石三百方，支洋九百七十五圆一角七分七厘，统共实支洋十一万三千二百四十四圆五角三分一厘。

按：八年实行裁兵加饷，抛石不另雇夫，即以抛工银洋挹注饷项之不足，计全年减支抛石工价洋四千一百五十八圆。又，沁阳、武陟沁河工程于八年内收归官办，设立分局，全年经常费洋共一万四千二百五十六圆，呈准在黄河工款内设法筹拨。

当即一由石方项下动支，统共移拨两项减去洋一万八千四百一十四圆，故八年预算石方价数所列如上。

民国九年预算册列石方价同八年。支出计算：购石处共购运山方石七百七十三方一分五厘，合工方三千三百一十三方五分，方价、水脚、堆抛工领款、旅费等项共支洋二万七千零五十九圆四角七分四厘。又，孟温分局自办石四十一方六分，支洋八百四十二圆七角零九厘，孟津汉陵坝工抛石四百方，支洋一千三百圆，统共实支洋二万九千二百零二圆一角八分三厘。

按：九年石方价与八年同。是年度石方少购，因厅库及外县欠拨款项太多之故。

民国十年预算册列石方价同前。支出计算：购石处共购运山方石一千三百二十一方五分三厘，合工方五千六百六十三方七分，方价、水脚、堆抛工领款、旅费等项共支洋四万五千九百一十圆零七角一分八厘。又，补助巩县神堤村堤工共洋五百圆，统共实支洋四万六千四百一十圆零七角一分八厘。

按：十年石方价与九年同，内修筑巩县神堤村堤工费洋五百圆，系据该县知事及当地绅民请求，准从石方项下拨款补助。

民国十一年预算册列石方价同前。支出计算：购石处共购运山方石一千九百四十七方四分三厘三毫三丝，合工方八千三百四十六方一分四厘二毫七丝，方价、水脚、堆抛工领款、旅费等项共支洋六万四千六百六十一圆八角五分七厘。

民国十二年预算册列石方价同前。

民国十三年预算册列石方价同前。

按：十一、十二、十三年石方价预算数与八年均同。目下十二年购运石方尚未结束，十三年石方尚未启运，其实支数目均难预定，故皆从阙。

年购石运石方用款预算支出总数一览表

民国二年度至十三年度

年度别 石方价	预算总数	支出总数	备考
二年度	一五五〇二二圆〇〇〇	一四三〇〇八圆三七八	
三年度	一五二七七八圆〇〇〇	一三七九四二圆六〇六	
四年度	一八〇六七六圆〇〇〇		
五年度	一八〇六七六圆〇〇〇	一六九四七二圆四一三	
六年度	一八〇六七六圆〇〇〇	一六四九六一圆三八九	
七年度	一八〇六七六圆〇〇〇	一四一六三五圆二六六	
八年度	一六二二六二圆〇〇〇	一一三二四四圆五三一	
九年度	一六二二六二圆〇〇〇	二九二〇二圆一八三	
十年度	一六二二六二圆〇〇〇	四六四一〇圆七一八	
十一年度	一六二二六二圆〇〇〇	六四六六一圆八五七	
十二年度	一六二二六二圆〇〇〇		
十三年度	一六二二六二圆〇〇〇		
合计	二〇〇四〇七六圆〇〇〇		
说明	查石方价一项，从前向由财政厅按时直接拨购石处，每年采购石方虽不能照原派数购办，而约可办至十万圆以上。嗣因库帑空虚，艰于应付，此项遂改饬沿河各县划拨，总局派员往领，欠拨者仍居多数，往往本年度应拨之款，过一二年后尚未拨齐者。八年以后，石方之少购殆即因此。再，石方斤重，规定每三万斤为一山方，七千斤为一工方，每一山方计合工方四方二分八厘五毫强。至堆抛工价规定，每堆石一方价洋一角七分，每抛石一方价银汴平一钱六分，合库平一钱五分六厘五毫强，折合洋二角三分一厘三毫。合并声明		

正杂料夫工价

民国二年预算册列正杂料夫工价九万零一百九十一圆。支出计算：各分支局共办秸料六百六十二垛，实支洋四万八千五百圆零零七角二分二厘，杂料支洋一万一千四百九十三圆零五分二厘，夫工支洋一万一千四百九十三圆零五分一厘，统共实支洋七万一千四百八十六圆八角二分五厘。

按：秸料一项，从前每年规定购办一千零五十垛。二年，河防局成立，筹拟减埽增坝，预算改为年办八百垛。是年，实办六百六十二垛，以每垛例价九四库平银五十五两计算，应合洋五万余圆，因系逾格节省开支，故仅用洋四万八千余圆。至杂料、夫工价，均随正料为增减，每办秸料一垛，杂料、夫工各支九四库平银十二两五钱。上列洋数系六百六十二垛之库平银合洋例价，合并声明。

民国三年预算册列正杂料、夫工价洋八万八千八百八十九圆。支出计算：各分局共办秸料五百垛，实支洋三万八千一百九十四圆四角三分八厘，杂料支洋八千六百八十圆零五角五分，夫工支洋八千六百八十圆零五角五分，统共实支洋五万五千五百五十五圆五角三分八厘。

按：三年正杂料夫工价较二年度预算数减，系改京平折合银洋之关系。

民国四年预算册列正杂料夫工价同三年。支出计算：各分局共办秸料二百九十八垛，实支洋二万二千七百六十三圆八角八分八厘，杂料支洋五千一百七十三圆六角一分，夫工支洋五千一百七十三圆六角一分，统共实支洋三万三千一百一十一圆一角零八厘。

民国五年预算册列正杂料夫工价洋同前。支出计算：各分局共办秸料一百九十五垛，实支洋一万七千四百二十七圆七角七分八厘，杂料支洋四千六百九十一圆八角三分七厘，夫工支洋三千八百九十三圆二角二分六厘，统共实支洋二万六千零一十二圆八角四分一厘。

按：五年正杂料夫工价预算数仍与前同，惟是年因雨水太多，料少价昂，且搭配发给中、交两行停止兑现纸币，亏折较巨。当经详奉省长批准，每垛于例价外暂加一成五分，计秸料一垛例加二价，合九四库平银六十三两二钱五分，杂料夫工例加二价，每垛均合九四库平银十四两三钱七分五厘；并有购料尤为困难之处，另酌加津贴以免赔累。至杂料夫工实支价洋数目参差，因内有阳封分局购办秸料四十垛，未领夫工，合并声明。

民国六年预算册列正杂料夫工价洋五万八千八百八十九圆。支出计算：各分局共办秸料七十五垛，实支洋七千一百七十二圆八角八分一厘，杂料支洋一千三百二十二圆九角一分四厘，夫工支洋一千三百二十二圆九角一分四厘，统共实支洋九千八百一十八圆七角零九厘。

按：六年预算因筹议减料增石，秸料拟办五百三十垛，合计正杂料夫工价应共减支洋三万元。嗣以秸料异常缺乏，采购为难，实仅办七十五垛，其料价因中、交两行停止兑现圆币，价值日形低落，故较之上年于加价一成五分以外，又加价一成五分以广招徕。计每料一垛例加二价，合九四库平银七十一两五钱，杂料夫工系核发现洋，每垛仍按十二两五钱发价，并未增加。惟内有郑中分局八垛杂料夫工价请领在搭发纸币之时，系按加价一成五分支发。

民国七年预算册列正杂料夫工价洋四万四千四百四十四圆。支出计算：各分局共办秸料二百二十二垛，实支洋一万六千九百五十八圆三角三分三厘，杂料支洋三千八百五十四圆一角六分五厘，夫工支洋一千五百四十五圆一角三分七厘，统共实支洋二万二千三百五十七圆六角三分五厘。

按：七年预算秸料又筹拟减办改办四百垛，统共正杂料夫工价减去洋一万四千四百四十五圆。是年度仍因秸料难购，实仅办二百二十二垛。此时纸币业已兑现，故规复例价开支。至夫工价较杂料支洋数少，因八年三月改组厢埽，用队兵工作，不另雇夫，上列夫工价系奉令改组以前所支之数。

民国八年预算册列正杂料价洋三万七千五百元。支出计算：各分局共办秸料一百三十二垛，实支洋一万零零八十三圆三角三分二厘，杂料支洋二千二百九十一圆六角六分七厘，统共实支洋一万二千三百七十四圆九角九分九厘。

按：八年厢埽夫工价已裁，故预算数较减。

民国九年预算册列正杂料价同八年。未办秸料支出数无。

按：九年正杂料价与八年同。是年未办秸料，因财政厅库款支绌，此项饬由省外各县拨付。迨至料款拨齐，早逾办料之期，适各工所存旧料足敷应用，故无此项支出。

民国十年预算册列正杂料价同前。支出计算：各分局共办秸料一百四十二垛，实支洋一万零八百四十七圆二角二分二厘，杂料支洋二千四百六十五圆二角七分七厘，统共实支洋一万三千三百一十二圆四角九分九厘。

民国十一年预算册列正杂料价同前。支出计算：各分局共办秸料一百六十垛，实支洋一万二千二百二十二圆二角二分二厘，杂料支洋二千七百七十七圆七角七分七厘，统共实支洋一万四千九百九十九圆九角九分九厘。

民国十二年预算册列正杂料价同前。支出计算：各分局共办秸料一百三十一垛，实支洋一万零零四十三圆八角五分。

按：十二年正杂料价仍与前同。是年未列杂料实支数，因款绌尚未核发，故暂从阙。

民国十三年预算册列正杂料价同前。

按：十三年秸料尚未购办，正杂料价支款实数均暂从阙。

购办秸料、杂料及厢埽夫工预算支出总数一览表

民国二年度至十三年度

年度别 局队汛	预算总数	支出总数	备考
二年度	九〇一九一圆〇〇〇	七一四八六圆八二五	
三年度	八八八八九圆〇〇〇	五五五五五圆五三八	
四年度	八八八八九圆〇〇〇	三三一二圆一〇八	
五年度	八八八八九圆〇〇〇	二六〇二三圆八四一	
六年度	五八八八九圆〇〇〇	九八一八圆七〇九	
七年度	四四四四四圆〇〇〇	二二三五七圆六三五	
八年度	三七五〇〇圆〇〇〇	一二三七四圆九九九	
九年度	三七五〇〇圆〇〇〇		
十年度	三七五〇〇圆〇〇〇	一三三一二圆四九九	
十一年度	三七五〇〇圆〇〇〇	一四九九九圆九九九	
十二年度	三七五〇〇圆〇〇〇	一〇〇四三圆八五〇	查十二年度各分局杂料价尚未核发，支出栏内系秸料实支洋数
十三年度	三七五〇〇圆〇〇〇		
合计	六八五一九一圆〇〇〇		
说明	查黄工料价一项，除各分局正杂料外，每年由预算款内移拨。武陟沁工购办莲花池圆石洋九四库平银八百两，合洋一千一百一十一圆一角一分一厘，该项即归入武陟沁工岁修案内报销，不在各年度黄河各分局实支料价总数以内。再，秸料例价规定，每垛九四库平银五十五两七二，合洋七十六圆三角八分八厘八毫。至杂料、夫工，每办秸料一垛，规定例价各九四库平银十五两五钱七二，合洋十七圆三角六分一厘一毫		

土方价

民国二年预算册列土方价洋一万九千九百二十七圆。支出计算：各分局修筑堤坝共实支土方价洋一万九千九百九十圆零七角九分三厘。

按：土方价一项，从前额定每年九四库平银二万零二百两，向提三成津贴营汛。二年，河防局成立，营汛改定公费，除三成津贴停发外，预算规定土方价九四库平银一万四千一百四十两，合实库银一万三千二百九十一两六钱，每圆按六六七折合银洋如上数。其实支尾款超过数，系在他项节存工款内动支。

民国三年预算册列土方价洋一万九千六百三十九圆。支出计算：各分支局修筑堤坝共实支土方价洋五百六十七圆二角八分八厘。

按：三年预算土方价仍系九四库平银一万四千一百四十两，因改折京平之关系，故合洋数目较少。

民国四年预算册列土方价同三年。支出数无。

按：四年各分局未办土工，故无此项支出。

民国五年预算册列土方价同前。支出计算：各分局修筑堤坝共实支土方价洋二千七百六十七圆四角九分五厘。

按：五年实支土方价内，有补助考城县修筑民埝洋一千零五十六圆三角三分。

民国六年预算册列土方价洋一万九千二百二十圆。支出计算：各分局修筑堤坝实支土方价洋九千三百四十一圆四角二分五厘；又沁阳、武陟修培南北两岸堤工支洋六千二百九十一圆零四分五厘，统共实支洋一万五千五百八十二圆四角七分。

按：六年土方价预算数较前减少，因是年温孟堤工告竣，添设一汛所需经费即在减支项下抱注之故。至实支款内沁阳、武陟修培堤工洋六千二百四十一圆零四分五厘，系动支六年余存石方价。

民国七年预算册列土方价洋九千二百七十圆。支出计算：各分局修筑堤坝暨堆积土牛共实支土方价洋六千二百四十六圆八角一分九厘。

按：七年土方价预算减洋九千九百五十圆，系遵奉财政部电核减河工经费，故切实减支。

民国八年预算册列土方价同七年。支出计算：各分局修筑堤坝及填垫残缺，共实支土方价洋一千七百二十一圆三角六分一厘。

民国九年预算册列土方价同前。支出计算实支洋一千五百圆。

按：九年各分局未办土工，惟补助考城县修筑圈堤支洋一千五百圆，余无支。

民国十年预算册列土方价同前。支出计算：各分局修筑堤坝及填垫残缺，支洋一百三十九圆一角六分一厘；又修筑滑县老安堤，支洋一万二千三百六十四圆五角一分三厘，共合实支洋一万二千五百零三圆六角七分四厘。

按：十年实支土方价，除各分局修筑堤坝及填垫残缺由预算土方项下动支外，其修培滑县老安堤一款，系呈准在石方价项下动支。

民国十一年预算册列土方价同前。支出计算：各分局修筑堤坝及填垫残缺，共实支土方价洋九百零二圆七角六分九厘。

民国十二年预算册列土方价同前。

民国十三年预算册列土方价同前。

按：十二、三年计算尚未结束，故阙。

各分局修筑堤坝填垫残缺土方价预算支出总数一览表

民国二年度至十三年度

年度别 土方	预算总数	支出总数	备考
二年度	一九九二七圆〇〇〇	一九九九〇圆七九三	
三年度	一九六三九圆〇〇〇	五六七圆二八八	
四年度	一九六三九圆〇〇〇	无	
五年度	一九六三九圆〇〇〇	二七六七圆四九五	
六年度	一九二二〇圆〇〇〇	一五五八二圆四七〇	
七年度	九二七〇圆〇〇〇	六二四六圆八一九	
八年度	九二七〇圆〇〇〇	一七二一圆三六一	
九年度	九二七〇圆〇〇〇	一五〇〇（〇）〔圆〕〇〇〇	
十年度	九二七〇圆〇〇〇	一二五〇二圆六七四	
十一年度	九二七〇圆〇〇〇	九〇二圆七六九	
十二年度	九二七〇圆〇〇〇		
十三年度	九二七〇圆〇〇〇		
合计	六二九五四圆〇〇〇		
说明	查表内所列各年度土方价、支款总数均系就预算案内动支，其专案请款所办土方不在此列。内有预算款不敷，另由石方价项下移拨者，业于按语内分别叙明，备考栏内不赘列		

沁工岁修经费

民国二年预算册列沁工岁修洋三万三千三百三十三圆三角三分二厘，内分沁阳洋一万六千六百六十六圆六角六分六厘，武陟洋一万六千六百六十六圆六角六分六厘。支出计算：沁阳支洋一万七千七百零二圆五角六分六厘，武陟支洋一万六千六百六十六圆六角六分六厘，统共实支洋三万四千三百六十九圆二角三分二厘。

按：沁阳、武陟沁工从前原系官督绅办，每年预算规定九四库平银各一万二千两，向由司库拨发，两工局分别承领报销。二年，河防局成立，呈准将沁工收归官办，改设沁阳、武陟两支局，所有原定岁修款洋一仍其旧。是年度，沁阳支局因厢修各处工程采办秸料，原领预算款不敷应用，另由总局在他项工款内筹补九四库平银七百四十五两，合洋一千零三十五圆九角，故支出数加增。

民国三年预算册列沁工岁修洋三万三千三百三十四圆，内分沁阳洋一万六千六百六十七圆[1]，武陟洋一万六千六百六十七圆。支出计算：沁工支洋一万四千八百六十五圆八角零八厘，武陟支洋一万六千三百四十七圆四角一分三厘，统共实支洋三万一千二百一十三圆二角二分一厘。

按：三年沁阳、武陟沁工又呈准改归官督绅办，其岁修工款仍旧。因预算册式遵奉审计新章以圆为断，故与二年预算数稍有参差。

民国四年预算册列沁工岁修同三年。支出计算：沁阳支洋一万五千七百三十八圆六角四分八厘，武陟支洋一万七千七百三十六圆六角二分四厘，统共实支洋三万三千四百七十五圆二角七分二厘。

按：四年武陟沁工实支数超过预算，内有黄沁厅旧辖莲花池工段划归该公所管理，每年规定经费九四库平银八百两，合洋一千一百一十七圆一角一分一厘，另在黄工秸料项下拨付，未列预算，扣抵仍属有减无增。

---

[1] “圆”底本为“元”，根据文义更改。

民国五年预算册列沁工岁修同前。支出计算：沁阳支洋一万二千九百一十八圆四角零一厘，武陟支洋一万七千七百五十七圆零零六厘，统共实支洋三万零六百七十五圆四角零七厘。

民国六年预算册列沁工岁修同前。支出计算：沁阳支洋二万三千四百三十八圆八角八分一厘，武陟支洋一万六千七百零四圆五角四分六厘，统共实支洋四万零一百四十三圆四角二分七厘。

按：六年沁阳沁工实支项下，内有抢险费洋四千三百三十一圆五角五分六厘，系呈准在石方余款内动支。

民国七年预算册列沁工岁修洋二万七千七百七十八圆，内分沁阳支洋一万三千八百八十九圆，武陟支洋一万三千八百八十九圆。支出计算：沁阳支洋一万九千三百六十三圆九角九分三厘，又支购办备防料石洋四千圆，武陟支洋一万四千九百五十八圆零九分，又支购办备防料石洋六千零零四圆八角六分四厘，统共实支洋四万四千三百二十六圆九角四分七厘。

按：七年沁工岁修，沁阳、武陟各裁九四库平银二千两。预算规定各一万两合洋一万三千八百八十九圆，嗣呈准将沁工复归官办，改设东、西沁两分局，于八年三月间实行。所有开办费及八年三、四、五、六月份局汛经费仍在七年岁修款内开支。至沁阳、武陟实支备防料石价洋，均动支七年石方价余款。

民国八年预算册列沁工岁修同七年。支出计算：沁阳支洋一万零七百一十二圆九角零六厘，又购办备防料石洋二千零六十五圆，武陟支洋二万零九百八十二圆七角一分四厘，统共实支洋三万三千七百五十九圆六角二分。

按：八年沁阳支备防料石洋二千余圆，系由黄工石方余款内拨付。至武陟实支款项，除内有每年料价项下拨付之莲花池办石洋一千一百一十一圆一角一分一厘外，又由黄工石方价项下移拨补助购料不敷洋四千四百零六圆三角三分一厘。

民国九年预算册列沁工岁修同前。支出计算：沁阳支洋一万五千二百三十八圆一角一分九厘，武陟支洋一万三千四百三十一圆零八厘，统共实支洋二万八千六百六十九圆一角二分七厘。

按：九年武陟有年拨之莲花池办石洋一千一百一十一圆一角一分五厘，沁阳有西沁分局变卖天师庙大柳一株，价洋一百圆，归入岁修款内报销。

民国十年预算册列沁工岁修同前。支出计算：沁阳支洋一万三千二百一十二圆五角二分一厘，又支购办料石洋九千三百八十九圆三角八分八厘，武陟支洋一万零七百九十八圆八角八分四厘，又购办圆石洋四千九百四十圆零一角三分三厘，统共实支洋三万八千三百四十元零九角二分六厘。

按：十年度除武陟拨莲花池办石一项外，其沁阳购办料石洋九千三百余圆，武陟购办料石洋四千九百余圆，均由黄工石方项下移拨补助。

民国十一年预算册列沁工岁修同前。支出计算：沁阳支洋一万四千九百四十二圆六角四分五厘，武陟支洋七千八百零二圆零五分一厘，共实支洋二万二千七百四十四圆六角九分六厘。

按：十一年筹拟整顿沁工岁修案内，呈准将岁修款项一律提归总局所有，东、西沁两分局应需工款均由总局临时支配核发。其看段夫工食及杂支等项概行裁撤，另由总局规定每年雇夫支洋数目以示限制。均自十二年一月起实行。

民国十二年预算册列沁工岁修同前。

民国十三年预算册列沁工岁修同前。

按：十二、三两年岁修款尚未领齐，支出数亦未结束，故未列支款实数。

沁阳武陟沁工岁修预算支出总数一览表

民国二年度至十三年度

年度别 沁阳武陟岁修	预算总数	支出总数	备考
二年度	三三三三四圆三三二	三四三六九圆三三二	
三年度	三三三三四圆〇〇〇	三一二一三圆二二一	
四年度	三三三三四圆〇〇〇	三三四七五圆二七二	
五年度	三三三三四圆〇〇〇	三〇六七五圆四〇七	
六年度	三三三三四圆〇〇〇	四〇一四三圆四二七	
七年度	二七七七八圆〇〇〇	四四三二六圆九四七	
八年度	二七七七八圆〇〇〇	三三七五九圆六二〇	
九年度	二七七七八圆〇〇〇	二八六六九圆一二七	
十年度	二七七七八圆〇〇〇	三八三四〇圆九二六	
十一年度	二七七七八圆〇〇〇	二二七四四圆六九六	
十二年度	二七七七八圆〇〇〇		
十三年度	二七七七八圆〇〇〇		
合计	三六一一一六圆三三二三		
说明	查表内所填预算、支出总数均系查照各年度预算计算册数目列入，内有支出超过预算总数，或在上年度余存岁修款内动支，或从黄工料石价项下移拨，业于按语内大概说明，备考栏内不赘列		

购土雇夫填垫水沟浪窝经费

查各分局所管南北两岸堤工，每经大雨时行，发见水沟浪窝所在多有，向由各分局雇夫填垫以固工防。民国二年，河防局成立，将此项开支列入预算，规定十三分支局每局每月三十圆，全年预算四千六百八十圆。自三年以后改为九分局，全年预算三千二百四十圆。八年，河务局改组，填垫沟窝一律责成各汛队兵实行工作，不另雇夫。此项经费当即裁撤，所有实支数目，除二年支洋七百一十一圆六角二分二厘，已归入经常费支出数内编列外，计三年支洋二千零六十五圆六角一分八厘，四年支洋一千七百九十七圆九角三分七厘，五年支洋二千一百六十八圆四角一分一厘，六年支洋四千六百九十六圆一角六分一厘，七年支洋二千一百四十四圆八角零七厘，统共支洋一万三千五百八十四圆五角五分六厘，均归入工款内报销。

附武原分局嘉应观地租案

查各分局庙产以嘉应观为最多。该观在武原分局武荥汛，而地在沁阳，由官代管。顷以粮价增涨，遂启纠纷。本年七月，武原分局长朱学轼呈：据所属嘉应观住持道人朱智文呈称，嘉应观敕建于雍正初年，落成时各上宪虑香火无资，常住无养。查河内县即今沁阳有前明废藩田产八顷九十一亩一分八厘五毫，除庄院、河路地二十一亩八分一厘，实地八顷六十九亩三分六厘六毫，地段坐落柳庄。清初，因土地荒芜，无人承买，河内县召佃耕种，每年仅纳地丁银八十七两零三厘七毫、漕米银五两六钱八分一厘一毫，将此项地亩捐给观中。但地距观有一百四十里之远，赴地收租惟恐主佃呼应不灵；河内县向观征粮，又恐差催滋扰。宪谕仍将此地归河内县承管，于粮册上立为嘉应观一户。其粮坐落清下三图五甲，由该县召佃收租。除粮差外，每年给予观中麦谷各一百石，令住持于麦谷登场后，两次赴河内县具领。租归于观，地掌于官，两相牵制，无久远迷失之虑。

〔银行当商滩租滩地收入一览表共五份〕[1]

交通银行存款生息收入一览表民国二年度至十二年度

年度别 收入	存款库平银数	利率	生息库平银数	合洋圆数	备　考
二年度	六○○○○两○○○	每月五厘五毫	三九九六○两○○○	五八五一圆○六四	
三年度	二○○○○两○○○	常年六厘	一二○○两○○○	一七七三圆○五○	
四年度	二○○○○两○○○	常年六厘	一二○○两○○○	一七七三圆○五○	
五年度	二○○○○两○○○ 一○○○○圆○○○	常年六厘	一二○○两○○○ 六○○圆○○○	二三七三圆○五○	查本年度除原存本金二万两外，又续存银洋一万圆，共合生息银洋如上数
六年度	二○○○○两○○○ 一○○○○圆○○○	常年六厘	一二○○两○○○ 六○○圆○○○	二三七三圆○五○	
七年度	二○○○○两○○○ 一○○○○圆○○○	常年六厘	一二○○两○○○ 六○○圆○○○	二三五二圆○○○	查本年度生息库平一千二百两，申汴平银一千二百二十六两四钱，每圆七钱合洋一千七百五十二圆；又生息洋六百圆，共合银如上数。八年度、十年度均同
八年度	二○○○○两○○○ 一○○○○圆○○○	常年六厘	一二○○两○○○ 六○○圆○○○		

[1] 据目录补。

续表

年度别 收入	存款库平银数	利率	生息库平银数	合洋圆数	备　考
九年度	二〇〇〇〇两〇〇〇 一〇〇〇〇圆〇〇〇	常年六厘	一二〇〇两〇〇〇 六〇〇圆〇〇〇	二三七七圆三九〇	查本年度生息库平一千二百，申汴平银一千二百二十六两四钱，每圆六钱九分，合洋一千七百七十七圆三角九分；又生息洋六百圆，共合银圆如上数
十年度	二〇〇〇〇两〇〇〇 一〇〇〇〇圆〇〇〇	常年六厘	一二〇〇圆两〇〇〇 六〇〇圆〇〇〇	二三五二圆〇〇〇	
十一年度	二〇〇〇〇两〇〇〇 一〇〇〇〇圆〇〇〇	常年六厘	一二〇〇两〇〇〇 六〇〇圆〇〇〇	二三二七圆三二〇	查本年度生息库平银一千二百两，申汴平银一千二百二十六两四钱，每圆七钱一分，合洋一千七百二十七圆三角二分；又生息洋六百圆，共合银圆如上数
十二年度	二八七八七圆七三〇 一〇〇〇〇圆〇〇〇	常年九厘	二五九〇圆〇九八 九〇〇圆〇〇〇	三四九〇圆〇九八	查本年度存款除原存之一万圆外，尚有二万两亦按汴平南价换作银圆，统共本金三万八千七百八十七圆七角三分，生息改为九厘，共合银洋如上数
十三年度	二八七八七圆七三〇 一〇〇〇〇圆〇〇〇				
说明	查表内所列二年度至六年度生息合洋数均以库平六七七、六八折合，七年度起原存之二万两生息银数以库平，改收汴平按当时市价折合银圆，十二年度，又以原存之二万两一并换作银圆，利率复改为九厘。嗣后均以银圆起息，以归一律。至十三年度，生息尚未到期支付，故暂从阙				

中国银行存款生息收入一览表民国二年度至十三年度

年度别 收入	存款库平银数	利率	生息库平银数	合洋圆数	备考
二年度	无		无		
三年度	四三九〇五两一三六	常年六厘	二六三四两三〇八	三八九二圆二九九	
四年度	四三九〇五两一三六	常年六厘	二六三四两三〇八	三八九二圆二九九	
五年度	四三九〇五两一三六	常年六厘	二六三四两三〇八	三八九二圆二九九	
六年度	四三九〇五两一三六	常年六厘	二六三四两三〇八	三八九二圆二九九	
七年度	四三九〇五两一三六	常年六厘	二六三四两三〇八	三七七八圆七一〇	查本年度生息库平银二千六百三十四两三钱零八厘，申合汴平银二千六百九十二两二钱六分三厘，内分一千四百六十五两八钱六分三厘，按市价合洋二千零九十四圆零九分；又一千二百二十六两四钱按市价合洋一千六百八十四圆六角二分，共合银元如上数
八年度	四三九〇五两一三六	常年六厘	二六三四两三〇八	三八四六圆〇八〇	查本年度生息库平银二千六百三十六两三钱零八厘，申合汴平银二千六百九十二两二钱六分三厘，按市价合洋如上数。九、十年度同

续表

年度别 收入	存款库平银数	利率	生息库平银数	合洋圆数	备　考
九年度	四三九〇五两一三六	常年六厘	二六三四两三〇八	三八四六圆〇八〇	
十年度	四三九〇五两一三六	常年六厘	二六三四两三〇八	三八四六圆〇八〇	
十一年度	四三九〇五两一三六	常年六厘	二六三四两三〇八	三七六七圆九二〇	查本年度生息库平银二千六百三十四两三钱零八厘，申合汴平银二千六百九十二两二钱六分三厘，按市价合洋一千七百零三圆三角三分；又一千四百六十五两八钱六分，按市价合洋二千零六十四圆五角九分，共合洋如上数
十二年度	六三一九八圆六六〇	常年九厘		五六八七圆八七九	查本年度存款本金以库平申合汴平按市价换作现洋六万三千一百九十八元六角六分，利息改为常年九厘，共合洋如上数
十三年度	六三一九八圆六六〇	常年九厘			
说明	查表内所列三年度至六年度生息银合洋数，均以库平六七、六八折合。自七年度起，生息库平银数改收汴平，按当时市价折合银圆。十二年度，原存之本金一并换作银圆存放，嗣后即以银圆起息。至十三年度生息尚未到期支付，故暂从阙				

内国公债生息收入一览表民国四年度至十三年度

年度别收入	票面本金	利息总数	备考
四年度	二〇〇〇〇圆〇〇〇	一八二五圆〇〇〇	查本年度内先后购买三、四年公债票各一万圆，年利六厘，自购买票面日起扣至五年六月底止，共收息银洋如上数
五年度	三〇〇〇〇圆〇〇〇	一六五〇圆〇〇〇	查本年度内除原存三、四年公债本二万圆外，又续购五年公债票一万圆，共三万圆，年利六厘，自接算上年度及续购票面之日起，扣至六年六月底止，共扣息银洋如上数
六年度	二八四一〇圆〇〇〇	一七五二圆三〇〇	查本年度原存公债本金三万元，除三年公债本洋一千五百九十圆外，尚存本金二万八千四百一十元，年利六厘，自接算上年度起，截至本日及七年六月底止，共收息银洋如上数
七年度	二六四一〇圆〇〇〇	一六五四圆六〇〇	查本年度内原存本金二万八千四百一十圆，除四年公债本洋二千圆外，尚存本金二万六千四百一十圆，年利六厘，自接算上年度起，截至本日及八年六月底止，共收息银洋如上数
八年度	二二九〇五圆〇〇〇	一五〇九圆三〇〇	查本年度内原存公债本金二万六千四百一十圆，除三年公债二次本洋五百零五圆，四年公债二次本洋一千圆外，尚存本金二万二千九百零五圆，年利六厘，自接算上年度起，截至本日及九年六月底止，共收息银洋如上数

续表

年度别收入	票面本金	利息总数	备考
九年度	二一四二〇圆〇〇〇	一二八五圆二〇〇	查本年度内原存公债本金二万二千九百零五圆，除三年公债三次本洋一千四百八十五圆外，尚存本金洋二万一千四百二十圆，年利六厘，自接算上年度起，截至本日及十年六月底止，共收息银洋如上数
十年度	一八八七五圆〇〇〇	一四四八圆八五〇	查本年度内原存本金二万一千四百二十圆，除三年公债四次本洋五百四十五圆，四年公债三次本洋二千圆外，尚存本金一万八千八百七十五圆，年利六厘，自接算上年度起，截至本日及十一年六月底止，共收息银洋如上数
十一年度	一四八七五圆〇〇〇	九二三圆五〇〇	查本年度内原存本金一万八千八百七十五圆，除四年公债四五次本洋四千圆，尚存本金一万四千八百七十五圆，年利六厘，自接算上年度起，截至本日及十二年六月底止，共收息银洋如上数
十二年度	一二九八〇圆〇〇〇	六五〇圆七〇〇	查本年度内原存本金一万四千八百七十五圆，除三年度五六次本洋一千四百三十五圆外，尚存本金一万二千九百八十圆，年利六厘，自接算上年度起，截至本日及十三年六月底止，共收息银洋如上数。再本年度内尚有五年公债三个月利息未到期，未曾列入，合并登明
十三年度	一二九八〇圆〇〇〇		
说明	查表内所列公债数计三、四、五年各购一万元，共三万元。因公债本金逐年本，故收息数亦逐年递减。至十三年度，收息尚未到期，利息总数栏内暂行从阙。再，公债利息项下尚有历年提购之公债，均未列入，因数目零星，且年年收入预算册计算书内均未登载，无庸多列，以省繁复		

当商生息收入一览表民国二年度至十三年度

年度别 收入	本金库平银数	生息库平银数	合银圆数	备　考
二年度	八五〇〇两〇〇〇	八四〇两八三〇	一二四二圆三六二	查本年度内开封刘桐茂、刘公茂各存本金三千两，通许刘广泰、尉氏刘广全各存本金一千两，禹县刘钧茂存本金五百两；利息常年六厘、每月六厘、常年一分不等，共收息银洋如上数
三年度	八五〇〇两〇〇〇	七七〇两〇〇〇	一一三七圆七一二	查本年度内各当商存款本金仍系原数，其利息常年、每月稍有变更，计共收息银洋如上数。四年度同
四年度	八五〇〇两〇〇〇	七七〇两〇〇〇	一一三七圆七一二	
五年度	八五〇〇两〇〇〇	七一〇两〇〇〇	九三九圆七三八	查本年度内开封桐茂公茂、两当商利息改付库平，申合汴平，按市价合洋，与前数目不同；尉氏刘广全当商歇业。本年度内仅付半年利银，计共收息银如上数
六年度	七五〇〇两〇〇〇	六五〇两〇〇〇	七四一圆七四四	查本年度内除尉氏刘广全当商倒闭，本利均停止外，其开封、通许、禹县各当商本利仍旧。计共收息银洋如上数。七年度同
七年度	七五〇〇两〇〇〇	六五〇两〇〇〇	七四一圆七四四	

续表

年度别收入	本金库平银数	生息库平银数	合银圆数	备　考
八年度	七五〇〇两〇〇〇	六五〇两〇〇〇	七〇一圆〇二七	查本年度内各当商本利仍旧，而银圆数减，因桐茂、公茂两当商库平收息，以汴平按市价折合之关系
九年度	七五〇〇两〇〇〇	六五〇两〇〇〇	六三〇圆三〇五	查本年度合洋教减，仍系汴平按市价折合之关系
十年度	七五〇〇两〇〇〇	五〇〇两〇〇〇	五〇二圆五九六	查本年度内开封刘桐茂歇业，利息仅付半年，故生息银洋共数均减
十一年度	一五〇〇两〇〇〇	一七〇两〇〇〇	二五一圆一八四	查本年度内除开封刘桐茂当商业经倒闭，本利均停付外，刘公茂亦继续倒闭，本利停付，上列银洋数系通许、禹县当商之本利。十二年度同
十二年度	一五〇〇两〇〇〇	一七〇两〇〇〇	二五一圆一八四	
十三年度	五〇〇两〇〇〇			
说明	查当商生息系属从前荥工岁修每年收入，仍须解厅作抵拨款。上列数目均系逐年之实在收入，惟历年以来，内有当商倒闭、歇业者，本金既难提出，利银亦已停付，故收入日形减少。十三年度生息尚未到期，数目暂行从阙			

柳园滩租收入一览表民国二年度至十三年度

年度别 收入	稞租银元总数	备　考
二年度	五一九二圆二八八	查本年度内南岸分局解滩租洋八百五十三圆九角三分四厘，中牟支局解滩租洋二百零六圆一角四分一厘，郑中支局解滩租洋三百九十四圆零六分八厘，上南支局解滩租洋五十三圆一角七分六厘，陈兰支局解滩租洋一百四十四圆九角八分五厘，北岸分局解滩租洋一千零六十三圆九角六分七厘，上北支局解滩租一千七百一十一圆四角一分八厘，中北支局解滩租洋一百一十四圆九角七分八厘，下北支局解滩租洋三百四十九圆四角四分四厘，孟县支局解沟租洋三百圆零零七分七厘，共收租银洋如上数
三年度	五五八四圆二〇二	查本年度内下南分局解滩租洋九百八十九圆零一分九厘，中牟分局解滩租洋三百一十三圆三角一分七厘，郑中分局解滩租洋三百八十圆零三角二分七厘，上南分局解滩租洋十八圆零八分八厘，陈留分局解滩租洋八十八圆五角一分四厘，武原分局解滩租洋九百二十六圆三角一分七厘，阳封分局解滩租洋二千五百零三圆一角一分二厘，下北分局解滩租洋二百八十圆零零三分六厘，孟县分局解滩租洋二圆九角六分三厘，武陟沁工公所解滩租洋一百零二圆五角零九厘，共收租银洋如上数
四年度	五九〇九圆三九六	查本年度内下南分局解滩租洋一千一百三十一圆三角四分七厘，中牟分局解滩租洋二百四十七圆九角一分八厘，郑中分局解滩租洋三百一十五圆零三分六厘，上南分局解滩租洋十八圆零二分九厘，陈兰分局解滩租洋二百四十二圆八角八分五厘，武原分局解滩租洋八百一十七圆八角五分二厘，阳封分局解滩租洋二千六百零六圆八角零六厘，下北分局解滩租洋三百九十七元二角八分七厘，孟温分局解滩租洋三圆二角，武陟沁工公所解滩租洋一百二十九圆零三分六厘，共收租银洋如上数

续表

年度别 收入	稞租银元总数	备　考
五年度	四九五三圆七二七	查本年度内下南分局解滩租洋一千三百八十圆零八角八分七厘，中牟分局解滩租洋二百四十五圆二角四分六厘，郑中分局解滩租洋二百六十圆零二角零二厘，上南分局解滩租洋十八圆二角三分五厘，陈兰分局解滩租洋四百零九圆六角七分六厘，武原分局解滩租洋六百二十六圆九角零二厘，阳封分局解滩租洋一千九百零六圆一角三分三厘，孟温分局解滩租洋三圆零七分七厘，武陟沁工公所解滩租洋一百零三圆三角六分九厘，共收租银洋如上数
六年度	三一二五圆三〇八	查本年度内下南分局解滩租洋四百八十二圆五角八分四厘，中牟分局解滩租洋一百八十圆零二角九分五厘，郑中分局解滩租洋二百五十五圆二角七分七厘，上南分局解滩租洋八圆八角二分，陈兰分局解滩租洋二百四十圆零六角三分三厘，武原分局解滩租洋一千二百二十三圆八角六分一厘，阳封分局解滩租洋五百九十八圆八角九分一厘，下北分局解滩租洋九十六圆四角零二厘，孟温分局解滩租洋三圆零七分七厘，武陟沁工公所解滩租洋三十四圆四角二分八厘，共收租银洋如上数
七年度	八六二圆八〇四	查本年度内下南分局解滩租洋三百九十四圆三角五分四厘，中牟分局解滩租洋七十二圆七角一分，郑中分局解滩租洋五十二圆四角二分一厘，陈兰分局解滩租洋一百六十圆零三角四分八厘，阳封分局解滩租洋一百一十三圆八角四分五厘，下北分局解滩租洋三十圆零三角三分二厘，孟温分局解滩租洋二圆八角九分九厘，武陟沁工公所解滩租洋三十五圆九角一分五厘，共收租银洋如上数
八年度	二三五八圆九四八	查本年度内下南分局解滩租洋三百八十一圆七角七分六厘，中牟分局解滩租洋一百零九圆七角七分一厘，郑中分局解滩租洋六十五圆五角三分二厘，陈兰分局解滩租洋七百零三圆六角七分三厘，武原分局解滩租洋七百二十圆零二角三分九厘，阳封分局解滩租洋二百四十二圆四角三分三厘，下北分局解滩租洋一百三十二圆六角二分六厘，孟温分局解滩租洋二圆八角九分八厘，共收租银洋如上数

续表

年度别 收入	稞租银元总数	备　考
九年度	一三六八圆二八九	查本年度内下南分局解滩租洋三百零四圆六角三分六厘，中牟分局解滩租洋一百三十九圆八角八分七厘，郑中分局解滩租洋八十七圆二角八分八厘，陈兰分局解滩租洋一百零三圆一角一分八厘，武原分局解滩租洋四百零四圆一角八分三厘，阳封分局解滩租洋一百五十三圆六角八分七厘，下北分局解滩租洋五十八圆五角八分三厘，孟温分局解滩租洋五圆三角一分八厘，东沁分局解滩租洋一百一十一圆五角七分九厘，共收租银洋如上数
十年度	一〇八四圆八四八	查本年度内下南分局解滩租洋三百一十八圆六角七分一厘，中牟分局解滩租洋三十四圆三角二分八厘，郑中分局解滩租洋七十八圆一角九分二厘，陈兰分局解滩租洋三十圆元七角七分三厘，武原分局解滩租洋四百九十八圆一角四分二厘，阳封分局解滩租洋八十九圆四角四分，下北分局解滩租洋三十五圆三角零二厘，共收租银洋如上数
十一年度	九九一圆九八〇	查本年度内下南分局解滩租洋二百八十三圆七角二分四厘，中牟分局解滩租洋八十二圆三角四分八厘，郑中分局解滩租洋九十一圆三角九分四厘，陈兰分局解滩租洋三十七圆零二分四厘，武原分局解滩租洋二百四十一圆零八分六厘六毫八丝，阳封分局解滩租洋一百九十一圆九角八分八厘，下北分局解滩租洋六十四圆四角一分五厘，共收租银洋如上数
十二年度		
十三年度		
说明	查柳园滩租均系各分局所属队汛招徕附近居民佃种，或年定稞额，或临熟作收，所缴稞租钱及麦粮数不一致，每年易洋，市价高低不等。其年成丰歉，地亩涨塌，亦均无定，是以各年度收租银洋数目比较均有参差。表内所列系各队汛按年经收缴，由该管分局转解实收租数。内有上年租洋并入下年一次解者，即查明所解总数列作下年所收租洋，亦有下年租洋提前咨解作抵拨款，划归上年所收租数者。此项稞租系属国家收入，无论收入之多寡，均须咨解财厅，拨抵经费或工款，合并登明。再，十二、三两年度滩租尚未收齐，故收入栏内数目暂行从阙	

〔总分各局公有房屋庙产一览表共二份〕❶

各分局所属队汛经管滩地一览表

局称	管辖队汛	经管地亩细数	备　考
下南分局	下南上汛	一〇八顷二〇亩五一二	
	下南中汛	三顷七三亩九〇〇	
	下南下汛	九顷一〇亩〇八〇	
		共三一顷〇四亩四九二	
郑中分局	工巡队	一顷〇〇亩一三〇	
	郑下汛	一顷九二亩七一〇	
	中牟上汛	五顷二三亩五九六	
		共八顷一六亩四三六	
中牟分局	中牟中汛	六八亩九一〇	
	中牟下汛	四顷二四亩六九四	
		共四顷九三亩六〇四	
陈兰分局	工巡队	一四亩〇〇〇	
	陈兰汛	一顷二〇亩一二五	
		共一顷三四亩一二五	

❶ 据目录补。

续表

局称	管辖队汛	经管地亩细数	备　考
武原分局	工巡队	八六亩〇〇〇	
	武荥汛	四顷八〇亩〇三〇	
	原武汛	六顷七五亩九〇〇	
		共三顷四一亩九三〇	
阳封分局	阳武汛	一三顷三九亩四七〇	
	封邱汛	三顷九八亩七八七	
		共一七顷三八亩二五七	
下北分局	工巡队	三顷二五亩〇六〇	
	开封北汛	六四亩五六〇	
	开陈北汛	二顷七七亩九一〇	
		共六顷六七亩五三〇	
孟温分局	孟县汛	二〇亩〇〇〇	
东沁分局		九三亩九九〇	
		总共一七一顷六八亩四六四	
说明	查河工柳园滩地前经清理官产处派员调查，业将废坝废堤无碍工防地亩，分别造册，移交标卖，其保存者均系关系工防，各项地亩历年标卖数既有减无增，而临河滩塌亦属毫无一定。表内所列，系查照各分局所属队汛报解民国十年及十一年地租清册内所载亩数开列近来亩数，或不无稍有变更。至上南分局队汛经管滩地，早经标卖净尽，故表内无该分局地亩		

总局及黄河九分局公有房屋一览表

局别	名称	房屋间数	坐落地点	建始年月及续修年月	备考
总局	河务局		西门内西司街		前清臬司旧署，民国三年改归河防局办公之用
	河防公所		刷绒街迤东		即前八厅公所。民国三年，河防局迁旧集署，此房为北区警察署借用
	二曾祠		刷绒街		现改设图书馆
	前河督署		三圣庙东街		现改设河南法政学校
	办香书院		核学门街		存有契纸二张，现改设地方审判厅看守所
	信陵书院		老府门街		存有契纸二张，现改设女学校
下南分局	院道馆	房屋三十七间	下南上汛十九堡		
	厂房	房屋二十七间	下南上汛❶九堡		
	杂料厂	房屋十一间	下南上汛十九堡		

❶ 此处疑脱“十”。

续表

局别	名称	房屋间数	坐落地点	建始年月及续修年月	备考
下南分局	分局长办公处	瓦房十二间，草房十二间	中汛十堡大堤北面，坐落和尚庄	民国二年建造，十年五月补修	
	杂料厂	草房九间	中汛十堡大堤北面，坐落和尚庄	民国二年建修	
	队长办公处	草房九间	中汛十堡大堤北面，坐落和尚庄	民国四年建修	
中牟分局	营房	草房三间	中牟中汛头堡，距三刘寨一里余	建始年月无考民国七年补修	
	队长办公处	草房三间	中牟中汛二堡上首，大王庙偏院	民国六年建修，屡次补修	
	中牟大营房	草房十间	中牟中汛二堡，距三刘寨一里余	民国六年队兵公建，续修年月无考	
	杂料厂	草房十三间	中牟中汛二堡，距三刘寨一里余	建始年月无考，民国十二年补修	
	分厂办公处及行台	瓦房十三间，草房四十九间，厂棚十间	中牟中汛二堡，距三刘寨一里余	建始年月无考	
	上段营房	草房三间	中牟中汛三堡，距王庄二里	建始年月无考，民国十二年春补修	
	下段营房	草房三间	中牟中汛三堡，距王庄二里	建始年月无考，民国十二年春补修	

续表

局别	名称	房屋间数	坐落地点	建始年月及续修年月	备考
中牟分局	营房	草房三间	中牟中汛四堡，距安庄一里余	建始及续修年月均无考	
	官厅	瓦房三间	中牟中汛五堡，距安庄半里	建始年月无考，屡次补修	
	中牟中汛办公处系旧日行台	瓦房十八间	中牟中汛六堡大王庙偏院	清光绪十二年建造续修年月无考	
	下汛大营房	瓦房大门一间，草房八间	中牟中汛头堡，距新寨一里	清光绪二十年队兵公建，续修年月无考	
	下汛汛长办公处	瓦房大门一间，草房八间	中牟下汛头堡，大王庙偏院	清道光二十年建造，屡次补修	
	营房	草房三间	中牟下汛头堡，距新寨二里	建始年月无考，民国十二年春补修	
	营房	草房三间	中牟下汛二堡，距坝窝半里	建始年月无考，屡次补修	
	营房	瓦房三间	中牟下汛三堡，距万庄二里余	建始年月无考，屡次补修	
	营房	瓦房三间	中牟下汛五堡，距太平庄半里	建始年月无考，屡次补修	
	分局办公处	瓦房八十七间	中牟下汛八堡，东漳寨内	清道光二十五年建，屡次补修	

续表

局别	名称	房屋间数	坐落地点	建始年月及续修年月	备考
中牟分局	行台	瓦房五十九间	中牟下汛八堡，东漳寨内	清道光二十五年建始，续修年月无考	
	两汛队兵公建大营房	瓦房十二间、草房五间	中牟下汛八堡，东漳寨内	清道光二十七年建始，光绪二年重修，屡次补修	
	下交界官厅	瓦房三间	中牟下汛十三堡，距朱固一里余	建始年月无考，久未续修	
郑中分局	分局办公处	房屋一百四十间	郑下汛六堡，来同寨	清光绪十四年建修	
	道馆	房屋四十二间		清光绪十四年建修	
	麻厂	房屋三十六间		清光绪十四年建修	
	队长办公处	房屋十六间		清光绪十五年建修	
	大营房	房屋二十三间		清光绪十四年建修	
	房基一处	房屋均倒塌，地约六七分	西门内		
	西厂房	房屋三十间	郑下汛头堡，申庄附近黄大王庙内	清光绪十五年建修	
	东厂房	房屋十二间	中上汛十堡，三刘庄附近	清光绪二十二年建修	

续表

局别	名称	房屋间数	坐落地点	建始年月及续修年月	备考
上南分局	院馆	房屋四十五间	郑上汛五堡西，近赵寨	清同治七年建修，民国十二年择要续修	
	道馆	房屋八间	郑上汛五堡西，近赵寨	清同治七年建修	
	分局办公处	房屋三十六间	郑上汛五堡西，近赵寨	清同治七年建修，民国十二年择要续修	
	队长办公处	房屋二十三间	郑上汛五堡西，近赵寨	清光绪三十二年建修	
	汛长办公处	房屋十一间	郑上汛五堡南，近胡屯	清同治二年建修	
	汛长办公处	房屋五间	荥泽汛十堡西，近冯庄	清同治九年建修	
	大营房	房屋十二间	荥泽汛十一堡，近冯庄	清同治十一年建修	
	大营房	房屋十间	郑上汛五堡西，近赵寨	民国元年建修	
	厂房	房屋三间	郑上汛头堡	清宣统二年建修	
	厂房	房屋三间	郑上汛头堡	清宣统三年建修	
	杂料厂	房屋十四间	郑上汛头堡	清同治二年建修	
	厂房	房屋三间	郑上汛五堡	清光绪十五年建修	
	杂料厂	房屋十四间	郑上汛五堡	清光绪十二年建修	
	厂房	房屋二间	郑上汛六堡	清宣统二年建修	
	官厅	房屋三间	郑上汛八堡	清光绪十四年建修	

续表

局别	名称	房屋间数	坐落地点	建始年月及续修年月	备考
上南分局	厂房	房屋九间	荥泽汛八堡	民国二年建修	
	厂房	房屋四间	荥泽汛十堡	清光绪十一年建修	
	厂房	房屋三间	荥泽汛十二堡	清光绪十年建修	
陈兰分局	营房	瓦房八间	陈兰汛十二堡，曲兴集	清光绪二十六年购置	
	营房	瓦房四间，草房四间	陈兰二十堡	瓦房民国九年修，草房光绪二十年修	
	杂料厂	瓦房十一间，草房一间	陈兰二十堡	民国三年建始，九年九月续修	
	分局长办公处		在雷家集	租借民房	
孟温分局	分局办公处	房屋二十八间	孟县城内，南门里东边	建始年月无考，原系教谕署，民国三年划归分局	
	队长办公处	房屋二十间	孟汛六堡附近北凯仪村	清光绪二十七年七月建修	
	营房	房屋九间	温县汛六堡附近元字二号	民国六年建修	
武原分局	院道署	房屋二十九间	武陟汛头堡	建始年月无考	
	杂料厂	房屋十一间	武陟汛头堡	建始年月无考	

续表

局别	名称	房屋间数	坐落地点	建始年月及续修年月	备考
武原分局	营房	房屋十二间	武陟汛二堡	建始年月无考	
	院道馆	房屋一百三十六间	武荥汛庙工	建于清光绪十一年	
	营房	房屋二十间	武荥汛十三堡	建始年月无考	
	院道馆	房屋二十八间	原武汛十堡	建始年月无考	
	旧道署	房屋二百一十九间	武陟县城内	建始年月无考	分局及工巡队办公处均在内
阳封分局	旧卫粮厅署	房屋七十九间	封邱汛十二堡，荆隆宫镇	建始年月无考，民国五年重修，屡次补修	
	旧汛长公署	房屋十四间	封邱汛十二堡，荆隆宫附近	建始年月无考	
	旧队长署	房屋二十一间	封邱汛十五堡，坝台村附近	建始年月无考	
	厂房	房屋九间	封邱汛十八堡，大王庄附近	内有三间系民国二年建修	
	院馆	房屋三十三间	阳武汛十七堡，安庄附近	建始年月无考	
	道馆	房屋三十间	阳武汛十七堡，安庄附近	建始年月无考	

续表

局别	名称	房屋间数	坐落地点	建始年月及续修年月	备考
阳封分局	旧汛长公署	房屋十二间	阳武汛十七堡，安庄附近	建始年月无考	
	厂房	房屋九间	阳武汛十七堡，月石坝坝齿上面	民国九年五月建修	
下北分局	院道行馆	瓦房二十八间，草房三十五间	开封北汛十五堡，近田营村	清同治年建立，光绪年续修	东偏院现队长办公处
	厂房	瓦房二十八间，草房五十五间	开封北汛十五堡，近田营村	清同治年建立	现分局办公处，即清祥河厅署
	祥河厅旧署	瓦房一百一十一间	开封北汛十堡，在陈桥镇	清乾隆年建，光绪年续修	附院道馆，现派人看守
	都司旧署	瓦房十三间，草房四间	开封北汛十五堡，近田营村		现开封北汛汛长办公处
	大营房	瓦房十间	开封北汛十六堡，近夹堤村		现汛弁住
	小营房	二座，共草房六间	开封北汛十六堡，近夹堤村		现看埽坝兵住
	下北厅旧署	瓦房十四间，草房十二间	开陈北汛头堡，近夹堤村		现开陈北汛汛长办公处
	小营房	二座，共草房六间	开陈北汛头堡，近夹堤村		现看埽坝兵住

续表

局别	名称	房屋间数	坐落地点	建始年月及续修年月	备考
下北分局	小营房	二座，瓦房三间，草房三间	开陈北汛二堡，近马厂村		现看埽坝兵住
	守备旧署	瓦房三间	开陈北汛三堡，近厂房门村		
说明	查表内所列公有房屋，除总局外，其余黄河九分局均系查照民国十二年间造送表册填列。房屋多半年久失修，破漏倒塌，所在皆有，亦有经各分局队汛择要补修者。至开封城内河工旧日购置房屋，改设各机关均已占用，总局现暂租民房办公				

总局及黄河九分局管辖庙产一览表

局别	庙宇名称	房屋间数	坐落地点	有无田产	建始及续修年月	备考
总局	金龙四大王庙	房屋五十间，戏楼一座	西大街	道人募化地一顷六十亩	建自明崇桢十四年，续修清光绪八年	
	朱大王庙	房屋二十二间，戏楼一座	宋门大街	无	建自清乾隆四十五年，续修光绪八年	
	黄大王庙	房屋三十二间，戏楼一座	黄大王庙街	无	建自清乾隆三年，续修光绪八年	
	栗大王庙	房屋二十六间，戏楼一座	相国寺前街	无	建自清光绪二年，续修光绪八年	
	将军庙	房屋三十二间，戏楼一座	相国寺前街	无	建自清光绪七年，民国十二年补大殿破漏	

续表

局别	庙宇名称	房屋间数	坐落地点	有无田产	建始及续修年月	备考
下南分局	金龙四大土庙	房屋三十二间 钟鼓楼二座	下南上汛十九堡	香火地四十亩	建自明朝，续修年月无考	
	栗大王庙	房屋九间	十九堡盖坝	无	建自清同治年间，续修年月无考	
	斜大王庙	房屋十二间	五堡斜堤	香火地二十亩	建自清乾隆年间，续修年月无考	
	大王庙	房屋四十一间， 钟鼓楼一座	中汛八堡，大马圈庄	香火地十亩	建自清道光二十七年，续修年月无考	
中牟分局	大王庙	瓦房十二间， 草房四间	中牟中汛二堡上首， 距三刘寨一里余	无	建始年月无考，民国十二年春补修	
	大王庙	瓦房三间	中牟中汛四堡南堤， 距安庄一里	无	建始及续修年月均无考	
	大王庙	瓦房十六间， 草房四间	中牟中汛六堡	无	建自清光绪十二年，续修年月无考	
	大王庙	瓦房五十间， 草房二十七间	中牟下汛头堡， 距新寨一里余	中汛六堡大堤北面柳阴地七十余亩，内有二十亩成田	建自清道光二十年，续修同治九年	
	将军庙	瓦房三间	中牟下汛五堡， 太平庄	无	建始及续修年月均无考	
	大王庙	瓦房十八间	中牟下汛八堡， 东漳寨内	无	建自清道光二十五年，续修光绪十四年	

续表

局别	庙宇名称	房屋间数	坐落地点	有无田产	建始及续修年月	备考
郑中分局	黄大王庙	房屋二十九间	郑下汛头堡申庄附近	无	建自清光绪十五年	
	全大王庙	房屋九十一间	郑下汛三堡石桥附近	无	建自清光绪十五年	
	裴场庙	房屋八间	郑下汛九堡，三坝庄附近	无	建始年月无考	
	大王庙	房屋十六间	中上汛头堡杨桥附近	无	建自清乾隆二十六年，续修道光十二年	
	佑宁观	房屋二十五间	中上汛头堡杨桥附近	一顷五十亩	建自清乾隆二十六年，续修民国四年	
	会仙庵	房屋三十间	中上汛四堡永定庄附近	三十二亩	建自清乾隆五十四年，续修光绪二十五年	
	将军庙	房屋四间	中上汛八堡附近无庄	无	建自清嘉庆二十五年	
上南分局	大王庙	房屋二十七间	荥泽汛民埝西，近保合寨	无	建自清光绪二十二年	
	大王庙	房屋三十间	荥泽汛十堡，西近冯庄	无	建自清同治九年	
	将军庙	房屋四间	郑上汛头堡，近胡屯	无	建自清嘉庆二年	
	大王庙	房屋十间	郑上汛头堡，近胡屯	无	建自清同治二年	
	大王庙	房屋十四间	郑上汛五堡，近胡屯	无	建自清光绪五年	

续表

局别	庙宇名称	房屋间数	坐落地点	有无田产	建始及续修年月	备考
陈兰分局	大王庙	瓦房四间	十二堡夹河滩	无	建自清光绪二十七年	
孟温分局	大王庙	草房四间	孟县汛四堡附近曹坡村	无	建始年月无考	
	大王庙	房屋十间	温县汛六堡附近元字二号	无	建自民国五年	
武原分局	西大王庙	房屋二十二间	武陟汛二堡	无	建始年月无考	
	东大王庙	房屋九间	武陟汛八堡	无	建始年月无考	
	大王庙	房屋五十六间	武荥汛庙工	十二顷有零	建自清雍正三年	
	大王庙	房屋十二间	武荥汛二十七堡	无	建始年月无考	
	大王庙	房屋十二间	原武汛十堡	无	建自明万历四年	
	大王庙	房屋二十三间	原武汛十六堡	无	清乾隆、道光年间两次重修	
阳封分局	大王庙	房屋十二间	阳武汛十七堡	香火地七十亩，经官产处标卖	建自清乾隆四十一年，续修光绪二十二年	
	关帝庙	房屋九间				
	风火神庙	房屋一间				
	大王庙	房屋六间	阳武汛二十九堡	无	建始年月无考	
	大王庙	房屋六间	阳武汛三十七堡	无	建始年月无考	

续表

局别	庙宇名称	房屋间数	坐落地点	有无田产	建始及续修年月	备考
阳封分局	大王庙	房屋十六间	封邱汛十一堡下荆隆宫附近	无	建自清嘉庆九年，续修道光二十二年	
	广佑祠大王庙	房屋十二间，御碑楼一座，钟鼓楼一座	封邱汛十五堡桑园村东首	香火地六十三亩一分	建自清嘉庆九年，续修光绪十年	
	党将军庙	房屋六间	封邱汛十五堡下坝台村附近	无	建自清乾隆三十四年	
下北分局	西大王庙名永安观	房屋四十二间	开封北汛十三堡上首	五十二亩	建自清乾隆年间，光绪癸卯年续修	
	东大王庙名佑安观	房屋二十间	开陈北汛三堡近厂房门村	六十八亩	建自清乾隆年间	
	东大王庙亦名永安观	房屋十二间	开陈北汛十四堡近新庄	十六亩	建自清乾隆年间	
说明	查表内所列管辖庙产，除总局外，其余各分局均系查照民国十二年间造送表册填列。其房屋均有残毁倒塌、不甚完全处。香火地除官产处调查标卖外，亦已所存无多					

且饬河内县详叙原委，勒石县前，永为遵守。闻此碑现移至圣水观石桥侧，偃仆。道光三年，因河内县收租办理不善，蒙抚宪姚垂念住持贫窭，饬令酌增，并将地归镇标左、右两营轮流经管。前府核议，每年五月给观中麦一百一十石，十月给谷豆一百一十石，届期赴营请领。无如积久生玩，弊端百出，不惟短欠稞租，抑且杂搀糠秕。经前住持王宗仪一再呈诉，怀庆府张知府于光绪二十七年知照各粮行按照麦谷行市议价变折，每石麦折价二千三百九十六文，共一百一十石，折价二百六十三千五百六十文；谷价一千五百九十六文，共一百一十石，折价一百七十五千五百六十文。共折价四百四十三千一百二十文。原案附有十年一议，随粮价涨落为变更。自折价案成，而搀搅之弊除。不料近数年来，粮价陡涨，原案石麦、石谷之价现易斗麦斗谷，势亦不能。是每年领到二百二十石稞租，实不足以籴二十二石麦谷也。事之不平，孰过于此。现观中食指增加，又修葺在即，且十年一议粮价之期已逾，恳祈转详河宪，饬沁阳县咨豫北镇守使，会集各粮行议定麦谷价值，每年应领若干，按市议价，无使低昂。至沁阳县署前所树观田碑碣，于民国元年移废他所，祈饬沁阳县将原碑仍树故处，傥为风雨剥蚀、字迹残毁，亦祈饬其另树新石，照旧重刊，以维观田而垂久远。并抄录碑文前来分局。查该住持所称尚系实情，未便壅于上闻，理合备文转呈鉴核。

附录碑文

奉抚都院详允柳庄地亩拨入嘉应观记

署怀庆府河内县为遵查拨给观地以广圣泽而垂久远事。雍正三年九月三十日，蒙署怀庆府正堂事、开封府盐捕分府吴信票，雍正三年九月二十八日，蒙河南布政使司宪票，雍正三年九月十七日蒙巡抚都察院加五级纪录三次田批，该司呈详前事内开，据怀庆府详称“恭照敕建嘉应观供奉龙王，乃圣天子念殷民物志切平成，故睿谋所及，疏浚堤防已有成绩。而更启建琳宫，怀柔川岳，以祈亿万斯年永昭清晏。各上宪仰承德意，辟地鸠工，殿宇崇宏，垣墉高固，于以虔牲帛而告成功，妥神灵而锡景福，诚昭代之盛事也。兹因大工告竣，蒙上宪延羽士魏义乐等来观住持，又蒙抚宪谕给香火地亩，俾常住充足，庶得习静迎庥，以垂永久。本署府遵，于各邑细查，惟河内县有柳庄地八顷九十一亩一分八厘五毫一丝七忽，除庄院、河路地二十一亩八分一厘九毫一丝七忽，实地八顷六十九亩三分六厘六毫，向系前朝废藩庄产，入本朝来，因地土荒芜，无人承买，河内县召佃耕种，收为官产。每年办纳丁地粮银八十七两三厘七毫，办纳漕米银五两六钱八分一厘一毫。自康熙二十年间，地渐成熟，租稞加增，河内县除收稞办粮外，每年以盈余麦谷一百四十石缴送本府，以备义学脩脯、观风、季考等各项公用。今卑署府拟将此项地亩捐给观内为香火地，但此地离观有一百四十里之远，观内赴地收租惟恐主佃呼应不灵；河内县向观征粮，又恐差催滋扰，合无将此地仍交河内县收管，但于粮册上立为嘉应观一户，该县召佃收租、办纳粮差之外，每年给予观内麦谷二百石，令住持于麦谷登场后，两次赴河内县具领，于观内无催科之扰，而颗粒得实；于河内县有办粮之便，而发给无难。且租归于观，地掌于官，两相牵制，无久远失迷之虑。于以朝钟暮鼓，祝国佑民，上慰九重已饥已溺之心，下保万民尔田尔宅之利。似可垂之久远，永保安润”等情，到司。据此查该府所议庄地，原系公家之物，捐给嘉应观，永为香火之资，实属以公济公，似称善举。再所议另立户名，该县办纳粮差，羽士只收租余之处，均属妥协。可否允行，本司未便擅专，相应详请宪台核夺批示，以便转饬，勒石永远遵守等因。呈详奉批，如详行，仍转饬勒石永远遵守，取具碑摹送验缴等因。批司行府，转行到县，为此票。仰该县官吏查照宪票，蒙院批详内事理文到该县，即速勒石，永远遵守。仍取具碑摹送府，以凭导司呈送抚都院查验，毋得刻违，速速等因到县。蒙此勒石，树立县前，永为遵守。须至碑者，计开其粮坐落清下三图五甲，户名嘉应观。

雍正三年十一月二十一日，河内县知县梅〔枚〕[1] 立石

[1] “梅”后疑脱“枚”，据道光《河内县志》补。

治绩

卷十七

读《禹贡》一书，治水之绩备矣！玄圭告功，而后自虞迄周，未有剧变，历年多矣。战国之时，以邻为壑，赵、魏激河使东，齐激河使西，非不收效于一时，而禹功遂废。由汉以来，贾让、王景之徒，讫于潘季驯、靳辅，功皆称最，实则防之，未能治之也。禹绩既不可复，其次则勿扰之者亦足多焉。综论其人与事，以见古今之异宜云尔。

夏禹、商冥其勤至矣！禹德具见于《尚书》，冥之功载籍多佚。开封南郊之吹台，实为禹庙，其配享者皆有功于豫河，自史起而下，凡二十有七人，而《豫河志》辑有清一代职官传则得二十二人，要皆勋烈著于时，声施垂于后。馨香尸祝，深入民心。顾自商迄明三千年间，止有此数，而清世二百余年，几与相埒，实以近者详而远者略耳。于是叹古之勋劳卓越，而淹没勿彰者，曷可胜数！盖亦有幸有不幸也。既辑二十七人之传，复旁搜记传，于周增西门豹、白圭，于明增白昂、刘大夏、刘天和、潘季驯、万恭，以补吹台之阙。

周

西门豹西门豹、白圭未列官衔，示别于吹台列祀者也。

西门豹，魏文侯时为邺令。史载其禁河伯娶妇事，甚滑稽，不具录。豹发民凿十二渠，引河水灌民田，田皆溉。当其时，民治渠少烦苦，不欲也。豹曰："民可以乐成，不可与虑始。今父老子弟虽患苦我，然百岁后期令父老子孙思我言。"至今皆得水利，民人以给足富。十二渠经绝驰道，到汉之立，而长吏以为十二渠桥绝驰道，相比近，不可。欲合渠水，且至驰道，合三渠为一桥。邺人民父老不肯听长吏，以为西门君所为也，贤君之法式不可更也。长吏终听置之。故西门豹为邺令，名闻天下，泽流后世，无绝已时，几可谓非贤大夫哉！《传》曰："子产治郑，民不能欺；子贱治单父，民不忍欺；西门豹治邺，民不敢欺。"三子之才能，谁最贤哉？辩治者当能别之。

白圭

白圭，周人也，名丹，善治生，语详《史记·货殖列传》。又尝语孟子曰："丹之治水也愈于禹。"孟子曰："子过矣。禹之治水，水之道也，是故禹以四海为壑。今吾子以邻国为壑。水逆行谓之洚水，洚水者，洪水也，仁人之所恶也。吾子过矣。"白圭治水，不见于他书。而贾让言："堤防之作，近起战国，壅防百川，各自为利。齐与赵、魏以河为竟；赵、魏濒山，齐地卑下，作堤去河二十五里。河水东抵齐堤，则西泛赵、魏；赵、魏亦为堤，去河二十五里。"让虽未明言白圭，而其时同其事与以邻为壑亦同。且所谓堤者，实即今之坝。如云非坝，安能东抵齐堤则西泛赵、魏乎？其下又言："河从河内北至黎阳为石堤，激使东抵东郡平刚；又为石堤，使西北抵黎阳观下；又为石堤，使东北抵东郡津北；又为石堤，使西北抵魏郡昭阳；又为石堤，激使东北。百余里间，河再西三东。”此数堤者，虽未明言作自何时，而既云近起战国，则亦不过百余年耳。观其东抵西抵，实足以左右河流而为所欲为，与其愈禹之言亦正相合。是故今之作石坝者，谓祖白圭，非虚言也。白圭既以治生著称天下，其治河之绩，适为孟子所闻而后世无传，故为表而出之，以谂心知其意者。而近时石坝尤为豫河之要务，安可忘其所自始乎？

魏邺令史起

史起，魏襄王时邺令。襄王与群臣饮酒，为群臣祝曰：“令吾臣皆如西门豹之为人臣也。”史起进曰：“魏之行田也以百亩，邺独二百亩，是田恶也；漳水在其旁，西门豹不知用，是不智也；知而不兴，是不仁也；仁智，豹未之尽，何足法也？”于是，以史起为邺令，遂引漳水溉邺，以富魏之河内。民歌之曰：“邺有贤令兮为史公，决漳水兮灌邺旁；终[1]古舄卤兮生稻粱。”左思《魏都赋》云：“西门溉其前，史起濯其后。”

秦

水工郑国

郑国，韩人也。韩闻秦之好兴事，欲罢之，无令东伐。乃使水工郑国间说秦，令凿泾水，自中山西抵瓠口为渠，并北山东注洛，三百余里，欲以溉田。中作而觉，秦欲杀郑国。郑国曰：“始臣为间，然渠成亦秦之利也。臣为韩延数岁之命，而为秦建万世之功。”秦以为然，卒使就渠。渠成而用溉注填阏之水，溉舄卤之地四万余顷，收皆亩一钟。于是关中为沃野，无

---

[1] 终　底本为“经”，根据《史记·河渠书》《汉书·沟洫志》更改。

凶年，秦以富强，卒并诸侯，因名曰郑国渠。

按：史起兴漳水之利，郑国开秦国之渠，皆与豫河无关，似不应为之立传，但漳实豫境有关系之水；而秦则以函谷关为界，今之灵宝、阌乡皆在关中。昔人既崇祀之，故皆为之补辑一传。

汉

淮阳太守汲黯

汲黯，字长孺，濮阳人也。《史记》《汉书》二传大略相同。其治河之绩，传中不详，仅《河渠书》载："今天子元光中，河决于瓠子，东南注巨野，通于淮、泗。于是天子使汲黯、郑当时兴人徒塞之，辄复坏。"《沟洫志》虽删易数字，而所记无殊。其得从祀禹庙者，或以黯尝奉使过河南，河南贫人伤水旱万余家，或父子相食。黯以便宜持节矫制，发河南仓粟以赈贫民。又为淮阳太守，政清。于河虽无赫赫之绩，要基于爱民之心，以从事者也。

大司农郑当时　水工徐伯表

郑当时，字庄，陈人也。《史记》《汉书》传亦略同。武帝尝使郑庄视决河，自请治行五日。上曰："吾闻郑庄行，千里不赍粮，请治行者，何也!"郑当时为大司农，言："异时关东漕粟，从渭上，度六月罢，而渭水道九百余里，时有难处。引渭穿渠，起长安，并南山下，至河三百余里，径易漕度，可三月罢；而渠下民田万余顷，又可得以溉田；此损漕省卒，而益肥关中之地，得谷。"天子以为然，令齐人水工徐伯表悉发数万人穿漕渠，三岁而通。通，以漕，大便利。其后漕稍多，而渠下之民颇得以溉田矣。

河堤使者王延世

王延世，字长叔，犍为资中人也。成帝时，河决馆陶及东郡金堤，泛滥兖、豫，入平原、千乘、济南，凡灌四郡三十二县。水居地十五万余顷，深者三丈，坏败官亭、室庐且四万所。发河南以东灌船五百艘徙民避水，居丘陵九万七千余口。河堤使者王延世使塞，以竹落长四丈、大九围，盛以小石，两船夹载而下之。三十六日河堤成。上曰："东郡河决，流漂二州，校尉延世堤防三旬立塞。其以五年为河平元年。卒治河者，为着外繇六月。惟延世长于计策，功费约省，用力日寡，朕甚嘉之。其以延世为光禄大夫，秩中二千石，赐爵关内侯，黄金百斤。"后二岁，河复决平原，流入济南、千乘，所坏败者半。建始时，复遣王延世治之。杜钦说大将军王凤，以为："前河决，丞相史杨焉言，延世受焉术以塞之，蔽不肯见。今独任延世，延世见前塞之易，恐其虑害不深。又审知焉言，延世之巧，反不如焉。且水势各异，不博议利害而任一人，如使不及今冬〔成〕[1] 来春桃华水盛，必羡溢，有填淤反壤之害。如此，数郡种不得下，民人流散，盗贼将生，虽重谴延世，无益于事。宜遣焉及将作大匠许商、谏大夫乘马延年杂作。延世与焉必相破坏，深论便宜，以相难极。商、延年皆明计算，能商功利，足以分别是非，择其善而从之，必有成功。"凤如钦言，白遣焉等作治，六月乃成。复赐延世黄金百斤，治河卒非受平贾者，为着外繇六月。

待诏贾让

贾让，不知何许人。哀帝初，平当使领河堤，奏言："九河今皆置灭，按经义治水，有决河深川，而无堤防壅塞之文。河从魏郡以东，北多溢决，水迹难以分明。四海之众不可诬，宜

---

[1] 底本无"成"，根书《汉书·沟洫志》增补。

博求能浚川疏河者。”下丞相孔光、大司空何武，奏请部刺史、三辅、三河、弘农太守举吏民能者，莫有应书。待诏贾让奏言：“治河有上、中、下策。古者立国居民，疆理土地，必遗川泽之分，度水势所不及。大川无防，小水得入，陂障卑下，以为污泽，使秋水多，得有所休息，左右游波，宽缓而不迫。夫土之有川，犹人之有口也。治土而防其川，犹止儿啼而塞其口，岂不遽止，然其死可立而待也。故曰：善为川者，决之使导；善为民者，宣之使言。盖堤防之作，近起战国，雍防百川，各以自利。齐与赵、魏，以河为竟。赵、魏濒山，齐地卑下，作堤去河二十五里。河水东抵齐堤，则西泛赵、魏，赵、魏亦为堤去河二十五里。虽非其正，水尚有所游荡。时至而去，则填淤肥美，民耕田之。或久无害，稍筑室宅，遂成聚落。大水时至漂没，则更起堤防以自救，稍去其城郭，排水泽而居之，湛溺自其宜也。今堤防狭者去水数百步，远者数里。近黎阳南故大金堤，从河西西北行，至西山南头，乃折东，与东山相属。民居金堤东，为庐舍，往十余岁更起堤，从东山南头直南与故大堤会。又，内黄界中有泽，方数十里，环之有堤，往十余岁，太守以赋民，民今起庐舍其中，此臣亲所见者。东郡白马故大堤亦复数重，民皆居其间。从黎阳北尽魏界，故大堤去河远者数十里，内亦数重，此皆前世所排也。河从河内北至黎阳，为石堤激使东抵东郡平刚；师古曰：激者，聚石于堤旁冲要之处，所以激去其水也。又为石堤，使西北抵黎阳观下；又为石堤，使东北抵东郡津北；又为石堤，使西北抵魏郡昭阳；又为石堤，激使东北。百余里间，河再西三东，迫阸如此，不得安息。今行上策，徙冀州之民当水冲者，决黎阳遮害亭，放河使北入海。河西薄大山，东薄金堤，势不能远泛滥，期月自定。难者将曰：

若此，败坏城郭、田庐、冢墓以万数，百姓怨恨。昔大禹治水，山陵当路者毁之，故凿龙门，辟伊阙，析底柱，破碣石，堕断天地之性，此乃人功所造，何足言也！今濒河十郡治堤岁费且万万，及其大决，所残无数。如出数年治河之费，以业所徙之民，遵古圣之法，定山川之位，使神人各处其所而不相干。且以大汉方制万里，岂其与水争咫尺之地哉？此功一立，河定民安，千载无患，故谓之上策。若乃多穿漕渠于冀州地，使民得以溉田，分杀水怒，虽非圣人法，然亦救败术也。难者将曰：河水高于平地，岁增堤防，犹尚决溢，不可以开渠。臣窃按视遮害亭西十八里，至淇水口乃有金堤，高一丈。自是东，地稍下，堤稍高，至遮害亭高四五丈。往五六岁，河水大盛，增丈七尺，坏黎阳南郭门，入至堤下。水未逾堤二尺所，从堤上北望，河高出民屋，百姓皆走上山。水留十三日，堤溃，吏民塞之。臣循堤上，行视水势，南七十余里，至淇口水适至堤半，计出地上五尺所。今可从淇口以东为石堤，多张水门。初元中，遮害亭下河去堤足数十步，至今四十余岁，适至堤足。由是言之，其地坚矣。恐议者疑河大川难制，荥阳漕渠足以卜之，其水门但用木与土耳，今据坚地作石堤，势必定安。冀州渠首尽当卬此水门。治渠非穿地也，但为东方一堤，北行三百余里，入漳水中，其西因山足高地，诸渠皆往往股引取之；旱则开东方下水门溉冀州，水则开西方高门分河流。通渠有三利，不通有三害。民常罢于救水，半失作业；水行地上，凑润上彻，民则病湿气，木皆立槁，卤不生谷；决溢有败，为鱼鳖食；此三害也。若有渠溉则盐卤下隰，填淤加肥；故种禾麦，更为粳稻，高田五倍，下田十倍；转漕舟船之便；此三利也。今濒河堤吏卒郡数千人，伐买薪石之费岁数千万，足以通渠成水门；又民利其溉灌，相率治渠，虽劳不罢。民田适治，河堤亦成，此诚富国安民，兴利除害，支数百岁，故谓之中策。若乃缮完故堤，增卑培薄，劳费无已，数逢其害，此最下策也。其上、中二策自昔无人能行，所谓最下策者，宋元以来，言治河者无不奉为圭臬，非以其卑而易行，殆亦时势使然，不能徒为高论，转滋无穷之弊也。”

乐浪王景　将作谒者王吴

王景，字仲通，乐浪邯人也。少好学易，遂广窥众书；又好天文术数之事，沉深多伎艺。辟司空伏恭府。时有荐景能理水者，显宗诏与将作谒者王吴共修作浚仪渠。吴用景堨流法，水乃不复为害。初，平帝时，河、汴决坏，未及得修。建武十年，阳武令张汜上言：“河决积久，日月侵毁，济渠所漂数十许县。修理之费，其功不轻。宜改修堤防，以安百姓。”书奏，光武即为发卒。方营河功，而浚仪令乐俊复上言：“昔元光之间，人庶炽盛，缘堤垦植，而瓠子河决，尚二十余年，不即壅塞。今居家稀少，田地饶广，虽未修理，其患犹可。且新被兵革，方兴力役，劳怨既多，民不堪命。宜须平静，更议其事。”光武得此遂止。后汴渠东侵，日月弥广，而水门故处皆在河中，兖、豫百姓悲叹，以为县官恒兴佗役，不先民急。永平十二年，议修汴渠，乃引见景，问以理水形便。景陈其利害，应对敏给，帝善之。又以尝修浚仪，功业有成，乃赐景《山海经》《河渠书》《禹贡图》及钱帛衣物。夏，遂发卒数十万，遣景与王吴修渠筑堤，自荥阳东至千乘海口千余里。景乃商度地势，凿山阜，破砥绩，直截沟涧，防遏冲要，疏决壅积，十里立一水门，令更相洄注，无复溃漏之患。景虽简省役费，然犹以百亿计。明年夏，渠成。帝亲自巡行，诏滨河郡国置河堤员吏，如西京旧制。景由是知名。王吴及诸从事掾吏皆增秩一等。景三迁为侍御史。十五年，从驾东巡狩，至无盐，帝美其功绩，拜河堤谒者，赐车缣钱。建初七年，迁徐州刺史。

宋

颍州团练使曹翰

曹翰，大名人。少为郡小吏，好使气陵人。汉乾祐初，周太祖镇邺，与语，奇之，以隶世宗麾下，署为牙校。及世宗即位，补供奉官，寻迁枢密承旨，护塞决河。宋初，迁蔡州团练使。开宝二年，河决澶州，令翰董其役，输出银器助役，沉所乘白马以祭。五年五月，河大决濮阳，又决阳武。诏发诸州兵丁夫凡五万人，复遣护役。翰辞，太祖谓曰："霖雨不止，又闻河决。朕信宿以来，焚香上祷于天，若天灾流行，愿在朕躬，勿延于民也。"翰顿首对曰："宋景公诸侯耳，一发善言，灾星退舍。今陛下忧及兆庶，恳祷如是，固当上感天心，必不为灾。"翰至河上，亲督工徒，未几，河决皆塞。太宗淳化三年卒，赠太尉。咸平二年，赐谥武毅。《宋史》有传。

京西转运使知滑州陈尧佐

陈尧佐，字希元，其先河朔人。高祖翔为蜀新井令，因家焉，遂为阆州阆中人。父省华为栎阳令。县之郑白渠为邻邑强族所据，省华尽去雍遏，水利均及，民皆赖之。尧佐进士及第，历魏县、中牟尉，为《海喻》一篇，人奇其志。后为两浙转运副使。钱塘江篝石为堤，堤再岁辄坏。尧佐请下薪实土，乃坚久。丁谓不以为是，徙京西转运使。后卒如尧佐议。大中祥符七年，河决澶州大吴埽，役徒数千筑新堤，亘二百四十步，水乃顺道。八年，尧佐议开滑州小河分水势，遣使视利害以闻。

及，请规度自三迎杨村北治之，复开（义）〔汉〕[1] 河于上游，以泄其壅溢，诏可。天祐三年，滑州以天台决口去水稍远，聊兴葺之，及西南堤成，乃于天台口旁筑月堤。六月望，复决天台下，走卫南，浮徐、济，害益加甚。起尧佐知滑州。五年正月，尧佐以西北水坏无外御，筑大堤，又叠埽于城北，护州中居民；复就凿横木，下垂木数条，置水旁以护岸，谓之“木龙”，当时赖焉。民呼其堤为“陈公堤”。复并旧河开枝流，以分导水势。有诏嘉奖，既而拜同中书门下平章事。以太子太师致仕，卒赠司空，兼侍中，谥文惠。余事见《宋史》本传。

户部副使张焘

张焘，字景元，临濮人，枢直学士奎之子也。举进士，提点河北刑狱。庆历八年，摄澶州，七日而商胡决。焘拯溺救饥，所全活者十余万，犹坐免。数年，为江淮副使。泗州水，城且坏，焘悉力营护，诏宠其劳，入为户部副使。仁宗末，河决大名。英宗治平元年，命都水监浚二股、五股河，以纾恩、冀之患。初，都水监言：“商胡堙塞，冀州界河浅，房家、武邑二埽由此溃，虑一旦大决，则甚于商胡之患。”乃遣判都水监张巩与焘等行视，遂兴工役，卒塞之。迁陕西都转运使。蒲津浮桥坏，铁牛皆没水中，焘以策列巨木于岸以为衡，縋石其杪，挽出之，桥复其初。历知邓、许二州，判太常，进通议大夫。余见《宋史》本传。

判都水监张巩

张巩，英宗治平元年判都水监，初，商胡堙塞，冀州河浅，虑一日大决，患甚商胡。乃遣巩与户部副使张焘等行视，卒塞之。神宗熙宁元年，河溢恩、冀、瀛等州，都水监丞宋昌言献

[1] 汉　底本为“义”，根据《宋史·河渠志》更改。

议开二股以导东流，翰林学士司马光请如其策。二年正月，北京留守韩琦言："今岁兵夫数少，而金堤两岸上下均甚急，望选近臣速至河所，与外官合议。"四月，司马光与巩、李立之、宋昌言、张问、吕大防、程昉行视上约及方锯牙、济河，集议于下约。六月，巩奏："上约屡经泛涨，并下约各已无虞。东流势渐顺快，宜塞北流，除恩、冀、深、瀛、永静、乾宁等州军水患。又使御河、胡卢河下流各故道，则漕运无壅遏，邮传无滞留，塘泊无淤浅。复于边防大计，不失南北之（服）〔限〕[1]，岁减费不可胜数，亦使流移归复，实无穷之利。且黄河所至，古今未尝无患，较利害轻重而取舍之可也。惟是东流南北堤防未立，闭口修堤，工费甚夥，所当预备。望选习知河事者，与臣等讲求，具图以闻。"光言："巩欲塞二股河北流，臣恐劳费未易。或幸而可塞，则东流浅狭，堤防未全，必致溃溢，是移恩、冀、深、瀛之患于沧、德等州也。不若俟三二年，东流益深阔，堤防稍固，北流渐浅，薪刍有备，塞之便。"

太师温国公司马光

司马光，字君实，陕州夏县人也。仁宗宝元初，中进士甲科，屡迁翰林学士。神宗熙宁元年，河溢恩、冀、瀛州，帝忧之，顾问光等。都水监丞李立之请于恩、冀、深、瀛等州，创生堤三百六十七里以御河，而河北都转运使言："当用夫八万三千余人，役一月成。方今灾伤，愿徐之。"都水监丞宋昌言谓："今二股河门变移，请迎河港进约，签入河身，以纾四州水患。"献议开二股河以导东流。二年正月，光入对，请如宋昌言策，于二股河之西置上约，擗水令东。俟东流渐深，北流淤浅，即塞北流，放出御河、胡卢河，下纾恩、冀、深、瀛之患。时议

[1] 限　底本为"服"，根据《宋史·河渠志》更改。

者多不同，李立之主生堤，帝不听，卒用昌言说，置上约。三月，光奏："治河当因地形水势，若强用人力，引使就高，横立堤防，则逆激旁溃，不惟无成，仍败旧绩。臣虑官吏见东流已及四分，急于见功，遽塞北流。而不知二股分流，十里之内，相去尚近，地势复东高西下。若河流并东，一遇盛涨，水势西合入北流，则东流遂绝。或于沧、德堤埽未成之处，决溢横流。虽除西路之患，而害及东路，非策也。宜专护上约及二股河岸。若今岁东流止添二分，则此去河势自东，近者二三年，远者四五年，候及八分以上，河流冲刷已阔，沧、德堤埽已固，自然北流渐减，可以闭塞，两路俱无害矣。"会北京留守韩琦请选近臣至河所，帝谕光等再往。还奏："二股河上约并在滩上，不碍河行。但所进方锯牙已深，致北流河门稍狭，乞减折二十步，令近后仍作蛾眉埽裹护。其沧、德界有古遥堤，当加葺治。所修二股，本欲疏导河水东去，生堤本欲捍御河水西来，相为表里，未可偏废。"六月，命光都大提举修二股工役。吕公着言："朝廷遣光相视董役，非所以褒崇近职，待遇儒臣也。"乃罢光行。（六）〔七〕月❶，二股河通快，北流稍自闭。张巩请选习知河事者与讲求。乃复诏光、张茂则及都水监官、河北转运使同相度闭塞北流利害，有所不同，各以议上。光入辞，帝曰："东流、北流之患孰轻重？"光曰："两地皆王民，无轻重；然北流已残破，东流尚全。"帝曰："今不俟东流顺快而塞北流，他日河势改移，奈何？"光曰："上约固则东流日增，北流日减，何忧改移。若上约流失，其事不可知，惟当并力护上约耳。"帝曰："上约安可保？"光曰："今岁创修，诚为难保，然昨经大水而无虞，来岁地脚已牢，复何虑。且上约居河之侧，听河北流，

❶ 七月　底本为"六月"，根据《宋史·河渠志》更改。

犹惧不保；今欲横截使不行，庸可保乎？”帝曰：“若河水常分二流，何时当有成功？”光曰：“上约苟存，东流必增，北流必减，借使分为二流，于张巩等不见成功，于国家亦无所害。何则？西北之水，并于山东，故为害大，分则害小矣。巩等亟欲塞北流，皆为身谋，不顾国家与民患也。”帝曰：“防捍两河，何以供亿？”光曰：“并为一则劳费自倍，分二流则劳费减半。今减北流财力之半，以备东流，不亦可乎？”帝曰：“卿等至彼视之。”时二股河东流及六分，巩等因欲闭断北流，帝意向之。光以为须及八分乃可，仍待其自然，不可施功。王安石曰：“光议事屡不合，今令视河，是重使不安职也。”乃独遣茂则。茂则奏：“二股河东倾已及八分，北流止二分。”张巩等亦奏：“大河东徙，北流浅小。寻闭。”诏奖谕司马光等，仍赐衣、带、马。哲宗元祐元年，拜尚书左仆射，兼门下侍郎。卒，赠太师、温国公，谥文正。余事见《宋史》本传。

内侍省副都知张茂则

张茂则字（干南）〔平甫〕[1]，开封人。初补小黄门，五迁至西头供奉官，进内侍省副都知。神宗熙宁元年十一月，同司马光乘传相度恩、冀、深、瀛四州生堤，回日兼视六塔、二股利害。二年三月，北京留守韩琦请选近臣至河所，命茂则同光再往。七月，李立之请选习知河事者与讲议，复诏茂则、光及都水监官、河北转运使同相度。北流既塞，河自其南四十里计家港东决。三年二月，命茂则、巩相度澶、滑州以下至东流河势利害。四年七月，北京新堤第四、第五埽决，遣茂则乘驿相视。十月，河溢卫州王供。时新堤凡六埽，而决者二，下属恩、冀，贯御河，奔冲为一。帝忧之，自秋及冬，数遣使经营。人争言

[1] 平甫　底本为“干南”，根据《宋史·张茂则传》更改。

导河之利，茂则谓："二股河地最下，而旧防可因，今堙塞者才三十余里，若度河之湍，浚而逆之，又存清水镇河以析其势，则悍者可回，决者可塞。"帝然之。哲宗即位，迁宁国军留后。

龙图阁待制河北转运使张商英

张商英，字天觉，蜀州新津人。身长伟然，姿采如峙玉。负气俶傥，豪视一切。调通（州）〔川〕❶主簿，屡迁右正言。哲宗绍圣元年六月，奏曰："元丰间河决南宫，讲议屡年，先帝叹曰：神禹复生，不能回此河矣。乃敕自今后不得复议回河闭口，盖采汉人之论，俟其泛滥自定也。元祐间，文彦博、吕大防以为非是，拔吴安持为都水使者，委以东流之事。京东、河北五百里内差夫，五百里外出钱雇夫，及支借常平仓钱买梢草，斩伐榆柳。凡八年而无尺寸之效，乃迁安持太仆卿，而王宗望代之。宗望至，则刘奉世犹以彦博、大防余意，力主东流，以梁村口吞纳大河。今则梁村口淤淀，而开沙堤两处决以泄水矣。前议累七十里堤以障北流，今则云俟霜降水落兴工矣。朝廷咫尺，不应九年为水官蔽欺如此。九年之内，年年矾山水涨，霜降水落，岂独今年始有涨水，而待水落乃可以兴工耶？乞遣使按验虚实，取索回河以来公私费钱粮、梢草，依仁宗朝六塔河施行。"十月，诏都水使者王宗望、监丞郭裕同、北外监丞司自阚村以下直至海口，逐一相视，增修疏浚，不致壅滞冲决。商英又言："今年已闭北流，都水监长贰交章称贺，或乞付史官，则是河水已归故道，止宜修葺堤埽，防将来冲决而已。近闻王宗望、李仲却欲开澶州故道以分水，吴安持乞候涨水前相度。缘开澶州故道，若不与今东流底平，则才经水落，立见淤塞。若与底平，则从初自合闭口回河，何用九年费财动众？安持称

❶ 川　底本为"州"，根据《宋史·张商英传》更改。

候涨水相度，乃是悠悠之谈。前来涨水并今来涨水，各至澶州、德清军界，安持首尾九年，岂得不见？更欲延至明年，乃是狡兔三窟，自为潜身之计，非公心为国事也。况立春渐近调夫，如是时不早定议，更留后说，邦财民力，何以支持？访闻先朝水官孙民先、元祐六年水官贾种民各有《河议》，乞取索照会。召前后本路监司及经历河事之人，与水官诣都堂反覆诘难，务取至当，经久可行，定议归一，庶免以有限之财事无涯之功。”元符二年六月，河决内黄口，东流断绝。左司谏王祖道请正吴安持、郑祐、李仲、李伟之罪，投之远方，以明先帝北流之志。诏可。徽宗即位，郑祐、吴安持辈皆用登极大赦，次第牵复。商英缴奏：“祐等昨主回河，皆违神宗北流之意。”商英又尝论水官非其人，治河当行其所无事，一用堤障，犹塞儿口止其啼也。三月，乃以商英为龙图阁待制、河北都转运使兼专功提举河事。商英复陈五事：一曰行古沙河口；二曰复平恩四埽；三曰引大河自古漳河、浮河入海；四曰筑御河西堤，而开东（堤）〔埽〕[1] 之积；五曰开木门口，并徒骇河东流。大要欲随地势疏浚入海。会四月，河决苏村。七月，诏：“商英毋治河，止釐本职，其因河事差辟官吏并罢。”大观四年，除中书侍郎，拜尚书右仆射。宣和三年卒，赠少保。他事见《宋史》本传。

元

河南河北肃政廉访使尚文

尚文，字周卿，世为祁州深泽人，后徙保定，遂籍焉。文幼颖悟，负奇志。张文谦宣抚河东，辟掌书记。未几，西夏行中书省复辟之。屡迁中台侍御史。成宗授河北河南肃政廉访使。

---

[1] 埽　底本为“堤”，根据《宋史·河渠志》更改。

大德元年，河决蒲口，台檄令文按视防河之策。文建言："长河万里西来，其势湍猛，至孟津而下，地平土疏，移徙不常，失禹故道，为中国患，不知几千百年矣。自古治河，处得其当，则用力少而患迟；事失其宜，则用力多而患速。此不易之定论也。今陈留抵睢，东西百余里，南岸旧河口十一，已塞者二，自涸者六，通川者三，岸高于水，计六七尺，或四五尺；北岸故堤，其水比田高三四尺，或高下等，大概南高于北约八九尺，堤安得不坏，水安得不北也！蒲口今决千有余步，迅疾东行，得河旧渎行二百里，至归德横堤之下，复合正流。或强堙遏，上决下溃，功不可成。揆今之计，河西郡县，顺水之性，远筑长垣，以御泛滥；归德、徐、邳，民避冲溃，听从安便。被患之家，宜于河南退滩地内（计）〔给〕❶付顷亩，以为永业；异时河决他所者，亦如之。信能行此，亦一时救荒之良策也。蒲口不塞便。"朝廷从之。会河朔郡县、山东宪部争言："不塞则河北桑田尽为鱼鳖之区，塞之便。"帝复从之。明年，蒲口复决。塞河之役，无岁无之。是后水北入复河故道，竟如文言。泰定三年，以中书平章政事致仕。余事见《元史》本传。

河南河北肃政廉访使御史刘赓

刘赓，字熙载，威州洺人，邢国公肃之孙也。《元史》本传及《河渠志》皆不载其治河事，亦未言其官于河南，惟《清续通志》引《续纲目》云："大德二年秋七月，大雨河决，漂归德属县禾稼。诏遣御史刘赓等塞之，自蒲口首事，凡筑九十六所。"余见本传。

河南参政都水使者陈仁祖

陈仁祖，列祀吹台禹庙。《元史》及《河南通志》府县志皆

---

❶ 给　底本为"计"，根据《元史·尚文传》更改。

遗之，俟再考。

河南廉访使副使王守忠

王守忠，列祀吹台禹庙。《元史》及《河南通志》、府县志皆遗之，俟再考。

太史令郭守敬

郭守敬，字若思，顺德邢台人。祖荣，精于算数、水利。时刘秉忠、张文谦、张易、王恂同学于州西紫金山，荣使守敬从刘秉忠学。中统三年，文谦荐守敬习水利，巧思绝人。世祖召见，面陈水利六事，前四者无预河南；其五，怀孟沁河虽浇濯，犹有漏堰余水，东与丹河余水相合。引东流，至武陟县北，合入御河，可灌田二千余顷；其六，黄河自孟州西开引，少分一渠，径由新、旧孟州中间，顺河古岸下，至温县南复入大河，其间亦可灌田二千余顷。每奏一事，世祖叹曰："任事者如此，人不为素餐矣。"授提举诸路河渠，寻加副河渠使。至元七年，迁都水少监。二十三年，为太史令。三十一年，拜昭文殿大学士，知太史院事。余见《元史》本传。

工部尚书总治河防使贾鲁

贾鲁，字友恒，河东高平人。延祐、至治间，两以明经领乡贡，累迁工部郎中。至正四年，河决白茅堤，又决金堤，并河郡邑，居民昏垫。帝甚患之，督大臣访求治河方略，特命鲁行都水监。鲁循河道，察地形，往复数千里，备得要害，为图上二策：其一，议修筑北堤，以制横溃，则用工省；其一，议疏塞并举，挽河东行，使复故道，其功数倍。会迁右司郎中，议未竟。九年，托克托旧作脱脱。复相，论及河决，思拯民艰，群议莫决。鲁倡言："必塞北河，使复故道，役不大兴，害不能已。"复以前二策进，丞相取其后策，与鲁定议。入奏，大称帝旨。十一年，命鲁以工部尚书、总治河防使，领河南北诸路军民，发汴梁、大名十三路民丁十五万，庐州等戍十八翼军二万供役，一切从事大小军民官，咸禀节度，便宜兴缮。仍命以兵镇之，自黄陵冈南达白茅，放（于）〔淤〕[1] 鸿和、哈济等口，又自黄陵冈西至阳青村，合于故道，凡二百八十里有奇。自四月鸠工，七月凿河成，乃塞决河。八月决水故河，九月舟楫通，十一月诸埽诸堤成，河复故道。南汇于淮，又东入海。帝遣使报祭河伯，召鲁朝，以《河平图》献。超拜荣禄大夫、集贤大学士，赏赉金帛，敕翰林学士欧阳玄制河平碑，以旌托克托劳绩，具载鲁功，且宣付史馆，寻拜中书左丞。余事具《元史》本传。

明

工部尚书安然

安然，祥符人，徙居颍（川）〔州〕[2]。元季以左丞守莱州。明兵下山东，率众归附。洪武二年，召为工部尚书，出为河南参政。蔡河壅塞，自开封至陈州，漕运不通，然亲督工役疏导之，不逾月功成，官民两便。八年，河决开封太黄寺堤。诏然发民夫三万人塞之。十三年，召为四辅官。十四年八月卒。帝念然来归之诚，亲制文祭之。余见《明史》本传。

少保太子太傅兵部尚书于谦

于谦，字廷益，钱塘人。永乐十九年进士，宣德初授御史。帝知谦可大任，超迁兵部右侍郎，巡抚河南。河南近河处时有冲决，谦令厚筑堤障，计里置亭，亭有长，责以督率修缮。又因河决，侵啮汴堤甚急，谦躬至其地，解衣塞决口，吁天愿以

---

[1] 淤　底本为“于”，根据《元史·贾鲁传》更改。

[2] 州　底本为“川”，根据《明史·安然传》更改。

身代，水果退。七年六月，奏："开封府之祥符、中牟、尉氏、扶沟、太康、通许、阳武、夏邑八县，去年黄河泛溢，冲决堤岸，淹没官民田五千二百二十五顷六十五亩，该纳秋粮五万六千八十余石，马草七万六千五百余束，乞为除豁。"从之。正统二年四月，奏："开封、彰德、河南、怀庆、卫辉五府所属州县，自去年闰六月以来，天雨连绵，河水冲溢，淹没田土，其被灾地亩粮刍乞为除免。"三年七月，奏："开封府阳武县黄河决，怀庆府武陟县沁河决，俱伤禾稼。"上命行在户部遣官覆视。又奏："请修筑沁河，以便民耕种。"十年十月，奏："睢县、磁州、祥符、杞县、阳武、原武、封邱、陈留、安阳、临漳、武安、汤阴、林县、涉县，皆以今夏久雨，河决，淹没民田、屋宇、畜产无算。"上敕河南三司率夫往修之。太监王振用事，左迁大理寺少卿。河南吏民伏阙上书，请留谦者以千数，周、晋诸王亦言之，乃复命巡抚河南。前后在任十九年，丁内外艰，皆令归治，旋起复。召为兵部侍郎，晋尚书，加少保。英宗北狩，谦有再造功。景泰八年正月，石亨、徐有贞等既迎上皇复位，执谦下狱。英宗尚犹豫，有贞进曰："不杀于谦，此举为无名。"遂弃市。弘治初，复官，赐祭，赠太傅，谥肃愍。万历中改谥忠肃。杭州、河南、山西皆世奉祀不绝。余见《明史》本传。

户部尚书年富

年富，字大有，江南怀远人。本姓严，讹为年。以会试副榜授德平训导。年甫逾冠，严重如老儒。宣德三年课最，擢吏科给事中。正统中，迁河南右布政使。岁饥，流民二十余万公剽掠。巡抚于谦委富辑之，皆定。既去，民肖其像于庇民祠中祀之。其治河事，《明史》本传，《河渠志》及《河南通志》皆未载。天顺四年，召为户部尚书。宪宗初，卒，赐谥恭定。他事见《明史》本传。

都察院右副都御史河南巡抚王暹

王暹，浙江山阴人，进士。景泰初，以右副都御史巡抚河南。先是正统时，河屡决陈留、新乡，命工部侍郎王永和理其事。河势方横溢，分流大清，不专向徐、吕，运道艰阻。景泰三年，特敕暹协力合治，务令水归漕河。暹言："黄河自陕州以西有山峡，不能为害，陕州以东则地势平缓，水易泛溢，故为害甚多。洪武二十四年改流从汴梁北五里许，由凤阳入（河）〔淮〕[1] 者为大黄河，其支流出徐州以南者为小黄河，以通漕运。自正统十三年以来，河复故道，从黑羊山后经趋沙湾入海，但存小黄河从徐州出。岸高水低，随浚随塞，以是徐州之南不得饱水。臣自黑羊山东南抵徐州，督河南三司疏浚。临清以南，请以责山东巡抚洪英。"未几，给事中张文质劾暹治水无绩，请别命官以责其成。诏不允，仍命暹调度。四年，河复决沙湾。河南水患甚，原武、西华皆迁县治以避水。暹言："黄河旧从开封北转流东南入淮，不为害。自正统十三年改流为二：一自新乡八柳树，由故道东经延津、封邱入沙湾，一决荥泽，漫流原武，抵祥符、扶沟、通许、洧川、尉氏、临颍、郾城、陈州、商水、西华、项城、太康。没田数十万顷，而开封患特甚。虽尝筑大小堤于城西，皆三十余里，然沙土易坏，随塞随决。往岁久雨，已没小堤，今岁复坏大堤之半，不即修塞，必及城垣，其害非小。臣会同三司计议，请于不被灾府卫州县起倩军夫，培筑大堤，用防后患。"帝可其奏。又泄沁水为漕渠之助，再逾年，境内稍宁，乃致仕。

---

[1] 淮　底本为"河"，根据《明史·河渠志》更改。

河南右布政使王亮

王亮，字希明，直隶大城人，进士。景泰初，为河南右布政使。先是，河决荥阳，田庐禾稼淹没甚众。亮至，始塞决口，复开渠引水入漕，百姓免垫溺之患，汴人建祠祀之。

白昂以下诸人未列官衔，示别于吹台列祀者也。

白昂，字延仪，江南武进人。天顺丁丑进士，累迁南京兵部侍郎。弘治二年五月，河决开封及金龙口，入张秋运河；又决埽头五所入沁。都邑多被害，汴梁尤甚。议者至请迁开封城以避其患，布政司徐恪持不可，乃止。九月，命昂为户部左侍郎，修治河道。特敕令会山东、河南、北直隶三巡抚，自上源决口至运河相机修筑。三年正月，上言："臣自淮河相度水势，抵河南中牟等县，见上源决口，水入南岸者十三，入北岸者十七。南决者，自中牟杨桥至祥符界析为二支：一经尉氏等县，合颍水，下涂山，入于淮；一经通许等县，入涡河，下荆山，入于淮。又一支自归德州通凤阳之亳县，亦合涡河入于淮。北决者，自原武经阳武、祥符、封邱、兰阳、仪封、考城，其一支决入金龙等口，至山东曹州，冲入张秋漕河。去冬，水消沙积，决口已淤，因并为一大支，由祥符翟家口合沁河，出丁家道口，下徐州。此河流南北分行大势也。合颍、涡二水入淮者，各有滩碛，水脉颇微，宜疏浚以杀河势；合沁水入徐者，则以河道浅隘不能受，方有漂没之虞。况上流金龙诸口虽暂淤，久将复决，宜于北流所经七县筑为堤岸，以卫张秋。但原敕治山东、河南、北直隶，而南直隶淮、徐境，实河所经要地，尚无所统。"于是并以命昂。举南京兵部郎中娄性协治，乃役夫二十五万，筑阳武长堤，以防张秋，引中牟决河出荥泽杨桥以达淮，浚古汴河以入泗，又浚睢河，自归德饮马池，经符离桥而南皆浚而深广之。又疏月河十余以杀其势，塞决口三十六，使河流入汴，汴入睢，睢入泗，泗入淮，以达于海。水患稍息。昂又以河南入淮非正道，恐不能容，议修古河堤，作石堰，以时启闭。盖南北分治，而东南则以疏为主云。又修汴堤，令高广如一，上树万柳，使不崩颓。仕至刑部尚书，谥康敏。余见《明史》本传。

刘大夏

刘大夏，字时雍，湖广华容人。年二十举乡试第一。登天顺八年进士，改庶吉士。成化初，馆试当留，自请试吏。乃除职方主事，累迁浙江左布政使。弘治六年二月，升都察院右副都御史，修治决河。先是，河决张秋，遣工部侍郎陈政督治，未几，卒。帝深以为忧，命廷臣会荐才识堪任者，佥举大夏，遂赐敕以往。十二月，巡按河南御史涂升上治河之策，请专信大夏，且于归德或东昌建公廨，令居中裁决，久任专信，使之竭尽才猷，庶几远大之功可就。帝以为然。大夏疏言："黄河大势，日渐东注，虽上源分杀，终是势力浩大，纵有堤防，岂能容受？若不早图，恐难善后。其河南所决孙家口、杨家口等处，势若建瓴，皆无筑塞之理，欲于下流修治，缘水势已逼，尤难为力。惟看得山东、河南与直隶大名府交界地方黄陵冈南北古堤，十存七八，贾鲁旧河尚可泄水，必修整前项堤防，筑塞东注河口，尽将河流疏导南去，使下徐、沛，由淮入海。若黄陵冈等处堤防委任得人，可以长远。"七年五月，命太监李兴、平江伯陈锐往，同大夏共治张秋。十二月，筑塞决口工成。初，河流湍悍，决口阔九十余丈，大夏行视之，曰："是下流未可治，当治上流。"乃浚仪封黄陵冈南贾鲁旧河四十余里，以杀水势。又浚孙家渡口，别凿新河七十余里，导使南行，由中牟、颍川东入淮。又浚祥符四府营淤河，由陈留至归德酾分为二。一由宿迁小河口，一由亳、涡，俱会于淮。然后沿张秋两岸，东西筑台，立表贯索，网联巨舰，穴而窒之，实以土。至决口，去窒沉舰，压以大埽，且合且决，随决随筑，连昼夜不息。决既塞，缭以石堤，隐若长虹。大夏等言："决口已塞，然必筑黄陵冈河口，导河上流，南下徐、淮，庶可为久安之计。"廷议如其言。八年正月，筑塞黄陵冈及荆隆等口七处，旬有五日而毕。盖黄陵冈居安平镇即张秋镇之上流，其广九十余丈，荆隆等口又居黄陵冈之上流，其广四百三十余丈，河流至此宽漫奔放，皆喉襟重地。诸口既塞，上流河势复归兰阳、考城，分流径徐州、归德、宿迁，南入运河，会淮水，东入于海。而大名府之长堤起河南胙城，历滑县、长垣、东明、曹州、曹县，直抵虞城，凡三百六十里，即太行堤也。其西南荆隆口等处新堤起于家店，（及）〔历〕❶ 铜瓦厢、陈桥抵小宋集，凡一百六十里。大小二堤相翼，而石坝俱培筑坚厚，决溃之患于是息矣。秋，召，视院事，历兵部尚书加太子太保致仕。正德十一年卒，谥忠定。余见《明史》本传。

刘天和

刘天和，字养和，湖广麻城人。正德三年进士，授南京礼部主事，累迁右副都御史。嘉靖十三年，总理河道。是岁，河决赵皮寨入淮，谷亭流绝，庙道口复淤。天和役夫十四万浚之。已而河忽自夏邑大邱、回村等集冲数口，转向东北，流径萧县，下徐州。天和言："自鱼、沛入漕河，运舟通利者数十年。今既改冲，从虞城、萧、砀，下小浮桥，而榆林集、侯家林二河分流入运者，俱淤塞断流，利去而害独存。宜浚鲁桥至徐州二百

❶ 历　底本为"及"，根据《明史·河渠志》更改。

余里之淤塞。”制可。十四年十二月，天和条议治河事宜：“其一，河南原武县王村厂增筑月堤一十里。其一，孙家渡自正统时全河从此南徙，弘治时淤塞，随开随淤，卒不能通。今赵皮寨河日渐冲广，若再开渡口，并入涡河，不惟二洪水涩，恐亦有陵寝之虞，当如旧闭塞。其一，兰阳县铜瓦厢月河不必再浚。盖黄河势难与力争，既已趋北，不能复使东注也。其一，于祥符县之磐石、兰阳县之铜瓦厢、考城县之蔡家口各筑添月堤。臣以为黄之当防者，惟北岸为重，且水势湍悍，冲徙不常，其堤岸去河远者间或仅存，而濒河者无不冲决，当择其中去河最远大堤及去河稍远中堤各一道，塌者增修，缺者补完，断绝者接筑，使北岸七八百里间联属高厚，则前勘应筑各堤各在其中，不得另筑矣。但工役甚巨，而时诎民穷，须以渐修举。”工部以其议为当，上从之。又疏汴河自朱仙镇至沛飞云桥，杀其下流。役夫二万，不三月讫工。加工部右侍郎。故事，河南八府岁役民治河，不赴役者人出银三两。天和因岁饥，请尽蠲旁河受役者课，远河未役者半之。诏可。仕至兵部尚书。卒，赠少保，谥庄襄。著有《问水集》三卷。余事见《明史》本传。

《问水集》曰：嘉靖甲午冬十月，赵皮寨河南向亳、泗、归、宿之流骤盛，东向梁靖之流渐微，梁靖岔河口东出谷亭之流遂绝，运河悉淤，运道阻绝，朝野忧虞。于时有引黄河、浚漕河二议，莫能决。总理河道、右副都御史刘公天和曰：吾谁适从哉，吾惟审地形、相水土之宜，计工役，权利害轻重，任省费，以求无负于国，无病于民尔，吾何容心哉。乃博采群议，躬行相度。自赵皮寨东流故道凡百二十余里而至梁靖，河底视南流高丈有五尺。自梁靖岔河口东流故道凡二百七十余里，始至谷亭，已悉为平陆。道远费广，河不可复导矣。况孙渡新河之覆辙当鉴耶！孙渡在荥泽。正统间，全河从此南徙。弘治二年淤。弘治六年至今，凡十余浚矣。费几百万缗，卒莫能通。嘉靖癸巳秋，浚百五十里。甲午夏，水大涨，一淤而平，此已弃故道难复之明验也。乃议惟浚淤修闸，以复先朝成宪为便。测淤浅深，度河广狭，淤以尺计，工以日计。先测诸闸，自水面至淤，自淤至闸底之浅深，而后逐里逐段止。测水之浅深，即知淤之浅深矣。淤自数尺以至丈有九尺，通融计算，各淤深一丈二尺九寸，议止浚一丈为准。复度河中心至岸广狭，自三十余步至四十五步，一以四十五步为准。复置方斗，深广各一尺，取泥实之，称重一百四十斤，每一筐以泥百斤为准。浚河则以面广十丈，底广五丈，通融折算七丈五尺为准。浚河工每长一尺，广七丈五尺，即得泥一千五十筐为准。复计春日，每日可行百里许，抬泥只以往返五十里为准，余为休息。以每里三百六十步计之，二人每日可抬泥二百筐。然四人抬泥即一人取泥，五人总计各得泥八十筐，仍减十筐，止计七十筐。一人用工两月内，以一月为阴雨妨工止，实工一月，一人可抬泥二千一百筐，即该分工二尺。先是群议以前此会通张秋、近年新河之役计之，非役夫数十万不可，盖彼用工久而兹役止两月故也。公曰："审如是，民不堪命矣。"乃竭心思规画，既定而夫役劳费大省。定番休以节夫劳，兼雇役以省民力。复沽头管闸部属及诸闸官胥吏役夫。公手自筹算，甫旬日而议定谋协，纤悉详备，区画程度先后条列以闻。上深用嘉纳，赐敕有"竭诚体国"之褒，南北畿辅、山东、河南文武监司而下，悉听节制，许一切便宜从事。乃申令戒期，分土画地，植庐舍以便居处，给医药以疗疾病。用是大小臣工，罔敢弗协。淤深泥陷不能着足之工，则杂施土草，截河筑坝，纵横填路，下施新制兜杓、方杓、杏叶杓、鱼贯以浚之。泥最稀陷最深者，则用木梢、柳斗，下取猿臂传递登岸。瓦砾之工，则用锹镢。溜沙之工，则用兜杓。沙姜石之工，则制锯齿、铁叉尺寸凿之。泥陷者施格子法，每州县各截河为数横坝，坝之内则纵横填路如井字然。兜（斗）〔杓〕[1] 者，以铁为方口，系布为兜，以取泥几至斗许，泥稀及溜沙用之。方杓者，以铁为平底，而周遭各高寸许，泥稍坚者用之。二杓俱前加锯齿及铁叉，皆创制也。杏叶杓者，旧有之而加广厚。泥最陷者用斗子法，涂泥为坎，自下倒戽于上，出水堤外。浚深泉涌之工则先择泉稍浅者分番役夫车戽，并力急浚，而后将泉深者倒水施工。浚淤甫数尺，泉即涌出，尽日车戽，一夕复满，不能措手。乃并力番休，先将下坝彻夜取水，历数次始达堤外，水尽即急浚之。淤尽河成，方将上坝倒水急浚如前法，浚河之工莫难于此。浚已既深，工已垂就，而河广淤深所在，随浚随堕者，则倍给夫值，增雇夫役以重浚之。河广淤深及黄河旧工所冲之处，上为风日所暴，仅可胜足。尺寸之下，悉为极稀油泥。随浚随堕，无复止极。浚河之难，尤莫甚于此。夫役最苦，公躬亲抚谕曰："吾增尔少值，且令尔乡尔族助尔少费，尔不堪劳，即以雇役毕此工，毋重困尔也。"众皆感悦，至有泣者相率竭力底绩云。凡闸座之颓废者，悉增葺而修复之。盖合木土金石之工而为工甚巨，为力甚难也。复施植柳六法，以护堤岸。曰卧柳、低柳、编柳、深柳、漫柳、高柳。浚月河以备霖潦，建减水闸以司蓄泄，筑缕水堤以防冲决，置顺水坝以束漫流。且禁鞭挞，问疾苦，躬抚慰，劳饮食。役初兴，即禁各属不得辄施鞭扑，违者即偿其责，人心大悦。竖旗升降，以时其饮食，节劳佚。时薪米腾贵，有以为言者。公弗应，且榜谕一依时值，不少减抑。于是

[1] 杓　底本为"斗"，根据《问水集》及上下文更改。

商贩辐辏，终役无匮乏，而价大省。每州县拨医一人，随夫调治。公犹虑其未精，乃斋服焚香，躬制锭药数万计。复选医之明者四人官之，勤者二人，分携药饵，逐营遍问，疾即疗之，日一往回。神人胥相罔弗效者。且常值之外，时劳以饮食焉。宣谕上德，晓以国计至重，役民为不得已之故。于是众心和悦，群力毕效。彻水者夜以继日，重浚者至再至三，咸忘其劳。百工告成，运道复通。天子嘉悦，晋工部右侍郎，兼左佥都御史，仍理河道。部属方面，而下劳最者，迁官晋秩，赏赉有差。方役之初兴也，内外远近，咸以为难。惟赖天子圣明，专任责成，故公感激，思奋摅忠报国，身亲督理，野处河滨，随事经画，博采群策，竭其心思智力，以期于必成。盖惟计工以定役，故为力甚简。视(往)〔徭〕[1] 役之成数以调役，吏胥无所容其奸，故民不扰。雇值惟计工，不计日，故为费甚省。画地分工，完即遣散，故人自为力。庐舍饮食，器具医药，劳勉周至，故民不知劳。尤赖川灵效顺，雨旸时若，疾疫不作，民命获全，咸前所未有也。是役也，凡浚河三万四千七百九十丈，筑长堤缕水堤一万二千四百丈，修闸座一十有五，顺水坝八，植柳二百八十余万株，役夫二十四万有奇，白金七万八千余缗，木以根计，一万七千四百有余梢；草以束计，一十九万五千余；铁以斤计，六万五千九百余；麻、灰、砖石之类称。是〔役〕[2] 始于乙未春正月中旬，迄于夏四月初旬，财力不多费，而功倍于昔人。时日不久旷，而收效于三月，亦前所未有也。

又曰：余问水始自中州，乃分遣属吏循河各支，沿流而下，直抵出运河之口，逐段测其深浅、广狭、行直所向，而后得其

---

[1] 徭　底本为“往”，根据《问水集》更改。

[2] 役　底本缺漏，根据《问水集》增补。

要。盖孟津而下，夏秋水涨，河流甚广，荥泽漫溢至二三十里。封邱、祥符亦几十里许。而下流甚隘一支出涡河口，广八十余丈；一支出宿迁小河口，广二十余丈；一支出徐州中浮桥，亦广二十余丈；三支不满一里。中州之多水患不在兹欤。宜预为储蓄，候岁丰人和，大加疏导可也。河性湍悍，如欲杀北岸水势，则疏南岸上流支河，上策也。然支河或不顺水势，则虽开而复淤。旧有马头埽之制，盖卷埽出河丈余，稍顺水势，连出数埽。虽终不能御，然水性极悍，一有所触，即折而他注。连触数埽，有坏即补，多因之以全岸者，亦不可废也。贾让云："堤防之制，起自战国，然势不能废。"盖虽不能御异常之水，河底甚高，水易涨溢，且自三门下视中州如井然，故虽高厚之堤不能御。而寻丈之水，非此即泛滥矣。城郭、市镇、民居多滨河，故也。但不宜近河，而宜远尔。历观宋元迄今堤防，形址断续，横斜曲直，殊可骇笑。盖皆临河为堤，河既改而堤即坏尔。已择属吏之良者，上自河南之原武，下迄曹、单、沛上，于河北岸七八百里间，择诸堤去河最远且大者，去河四五十里及二三十里者。及去河稍远者，一二十里及数里者。各一道，内缺者补完，薄者帮厚，低者增高，断绝者连接。务俾七八百里间，均有坚厚大堤二重。已经接合创筑蔡家口上下及曹、单八里湾、侯家林、百余里，余当极力完成。虽费不恤，自兹苟非异常之水，北岸固可保无虞矣。凡创筑堤必择坚实好土，毋用浮杂沙泥，必干湿得宜，燥则每层须用水洒润。必于数十步外平取尺许，毋深取成坑，致防耕种。毋近堤成沟，致水浸没。必用新制石夯，每土一层，用夯密筑一遍，次石杵，（必）〔次〕❶ 铁尖杵，各筑一遍，复用夯筑平。堤根宜阔，堤顶宜狭，俾马可

❶ 次　底本为"必"，根据《问水集》更改。

上下，谓之走马堤。毋太峻，水易冲啮。凡帮堤，必止帮堤外一面，毋帮堤内，恐新土水涨易坏。中州河北岸堤防，重复至四五道者，往往而冲决，盖修筑不坚，一也；工程报完已矣，管河监司府贰不复省验，二也；甲午春所筑堤，余巡行亲验之，盘石堤已冲洗，无复形迹。原武堤首面及两旁各止筑尺许，中实以虚浮白沙。余皆类此耳。旧堤日就坍损，车马行人践踏成路，不复巡视完补禁治，三也。千里之堤，坏于蚁穴，夫安得而不决哉！自今创筑者，必用新发尺式，度长短不一，即生弊矣。必编号，必分定州县工程丈尺及官夫名数，必置籍备纪府贰必身亲督理指授筑法、器具详见前。工成，监司必亲阅实旧堤，必委属时一巡视。完补车马行人路口之堤，必两箱各筑阔厚斧刃衬堤，俾车可上下。堤面边箱路口，各限以横埋丈余圆木，上覆以土。守堤者每遇践踏木露，即仍用土覆之。堤内外柳株稀少者补植。审如是，夫安得而复决哉？是存乎其人尔。历年筑堤，率以高一丈，或一丈二尺为准。但地势不一，如地势原下，堤即卑矣。地势顿下，犹可见。以渐而下，堤益卑而不觉矣。凡筑堤以高阜，或平地高若干为准。必逐段用平准法打量，因地势高下而低昂之，俾堤面远近高下一律，否则，贻患非小也。疏浚塞三法，欧阳玄之说备矣。疏支河以分水势，治河要法。顾水有向背，地有高下，治水者因其势而利导之，斯善矣。然河之所向不可限量，赵皮寨口之开，冀少〔杀〕[1] 东流尔。不数年而全河从此南徙，是移曹、单、鱼台之患于睢、归矣，不可不审也。开河面宜广，俾伏秋水涨有所容。底宜深而狭，视面仅可四之一，形如锅底，俾冬春水落流汛，可免淤塞。近年率为平底而浅，两失之矣。余行中州，历观堤岸，绝

[1] 底本疑脱“杀”，根据《问水集》增补。

无极坚者，且附堤少盘结繁密之草，与南方大异，为之忧虞。乃思而施种柳六法：一曰卧柳。凡春初筑堤，每用土一层，即于堤内外边箱各横铺如钱如指柳枝一层，每一小尺许一枝，毋太稀疏。土内横铺二小尺余，土面止留二小寸，毋过长，自堤根直栽至顶，不许间少。二曰低柳。凡旧堤及新堤不系栽柳时月修筑者，俱候春初，用小引橛于堤内外，自根至顶，俱栽柳如钱如指大者，纵横各一小尺许，即栽一株，亦入土二小尺许，土面亦止留二小寸。三曰编柳。凡近河数里紧要去处，不分新旧堤岸俱用柳桩如鸡子大、四小尺长者，用引橛先从堤根密栽一层，六七寸一株，入土三小尺，土面留一尺许，却将小柳卧栽一层，亦内留二尺，外留二三寸，却用柳条将桩编高五寸，如编篱法，内用土筑实平满，又卧栽小柳一层，又用柳条编高五寸，于内用土筑实平满。如此二次，即与先栽一尺柳桩平矣。却于上退四五寸，仍用引橛密栽柳桩一层，亦栽卧柳、编柳各二次，亦用土筑实平满。如堤高一丈，则依此栽十层即平矣。以上三法，皆专为固护堤岸。盖将来内则根株固结，外则枝叶绸缪，名为活龙尾埽，虽风浪冲激，可保无虞。而枝梢之利，亦不可胜用矣。北方雨少草稀，历阅旧堤有筑已数年而草犹未茂者，切不可轻忽。四曰深柳。前三法止可护堤，以防涨溢之水。如倒岸冲堤之水，亦难矣。凡近河及河势将冲之处，堤岸虽远，俱宜急栽深柳。将所造长四尺、长八尺、长一丈二尺数等铁裹引橛，自短而长，以次钉穴，俾深，然后将劲直带梢柳枝，如根梢俱大者为上，否则不拘大小，惟取长直。但下如鸡子，上尽枝梢长如式者，皆可用连皮栽入，即用稀泥灌满穴道，毋令动摇。上尽枝梢，或数枝全留，切不可单少。其出土长短不拘，然亦须二三尺以上，每纵横五尺，即栽一株。仍视河势缓急，多栽则十余层，少则四五层。数年之后，下则根株固结，入土愈深，上则枝梢长茂。将来河水冲啮，亦可障御。或因之外编巨柳长桩，内实梢草埽土，不犹愈于临水下埽，以绳系岸，以桩钉土，随下随冲，劳费无极者乎。尝于睢州见有临河四方土岸水不能冲者，询之父老，举云是农家旧圃，四围柳株伐去，而根犹存。彼不过浅栽一层，况深栽数十层乎。及观洪波急流中，周遭已成深渊，而柳树直立，略不为动，益信前法可行。郡邑治水之官，能视如家事，图为子孙不拔之计，即可望成效于将来，卷量之费可全省矣。五曰漫柳。凡坡水漫流之处，难以筑堤，惟沿河两岸密栽低小柽柳数十层，俗名随河柳，不畏淹没。每遇水涨既退，则泥沙委积，即可高尽余，或数寸许，随淤随涨，每年数次。数年之后，不假人力，自成巨堤矣。如沿河居民，各分地界，筑一二尺余缕水小堤，上栽柽柳，尤易淤积成高，一二年间堤内即可种麦，用工甚省，而为效甚大。六曰高柳。照常于堤内外用高大柳桩，成行栽植，不可稀少。

潘季驯

潘季驯，字时良，浙江乌程人。嘉靖二十九年进士，累迁大理寺少卿。四十四年十一月，进右佥都御史、总理河道。与朱衡共开新河，加右副都御史。明年，以忧去。隆庆四年夏，起故官，再理河道。工部郎中张纯议以河堤浸薄，假令来年水溢，必有冲决之患，请缮治两涯，增高培薄，仍筑遥堤，以防不测，请命季驯勘详以闻。已而，季驯言：“筑堤之法，有近者所以束湍悍之流，有远者所以待冲决之患，皆为上策。顾工费不赀，动以巨万，当此财殚力疲之会，安所措其手足耶？宜以现筑缕水坝，增益高厚，曲加保护，姑为目前之计。”从之。明年，坐驱运船于新溜漂没多，为勘河给事中雒遵劾罢。《明纪事本末》曰：季驯再起治河，乃上言："老河故道，自新集历赵家圈，出小浮桥，安流无患。后因河南水患，（则）〔别开〕[1]一道，出小河口，南河渐被沙浅。嘉靖间，河北徙，故道遂成陆地。臣奉命由夏镇历丰、沛、崔家口，至河南归德、虞城、夏邑、商邱诸县，至新集，则见黄河大势，已直趋潘家口矣。父老言去此十余里，自丁家道口以下二百二十里，旧河形迹现在，可开。臣即自潘家口历丁家道口、马牧集、韩家道口、司家道口、牛黄堌、赵家圈，至萧县一带，皆有河形，中间淤平者四分之一，河底皆滂沙，见水即可冲刷。莫若修而复之。河之复，其利有五：从潘家口至小浮桥，则新集迤东，河道俱为平陆，曹、单、丰、沛永无昏垫，一利也；河身深广，每岁免泛溢之患，虞、夏、丰、沛得以安居，二利也；河从南行，去会通河甚远，闸渠无虞，三利也；来流既深，建瓴之势遵涤自易，则徐州以下河身亦因而深刷，四利也；小浮桥来流既远，则秦沟可免复冲，而茶城永无淤塞之患，五利也。"既报可，乃役丁夫五万，开匙头湾，塞十一口，大疏八十里，故道渐复。万历六年夏，以工部侍郎代吴桂芳总理河道。言："河非可以人力导，惟当缮治堤防，俾无旁决，则水由地中，沙随水去，即导河之策也。频年以来，日以缮堤为事，顾卑薄而不能支，迫近而不能容，杂以浮沙而不能久，是以溃决。不咎制之未备，而咎筑堤为下策，岂通论哉！上流既旁溃，又歧下流而分之，水势益分则力益弱，安能导积沙以注海？故今日导河，尤当固堤以杜决；而欲堤之不决，必真土而勿杂浮沙，高厚而勿惜巨费，让远而勿与争地，则堤乃可固也。堤固则不旁决，力强且专，下流之积沙自去，海不浚而辟，河不挑而深，所谓固堤即以导河，导河即以浚海也。"

[1] 别开　底本为"则"，根据《明史纪事本末》更改。

又条上六事，诏如议。七年冬，河工成。八年春，加太子太保，进工部尚书、左副都御史。季驯初至河上，历虞城、夏邑、商邱，相度地势。旧黄河上流自新集、赵家圈出徐州小浮桥，均极深广。自嘉靖中北徙，河身既浅，迁徙不常。上疏请复故河。给事中王道成、河南巡抚周鉴等不可而止。迁南京兵部尚书。十一年正月，改刑部。以请宽张居正狱，落职。十三年，御史季栋上疏讼曰："隆庆间，河决崔镇，运道为梗。数年以来，民居既奠，河水安流，咸曰此潘尚书功也。昔先臣宋礼治会通河，至于今是赖，陛下允督臣万恭之请，予之谥荫。今季驯功不在礼下，乃当身存之日，使与编户齿，宁不隳诸臣任事之心，失朝廷报功之典哉?"御史董子行亦言季驯罪轻责重。诏俱夺其俸。其后论荐者不已。自吴桂芳后，罢总河不设，但以督漕兼理河道。给事中常居敬、御史乔星璧皆请复设专官。十六年，给事中梅国楼复荐，遂起季驯右副都御史，总督河道。十七年六月，黄水暴涨，决刘兽医口月堤，漫李景高口新堤，冲入夏镇内。河坏田庐、没人民无算。季驯复筑塞之。十九年，加太子太保、工部尚书。季驯凡四奉治河命，前后二十七年，习知地形险易。增筑堤防，置官建闸，下及木石桩埽，综理纤悉，积劳成病。三疏乞休，不允。二十年，泗洲大水，患及祖陵。都给事中杨其休请允季驯去。季驯将去，条上辨惑者六事，力言河不两行，新河不当开，支渠不当浚。又著《河防一览》十四卷。大旨在筑堤障河，束水归漕，筑堰障淮，逼淮注黄，以清刷浊，沙随水去，合则流急，急则荡涤而河深；分则流缓，缓则停滞而沙积。上流既急，则海口自辟而无待于开。其治堤之法，有缕堤以束其流，有遥堤以宽其势，有滚水坝以泄其怒。法甚详，言甚辨。归三年卒，年七十五。余见《明史》本传。

万恭

万恭，字肃卿，江西南昌人。嘉靖二十三年进士，历山西巡抚，丁艰。隆庆六年春，给事中刘伯燮荐恭异材，起兵部侍郎、右佥都御史，总理河道、提督军务。上言："欲河不为暴，莫若令河专而深；欲河专而深，莫若束水急而骤。束水急而骤，使由地中，舍堤别无策。前都御史潘季驯议开一百里故道，给事中雒遵议筑三百里长堤，人情汹汹，谓堤费且无益于河。独荷先皇俞允，臣等督司道等官申画地之约，下劳夫之令，期以九十日，而工止六十；期以六万两，而费仅三万，堤工遂成，河流顺轨。臣等复念筑堤如筑边，守堤如守边，又会题设官布夫，建铺编号，沿堤修守，以此今年黄水大发而三堤竟不败，河水卒无虞。因陈各官劳勚，请加叙奖。"又奏："管堤副使章时鸾筑过南堤，自兰阳县赵皮寨至虞城县凌家庄，长二百二十九里有奇，用工五十万七千七百四十一工，除调拨徭夫外，仍募夫一十六万七百一工，支河道银四千八百二十一两有奇。秋分而起，未尽十月而成。为照前堤系运道上源，先议兴筑，南北并峙。若南强北弱，则势必北侵，章邱等处可虞；北强南弱，则势必南溢，徐、吕二洪可虑。又恐占民膏腴，致生咨怨。今时鸾督数万之夫，仅七十日竣事。接续旧堤，既不多损民地；鸠集徭役，又不多费官银。且堤虞城以上，则上源水有所束，得冲刷之宜。不堤砀山以下，则下流水有所容，无泛溢之患。治河之策，似为长便。"万历元年，条上四事，皆如议行。二年四月，命回籍听用。恭强毅敏达，一时称才臣。治水三年，言者劾其不职，竟罢归。家居垂二十年。著《治水筌蹄》。余事见《明史》本传。

有清一代，豫河著绩者凡二十二人，前志有传，暨明清两朝敕封之大王、将军并见前志，兹不复述。

附录

卷十八

豫河自荥泽以下始有工，有工者设分局、置汛队，一切规画兴作之事丛集之。而荥泽以上若甚漠然者，其实非也。民国七年，内务部呈准《河务局暂行办法》第三条，河务局管辖该省境内之黄河及其他有关系之河流，则虽未设分局、置汛队之处所，凡有工程兴作暨与本省境内河务有关者，皆秉笔者所宜从事也。惟既不属于上述各门，又不能以类相属，则各综其原委，使之自成本末。条而列之，谓之附录。而前哲名言与士夫所论述者并及之。虽耳目浅狭，搜采无多，或加删节要，亦可以得其大凡也。

巩汜修堤之案

民国八年十二月，河务局长吴篔孙呈省长：奉训令：巩县绅民宋经裕等呈，河洛为灾，民不堪命，公恳设法补救，以祛水患。似亦持之有故，惟所请从邙山头筑坝办法是否可行，仰该局查勘明确，从长核议等因。遵即令委购石处处长刘葆珂会同巩县知事毛龙章确勘具覆。兹据会呈：查洛河由偃师入巩，本系自西而北，至土地庙沟复折而东，经神堤、七里铺等处至洛口入黄。前清光绪年间，黄河南图七里铺一带，滩地塌陷，遂由神堤入黄，原禀所称拟于邙山头筑挑水坝导河北行一节，履勘所请筑坝地点系在上游裴峪地方，距神堤尚有十余里之遥。河势向靠邙山行走，筑坝能否挑使北行，殊无把握。且关系北岸工程，似非统筹全局不可。至现在治洛办法，前蒙令委水利会吴技士查勘筹议沿河筑堤，呈奉核准，自应仍照前案办理。惟该处人民连年被灾，此项堤工力实未建，可否酌予补助，俾易经营职局覆查，南岸黄河现靠邙山行走，实系天然保障，而溜势湍激，断非一坝之力所能挑使北行，且迎溜建筑，工程浩大，借使能资挑托，而北岸温县新堤势成顶冲，防御尤难。设有疏虞，则武陟、原武一带，均属可危。况洛水自神堤入河，非伊朝夕。而推其致患之由，实因河身淤垫，向无堤埝，山水暴发，容纳未能，非尽关黄河顶托也。原禀拟请筑坝、挑河北行，不知河即外移，而洛口沙淤，宣泄更属不易，再四筹维所请筑坝一节，诸多窒碍，应毋庸议。惟洛水频年为灾，自不能不急筹善后。前经该县会委呈准筑堤，诚为切要之图。拟令该县赶速估办此项工程，虽不在河防预算范围之内，而该县连年灾歉，民力维艰，一俟估定数目，再由职局设法拨洋五百圆，以资补助，俾速告成。

民国十年五月，河南省长张凤台训令，据温县公民郑惟思等以图私筑坝，逼水祸邻，公恳饬禁等情具票到署，当以巩县修坝是否与该县有害，即经分饬巩县、温县会勘议复，再行核夺在案。又据孟县公民宫树棠等以与水争地，以邻为壑，请饬巩县取消筑坝等情由邮具禀前来。查此案前经巩县绅民宋经裕等呈请到署，当即饬据该局以查明。原请筑坝一节诸多窒碍，现拟仍照筑堤办法，令由巩县赶速估办等情呈复在案。兹据前情，究竟巩县筑坝与孟、温两县有无妨碍，合仰该局查明。原案核议，饬令温、孟、巩三县遵照。

是月，又训令：案准陕西省长刘个电开，年来洛水为灾，嵩、邙两岸屡成泽国。民国七年，巩城全没，县知事奉令筑堤防患，当集巩民悉心考察。缘昔年洛水经巩城东北流二十余里至洛口驿入黄，其间地势洼下，且距嵩、邙两岸稍远，洛虽涨不受黄激，向无泛溢之虞。近年黄流逼刷嵩、邙峡口，洛过城数里，陡北折而入黄，受其荡激，一遇涨发，黄倒灌洛，故治洛必先治黄。拟于邙阴筑一石坝，使黄稍远嵩邙峡口，庶洛得循故道入黄，以澹嵩邙两岸沉灾。嗣因乏款，迄未举办。今春，巩民禀奉河洛道尹酌拨豫西赈款，以工代赈，兴筑此坝，未悉已否开工。兹闻夏初即溢，将熟之麦尽付漂流，困苦情形不堪言状。我公关怀民瘼，请饬河洛道尹转饬巩县知事，促巩民赶成坝工，早弭巨患，希赐核示。查此案迭据巩县暨温、孟二县绅民禀呈，当经先后令饬核议在案。准电前因，合即令仰查明前案，核议具覆。

又训令：据巩县公民马公琇等由邮禀称“查敝县黄河南岸裴峪口请修石坝以维现状一案，前将县境受害事实及修坝为保全现状起见，与温县并无损害情形详细缕陈，早经洞鉴。兹见孟县公民宫树棠等以与水争地、以邻为壑，恳请取消筑坝等情赴辕具禀，批发河务局核议。公民等愤激填膺，尤难缄默，合将巩坝与孟县关系分晰陈之。查巩县邙山被黄河冲刷过半，瞬将藩篱尽撤，大地陆沉，推原祸始，实受孟县挑水坝之害。今巩不控孟，孟反控巩，混淆是非，颠倒黑白，岂非以吾巩受祸为未足耶？苟有良心，何忍出此，是不可不辨者一也。巩县赵沟处孟县下游，而裴峪尤在赵沟之东二十余里，距孟县殆四十余里。今在裴峪筑坝，对岸系属温县，不惟修顺水坝与孟县无害，即修挑水坝，亦与孟县无干。如风马牛之不相及，而冒昧具禀，竟诬称在赵沟筑坝，殊属有意朦蔽，是不可不辨者二也。原禀谓光武坟坝成，孟境南半尽塌入河。须知光武坟在孟津境内，今且继长增高，工程未竣，乃置孟津于不问，而惟吾巩是侮，张冠李戴，自欺欺人，是不可不辨者三也。原禀固无辨论之价值，惟既朦禀钧辕批发河务局，饬县会勘，纠葛愈多，工程稽迟，转瞬伏汛大作，地方糜烂，谁司其咎？公民等与敝县数十万人民休戚相关，岂容辗转贻误？为此绘图具禀陈情，伏乞迅赐救济”等情。查此案迭据禀呈，先后饬令核议。兹据前情合并令仰议覆。

七月，河务局长吴篔孙呈省长：奉训令，据温县公民郑惟思等以图私筑坝，逼水祸邻；又据孟县公民宫树棠以与水争地、以邻为壑各等情，饬即核议具报。查此案先于民国八年十一月奉训令，据巩县绅民宋经裕等呈，河洛为灾，民不堪命，公恳设法补救以袪水患等情，令即勘议具覆。遵即委员会县查勘，经职局核明，该绅民所请于邙山头建筑挑水坝，导河北行，如果此坝筑成，则北岸温县新堤顶冲，设有疏虞，武陟、原武一带均属可危，请毋庸议。惟洛水频年为灾，不能不急筹善后，仍照该县会同水利会吴技士前议沿河筑堤办法，由县赶速估办，并由职局拨洋五百圆以资补助，呈奉指令照办。旋于本年四月，据巩县知事毛龙章电称，黄河南岸筑坝，当由上海工赈协会勘定，已允拨款兴修，以工代赈，请速派员会勘。当即令委购石处处长刘葆珂前往会县查勘。旋据呈复：该处河身较宽，距北岸约十五里余，邀集绅民会议，佥称不致贻害北岸。随据温县公民郑惟思等以筑坝祸邻、公恳严禁，又据孟温河务分局长翟福谦转据县绅朱启运等十人呈称借赈筑坝嫁祸邻境各等情先后到局。正核办间，奉令前因，遵即转饬孟、温、巩三县知事，迅速会勘。又奉训令：陕西省长个电，请促巩县赶成此坝，早弭水患。饬即查明前案议复。兹据巩县知事毛龙章呈称，会同温县知事汪松荫在县境裴峪口地方逐加履勘，黄河紧靠邙山行走，邙山之北已成悬崖，犹有旧时民居窑底形迹，甚至山南树木，可立山北望见，足证邙山崩坏并非虚语。修坝自卫，实为要图。惟挑水坝恐影响及于北岸，若顺水修坝，似与温县无害。乃汪知事回县邀绅协商，未予赞同。而属县士绅以祸已切肤，万难束手待毙。至孟县公民宫树棠等原禀，谓巩县邙山头与赵沟口之坝成则河水反射等语，查所拟筑坝地点系在裴峪，并非赵沟。赵沟在孟县下游，而裴峪口则在赵沟之东二十余里，对岸系属温境，与孟无关，原禀殊属误会。又据温县知事汪松荫呈称：会同勘得南岸裴峪，面黄背邙，该处一带滩地虽属较低，而邙山悬崖峙列，恃为天然屏障。其河之北岸，即系温县西之小营口，一望平原，仅有前筑矮薄土堤，令巩县绅民拟于裴峪口建筑斜式石坝一道，上自西南山头，下抵东北河中，计长二百余丈，使水北流。不惟温境土堤有溃决之虞，即上下游堤工恐亦被其牵动，当与毛知事一再熟商，共筹两全之计。讵因款借他山，殊难变更，原议拟请饬巩暂缓修筑、以顺舆情而免河患各等情先后具禀。职局长覆查巩县黄河现在紧靠邙山行走，北岸距河尚远，固系实情。惟现拟建筑长二百余丈之大坝，能否不致挑溜北行，北岸工程有无妨碍，河流变迁靡常，实属毫无把握。一则谓使水北流，温堤有溃决之虞；一则谓祸已切肤，万难束手待毙。虽双方均持之有故，而案已月余，迄未解决。

事关利害，似宜从长计议，以免贻祸将来。职局长再四筹维，可否请饬咨询省议会公决之处，伏乞鉴核示遵。

十月，河务局长吴篔孙呈省长：查巩县邙山头筑坝，关系民生安危，至为重要。亟应详加审慎，以免贻祸将来。惟查两岸绅民所呈各节，与地方利害实有莫大之影响，现在省议会既经开会，理合提出议案，呈请钧署咨交公决，以昭慎重。

民国十三年一月，巩县知事李延璐呈河务局：奉训令：案据温县公款局长任良能等以该县绅民马公琇等拦河筑坝、逼水祸邻，公恳派员往勘，饬即停止等情，呈诉到局。查此案前于民国八年据该县绅民宋经裕等呈请，拟在邙山头修筑坝工，当经饬据该县会委勘明呈覆。嗣因温、巩两县绅民互相争执，迄难解决，呈请省长咨询省议会公决在案。兹据前情，仰该知事迅将马公琇等现在所拟修坝究竟是何情形详细查明，据实呈覆。遵即转令中区区长王泽南查覆。据称询据马公琇等声称，温、巩两县实为黄河流域，其在顺轨时代，温南巩北，两岸均有居民庐舍，而田地尤多。自黄流迁徙无常，巩、温两岸受患维均，是其初无所谓坝也。嗣孟县于北岸先筑小金堤，温县又西接小金堤向东筑一长堤，绵亘数十里，势若虹绕。并由前河防局长吕拨发官款。尔时巩县绅民并无出面干涉者，且喜能驱水自卫，可为垦地殖民之先导，吾巩将来可仿照而行。特巩地瘠民贫，措资为难。民国十年，上海华洋工赈会闻巩连年水灾甚巨，邑城屡灌，坏居民田庐、人畜无算，派委查勘。同官绅乘舟至邙山下，见河势横溢，邙山一带冲激塌崩，心甚恻然。谓巩县水患悉由黄河泛滥杜塞洛流之所致，不亟筑堤束水，使其顺轨，巩之水患将长此终古矣。拟即拨洋四万元，修顺岸长堤，束水中流，庶河归正道，其法诚为至善。不意温民不恕，竟具禀阻挠，事乃中止。查乾隆五年，巩、温二县会详抚院批定巩温黄滩界址，巩得地一百十余方里，合田一千零四十余顷。乾隆八年详准抚院批定巩、孟黄滩界址，巩得地六百余顷，均有旧册，县志可查。就现况而论，巩民筑堤自卫，原欲土地我固有，与温何涉？乃竟妄控构衅，岂公理乎？查前代治河历史，筑堤防水原非上策，然自此策既行，鲜有但筑一岸之堤，竟听一岸缺然者。现在此项工程，正在预备，就裴峪村开厂凿石，原系堤工，以顺河束水为宗旨，并非坝也等情，转报到县，理合据情呈覆鉴核。

是月，河南省长李济臣训令：据河北道尹陈炬呈称，据温县公款局长任良能等呈称，黄河自西北而来，至潼关以东，折入豫境，南北两岸均有大山夹峙，是以豫西各属向无河患。下至巩温之交，南岸则仍恃邙山以为屏障，北岸则地势洼下，土质松软。近数百年来北岸因河流变迁，水患时闻。南岸自郑州以上，俨若铜墙铁壁，实无工程之可言。温境河流自光绪二十六年至今，岁岁坍塌，无法防堵。每年值伏汛吃紧之际，大溜冲射，沿河村庄俱被塌陷。迄民国三年，经吕前河防局长呈准中央，拨款修筑温境堤工，西接孟县小金堤，东迄汜水河口迤北。因沿岸俱系沙土，堤基尚未巩固。孰意南岸巩县近有一班奸黠流氓马公琇、孟慎斋等，假公济私，借以工代赈名义，于民国十年春间，在上海骗募华洋义赈会款四万圆，意欲紧靠沿河修筑石坝三座。西坝在巩城西北裴峪沟口，中坝在巩城正北七里铺山下，适当洛河入黄之冲，东坝在巩城东北巩汜之交洛沟口，现均勘定坝址。三坝方向俱系西南东北斜线形，西坝入水约计三里有余，目下正在鸠工抛石，其余二坝俟明春开冻亦必次第动工。窥其用意，原在逼水北滚，撤出山外地亩以便耕种。夫北岸地居洼下，若遇险工，或有修坝之必要。今南岸河靠山流，居高临下，修坝之举，不在北而在南，是不啻决山水以灌沟壑也。当民国十年冬间，伊等即已运石动工，后经河北孟、温、武各县人民及汜水绅董奔走呼吁，群起抗争，各宪曾派委勘查，不直所为勒令停止，未遂所欲。今伊等又在县中组织坝工会，收敛钱文，规定出钱若干，异日准种滩地若干。竟不禀明军、省两署暨河务局，私自动工，似此贪种地亩、以邻为壑，实无人道。若不速令停工，则此坝告成，激湍怒波，汹涌北趋，西坝所挑之水，势必破堤而过，直奔温城。中、东两坝所挑之水，北岸无堤可防，一泻千里，不惟温境南部、东部数百村落尽成泽国，而河流从此不能顺轨。两岸堤工，一牵百动，恐下游沿河各县无日不在洪涛巨浪中也。迫恳转详各宪，饬巩县知事强制马公琇等即日停止坝工，则河北数百万生灵永感拯溺普渡之大德矣等情。正核办间，又据武陟县绅民郑信之等二十六人呈称，近闻巩县马公琇、孟慎斋等拟于嵩、邙山下分筑三坝，其工程计画：第一坝以裴峪口西番光庙为起点，预计修长六里；第二坝以洛河口东七里铺为起点，预计修长五里；第三坝以巩、汜交界钥匙沟为起点，预计修长三里。现在积极进行。观其自治筑坝局布告，略云使河归北岸，所出之地分三等纳捐。头畛、二畛每亩出洋三角，三畛、四畛每亩出洋二角，五畛以下每亩出洋一角。窥其计画，非为防河，实为争地。在伊等私心，自为得计，而北岸滨河一带无数生命、财产，顷刻顺流而下，所不计也。且三坝既成，河流势必北趋，温、武以下，险工必至迭出，而京汉铁路、河桥亦必大生变动。是该处此举不特贻害于邻封，并有害于国家。其患之巨，实有不堪设想者。绅等利害切身，特联名吁恳转呈层宪，将巩县筑坝迅赐停工，以惠民生而维河务。并据温县公民职治武等五十二名呈同前情，先后前来道尹。查河洛道所属之巩县，在黄河之南，山高土厚，素无水患。河北道所属之武陟、温县，居黄河之北，地洼土松，险工屡出，故于孟、温、武、原之间，设有河务分局，专修堤工，以防河患。兹据温、武两县绅民分呈，所称巩县绅民拟于嵩、邙山下分筑三坝，其长或五六里、或三里不等，若三坝告成，河流势必北趋，不但温、武一带河防可虑，且于黄河铁桥亦有防碍。况巩县所设自治筑坝局，其布告有云，使河归北岸，所出地亩分有三等，抽捐是为自便私图，不顾贻害邻境。所请停止坝工，系为预杜河患起见。除批饬该绅民等从速绘图贴说以备详加查核，俟送到时，另文转呈外，理合钞录各呈具文，呈请鉴核。转饬河务局派员前往，会同巩县知事勘明。各坝如于北岸有害，即行从严禁止，以重河防而全民业等情。又据巩、汜公民代表马公琇等以筑堤防患一劳永逸禀明，备案邮呈前来。查此案前据任良能等具呈，业经令饬查勘，并录案呈复在案。兹据各情合检原钞呈件，并钞马公琇原呈，连同图册，仰即查勘明确，一并详拟呈复。

是月，河务局长陈善同呈直鲁豫巡阅使吴、督理河南军务张、河南省长李：奉训令，据温县公款局长任良能等以巩县马公琇等，拦河筑坝、逼水祸邻，恳请令饬停止等情，令即查勘明确，并将办理情形录复呈夺。又奉部令：据河北道尹陈炬呈，据温县各机关、又武陟县绅民郑信之等以巩县马公琇等贪种滩地、筑坝害邻等情先后来控道尹，为预杜河患起见，请饬河务局勘明禁止。又据巩、汜公民代表马公琇等以筑堤防患等情邮呈前来，令即一并详拟呈复。查此案先于民国八年十一月奉省署训令，据巩县绅民宋经裕等呈，河洛为灾，民不堪命，公恳设法补救，以袪水患等情，令经职局核明。该绅民所请于邙山头筑坝，应毋庸议，仍照水利会前议《沿河筑堤办法》，由县估办，并由职局拨款五百圆以资补助。民国十年四月，据巩县知事电称，黄河南岸修坝，由上海工赈协会勘定，拨款兴修，以工代赈，请派员会勘等情。旋据温县公民郑惟思、孟县绅民朱启运等以筑坝祸邻，公恳严禁各等情，先后赴省署呈诉。令即查案议复。旋奉训令，准陕西刘省长个电，请促巩县筑坝，早弭水患，饬即查明前案议复。吴前局长因双方争执，迄难解决，遂将此案呈准提交省议会公决。兹于民国十二年十二月，据温县绅民任良能等以巩县绅民马公琇等拦河筑坝等情呈诉到局，随经令据巩县李知事覆称，该绅计画系顺河筑堤束水，并非修坝等情。当以所拟办法核与任良能所呈不符，复委下南分局长王鄘、职局技术员沈炳成会同巩、温两县知事查勘，并令召集两县绅民妥议办法，呈候查核各在案。奉令前因，即转饬该印、委等详查明确，会同双方妥议具报。随据孟温分局长谢寅亮呈，据温县公民赵赞等五十二人以筑坝病邻，恳请严禁。并称近闻巩县马公琇等拟于嵩邙山下分筑三坝，其工程计画：第一坝以裴峪口西番光庙为起点，预计修长六里；第二坝以洛河口东七里铺为起点，预计修长五里；第三坝以巩、汜交界钥匙沟为起点，预计修长三里。三坝密迩排列，水势必至遏抑，激成反动力。斜线向东北流奔，温境首当其冲。又据武陟知事王祖德呈，据公民郑信之等二十六人以筑坝驱水贻患邻封，公恳转请严禁。并称巩民名为防河，实为争地。不知因争地而筑坝，使大河尽归北流，彼多种滩地，犹属小事；但恐北岸滨河一带，以及下游数百里居民之生命财产将尽付之东流，前途危险，令人寒心。又据武陟、原武、阳武、孟县、封邱、获嘉、延津等七县绅民张耀辰等呈诉，马公琇等私筑石坝，逼河改道，遗祸民生，妨碍桥工各等情。嗣据巩县知事李廷璐呈称，会同王、沈两委员暨绅民马公琇等前往筑堤地点，逐加履勘。该处河身甚宽，距北岸约十五里余。据马公琇等所述，兴修形势，系一顺水土坝，外加以石，纯为收束河身起见，距离北岸既远，实与温县无害。原呈谓拦河筑坝，殊非事实。又据温县知事周士森呈称，遵查此案，前据公款局长任良能等具禀，当经据情转呈。一面由知事派员驰赴南岸详细调查。据称，巩绅马公琇等因于民国八年修筑坝工，未得如愿，遂纠合滩民收敛钱文，并未禀报。开山运石，在邙山之下沿河私自修筑石坝，业已动工，以冀挑水北趋，移害邻封，正拟前往会勘间，适王、沈两委员来县，随即会同召集绅民亲赴北岸。查得沿河一带，地势低洼，每遇伏秋汛内河水涨发，附近村田、庐舍往往被淹。近数年来，河流逐渐北滚，北岸日形坍塌，已属祸燃眉睫。现在南岸如果修坝，水势必向北趋，沿河村庄恐难保存。且目下大溜距苏庄仅止数丈之遥，以致沿河居民大为恐慌，纷纷逃避，无日无之。知事目睹情形，良深焦灼，傥巩县坝工告成，河身北滚，前修土堤断难保存，一旦溃决，不惟过境数万生命、财产尽付东流，即武陟以下数县，势必皆成泽国。为患之巨，匪可预计。是以阖县绅民异常忿激，极端反对。知事忝司民牧，休戚相关，万难安于缄默。又据委员王郿、沈炳成呈称，委员驰赴巩县，会晤知事李廷璐，并先期函约温县知事集绅会议。当即会同李知事暨绅民马公琇等前往裴峪口筑坝地点，逐一履勘。查有坝基三处。一处系依山根作基，余二处系筑土作基。三坝基每基相距约二里许，现正运石修筑。嗣后由东站镇起，沿河踏勘，以迄双槐树。是时，温县周知事未经来巩会勘，委员即渡河赴温，会同周知事士森召集绅民履勘北岸一带。所有两岸考察情形，除由巩、温两县知事分别呈复外，盖两县绅民意见各执，均走极端，相持不下，已非一日，诚非片语所能解决。察看情形，惟有仍饬两县知事相机设法，双方调停，庶几渐趋和平，借息争执各等情。局长覆查巩县黄河现靠邙山行走，恃为天然屏障，本无筑坝之必要。前因双方争执，难筹两全之策，呈请提交省议会公决。今巩县绅民马公琇等于案未解决，亦不呈明，遽拟于裴峪口连筑斜式土石坝三道，上自西南山头，下抵东北河中。此坝若成，水必北滚，则温县新筑土堤及历来著名险要之武陟拦黄埝、原武月石坝等处工程，势必被其牵动。设有疏虞，不独河北十数县均成泽国，即直、东等省亦蒙其灾。事关数省安危，审度不可不慎，再四筹思。可否仰恳令饬该县转饬先行停工，再恳令饬河北陈道尹、河洛由道尹会同局长亲诣该处确切勘明，公同酌议辨法，以昭慎重。

三月，河务局长陈善同呈省长：案奉指令，以据职局呈，查勘温县绅民任良能等呈控马公琇等拦河筑坝等情一案，所请令饬河北陈道尹、河洛由道尹会同亲诣勘明，酌议办法之处，系为慎重河工起见。仰候分行该两道遵照，即由该局长订期咨会，亲诣勘明，妥议公允办法等因。遵即函约陈道尹炬、由道尹升堂同于三月十日驰抵巩县，十一日赴裴峪口，即该县绅民筑坝之处，上下履勘。山路崎岖，异常难行，即由该处北渡至温县境之苏庄地方，沿河东行，逐段察视。十二日，自温渡河回巩，原拟由洛口逆流而上，借勘洛河形势。乃风雨大作，舟行困难，日暮始抵神堤。当即舍舟登陆，步行察勘。十四日，由巩赴洛，业将大概情形缮具节略，会同陈道尹面呈在案。伏查巩县城池，地本洼下，历年被水，情殊可悯。推厥原因，每当夏令，城之西南山洪暴发，势若建瓴，遂致横溢。至洛河口积沙淤垫，黄洛交涨，两相顶托，亦不免宣泄未畅。巩县绅民于裴峪地方现筑之坝，已成坝基二三丈，斜向东北，其附近山根新辟石塘数处，专备兴修，未据呈送。计画书拟修丈尺不能确定。该处河势自上年秋汛后即见外移，闪出嫩滩东西约长十余里，查非现筑之坝所挑。若再因势利导，逼溜北趋，直射北岸。苏庄一带，该处地本沙松，溜势北滚，存滩日见坍塌，不惟温汛一线单堤断不可恃，即下游武陟、原武等县，势必旧工新生，关系实非浅鲜。局长权衡轻重，河傍南行，尚有山可凭依，溜果北趋，则沙堤难资屏障，双方利害不辨自明。应请严令巩县转饬该绅民，此项工程暂且停止，静候解决。该县邙山坍塌地亩冲陷，本系实情，自应勉筹防护之计。要使有裨于巩，无害于温，拟令于裴峪口以下紧抱各山山脚，挨次递取直线作顺水堤，只准内弯，不许外凸。其形势亟应委员测勘，拟定标准，饬巩遵办，不得更易。又据巩绅面恳，拟于神堤东首建一顺水坝，但于对岸工程亦恐致生变化。昨奉面谕，另派测量人员前往测验，乞一并饬勘。或酌筹疏浚洛口之法，庶几两县俱无妨碍。

五月，河务局长陈善同呈省长：案奉指令呈图，均悉修筑该坝致启纷争，解决方法务期有益于巩，无害于温，并于黄河南岸工程均无妨碍，方属妥协。仰候函知。测量局迅派测量人员会同该局切实测绘，仍由该局长按照此次会勘所得实行，秉公监修，以息争端。遵即令委技术员陈凤卫会同陆军测量局委员李松筠、杨峻峰前往巩县测绘。兹准函开，巩县裴峪口沿河一带形势，业经勘明，绘制详图，径送钧署。查此案前经局长会同陈道尹炬勘明，拟议解决方法，以挑水大坝断不可行，拟令自裴峪口以下临河一带各就由山脚逐段取直，顺水筑堤，只许内弯，不得外凸。于北岸既无妨碍，而巩邑亦稍获滩地之益。拟请饬令巩县转饬该绅民马公琇等遵照办理。至顺水筑堤，工程浩大，非一时可观厥成，应由该县知事督饬绅民妥议办法，择要分段，逐渐修筑，随时呈请查验，以收实效。六月，河务局长陈善同呈省长：奉训令，案据测量局呈送，巩县裴峪口沿河形势详图，合行令仰查照测绘图式，秉公监修，仍将监修情形随时报查等因。遵即令委吴盈青前往监修，以昭慎重。

汉陵坝工案

民国二年七月，河防局长马振濂呈覆民政长：奉训令：据孟津县请添石防护汉陵坝工等情，据呈该县铁谢镇绅董谢步云等呈购备石方修补坝工，所请委员勘估之处，应候令行。河防局酌核办理，以重修防。惟既据声称添购备防石方情形，似不可缓，应准先就县库存储河工节省款内动支银五百两，作为办石之用，以免贻误工需。仍督同沿河绅民人等相机妥筹防护，务保无虞等因。遵即令委孟县支局长郑有前往勘验。兹据查覆，该处上游新工一百七十丈，俱系边溜，漫水坝垛均极整齐，似尚无虞。惟下游旧工长七百五十丈，坝垛六十二处，其中自二十坝至三十三坝，俱系顶冲大溜，蛰塌坝垛已十有余处，亟待抛护，至少亦需石二百余方。再，该段所存备碎石虽有五百余方，均在上界，而下界不过数十余方。若伏秋大汛，水势涨发，奔腾澎湃，不免仍有蛰动之虞，非添购备石不足以应将来，从少估计亦需石三百余方。两共约应添办石六百方等情。查孟津县河工既护汉陵，兼关人民生命，亟应添购石方，绸缪未雨。

前奉钧批，先就县库河工存款动支银五百两，约购石二百方，段长工巨，似尚不敷分布，然际此物力艰难，于先事预防之中仍不能不力求撙节，拟再添购二百方，共四百方，堆积该处旧工下段以资抛护。较之孟县支局长所估六百方之数，实减二百方，总期款节工坚，无糜无误，以副慎重河防之意。至购石之款，仍在孟津县库存储河工节省项下动支。再，河工修防事宜，必主持得人，始克收效。查孟县河防支局长郑有熟悉河务，拟即委派该员，就近会同孟津县知事督率沿河绅民办理购石抛护事务，克日兴工。

七月，河防局长马振濂训令孟县支局：查汉陵坝工前经该支局长勘估，应添购备石六百方，当经本局拟定，除已购二百方外，再添石二百方，共四百方。委令该局长就近驰赴孟津县，会同该县知事督率沿河绅民办理购石抛护事宜，并呈报民政长在案。兹奉批答，据呈请添石防护汉陵坝工等情，再添石二百方，应即照准。至购石之款，仍就孟津县库存储河工节省项下动支。仰即转饬孟津县知事督率沿河绅民相机抛护，务期款节工坚，无糜无误，是为至要。合即令仰该支局长遵照。

九月，河防局长马振濂指令孟津县知事、孟县支局长：据会呈开局收石日期并动用旧石抛护坝工等情。查该工为古帝王陵墓所在，防护自宜周密。所拟先用旧石抛护以应急需，一面将所买新石堆存以防后患，自是正当办法，应行照准。惟国库维艰，修守紧要，石价、运费、堆抛夫工均应据实开支，不得蹈沿旧习，稍涉浮冒。堆储石方务求丰实，万勿插花架空，致干查究。十月，河防局长马振濂批孟津县知事、孟县河防支局：据呈汉陵坝下段石坝蛰动，可否再添购石方并请派员验收新工等情。查购石四百方，既经收讫，而石价、运费、堆抛夫工及一切开支，亟应呈报。至添购石方价出何项，亦未据呈明，殊属含糊。前饬动用库款一千两，该处石价颇廉，购石四百方尚应有节省之款，即以所余尽数购买石方，仍将方数、石价并前一切开支核实，从速呈报，候委验收，勿再迟延干咎。

十二月，河防局长马振濂呈覆民政长：案奉训令，据孟津县知事呈称，据卑县铁谢镇绅民谢耀祖、靳清文等呈称，缘陵工下游一带，地亩虽非膏腴之田，亦民间生命之利益。往年黄河大溜，沿北岸而下，该处水势缓漫，尚无大损。本年夏秋之交，上边北河大水越滩而过，直泻东南，以致大坝以下第十七垛适当其冲。大溜所经，疾风秋叶，自工尾至下首大王庙后墙，确计三百丈，此中正为危险之区，沿岸塌陷日甚一日，触目惨心，不忍言状。傥不思患预防，转瞬之间，桃汛即来，河伯肆虐，谁能御之？而民间生命财产之关系，恐一旦归于乌有。绅等同公勘估，该处约需有四十石垛，方资保护，用银总需六千两之谱，为此公恳转详前来。知事覆行查勘，该处为陵工下游沿岸，日日塌陷，实属危险，理合据情呈请鉴核，并祈转饬河防总局，派委勘估，可否发金接修石垛，以固陵工，兼苏民生等情。仰即便查核办理等因。查黄河南岸自荥泽以上，山岭绵亘，无异长堤，历年均无修守工程，亦未设立局营。孟津县铁谢镇因汉陵所在，前曾筑护石坝，工尾以下距村渐远，且与陵寝无关，向未议修工程。该绅民等所称塌陷地亩，虽属有关人民生计，惟河防预算、河工款项均有定额，现值财政支绌，紧要工程尚多议缓，例外建筑，何暇包荒？应请饬令该知事就近筹办，以保民田，或由司库另拨款项发交办理。是否有当，恭候钧裁。

民国六年四月，河防局长吕耀卿呈覆省长：前奉训令，据孟津县知事蔡中燮呈，据铁谢镇绅董谢耀祖等禀，请拨款修补坝垛防患未然等情，令即饬委勘估议覆核夺等因。遵即饬委下南分局长王鄘前往，会同该县详细勘估。兹据呈称，勘得该处河身里卧，形同偃月。上自周口村起，下至大王庙止，计长五里有余。水势三折，上段当汉陵之后，中段则该镇寨堡，实当其冲，下段直注赵村、蒋家庄一带。率皆河流迅急，注岸如射，且复年余未经加修，故所在石脚坝垛蛰卸堪虞。就中最为吃紧之工，固以第一挑水坝、第二十七坝、新大坝、后陵磨盘坝等处为尤要，而十八坝至二十六坝及二十八坝至三十一坝诸工，亦属紧要。为该处民生财产万全计，自以全功毕举为宜。惟需款浩繁，现在河防预算减额，筹拨匪易，当于帑项、民生双方兼顾。再四筹维，极力从减，估计酌拟购石一千五百方，以一千零六十方，就上开尤为要紧各处分别加抛，俾资抵御。此外情形较缓之处，但就旧存石方目前尚可支持。惟河流迁变无常，若不先事预防，将来设有险工，恐难咄嗟立办。拟以四百四十方，合之原存旧石一千二百五十五方，按坝分堆，借备缓急。至石方价值，询据该镇绅董声称，前次举办陵工，石价、运费、堆抛各工一并在内，系以每方合银二两二钱计算，查核档案相符。现拟均仍其旧，统计各坝应抛应备共需石一千五百方，以每方银二两二钱计，共需价银三千三百两。实属力从撙节，无可再减。缮具估折呈请核示等情。职局长伏查孟津汉陵工程，本不在河防范围以内，预算未列此项经费。从前每遇抛修，均系另案请款，委员办理。职局长曾屡往该处勘验，各坝垛鳞次栉比，坚实高整，足资捍卫。该县绅董为保存下游田庐起见，屡次呈请加修，虽于民国四年两次抛办，不过应该绅董之请求。其实汉陵工程并无应修之必要也。现值厉行减政之际，以核减之余款办理职局所辖之工，已属左支右绌，何暇再行兼顾？但奉饬前因，事关民瘼，又未便漠然置之。兹于无可设法之中，勉为变通之计，拟购碎石六百方，择要加抛，所需方价银一千三百二十两，拟请在职局五年度稽料余款改办石工项下通融拨给，俾应要需，以副保卫民生之至意。

九月，河防局长吴篔孙呈省长：奉训令：案据孟津县知事吕效忠呈报，据县属铁谢镇经理汉陵坝工谢耀祖等呈称，河水暴涨，沿岸漫溢，自新大坝以下至工尾之大王庙，一片汪洋，庙宇、房屋已有冲塌，附近田禾、庐舍，亦间有被淹。水势变迁莫定，沿岸多被冲刷，岌岌可危。寨东护岸石三百丈，大半冲缺，上崖坍刷日甚，县治东南数村及县城地址距河均不甚远，若不及早修护，深恐陵工下游之坝坍卸，险象有不可胜言者等情。知事当即亲诣察勘。新大磨盘雨坝被水冲坏不少，其余沿岸坝垛、寨东护岸石历被冲击，缺口甚多，滨河一带禾苗、房屋间有被淹，人口无恙，大王庙墙垣亦多冲塌等情。仰即勘明核议，径令遵照等因。查此案先经职局长委派职局科长俞迪初前往查勘。据称该处向无堤工，只有坝垛护崖，保护汉陵及附近各村。

本年自夏徂秋，河水来源极旺，又值霪雨兼旬，山水下注以致新大坝、磨盘坝及石垛护崖均被刷塌，濒河之大王庙西厢、后殿亦被冲塌等情。并据该知事吕效忠以河水漫溢、坝垛冲刷暨大王庙塌卸情形，估计需石一千八九百方，呈请发款购石修护等情。当因该处工程不在预算范围以内，本年四月间，吕前局长应该绅董之请求，拨银一千三百二十两，令购碎石六百方，择要加抛，本属勉事通融。现值厉行减政之际，又在工作繁多之时，以应领之款办应办之工，已属左支右绌，露肘堪虞，兼顾统筹，实为力所不逮。而事关民瘼，又未便概置漠然。当即指令该县督同绅董先将护崖石三百丈择要估计，呈候核办。其新大坝、磨盘坝应就原有坝基设法保护，不可再行接长，以免挑溜北趋，致孟、温又出险工，更滋糜费。至大王庙工程，职局亦难兼顾，应由县设法捐修等情在案。兹奉前因，除俟覆估到日再行呈报外，已委员勘明，择要估修，合先具文呈覆。

十月，河防局长吴篔孙呈省长：案奉指令，据职局呈报，遵令勘明孟津县铁谢镇坝垛各工被水冲塌，拟估工款，请鉴核示遵一案，蒙指令，孟津县坝垛各工既据派委勘估，计需银二千七百五十两，仍由该局余款项下撙节动支，如实有不敷，再行呈候，设法补助等因。查职局预算各款，惟五年度石方项下尚可通融挹注，兹拟在该款内照数动支，俾速兴工而资捍卫。第由省领款运赴工次，未免多费周折，拟请将该工用款即由孟津县在应解库款项下就近拨发，将来仍归职局应领五年度石方价内扣除，以免领解之烦。除咨会财政厅外，理合呈请转令该县迅速照数筹拨，俾资工用。

民国九年四月，河务局长吴篔孙呈省长：奉训令，据孟津县知事段锦文呈请核饬拨款购石，补修坝垛等情，令即查核具报等因。查此案先据该县具呈到局，正核办间，奉令前因，遵即令委孟温分局长段继武前往，会同该县详细履勘。兹据呈覆，详勘各坝垛，处处着河，其最关紧要而塌卸特甚者，惟二十七坝、二十八坝暨三十二坝、新大坝等。查二十七坝上首以下塌卸十丈有余，二十八坝上首以下塌卸六丈有余。该两坝正在铁谢寨之西北角，不特于该镇寨有密切关系，即于后陵亦遥作屏障之势。又查磨盘坝实为后陵之保障，尚属完固，惟该坝以上之三十二坝及以下之新大坝又为磨盘坝之左右翼。若该两坝无恙，则可保全磨盘坝，即可保全后陵。惟查三十二坝上首以下塌卸四丈有余，新大坝上首以下塌卸十丈有余。窃以该处工程原为保护汉陵起见，此四坝于后陵极有关系，不能不略施修补，其余坝垛均尚完全。拟将该四坝共估加抛碎石三百方等情。职局长伏查孟津县铁谢工程本不在河务范围以内，预算并未列此项经费，从前每遇抛修，均系专案请款委员办理。民国六年，因该县绅董请求加修，于工款内勉购碎石六百方。目下工款奇艰，自上年八月以后，应领经费及料石各价，财政厅欠拨甚巨，左支右绌，本属力难兼顾，但事关民瘼，又未便漠然置之。兹于无可设法之中，勉为挹注之计，拟请在八年度石方项下通融拨给，俾应要需。

民国十年三月，河务局长吴筼孙呈省长：奉训令，案据孟津县知事巩思温呈，据属县坝工局经理谢耀祖呈称，河水南侵，中段石坝可危，南坐大湾如下弦偃月之形，第十四坝至二十六坝二百六十余丈实居汉陵之背，大溜所注，最为吃紧。查民国四年与六年两次拨石一千六百九十五方，补修六百七十余丈石坝，自第一挑坝至新大坝大小共三十四坝各在案。去年呈请补修，仅拨石三百方，将新大坝及二十七、二十八、三十二等坝略加修补，其余吃紧之处并未加抛片石。各坝塌卸，大改旧观，将来水势汹涌，酿成巨患，贻害不知胡底。又，寨东护岸三百二十七丈，民国七年补修时添顺水坝三处，每坝抛石一百方。惟大王庙一坝关系甚巨，比年水势下趋，直射东南，若不添抛石方，使水势折向东北，则坝东悉成泽国。可否将此坝加石三百方，以资捍卫等情，仰即查核具复等因。查此案昨据该县知事具呈到局，当以现在款项支绌，财政厅应付工款延欠甚巨，黄、沁两河应办工程业已完全停顿，该绅所请购石抛修汉陵坝工，现实无力兼顾。应俟款项充裕，再行核办等情，指令在案。兹奉前因，伏查此项工程不在河务范围以内，职局预算未列此项经费。自民国四年起至九年止，因该工关系重要，由职局先后四次拨给银五千一百余两购石抛修，均经呈明在案。彼时厅库拨款尚少延欠，故可勉为挹注。兹自上年四月迄今，应领各款拖欠至三十余万之多，应办各工现均无从布置。桃汛瞬临，河流日旺，库如悬罄，焦灼实深。惟汉陵坝工事关民瘼，职局既无力兼顾，可否仰恳饬厅另行筹款抛修，拟俟职局经费稍可周转，再行估办？伏候核示祇遵。

六月，省长张凤台训令：据财政厅呈称，案奉令开，据河务局呈称，奉令核议孟津县知事呈坝工蛰卸，请添石补修一案，因无力兼顾，仰恳另筹抛修等情，饬即遵照筹修等因。当以该县前未分呈，无凭核办，令县抄送原呈备核。旋据该县抄呈到厅，详查原呈请修各工，从前均经河务局购石抛修，有案，当然仍由河务局设法筹修。至河务局所称困难之点，原因应领各款拖欠过巨之故，现拟就河务局欠领经费赶速筹拨，以济要需。其孟津县一段各坝工，即由该局查看确情，照旧抛修，庶几工程不废而款目亦清等情。除指令查豫省黄、沁两河最关紧要，察核该厅所拟办法尚无不合，仰即遵内务部先后来咨，赶速设法筹拨，以济要工。并候令行河务局督饬抛修，以重宣防外，合行令仰该局遵照。

八月，河务局长吴篔孙呈省长：案奉训令，据财政厅呈孟津县坝工，现拟就河务局欠领经费赶速筹拨，照旧购修等情，令即督饬抛修等因。遵即令委孟温分局长翟福谦会同孟津县知事巩思温亲诣铁谢镇，逐段查勘。查得十五、十六两坝及二十一至二十四等坝，自民国四年两次拨石抛修后，迄未得添购加抛，各坝间多蛰卸，实已不堪支持。且该处为陵工中段，水势汹涌，冲刷堪虞，自非及早修补不足以资抵御。兹据最少数估计，约需碎石四百方。每方库平银二两二钱，共计银八百八十两，六七、六八折合银圆一千三百圆零零二角三分七厘。其余各坝尚可支持，值此库款奇绌之际，似可暂从缓图等情。职局长伏查孟津县铁谢镇工程，本不在河务范围以内，频年购石加抛，均于工款内设法挹注。年来应领经费及料石各价，财政厅欠拨甚巨，本属力难兼顾，但奉令仍由职局督饬办理，自当勉力筹维。该员所拟酌购碎石四百方择要修补，应需石价一千三百圆，拟在九年度预算石方项下通融拨给，俾应要需。民国十一年七月，河务局长吴筼孙咨财政厅：案查敝局前据孟津县知事林裕焘呈，查勘铁谢镇汉陵坝工请款补修等情，当于本年四月咨贵厅请就委员会勘抛修，该项坝工约需石方价洋一千三百圆，即在敝局九年度预算石方项下，令饬孟津县知事就近拨付坝工局，以资修理。现在坝工情形异常紧要，所有应拨之一千三百圆尚未饬拨，无凭着手进行。目下复值大汛临迩，该项坝工修理未便再延。且敝局应领之九年度石方价，昨已截算清晰，另文咨请将余款饬由武、温两县分拨。此项移拨之抛修汉陵坝工一千三百圆，仍系九年度预算石方项下之款，自应赶紧饬拨，以清款目，务希迅即填送孟津县拨九年度石方价一千三百圆通知书一纸，俾便加填总收据，令县照拨，并希将拨款凭证径发该县，照章抵解。

十三年六月，河务局长陈善同呈省长：案查民国十年三月奉训令，以孟津县知事请添石补修坝工等情，令即查核饬遵等因。当经议由职局九年度石方项下拨洋一千三百圆，购办碎石四百方，择要修补。十一年八月，始据该县呈明此项经费业已如数拨付，当经指令赶紧抛修，并迭次限催各在案。本年五月，据该县呈报，应办石方已陆续装运完竣。随令委孟温分局长康昌第驰赴该县，会同验收，相机抛护。兹据该印委等呈称，业经会同亲诣工次，眼同坝工局经理验明，该工十五、十六、二十一至二十四等坝，共堆新购碎石四百方，数目相符。并经察看水势，悉心会商，以河溜变迁靡定，瞬届伏汛，各坝有无变更，尚难逆料。拟先按六成抛护，酌留四成以备缓急。已督饬加抛完竣等情。除指令该县督同绅民认真保护，并将余存石方妥慎堆储，一面察看河势情形，随时呈明抛护外，理合呈请鉴核。

〔兰封〕[1] 铜瓦厢案

考铜瓦厢地属河南兰阳县境，嗣兰阳与仪封两县合并，名兰仪县。又因避清宣统帝讳，改称兰封县。谓之兰阳汛三堡。自清顺治元年黄河自复南流故道，兰封一带系属要工处所。历年修堤筑埝，防守甚谨。至咸丰五年六月十九日，兰阳汛三堡铜瓦厢地方决口，改南流为北趋，即现今河道之所由来，而实乃汉代千乘入海之故道。此最近黄河变迁之一大关键也。当是时，黄河夺溜北趋，下游正河断流，口门宽七八十丈，水患及豫、直、鲁三省，而鲁为尤甚。自署理河道总督蒋启扬至下北同知赵熙文及其他文武官吏，皆被严谴，当命继任河督李钧、河南巡抚英桂、直隶总督桂良、山东巡抚崇恩会同查勘，并派前山东巡抚张亮基周行三省，亲历勘办。旋经查明黄河漫水经由处所及被灾各州县，并由何处入海情形，先后具疏，会同覆奏。略称，黄水由兰阳汛三堡口门，先向西北斜注，淹及封邱、

[1] 据底本目录补。

祥符各县村庄；再折向东北，淹及陈留、杞县、仪封、考城并直隶长垣等县各村庄；行至长垣县属之兰通集，溜分两股：一股由赵王河下注，经山东曹州府迤南，至张秋镇穿过运河；一股由长垣县之小清集行至东明县之雷家庄，又分两股：一股由东明县南门外下注，水行七分，经曹州府迤北，与赵王河下注漫水汇流入张秋镇穿运；一股由东明县北门外下注，水行三分，经茅草河，由山东濮州城及白阳阁集、逯家集，范县迤南，渐由东北行至张秋镇穿运，会成一股，决五空桥，统归大清河，直达利津牡砺口入海。利津口，即汉千乘故道也。时值秋水盛涨，漫口处所亟须盘筑裹头，以免再行刷宽。前经蒋启扬等兴工厢护，因料物不齐，且河水陡长，随厢随塌，东西两坝相距已有一百七十余丈。当经撙节估计，约需银三万余两，倡率各属捐银一万五千两，其余由蒋启扬及失事各员分别赔缴，克日购料，接续前工。至被灾地面，河南则封邱、祥符、陈留、杞县、仪封、考城等六县；直隶则长垣、东明、开州等三州县；山东则曹州、濮州、范县、寿张、聊城、阳谷、兖州、泰安、济南、武定、蒲台、沾化、惠民、济阳、海丰、商河、阳信、滨州、菏泽、定陶、曹县、单县、城武、金乡等处。泛滥极广，受患尤巨，均经先后筹款，分别赈邮。当是时，军务未平，库帑支绌，未遑即筹堵塞。奉旨令设法疏消，因势利导，使横流有所归宿，为目前切要机宜。遂经张亮基条陈三策：一曰顺河筑埝，二曰遇湾切滩，三曰堵截支河。咨由李钧等代奏，原奏已详前志。奉旨依议，着该督抚等督饬办理，以苏民困。此铜瓦厢决口后查勘筹办之大概情形也。时国家库帑既耗殚于军需，实无余力为堵塞决口，规复故道之远图，故不得不因势利导而为此暂救目前之计，此殆天时人事之使然，抑陵谷变迁，固地道之常耶！而况北流之议，乾隆十八年江南铜山决口之后，孙嘉淦实力主之。至四十六年青龙冈决口，嵇璜复倡其说，卒皆格碍不行。至是而其言果验。虽其时督臣疆吏或有为漕运关系，议复南流者，颇不乏人，而终皆空言徒托，难见实行。于是民埝渐次修筑，河槽日益淘深，而穿运入海之今河道以成。其曩时南汇淮水由云梯关入海之淮徐故道遂废。自是厥后，河道既经北徙，铜瓦厢旧堤即不在河防官吏管辖范围之内，废置失修者六十余年。而临河各县如开封兰封、陈留、封邱，以迄直隶长垣，居民、田庐恒受漫溢之患。

民国十年六月，封邱、兰封等绅民提议修筑拦河堤埝，以资捍卫。请河南灾区救济会此会系开封美国圣公会所设，后改名华洋义赈救灾会。捐输巨资，以工代赈。十一月，河务局委员勘定堤线，南自旧堤西坝头起，北至直隶太行堤止，共长四千五百六十丈。

十一年三月，河南督军赵倜、省长张凤台会令河务局：据灾区救济会报称，开封兰封、陈留、封邱等县，自铜瓦厢口门以下上下四十余里，素无堤工，沿河居民屡受黄水漫溢之患。前据各该县先后请拨赈款筑堤，以工代赈，当经本会委工程师前往测量，此项堤工若能修筑有成，沿岸数百余村均受莫大之益。现拟不日开工，特恐无知愚民借端阻挠，殊于工赈有碍，请分电各县会同弹压等情。除分电各该县遵照，并由本署委员前往会县办理外，合即令仰遵照，遴派熟悉工程二员，前往会同各该县切实照料，俾便施工。七月，灾区救济会函称：铜瓦厢堤工现自第一段至七十三段大半均已完工，惟亦间有未满一丈者，经工程师勘估，一律补足一丈，尚需洋六千元。因会务亟待结束，此项工程请由贵局代办。昨蒙俞允，特将经费六千元填具支票，希即查收。而河务局长吴篔孙旋经辞职，以此项工程既未着手，原款交还。九月，复经主教怀履光提议，铜瓦厢堤工尚有多半未修，亟应赓续办理，以竟全功。继任河务局长邓长耀委员覆勘，所需经费尚多不敷，而兰封县绅马景骅本系原案发起之人，忽又联名反对，以新修堤线防碍民田，恳请免筑。迭经委员会县详细查勘，改定路线。

十二年三月，河务局长陈善同呈省长，以兰封县改修堤工，民意既尚不一致，允宜详加讨论。惟此项修堤经费，系出自友邦资助，嘉惠穷黎，以工代赈，不得视为调剂，纯属义举，更无利益可言，岂能任听要求，迁延不决？兹再令委康昌第、孟广瀛前往该县，会同该知事召集公正绅耆，秉公筹议，不得再有反覆。旋据该委员呈覆，以新堤路线准，仍由该工七十三段为起点，所占地亩并取土损及麦苗，酌给地价津贴，共银洋一万元。与该县绅董公同讨论，即为最后之表决，促即拨款兴修，以期救灾实惠早日及民。并由该知事取具该绅等切结，连同说明书一并呈缴。旋即委派承修、监修各员，刻日兴工。四月，马景骅等又以拟修堤工将届麦秋，有害民食，恳恩免筑。迭次呈诉不休。

五月，局长陈善同呈省长，以兰封县铜瓦厢接修新旧堤工，该县绅民意见未能一致，要求反覆，层出不穷，当经派员会同该县知事召集绅民复行妥议，并赴华洋义赈救灾会开会讨论公决。随经局长将该工分为六段，委员分段承修。复加派原勘路线职局技术员吉善等前往帮同分定段落，促即兴工。旋据该员等回省面称，委员等驰抵工次，将应行修筑各工分途举办。乃因近日河水陡涨，旧堤临河，土塘被水淹没，形势多有变迁，背河土塘亦被水占去三分之一，取土甚形窒碍，且新堤路线内有纯沙一段，无土可寻；工尾复有三百六十余丈，系为直省所辖，界址未清，似未便冒然动工。而被圈河内之各村庄对于新筑堤线仍多反对，始终视为切肤之痛，颇多怨言。况该处连年歉收，今春渥沾雨泽，麦苗滋秀，布满田畴，忽因取土挖伤，虽有津贴，究属得不偿失，是以人民一再渎请，其情不无可谅。且现在节逾谷雨，转瞬麦熟，购办地亩，原议由该县知事督同绅耆承办，目下尚未着手。即使办理迅速，难免种种纠葛，约计总须半月，方克丈量清楚。而时间迫切，深恐贻误事机。拟具说明报告书，并迭据该县河西三十六村庄人民马遴选等禀称：改筑堤工，民害难堪，恳请免筑等情到局。局长复查，该员等所陈各节委系实在情形，且此项工程既非临黄险要，刻不容缓者可比，况近日溜势已向外移，将来河水漫滩，已有前堤拦护，当不致如曩时之漫无限制，足可保卫田庐。所拟修筑新堤，似可暂从缓办，以顺舆情。旋经省长张凤台交由华洋义赈救灾会核覆缓办，前领该会赈款一万元备以酌偿麦苗地价者，复由河务局派员如数缴还。而两年以来所经营筹画之铜瓦厢西坝头堤工，至此遂暂为结束矣。

兰考串沟之案

民国十三年一月，河南省长李济臣训令河务局：据直隶大名道尹兼河务局局长张昌庆禀称：职局所辖直隶黄河南岸阎潭、范庄两段小堤，南与考城县圈堤接壤，北与职局南一汛大堤相连。查自考城县圈堤起，以及阎潭、范庄两堤之前，向有大串沟一道，紧逼堤根以行，复有小串沟数道，由大串沟通接大河。近年以来，河势渐向东移，每当伏秋大汛，河水更番陡涨，大河洪流分灌于各小串沟，汇注于大串沟，直扑堤身。且河身、河唇淤淀日高，而大串沟迭经刷深，愈形洼下，一经河水灌注，势若建瓴。加以串沟容量较小，宣泄不及，以全河之水侧注串沟之中，遂致停蓄抬高。每遇大河之水迭涨至五六七尺时，该串沟之水即抬高至八九尺及一丈以上。兼值西风大作，挟溜狂趋，高扬二三尺，湍激汹涌，甚或扬及堤顶。而该堤既极单薄，又土性纯沙，致遭六年、十年并本年漫溢之患。昌庆亲赴各串沟详慎察度，力图挽救。当经率同东明、长垣两县知事，南岸分局长召集各串沟附近绅民，剀切劝谕，令其各出民夫，将各串沟上口分别堵塞，认真修防，业已一律堵竣，并远涉河南考城、兰封两县境内各串沟处所，与该处附近居民讲求劝说，告以此项串沟关于阎、范两堤既受无穷之害，对于考城圈堤本年亦几有漫决之虞。防患未然，宜早筹备。该居民等亦佥称愿堵串沟以巩全局。惟民夫之召集，堵防之办法，胥赖县署督率进行，方能观成持久。素仰钧座爱民情深，恤邻谊重，顷已绘具图说，备文呈请王省长转咨钧署，恳赐令行考城、兰封两县知事劝谕绅董督饬民夫，将两县境内各串沟上口分别堵塞，随时防修，永弭水患。非特昌庆借免陨越，感幸靡涯，而濒河亿兆生灵有生之日亦莫非戴德之年矣等情。查所禀各节究与考城、兰封两县河防情形有无滞碍，仰即遵照查明饬办。

四月，河务局长陈善同呈省长：案奉训令，据直隶大名道尹兼河务局长张昌庆禀，直隶黄河南岸阎潭、范庄小堤与考城圈堤接壤，堤前向有串沟，请令考城、兰封两县知事督饬民夫分别堵塞等情。饬即查明与考城、兰封河防有无滞碍等因。遵即令委东兰分局长郑有璋会同考城县知事张之清、兰封县知事傅严查明议覆。兹据会呈：查得兰封境内黄河素无堤岸，每遇伏秋盛涨，辄易漫溢出槽。向东十余里系直隶长垣县界，在长垣、东明境内者有阎潭、范庄小堤一道，在考城境内者有圈堤一道，皆因地居下游，豫防水患。近岁河身淤淀日高，水势愈趋愈猛，堤土含沙，不耐冲激，以致时有溃决。原禀称兰封境内有串沟三道，如能堵塞可无水患，不知该处全是飞沙，土性极松，水来则冲激成沟，水退则沙又填没。兹经邀集考、兰两县绅董会商堵塞，据云堵塞串沟只救一时之急。若水大漫溢，一望浩瀚，即平地尚深四五尺，串沟填平无益于事。欲防水患，非筑堤不为功。去冬十二月，考城县首事刘襄虞等因下游筑堤，上游吃紧，提议考、兰两县修筑堤埝，经知事之清、知事岩会勘，因工大费巨中止。本年二月，兰封三四两区绅董汪洪勋等又申前请，经知事岩呈奉省长指令，详细估计，此工自老家庙西头起，至马蹄村北三里许与直隶交界止，计六十七段，共长二千六百八十丈，堤高八尺，底宽三丈，顶宽一丈二尺。每段四十丈，用土六百七十二方，共四万五千零二十四方。现时料物昂贵，每方以银洋五角计，共需二万二千五百一十二圆，拟请饬厅酌拨一万圆，下余由地方绅民向华洋义赈会息借，以七厘行息，三年归还。于三月十三日绘图呈覆分局长等详察河势，如能将新堤修成，不但下游东明、长垣等县永弭水患，即考、兰两县沿河居民亦不致年年被淹。若仅堵塞串沟，伏秋水涨，一经冲刷，仍复如故。分局长有璋暨知事之清、知事严等为慎重河防、永弭水患起见，以修堤为根本大计。知事严既陈明在前，仰恳转呈省长并入前案核办。届时动工召夫，知事之清前与考城绅董会商，亦可酌帮民夫，共成盛举等情。查所陈兰封、长垣交界地方，黄河串沟频年为患，若仅堵沟口，尚非根本之图。拟就该处修筑堤埝，估需工款银洋二万二千余圆，据呈所拟办法，已经兰封县知事傅严呈明钧座，应否准如所请，理合据情转呈鉴核示遵。

五月，河务局长陈善同呈省长：案奉指令，据职局呈遵令委查直、豫交界黄河串沟情形。查前据兰封县呈修筑民埝，以工代赈，勘明丈尺、土方等情。当以该县上年尚系有灾区域，筹办工赈，原为救济灾民起见，与专办防灾者有别。业经指令候函交华洋义赈救灾会酌量核拨，其不敷之数，由地方自行筹补。所请令饬财政厅拨洋一万圆一节，现值省库奇窘，未便照准等语在案。兹据声称，兰封修筑此项民埝，系属根本大计，是此案与前准直隶省长咨请转饬兰、考两县堵塞临河串沟有密切关系。近复据大名张道尹以阎潭、范庄两堤已由直、鲁两省筹款十三万余圆大加修筑，即日兴工。所有考城圈堤及兰、考两县临河串沟并请转饬，分别修堵等情，亟应赶为修筑，以期三省一致进行。惟此项堤埝既为必要工程，华洋义赈救灾会究能拨款若干，现尚未据函复。其不敷之款，地方能否如数筹补，抑或必须由省库补助之处，应由该局迅速核议呈夺。再查来呈仅称修筑兰封堤埝，究竟考城圈堤应否同时兴修，未据声叙，并即查明复夺等因。遵即转令兰封县知事先将串沟堵塞，以御汛涨。一面妥筹筑堤办法，免滋贻误。兹据该知事傅严呈称，此案前准直隶省长来咨，及大名道尹来电，所注重者在属县临河串沟及考城圈堤，前请修筑堤埝系为一劳永逸之计。今直隶阎潭、范庄两堤已开工大加修筑，自应遵令先将属县临河串沟堵塞。一面筹议修堤，免致迟误。刻已谕饬该区绅董定于本月六日开工堵塞临河串沟，合先呈请转报。再，现准考城来咨，该处西堤已于本月一日动工，合并陈明等情。除指令督饬坚实堵筑，并将修堤事宜迅速筹备外，理合呈报转咨。再，考城圈堤工程已令饬该县知事赶紧修培矣。合并陈明。

是月，又呈省长：据兰封县知事傅岩呈称，境内临河串沟于五月一日兴工堵筑，业经呈报在案。知事旋赴该处详细查勘，直省原文所指在属县境内者有串沟三道，前会同委员郑有璋查验时，此沟因风沙播扬，早已漫平。现经该绅民等复于各处加土加硪，一律竣事。惟查河身连年淤垫，高与地平，一遇水涨，四散而出。有沟无沟，无关利害。知事召集绅董会议，佥谓此项堤埝若不乘时修筑，则伏、秋汛内黄水暴涨，考城之圈堤及直省之长堤胥居下游，咸受其害。如将此堤修筑完固，北与直隶新修未竣之堤工衔接，一劳永逸，可恃为三县之保障。第工程浩大，前估需银洋二万二千五百一十二圆，实属减无可减。顾地方财力支绌，既不能完全担负，而华洋义赈会究能拨助若干，至今亦无明决之表示。值此伏汛将临，直省已筹款兴工，我豫若不急起直追，共同一致，邻省既有责言，而沿河数万之灾黎亦永无救济之一日。知事与各村绅董迭次磋商，拟变通办法。查此堤计长二千六百八十丈，原估顶宽一丈二尺，底宽三丈。今拟就堤取土，内外土塘以两丈计，共宽五丈，占民地二十二顷三十三亩三分三厘，由兰阳三四两区大小四十五村庄一律派夫，按户出丁，富者出资，贫者出力，约计两月或可竣事。然所占之地类多贫户赖此生活，一闻修堤，相顾失色。固不能以少数阻止公益，而灾余孑黎亦应分别体恤，借资补助。拟请由省库酌发银洋四千圆作为地价，择其孤贫地少被占者均匀核发，其地多或系富户，均不在资助之列。所有一切工程，即责成四十五村各村长及各区首事酌派民夫，分段认修，自备资具，官为督率。事竣之后，酌量请奖。如此变通，可以一气呵成，庶不致多所扞格等情。查此案昨奉训令，华洋义赈会已允息借款项，令即转饬该县会商，妥订办法等因。遵经转饬，遵照在案。兹据呈称，迭与绅董会议，拟将前估堤工由各村派夫兴筑系为亟图捍卫起见，似属可行。惟占用民田，请发地价一节，查河工筑堤占用民田，向无发价之先例，且此次拟筑堤线，原在旧日大堤之内，本系临河滩地，更无给价之理。但该县灾歉之余，沿河居民多属贫苦，所陈亦系实情，可否准由省库补助银洋四千圆，以惠穷黎之处，伏候钧裁。至原呈就堤取土，内外土塘以两丈核计一节，查取土例应距堤十五丈以外，最忌傍堤挖取土塘，并须留土埂格子，盖恐雨水停积，致伤堤根。且临河方面，近堤取土易为大溜冲激，掣溜成河，水难外出，为患甚大，自应于距河较远之处取土，以免后患。除指令遵照外，理合据情呈请鉴核。

六月，河务局长陈善同呈省长：案奉训令，据考城县知事张之清呈，拟筑口门以除水患，请饬拨助六千圆以资兴修等情。前据呈报修筑西堤，业经指令在案。兹拟援照七年修堤成案，由河务局节存工程款内拨助六千圆一节，候令饬河务局委员会同勘估明确，核议复夺等因。查此案前据该知事呈报到局，当以填垫口门工程浩大，需款过巨，且兰封新堤正拟兴筑，考城圈堤亦已修培，此项堤工应否缓办，如果必须筑做，亦应先将积水设法疏消，再行施工，方足以资巩固。随即令委陈兰分局长郑有璋前往会同勘估。兹据该印委呈称，遵即会同亲赴西堤，详细履勘。查该堤在考城县西八里许，座落兰封境内。南自袁寨四门堂之间铜瓦厢东西旧堤起，迤北入直隶长垣县境，与阎潭、范庄之堤相衔接，计长五里许。前清光绪二十年六月间，该堤南段水涨冲决，经前任周令锡曾禀请拨款，就口门西面修筑圈堤一道，只以土性松浮，不能持久，年年岁修，劳民伤财。民国七年，知事之清署理任内，呈前省长令前局长勘估，拨助钱一千五百串余，由地方筹捐，将该堤全部修筑完整。至十二年再署考城，夏间伏汛水涨，圈堤几至崩溃，幸抢护得力，同时长垣县二分庄决口，该堤幸保无虞。现在西堤全部暨该圈堤，虽经知事之清借资民力一律加高培厚，但自华洋义赈会于黄河西面修筑临河新堤一道，阎潭、范庄之堤又复大加修培，兰封新堤开工无期。瞬届伏汛水涨，西岸无处宣泄，自必逼近东岸，西北风起，回流冲刷，波涛汹涌，较诸往年两岸排泄水势平稳者，情形迥然不同。该圈堤虽修筑完整，只以向西突出，首当其冲，实难抵御，形势异常险要，万一汛期出险，全县尽成泽国。为未雨绸缪之计，自宜堵筑口门，以图永久。无如工程浩大，需费尤巨，估计土方需款一万余圆，秸料、青秒以及挑挖引河、疏消积水尚不在内。地方匪歉频仍，本年二麦减收，民力异常竭蹶，此次修堤，悉出民力，统共用钱八千串之谱。以后修筑口门，势难再行摊捐。际兹公款奇绌，分局长、知事奉令会勘，目睹险象，又不能稍涉疏忽。兹经悉心审查，另拟巩固圈堤，抵御狂澜办法，以期费省而害除。盖口门工程过大，积水亦深，不易疏消，莫如将圈堤筑砌坚实，以免水患。惟该处距河较远，邻近无山，取石不易，只可用砖厢砌，免被冲刷。丈得该圈堤南北计长一百八十五丈，再厢两头堤根共长二百丈。自地平以下先筑根脚四尺，上与堤顶砌平一丈二尺，共高一丈六尺。按两层计算，需砖五十万方，石灰五万斤，上料共计需钱一万四千串，合银洋七千圆。较之堵筑口门，节省实多。且筑两层新砖，全用石灰钩砌，异常坚固，不遇非常灾变，万不致被水冲决。虽筹款万分为难，分局长与知事反覆筹维，仍拟上下兼顾，但筹一分之民款，可节一分之经费。所有已经修堤各村概免摊捐，由知事另向各富绅竭力劝募，约可劝捐二千圆，其不敷之五千圆，实属筹无可筹。伏汛在即，隐患方深，寝馈难安，惟愿早竣一日之巨工，庶全县生灵早受一日之保障。知事为民请命，开具勘估堤工经费清折，呈请垂念民溺堪恤，恳由节存工程费项下如数拨助，俾得早竟全工等情。查所拟将圈堤坚实砌筑，自属正办。惟河工抛护砖石，向系就堤跟抛，从不用灰胶砌，诚以河底纯沙，易于下蛰，胶砌坚实，堤根转易搜淘，应饬令该县仍照向例办理。至估需工款七千圆，请由局补助五千圆一节，查此项工程本不在职局范围之内，七年拨助该县工款钱一千五百串，亦系设法挹注，并非预算内应有之款。年来厅库积欠甚巨，支绌异常，岁修应办工料均难如额购办，本属力难兼顾，但事关民瘼，亦未便恝然置之，自当勉力筹维。拟请在职局十二年度预算石方项下通融酌拨银洋二千圆，余由该县就地筹捐，以济要需。俟奉到指令，再行咨厅拨款。

九月，河务局长陈善同呈省长：案奉训令，据兰封县知事呈该县修筑民堤一案，现与华洋义赈救灾会接洽妥协，借到大洋二万圆，俟秋后即行动工，请予备案等情。饬即查案核明，饬遵具报等因。查此案前据该知事呈称，拟变更借款计画，由临堤各村派夫修筑，并请酌发地价，由省库拨款四千圆以资补助等情，呈准令经会同财政厅核议具覆在案。奉令前因，当以该县现与华洋义赈救灾会订立借款协约，而前议派夫修筑办法暨请款酌发地价各节，均未据呈明废止，究竟应用何种计画，有无借款之必要，当经令行该知事查明议复。

兹据兰封县知事傅严呈，以该县前拟酌拨民夫修筑堤埝，并请拨款酌发地价一案，委因堤工重要，且其时伏汛已届，设有水涨，办理为难，故拟请款拨夫及时动工，早日蒇事。乃日久未奉核准行知，而黄河暴涨，临河地亩多被淹浸。当地绅民迫不及待，遂径向华洋义赈会接洽，商订借款二万圆，回县报告知事。鉴于财厅拨款既不能定，而堤工重要，又不能长此迁延，致滋贻误。当经赴洛面禀借款情形，奉谕从速办理，不得久延。遵即回县偕同负责绅首订立借款合同，函致该会订期成交。并请该会工程师测定堤线。旋据覆称现时水涨无常，不能工作，所有测线、交款一切手续应缓至秋后八九月间方能酌定。兹奉前因，遵复邀同会议，佥谓拨款派夫以目下时势论，实有两种困难：一则秋禾被淹，各村壮丁均出外谋食，一时召集不易；二则夫少款绌，傥动工后不能一气呵成，设有停顿，前功尽弃。有此困难情形，仍以借款计画为最适宜。前呈拨款一节，应请取销，以免两歧等语。知事复查确系实情，除函复华洋义赈会从速测线交款外，理合据实呈请转呈等情。查该县修筑民堤，既经集绅会议派夫拨款，认有种种困难，自应准予适用借款计画，俾免停顿，而收一气呵成之效。至该知事前请拨款补助一案，经职局会同财政厅核议，拟请由华洋义赈救灾会将所存修筑铜瓦厢工款内借拨一节，现在计画既又变更，则前议自难适用，拟恳准予取销，以免两歧。理合具文呈复，伏候鉴核示遵。

滑县老安堤案

民国四年十一月，河南河防局局长吕耀卿饬滑县知事：案查该县所管老安堤一道，昨本局长亲往查勘，水沟浪窝所在皆有，且第一土坝亦有坍塌之处。虽现在河势相距尚远，而不得不预为筹备，合行仰饬该县迅赴该堤一带，切实勘估，所有水沟浪窝以及坍塌土坝共需土方、夫工若干，核实分别缮具详细，估折详候核办。

又详巡按使：案奉饬开，本月六日，承准政事堂封寄国务卿面奉大总统谕，据濮阳河工督办徐世光呈请筹防黄河一案，议将直、东、豫三省民埝酌归官办等语，查豫省民埝若概改归官办，事实究否便利，经费应增若干，拟请饬下直、东、豫三省巡按使，即派委员会同筹度。嗣又迭奉饬知会议地点及日期，并直、东委员衔名各等因。遵即于十一月一日行抵道口镇，会同直隶大名道尹何炳庠、山东上游河防局局长王经灿妥为筹议。因各省情形不同，办法互异，彼此交换意见，仍须各就河势工程情形相机修守定议。后职局长当即驰赴滑县，勘得该县有老安堤一道，系前清光绪十二年间，由官发款修筑。上自与直隶长垣交界之桑园口入境起，下至与直隶濮阳交界之小渠集出境止，计长二千三百八十丈，顶宽三四丈，底宽七八丈，高八九尺不等。光绪十五年、二十五年及宣统三年曾经历次拨款修培，并添筑土坝三道。该堤距河八九里至十二三里不等，向系官修民守，而离河较远，多年无工。察看形势，尚不至有意外之虞。若遽改为官办，不但岁糜国帑，亦且无事可为，似乎非计之得。不若暂仍其旧，如果将来河势变更，再由该县随时详请办理。至该堤堤身以及第一土坝间有残缺之处，已由职局长饬令该县核实勘估，详明培修。所需工费，拟由职局在本年度预算工款内量为挹注，不再请款，以省周折。

民国十二年一月，河南省长张凤台训令：案准直隶省长咨开：据直隶黄河河务局呈称，查直隶黄河北岸第一汛长垣官堤以下及第二汛濮阳官堤以上，隔有河南滑县民埝一段，名曰老安堤，计长一十三里有奇，向归滑县自行修守。该堤处濮阳上游，万一有失，则濮阳以下官堤悉成虚设。前大名道尹姚联奎任内，曾咨商河南河务局，请其设法修守，以维全局。道尹兼局长接任后，履勘各工，深以此堤为虑。复经两次呈请转咨河南省长，令行河南河务局妥筹办法，或归官民共守，或归官督民修，务须严订章程，实行防守，并由职局径咨河南河务局，一再筹商在案。近年以来，虽由河南河务局令行滑县官民加意修防，而该县绅民亦因身家所关，堤防为重，将残薄堤段间为修补。究以民力有限，势难切实培修。近来黄河溜势渐向北趋，且堤前有大串沟一道，由长垣第一汛以上起，经过滑县民堤，直达濮阳第三汛中段河口，亘长八十余里，紧逼堤根以行。而大串沟之外，复有小串沟八十余道，直通大河，每届伏秋汛涨，黄河洪流既漫滩内注，太行积潦复建瓴下趋，以及各小串沟之水悉汇集于大串沟，水势抬高至八九尺以上。八、九、十等年，长垣、濮阳两堤险要堤段迭生巨工。滑县民堤虽地势稍高，亦不免时出渗漏。现在长垣、濮阳河堤已改官民共守，分年培厚增高，独中隔滑县十余里之民堤，长此无款无兵，听民自由修守。窃虑黄河溜势险变靡常，且河身淤淀日高，堤身冲刷日薄，一隅有失，全局皆非，殊不足以策万全而维久远。况从前濮阳双合岭决口，幸有金堤为之后障，河流不致北趋。现今堤因无款失修，类多残缺，万一临黄之堤或有失误，则河南滑、浚、直隶濮阳各县既同受巨灾。傥金堤再有不守，其为患更不堪设想。道尹兼局长既职守攸关，自应统筹全局，预谋久安，以期无负重工爱民之至意。近年以来，因直隶黄河北岸改归官民共守，滑县绅民见官守责成既专，实有利益，屡有津贴经费归直代守之谋。惟事关全县，各乡绅民中其明晓利害，赞同代守者固居多数，而不愿筹款，希图苟安者亦不乏人，以致诸多阻滞，久议无成。然该堤关系过巨，无论如何修守，必须有一定办法，方免后患。拟请再咨河南省长，令行河南河务局，必须妥筹善法，详订章程，以固河防而巩全局等情。查此案前据该局长呈以滑县一段民堤关系重要，请转咨饬县加培，并于汛期内遴员派夫督守等情，于十年十二月间暨十一年四月间咨请饬办在案。兹复据该局长呈请各节，实于两省沿河各县均关切要，相应咨请查照，转饬筹议办法等因。查此案迭经直隶省长来咨，均经饬令该局核办。兹准前因，合行令仰迅速查案，酌核办理。

二月，河务局长陈善同呈省长：案奉训令，准直隶省长咨，据直隶黄河河务局呈以滑县老安堤关系两省安危，年久失修，饬即筹办具报等因。查该县堤工向系官修民守，虽距河较远，惟河势变迁靡常，且有串沟多处，抱岸而行，苟非赶紧估修，设有疏虞，事关全局，为患何堪设想。惟此项修堤经费向系特别请款，不在职局预算范围以内，且近年工款奇绌，厅库欠发过巨，以应领之款办应办之工尚虞不足，实无余力可资兼顾。而事关两省工防，应否仿照山东成案，每年由县酌筹款项，交由直隶河务局代为看守，以一事权；抑或另筹防护之策，以固堤防。遵即遴委任用分局长陆文泩前往，会同该县知事详细履勘，集绅筹议具覆。旋据该印委等呈称"知事等会同召集绅耆亲诣履勘，该堤自清宣统三年培修后迄今，历十余年之久，冲刷残缺，处处低薄，亟应修筑，以防水患。当与该绅耆等详议办法。兹据绅耆尚葆源等联名禀称，查老安堤计长十三里有奇，南自长垣县桑园村起，与长垣官堤相接，北至滑县小渠村止，与濮阳官堤相接。自清光绪十四年十二月发库款银八千五百余两创修此堤，至光绪二十六年五月加修，拨银六千两，以工代赈。宣统三年六月，因河流西冲，堤工吃紧，添筑土坝三处，发库款银一万六千余两，均有案可稽，确系官堤，并非民埝。原咨所谓民埝民堤者，想系隔省传闻之误。惟该堤岁修向无专款，每届伏汛，即由县署派员酌拨官款到工抢险，不过竭力防堵，以救眉急。与长垣、濮阳专员专兵常川驻守者，实不可同日而语。相形见绌，无可讳言。况该堤年久失修，堤身低薄，绅等曾于民国十一年二月禀恳前县长据情转呈，请委勘估加修，至今尚未估修。现奉钧谕，可否每年由县筹款，交由直隶代守一节，在直隶为堤工起见，原属无分畛域，但滑县地方人民担负太重，近岁支应兵差、办团防匪，创巨痛深久已，民不堪命。若绅等两乡匪患而外加以水患，鸿嗷余生，更属呼吁无门，傥再责以筹款，民力实有未逮。惟有仍恳上宪恩施，酌定岁修专款，仿照直隶办法，派员驻守，以专责成，则两乡数万生灵固受福无量，即于下游濮阳官堤亦不无裨益。似此事同一律，在滑民既免向隅，在直隶亦不能再有烦言。绅等再四酌议，除此办法外，实已无策可筹，即请转呈鉴核。抑绅等更有请者，老安堤工防守固宜严密，而现在急宜加修，尤为刻不容缓。否则，春令已届，桃汛将临，转瞬之间，伏汛即至。以数年未修之堤，空谈防守，于事实仍属无济。为此并恳据情转呈，迅即委员勘估，趁此春令，先行拨款兴工，增卑培薄，核实加修，不胜迫切待命之至等情。知事等查滑县老安堤工，系自清光绪十二年间发款修筑，嗣后历经修培，均系请发官款，俱有成案可稽。该绅等所呈各节，尚系实在情形，似应援案办理，以顺舆情”等情。局长伏查此项堤埝，工关紧要，修守防护，未便视为缓图。值此职局工款奇艰，而该县灾歉频仍，民力实有未逮，合无仰恳垂念工程紧要，可否援案，令饬财政厅筹拨专款，早为估修，以顾工防。如蒙俯允，再行派员前往详估应需经费若干，另案呈明办理。

三月，河务局长陈善同呈省长：案查滑县老安堤年久失修，前经派员会县勘议，当将筹议情形呈奉指令。老安堤既据查明确系官修民守，历有成案。现在残缺过甚，自应亟为修筑，以重河务。除饬财政厅迅筹专款，并咨直隶省长外，仰即遴派妥员前往，将此项堤工切实勘估，呈报核办等因。遵即令派任用分局长吴孜前赴滑县，会同该县知事亲诣老安堤，将应行加培各工逐段切实勘估。兹据该印、委等勘明，绘具图折呈覆前来。局长详加查核，滑县老安堤共计工长二千四百五十丈零五尺，估需土二万八千八百九十方零四分，每方连掀硪工合洋三角五分，共合银洋一万零一百一十一圆六角四分。又，委员司事薪津以及兵丁、夫役饭食一切杂支，约需银洋一千二百圆，共约银洋一万一千三百一十一圆六角四分。局长伏查此项堤工事关两省防维，至为重要，苟非赶紧兴筑，实不足以御黄流。该印委等勘明委系情形吃重，必须修治之工，估需工款亦经一再查核，并无浮冒。惟该项工程系属特别发生，不在职局预算范围以内，且预算经费迭经核减，频年欠发尤多，平时已有停顿不行之势，万难筹兹巨款。自应呈请鉴核，咨请大部核饬照拨，以济工用。惟本年春令较早，现已节近清明，该款若俟辗转请拨，深恐旷日持久，坐失机宜，致滋贻误。况迭据该县绅民以该处旱荒特甚，颠沛流离，不堪言状，环请迅速拨款兴修，以工代赈。并据委员吴孜勘估回省面称前情，局长再四思维，不得不先其所急，拟请由职局工款内设法腾挪，赶行修筑，一俟部覆核饬筹定，再将该款拨，以免延误。再，此次估用土方系照现时土塘远近酌定价值，设将来取土偶有变迁，方价如应增减，自当勘明情形，据实造报，以昭核实。

四月，河务局长陈善同呈省长：案奉训令，据财政厅呈称，奉令筹拨滑县老安堤经费等因。查此项堤工关系两省安危，既经该局派委会县查明，筹款兴修固不容缓。无如库储支绌，工款奇艰，未能按期拨发，若再另筹专款，实属无此财力。再四思维，惟有移缓就急，拟请在职厅欠拨河务局十年度石方价银洋五万余圆内酌提此项修筑经费，仍由该局派员勘估应需若干，如数发给，以济要工等情。除指令外，如拟办理，合行令仰该局遵照等因。查滑县老安堤工昨经派委会县切实勘估，约需银洋一万一千三百余圆。当以此项工费不在预算范围以内，应由财政厅筹拨现款兴修。惟静候拨付专款，深恐旷日持久，坐失时机，致滋贻误。即经咨请财政厅，暂由欠拨十年度石方价五万余圆内填送滑县一万二千圆拨款通知书，先行就近移拨老安堤工费，以便及时兴修，并已呈明在案。现已节届清明，应办土工正宜趁此农隙着手兴办。而前项通知书尚未准填送到局，实难再事迟延。兹奉前因，除咨请财政厅迅即饬填外，理合呈请转饬该厅务将滑县应拨十年度石方价一万二千圆，从速填具拨款通知书，咨送过局，俾便先行移拨，早日动工。

七月，河务局长陈善同呈省长：查本年培修滑县老安堤工，节将筹办情形呈蒙核咨照办，嗣将承修、监修委员姓名暨兴工日期列折呈报，并声明据该承修赵士有等函称，该工形势与原估稍有变通，已派员复勘明确，令饬按照现在情形集夫兴筑各在案。旋据前滑县知事张士衡、承修委员赵士有、陈庆明等呈报，于四月二十八日兴工，六月二十日工竣。比照原估多用土三千余方，缮折呈请委员验收等情。随令委任用分局长易谨身前往验收。兹据呈称，驰抵滑县，会同承修各员亲诣工次，按照新修段落，逐段量验，土方丈尺一律丰足，锥试均无渗漏，修筑甚为合法，委无草率偷减虚松情弊等情。除饬承修各员出具保固切结，并将修培堤工段落丈尺及支用款项绘具图说，并计算书据呈送核明，另案呈报外，伏查此项堤工事关两省防维，至为重要。前奉令饬派员勘估，并迭据该县以据县属十六区绅民呈称，老安堤年久失修，危险异常，环请拨款修筑，以工代赈等情。查所呈系为防患救荒起见，自难视为缓图，当赴救灾会讨论。虽赈款请而未拨，幸蒙钧座垂念工需紧要，饬经财政厅由职局工款内先行设法照数筹拨，得以及时举办，实于工程民生两获其益。惟当工兴之际，正值匪氛猖獗之时，出没无常，肆行抢掠。该工距县城九十余里，道里梗塞，运送款项在在堪虞。当派职局黎长、黎士安前往，借拨该县武装警察到工驻扎，以壮声威，并会同承修员陈庆明等相机策应，激厉人夫分头赶办，胼胝经营。时与匪遇，几濒于危。今幸全工告竣，灾民既免其流离，河堤则永资巩固，实非初料所及。该科长等冒险从公，异常勤苦，实与寻常修堤不同，合无仰恳咨请大部转呈，可否准照异常劳绩，从优酌保，以资鼓励。

政济桥案

民国二年十月，河南河防局长马振濂呈民政长：窃查武陟县东关沁河向有桥梁一道，夏拆冬修，每年由前河防公所在公款内发给岁修九四库平银三百两，由武陟主簿承领修筑。前因主簿裁撤，该桥既在沁河地面，当即令饬武陟支局接收经管。现在该支局岁修经费业经呈准，由武陟县就近拨给，惟此项桥工原不在该支局岁修经费之内，自应仍由本局请领转发。刻下霜清将届，河水生寒，亟应修理该桥，以资利济。兹据该支局呈请核发该项银两前来，所有武陟沁河桥工岁修九四库平银三百两，按七二折合银洋四百一十六圆六角六分六厘，理合呈请鉴核，饬司照拨。再此项修缮需费不及五百圆，且怜民病涉，历年冬季修理有案，与新发生之建筑不同，故无庸开列书表，送请审计，分处审查。

是月，河南民政长张凤台指令河防局：案据该局呈领武陟县东关沁河桥梁岁修九四库平银三百两，折合银圆四百一十六圆六角六分六厘，请即饬司照拨等情。查河工工程经费，前经财政部核定，每年定为五十二万二千八百六十四圆，经常、临时各费统行包括在内，业由署列表，令知在案。兹据前情，此项岁修用款九四库平银三百两，自应即在部定数内核支。除令饬财政司管库员如数支发外，合即令该局派人赴司请领，并将支销数目归入河工岁修，一并造报。

民国四年九月，河南河防局长吕耀卿详巡按使：据武陟县知事朱作相详称，据沁工公所正所长王崇礼详称，窃查武陟县东关政济桥向系夏拆冬修，客岁修桥事宜归沁工公所经理，竭蹶以图，幸未贻误。本年秋令已届，筑桥一事转瞬即宜筹备，其中窒碍情形不得不缕晰陈之，以求变通之道。查政济桥向系旧历九、十月间修筑，而分赴四乡采购木料，雇车载运，八月中间即须着手。临时购青梢，收秫秸，招集船只，督察夫工，在在需人分段各负修守之责。所长既未便工次久离，奔走河干，督率巡防，又不敢顾此失彼。若事事仰赖他人，非特经费多耗，深恐办理未当。且时届十月，又须购办新料，以裕工储。双方经营，势难兼顾。若不设法变通，万一彼此两误，所长等实不敢当此重咎。因思政济桥工昔年曾归公义局管理，公义局现更名公款局，凡公益事项均在范围之内。若将桥工改归该局经理，实属两有裨益。又据县绅朱炳文等联名禀称，沁河自西徂东至武陟县境，绕城西北隅，南折入黄。每届严冬冰坚，人民病涉。前河宪轸恤民艰，岁发款银三百两修筑桥梁，以济行人。百余年来，至今称便。惟款项限制，未经扩充。一遇伏汛，河水陡涨则桥梁湮没；水落则淤浅成滩。人民过渡，深以为苦。因延工师相度河势，估计工程如能延长，桥路改用粗桩，水面加高，地下加深，则根基坚固，纵有悍溜激湍，可不虞其撼动，较之岁岁修筑，年年漂没，其劳逸固不可以道里计。无如款项浩大，创始维艰，如准预支五年岁修之款，则购料兴工可以立就；傥或库款支绌，一时不能挹注，绅等拟就地贷款，从每年岁修项下分年偿还。仍责成沁工公所承修，傥仍不敷用，绅等情甘帮办一切，以襄义举。似此一转移间，于公家款项毫无出入，而交通便利，商民已蒙莫大之福。如蒙允准立案，俾得贷款兴修改良桥政，将来落成有期，无论盛夏严冬，渡水如履平地各等情。知事覆查政济桥岁修经费向系按年请领，该绅等拟改建长桥，预领五年之款，仍归沁工公所承办，各绅襄理。惟工款较巨，非知事所敢擅专等情。查此项桥工，前归武陟县主簿领款修筑。民国二年，河工改章以来，先后改归前武陟河防支局及武陟沁工公所管理，每年额定岁修经费九四库平银三百两，合银洋四百一十七元，列入预算在案。该桥地居孔道，人民车马终日往来，每年夏拆冬修，殊多病涉。若能巩固根基，用垂久远，自是一劳永逸之计。惟预算支款均有指定用途，该绅等拟请预支五年桥工岁修之款，为数过巨，未便照准。至所称就地贷款，从岁修项下分年偿还一节，桥工既可扩充，公款并无出入，一举两得，尚属可行。理合据情详请立案。

民国五年七月，河防局长吕耀卿详省长：窃查兴修武陟县政济桥工，拟就地贷款，分年偿还一案，业经详准，转饬兴修。嗣据该县转据沁工公所所长王崇礼详称，前项桥工于五月十五日一律完竣，计共用银洋二千六百三十五圆一角三分二厘，除领到政济桥四年份岁修经费四百一十六圆六角六分六厘外，计不敷银洋二千二百一十八圆四角六分六厘，业经商同公款局、商务会各绅董借用，发当生息钱一千六百串文，同善社钱一千四百串文，共三千串，按一三五合银洋二千二百二十二圆二角二分二厘，暂为弥补。除支尚存银洋三圆七角五分六厘，以备小有修补之需。所贷各款应遵照详准之案，从每年岁修项下分年偿还等情，当经批饬该县就近验收。兹据详称，遵于六月二十七日亲往政济桥逐一查验，委系工坚料实，并无草率偷减情弊等情。职局长覆核无异，理合详请核销。

民国九年十二月，河南河务局长吴篔孙呈河南全省赈务处：案奉训令，据武陟县知事呈称，据阖邑绅民王夏珍等呈称，本年豫北一带亢旱为灾，粮价飞涨。武陟境内虽非颗粒未收，而平均计算不过三成有零，民生困苦，现已不支。今冬明春为日方长，预计前途深堪忧虑。前蒙督宪、省宪呈奉政府，并吁恳各慈善团体妥筹以工代赈之法，意美恩深，至为感激。惟念赈款至重，既须惠及灾民，而建筑工程亦须与地方有切要关系者，方不负筹济之苦心。武陟县城滨临沁河，东岸木栾店镇居民稠密，为全境商务荟萃之区，彼此相距不过一二里许。若能联络一气，庶事自易于进行。徒以一水中流，交通阻隔，虽历年霜清以后由省库拨款架搭木桥，稍资便利。次年夏令水发拆去，稍迟辄被冲没。行人既多不便，而当河水盛涨之时，舟小水大，危险尤不可胜言。只以地方贫苦，无可为计。民国四年，绅民公议筹借款项改修高大木桥，三年之内两被冲坏，糜款甚多，毫无裨益，至今引为憾事。若乘此时机，建一石桥或铁桥，估计工程亦不过数万余圆，如能成立，既可保全灾民无数生命，并为地方建一劳永逸之大工，一举两得事，莫有善于此者。绅等再四筹商，多数赞成。谨拟石料工程预算表呈请察阅，代呈省宪派员覆估，拨款兴办等情。查沁河政济桥为县城与木栾店交通要道，亦为各县东西往来通衢，是以历由河务局年给岁修费银三百两，筑于冬令，毁于夏时，损耗国库，实已不可胜数。该绅等拟请改建石桥，以工代赈，为地方谋永久交通，为国库省无限耗费，而又拯救无数贫民生命，实属一举而数善兼备。即揆之以工代赈之义，亦属相符。理合据情呈请鉴核，委员覆估等情。合亟令仰该局妥为查勘该河建筑石桥于河务有无妨碍，呈复核夺等因。查沁河工长险巨，漫决时虞，关系民生，至为重要。该绅民等请将沁河木栾店建筑石桥，以工代赈，自系为拯济灾黎起见，而于河势情形尚未深悉。近年沁河河身日形淤垫，入黄之处黄河顶托，宣泄已不如前。且木栾店适居沁河尾闾，正在兜湾处所，每遇山洪暴涨，势如建瓴，浩瀚奔腾，异常汹涌。如横亘石桥，势必挡溜，拥挤为患，更何堪设想？前者黄河建筑铁桥，流量立见减缩，水势时虞抬高，险要环生，至今莫已。如果沁河再建石桥，莫论有无的款，其危险情形殆有甚于彼者，似应无须改筑，致碍工防。职局长悉心体察，利害相衡，初不忍以荒旱之余，再有其鱼之叹，理合呈请鉴核。

民国十三年九月，东沁河务分局长郑有璋呈河务局：查武陟东关政济桥向由分局承办，夏拆冬修，历有年所。本年七月，分局长接任之次日，沁河即行涨发，半日之间，长水四尺二寸，溜势猛悍，桥梁未及拆落，全桥冲没，业经呈报在案。伏查该桥岁修经费仅有四百一十六圆六角六分七厘，原以每年夏季拆落时即将木料妥为存储，留备冬季搭桥之用。虽有损坏，所添无几，故能敷衍蒇事。本年水势过大，所有木料尽行冲没，仅存桩木二十余根，自非全数添购不足以资应用。惟近来木料奇昂，价值增加不止倍蓰。况此项桥工向系夏历十月十五日前后落成，稍或愆期，指摘丛集。分局长职责所关，深用惶急，现经饬匠，估计应需木料等项以及夫工费用共需银洋一千一百八十六圆一角五分四厘，除应领岁修经费银洋四百一十六圆六角六分七厘外，尚不敷七百六十九圆四角八分七厘，徒以期限所迫，不能不先事预筹。兹谨缮具估折呈送鉴核，其不敷之款，拟恳设法筹拨。若以事关地方公益，且在行政范围以内，抑或饬由武陟县就地方捐集，以资办理之处，伏乞宪鉴，指令遵行。是月三十日，奉指令：查政济桥工经费，每年预算规定银洋四百一十六圆六角六分七厘，向于霜清前后领款修搭，以资利济，历经办理在案。现值修搭之时，该分局长以本年水大桥梁冲没，估计于原预算数动支外，尚不敷七百余圆。刻下本局库空如洗，实属无法代筹；若于原预算外呈请追加，更觉难以办到。惟事关地方公益，武陟县署能否就地筹捐以资补助，仰即就近会商该县知事，核实办理。

十四年六月，东沁分局长郑有璋呈河务局：查武陟县东关政济桥工，在前清时系由河工主簿经管，嗣以主簿缺裁，改由沁工公所修搭。尔时官督绅办，此项桥工本在地方行政范围以内。民国八年，东沁分局成立，界限未经画清，遂至一并接收。相沿以来，因木料便宜，尚能敷衍办理。讵至去年七月，分局长接任之次日，河水大涨，致将桥梁木料一并冲没，当经呈明在案。秋季搭桥，偏值木价昂贵之际。分局长再三竭力撙节办理，尚不敷银洋一百七十余圆。虽经呈请备案，而宪局以超过预算原额，碍难呈请追加，又无另款可筹，未蒙核准。该县公款局亦明知桥工经费不敷开支，而以职责所在，竟至无人过问，独于桥梁之宽窄，修搭之迟早，稍有不合，指摘丛集。不惟亏累不堪，抑且麻烦殊甚。分局长伏查此项桥工原为利济行人起见，系属地方公益，且在行政范围以内，况渡口船只即由该县公款局管辖。桥工事体相同，若能一手经理，尤为正当办法。分局长职任修防，断难兼顾。且搭桥拆桥之际，均在工程吃紧之时，稍有贻误，罪责非轻。拟恳俯念困难情形，据情转请省长径饬武陟县将此项桥工改归公款局经管，以专责成，而免赔累。是月五日，奉指令：查政济桥工因关沁河水利，在前清时代即系官为修守。嗣沁工公所成立，名虽绅办，其经费则仍由国库担负，本不入地方行政范围，故自沁工改由官办以来，此项桥工亦即随同移转。其岁修经费历经列入河工预算，习惯相沿，阅时已久。设非地方人民自愿请归办理，则成案具在，安能遽语变更？该分局长职责所在，仍应恪遵旧章，妥慎办理，勿因事涉艰难，率请更张，以致牵动全案，仰即知照。

卷十九

贾鲁、惠济等河与黄河有无关系之案

《清一统志》曰：贾鲁河源出荥阳县东南。东北流至荥泽县西南，合索水。东经荥泽县南，又东经郑州北，又东经中牟县南，又东南经祥符县之朱仙镇西，又南经尉氏县东，入扶沟县界。自郑州以上为京水，自中牟至祥符名金水河。宋建隆初始开，后淤。元贾鲁治之。今自郑州以下，通名贾鲁河。《水经注》：京水，发源京县黄堆山，东南流名祝龙泉。泉势沸涌，状若巨鼎汤汤。西南流，谓之龙项口，世谓之京水也。《宋史·河渠志》：金水河一名天源，本京水，导自荥阳黄堆山，其源曰祝龙泉。太祖建隆二年，命陈承昭凿渠，引水过中牟，名曰金水河，凡百余里，抵都城西，架其水横绝于汴，设斗门，入浚沟，通城壕，东汇于五丈河，公私利焉。乾德三年，又引贯皇城。真宗大中祥符三年，复引东由城下水窦入于壕。神宗元丰五年，金水河由副堤河入于蔡，以源流深远，与永安、青龙河相合，故赐名天源。《郑州志》：贾鲁河有三源，西二源出荥阳界，东源出梅花山北麓，合流于张家村。下流至京水镇，为京水河。又北，受须、索二水，为双桥河。元季，因漕运不便，令贾鲁疏治。起郑州，下至朱仙镇，皆名贾鲁河。《中牟县志》：有小清河在县北五里，即古金水河。从县东北环绕二十里，达祥符县界。清乾隆二年修筑贾鲁河堤堰，自张家桥东至新河口加修民堰，建筑圈堤。二十二年复修浚宽深，以达沙河西岸，加堤以防旁溢。按：元贾鲁开河在仪封县黄陵冈南，故道堙没。今所云贾鲁河，盖即宋时蔡河故道。《府志》云：沙河，一名贾鲁河，又名小黄河。受京、须、索、郑诸水，经朱仙镇吕家潭至扶沟者是也。其自中牟横贯开封城内者为金水河。至元丰时由副堤入蔡，而横贯之道渐微，迄今遂无遗迹矣。

又曰惠济河，即汳水也。自中牟县西十里铺出贾鲁河，径祥符、陈留、杞县，入归德府睢州、柘城，至江南亳州，下达于淮。乾隆六年，命查勘河道，开浚两岸，赐名惠济。二十二年，复挑浚深通，永资利赖。按：河道旧在中牟县十五堡。二十六年，因黄水漫溢，淤成平陆。二十七年，于西十里铺改建滚水坝。二十九年，因坝底高出水面，而河身淤塞，不能分泄贾鲁河之水，改建石闸。

按：《明史·河渠志》：弘治中，黄河自原武荥阳分而为三：一自洼泥河过黄陵冈，抵徐州小浮桥，即贾鲁河也。嘉靖三十七年，曹县新集淤。新集地接梁靖口，历夏邑、丁家道口、马牧集、韩家道口、司家道口至萧县蓟门出小浮桥，此贾鲁河故道也。是贾鲁河自郑县、中牟、开封、陈留、扶沟下达山东曹县，又至商邱入江苏萧县等处，不止郑州朱仙镇也。黄河南岸屡经漫溢，贾鲁、惠济两河故道浸失。民国九年，省长张凤台呈大总统：查惠济河年久失修，淤塞为患，每逢大雨暴发，省城几为泽国，淹没民房，动即倒塌数万间。其沿河各县田庐被水灾者尤属无算。七年秋，曾经催令开、陈、杞、睢、柘各县知事开挖渠堤，以弭水患。先后兴工两年，于兹始据各该县知事呈报工竣。派委验收，均已一律深通，工程坚固。仍责成各该县知事随时尽力妥为防护。两河下游均不入黄，其利害与黄河无关。而两河之通塞，实为豫东各县水利所系，其淤塞之原则恒由黄河之漫溢为之也。今黄河減埽增坝之议既见实行，堤防日增稳固，而两河之害除。害既除，斯大利所在，不可不亟筹兴复也。考荥泽县西南五里有大周山，为索河、须河、京河三源所出之地。清光绪中，河南布政使廖寿丰委施成章履勘索、须、京三河源，以为挑浚贾鲁河张本。成章亲至其地，但见山岭纠纷，有泉从地涌出，不下百余处，惜强半堙没，仅有一线细流。成章觅土人，按剔爬梳，去其塞滞，出泉即见稍旺。厥后虽经当道发币兴修，而款绌工巨，办理之人卒无成效。索河东北流十余里，经荥阳县城东，又折东北，经河阴县南，又东有须水来会。又东经荥泽县南，有京水自南来会。三水相合，势稍盛。又东流经郑县之北，折向东南。土人或呼小贾鲁河，此实惠济河之上流，亦贾鲁河之故道也。北宋建都汴梁，承隋炀帝南下扬州及唐时漕运关中刘晏诸臣开运汴京之道，河流通畅，苏杭米物衔接而来，故当时有“一汴二杭三苏四广”之语。今姑不暇上论，往昔即以百年前言之，父老传闻前清嘉道年间，朱仙镇河流深广，舟楫如林，由省垣至朱仙镇四十五里，行旅商贾昼夜不绝，省中货物山积，为中国四大镇之一广东佛山、江西景德、湖北汉口、河南朱仙。迨至中牟决口，而惠济、贾鲁一塞；同治荥泽决口，而惠济、贾鲁再塞；光绪郑州石桥决口，而惠济、贾鲁三塞。然二河虽塞，亦有全半之殊。宋开四渠通漕，岁运江淮浙湖之米六百万石。高宗南迁，漕米不来，汴河淤塞。元贾鲁始于郑县一带另开新道，名贾鲁河。经中牟县境及开封之朱仙镇，折而东南，经尉氏之张市、白潭，今河自郑县东南至尉氏张市淤沙填积，河流断绝，宽长数百里，施工尤难。水至白潭始可行十数石小舟，由周家口溯流抵此，亦小市镇也。又由白潭流经扶沟县东北有双洎河，即溱、洧二水合流，自西北来注，水势始盛。又东南流经西华县城北，折东南而至周家口，有颍河、沙河先后自西来注，为贾鲁、颍、沙交汇之处。河道深通，帆樯如织。江淮商贩辐辏殷阗，百货如山，为豫省东南著名商埠。凡江、浙、赣、皖，糖、纸、盐、米、磁、竹、丝、茶，皆集于此，开封全境咸仰给焉。今铁路交通，形势始逊于前。自开封至周家口，陆路计程二百七十八十里。河自周口又东南流经沈丘县之槐店，入安徽太和县境，由颍州府北而注于淮，此贾鲁河现经地址及中间断流之大略也。

其索、须、京三水既于郑县北境合流，又东有郑水自南来注，东经白沙、韩庄之北，东张之南，东南经中牟、开封、陈留等境。黄河昔年决口，淤沙甚深，东西长二三百里，南北宽约四五十里。草木鲜生，行旅困苦，以致京、须、索、郑诸水下游无处宣泄，再遇多雨之时，郑、中、开三县田亩辄被淹没，识者悯焉。今开封城南二里有小水潺湲，细流清澈，即惠济河之遗迹仅存者也。又东南经睢县之西，有榆厢铺，小河细流，讯之土人，即惠济河之故道。柘城县之南，鹿邑县东南，而会注于安徽亳县之涡河。其涡河下流至怀远县，入于淮。其由怀远县逆流，西北行经蒙城、涡阳二县之东，又东北而抵亳县城外，数百石舟至此停集。水势深通，商贾殷富。凡淮河经行之处，帆樯上下，百产精华咸萃于此，与周口同为巨大商埠。昔自亳州以上，惠济河节节断流，而河身堤址遗迹仅存。且地势平衍，无积沙冈阜之阻。上至开封，陆路计四百八十里，施工较易，惟无人过问，遂使无穷大利弃置不顾，曷胜三叹！此惠济河旧时经行处所及目下淤淀全塞之大略也。

清光绪时，大吏委员查勘惠济河下游情形，据云此河迄今河身犹存，节节有水。是年大雨，亳州载货小船逆流而上，直抵睢县境。若果筹有的款，办理得人，会同官吏饬民挑挖，且沿途平坦无沙，成功甚易等语。综计贾鲁河由汴至周口二百八十里，惠济河由汴至亳四百八十里，似挑挖贾鲁河近而易疏浚，惠济河远而难。不知贾鲁河从郑县下迄洧川三百余里，积沙过深，施工颇巨，似近而实难；惠济河自开封县北黑冈口东南至陈留，积沙不过百余里，其下游杞、睢一带，仅须挑挖河身，兴作甚便，虽远而实易。然则当舍贾鲁河而先事惠济也明矣！宗旨既定，持以毅力，决以果心，由汴迄亳，约以五百里计算，共分五十段，每段五十里；再分十小段，每段五里；招商承领包挖，详定深浅宽窄、面底丈尺，限期告成。仿包修铁路办法。逾限有罚，不中程式者重做，并定包工年月，期内傥有坍塌扣款，如式补修，如此通力合作，当可克期竣事。及至上下挖通，放水入槽，数百里间，一气贯注，务使船舶畅行。自亳上驶，能以小火轮施行，减缩程限，物价益平。再议将汴垣至周口之贾鲁河次第施工兴办，务使苏、杭、皖、赣之货齐来，商阜民康，其所获不诚普且远哉！若两河既通利无阻，一面更固黄河堤防，以保两河交通之利。黄河安澜，斯两河亦永治矣！余与汴河篇参看。

引沁入卫旧说

查引沁入卫之说，元明以来，言者甚众。顾倡议者半，驳议者亦半，而卒之倡者败而驳者胜。其故何哉？盖利不什者不变法，害不什者不易制。矧有害而无利乎？爰萃众说而附以近今履勘情形详著于篇，庶俾留心水道者无徒眩于旧说，而知有所取裁也。

元至正间，董文用为卫辉路总管。时有议通沁合卫，以便漕运者。文用曰："卫地最下，每大雨，沁辄溢出。今若通之，则与大名俱没矣。"会使相地形，言卫郡浮屠最高者，才与沁水平，势不可开。事遂止。

明景泰三年，佥事刘清言："自沁决马曲湾入卫，沁、黄、卫三水相通，转输颇利。今决口已塞，卫河胶浅，运舟悉从黄河。尝遇险阻，宜遣官浚沁资卫。"诏下巡抚集议。明年，清复言："东南漕舟水浅，弗能进。请自荥泽入沁河，浚冈头百二十里，以通卫河。且张秋之决，由沁合黄，势遂奔急。若引沁入卫，则张秋无患。"行人王晏亦言开冈头，置闸分沁水，使南入黄，北达卫。遇涨则闭闸，漕可永安无患。并下督漕都御史王竑等核实以闻。明年，给事中何升言："沁河有漏港已成河，临清屯聚胶浅之舟，宜从此入黄，度三旬可达淮。"诏竑及都御史徐有贞阅之。既而罢引沁河议。初，王晏请漕沁，有司多言弗利。晏固争，吏部尚书王直请遣官行河，命侍郎赵荣同晏往。荣亦言不利，议乃寝。

隆庆六年，颍州同知邹元明请开卫河以受沁水。卫辉府知府王天爵议，略谓："本府城池，建置低下，西拱太行之麓，东道大名之区，一望斥卤，时常旱溢。伏秋水发，卫河辄溢，平地水高数丈，居民、房屋、田禾俱遭渰没。若再将沁水决入卫水，则所属地方难免冲没之患，数万生灵付命于天。大名、山东、沧州以下，又非本府所敢与知也。"文上总理万某，批云："以沁入卫者，原无意必。盖云辟广卫河直入天津，乃可；若下流不辟，则上流诚有如该府所虑者；下流一辟，是为上流止水患者，在此举也，而又何患焉？但云辟地，事体重大，则可也。又，沁河发源处乃暴水耳，消长不常。凡治水者必先下流，如卫下流不可辟，则沁上源未可决也。"嗣经卫辉、怀庆两府会勘议覆，略称"卫之与沁，大小悬绝，一以里计，一以丈计，于势委难吞纳。纵使充拓，亦不过止于丈数之间，终无益于翕受盈虚之数。如欲广卫入沁，则自卫辉、大名以东俱当辟。穷天下之力，竭天下之财，而功有难成者。且沁水性甚狂急，夹带流沙，果使通之，自临清以北所属河运冲决淤塞，势所必至。欲杀河南之患，而重河北之忧，所关非小"云云。议遂寝。时卫郡人郭庭梧作《郡伯王公勘议改河记》以诵其事。

万历十五年，沁水决武陟东岸莲花池、金疙瘩，新乡、获嘉尽渰没。廷议筑堤障之。都御史杨一魁言："黄河从沁入卫，此故道也。自河徙，而沁与俱南，卫水每涸。宜引沁入卫，不使助河为虐。"部覆言：沁入黄，卫入漕，其来已久。顷沁水决木栾店、莲花口而东，一魁因建此议。而科臣常居敬往勘，言："卫辉府治卑于河，恐有冲激。且沁水多沙，入漕反为患，不如坚筑决口，广辟河身。"乃罢其议。

万历三十三年，茶陵州知州范守己以引沁归卫为言，谓："嘉靖六年，河决丰沛。胡世宁言沁水自红荆口分流入卫，近年始塞。宜择武陟、阳武地开一河，北达卫水，以备徐沛之塞。”会盛应期主开新河，议遂止。近者十年前，河沙淤塞沁口，沁水不得入河，自木栾店东岸决，奔流入卫。则世宁红荆口之说，信矣。彼时守土诸臣塞其决口，筑以坚堤，仍导沁水入河。而堤外河形，直抵卫浒，至今存也。请建石闸于堤，分引一支由所决河道东流入卫。漕舟自邳溯河而上，因沁入卫，东达临清，则会通河可废。帝命总河及抚按勘议，不行。

崇祯十三年，总河侍郎张国维言：“卫河合漳、沁、淇、洹诸水北流，抵临清，会闸河以济运。自漳河他徙，卫河遂弱。挽漳引沁之议建而未行，宜导辉县泉源，且酌引漳、沁，辟丹水，疏通滏、洹、淇三水之利害得失。”命河南抚按勘议，不行。

清雍正二年，河南山东河道总督白钟山奏覆无庸分沁入卫，疏言：“窃照安徽布政使晏斯盛条陈，谨筹河淮全势折内有沁水仍分入卫，作滚水坝于武陟境内，以资节宣，以杀黄河水势一节。臣等准工部咨，即一面行河南管河道厅并怀庆、卫辉等府，确查沁水入卫故道，并令相度武陟建坝处所，勘估详报，订期会勘。据该道府厅等将沁水不便入卫情形条晰剀切，详覆前来，臣等随同赴卫辉一带逐细履勘。武陟至卫辉并无沁河入卫形迹，询之年老土人，佥云明时系因沁河决开堤坝，横流修武、获嘉、新乡一带，突出卫河，原无故道。康熙六十年，吏部尚书张鹏翮同巡抚、总河寻查即无河形，今又十余年，委无稽考等语。臣等将沁、卫两河细加丈量，沁河宽一二百丈不等，卫河宽八九丈至四五丈不等。卫小沁大，势难容纳。至原奏武陟建坝之处，查武陟境内沁河长一百九十余里，悉系沙底，虚松不能签桩下石，难以建坝。臣查沁水由山西穿太行山入河南境，自济源至怀庆以下俱有大堤障护，今如建坝分沁，必挖开大堤，另开河道，始能引沁入卫。但大堤一开，自撤屏障，沁水穿堤奔注，黄水随之而入，一往无阻，不能分沁，而且引黄，其可虑者一。再，卫河浅隘，不能容受沁水，又必得开辟宽深。查卫河两岸民田、庐舍不可胜计，兼有汲、新、浚三邑之城垣，迁徙为难。浚邑境内尚有一十八里山根石底，尤为人力难施，其可虑者二。再，卫、沁合流，水势浩瀚非常，又必得坚筑高宽堤岸。查新、淇等县近依太行诸山，山水发时，全赖卫河归宿。若因束沁筑堤，则阻山水归路，势必横流为害，其可虑者三。伏思导河分水，攸关运道民生，非计出万全不敢轻试。查沁水归黄，卫河归运，其来已久。即导沁入卫之议，元明已来，屡议屡止，亦非一次。其载在史册志乘，彰彰可考者，如元世祖至元十四年，卫辉路总管董文用因漕司议通沁入卫，文用言："卫郡浮屠最高者，才与沁水平，若引之使来，岂惟无卫，将无大名、长芦矣！必不可开。"事遂寝。又查明万历十六年，漕臣杨一魁请因沁河决口之便，引沁通卫。科臣常居敬言："卫辉府治地既卑下，河复狭隘，狂流灌注，容受为难。获嘉已成巨浸，新乡亦若浮盂，府城去河不远，冲决之患，殊为可虞。且沁水沙多善淤，一入漕渠，淤闭闸座。"指陈利害，议又寝。至本朝康熙六十年，吏部尚书臣张鹏翮奉旨查勘黄沁两河情形，奏称："武陟沁河西北高而东南洼，沁堤内平地较沁河涯低一丈。从此而东，地势愈低，且此处沙底虚松，建闸筑堤难以坚固。若引水时，建瓴之势，恐牵动全沁灌入内地，黄河随蹑其后。"又云："引沁必由小丹河入卫，此二河河身皆极浅窄，势难容受。"奉旨："张鹏翮等查河，回奏甚明，极好。即令依照所奏，不得稍有更改。"钦遵在案。历观从前诸臣奏议，利害较然。如董文用言沁水高于卫辉浮屠，则害在卫辉，且及大名、长芦。如常居敬言沁水沙多善淤，入漕淤闸，昔有左验。考明嘉靖三十五年，沁决入卫，至临清逆流上拥，运河七十余里沙泥沉积，砖、板二闸淤塞二千余丈，则害又在漕运。如张鹏翮言，牵动全沁，黄河蹑其后。则黄河之水势分溜缓，下流势必淤垫，泛溢四出，其患又在黄河，而怀、卫一带为害更不可胜言矣。夫使利多害少，或利害相半，犹当审择而善处之，况有害于城社民生，有害于漕运，而并有害于黄河，是未可以违前人之成说，改数百年之成规，而漫为尝试也。抑臣等闻之，明河臣潘季驯有言："黄河防御为难，而中州为尤难。自汉以来，东决西决，未有不始于河南。"明河臣万恭亦有言："河南沙松土疏，大穿则全河由渠，而正河必淤；小穿则水性不趋，过则平陆。"夫水专则急，分则缓；急则通，缓则淤。由是观之，以原归黄河之沁水改归卫河，穿渠于土疏之地，不能保无夺河之患；而顺其水性仍归黄河，则力合流急，不无以水攻沙之功。臣等详察地势，博询耆老，历考前人论说，分沁入卫之议，有害无利，断不可行者也。

按：以上诸说，引沁入卫之议利害较然矣。其大要不外"卫低沁高，卫小沁大"八字。而白钟山一疏尤为详尽，即以现时情形而论，则今亦不异于古所云。纷纷之论，庶可息乎！

民国二年，民人屠豫泰复建引沁入卫河，引洛入贾鲁河之议，经内务部咨行河南民政长田文烈，饬由河防局派员履勘。除查勘洛河情形不在此题范围，不复具录外，兹将查复引沁入卫呈文节录于下，以资考镜。

民国三年四月，河南河防局长马振濂查覆引沁入卫呈文，略称：兹据委员刘萱、马鉴图会同呈称，查得沁河源出山西沁源县之绵山，穿太行，经济源、沁阳、武陟，遂入黄河。当夏秋之交，大雨时行，有尧王、安全诸河，仙神、云阳诸山之水同时暴发，挟沙直趋，奔腾入沁，势若建瓴。又有丹河之水由北来归，伏秋盛涨，汇诸瀑布行潦，汹涌下注，沁河几至不能容纳，于是泄之于黄，而黄势益盛，此引沁入卫之议所由来也。考卫河发源于辉县苏门山之百泉，由获嘉东下。其在获嘉迤西有小丹河来归，此外又有清河、峪河、沧河、孟姜、曲里等河以次归卫。每当雨潦，各河俱涨，卫郡泛溢。在昔，汲县一带筑有卫河、护城等堤足征卫，当盛涨其势，即有不能容纳之虞。兹将沁、卫两河细加测量，卫河宽不过十丈，沁河宽处乃达二百六七十丈有奇，是沁之容量百倍于卫。况沁水挟沙善淤，冲积无恒，尤不易治。此引沁入卫之说所以难见实行也云云。呈由民政长据情咨部。议寝不行。

引洛入贾鲁河说

考洛水发源陕西雒南县之冢领山，东流入河南境之卢氏县。东经永宁今改洛宁。宜阳、洛阳、偃师、巩等县，北流入于黄河。自东汉定都洛阳，引洛水通漕。隋更开疏，名通济渠。北通河济，南达江淮。唐刘晏开汴水以通运，岁漕江淮数十万石及关中。宋都大梁，元丰元年，西头供奉官张从惠言：“往时数有建议引洛水入汴，患黄河啮广武山，须凿山岭十数丈，以通汴渠，功大不可为。去年七月，黄河暴涨，水落而稍北，距广武山麓七里，退滩高阔，可凿为渠，引洛入汴。”范子渊知都水监丞，画十利以献。又言：“汜水出玉仙山，索水出嵩山，合洛水稍大，其广深，得二千一百三十六尺，视今汴流尚赢九百七十四尺。以河、洛湍缓不同，得其赢余可以相补。犹虑不足，则旁堤为塘，渗取河水，每百里置木闸一，以限水势。两旁沟、湖、陂、泺皆可引以为助。禁伊、洛上源私引水者。大约汴舟重载，入水不过四尺，今深五尺，可济漕运。起巩县神尾山，至士家堤，筑大堤四十七里，以捍大河。起沙谷至河阴县十里店，穿渠五十二里，引洛水属于汴渠。”疏奏，上重其事，遣使行视。二年正月，使还，以为工费浩大，不可为。复遣内供奉宋用臣。还奏可为。请自任村沙谷口至汴口开河五十里，引伊、洛水入汴河，每二十里置束水一，以刍楗为之，以节湍急之势，取水深一丈，以通漕运。引古索河为源，注房家、黄家、孟家三陂及三十六陂，高仰处潴水为塘，以备洛水不足，则决以入河。又自汜水关北开河五百五十步，属于黄河，上下置闸启闭，以通黄、汴二河船筏。即洛河旧口置水澾通黄河，以泄伊、洛暴涨。古索河等暴涨，即以魏楼、荥泽、孔固三斗门泄之。计工九十万七千有余。仍乞修护黄河南岸堤埽，以防侵夺新河。从之。三月，以用臣都大提举导洛〔通〕[1] 汴。四月甲子兴工，六月清汴成，凡用工四十五日。自任村沙口至河阴县瓦亭子，并汜水关北通黄河，接运河，长五十一里。两岸为堤，总长一百三里，引洛水入汴。三年二月，宋用臣言：“洛水入汴至淮，河道漫阔，多浅涩，乞狭河六十里，为二十一万六千步。”以四月兴役，十月狭河毕工。

哲宗元祐四年，御史中丞梁焘言：“尝求世务之急，得导洛通汴之实，始闻其说则可喜，及考其事则可惧。窃以广武山之北，即大河故道，河常往来其间，夏秋涨溢，每抵山下。旧来洛水至此，流入于河。后欲导以趋汴渠，乃乘河未涨，就嫩滩之上，峻起东西堤，辟大河于堤北，攘其地以引洛水，中间抉为斗门，名通舟楫，其实盗河以助洛之浅涸也。洛水本清，而

---

[1] 底本脱“通”字，根据《宋史·河渠志》增补。

今汴常黄流，是洛不足以行汴，而所以能行者，附大河之余波也。增广武三埽之备，竭京西所有，不足以为支费，其失无虑数百万计。从来上下习为欺罔，朝廷惑于安流之说，恬不为虑。而不知新沙疏弱，力不能制悍河，水势一薄，则滥漫溃散，将使怒流循洛而下，直冒京师。是甘以数百万之费，养异时万一之患，亦已误矣。夫岁倾重费以坐待其患，何若折其奔冲，以终除其害哉。为今之计，宜复为汴口，仍引大河一支，启闭以时，祖宗百年以来润国养民之赐，诚为得策。汴口复成，则免广武倾注，以长为京师之安；省数百万之费，以纾京西生灵之困；牵大河水势，以解河北决堤之灾；便东南漕运，以蠲重载留滞之弊；时节启闭，以除蹙凌打凌之苦；通江浙八路商贾大舶，以供京师之饶。为甚大之利者六，此不可忽也。臣之所言，特其大略耳。至于考究本末，措置纤悉，在朝廷择通习之臣付之，无牵浮议，责其成功。”又言：“臣闻开汴之时，大河旷岁不决，盖汴口析其三分之水，河流常行七分也。自导洛而后，频年屡决，虽洛口窃其水，（幸）〔率〕❶ 不过一分上下，是河流常九分也。犹幸流势卧北，故溃溢北出。自去岁以来，稍稍卧南，此其可忧，而洛口之作，理须早计。窃以开洛之役，其功甚小，不比大河之上，但辟百余步，即可以通水三分，既永为京师之福，又减河北屡决之害。望出臣前章，面诏大臣，与本监及知水事者，按地形水势，具图以闻。”不报。

绍圣元年，吴安持言：“洛河之南，去广武山千余步，地形稍高。自巩县东七里店至今洛口不满十里，可以别开新河，导洛水近南行流，地里至少，用功甚微。”诏安持等再按视之。十一月，李伟言：“清汴导温洛贯京都，下通淮、泗，为万世利。

❶ 率　底本为“幸”，根据《宋史·河渠志》更正。

自元祐以来屡危，而今岁特甚。臣相视武济山以下二十里名神尾山，乃广武埽首所起，约置刺堰三里余，就武济河下尾废堤、枯河基址，增修疏导，回截河势东北行，留旧埽作遥堤，可以纾清汴下注京城之患。”四年，都提举汴河堤岸贾种民言：“元丰改汴口为洛口，名汴河为清汴者，凡以起水于洛也。复匮清水，以备浅涩而助行流。元祐间却于黄河拨口，分引浑水，令自潍上流入洛口，比之清洛，难以调节。乞依元丰已修狭河身丈尺深浅，检计物力，以复清汴，立限修浚，通放洛水。及依置洛斗门，通放西河官私舟船。”从之。自后无大改作法，渠稍湮则浚之，自是汴洛通流。贾鲁河者，即汴河之支流也。然则导洛入贾鲁河之说，实踵古人之成绩，非创论也。第形势变迁，今古异宜，未可因循故辙，为胶柱鼓瑟之举。兹查洛河上游两岸皆石质峻岭，开凿匪易，且距离贾鲁河甚远，挹注殊难。惟巩县水岭沟自西徂东，长约四里，系属天然形势。今宜将洛水由此引导，经铁路桥，自龙王庙沟等处至核桃沟而入汜水县之穆沟。此沟长约十二里，形势与水峪沟同，由此向东北，越铁路至汜水东关，与汜河会。再东由汜赴荥至尚街等处，与索河会。又东至荥泽县岔河，与须河会。再向东行，水量较大，时逢天旱，颇可借以溉田。至师家河东，两岸平衍，水田居其大半，堪取资焉。又东里许至郑县大双桥，从前贾鲁河即由此经过，后南移，而索河遂占其故道。现此地东南距贾鲁河之新河道仅有七里，由此引入，事半功倍。又贾鲁河即汴水分派，以曾经元臣贾鲁疏浚，故名。此河发源于郑县之西南隅，其源不一，然俱向东北而合流，故又有合河之称。其在黄河郑工未决之前，周口民船尚能驶至京水。嗣经沙淤，河身仅宽两丈，水深仅得丈余，河道梗塞，交通遂失。今若能将洛水引入，不惟船舶便利，商业必兴，即两岸开渠灌田，农民获益亦复不少，诚豫省莫大之利源也。确是工程浩大，举办维艰。民国三年及十年经内务部咨，由河南长官一再履勘，逐段核估，计非八千数百万元不办，估款过巨，事遂中止。爰述崖略，以俟将来。

济水发源于河北潜流于河南考

济水之源流，伏见诸说纷歧，终不能离桑氏《水经》及郦氏之注。虽历年既久，情势不无少异，重以黄流迁徙靡常，亦不能无所牵动，而大端则《禹贡》之旧也。彭元瑞、纪昀因清高宗之辨而详为引证，终归本于《禹贡》，可以息异喙之争矣。今为考其源委，并胪列诸家之说，用备参稽。

济渎有东西二源，均出河南济源县西北，与山西垣曲阳城接界之王屋山东麓，顶曰天坛，有太乙池，渟泓不流，深不可测。由池之东溢出，折东南流，经济源县城北，即《禹贡》之沇水也。又东而二源合一，有北水自西北来注。又东南分为二支：一支入溴河，下经孟县城入于黄河；一支东流名余济，又分为二支，一南支入溴河，一北支东南流合潴龙河，又折南流经沇水镇而入黄河。其济西之一支自余济之东，东北流经柏香镇之西，会潴龙河。又东北流至沁（源）〔阳〕[1] 县城南，东与沁会。沁强济弱，沁浮济沇。沁则南注于黄，济则伏流不见矣。约地下东北行六七百里而现于山东东阿县之阿井。《方舆纪要》曰：济渎在济源县西北三里，禹导沇水东流为济，其源发王屋山下，既现而伏流，重出于县西北三里。济有二源，东源周回七百步，其深莫测，西源周回六百八十五步，深一丈，与东源

[1] 沁阳　底本为“沁源”，沁源县位于山西省，此处疑为“沁阳县”。

合流，南入于黄河。《括地志》曰：沇水出王屋山顶崖下石，泉渟而不流，深不可测。至县西北平地二里，其源重发，又东南流经温县西北，为济水。又南入河。《旧志》：济水自巩县入河，并流过汜水县，溢为荥，荥即今之须、索、京三水。《旧志》既云由河北温、孟过河，东经巩、汜溢为荥，然则今之须、索、京三水当亦济水伏流上溢者。考须、索、京三水下流，即今贾鲁、惠济二河。又东则节节断流，潴于沙碛之中，是贾鲁、惠济亦为济水伏流之一证。又东经定陶，南与菏水合，今曹县境。东北入于巨野泽。过寿张县北出者为大清河。王应麟曰：济水通得清水之名。查大清河经汶上县、东平、东阿、平阴、长清、齐河、历城诸县，东北会于泺。今济南之泺口。又东北经济阳、齐东、章邱、青城、滨县、蒲台、利津，东北入海。是则所谓大清河，即古之济水，而与今之黄河、合流而入于海也。

桑钦《水经》：济水出河东垣曲县东王屋山，为沇水。

《郦注》：《山海经》曰：王屋之山，联水出焉。西北流注于泰泽。郭景纯云：联、沇声相近，即沇水也。潜行地下，至共山南，复出于东邱。孔安国曰：泉源为沇，流去为济。今济水重源出轵县西北平地。水有二源，东源出原城东北，俗以济水重源所发，因复谓之济源城。其水南径其城东故县之原乡，南流与西源合。西源出原城西，东流水注之。水出西南，东北流注于济。济水又东径原城南，东合北水，乱流东南注，分为二水：一水东南流，俗谓之为衍水，即沇水也。济水又东南，径絺城北而出于温矣。其一水枝津南流，注于溴。《清一统志》：漭水源出济源县西北四十里，绕城北而东合溴河。刘漪曰：漭水出莽山，经勋掌村南入于溴，土人称为莽河，以出莽山而名。又讹为蟒河，今通称漭河。莽、蟒、漭声相同，或又讹为马河，其实皆溴水也。溴水出原城西北原山勋掌谷，俗谓之为白涧水。东合北水，乱流东南，(右)〔左〕[1] 会济水枝渠。又东径钟繇坞北，又东北径波县故城北，又东南流，天浆涧水注之。水出轵南皋向城北。其水有二源俱导，各出一溪，东北流，合为一川，名曰天浆溪。又东南流，径安国城东，又南径毋辟邑西，又南注于河。

又东至温县西北，为济水。又东过其县北。

济水于温城西北与故渎分，南径温县故城西，历虢公台南，流注于河。郭缘生《述征记》曰：济水出河内、温县注于河，盖沿历之实证，非为谬说也。济水故渎于温城西北东南出，径温城北，又东径虢公冢北。济水当王莽之世，川渎枯竭，其后水流径通，津渠势改，寻渠脉水，不与昔同。

屈从东南流，过隤城西，又南当巩县北，南入于河。

济水故渎东南合奉沟水，水上承朱沟于野王城西，东南径阳城县北，又东南径李城西。于城西南为陂水，淹地百余顷，蒹葭萑苇生焉，号曰李陂。又径隤城西，屈而东北流，径其城北，又东径平皋城南。又南注于河也。

与河合流，又东过成皋县北，又东过荥泽县北，又东至砾溪南，东出过荥泽北。

《释名》曰：济，济也。源出河北济河而南也。《晋地道志》曰：济自大伾入河，与河水斗，南泆为荥泽。《尚书》：荥波既潴。孔安国曰：荥泽波水已成遏潴。阚骃曰：荥播，泽名也。故吕忱云播水在荥阳，谓是水也。昔大禹塞其淫水，而于荥阳下引河，东南以通淮、泗、济、永分河东南流。汉明帝之世，司空伏恭荐乐浪人王景善能治水，显宗诏与谒者王吴始作浚仪渠。吴用景法，水乃不害，此即景、吴所修故渎也。渠流东注

---

[1] 左　底本为“右”，据《水经注》更改。

浚仪，故复谓之浚仪渠。灵帝建宁四年，于敖城西北垒石为门，以遏渠口，谓之石门。水门广十余丈，西去河三里。魏太和中，又更修之。济水又东，径西广武城北。城在山上，山下有水北流入济，世谓之柳泉也。济水又东径东广武城北，夹城之间有绝涧断山谓之广武涧。济水又东径敖山北，又北合荥渎。渎首受河水，有石门谓之为荥口石门也。而地形殊卑，盖故荥播所导自此始也。荥渎又东南流注于济，今无水，次东得宿须水口刊误曰须当作胥，下同。水受大河。渠侧有扈亭，水自亭东南流注于济，今无。水自西缘带山隰。秦汉以来，亦有通否济水与河浑涛东注。晋太和中，桓温北伐，将通之，不果而。义熙十三年，刘公西征，又命宁朔将军刘遵考仍此渠而漕之，始有激湍东注，而终山崩壅塞。刘公于北十里更凿故渠通之，今则南渎通津川涧是导耳。济水于此又东径荥阳县北，又东砾石溪水注之。水出荥阳城西南李泽，泽中有水即古冯池也。东北流历敖山南，径虢亭北。又东北径荥阳北，断山东北注于济，世谓之砾石涧，即《经》所谓砾溪矣。《经》云济出其南，非也。济水又东，索水注之。水出京县西南嵩渚山，与东关水同源分流，即古旃然水也。其水东北流径金亭。又北径京县故城西，入于旃然之水。又北径大栅城东。又北屈东径大索城南。又东径虢亭南。又东径荥阳故城南。又东径周苛冢北。又东流北屈，西转北径荥阳城东而北流注济水。杜预曰：旃然水出荥阳、成皋县，东入汳。《春秋》：襄公十八年，楚伐郑，右师涉颍，次于旃然，即是水也。济渠水断汳沟，惟承此始，故云汳受旃然矣。亦谓之鸿沟，盖因汉、楚分王，指水为断故也。济水又东，径荥泽北，故荥水所都也。京相璠曰：荥泽在荥阳县，东南与济隧合。济隧上承河水于卷县北河，南径卷县故城东，又南径衡雍城西。《春秋左传》：襄公十一年，诸侯伐郑，西济于济隧。杜预阙其地，而曰水名也。京相璠曰：郑地也。言济水荥泽中北流，至衡雍西，与出河之济会，南去新郑百里。斯盖荥、播、河、济，往复径通矣。出河之济，即阴沟之上源也。济隧绝焉。故世亦或谓其故道为十字沟。自于岑造八激堤于河阴，水脉径断，故渎难寻，又南会于荥泽。然水既断，民谓其处为荥泽。有垂陇城，济渎出其北。渎际又有沙城，城左佩济渎，渎际有故城，世谓之水城。济水自泽东出，即是始矣。王隐曰：河决为荥，济水受焉，故有济堤矣，谓此济也。济水又东南径厘城东，右合黄水，水发源京县黄堆山，东南流，名祝龙泉，泉势沸涌，状若巨鼎〔扬〕汤[1]。西南流，谓之龙项口，世谓之京水也。黄水又北径高阳亭东，又东北至荥泽县南，又东北与靖水枝津合，二水之会为黄渊，北流注于济水。

又东过阳武县南。

济水又东南流入阳武县，历长城东南流，蒗荡渠出焉。济水又东北流南济也。径阳武县故城南。又东为白马渊，渊东西二里，南北百五十步，渊流名为白马沟。又东径房城北，又东径封邱县南，又东径大梁城北，又东径仓垣城，又东径小黄县之故城北。县有黄亭说济，赵作俯济。又谓之曰黄沟。济水又东径东昏县故城北，又东径济阳县故城南。城在济水之阳，故以为名。

又东过封邱县北。北济也。自荥泽东径荥阳卷县之武修亭南，又东径原武县故城南，又东径阳武县故城北，又东绝长城，又东径酸枣县之乌巢泽，又东径封邱县北，濮水出焉。济渎又东径大梁城之赤亭北而东注。

又东过平邱县南。北济也。

---

[1] 底本疑脱“扬”字，据《水经注》增补。

又东过济阳县北。北济也。自武父城北，东径济阳县故城北。

又东过冤朐县南，又东过定陶县南。南济也。济渎自济阳县故城南，东径戎城北。又东北，菏水东出焉。又东北径冤朐县故城南，又东径秦相魏冉冢南，又东北径定陶恭王陵南，又东北径定陶县故城南，侧城东注。

又屈从县东北流。南济也。又东北右合菏水，水上承济水于济阳县东，世谓之五丈沟。又东径陶邱北，《尚书》所谓导菏水自陶邱北，谓此也。菏水东北出于定陶县北，屈左合汜水西分济渎，东北径济阴郡南。《尔雅》曰：济别为濋。吕忱曰：水决复入为汜，广异名也。汜水又东合于菏渎。昔汉高祖既定天下，即帝位于定陶汜水之阳。张晏曰：汜水在济阴界，取其汜爱弘大而润下也。汜水之名，于是乎在矣。菏水又东北，径定陶县南，又东北，右合黄水枝渠，渠上承黄沟，东北合菏而北注济渎也。

又东至乘氏县西，分为二：济水自是东北流，出巨泽。

其一东南流，其一从县东北流，入巨野泽。南为菏水，北为济渎，径乘氏县与济渠、濮渠合。北济自济阳县北，东北径煮枣城南。又东北径冤朐县故城北，又东北径吕都县故城南，又东北与濮水合。水上承济水于封邱县，即《地理志》所谓濮渠水首受济者也。阚骃曰：首受别济，即北济也。其故渎自济东北流，左迤为高梁陂，方三里。与济同入巨野。故《地理志》曰：濮水自濮阳南入巨野也。济水故渎又北，右合洪水。水上承巨野薛训渚，历泽西北，又北径阚乡城西。又北，与济渎合。自渚迄于北口，百二十里，名曰洪水。桓温以太和四年，率众北入，掘渠通济。至义熙十三年，刘武帝西入长安，又广其功。自洪口以上，又谓之桓公渎，济自是北注也。京相璠曰：济水自巨野至济北是也。

又东北过寿张县西界，安民亭南，汶水从东北来注之。济水又北，汶水注之，戴延之所谓清口也。郭缘生《述征记》曰：清河首受洪水，北注济。或谓清即济也。《禹贡》：济东北会于汶。今枯渠注巨泽，巨泽北则清口，清水与汶会也。李钦曰：汶水出泰山莱芜县，西南入济是也。济水又北，径梁山东。袁宏《北征赋》曰：背梁山，截汶波，即此处也。刘澄之引是山以证梁父，为不近情矣。济水又北，径须朐城西，城临侧济水。西有安民亭，亭北对安民，山东临济水，即无盐县界也。又北径微乡东。又北，分为二水，其枝津西北出，谓之马颊水者也。

又北过须昌县西。孙校曰今阳穀。济水于县，赵沟水注之。又北径鱼山东，左合马颊水。水首受济，西北流，历安民山北，又西流，赵沟出焉，东北注于济。马颊水又径桃城东，又东北流径鱼山南，又东注于济，谓之马颊口也。济水自鱼山北径清亭东。是下济水通得清水之目焉，亦水色清深，用兼厥称矣。是故燕王曰：吾闻齐有清济、浊河以为固，即此水也。

又北过穀城县西，济水侧岸有尹卯垒。南去鱼山四十余里，是穀城县界。有狼水出东南大槛山狼溪，西北径穀城西，又西北入济水。济水又西北，径周首亭西。

又北过临邑县东，《地理志》曰：县有济水祠，水有石门，以石为之，故济水之门也。今济北卢县故城西南六十里，有故石门，去水三百步，盖水渎流移，故侧岸也。济水又北，径平阴城西。平阴城南有长城，东至海，西至济河道所由，名防门，其水引济，故渎尚存。济水右迤，遏为湄湖，方四十余里。又东北径垣苗城西。伏韬《北征记》曰：济水又与清河合流，至洛当者也。河水自四渎口东北流而为济。《魏土地记》曰：监津河别流十里与清河合，乱流而东，径洛当城北，黑白异流，泾渭殊别，而东南流注也。

又东北过卢县北，济水东北，与湄沟合，水上承湄湖，北流注济。济水又径卢县故城北，又径什城北，又东北与中川水合。水东南出山茌县之分水岭，又北径卢县故城东，而北流入济，俗谓之为沙沟水。济水又东北，右（合）〔会〕[1] 玉水。水导源太山朗公谷，旧名琨瑞溪，亦谓之琨瑞水也。其水西北流，径玉符山，又曰玉水。又西北枕祝阿县故城东，野井亭西，故俗谓为祝阿涧。水北流注于济。济水又东北，泺水入焉。水出历城县故城西南，泉源上奋，水涌若轮。其水北为大明湖，西即大明寺。湖水引渎东入西郭，至历城西而侧城北注陂。水上承东城历祀下泉，泉源竞发，北流径历城东，又北，引水为流杯池，谓之历水，与泺水会。又北流注于济，谓之泺口也。济水又东北，华不注山，单椒秀泽，不连邱陵以自高；虎牙桀立，孤峰特拔以刺天。青崖翠发，望同点黛。山下有华泉，故京相璠《春秋土地名》曰：华泉，华不注山下泉水也。北绝听渎二十里，注于济。

又东北过台县北，巨合水南出鸡山西北，北径巨合故城西。又北，听水注之。水上承泺水，东流北屈，又东北，注于巨合水，乱流又北，注于济济。水又东北，合芹沟水。水出台县故城东南，西北流，径台城东，又西北，入于济水。

又东北过菅县南，济水东径县故城南。右纳百脉水。水出土鼓县故城西，水源方百步，百泉俱出，故谓之百脉水。其水西北流，径阳邱县故城中。又东北流，注于济。济水又东，有

[1] 会　底本为“合”，据《水经注》更改。

杨（绪）〔渚〕[1] 沟水出逢陵故城西南二十里，西北径土鼓城东，又西北径章邱城东，又北径甯戚城西，而北流注于济水也。

又东过梁邹县北，陇水南出长城中，北流至般阳县故城西南，又西北至梁邹东南，即古袁水也。故京相璠曰：济南梁邹县有袁水者也。其水北注济。城之东北，又有时水，西北注焉。

又东北过临济县南，济水又东北迤为渊渚，谓之平州。又东北径高昌县故城西，又东北径乐安故城南，又径薄姑城北，又东北径狼牙固西，而东北流也。

又东北过利县西。又东北过甲下邑，入于河。济水东北至甲下邑，东南历琅槐县故城北。《山海经》曰：济水绝巨野，注渤海，入齐琅槐东北者也。又东北，河水枝津注之。《水经》以为入河，非也。斯乃河水注济，非济入河。又东北入海。郭景纯曰：济自荥阳至乐安、博昌入海。今河竭，济水仍流不绝。《经》言入河，二说并失。然河水于济漯之北，别流注海。今所辍流者，惟漯水耳。郭或以为济注之，即实非也。寻经脉水，不如《山经》之为密矣。

其一水东南流者，过乘氏县南，菏水分济于定陶东北，东南右合黄沟枝流，俗谓之界沟也。北径已氏县故城西，又北径景山东，又北径楚邱西，又东北径成武城西，又东北径郈城东，又东北径梁邱城西，又东北于乘氏县西而北注菏水。菏水又东南，径乘氏县故城南。《地理志》曰：乘氏县，泗水东南至睢陵入淮。《郡国志》曰：乘氏有泗水，此乃菏泽也。《尚书》有导菏泽之说，自陶邱北，东至于菏，无泗水之文。又曰：导菏泽，被孟猪。孟猪在睢阳县之东北。阚骃《十三州记》曰：不言入

[1] 渚　底本为“绪”，根据《水经注》更改。

而言被者，明不常入也，水盛方乃覆被矣。泽水渺漫，俱钟淮泗，故志有睢陵入淮之言，以通苞泗名矣。

又东过昌邑县北，菏水又东径昌邑县故城北。

又东过金乡县南，菏水径其故城南。

又东过东缗县北，菏水又东径汉平狄将军扶沟侯淮阳朱鲔冢，又东径东缗县故城北。

又东过方与县北为菏水，菏水东径重乡城南，又东径武棠亭北，《经》所谓菏水也。又东径泥母亭北，又东与巨野黄水合，菏泽别名也。黄水上承巨泽诸陂，泽有蒙淀、育陂、黄湖。水东流谓之黄水，又有薛训渚水，自渚历薛村前分为二流：一水东注黄水，一水西北入泽，即洪水也。黄水东南流经巨野县北，何承天曰：巨野湖泽广〔大〕[1]，东南通洙、泗，北连清济，旧县故城正在泽中，衍东北出为大野矣。黄水又东，径咸亭北，又东南，径任城郡之亢父县故城西，谓之桓公沟，南至方与县，入于菏水。又东，径秦梁，夹岸积石一里，高二丈，言秦始皇东巡所造，因以名焉。

菏水又东过湖陆县南，东入于泗水。泽水所钟也。《尚书》曰：浮于淮泗，达于菏，是也。

又东南过沛县东北，济与泗乱，故济纳互称矣。

又东南过留县北，留县故城，翼佩泗济，故繁休伯《避地赋》曰：朝余发于泗洲，夕余宿于留乡者也。

又东过彭城县北，获水从西来注之。济水又南径彭城县故城东北隅，不东过也，获水自西来注之，城北枕水湄。济水又南径彭城县故城东，不径其北也，盖《经》误证。

又东南过徐县北，又东至下邳睢陵县南，入于淮。济水与

[1] 底本脱“大”字，根据《水经注》增补。

泗水，浑涛东南流，至角城，同入淮。《经》书睢陵，误耳。宋罗泌《沇水辨》曰：《夏书》沇水东流为济，入于河，溢为荥。又东出陶邱北，此伯禹所治也。自杜预谓济由荥阳东过鲁之西，至乐安入兖，出王屋入河，始厘为二。而杜佑、李吉甫、乐史、窦平、郑樵辈遽援后志，谓济自莽末旱塞，不复截河南渡，而以《水经》系取《禹贡》为疏，故唐高宗问许敬宗："禹浮济漯达于河，何今济漯不相属?"曰："兖济自温入河，洑地南出为荥泽，又洑而出曹、濮之间，汶水从南入之。"故《书》又言：浮汶达济，不言合漯。漯自东阳武至千乘入河也。敬宗盖亦本孔与河并驱，而截河溢出之意，不知其时，无复荥水汩出荥口者，诸济、南诸名为出不审，此九字疑有脱误。是一蔽也。佑说河南之济，禹所命，或以性同，或一时众流凑泛，适一时溢，从河南以出为名，又奚必洑流之说。然禹必不以一时暂溢之名，移疑后世。夫水之所出，自以不同，固有入而不合，行而复出者。昔郭缘之于河上源遇书生，问之："何知济与河上源通?"生曰："洛水淬剑，正与河水上源不异，物之不同犹铅锡也。比济既入河，性与河别，不能合混。渗漉入地，洑行达荥阳，而遂溢为荥尔。"今之历下等处，发地悉是流水，济所过也。东阿之井，正济所溢。故今阿胶止浊、住吐、下隔而疏痰，以济之性趋下，清而下重，故治淤浊逆上之疴。九夏之辰，泛热之风，亦各为队，岂谓必无水过水哉！

明陆钎《济河图论》曰：《禹贡》：济河惟兖州，又导沇水东流为济，入于河，溢为荥。东出于陶邱北，又东至于菏，又东北会于汶，又北东入于海。《周官》：兖州其川河济是已。《水经注》及《山海经》云：济水出河东垣曲县王屋山，初名沇。东出温县西北，始名济水。又东南流巩县文北，而南入河与河并流，过阳武及封邱县北，又东过冤朐县南，至定陶县南，又东北流，与荷水会，东至乘氏县西分而为二：其一东北入巨野泽，过寿张与汶水合，又北过穀城，又东北过卢县北，经齐郡东入海。李贤谓济自郑以东贯滑、曹郓、济、青以入于海。乐史谓东平、济南、淄川、北海、界中有水流入海，谓之清河。今按：济水在汉时，伏流不见，惟汶自泰〔安〕州[1]出者，由故道东北流入海。自元人引汶水入洸，为运河，明人因之。凡汶水入海处，皆筑堰坝以遏其流，而入海之道遂塞。今所谓大清河者，乃汶水出洸河，复从张秋分流，而入会齐东南诸山泉沟泽，北经长清、齐河，至历城，会泺水，经济阳、齐东、武定、青城、滨州、蒲台、利津诸州县界入海，实济河故道也。所谓小清河者，即泺水，发源济南趵突诸泉，流至城北大明湖，出而合之。华不注山下东流，会巨河水，又东经章邱，会淯河，又会漯河，三水合流，经邹平、长山、新城，又会孝妇河，又东经高苑，入博兴、乐安界，合于乌河，又北至马车渎入海。或云古泺水自华不注山东北入为大清河，自伪齐刘豫导之东行，始为小清河云。又按：郦道元云：济水在王莽时枯竭。郑樵亦曰：济水多枯竭。自今观之，济水劲疾，能穴地伏流，隐见无常，乃其本性，非真涸竭也。济水既伏流地中，则发地皆泉，不特历下诸处为然。是故一见为济源，再见为荥水，三见为山东诸泉水，而溢为大、小清河，其实皆济水也。又何常见其枯竭耶？《淮南子》曰：济水通和宜麦。《风俗通》曰：济，齐也，齐其度量。刘向《说苑》称：济能荡出云雨，涤垢浊，通百川于海，则济之德，又古今所并称也。

李濂《游济渎池》曰：《山海经》曰：王屋之山，水出焉。

---

[1] 泰安州　底本为“泰州”，根据《济河图论》增补。

《地理志》亦曰：王屋山，沇水所出。沇声相近，盖一水也。《禹贡》曰：导沇水东流为济，入于河，溢为荥。东出于陶邱，北又东至于菏，又东北会于汶于海。夫济之为水，莹洁如玉，性下劲疾，贯大河而不浊，故《释名》曰：济，济也，言源出河北济河而南也。余曩阅桑钦《水经》，郦道元为之注，凡异常事无不具载，而独于济下无所称，乃知世之谓灵异者，皆讹谬之传也。余家去济源仅三百里，数闻乡人献香祠下者，云有借贷钱币，浮药以疗病之事，心窃疑之。嘉靖己未春三月，计当俗所谓潮赐之期，乃单骑往观之。州县献香人纷遝四至，昼夜叫佛，声响振林谷。余闻之，怃然叹曰：无知徼福者有是哉！既至池上，肃谒济渎神祠。祠后有北海神殿，志谓济渎源，通北海，故祀于此。或曰以北海远望而祭之也。殿前有池，即浮物之处，是谓东池；西有石桥，桥之西曰西池，皆济水，自王屋山顶流入太乙池，乃伏流地中，东行九十里复见，于此汇为二池。地志谓东源周回七百步，其深不测；西源周回六百八十五步，其深一丈，合流至温县，历虢公台，西南入于河。自今观之，东池即东源，周仅百余步，亦不甚深；西池即西源，周如东池，深才三四尺耳。余躬蹑王屋山顶，观太乙池亦涸，古今陵谷变迁乃尔耶！正德初，楚辰潘君棠理怀庆，尝着辨，谓春夏之交，泉脉腾沸，升发之气劲疾，愈于常时，故近投之物或当其冲随沸而上，此理之常，无足怪者。余坐水殿竟日，见布帛桃干浮在水面者，上书姓氏年月，亟取视，咸三日内所投，则向所闻浮远年之物，皆妄传也。又见绵裹成药浮出，以应人求者，上有字，意神灵为之，必仙画云篆，乃皆俗笔，而服之者亦罔效，岂庙中人欲神其说而故为之也？又乞嗣者所投银婴儿，有沉不沉者，盖银婴儿皆空中，其制有渗漏者必沉，否则浮，如以浮沉系之诚，格他物奚不然乎。潘氏谓：果水之灵，则当不择时而施，何独见于春夏之交乎？其为水泉气盛之所为明矣。乃若能兴云雨，泽百穀，见伏断续，不因余水而能独行以赴海，是则济之灵也。

清高宗《济水考》：济为四渎之一，《禹贡》：导沇为济，以至会汶入海，不过八语，而穷源至委，昭垂千古，为不易之恒流。向尝赋《四渎诗》虽加考证，只以《汉志》及《水经注》，郦道元、李濂辈各持己见，究之其身，并未历其地，尊耳食而相龃龉，盖因济流伏见原无定，是以辗转纷歧。即如《禹贡》所云入于河者，非济之清流入黄也，盖即伏于黄之底，所谓入也。“溢为荥”则又见而出为荥。《地志》所谓即荥波之荥。见豫州者，三伏三见，此其一证。然其伏见原亦无定处而无定数也。《地志》：济水出河东垣曲县王屋山东南，曰流水，既见而伏，东出于今济源县东、西二源，合流至温县，是为济水。历虢公台，西南入河。复出河之南，溢为荥，即荥波之荥，见豫州云云。东出陶邱，则今之曹州。又东至于菏，则今之菏泽县，蔡沈所谓济阴自有菏派也。又东北会于汶，汶自有源。宋乐史所云清河，即今之大清河。唐李贤所谓济水东贯滑、曹、郓、青以入海者也。乐史谓东平、济南、淄川、北海界中有水流入海，谓之清河，即今之大清河。又唐李贤谓济自郑以东，贯滑、曹、郓、济、齐、青以入于海，是即今济水会汶为大清河入海之证，人但知大清河而不知济，岂诚无济哉！是则济之源委实不出《禹贡》数语，以解之者愈多，而考之者愈紊，乃致人但知大清河，而反不知济，遂若灵渎有不可复求者。然盖尝论之，《禹贡》所言乃本然之形势，今则时代变迁，伏见靡定，亦理之所必有。而以《禹贡》八语证之，总不出敷土奠川之本来，其纷然口舌之论，偶借以资多闻亦可，即付之不求甚解亦可。

乾隆四十九年二月，彭元瑞、纪昀奏：内阁发下御制《济水考》一篇，奉谕："此文系在途中就所见率成者，其令彭元瑞、纪昀阅看核对各说经家以及舆地家所言是否不甚径庭，详考覆奏。"臣等伏读，窃以自古说经家舆地家言济水者，其殊趣有三：以济为截河南溢者妄，偻数三伏三见者泥，不知大清河为济水者昧。纷纠轇轕，歧中又歧。我皇上原本《禹贡》，证以銮辂所亲见，发为大文，于诸家之说无不包孕，即无不折衷。以至神至奇之识，析至平至易之理，其儒先众说有可与圣制相发明者，谨摘钞加按书卷呈览。

御制即如《禹贡》所云，入于河者，非济之清流；入黄也，盖即伏于黄之底，所谓入也。

孔安国《书传》：济水入河，并流十数里而南截河，又并流数里溢为荥泽。按：此言河、济并流之始，后儒多斥其说。

宋林之奇《尚书解》：济之流既与河合，行十余里混而为一矣。而乃能自别，以溢为荥，至于陶邱北。诸儒疑焉。唐孔氏则以为河浊济清，南出清，故可知也。苏氏则以为以味别也。此二说者未为确论。夫济清而河浊，济少而河多，以清之少者会浊之多者，不数步间，皆已化而为浊矣。既合流十数里，安能自别其清者，以溢为荥乎？古之人盖有知水味者矣！如曰淄、渑之合，易牙知之，惟知其合之味而已，淄水之味如此，渑水之味如此，淄、渑合则其味也又如此。苟使淄、渑既合，而为一器使之，就此器之中别其半以为淄，别其半以为渑，则虽易牙亦有所不能。以是知此二说其失一也。故郑渔仲曰：山过山则分，水过水则合。天地之间，岂有山过山，水过水之理，此说是也。按：孔颖达正义、苏轼书传皆主孔安国并流之说，而谓辨其清浊，别其味，林之奇驳之最为得理。

宋傅寅《荥泽辨》：济既入河，与河相乱，而溢为荥也。禹安知其为济哉？孔颖达谓以其色辨，东坡谓以其味别，而许敬宗则以为入河伏流而出，郑渔仲则以为简编脱误，林少颖则以为禹分杀水势，而程泰之则又以为水会于河既多，（而）〔河〕[1]盈而济继之，故溢而注荥也。纷纷之论，将孰从而折衷乎？余尝思之，程氏之见为胜。河自积石以东，所受水为不一，而至于历华阴而东行，又有伊洛等水会之，河之盈可知矣。然河自孟津以东，其地稍平，其势稍缓，而加以水之满盈，则其流宽徐，与底柱而上不同矣。沇水自北而来，势锐而流捷，冲河衡渡，固当时所有之事也。然其入河而出，不能无河水之混，而大概则济耳。按：傅寅盖主程大昌之说，未知水势。胡渭云：传言济与河并流，始在北，继截河而南，则似两人同行街北，一人忽截衍而南别，与人同行数里，乃独抵所欲诣处。人之行路固有然者，水则安能？且河大而济小，济既入河，河挟以俱东。济性虽劲疾，恐亦不能于大河之中曲折自如若此也。见《禹贡锥指》。渭之言虽非专关寅，而水势之自然，寅说不攻而自破。且如寅说，会河之水既多，则河势益强，河益强则济益弱，而谓济势锐流捷，能冲河衡渡，有是理乎？

元王天与《尚书纂传》按孔氏截河之说、程氏河溢之说皆非，是惟蔡氏说当就经以证之。溢与出字皆特见之例，惟其自中而满，故不如菏泽被孟猪之被，而有溢之名，惟其由伏而见，故不如他水下流之，至而有出之名，一也。又王屋之下，既见而伏，济源之西，平地复见。在河北既尔，何独溢出于荥而不然？二也。又济河，兖州，至《尔雅》犹有“济南曰兖州之称”，至《吕氏春秋》犹有“济河间曰兖州”之称。使其下流至兖者，非沇、济自来之济，则累代相传，岂其以无源之水名兖

---

[1] 河　底本为“而”，根据傅寅《禹贡说断·荥泽辨》更改。

疆域？三也。按：天与书出于蔡沈《集传》后，故兼辟程大昌而独主蔡说。

元吴澄《尚书纂言》：济既入河，其伏者潜行地下，绝河而南，溢为荥泽。再出于陶邱北者，言如井泉自中而满，非有来处。按：澄说解溢字最确，正与《汉书·地理志》所云济水自垣曲县东南至武德入河，轶出荥阳北，地中相合，盖溢即轶，自中而满，即轶出地中也。胡渭亦云：泰泽之水，有上源，与盐泽相似，但至此渟而不流，人识其为潜行地下耳。荥泽则灵，于是其水似井泉自中而满，不可指一路为源，故吴清云无来处也。

胡渭《禹贡锥指》：《诗·大雅》：觱沸槛泉，维其深矣。传云：槛泉正出涌出也。李巡注《尔雅》曰：水泉从下上出曰涌泉。《春秋公羊传》：昭公五年，叔弓帅师败莒师于濆泉。濆泉者，直泉也，涌泉也。此皆水之溢出地中而无上流来处者，阿井、趵突其类也。又有一切证《尔雅》瀵，大出尾（小）〔下〕[1]注云。今河东汾阴县有水口如车输许，濆沸涌出，其深无限，名之曰瀵。冯翊郃阳县复有瀵，亦如之。相去数里而夹河，河中渚上又有一瀵之原，皆潜相通。在汾阴者，人壅其流，以为陂，种稻，呼其本出处为瀵魁，此是也，尾犹底也。愚按三瀵地下潜通，随窦涌出，正与济水相似。按：胡渭确主轶出地中之说，其引证汾阴、冯翊三瀵潜通涌出，理更昭晰吻合。元陈栎《书集传纂疏》：虚谷方氏尝亲过枯黄河，见济水出河北温县者，今经枯黄河以入汶，而后趋海。以此验之，则济水性下，固能伏地而出为荥。程泰之谓溢为荥，非济溢。辨之者以河浊荥清，证其非当矣。今大河徙而南流，古大河遂为枯渎，济之贯河，

[1] 下　底本为“小”，据《尔雅》更改。

其迹昭然。泰之之非，不辨而明，亦千古一大快哉。按：自孔传后截流伏地，其说纠纷者，盖以河水屡迁，侵夺壅遏，累代不定，益滋歧说。方回、陈栎在元时河徙而南，之后遂得确指其迹。今河之与济相距愈远，截然不混，济不必与河并流，而轶更彰明较著矣。

御制："溢为荥，则又见而出为荥。"《地志》所谓即荥波之荥，见豫州者，三伏三见，此其一证。然其伏见，原亦无定处而无定数也。

明郑晓曰："济水发源于冀，经流于豫，分流于徐，入海于青。凡三伏而四见，一见于王屋而遂伏，再见而为济，再伏而入河，三见而为荥，三伏而穴地，四见而出陶邱之北自此不复伏矣。"按：此确指济水伏见之数与其地者。

顾祖禹《方舆纪要》：三见三伏之说出于近代。自孔、郑诸家以迄于宋世，诸儒未有主此说者。盖发源之处，或有伏见之分，入河之后，未尝伏而复出也。按：祖禹不主三伏三见之说，然又以为发源或有，则仍未能以为非也。特不泥其定处与定数耳。

蔡沈《书传》：先儒皆以济水性下劲疾，故能入河穴地，流注显伏。南丰曾氏《齐州二堂记》云：泰山之北与齐之东南诸谷之水，西北汇于黑水之湾，又西北汇于柏崖之湾，而至于渴马之崖。盖水之来也，众其北折而西也。悍疾尤甚，及至于崖下，则泊然而止。而自崖以北至于历城之西，盖五十里而有泉涌出，高或至数尺，其旁之人名之曰趵突之泉。今齐人皆谓尝有弃糠于黑水之湾者，而见之于此，盖泉自渴马之崖，潜流地中而至此复出也。其注而北则谓之泺水，达于清河以入于海。舟之通于济者，皆于是乎达也。齐多甘泉，其显名者十数，而色味皆同。以余验之，盖皆泺水之旁出者也。然则水之伏流地中，固多有之，奚独于荥泽疑哉？吴兴沈氏亦言：古说济水伏流地中，今历下凡发地皆是流水。世谓济水经过其下，东阿亦济所经，取其井水煮胶，谓之阿胶。用搅浊水则清，人服之下膈疏疾，盖其水性趋下，清而重故也。济水伏流绝河，乃其物性之常事，理之著者。程氏非之，顾弗深考耳。按：沉主伏见之说，而不实指三伏三见，其所指趵突泉、阿井至今不易，盖故时济水所经之道，随地皆泉，即随地皆济，益足为无定数无定处之证。

胡渭《禹贡锥指》：济水有三伏三见之说，或谓出于近世之俗学，殊不可信。渭按：伏见之说，二孔无之，然有所自来，泰泽一伏，东邱一见，本《水经注》；武德入河再伏，荥阳轶出再见，本《地理志》；荥东又伏，为三伏，出曹濮间，为三见，本《唐书·许敬宗传》，此岂创自近世？但以入河为伏，义有未安耳。沈括云：历下发地皆是流水，世传济水经过其下，东阿之井乃济水所为。曾巩云：泰山诸谷之水，自渴马崖潜流地中，至历城西复出，为趵突，旁溢十数泉。蔡沈引以证济之伏见重源显发，所在多有。《元和志》：郑州管城县京水出县南平地；新郑县溱水出县北三十里平地，二处并在河南，密迩荥泽，尤为明验。盖济渎所经之地，其下皆有伏流，遇空窦即便涌出，故一见于荥泽，再见于陶邱，不必以入河之济为上源，亦不必并泰泽、东邱数之为三伏三见也。按：胡渭所指三伏三见，复与郑晓之说不同，差为有据，然终归于无定处定数剧为通论。

御制：“宋乐史所云清河，即今大清河，唐李贤所谓济水东贯滑、曹、郓、青，以入于海者也。”

杜佑《通典》：济水之在河北者，王莽时此水枯涸，水但入河而已，不复截河而南。而《水经》叙济乃一依《禹贡》旧道，此不详之甚。又济南、济北、济阳、济阴凡郡国附济为名者，皆命名不审。按：自佑有此说，后世遂谓济之一渎，不可复考。程大昌所以有“杜佑说后世不当有济辨”之作也。

宋黄度《尚书说》：杜佑《通典》力诋桑钦，以为济渎已断，济水与《禹贡》不同，为谬何如日非也。济水虽绝，其渎犹在，虽中间皆经穿凿变易，或断或续，然水之附入于其渎者，犹可寻求缉之，以存禹迹，非无理，佑言为过。按：黄度直辟杜佑之说，以上追《禹贡》之旧，洵为有识。

宋程大昌《禹贡论》：按：李贤注释《范史》曰：济自郑以东，贯滑、曹、郓、济、齐、青以入于海，则唐语也。乐史《寰宇记》曰：入东平、济南、淄川、北海界中，水流入海，谓之清河，则本朝语也。尝考之古史兵师粮饷所经，及询之近日曾行其地者，二子之言皆信。然则荥泽虽流塞，其源固未尝竭，佑何以概言无有也？以理推之，自荥至海，地亘千里，水行其间，自成川脉，岂以一济溢而有，岂以一荥塞而无？第其受河而流，委阔长可以该他水而达于海，故得为四渎之一。荥虽塞矣，数州之水循溢荥下流故道而行者，自若也。禹尝名之以济，而后世肯不以济目之乎？

乐史曰：菏、汶合流，故因济旧名，非本济水。其说盖出于佑，而不能以其所及，概其所不及也。乐史虽能本佑语以为言，而亦不能究详，使后人有考也。兖、豫之境，凡水自南济、北济以行者，皆循济，故不独菏、汶，顾菏、汶特其大而可数者耳。今世所谓南北清河者，皆古济流派，而菏、汶则其要会也。陶邱以东，适与菏会，而遂分派，会泗水以注于淮，若济之注河而分者也。东北兼汶，与之同入于海者，济之正派也。此二者比浊河皆清，故后世以南北清河目之。今南北清河皆在，而菏、汶故流水尝竭减。又济率并河行，凡对济而决，或枝流入之，则河水皆为济水；虽受河之口，不专在荥，要之，派流古今常通，则郦、桑所书悉皆实录。佑因后汉一时荥口塞绝，并与下流没之，以为无有，虽其所考菏、汶最为精要，亦并没而不言，岂其得实哉！夫桑氏之失，既引他水以乱其源，杜氏之失，又矫桑氏而绝其流。二书者，地理家所仗以为指南也。今而若此，且并与《禹贡》无考矣。按：大昌主河、济并流之说，未为得理。然此所指济之分派、正派，以实南北清河为济之证，则确不可易。足以针杜佑之膏肓，发乐史之墨守矣。

顾祖禹《川渎异同》：杜佑曰：今自东平以东，有水流经济南、淄川、北海界中入海者，谓之清河。盖汶水、菏泽之合流，非古时之济水也。夫济为四渎之一，自昔推为九州大川，而湮没无征，莫甚何欤。按：祖禹确以大清河为济故，辟，杜佑清河非古济之谬。说见下。且如佑言，汶水、菏泽之合流，则《禹贡》明云又东至于菏，又东北会于汶矣，非济而何？

顾祖禹《方舆纪要》：今大清河自汶上县北出，至东平州西安山闸，又西北与运河分流，径东阿县西，复折而东北，径东阿县北，又东径平阴县北，又东径长清县北、齐河县东，又北径历城县北，而东北会于泺水，又北径临邑县东，又东北径济阳县南，又北径齐东县北，又东北径武定县南，又东径清城县北及滨州之南，又东北径蒲台县北，至高苑县北，又北径利津县东，而东北入于海。繇安山闸而下皆谓之大清河。近志元人始于宁乡县北筑堽城坝，遏汶水入洸，以通运河。永乐中，又于东平州东筑戴村坝，尽导汶水入会通河。今之大清河乃自平阴县南之柳沟诸泉，由东平州北门外过西折而东北。夏、秋运河泛涨，则张秋以南，东岸有减水闸分流来合，而东北出即济水之故道。说者谓大清河南古济而今汶者也。夫济流虽与古异，然今东平、历下诸泉皆入大清河，则仍为济水溢流，不得全谓之汶水矣。按：祖禹所胪乃今大清河全势，脉络井然，愈足证大清河之为济，而杜佑之说诚无足信矣。

于钦《齐乘》：入济之汶，即今大清河。于慎行《笔麈》：大清河第得汶之首尾，实以东平诸泉由济故渎入海。按：二于皆山东人，皆实指大清河为济。

胡渭《禹贡锥指》：以今舆地言之，自东平会汶，以下东阿、平阴、长清、齐河、历城、章邱、长山、新城、高苑、博兴、乐安诸县界中，皆《禹贡》济水入海之所径也。按：此以今舆地印证，《禹贡》济水故道所谓本然之形势也。

汴河（案）〔考〕[1] 汴古作汳。

桑钦《水经》：汳水出阴沟于浚仪县北。

《郦注》：阴沟，即蒗荡渠也，亦言汳受旃然水。又云丹、沁乱流，于武德，绝河南入荥阳合汳，故汳兼丹水之称。河、济水断，汳承旃然而东，自王贲灌大梁，水出县南，而不径其北，夏水洪泛，则是渎津通故渠，即阴沟也。于大梁北又曰浚水。故圈称著《陈留风俗传》曰：浚水径其北者也，又东，汳水出焉。故《经》云汳出阴沟于浚仪县北也。汳水东径仓垣城南，又东径陈留县之鉼乡亭北，又径小黄县故城南，又东径鸣雁亭南，又东径雍邱县故城北，径阳乐城南，又东有故渠出焉。南通睢水。又东，枝津出焉，俗名之为落架口。《西征记》曰：

[1] 考　底本为“案”，根据目录更改。

落架，水名也。汳水又径外黄县南，又东径莠仓城北，又东径大齐城南，又东径科城北，又东径小齐城南，又南径利望亭南，又东，龙门故渎出焉。渎，旧通睢水，故《西征记》曰：龙门，水名也。汳水又东，径济阳考城县故城南，为菑获渠。又东径宁陵县之沙阳亭北，又东径黄蒿坞北，又东径斜城下，又东径周坞侧，又东径葛城北，又东径神坑坞，又东径夏侯长坞，又东径梁国睢阳县故城北，而东历襄乡坞南。

又东至梁郡蒙县，为获水，余波南入睢阳城中，汳水又东径贯城南，又东径蒙县故城北。汳水自县南出，今无复有水。惟睢阳城南侧有小水南流入于睢。汳水又径大蒙城北。获水出汳水于梁郡蒙县北。

《汉书·地理志》曰：获水首受菑渠，亦兼丹水之称也。《竹书纪年》曰：宋杀其大夫皇瑗于丹水之上，又曰宋大水。丹水壅不流，盖汳水之变名也。获水自蒙东出，又东径长乐固北，已氏县南，东南流径于蒙泽。又东径虞县故城北，又东南径空桐泽北，又东径龙谯固，又东合黄水口，水上承黄陂，下注获水。获水又东入栎林，又东南径下邑县故城北，又东径砀县故城北，承诸陂散流，为零水、瀼水、清水也。积而成潭，谓之砀水。陂水东注，谓之縠水。东径安山北，又东北注于获水。获水又东历蓝田乡郭，又东径梁国杼秋县故城南，又东历洪沟东注，南北各一沟，沟首对获，世谓之鸿沟，非也。盖沟名音同，非楚汉所分也。

又东过萧县北，睢水北流注之。萧县南对山，世谓之萧城南山也。戴延之谓之同孝山。山有箕谷，谷水北流注获，世谓之西流水。余尝经萧邑，城右惟是水北注获水，更无别水，疑即《经》所谓睢水也。获水又东历龙城，又东径同孝山北，又东，净净沟水注之。水上承梧桐陂，西北流，即刘中书澄之所谓白沟水也。又北入于获，俗名之曰净净沟也。

又东至彭城县北，东入于泗。获水自净净沟东径阿育王寺北，与安陂水合。水上承安陂余波，北径阿育王寺，侧北流注于获。获水又东径弥黎城北，于彭城西南回而北流，径彭城，又东转径城北而东注泗。

《宋史·河渠志》：汴河自隋大业初，疏通济渠，引黄河通淮，至唐，改名广济。宋都大梁，以孟州河阴县南为汴首，受黄河之口，属于淮、泗。每岁自春及冬，常于河口调均水势，深六尺，以通行重载为准。岁漕江、淮、湖、浙米数百万，及至东南之产，百物、重宝不可胜计。又下西山之薪炭，以输京师之粟，以赈河北之急，内外仰给焉。故于诸水，莫此为重。其浅深有度，置官以司之，都水监总察之。然大河向背不常，故河口岁易；易则度地形，相水势，为口以逆之。遇春首辄调数州之民，劳费不赀，役者多溺死。吏又益缘侵渔，而京师常有决溢之虞。太祖建隆二年春，导索水自旃然，与须水合，入于汴。三年十月，诏："缘汴河州县长吏，常以春首课民夹岸植榆柳，以固堤防。"太宗淳化二年六月，汴水决浚仪。帝乘步辇出乾元门，宰相、枢密迎谒。帝曰："东京养甲兵数十万，民人百万家，天下转漕，仰给在此一渠，朕安得不顾。"车驾入泥淖中，行百余步，从臣震恐。殿前都指挥使戴兴叩头恳请回驭，遂捧辇出泥淖中。诏兴督步卒数千塞之。日未旰，水势遂定。至道元年九月，帝以汴河岁运江、淮米五七百万斛，以济京师，问侍臣汴水疏凿之由，令参知政事张洎讲求其事以闻。其言曰：禹于荥泽下分大河为阴沟，引注东南以通淮、泗。至大梁浚仪县西北，复分为二渠：一渠经阳武县中牟台下为官渡水；一渠始皇疏凿以灌魏郡，谓之鸿沟；莨菪渠自荥阳五出池口来注之，其鸿沟即出河之沟，亦曰莨菪渠。汉明帝时，王景、王吴始作浚仪渠，盖循河沟故渎也。渠成流注浚仪，故以浚仪县为名。灵帝建宁四年，于敖城西北垒石为门，以遏渠口，故世谓之石门。渠外东合济水，济与河、渠浑涛东注，至敖山北又兼邲水。春秋，晋楚战于邲。邲又音泛，即汴字，古人避“反”字，改从“汴”字。渠水又东经荥阳北，旃然水自县东流入汴水。郑州荥阳县西二十里三皇山上，有二广武城，二城相去百余步，汴水自两城间小涧中东流而去，而济流自兹乃绝。唯汴渠首受旃然水，谓之鸿沟。东晋太和中，桓温北伐前燕，将通之，不果。义熙十三年，刘裕西征姚秦，复浚此渠，始有湍流奔注而漕运焉。隋炀帝大业三年，诏尚书左丞相皇甫谊发河南男女百万开汴水，起荥泽入淮千余里，乃为通〔济〕[1]渠。又发淮南兵夫十余万开邗沟，自淮至江三百余里，而后行幸焉。自后天下利于转输。昔贾谊言：“汉以江、淮为奉地，谓鱼、盐、穀、帛多出东南。”五凤中，耿寿昌奏：“故事，岁增关东穀四百万斛以给京师。亦多自此渠漕运。”唐初，改通济渠为广济渠。开元中，黄门侍郎裴耀卿言：“江、淮租船，自长淮西北溯鸿沟，转相输纳于河阴、含嘉、太原等仓。凡三年，运米七百万石，实利涉于此。”德宗时杜佑请自浚仪西十里，疏其南涯，引流入琵琶沟，经蔡河至陈州合颍水，是秦汉故道，以官漕久不由此，故填淤不通，若畎流培岸，疏其两端，则江、湖、黔、岭、蜀、汉之粟，可方舟而下。由是经卢、寿，浮颍步蔡，历琵琶沟入汴，功寡利博。至国家受命，以大梁四方所凑，天下之枢，可以临制四海，故卜京邑而定都。汴水横亘中国，首承大河，漕

[1] 底本脱“济”字，根据《宋史·河渠志》更改。

引江、湖，利尽南海，半天下之财赋，并山泽之百货，悉由此路而进。然则禹力疏凿，以分水势，炀帝开甽，以奉巡游。虽数湮废，而通流不绝于百代之下，终为国家之用，其上天之意乎。神宗时，宣徽北院使张方平论汴河曰："国家漕运，以河渠为主。国初浚河渠三道，通京城漕运。自后定立上供年额：汴河斛斗六百万石，广济河六十二万石，惠民河六十万石。广济所运，止给太康、咸平、尉氏等县军粮而已。惟汴河专运粳米，兼以小麦，此乃太仓蓄积之实。今仰食于官廪者，不惟三军，至于京师士庶以亿万计，太半待饱于军稍之余，故国家于漕事，至急至重。然则汴河乃建国之本，非可与区区沟洫水利同言也。近岁已罢广济河，而惠民河斛斗不入太仓，大众之命，惟汴河是赖。今陈说利害，以汴河为议者多矣。臣恐议者不已，屡作改更，必至汴河日失其旧。国家大计，殊非小事。愿陛下省察留神远虑，以固基本。"南渡而后，不复重视漕运，汴水之通塞讫无人问。金宣宗迁汴，张翰谓当按蔡汴旧渠以通漕运，由万安湖舟运入汴。

《明史·河渠志》：元至元二十七年，黄河决祥符之义唐湾，汴河及堤皆为河所淤，而汴水入蔡河，蔡河流亦塞，不能东达淮、泗。后以其水浅不能行舟，乃立闸积水以行之。嗣丞相脱脱举贾鲁治之，南自郑州疏汴，历中牟，抵祥符西南境之朱仙镇，经吕家潭递至周家口，会沙、涡、汝、颍之水，以达于淮。其河即汴、蔡之分派也。因贾鲁治之，遂以名河。明正统十三年，河决荥泽，由郑州、中牟、祥符、陈留东入涡口，汴河以塞。弘治三年，命侍郎白昂修汴堤，浚古汴水，下徐州，入泗。六年，河溢黄陵冈，命平江伯陈锐导河南行，分为二派：一由中牟历汴至颍；一由陈留至归德，由涡入淮。终明之世，汴、涡两河时为黄河所夺。

清高宗乾隆五年闰六月，河东河道总督白钟山疏称："河南巡抚雅尔图请于贾鲁河北岸开新河一段，由浅儿河入涡会淮，以分上流异涨，而开归南面、陈州北面，凡有雨水，引入该河，均免盈溢。其省城之水，欲开干河涯，必先浚贾鲁新河为归宿之途，应并案疏通。"部议："行令咨商江南，妥议具题，请敕河东总河亲临确勘。"兹查得干河涯在省城南门外，原系汴河故道，与城壕相通。按：汴河故道与城壕相通处，在今南门迤东半里许，有沟，俗名小拐沟，即泄城内积水，由水门出，折而南流，由此达汴。经繁台寺前，东入沙河。下至红沙湾，入于沙河。贾鲁新河头在中牟县十五里堡，入祥符浅儿河，又于浅儿河北岸至高家楼前，入于沙河。原估创开新河二段，乃系分泄贾鲁河异涨之水，故命之贾鲁新河。迨入沙湾以下，历经挑河、永利沟、老黄河，以洎鹿邑入涡等处，皆系旧有之故河，但估疏浚并非创开者也。查创开新河二段，在红沙湾南岸，干河涯入沙并不以此二段为归宿。惟因与沙、挑等河合轨同流，有脉络贯通之势，是以从前原议干河涯与贾鲁新河并案办理。缘该抚雅尔图念切省城积水久碍居民，不能缓待，是以发帑将省城应挑沟渠暨干河涯工段普律挑竣，放水出红沙湾，归入沙河。本属城内无源积潦，流至陈留、杞县之境，随路消耗，不能下达江南，流已干涸。其已估未挑之贾鲁新河，西自中牟县之十五里铺分流，经祥符县浅儿河至红沙湾东高家楼亦入沙河，自沙河而下为挑河，为永利沟，为老黄河，皆同条共贯，会涡入淮。此河开通，源远流长，与下游江南有无干碍之处，现今江南水利大臣汪漋等至豫查勘，应俟勘明上下形势，悉心商议，会疏请旨遵行。

乾隆六年，河南巡抚雅尔图疏称："豫省贾鲁新河与干河涯一切善后成规自应并案筹画，悉心酌拟具题。

一、豫省土性浮松，新河开成之后，必须酌定银两，岁加疏瀹，始免淤淀。应请于藩库耗羡银内，每年动支银四千两，为挑浚新河并干河涯案内沟渠桥洞等工修补之用。每年霜降后，专管官会同印官确估详报，各该水利丞倅核实，转详该管道，移司会详请修。如本年不须修浚，或所用无多，即存留司库为下年之用，不得借有岁修银两希图冒销。

一、挑河之土，分积两岸子堰。其民田雨水之路，应听民议留开放，但必随泄随堵，以防河水猝漫，致淹禾稼。管辖各官不时巡查经理。至挖伤地亩，如系民间行粮熟地，应令各该州县查明实在亩分及条银漕米数目，详请豁除，以免民累。

一、河道挑成之后，应需专员各按地界巡查疏浚。除杞县、睢州旧有水利县丞、州判，此案工程应归管理外，至祥符、中牟、陈留三县所有县丞俱系专管黄河险工之员，且工次相去遥远，不能兼顾。所有祥符红沙湾并中牟县西十五里铺二处闸座及干河涯头至汪家屯，并省城浚仪渠，各处工程，查有开封府照磨一员，本任事简，可以兼管。其中牟、陈留、柘城、鹿邑、淮宁五县境内河道，应令各该典史管理。开封府照磨每岁向给养廉银八十两，今既管辖祥符各工并两处闸座、来往稽查、启闭宣泄，应照该府经历兼粮道库官之例，添给养廉银八十两，俾免支绌。

一、省城添建水门洞，应仍责令门军看守启闭，毋庸另设夫役外，其中牟两大闸应设闸夫八名，祥符红沙湾中闸应设闸夫四名，其闸夫工食每月给银五钱以资食用。

一、新河开就，舟楫可直抵省城。或遇水小之年，上流涓细，商船未免浅滞难行，应照乾隆四年部议，每年于秋分前后酌量截坝蓄水；立夏以后，大雨时行，恐有暴涨，应开坝放干宿水，以待汛临宣泄，于农田、商舶两有裨益。”

乾隆五十年，河南巡抚毕沅奏：“贾鲁河即古汴水，发源荥阳大周山，会京、索等水，经郑州、中牟、祥符，至朱仙镇，下达尉氏、扶沟、西华、淮宁之周家口、商水、项城、沈丘，至安徽之颍州、正阳关入淮。又，贾鲁河自中牟西十里分支为惠济河，经祥符、陈留、杞县、睢州、柘城、淮宁、鹿邑至安徽亳州金阳河入淮。各计四百余里。此河淤塞，为开封等府属商贩民食攸关，今久经浅淤，自应及时开浚，且于水旱年时兼资蓄泄。”从之。

李鹤年《惠济河辑说》序曰：惠济河，古汴水也。宋都大梁，漕运由四路入都，三路皆由汴，故汴水特重，岁有修筑，不至有壅滞淤浅之患。自元定鼎燕京，漕由海运，于是汴水所系遂轻。而元臣贾鲁又因鸿沟之迹，导京、索之水南流，惟以其余支入汴，汴流益弱。自明迄我朝，黄河屡决，汴水东行之道逐渐淤高，其流遂断。而省垣为浊流所环绕，外高内低，形如釜底，城中积潦欲出不得，大为居民之患。乾隆五年，始于中牟楚坝泄贾鲁之涨，经汴水故道入涡，赐名惠济河。是时，前抚军雅尔图请于城内凿包府坑、杨家湖以受街巷盈溢之水。不十年，受水既多，坑不能容。乾隆十四年，前中丞鄂容安乃议浚城外之干河涯，导城中积水而入之涡，然后人得平土而居焉。是时，城内外之高低未甚，故所浚之干河涯仅深四尺，而内水亦毕出。其于工费未巨也。自道光二十一年，祥工南决，浊流直逼城下，绕城而东，沙积如山阜，于是内水不复可出矣。同治五年，予移节此邦，目睹城中积水有盈无耗，居民日在昏垫中。当事屡修屡塞，迄无成效。七年，积潦尤甚，出入以舟，于是大议修筑，闻者咸以为难。

予惟城水之所以积，由于惠济河之淤；而惠济河之淤，由于黄河之决。然惠济河自西而东，黄河之决则自西北而东南，是斜穿而过，非夺河而行者也。斜穿而过，则为所穿之地沙积而高，不为所穿之地沙不积而仍低矣。于是测城之外地高于城内水面者七尺有奇，由是而东至太平冈，则其地低于城内水面约二三尺。又东，则陈留地低而杞县高；又东至睢州之南，则益以低矣。计其中最高之地，惟太平冈西之二十里及杞县、睢州之百余里，是为河水所穿之地。于此加修深广，则尾闾不患其不通矣。乃以七年十月兴工，至八年四月工竣。起省城东之水，经祥符、陈留、杞县、睢州、柘城，讫鹿邑惠济河入涡处，成长河一道。城中积水十灭七八，居民便之；而濒河之地之旧为斥卤者，亦悉易为沃壤焉。

按：汴水至今虽存其名，已不能复其故迹。惠济河循其旧道，而上源兼受省垣关厢之水，下达于涡。经行开封、陈留、杞、睢、柘、鹿等县，大抵土性沙松，易于壅塞，即无黄河之冲决，亦不能十年不加疏浚，其势然矣。今辑自宋以来通塞之大端，用资考镜，其余已见于惠济河篇。

丹河考

丹河有二：一、大丹河发源山西潞安府南之太行山，南流，东合陵川，西合高平诸小水，经绛州东南穿太行山口入河南怀庆府北境之方山；又南入沁水者，此经流也，俗名大丹河。一、小丹河自方山分一支东南流，经清化镇，南折东流经温县、武陟县北、修武县城东南，又东北有诸山泉水来会，又东南经获嘉县北，有五峪水自西北来会；又东北至合河镇之北，有辉县百泉水先后自北来注，名小丹河。自此以下，别名卫河，又东经新乡、汲、淇等县，东北约七八百里至临清与南来之运河会，再由天津以达于海。此大、小丹河源流之大略也。

按：大丹河出山西潞安府西南山，南流至高平县东北，有浮云河西北来会；南经县城东，又南许河自西来注之；有耳白水，东北自陵川县东北之圣宫山西南流，合蒲水来会；又南流，东受白羊河水；又南经泽州东南境，有白河、黄沙河西北自州城合而东南会天井关北水，东入丹河；又折而东南，入河南界，经怀庆府北境之方山东，又东南出山，流分为二：其东流者曰小丹河，东北经修武、获嘉，与卫河合者也；其南流者曰大丹河，至怀庆府之东北入沁水。

《读史方舆纪要》曰：丹河源出高平县之仙公山，穿太行而南，名曰丹口。南流三十里入沁河，引水灌田，为利最普。

《清一统志》曰：怀庆府，丹水穿太行山而南，中间分为沟渠凡十里八道，其经流南入沁，首尾三十余里。康熙二十九年，河臣王新命以丹河发源太行山，至丹口分渠九道，大丹河直归沁河，其余六渠民引溉田。惟小丹河上秦河二渠所余水用以通卫济漕。至五月尽，则开八河，塞小丹河口，以防山水漫溢，至今民称便焉。按：《元和志》云：丹水分沟灌溉，百姓资其利。今府城北丹河东岸有上秦渠、三郭渠、董下渠、白沽渠、张济渠、老武渠、太保渠、张金渠、陈添渠；西岸有郭鲁渠、流涝渠、花园渠、上清渠、下清渠、中泗渠、贝涧渠、广济民渠，俱上承丹河，尾入沁河。

《怀庆府志》：丹河在河内县西北，由方山入境，出山东南流二十五里，为九道堰，分二十三渠。堰之北，东一水东出为小丹河，故土人呼南流者为大丹河云。河由九道堰下屈而西，迤南折东，经清化镇西；又东至北金村，汇于沁。上秦渠在诸渠之上，丹河东岸入渠，东至上屯村，长二十五里。东民渠，上秦渠至九府坟南分水入渠，迤东，经清化镇南；又东至太师庄西入小丹河，长十九里。西民渠，自丹河东岸入渠，东流至太师庄西南入小丹河，长十九里。按：此二渠即《旧志》所云小丹渠者也。董下东渠，自九府坟西、民渠南分入渠，东南至东界沟村入沁，长三十里。董下西渠，自辛庄村董下东渠北分入渠，至陈村入沁，长三十里。按：此二渠旧统名曰董下渠。三郭渠，自九道堰下东岸入渠，东流，南迤至东南村入张济渠，长一十五里。张济渠，自堰下东岸东分入渠，至张村汇三郭水入沁，长三十里。白沽渠，自堰下东岸东分入渠，至大李园入张金渠，长十五里。老武渠，自狄家岭白沽渠南分入渠，东南至蒋村入于沁，长三十里。大太保渠，自堰下东岸东分入渠，至灵官庙入沁，长三十里。小太保渠，自堰下东岸东分入渠，至刘村入沁，长八里。按：此二渠旧志统名太保渠。张金渠，自狄家岭小太保渠西分入渠，至灵官庙仍入小太保渠，长八里。陈添渠，自陈范村张金渠西分入渠，至祭村入大丹河，长三十里。郭鲁渠，自堰下东岸东分入渠，东南至祭村入大丹河，长二十五里。流涝渠，自圣母庙郭鲁渠西分入渠，至张村入大丹河，长十五里。花园渠，自圣母庙郭鲁渠西分入渠，至二仙庙入大丹河，长十五里。上清渠，自丹河西岸入渠，西北流，折而东，至景明村入于康济渠，长二十三里。下清南渠，自堰下西岸西分入渠，至杨花村入沁，长十里。中泗渠，自堰下西岸西分入渠，至沙滩园入永兴渠，长二十里。永兴渠，自龙王庙中泗渠西分入渠，至北金村入沁，长三十里。康济渠，自堰下西岸西分入渠，由阎家斜至邦台村入涝河，长十里。流浚渠，自堰下西岸阎家斜分水入渠，西折而南至沁阳村入沁，长二十里。以上长三十五里，在东岸者灌地一百余村；在西岸者，灌地四十余村。按：旧志有秘涧渠、广济民渠，无永兴渠、流浚渠名。然考之县图，则又有永兴、秘涧，而无流浚及广济渠，大约先后异称。附志于此。

《河内县志》：丹水源出潞安府西南山，历高平、泽州，绕县北栲栳山、方山，经九峰山出山。

《水道提纲》：大丹河经怀庆府北境之方山东，又东南出山，流分为二：其东流者曰小丹河，东北经修武、获嘉，与卫河合者也；其南流者曰大丹河，至怀庆府城之东北入沁水。《汉书·地理志》：高都县莞谷，丹水所出。《水经注》：水出上党高都县故城东北阜下，俗谓之源源水。《山海经》曰：沁水之东有林焉，名曰丹林，丹水出焉，即斯水矣。径二石人北而各在一山，犄角相望，南为河内，北为上党，二郡以之分境。又东南出山，径郏城西，城在山际，俗谓之期城，非也。《府志》云：相传方山下水曲，竹木交荫，即丹林，以当沁水东也。则经之言出，谓出山，非谓源出于此。按：《山海经》：其东有林焉，名曰丹林，丹林之水出焉。上文谒戾之山，其上多松柏，有金玉、沁水出焉。南流注于河，则其东有林，盖承谒戾之山。而《水经注》引之曰沁水之东有林焉，下文历书丹水所经，自高都县始，则谓沁源在西，丹源在其东，与《山海经》本文无不合。至县旧志古迹图直以丹林在县内丹水之曲，而《府志》亦因之，盖误读也。《新唐书·地理志》：丹水，开元十一年更名怀水。

出山东南行，一水东出者为上秦渠，次为小丹河，又其次为民渠，其一水西出者为上清渠。

上秦渠在诸渠之上，直东行至九府坟南分为二：一，水东南行二十四里至太史庄，入小丹河，为东民渠。上秦渠行三十三里至八石河止，凡此诸渠皆分流灌溉，民资其利。小丹河亦曰运河，自闸夫房斗门分丹水东南行，历九府坟、清化镇、南太史庄、金城镇、末庄桥至小中里村南，入武陟县。《通志》云：上秦渠小丹河东流入卫济漕。康熙二十九年四月，河督王新命、巡抚阎兴邦亲勘，奏定每岁三月一日起至五月十五日止，用竹络装石，横塞八河渠，盖塞九道堰之八。使水归小丹河，入卫济漕，留涓涓之水以溉地。至五月重运过完，则开八河渠，用竹络装石塞小丹河口，以防山水漫溢。其小丹河经修武、获嘉以达合河镇之处，若有浅阻，印河各官量为疏浚。西民渠首受丹水于九道堰，过九府坟东南行二十四里，至太史庄，与东民渠南北两岸入于小丹河。上清渠首受丹水，西行迤南归康济渠，入于沁。

又东南行，出九道堰，东西岸釃为十九渠。

丹水自九道堰下东岸出者为花园渠、郭鲁渠、流涝渠、陈添渠、张金渠、小太保渠、大太保渠、老武渠、白沽渠、张济渠、三郭渠、西民渠、董下东西渠；西岸出者为中泗渠、永兴渠、下清南北渠、康济渠、流浚渠；凡十九渠，自九道堰出，引以溉田，历载久远。碑石无有创兴之代，不可考，现沿俗名称为九道堰云。

屈西南行，经辛店东。

丹水虽分流为十九渠，而经流尚盛。屈而西行，其西岸为辛店镇，东岸为许良镇也。《水经注》：丹水又南，屈而西转，光沟水出焉。光沟，见沁水条。

又南行，屈而东，过二仙庙西，花园渠合之。

渠受丹水于九道堰，与郭鲁渠、流涝渠同出，至圣母庙十里长滩分流。花园渠至二仙庙，郭鲁渠至崔庄，流涝渠至闪拐店，皆复归于丹。

又东南过陈村东，陈添渠合之。

渠承九道堰水，自龙王庙至陈庄，行十九里，复归于丹。

又东过北金村东，合于沁。《水经注》：丹水又西，径苑乡城北，南屈东转，径其南，东南流注于沁，谓之丹口。按：苑乡城，县旧志、乾隆《府志》皆云在城北，而不着其地，亦不言基址有无，盖莫可征考久矣。

丹河堤，《府志》云：长六里。

小丹河堤，《府志》云：自太史庄起，至武陟县交界止，长五千四十五丈，各岸各筑小堤，长与河等。

按：丹水灌溉之利，本不亚于沁水，而沁水乘高趋下，其流湍悍，时有溃决之虞。丹水之两岸疏浚得宜，流亦不远，自昔蓄泄渠水，启闭闸门，岁有常制，为利甚溥。近年以来，沁阳、武陟之间，农民所设闸座多有年久失修。伏秋大汛，丹、沁两河同时并涨，冲决闸口，漫溢为灾，时有所闻。以有利之水转受其害，有地方之责者，其自视为何如耶！

卷二十

京汉路黄河铁桥案

黄河铁桥绾毂南北，为京汉路适中之关键，微特行旅往来、货物运输至此必须直达而联两端为一气，在军事之进行防御亦为切要之图。自光绪二十九年八月修筑之时，河南巡抚张人骏奏黄河铁桥建造不易，奉朱批："着袁世凯、张之洞、盛宣怀妥议具奏。"三十年六月，督办铁路大臣盛宣怀始行奏到，盖当时人心咸以黄河湍悍，土性沙松，即盛宣怀亦未敢信桥工之必成。故复饬洋工程司沙多详核议复，并与袁世凯、张之洞往返筹商。世凯、之洞亦派华洋各员复加履勘，所以延至十月之久。盛宣怀乃将沙多所议者详为覆奏。三十二年，张人骏以桥下新长大滩，又奏称沙多系异域之人，未谙中国水性，成此误举。奉朱批："着铁路大臣妥议办理。"前二折均见前志，兹不复述。而铁路大臣二次所议者，案牍不全，无从稽考。三十年九月，河南巡抚、兼管河工事务林绍年附奏："再，黄河自铁路桥成，水势即有更变，盖缘桥柱之下抛石无数，以致障沙分溜，处处不同。臣来汴时，即留心与铁路人员辩论及之，虽据言公司亦深知桥随河而并重，非敢专顾桥工，置河不问。及诘以桥下石墩显为固桥而碍河，则又以向来河水含沙，石在水中，与沙相等。伏秋大汛，水从石面而行，所挡者径寸铁柱而已。不知沙在水底，逐流荡漾，随刷随开，究非石比。若石则俨成户限，不过伏在水中，视截于水面者为少。若必谓绝不挡水，无是理也。但桥工既成，且抛石亦无从禁，自不得不于河加慎堤防。查桥西上游南有广武诸山，尚无庸虑，所最易生险者，尤在北岸民埝桥东。下游则北岸又觉稍轻，而南岸四厅极形吃重。盖铁桥名虽南北横过于河，堤实自东北而向西南，故水本东流，因过桥亦成斜趋之势。况因石障沙，因沙分溜，北岸则坐湾可虑，南岸则尤苦当冲，年来险工丛生，悉由于此。即孟县工程愈刷愈巨，亦未始不由此也。刻惟有督饬文武各员认真修守。而向来无工处所尤觉防不胜防，前抚臣因此铁桥叠次奏陈，洵非过虑。臣详加察看，不敢不缕晰陈明。"查此奏寻准邮传部咨称，内阁抄出，河南巡抚林奏"陈明铁桥关系河工情形"一片，奉朱批："知道了。"钦遵到部，本部思患预防，札派京张路局总办詹道天佑会同代理京汉路局总监督郑道清濂日内前往详细察勘。除札饬该道遵照。先勘铁桥并沿河，勘至孟津各处，或随带洋员一同前往外，相应咨行查照，饬属照料。自此咨外，遍查各卷，未见再有部咨，亦未见有詹天佑、郑清濂覆禀之文。并未闻有人复议铁桥之事，则当时所覆，大略可想矣！迩年铁桥保险之期已过，方且亟议重修，今昔人之观念不同有如是者！

借河堤（筹办）〔为〕[1] 汽车路案

民国九年五月，河务局长吴篔孙训令黄沁十一分局：照得本局长昨奉省长面谕，现拟于沿河地方筹办汽车，借原有堤埝为道路，交通既便，工防尤裨。惟堤上有无阻碍难行之处，饬即查复等因。查堤埝多属冲要道路，上年河务会议，本局长曾经提议将各河重要堤埝划归国道案内，由国家提前修治，当经公决，由会请部酌核，加入国道案内办理。或分别国道、省道，双方协办各在案。兹奉前因，除分行外，合行令仰该分局长遵照，迅将该管工段大堤能否行驶汽车，有无埠道残缺及其他滞碍难行之处，克日查明具复，以凭核转。

民国十年十二月，河务局长吴篔孙呈省长：案据李鸿宾、李杜、郭维桢、张恩隆等禀称，窃鸿宾等拟组织汽车公司，自黄河北岸兰封河口至济源县行驶汽车，以通商贾。经过路线除借用由沁阳至济源官路外，所有由兰封河口至济源北部以借黄沁两堤为最适宜。如蒙准予借用两河堤埝作汽车路线，堤面平时修理，凡在路线之内，公司概行负责。傥遇紧要工程，运输河工用品，公司略取油资代为办理，以免贻误。除呈请省长借用官路外，恳请照准以便进行等情，并送路线图说到局。查该公司所拟借用黄沁两河堤埝作为路线，既据禀称路线经过堤段，担任平时修理，遇有紧要工程，并代运输料物，于河务、交通两有裨益，似应准其借用。除批示照准外，理合检同原送图说，呈请鉴核备案。

是月，河南省长张凤台指令河务局：呈悉，据称李鸿宾等

---

[1] 为　底本为“筹办”，根据目录更改。

创办汽车，由兰封口至济源路线借用黄沁两河堤埝，担任平时修理，遇有要工，代运料物，于河务、交通两有裨益，应准如拟办理。至本署另据李鸿宾等呈请，借用沁阳至济源官道，同系便利交通，并准如所请备案。除行实业厅外，仰即转饬该商作速组织就绪，依例呈请报部注册。

民国十一年一月，河南督军赵倜、省长张凤台训令河务局：案据省议员郭平、郑勉斋等禀称，创办汽车公司，恳予令饬经过各县出示保护事。窃以交通不便，文化阻塞，行旅裹足，商业窳败，调兵运饷更属困难，议员等有鉴于此，特筹集资本拾伍万圆，创办沁济黄校汽车公司，其路线计分为三：一自黄河桥经过武陟县、沁阳县至济源县；一自清化镇至沁阳县；一自清化镇至校尉营。其路基均借用官大道及黄沁两堤，业在实业厅呈准备案。第查《长途汽车公司条例》第十条、第十一条之规定，关系军民两政綦重，非赖地方长官保护不足以策进行。兹值敝公司创办伊始，平治道路、修理桥梁、建筑房屋，在在须动工作，若不出示周知，深恐发生误会。理合恳请督、宪咨行省宪会，令河务局及武陟、沁阳、济源等县出示保护，以资进行，而便交通等情。查该员等创办汽车，系为交通便利起见，事属可行，除分行外，合行令仰该局长遵照出示保护。

是月，河务局长吴篔孙呈省长：案据省议会议员李杜等禀称，窃杜等为振兴实业、便利交通起见，集合资本二十万圆，组织久亨汽车公司，曾已勘定路线；一自清化镇西至济源城，借用官大道；一自兰封县属之兰封口西至济源县属之马村，借用黄沁两堤，均经分别呈奉省署暨钧局批准，并呈由沁阳县转呈实业厅呈请省长分咨立案注册各在案。顷闻有他人欲图侵害，禀请督军咨行省长，会令钧局出示保护，亦系声称借用官道、河堤，与杜等所勘路线大相冲突。遽听之下，不胜骇异！查组织此项公司，非同他实业可比。其成立之根据在于借用官大道暨黄沁两堤，故杜等先行呈请省署暨钧局备案，后又依公司条例规定手续，呈由沁阳县署转呈实业厅呈请省长分咨立案注册，若舍此办理，均与法理不合。至有他人如何进行，是否合法，自可详查。且杜等所呈奉省署暨钧局、沁阳县知事批令，亦并未提及有他人借用官大道与河堤暨呈请立案注册之事。窃恐系他人朦禀督军，对于杜等上陈各情不肯说明，用特据实详陈，恳乞力维原案，以利进行，而免冲突。并祈分别呈明军民两长，请予维持等情。

查此案前据李鸿宾、李杜等禀请借用黄沁河堤作为路线，担任平时修理，遇有工程紧急之时，并可代为运输料物。职局长当以无碍修防，呈奉指令，照准在案。旋奉督军、省长会令郭平等筹办沁济黄校汽车公司，饬即出示保护，正遵办间，据禀前情。查交通部规定，《长途汽车公司条例》暨《营业规则》，并无不准两公司行驶同一路线之规定，惟按诸事实，诚恐发生意外冲突。现在两公司借用河堤，致启争议，究应如何办理之处，事属实业厅管辖范围，理合呈请鉴核示遵。

十月九日，河务局长邓长耀呈督军、省长：案据武原分局长汪福荫呈称，准清济黄校汽车公司函称组织汽车公司，呈奉督军批准，请饬照原定路线，由黄河桥北岸起点，经过武荥汛大堤等情，分局未奉局令，理合呈请示遵等情。当以《长途汽车公司条例》虽无不准两公司行驶同一路线之规定，惟按诸事实，诚恐发生意外冲突。经吴前局长呈请省署核示，未奉指令。据呈清济黄校公司是否沁济黄校公司，当经指令该分局长详细查复。兹据呈称，询据该公司创办人部清风面称，沁济黄校公司即清济黄校公司，并非有二，久亨已将清化办事处取销，停顿营业。且于八月间曾蒙督军饬传，两公司代表集于省城，证明清济黄校公司立案在先，遂谕久亨将来果使开办，当然另勘路线，庶免同驶，发生冲突。现在久亨既已中止，自应暂置勿议。至对于河堤修理办法，凡汽车经过之处，均由公司一律担任。原存堤身，只准加高培厚，不许削剃取用堤土。此外，每年于红利项下抽提百分之五，作为地方及河工借路之报酬。兹接本省军用汽车筹备处来函，催促进行，所购汽车今由天津运到黄河桥头二辆，势不可缓，急须兴工等情，具复前来。查清济黄校汽车公司既奉批准，所请借用武荥汛黄河大堤之处，似应照准，理合呈请鉴核示遵。

二十一日，河南督军冯玉祥指令河务局：呈悉。查此案前据该公司创办人郭振瀛、部清风等呈请，集股组织清济黄校长途汽车公司，路线一由清化车站至济源县，以工赈所修之马路为路基；一由黄河北岸至校尉营，以黄沁河堤及官路为路基，请准备案等情，业经批准在案。现该公司呈请借用武荥汛黄河大堤，自应照准。惟借用河堤修筑，对于堤身须顾虑周到，不得稍有损坏，仰即转饬该公司妥慎办理。

民国十三年七月，河南省长李济臣训令河务局：案奉巡帅函开，豫省汽车路线所有黄河北岸沿堤一带道途尚属平坦，略加修补即可借以行车，于修筑工程较为轻而易举，当经委派本署咨议宋德玉前往详细查勘。兹据复称，查得各汛堤工临黄较近者如孟、温两县东西汛之唐郭村，封邱汛界荆隆工以下等处，因时常修补，堤面平坦，刻下即可行车；余如封邱汛上界及阳武、原武、武荥、武陟等汛临黄较远，多未认真修理，风雨冲刷，不免残缺，而浪窝、堡道亦复多而且深；至岳店、詹店等村，堤面筑有寨墙，沁、蟒各河桥梁极窄；又武陟、温县之间约计三十里并无堤工，而孟县汛上界堤头至河口二十里以内皆有路沟，均于交通有碍，自非分别修葺不能行驶汽车。禀请核办。查所称河堤残缺之处，不惟有碍行车，且于伏汛前途危险甚大，亟应赶速修整，一以防御水患，一以裨益路政。除委宋咨议为河北汴孟沿堤汽车路政监督以专责成外，相应开列应行修筑地段及各办法清单，函请查照，饬下该管各局县商承宋监督，赶速设法修理，务期克日告竣，以利进行，实为至盼。所有动工日期、修理情形并希随时见复。查此案前经令饬，该局督饬各县会查明确核议复夺在案。兹奉前因，合行抄发清单，令仰遵照转饬各县商承宋监督办理，随时呈报。

附清单：

河北汴孟一带堤工路线应修地点及办法

一、下北汛自辛店起，至上界第一堡止，长约五里，堤面极形残缺，应饬河务局从速认真饬修齐整。

一、封邱汛自荆隆工起，至阳武汛上界第一堡止，此段内浪窝较多，而堡道亦形深密，应饬河务局从速认真修整。其间岳店村于堤面修有寨墙，应饬封邱县知事会同阳封河务分局长晓谕该村招集民夫，急速撤平，以便通车。

一、原武汛汛长已将该管汛内浪窝全行填平，惟堡道虽亦陆续修填，尚未完整，应饬河务局从速饬修。

一、武荥汛、武陟汛除拦黄埝外，浪窝、堡道亦属不少，应饬河务局从速修整。其间詹店等村于堤面修有寨墙，应饬武陟县知事会同武原河务分局长晓谕该村招集民夫迅速撤平，以便通车。

一、沁河两岸堤面常走骡车，轧辙深乱，应饬武陟县知事会同河务分局长认真取缔，严行禁止。

一、沁河桥薄而且窄，应饬武陟县知事设法募款重修，以期一劳永逸。

一、武、温两县之间有三十里无堤，旧有车路甚窄，应饬武、温两县知事会商办法，竭力开宽取直，以便通行汽车。

一、蟒河桥亦甚窄小，应饬温县知事设法重修，亦期一劳永逸。

一、孟县隆头自大王庙起，至上界河口止，有二十里多系窄路，应饬孟县知事征集民夫，竭力设法开宽，以便通行汽车。

九月，河务局长陈善同呈省长：奉训令，案奉巡帅交据委员宋德玉《报告黄河北岸大堤能否通行汽车大概情形》原折一件，查此项河堤绵亘数县，如拟通行汽车，究竟何处完整，何处残缺必须修理，其中有无窒碍，亟应详确查明，以凭核办。除分令孟、温、武陟、原武、开封、封邱等县会同勘明核复外，合行抄发原折，令仰该局督饬各该县会查明确，呈复核夺。正查办间，旋奉令同则因并抄发清单一纸，嘱令职局转饬各县商承宋监督办理，当经先后分别行知，并将开陈、开封、原武诸汛堤工拟请仍依封邱、武荥等汛暨转呈阳封堤工，拟具两种办法，呈请鉴核各在案。查河北汴孟沿堤汽车经过路线，职局管辖之分局有四：曰下北，曰阳封，曰武原，曰孟温。除阳封堤工工程浩大，兴办最感困难，业拟两种办法，呈由职局转呈核示外，余如下北、武原、孟温等分局均先后呈复。关于水沟、浪窝及残缺之处，已督率汛兵次第填平。至于沁、蟒各河之桥梁，岳店、詹店等村之寨墙及其他一切浩大工程，亟待招集民夫办理。第职局无直辖各县之权，而各县又事务纷烦，对于此项工程延未开办，亦未具报情形。迭经职局严催，而具报仅荥泽、封邱、阳武三县。或呈称现始动工，或请俟农忙后勘办，或谆谆以宋监督未派员来县，亦无公文知会。从何修垫为辞。似此观望不前，深恐难收指臂之效。前拟函商宋监督，请其早日归来督促一切，俾各县有所商承，第值军书旁午之际，恐一时不能离京，路政前途不无贻误，理合呈请鉴核。

黄河行汽船案❶

民国十三年七月一日，河务局长陈善同咨实业厅水利分局：案奉省长训令，据沁阳张继良等呈称，组织黄沁汽船运输局，恳请备案，以利交通。令敝局会同贵厅局查明有无窒碍，呈复核夺等因。查航业为交通之要素，该民人等所请不为无见。惟查黄河水势挟沙带泥，流急则沙随水行，流缓则水停沙淤，行驶汽船殊属不易。本年二月，准贵厅咨，直隶井陉县宝昌煤矿矿工师徐建权呈请试办黄河转运一案，业将此中困难情形咨复，查照在案。今该民人等所拟定汽船运输之航线，于沁河上自济源之五龙口，下至武陟之方陵，长百有余里，水势涨落靡定，每当伏秋大汛，山水暴发，一片汪洋。运货行舟，尚觉便利，设天久旱或交冬令，水势低落，宽不过数丈，深只三五尺，能否容此身长三丈、吃水二尺之汽船，殊难臆断。再，运输局局址设在何地，装卸货物之口岸分设几处，多与河堤生重要之关系，此就各方面种种利害研究，未免怀疑。惟既承省宪训示，究竟有无窒碍，非查验无以昭慎重。除俟覆到敝局，即遴派妥员往查外，相应咨请会同派员查明呈复。

七月三十一日，实业厅长兼水利分局长任文彬、河务局长陈善同会呈省长：案奉训令，据沁阳张继良、郭和五、魏乃炎，

---

❶ 底本目录为“组织黄沁汽船运输案”，根据目录更改。

武陟王俊臣、张九江、邱梦弼，修武王筱川、张铁珊、程毓如呈称，为组织黄沁汽船运输局，恳请准予备案，以便交通，而利进行事。以交通事业为宣传文化、发展实业之唯一利器，其与国家之关系，犹人身之血脉，如血脉流通，则身体健壮；交通便利，则国家富强，此不易之理也。商等有鉴于此，故联络同志，拟由济源县之五龙口起，经沁阳、武陟，至黄河北岸止，以黄、沁河道为航线，组织黄沁汽船运输局，专购身长三丈、吃水二尺，每钟行三十六华里之汽油船，后尾拖挂快船，以来往运送客货为营业，理合呈请备案等情。查该民以黄沁河道创办航业，自系为振兴实业起见，惟未经报由地方官转呈，究竟有无窒碍，无从悬揣。除分行实业厅、水利分局外，合行令仰该局即便会同查明，议复核夺等因。遵即会委张委员玉田驰赴武陟、沁阳等处，详细调查。旋据呈复：窃委员驰抵沁阳，会晤西沁分局杨局长云，创行汽船与工程尚无窒碍，惟春冬河水过小，恐难进行。嗣晤沁阳张知事，亦云如果汽船能行，与地方有益无损。委员请由县约发起人张继良等，据称均出外不〔在〕[1]家。委员次日由沁河堤驰赴距县五十里之五龙口，系装运煤炭及他货物地点。该河口距济源县城二十里，正在两县交界。复顺堤驰赴武陟，会晤武原分局段局长、东沁分局郑局长，并晤武陟县王知事，均言能行汽船与商民皆有利益。惟王知事言恐冬季水小，村庄稠密之处，民间搭桥行走，恐与汽船有碍。当请县约该处发起人等。次日仅来王俊臣一人，据称汽船在五龙口设总局装货，在沁阳、武陟设分局。武陟县城东南十里，由沁入黄，行四十里之谱，至黄河北岸火车站，可以接运货物。该汽船运输煤炭为大宗，即遇冬搭桥之下，亦能行船，与两岸

[1] 底本疑脱“在”字，根据上下文意思增补。

过渡决无窒碍等语。委员窃查船自五龙口起点，经沁阳、武陟至黄河北岸车站为止，即或河道壅滞，有汽船来往运输，借以流通水势，商民交通均为便利，于沁河两岸人民亦无损失，料无窒碍等情。查该员所呈各节，亦系实在，惟运输局系一种公司性质，该商人等既欲组织汽船运输局，一应程序，当然按照公司条例办理。拟请饬令该商人等妥拟章程，取具保结，报由各该县转呈。并请将此项章程交职局厅会核呈夺。理合据实会呈，鉴核示遵。

附：筹办黄河运输案

民国十三年三月，河务局长陈善同咨实业厅：准贵厅咨开，案据直隶井陉县宝昌煤矿矿师徐建权呈称，黄河向为中国巨川，惟水势凶猛，洄洑激射，洪波浊浪，起落不平，于寻常舟楫之往来，诸多险厄，故数十年，江海轮船、陆路火车、汽车等日见扩充，独黄河一处遗而不取，以致沿河各处，关于公私之交际，颇形不便；而运入一切货物较他省之价值为高，商业不能兴盛。因思营业之畅兴，在乎程途之便利。通都大邑所以异于穷乡僻壤，以其水陆四达、便于往来，成为大埠，而公私之交际，亦捷于影响。查京汉黄河桥为南北通衢，又当黄河流域之中部，最便交通。惟于黄河水路，未能收其利益。又查自黄河桥沿河上行，两岸远近山场、矿产尤多，所以不能开采者，因山川路险，四隔难通，放弃于地，而国家之赋税及人民之生计均受莫大之影响。若能借旧有之黄河以行转运，其险隘难行者加以疏浚，则此路一通，不惟便于往〔来〕[1] 而以前未经开采各矿，亦可渐次而兴，国库民生关系綦重。商有见于此，愿试办

[1] 底本疑脱“来”字，根据上下文意思增补。

黄河转运，先由陕县城至京汉路黄河桥为一段，计水路八百余里，为试办基础。以三年为限期，其应用之船，拟造轻快小船百只，每只载重二十五吨，以便运输货物，惟违禁物概不承运。商为利便交通，发达实业起见，呈请核示遵行。查所请试办黄河转运，意在振兴航业，惟与河务前途有无滞碍，请查酌见复，以凭核办。查该矿师呈请拟用轻快小船试办黄河转运一节，不惟无见。惟查黄河水势挟沙带泥，流急则沙随水行，流缓则水停沙淤。欲图航行之便利，须先图刷沙之良法。前奉巡宪面谕，购用滑艇以为排除流沙、发展交通之计，并由巡署派人购买此项大宗机器，办到刷沙束水，交通自形便利，实业亦因之发展。该矿师所请试办转运一层，应从缓议。

滑艇案

民国十三年一月，河务局长陈善同呈省长：窃局长前奉巡帅面谕，以黄河河底日见淤高，每至伏秋大汛，流行不畅，萦回纡曲，险象环生，饬备滑艇，以便往来巡查之迅速，且可借以刷沙，随时疏导。并筹拨经费洋二万圆，派员购办。遵查职局经费向系由财政厅按月请领，其工料各费亦系预先呈明，饬厅照数拨付。年来积欠过多，异常竭蹶，左支右绌，展布綦难。此项滑艇经费，拟请令饬财政厅由欠拨职局十一年度预算石方价内先行设法拨洋二万圆，除呈请巡帅派员领款购备外，理合呈请鉴核，分咨内务部、财政部、审计院备案。

附：滑艇济沙计画书

黄河水势，挟带泥沙，流急则沙随水行，流缓则水停沙淤。沙行则河日深，而流日畅；沙淤则水阻，而患将不可胜言。治之之法，要不外束水刷沙、设机浚沙二说。前说自明潘季驯创之，迄今三百余年，未之或易。后说则一行辄止，今且二百余年，绝不复行。局长窃尝深思其故，一则在于上下游未能通力合作，一则河身宽广，非少数之排沙器所能见功。昔人所以议之而不行，偶行而即止者，盖无此总揽全河之权，亦无此统筹全局之识也。我巡帅智超今古，学贯中西，日前亲聆训谕，廑念茭防，指示机宜，下怀钦佩。查黄河排沙之器，旧有所谓混江龙、铁篦子者，不知始于何时。清靳文襄公辅为河道总督，于康熙二十七年在南河设浚船即爬沙船。十队，统以河务营守备。二十九年，于勤恪公成龙继任，以浚船为不得力，奏请裁撤。嘉庆十年，戴侍郎均元奉命视河，习闻爬沙船之说，促制成之，试之于清口太平河，不能行；翌日又试，虽行而甚缓。此旧式浚船不适用之明验也。民国八年，内务部招集河务会议，吴前局长筼孙提有浚沙机船，亟应设置之议案，当经议决，亦未施行。今奉钧谕，以购置外洋滑艇疏瀹积沙，自较旧式浚船为合用，而与机船之议案相符。此疏导河流之转关，而亦从事于河者之大幸！果能见之实事，则平成绩奏，不独豫省河流从兹顺轨，而直、鲁沿河居民皆拜仁人之赐于无穷矣。抑局长忝承兹之幸，得闻我巡宪随刊伟画，亦欲竭其微悃，而上答以涓埃，谨将愚虑之所及者陈之于左。

一、浚沙须全河上下游通力合作也。查黄河积沙虽多，要必以海为归宿。滑艇所浚之沙，亦必以海为容纳之区。若豫省上游淘荡既多，直、鲁下游不能通畅，沙势壅积，阻碍水行。河水日应入海若干，皆有定额，不如其量，必将横冲旁溢，泛滥为灾。且河流正身较之两岸堤外之地皆高数丈，一经涨漫，尤属可虞。故浚沙必自海口施功，由利津逐节而上，至豫省荥泽为止，同时并作。下游之淤积既去，上游之疏动者自可随之而行。果能千里河流一律深通，实为一劳永逸之计。断不可枝枝节节而为之，此浚而彼不行，其患将更甚也。

一、滑艇必须多购方能有效也。查豫省河身最为宽广，伏秋盛涨之时，南北两岸宽至八九里或十余里。虽中泓大溜不及其半，而缓流之处沙更易停。一艇之制，其宽几何？仅以单艇进行，犁成一沟，而河底之沙全体浮动，将见前进无几，后即淤平，旋犁旋淤，终于无济。故必以多数滑艇编为一排，又须有多数之排，追踪继进，庶挑起之沙随波冲去，不再虞其淤积也。

一、滑艇既购，须由本国船厂仿造也。查此项滑艇前奉面谕，每只约值二万圆，而河务会议时所称机船每只价银约需一万圆，催泥船连附属品每只价银约需二十万圆，又每年每只岁修约费银一万圆，此项船只是否即钧谕所称之滑艇，不得而知。但需用既多，若悉购之外洋，无论此时财力不充，其漏卮亦觉可惜。拟先购买一二只为式，即请咨饬江南、大沽之造船所，或福州船政局之工匠照式仿制当亦非难。每年定造若干只，数年后必能敷用。此虽不可期诸旦暮，而将来必观厥成，实为治河之新纪元也。

以上所陈思即滑艇而竟其用，统全河而会其通，非具有卓绝群伦之识，综揽全局之才，必不敢轻于一试。非常之原，黎民所惧，幸得我巡宪主持于上，乃敢贡其一得之愚。昔人有言黄河之坏，在数百年来但知防河，不知治河，所以至于此极。今诚为此治本之计，俾水得行于地中，而谓不能永庆安澜者，有是理乎？谨陈管见，伏候钧裁。

记载[1]

本书以事实为主，故不列艺文一门。《瓠子歌》《治河策》《石堰记》皆附于各门之内。至工程之记，惟元欧阳玄《至正防河记》颇为详晰，此外无闻焉。有清一代，各巨工历年虽未久，然自蒋湘南《砖工记》外，传者亦甚寥寥。当从事兹编之始，即欲将清时堵塞诸口，各为作记一篇，以志当时之事势。而书缺有间，案牍不全，终亦无从命笔。即郑县石桥之役，距今未逾四十年，而考之不详，询之不备，不敢以模糊影响之词惑后人观听，故不如其已也。欲弥其阙，乃辑各分局祠庙之碑志，择其有关于工程者数篇，汇而存之。而田文镜之《河清颂》虽非工事，亦得并列其间，则以备豫河之掌故云尔。

御撰嘉应观碑文在武荥汛。

朕抚临寰宇，夙夜孜孜，以经国安人为念。惟兹黄河发源高远，经行中国，纡回数千里，与淮、沁、泾、渭、伊、洛、沂、泗合流，以入于海。古称河润九里，其顺轨安澜，滋液渗漉，物蒙其利。然自武陟而下，土地平旷。易以泛滥，其来已久。频岁南北堤岸冲决，波漫所及，田畴失业，而横灾运河，为漕艘往来之患。其关于国计民生甚巨。屡下谕旨，亟拨帑金修筑堤防，期于洒沉澹灾，成底定之绩。夫名川大渎，必有神焉主之。诗云：怀柔百神及河乔岳。朕思龙为天德，变化莫测，云行雨施，品物咸亨。又能安水之性，使行地中，无惊涛沸浪之虞，有就下润物之益。特命河臣于武陟建造黄淮诸河龙王庙祇，申秩祭以祈庥佑。《礼记·祭法》曰：圣王之制，祭祀也。

---

[1] 记载　目录为“纪载”。

能御大灾则祀之，能捍大患则祀之。乃者水循故道，不失其性。自春徂秋，经时历汛，靡有衍溢。中州兆庶离垫溺之忧，获丰穰之乐。所谓御灾捍患，有功烈于民者，至明且著。斯庙之建，诚有合于古法矣。河臣请为文，以纪刻诸丰碑。朕用推本龙德，而明征《礼经》，以示于永久。岁时戒所司奉牲牷酒醴，恪恭祀事，以邀福于神。其继自今，风雨有节，涨潦不兴，贻中土之阜成，资兆民之利济，以庶几于永赖之勋，是朕敬神勤民之本怀也夫。

雍正三年九月初二日敬书

按：此碑系铜质，传言自京刻就，始运送于观中。至今已二百年，犹莹澈如新也。

河清颂并序

今上御极之四年冬十二月初九日，豫省黄河西自陕州以下，东至虞城县，澄清一千余里。至十六、十七等日而大清，与湖淀无异。五年正月初六日以后，尚尔清澈，洵上瑞也。副总河臣嵇曾筠、巡抚臣田文镜、提督学政臣于广、巡察户科臣张元怀先后奏闻。虞城而东南，河之水清同乎。豫先经总河臣齐苏勒具奏内，而诸王、大臣恭请皇上升殿行庆贺礼。奉旨："览诸王大臣等所奏，以黄河澄清，恭请升殿行庆贺礼。朕思上天之锡福降灾，即如人君之赏罚也。若上天嘉祐示以休征，而承之者骄矜纵肆、怠惰前修，则将转福为灾矣；若上天谴责示以咎，而承之者戒慎恐惧，省改前愆，则将化灾为福矣。天人感应，捷于影响，皆视其人之自取。而天心仁爱，雷霆雨露均属成就之恩，一如君臣上下之间，用赏用罚，无非曲成之，使其迁善改过也。如朕事皇考四十余年，当时凡遇圣谕、训责、嘉奖、恩宠，此心皆以恐惧儆惕处之。一念愚诚，深蒙皇考垂鉴。御极以来，事天之心即当日事皇考之心也。乃数年之中，休征叠见，难以悉数。稽诸史册，咸称福庆。而朕受宠若惊，不以为喜，实以为惧，盖恐前此之受贶无因，而后此不能仰副也。惟有君臣益加勉勖，一德一心，恭承天眷。昔皇者临御初年，偶有一二灾祲之事，此特兆三逆之变乱。由于气数使然，而皇考朝乾夕惕，诚敬交孚，是以感格上苍，锡以多福。四海宁谧，历数绵长，此天道彰明较著者也。朕即位以来，敷政宣猷，岂足承上天嘉贶，惟孝敬思慕皇考之心，实为诚切。或者仰邀皇考昭察，代吁昊天，默祈福佑。从前叠降嘉祥，今又有河清之瑞，盖许其已往而勉其将来也。朕祗承之下，益深敬畏，黾勉不遑。若允行庆贺，则沿袭颂美之虚文，大非朕儆戒之素志矣。既蒙皇考赐以希有之瑞，应祭告景陵，申朕感激惶悚之诚。至于上年朱家口河水溃决，朕敕谕河臣悉心修筑，今于十二月十三日决口合龙，越三日即有河清之应，具见河神福国佑民，功用显著，宜崇祀典，以答神庥。该部察例具奏。至所请升殿受贺，不必行。”诸王大臣复以圣世河清，普天同庆，再疏恭请。又奉旨：览诸王大臣等奏称河水澄清二千里，期逾两旬，为从来未有之瑞，恳请升殿庆贺。朕言天下至大，庶务至繁，断非人主一身所能经理，必赖内外臣工协力赞襄，然后可以成一道同风之盛。若上有凉德之主，而下皆皋、夔、稷、契之臣，则工虞水火，佐理有人，政务亦不患其不举；若上有尧、舜之主，而下皆共工、欢兜之辈，则耳目股肱无所资借，政务亦至于废弛。故人君之道，以得人为要；而人臣之道，以奉职为先，此一定之理也。朕统临四方，虽刻刻有励精图治之念，然必赖内外臣工共矢公忠，各殚才力，然后有实政实效及于吏治民生，方可感天和而锡繁祉；不然，则朕虽有勤政之念，岂能事事躬亲办理之也。今见数年之中，荷蒙上天、皇考默佑，叠降嘉祥，兹又有河清之上瑞，朕细推天人感应之理，自非无因，应是内外臣工能体朕宵衣旰食之怀，洗阳奉阴违之习，分猷效职，有数端之善，上合昊天、皇考之心，是以锡兹福庆，以励将来。尔等试再思之，人事甫修，仅有数端之善，即邀上天、皇考之嘉贶，若此而侈然自足，怠惰前修，则其获谴又当何如？可不慎乎，可不惧乎？况天道恶盈，朕心方且，因此益加戒惧。所请庆贺典礼，朕必不行。朕念君臣之间，实属一体。上天、皇考既垂训于朕，朕即以此训及诸臣；上天皇考既以福朕，朕即以此福及诸臣。凡属京官，自大学士、尚书以下，主事以上，内大臣、都统、前锋统领、护军统领、步军统领以下，参领以上，俱着加一级；其王公等管理部院、都统事务者，应如何加恩之处，着宗人府议奏。自兹以往，内外臣工当益加黾勉，精白乃心，和衷共济，矢勤矢慎，秉公去私，懔天鉴之匪遥，念感应之不爽，以至诚至敬仰承上天、皇考之眷佑，则受福孔多，永永无替矣。勉之。仰见皇上圣德谦抑，如天如地，惟归功德于圣祖，福佑于河神，而仁恩又下逮于臣庶。然考之纪载，《易乾凿度》云：天降嘉应，河水先清。《王子年拾遗记》：黄河千年一清，为圣人之大瑞。况豫省黄河自皇上御极以来，长堤巩若金汤，中泓刷深千尺，安澜顺轨，诸险悉平。今又逢此殊祥，从古未有。虽垂诸史册，昭示万年，而守土之臣欣遇境内嘉庥，不敢不溯厥从来，颂扬至治。于是率属敬勒穹碑，以志圣朝之盛。臣田文镜谨献颂八章，拜手扬言曰：

维皇临御，克建其极；迈古作圣，与天合德。夙夜宥密，端默深宫；何以见之，瞻彼上穹。圣祖在天，与天为一；非私我后，善继善述。是谓大孝，受命万年；天既予之，祖奚不然。思以光之，何瑞称是；盛莫与京，天心乃喜。二曜五星，合璧联珠；惟尧则天，今与之俱。思以加之，更极其隆；河刷千尺，非禹之功。天日未已，载锡之祉；河伯趋跄，百神跃起。河水洋洋，自冬徂春；越数千里，镜澈无尘。得河之清，从古罕觏；今既觏止，上言我后。我后云何，信天之近；日监在兹，饬躬维谨。群臣上言，至圣之瑞；我后曰俞，钦承不易。爰告景陵，及河之神；弼时仔肩，惟兹庶臣。晋锡以爵，以共天休；敬之敬之，尔其交修。大哉王言，惟典与谟；先圣同揆，文命诞敷。悠哉唐虞，于今复睹；亿万斯年，受天之祜。

时雍正五年，岁次丁未秋月吉旦，兵部尚书兼都察院右副都御史、总督河南等处地方、提督军务、兼理河道、加五级、纪录三次臣田文镜恭颂，太子太傅、兵部尚书兼督察院右副都御史、总督河道、提督军务、世袭拜他喇布勒哈番、加四级臣齐苏勒、吏部右侍郎、河南副总河兼管山东黄河等处堤工、加六级臣嵇曾筠，提督河南等处学政、大理寺少卿、加一级臣于广，钦差巡察河南等处地方户科掌印给事中、加一级臣张元怀，镇守河南南阳等处地方总兵官臣马世龙，镇守河南河北等处地方总兵官臣纪成斌，河南等处承宣布政使司布政使臣费金吾，河南等处提刑按察使司按察使臣彭维，新河南布政使分守开、归、河三府、陈、许、禹、郑、陕五州管理道省驿盐粮务道、按察使司副使臣杨梦琰，分守河南彰、卫、怀三府兼管北岸河务兵备道臣朱藻，河南管河兵备道按察使司副使臣祝兆鹏，河南等处提刑按察使司分巡南汝道副使臣孙兰芬，开封府知府臣陈世倕，开封府上南河同知臣托克托海，开封府下南河同知臣刘永锡，署开封府上北河同知事阳武县知县臣鲍学沛，开封府下北河同知臣张近光，怀庆府黄河同知臣孔传焕，署归德府河务通判、虞城县知县臣李檠，通判调补祥符县知县臣万国宏。

陈公祠碑文

武英殿正总裁、内阁学士兼礼部侍郎、教习、庶吉士、《一统志》馆正总裁方苞撰，原任礼部左侍郎王图炳书并篆额。

陈公庙者，河内之人不忘故总河陈恪勤公而作也。康熙六十有一年，河决马营口，公请于朝，凡三至河内，循故道，疏下流，饥不遑餐，倦不遑寝，病不遑药，以身先役夫而董劝之。自秋徂冬，阅月凡五，南北坝合而复溃者四，三誓于神，愿以身殉。众志咸奋，克成厥功，而公遂弥留矣，所谓以死勤事者也。今圣天子御宇，上清下宁，百神受职，洪波澄澈，亘数千里。引河自开，不烦疏凿；堤堰闸坝之工，为焉而斯成，筑焉而斯固；民忘负薪捧土之劬，官有进级纪功之赏，休哉！天之所以应圣德、惠苍黎，惜乎公既殁而不及见也！于是河内之人聚而言曰："前光武山下王家沟之引河不开，则马营口不得而塞；马营口不塞，则是鱼鳖我也。公不爱其死，以卫我民，俾得延朝夕，以复睹圣天子平地成天之烈于今日（若）〔者〕[1]，之何忘之?"乃告于邑令徐君石鳞，相与伐木鸠工，为庙于郊外嘉应观右。寝堂、门庑毕具。士人张谟、荆鹏展、金永龄、张孝先等实司厥役，父老子弟不令而趋，有〔服〕[2]劳若挞诸市。始雍正九年，越十月丙午落成。徐君来请余文，刻于系牲之石，先是，上俞抚臣请，祀公河南贤良祠，而怀之人犹拳拳焉，其

---

[1] 者　底本为"若"，根据道光《武陟志》更改。

[2] 底本疑脱"服"字，根据道光《武陟志》增补。

敬于公者，以尝陟降上下于兹土，其神如或临之也。佚能思初，安能悬始！其（恒）〔怀〕[1] 人之谓乎？乃撮公浚河大略书之，且系以铭，告后之人无忘。公讳鹏年，字北溟，号沧洲，湖广湘潭人。持身治民，所在皆著声绩，为时名臣。铭曰：昔河之溢，滔滔东流。沁水交涨，漫及张秋。公来自淮，底绩光武。道河南行，俾复其所。我刍孔亟，公涕如雨。再决再塞，有万其杵。马营既陂，兖冀既宁。公殁而视，俟我河清。帝曰劳臣，鞠躬尽瘁。秩祠贤良，俞哉廷议。惟此怀民，立社以祠。匪私匪媚，明德是思。我田我庐，报以庙食。公功不刊，视此乐石。

雍正十有三年，岁次乙卯，正月壬申朔十五日丙戌。

创修金龙四大王、黄大王。庙碑文

盖闻先王之制，祀典也，能御大灾则祀之，能捍大患则祀之，故天神与地只并归宗伯之掌，而名山暨大川同载王制之篇。凡以利济宏多，禆益永远，宜乎庙享血食，报功报德之无穷焉。余当已未秋莅任河署，下车伊始，沿汛查堤，凛然以任大责重为惧，劳心焦思，不遗余力，虔诚默祷，惟祈神助。越明年，秋汛泛滥，浩浩浑浑，莫知边际。上汇西雍，下漫东兖，而豫土坟垆实扼其险，且郑中交界更当其冲。泻九曲之洪波，滔滔倾注；倚一线之保障，岌岌孤危。手胼足胝，不惜捧负之苦；栉风沐雨，幸获水土之平。因酌永逸一劳，用开新河二道，九堡堤外刷渠沟以回澜，来同寨边疏浊派以引溜。瘁编氓之膂力，糜宝藏之金钱。然而人有鉴水之明，多拮据而莫就。惟是神妙防川之力，随呼吸而辄通。爰卜基于郑中十七堡，创立祀堂，鸠工庀材，喜得良木，施丹加雘，俾造行宫。建画栋于河

[1] 怀　底本为“恒”，根据道光《武陟志》更改。

干，作中流之砥柱；绘绣闼于坝上撑活水之源头。鸟革翚飞，旋迎降临之驾；桃花瓠子，已歌清晏之祥。河渚芦洲，束起千寻浩瀚；柳堤花岸，全消一派汪洋。从此水涨三春，不必事竹茭之用；亦复雨逢六月，并无烦璧马之投。按诸祭法，而先王祀典之制，所谓御大灾、捍大患，孰有逾于此者哉！窃惟以妥以侑馨，俎豆于千秋，伏冀来格来临，广永赖于百代矣。兹值大工告成之日肃将一片铭勒之心寿诸贞珉，永垂不朽云。是为记。

上南河同知罗光临撰，清乾隆七年仲秋

敕建杨桥河神祠碑记

乾隆辛巳七月，豫中秋霖大至，河溢祥符黑冈口，急命侍郎裘曰修驰传勘视。俄而会城骤涨，浸淫遂溃杨桥堤，夺溜贾鲁河。河臣张师载、抚臣常钧连牍以状闻，且惶恐谢守土不谨。朕曰：尔勿棘，尔分莅有界限，惟豫艰是图，宁为全河计。乃者燕齐迤北并积潦，汇中州而下，势必张。所过事乘不已，将酿南河患。艰以上游之治，治今尔疆，陂堰纵不戒，未越宿而徐城暴长之水乃陡落，庸讵非不幸之幸？然而时贾鲁方演漾，颍、寿注洪泽湖，日夜挟沙奔流，淮病黄愈病，是不亟治上游，而下游又乌可以不治？治于时，大学士刘统勋、协办大学士尚书公兆惠就行在授指往董厥事，而抚臣常钧等方议尽塞南岸旁决口，徐兴筑杨桥堤。咈哉！旁口益堵，即大溜益湍，此何异医者不察标本，欲悉壅阏诸孔窍，妄觊调停腹溃哉？咨尔胡宝瑔，尔早习豫河要害，其再调抚兹土，汔替有成；咨尔高晋，尔简率江南练工弁卒，缮畚揭茭楗，先后佽助之。爰广代赈，集厥力增新，值赡厥材，其急冲之不能猝回者，亲为按图审度，点笔为志，令凿引渠，酾河溜。重臣复奏至，亦不谋吻合。夫然后众志齐而储备周，工作以次就理。斯役也，漫口初止六十丈，汕蛰至二百余丈，视前次南河之朱家海、张家马路，盖三倍而赢。自捐除赈给暨别件营辑外，计大工专支帑金三十万有奇。经始于九月一日，合龙于十一月一日，为时甫两匝月。统勋等以程绩罔稽，导引时兼有返风之应，宜建河神祠，并请颁额勒碑，用申昭报。朕念洪河故四渎之一，而历代迁徙不常，虽神禹无由善其后，岂非势弛于日下，补救者必以争上游为得策欤？自豫河决而复合，其岁三矣，沮洳之壤，黄流顺轨，囊鼓弗闻。以彼絜此，差数了然可睹。匪神贶默臻，曷以至是？若朕宵旰勤求之苦衷，具见志实诗中。并命诸石，示我守臣，体之有永，无隳后效，无弃前劳。是为记。

乾隆二十有六年仲冬，御笔

附：志实诗

河南巡抚常钧奏报秋潦河涨漫溢大堤诸情形，诗以志事。辛巳七月。

俗称三白涝，适当孟秋际。撰辰早定期，雨中因启跸。将谓偶行淹，跋涉何妨试。南望云势重，齐豫早廑意。由来才逾旬，方伯飞章至。七月十七八，霪霖日夜继。黄水处处涨，茭楗难为备。遥堤不能容，子堰徒成弃。初漫黑冈口，复漾时和驿。侵寻及省城，五门填土闭。乘障如戒严，为保卢舍计。吁嗟此大灾，切切吾忧系。言念此方民，饥洊臻往岁。疏瀹命朝臣，豫省水利向以潴泄失宜，民田频苦淤垫。岁丁丑，命侍郎裘曰修会同前抚臣胡宝瑔相度冬工，大加修筑，比年并获有秋。救民不惜费。近年颇获丰，甫得复元气。而胡更遇涝，灾较前尤剧。所幸河归槽，涨滩断流塈。城郭庶无恙，佳音日夜跂。其余被水郡，谆谕勤周济。前功不可废，朝中遣大吏。时常钧甫经莅任，裘曰修于黄沁源流素所谙悉，即今驰驿前往会勘。轻车自成行，为吾苏殿屎（叶）。启行值涂泞，仆从已多怼。岂知北轻南，额手感天锡。万方吾保赤，一饥已所致。盈虚敢诿数，调燮惟增愧。

河南巡抚常钧奏报开封水消及河夺溜杨桥诸情形，诗以志事。辛巳八月。

方伯飞章速置邮，开缄一慰一以愁。慰因开封涨水退，愁在河夺杨桥流。下趋贾鲁虽古道，不经久岂堤防修。川不能容必奔放，豫齐处处将贻忧。已闻南河诧奇事，河水反落霪霖秋。尹继善奏：徐州一带于七月二十等日河涨陡落丈余，上游疑有冲漫，遣人分赴探视云云。计其时，正豫省夺溜次日也，然中州地处高原，杨桥散溢，下游泽国得免水患，不可谓非天幸矣。实因散漫殃迤上，正流弱乃淤泥留。一患侵淫生百患，南望惄若予饥调。急则治标事遮障，俾归故道遑他谋。重臣一再遣往勘，先是，祥符漫水报至，已命裘曰修赴豫相导渠，至是复命刘统勋、兆惠驰驿前往，专司董筑贾鲁河夺溜急工。督筑兼命视赈赒。宣房后已失长策，补偏实更无良猷。平成乏术方抱愧，救民漫惜司农筹。

大学士刘统勋、协办大学士兆惠等奏报杨桥决口合龙，诗以志慰。辛巳十一月。

秋霖河决致灾侵，万亿苍黎系念深。特遣重臣资硕画，善能集众益祥音勘。功无已歌宁信，事在人为语允谌。倍价那愁薪不属，豫省草价每束九分，以邻近多被水，准其倍给，料集工速。抒诚早胜玉还沉。柏冬归旧神哉霈，刻日传佳慰以欣。不筑宣房筑灵宇，佑民巩堰冀来歆。工竣时，日晴风顺，回澜迅捷，灵贶昭应，命即工所建河神祠，亲题匾额申为民报祈之意。

豫河志事诗计三篇，勒碑阴，并纪岁月，御笔。

乾隆二十六年，河决开封杨桥，公以大学士奉命临视，决口久不得塞。一日日昃，公张秋毡笠，御大茧袍，微行出官廨，至决河口，见数十步外秸料山积，牛马杂遝，系车辕下，人则或立或坐，或卧或起，皆戚戚聚语，甚有泣者。公讶之，招老成者问故，则并云："来已数日，远或四五百里、二三百里不等，一车或四牛、或三两牛、或杂羸马，一日口食及牛马麸草，至减得银两许，日久费无所出，复不知何日得返，是以惧且泣耳。"彐："何不交官?"则杂应曰："此岸秸料，某县丞主之，每车索使费，赊众无以应，故也。"公怒甚，回廨即谕传巡抚恭请王命，缚某县丞，限时刻至决口。谕一出，河堤使者亦失色。夜半，巡抚仓皇缚县丞来，跽辕外。公怒甚，出坐堂皇，受巡抚礼谒，因大声曰："口一日不塞，则圣心一日不安，河南北万姓亦一日不宁。塞口所恃者秸料，今秸料山积，某县丞以勒索不遂，稽留要工，罪在不赦。今先斩若，徐专折参抚司道耳。"巡抚股栗，叩首堂皇下不止。天且曙不解。同公出使满尚书某，起为缓颊，久乃释，即命褫某县丞职，枷示决口。甫半日，南北岸秸料车无一在者，又二日而决口塞。公临事刚断，不假借若此。

犹忆乾隆四十二年，睢州河亦决，时余客河南，以事数至河上，见老柳下一苍白叟叹咤不止，旁系两牛一车。叟，荥泽人，距口三百里外，问其故，曰："十日前，以两牛一车驼秸料抵工所，某主簿监收，索重费不得，痛抑秸料斤两，云止九十七斤，余不敢争也。"叟故诙谐，因指二牛曰："豢养若数年。日食料数升，秸数束，不意恇弱至此，驼不及百斤也。"盖河员之肆横藐法至此，而重臣视河，及河堤使者又类皆养威重，不轻出，一任其惨肆荼毒，縻国帑以为固然，或借以渔利。老年人七八十者，述文正视河时事，为余泣也。此段系刘公庙碑附记之语，钞者误置于此。

东永安观重建铜工大王庙碑记坐落开陈北汛十五堡堤上

尝读《周颂·般》之章曰：允犹翕河。朱子谓河善泛溢，今得其性，故翕而不为暴。盖王者怀柔百神，精诚孚格，川泽昭灵，胥是道也。我皇上敬神恤民，朝乾夕惕，固已底绩安澜矣。翰于己酉暮春奉命重莅河东，即赴中州遍阅两岸工程。惟兰阳铜瓦厢为顶冲迎溜之区，河势最为险要，尤宜预为防护。闰五月移驻其地，昼夜巡守，至二十五六日河水陡长七尺余寸，大溜溢涌，堤工岌岌如堵墙。因思昔在豫工，翰与大学士诚谋英勇公阿公、前抚军何公议增格堤。洎蒙谕旨允准，建筑此堤，至今完固。惟内塘较外河高下悬殊，亟宜酌放水戗，方资抵御。爰相度形势，令于背溜处所启沟引水。六月三日，水塘甫经平满，而大河之水于初四日复长至一丈二尺七寸。兼之雷雨交作，浪若排山，竟溃大堤而入。幸内塘水已灌满，以水抵水，不致有建瓴冲击之势。迨长水消退，不数日澄淤一丈有奇，化险为平。维时抚军梁公临工督护，分饬沿河州邑购运秸料，畚锸云集。而方伯监司丞令协力襄事，罔或后时。事既定，翰与抚军进工员而告之曰：是役也，不启水戗无以御全河之大溜；水戗不速成，无以当骤涨之狂澜。安危之机，实在于此，岂吾等与二三子所能幸致乎？斯皆仰承圣主指授机宜，防于事先，得邀神明默佑，闾井安恬，其可不上体宸衷，竭诚以昭事耶？先是，奉上谕特颁内府瓣香虔祭河神。及翰等以铜工安固，飞章入奏，上欣慰览之，愈信圣心感召之捷，如影赴形，如鼓应响也。旧庙前濒大河，今改建格堤之西，以妥神而昭报。铜瓦厢庙成，厥土燥刚，厥材孔良，春秋祷祀，灵贶聿彰，传称能捍大灾、御大患者，其神之谓欤！明年春，翠华幸，岱东，敷天裒对，翰将迁翕河之颂，以扬神庥云。谨记。

兵部尚书兼都察院右都御史、总督河南山东河道、提督军务、世袭骑都尉长白李奉翰撰，候补内阁中书、曲阜孔继涑书。

乾隆五十四年，岁次己酉仲冬谷旦立石。

河南衡家楼新建河神庙碑记

黄河发源昆仑，东流入于甘陕，出三门底柱之险，至于孟津，遂浩浩汤汤，以达于海。其性挟沙易于壅积，有壅积之害，则难免溃决之患。本朝百数十年以来，遭水患者屡矣。莫不发帑堵筑。虽用民力，即可赈恤，实一举而数善备，舍此岂有良法哉？予小子敬承大业，恪守成规，尝恭读皇考圣制文云："河工关系民命，未深知而谬定之，庸碌者惟遵旨而谬行之，其害可胜言哉？"煌煌圣训，实子子孙孙所应遵守。岁癸亥九月，已逾秋汛，方盼安澜之奏，忽惊河臣嵇承志飞章入告，河北岸衡家楼汛，大河夺溜，于十三日冲决堤身，数日之间，陆续塌宽竟至五百余丈。河流直注大名所属长垣等三州县，遂入山东省，抵张秋镇，横穿运道，下汇盐河，由利津入海，此实予之不德，上干天和，致以大变。然徒战兢失措，于事奚益。亟命侍郎那彦宝驰赴工次，总办堵筑事宜。仍命巡抚马慧裕、总河嵇承志襄办。鸠工集料，协济帑金不下千万两，赈恤难民，同时并举。直隶则命藩司瞻柱遍施大赈，山东则命尚书费淳同巡抚铁保督办运道安民诸务。幸诸臣协力同心，敬谨不懈，使民受实惠，而少流离；运道疏通而解阻滞。于十月初三日兴工赞办，昼夜无停。感昊慈垂佑，隆冬冰薄全消冱冻，人力易施。又兼引河得势，计日可蒇巨工。河之初决也，予心焦急不得善策。乃进廷臣询访咨诹，以收集思广益之效。诸大臣各抒嘉猷入告，俱随时指示，遍加采纳。亦有谓河北徙诿之气数，乃禹治水之故道，听其自流不必堵筑。予心不以为是，岂有舍数百万人民、财产、卢舍付之洪流？况七省漕运要道，尤为国家大计，若轻议更张，是自贻伊戚，非至愚者不为也。当更张而不更张，固为失算，若不必更张而妄为，其患更甚。治河如聚讼，于兹益信矣。

河决在衡家楼北岸，集夫鸠料，筑堤埝，开引渠，搴茭下埽，叠坝刷沙，工巨用繁，恐未必成。自兴工后，感沐河神庇护，毫无阻滞，日有进益。北岸施工倍难，况大河全趋，非漫溢分溜可比。设冬令严寒不能兴筑，春汛涨发盛满堪虞，则合龙稽迟，漕运有阻，所系綦重。兹于二月下旬，费淳、铁保奏报，南粮首帮全渡张秋漫口，连樯北上，是运道无虞，静候合龙佳信矣。忽于三月三日惊闻东坝蛰陷二十余丈，恐惧寸衷，宵旰莫释。续据那彦宝等具奏，抢护平妥，引河通畅，仍可望月内合龙。夫成败枢机总由天眷，感惧之诚弥增，敬慎之念益切，惟俟河复民安，稍赎予咎耳。自是迁徙无定，又趋西坝，诸臣尽力督办。中旬以后，河流渐归引河，至二十二日金门挂缆，进埽断流，亥时合龙，全河复归故道。予敬感天恩深厚，祖考默佑，使百万生民咸登衽席，七省漕运仍归天庚，皆沐河神垂庇。

《记》曰：御灾捍患则祀之。敬命择地建庙，卜吉兴工，春秋致祭，庶伸感谢寸诚，永庆安澜，波恬轨顺，臣民同沐鸿慈，曷其有极哉？夫以五百余丈之巨工，况值沙浮地冻之候，三冬气暖，不日而成，虽稍有蛰陷，而旋转甚速。上苍昭格，如在其上，甚可畏也。予寅承大宝，益亹敬勤，虔惕之怀，文不能述。谨泐丰碑，用纪实事。是为记。

嘉庆九年，岁在甲子季春月下旬，御笔。

重修孟县小金堤碑记

河阳，古名区，闾阎殷厚，各安其业。近数十年来，河失常轨，东南沃壤千顷，悉沦于迅流，邑遂凋敝。赖天子仁圣，民艰苦，叠邀蠲赋，视昔额征有减焉，而河未已。嘉庆十六年夏六月，上游涨发，宣泄不及，波撼城堞，其势危甚。时余莅任甫一年，恨捍卫无术，为生民忧，乃亟请于大宪，先筑护城堤一道。次年春甫兴工，而水复至，随筑随御，护堤成，城始可守。然犹惴惴焉，以单堤之不足恃也。大中丞长公檄委河北观察张公来勘视，遂有修复小金堤之议。小金堤者，莫知所始。于乾隆五十五年，前任仇公得堤西灵济昭佑显圣王庙碑，乃知始创于元，迨至国朝初年渐已无存。按县志求其基，不可得，盖河之北趋久矣。观察准今酌古，遂于护堤之外自西岭起筑重堤一道，长五百丈，堤外加埽工十段，鳞次栉比，控制狂澜，如臂之护腹心焉。城恃堤以为巩固，民恃堤以为捍卫。观察久历河防，宜其动合机宜也。其时劝办斯役，总司出纳，卫辉太守郎公锦骐；验收物料，刺史宋公于渭；督办土埽工程，下北河都阃王公立志；其他文武二十余员，分任其责，怵心殚力，无苟且从事者。余则奔命不遑，借邻邑河、温两县，筹购物料。以十七年五月动工，八月告成，縻金三万六千两有奇，借帑者半，筹款者半。堤成历今已三载，洪波不惊，东南旧壤，渐有涸复。昔岳阳滕侯筑偃虹堤于荆潭黔蜀之冲，欧阳文忠公为之记曰：夫事不患于不成，而患于易坏。滕侯不苟一时之誉，思为利于无穷，而告来者，此宜书也。余不敏，荷观察指挥成斯盛举，终此身不敢忘，更愿后之官斯土者，念欧阳文忠公之言，勿使复圮，则滩地可远征额，闾阎殷厚如曩时，岂非斯邑之幸也欤？谨记。

嘉庆十九年冬十月，知孟县事、今升陈州府通判孙世澧谨撰。

卢将军碑文

赠武功将军，副将衔江南统辖河营参将卢将军祠记。将军姓卢氏，讳顺，江南桃源人也。家素清贫，以行伍起家，垂三十年，官至参将。其嘉言懿行，将军家乘中自能详之，兹不具载。载其死事颠末，俾勒贞珉，以厉天下之国尔忘身者。嘉庆岁己卯八月，河溢马营坝，将军奉调来豫堵筑，将所部弁兵掌理西坝七阅月，而肤功迅奏。庚辰三月十三日，金门堵合，将军犹亲督弁兵，不避风雨，防御尤密。越二日，距合龙处迤西十余丈，忽见埽面蛰裂，将军勇以为先，亟指挥进土料填塞，语未毕而身已下陷，顷刻灭顶。募死士捞救，卒不可得，挥涕填平。呜呼！不料马营大坝之西，即将军埋骨之处也。大府愍其忠于所事，具以状闻。诏加副将衔，赐荫如阵亡例。协鼎承乏河朔，与将军交最久，愍其忠，又恐日久年湮，至于无所考也。亟为据事详陈于河帅张公、中丞姚公，请祠于二铺营陈公祠之旁，春秋歆祀，以慰忠魂，是为记。

河北兵备道彭城张协鼎撰文，署黄沁同知、兰仪同知张坦书丹。

嘉庆二十五年岁次庚辰九月。

重建黑冈大王庙碑记

粤稽黄河出昆仑，下壶口，过洛汭，至大伾，由洚水、大陆北归于海。五代以前，汴梁固无河患也。自宋熙宁间，河决澶州，水道南徙，遂为豫患。迨元至正十一年，从贾鲁议，挽河东行，南汇于淮，又东入海。由此，汴梁逼河而居，有隐忧焉。明崇祯九年，河决黑冈，而黑冈之名始著。《禹贡》：豫州厥土惟壤，下土坟垆。注曰：垆，黑冈土也。又曰：玄而疏者为之垆。黑冈其即以此得名欤。国朝顺治十年至十五年，凡三筑黑冈堤。康熙三年，筑黑冈月堤。越一年，又筑黑冈堤。自后岁时必加修筑，诚以都会所在，保卫宜严也。祀典旧载有黑冈大王庙，未详创自何年，庙址本建堤顶。乾隆五十三年，河溜逼堤，溃及庙前，退徙于后。嘉庆二十四年秋，黄溜异涨，自宁夏以至万锦滩，下及沁河，积计凡长水十二丈三尺有奇，为百余年来所未有。遂至汪洋浩瀚，两岸长堤悉受漫溢。维时大吏督饬在工员弁，并力抢护，迄难兼顾。明宫保潘季驯之言曰："黄河防御难，而中州之防御尤难。"盖以由阌乡至于虞城绵亘千有余里，厥土皆沙，保障洵非易事也。矧黑冈在省西二十五里，地处上游，势若建瓴，设有溃溢，则城郭沦没，民生昏垫，必有不可问者。仲淮时权开归道事，往来巡视，寝食不遑，凡三十余日。尚赖神灵现身示卫是堤，保获安全。回念急流澎湃之中，淫雨连绵之际，险者以夷，危者以存，借非神之佑国保民，昭彰显应，岂能宴然若是？事平之明年，复增筑堤埝，倍臻巩固，大府因议扩充庙址，捐俸建修。而仲淮时董其役，爰庀材饬工，计高于旧者三之一，广于旧者三之一，并增建殿前重轩二，钟鼓楼各二，又置官廨四楹于前，群房四楹于后，于是巍焉，顿改旧观。庙中向祀金龙四大王暨黄大王，而不及朱永宁侯，兹并祀焉。是役也，共捐俸钱一百七十万余，仲淮又出钱二百余万，一时民获神惠，不啻子来，甫五旬而工毕。今而后盥洗有所，虔息有地，陈牲设醴，肃修明祀，庶几仰答神庥焉。其在诗曰：神之格思，不可度思，矧可射思。又曰：来假来飨，降福无疆，昭灵贶也。爰以告后之有责于斯土者。

新授安徽池州府知府、前护河南开归陈许河务兵备道、开封府下南河同知苏州王仲淮撰并书。

道光元年，岁次辛巳秋九月谷旦。

重修溥仁观记

天子握乾符，阐坤珍宸勣，宗尧。庙谟叶禹。用是岳渎怀柔，百神受职，举崇德报功之典，大翚飞鸟革之观，至矣，美矣！洵隆礼也。豫州之浸河，为大河之有神，载在祀典旧矣。道光七年，重修睢州庆顺祠成，御书“神功永赖”匾额，复于南北两岸各祠观一体悬挂，而陈留之溥仁观亦与焉。溯是观创于雍正十三年，其后时加修葺。而岁月既久，丹碧暗然。烺奉命巡河至此，入观致敬，见其旁风上雨，恐日久陊剥。开归道麟见亭观察请捐俸为倡，庀工集费，庙貌重新，甃密材坚，丹垩载焕。是举也，岂惟是专言祈报以冀徼贶千万载？继来治河者，或因势而利导，或随时而制宜，其问疏瀹决排，堤防修筑，则人所得而主也。至于水势，则由大而小，工程则由险而安，则又非人所专得而主之也。盖人之所得而主者，人为之，神实隐相也，享其成者不自知也；人所不得而主者，神司之，亦恃事神者之志气精神默为感召，则不得主者，仍在人之有以致之也。然则奏平成、臻底绩，上以释九重宵旰之劳，下以奠亿万生灵之命，惟在尽人之力，自能荷神之庥。况神之生着奇勋，殁昭显应，诚有如溥所云能御大灾，能捍大患者乎。凡我同僚，尚其矢匪懈之忱，体公勤敏慎之志，毋事因循，勿存冀幸。吾知冥漠之中，必有默鉴其诚而降以福者，夫是以底定有期，安澜长庆，分圣主之忧劳，昭神明之赫弈，以励臣子之职守，以益百姓之悦豫者，胥于是乎在，岂不幸哉！

道光九年，岁次己丑八月，兵部侍郎兼都察院右副都御史、总督河南、山东河道、提督军务仁和严烺撰文，分巡河南开归陈许地方、兼理河务兵备道长白麟庆敬书。

封邱汛十一堡堤顶大王庙碑文

《礼》曰：五岳视三公，四渎视诸侯。河为四渎之一，故自古天子祭名山大川，诚以劢相国家、保护民生，端赖乎此。历代有河患，工成后或奉旨建庙，或官民立庙，所以隆祀享答神贶也。中州北岸卫粮厅荆工堤顶旧有大王庙一座，不知建自何年，查荆隆集碑亦未载有颠末，询之老年书役及老弁兵等，佥云昔年庙在堤下，乃民间供奉者。嘉庆八年，衡工溃溢，堤下成泽国，庙已倾圮，经前任卫粮厅牛某于九年移建堤顶，历捐廉修理。夫为民牧者，有利斯兴，有废必举，固职守所应，然亦人心所共洽也。道光辛丑六月，南岸祥符上汛三十一堡漫口，北岸西圈埝险工迭出，抢护经月，卒保平安。洎冬间，兴办大工，估挑引河。壬寅二月，放水合龙，对岸越埝迤上最为逼近，均安如磐石，浪稳无惊，谓非默佑耶？岁久墙屋剥蚀，议赀修补。余守斯土二年矣，安能视其废坠？乃捐廉为倡，卫粮袁司马集资鸠工，不日告成。从此桴芬崇构，俎豆馨陈。邀捍御之声灵，复田庐之安集。后之守斯土者，计时修葺，由此式廓规模、观瞻丕焕，以利久远而垂无穷，岂不懿哉！于是乎记。

道光二十二年，岁次壬寅仲夏月吉日。钦命河南分守彰、卫、怀三府驿传、水利、河务、兵备道庄瑶谨撰，卫辉府上北河卫粮通判袁启瑛立石。

曲兴集重修溥仁观记

昔者先王之制祭法也，能为民御大灾者则祀之，能为民捍大患者则祀之，盖谓神之灵，莫灵于卫民；祀神所以爱民也。然我国家圣圣相承，本爱民之诚，以垂祀典，崇祀河神，礼虔而备谨。按陈留县溥仁观创建于雍正十三年，其后岁时修治，历久罔懈。道光七年，仁和严公烺督理河东，恭悬御书匾额，重加修葺，记其事于碑，迄今十有六年矣。上雨旁风，规制非昔。时升任开归观察杨君以增慨然曰："庙貌不崇，非秉诚以祀神之义也。"因诸于前使者慧君成捐俸倡修。前开归观察福君敏令、观察王君寿昌继之。易其材之朽者，正其墙之欹者，丹雘其绘画之暗且淡者。计鸠庀用缗若干，期年而功始竣。适余奉命督河，聿观厥成。於戏！诸君子所以祀神者，可谓诚也已矣。然吾闻古人有言曰：治河有三策。又曰：治河无善策，河之治非必尽由人力也，神之佑也。得神之佑者，浚河之源而源畅，导河之委而委深，工虽险而险可平，澜虽狂而狂可挽。凡人之殚精竭智而治焉者，皆神之默卫斯民而奠之也。今天子宵旰忧勤，本爱民之诚以祀神，凡与有治河之责者，胥当体圣主爱民之诚，以祀神诚之至者，神方格也。若夫崇堂宇，壮观瞻，举其典常，修其废坠，犹诚之外著者耳。余嘉诸君子之共成是举也，因为之记，且愿与诸君子共勖之。

道光二十四年，岁次甲辰春三月吉日，兵部侍郎兼都察院右副都御史、督理河南山东河道、提督军务锺祥撰文，护理河南开归陈许兵备道、知府衔、开封府下南河同知赖安敬书。

新建大王庙碑记在下南分局地名大马圈

道光二十一年六月，祥符上汛三十一堡河水漫溢，皇上命大学士王公鼎、侍郎慧公成驻工，相度机宜，乘时堵筑。暨河臣朱公襄、抚臣鄂公顺安督率在工文武员弁，购集料物。于是年十月兴作，次年二月合龙。维时河溜旁趋祥符、陈留，下游一带咸成泽国，梁园适当河冲，奔腾澎湃，城不没者三板。东折西倾，异常危险，加以冬令酷寒，坚冰屹如山立，施工较难。壬寅正月四日，正在金门挂缆，猝遇风狂雪骤，大溜挟冰而下，壅注中流，口门埽占因之走失。下南河同知王渼方亲督兵夫拯救抢护，竟没于水，一时人心岌岌，均有难色。幸赖执事诸君飞章入告，不动声色，另请钱粮，董率在事员弁鹄立风雪中，昼夜趱办，逾月而功以成。官民欢呼夹道，万口一声，谓非神功默助，曷克臻此？《记》有云：能御大灾则祀之，能捍大患则祀之。合龙后奏请立祠，以崇报飨。奉旨敕建，由前开归陈许道杨以增率同下南河同知赖安集赀涓吉，于祥符下汛七堡地方经营建度。嗣于道光二十五年中牟工竣，下南河同知罗钧亨庀材鸠工，始得蒇事。庙既成，殿宇、堂庑既庄既严，门庭、庖湢以整以饬。正殿供奉金龙四大王、黄大王、朱大王神像，其左右偏殿一供风火神，一供陈九龙将军，东西两庑列祀各将军神位。而原下南河同知王渼殁于王事，亦列祀于庙之右侧。呜呼！神人相孚，捷于影响，司事者专精之至，神必通之。《诗》云：神之格思，不可度思。又云：相在尔室，感召之端。确有可凭，非仅修香楮拜跪之仪已也。祥恭承简命总督东河，窃愿共事诸君各殚乃心，各勤乃职，尽人事以迓神庥，庶仰副圣天子怀柔之诚，保赤之意，而荣光有庆，恒基于此矣。祠成，罗君以碑文请爰叙其端委，并述神人交孚之理，泐珉以示永久云。

兵部侍郎兼都察院右副都御史、总督河南山东河道、提督军务、加三级锺祥撰文。候补知府、前开封府下南河同知、调任兰仪同知罗钧亨监修，赏戴蓝翎、知府用下南河同知赵书升书丹。

道光二十七年四月谷旦。

荥泽大工纪功碑

荥泽汛大工合龙之秋，荥郑绅民请树碑以纪河督高要苏公之功德，而属耕云以勒石之文。耕云虽未从事是役，而习于苏公，且悉于是役之颠末，与在事者之贤劳，则又安敢以谫陋辞？爰据事而直书曰：呜呼！荥工之失事及后之所以成功，而知其皆天也。方军事之殷，使相合肥李公开张秋引黄入运，为长围困贼于沧、瀛、德、棣之交。夏多霪雨，黄、运并涨，七年六月二十八日，逆首张宗宇伏诛，全股荡平。而荥工十堡即于是日漫溢。噫，异哉！天既以水为灭贼之助，则水不得不涨，水涨即不能无失事；失事稍前数日则贼仍不可灭。且荥工十堡首受黄河出山之水，地强，故口门不刷深，而大河不夺溜，过此而东，则其害有不可思议者。河之患，史不胜书焉。有必待其时、必得其地，如今日者岂非天哉！岂非天哉！往年河工失事，河督具疏自劾，而从简重臣于朝，以议堵合。苏公曰："食焉而不事其事，非忠也。十羊而九牧，一车而两御，非谋也。"故不循前事，而引以为己任。是时皇上稔苏公之贤，又中丞锦州李公方自大名凯撤归，知二公之必能相与以有成也，故悉以事权畀二公曰："毋欲速，毋见小，毋狃积习而失事机。凡汝所请，朕不汝靳；汝或不共，朕不汝贷。"于是李公兼筹赈，堵沁口，浚惠济河，往来相度。公则由石桥进驻花园口。十月二十一日，西坝开工，十一月四日，东坝继之。先是，公尝涕泣而祷于河，愿以身代百姓。至是复疏于朝，凡兹文武，进赏退戮，请军法从事。众益用命。正坝既成，边埽、土柜暨引水之龙须沟先后讫工，又添筑鱼鳞、雁翅等埽，而于金门之前加筑盖坝，于是大溜挑入旧河，口门水深仅二丈许，挂缆合龙，越三日而气闭，时则八年正月十五日也。是役也，计用银一百三十余万，视前此大工所费裁十之一二。核名实，汰浮冒，不拘成法，不恤人言，一意孤行，始终其事者。则开归陈许道绍公诚之力为多。然非苏公之宽简宏毅，则绍公且不能安于其位；非我皇上之圣明信任，则苏公焉能克壮其猷；非神祇之效，顺苍昊之垂慈，又焉能使创不深，痛不巨，事半功倍，若烛照数计而操左券乎？故曰：皆天也。

《歌》曰：汉塞瓠子兮，鱼沸柏冬。唐疏无棣兮，驷骋楫通。我皇嗣服兮，平贾奋庸。九坎孰司兮，曰惟苏公。谓公耄期兮，沐雨栉风。谓公文德兮，介色戎容。河伯效灵兮，神降于丛。与与文蛇兮，恍蠵惚冯。廞酾陂复兮，黄鹄两童。搴茭沉玉兮，告厥成功。斥卤膏腴兮，亩获数钟。雁集中泽兮，鱼兆年丰。何以颂德兮，巨石是砻。民所难名兮，帝鉴其忠。

赐进士出身、按察使衔、署河南粮储盐法道尹耕云撰。

同治九年正月上浣。

西永安观大王庙敕封溥祐将军前任祥河分府王公显应碑座落开封北汛十三堡堤上。

夫成大功者，食厚报；生亿兆者，享万年。矧殒身为民、竭忠捍患而又灵爽历昭，神庥永庇哉！同治丁卯，前祥河厅尊王公讳仁福莅任宣防，勤劳修守。秋八月，河水异涨，公昼夜抢护。大堤溃塌不止，危在呼吸。公乃请命于天，誓捐一身救万姓。奋跃入河以殉，而河流顿缓，水亦遽落，大堤赖以保全，民居至今无恙。咸感公恩，呈大吏请于朝优赐典，并顺舆情，准祠祀。戊辰夏，河涨尤盛，大溜啮堤，几不能御，旋有神蛇现身，由埽登岸，设棚供奉。越五十余日盘田、不去，为公位以祈之，倏即隐逝，而工程亦遂平定。是时，下南黑冈坝亦甚险急，众见有神额现王字，游泳埽前。呼公以祷，巨险立平。既而荥工漫溢，分溜南注，请帑堵塞，众神莫不效灵，而额端现有王字者，亦随列蜿蜒，同深呵护，大工得以迅速告竣。河南北绅民咸颂公之神灵，而陈桥各镇居民亲被公恩，永邀公佑，其感激追慕之诚，更有倍于他邑者。爰乃联名历陈灵迹，呈恳奏请褒封。得旨俞允，敕封溥祐将军。公江苏吴县人也，报国一身，佑民千古，永垂祀典，时荐馨香。故肖公像以示来兹，志民之不能忘也。并摭叙灵迹之显应者，详列颠末，泐诸贞珉，以征不朽云。

世袭云骑尉、即补巡检严欲仁撰文，世袭恩骑尉、候选从九品龚赤书丹。

同治九年季春月谷旦。

重修刘公庙碑记

光绪九年之春，彝既受开归道事。勘河至上南之杨桥，行香于祐宁观，读御碑，憬然忆刘文正奉使事，私以公当祔祀于庙。越数月复至，则观之北故有大王庙，询之左右，曰刘某某庙，盖以公名名之也。其庙中祀大王，公配食于右，何公熌配食于左云。于是捐金一百，俾稍葺治之，而又为之记曰：自嘉庆中叶，诏停协料之役，自是以后，一茎之秸料，莫不出于公帑，至今盖又六七十年。重熙累洽，损上益下之恩，有加无已。而例定之价，大抵从其多者。积之既久，民误以为官之购料，而忘料之为民而购也。于是以料为奇货，滨河公私之地，无虑尺寸，皆种秫。衣食于是仰事俯畜，于是则又有豪民出焉。乘民之急，收其所储，以待官之急。官既已恶其害已也。又值经费之绌，不以时发其值，于是以欠料价讼者又至矣。夫料仅河事之一端，而上与下之交相病若此，可不为深长思哉！彝以不佞承乏，幸大王鉴其愚忱，两报安澜，方拟追随大吏，与诸寅僚讲求疏浚，推诚布公，冀为久大之计。而遽蒙圣恩，迁官陇右。回忆奔走河干，如昨日事，因记此以质来者。刘公事载洪稚存先生集中，并录于左云。

时光绪十一年正月，赐进士出身、二品顶戴、甘肃按察使、前河南开归陈许道扬州陈彝撰并书。

郑工合龙处碑记

郑工堵筑漫口，经始于光绪十三年十二月二十日，讫光绪十四年十二月十九日竣工。钦差督办礼部尚书高阳李鸿藻、前署河东河道总督义州李鹤年、前河东河道总督觉罗成孚、河南巡抚望江倪文蔚、今河东河道总督吴江吴大澂勒石纪之，而系以铭曰：兵夫力作劳苦久，费帑千万堵兹口。国家之福，河神之佑，臣何力之有！

郑工合龙碑铭

光绪十有四年冬，郑州堵口将合龙。筑石为坝当溜冲，填垫坚实如崇墉。幸毋毁损弃厥功，大澂作铭传无穷，陆守襄钺监此工。

孟县黄河工程记

孟邑，古河阳也。黄河经其南，故名曰河阳。往代之为患与否，宋以前无考焉。金大定四年，由下孟州移建今县治，避水患也。大小金堤之名，实始于此。逮我圣朝安流顺轨二百余年矣。乾嘉间，虽曾补筑金堤，亦前执事思患预防之意，非必有大不得已焉者。洎南岸阴后陵创修石坝挑水北驶，近年以来，冲刷地亩。去岁夏秋之交，沿河村庄半归泽国，且大溜去城数里，直若建瓴，其势险甚。是时也，余方奉简命分巡河北，甫经莅任，适知孟县事王大令兰森缕陈实在情形，为民请命。余是以席不暇暖，星夜奔驰，悉心察勘，喟然曰：此处阽危，不惟一邑之生灵可悯，实为三府之全局攸关也。余幼读河防书，参以今之要务，欲为一劳永逸之计，非石坝不足为远图。而又虑经费之难筹也，亟禀商前护院廖、今中丞裕，节次请发帑银十二万两，谨督同李司马庆沅、杨通守喆麟、黄通守履中、洪大令之霖、陈大令绍祖、武别驾从超，其余勷事各员统列于后，集众思，广（忠）〔众〕[1] 益。斟酌经始于十六年八月，告成于十七年七月，凡阅一载而工竣焉。是役也，水陆交运用石二万方有奇，每方以七千斤为率，自落驾头至张庄村栉次鳞比，共抛成石坝九道，石垛十六个，东西长堤四百三十五丈，格堤七十五丈，土坝二十六丈，护沿料埽九段。自兹以往，民得安居，则天子之轸念，抚宪之勤，同事之宣劳，余不敏，不敢与有功焉。惟其为吾所能为之事，尽吾所当尽之心，济目前应济之急，

[1] 众　底本为“忠”，根据文义更改。

防将来难防之变，俾工无浮冒，费无虚糜，勉其上不负朝廷，下不负百姓已。爰志其颠末，据实而勒石。

重修荥工大王庙碑志

黄河逾三门，经成皋，至荥泽东下，地渐平，水势奔放不易遏。上河南岸官堤自此始，其西则旧为民埝，苦河堤日薄，屡报险而屡兴工矣。曩襄钺尝于上游广武山麓建巨坝以障之，河流顺轨，相安数年。光绪乙未夏秋间久雨，山水暴涨，大溜从广武坝北趋，中流生新滩遽折而南注，民埝适当其冲，淘刷数昼夜，仅余一缕堤。水溢堤面二十丈，危险几不支，居民尽骇徙。时吴太守重熹、黄太守履中先后驰至，郭镇军广泰亦率所部来助，冒险抢护，幸转危为安。中丞宣城刘公以襄钺方奉命授开归陈许道，特奏派督工，请帑金十一万有奇。历四月之久，为石坝十，石垛二十八，原存残堰亦为之培厚而加高。既竣，官民交庆，痛定思痛，归功于神。是埝旧有大王庙，地湫溢，爰扩其基址修之，楹桷完美，翚飞一新，以妥侑神灵、答昊贶也。《祭法》：能御大灾则祀之，能捍大患则祀之。维神之保障于兹者功益大，后之人何以报赛于兹神，而思感格于兹神耶！天下事变之来，每出于人所不经意，猝败于人所不及防。抚今追昔，苟非得神力之助，人事之合，狂澜一倒，东南大局尚可为乎？天乎，人乎！抑何幸也。工成，记其事，以谂来者。斯役也，新授南镇总兵郭广泰、前署开归陈许道、开封府知府吴重熹、护理运河道、河南知府黄履中、东河同知李庆沅、荥泽县知县连魁劳多而功伟。襄钺因成事，亦得列名入告焉。在事诸君不备书，悉勒石碑阴以示不忘云尔。

二品顶戴，分巡河南开归陈道、兼理河务、兵备道陆襄撰，三品衔前署河南开归陈许、兼理河务、兵备道、开封府知府吴重熹书。

光绪二十二年丙申五月日谨立。

嘉应观碑记

盖闻有功于民者祀之，能捍大患者祀之。即功在一邑、捍患一时，世犹感神佑而崇祀典。河神之默佑，岂仅一邑一时之仰赖神功哉？则崇祀自应倍极诚虔，冀仰答神庥于万一。敕建嘉应观于雍正三年，在当时感服英灵，不惜斗角钩心，穷极壮丽，楼观飞惊，殿宇宏敞。其瓦则琉璃也，其木则松杉也。刻其桷，丹其楹，镂以百物，涂以黄金，绿芰悬插，红蕚倒生。懿欤盛哉！洵工丽之极则欤。或者曰：茅屋来椽，不文不斫，不剪不枅，何谓也？曰：此圣人自昭俭德，而非所以奉神只也。是以八窗洞达，九陛绵延，从未有议其过者，此之谓也。此庙落成后，创始者虑其无终，于是广集田亩，以为绵延香火之资。孰知积久弊生，至光绪二十四年，租粮几付子虚。住持王宗仪率徒李太兴赴诉于河督任，旋经批饬本管道岑知府江，传集承租各户，讯明追缴。委候补知县张会河内县于查清地亩，重定租章，统由左右营就近代管，以免租户欺蒙。每年五月、十月，住持具领，赴两营领取租价，不得抵欠。各租户俱遵新章，代种地亩，愿纳租价，出具甘结，在府存案。饬令住持永远遵判办理，从此永荐馨香，庶可稍酬神贶。兹将一切详细章程列碑阴，以垂永久。

二品衔、道员用，在任候补知府、怀庆府黄沁同知卓异、加一级于寿之撰并书。

光绪二十八年，岁在壬寅四月吉日，住持王宗仪立石。

重修阳武汛大王庙碑文

光元自奉命备兵河朔，岁赴工次，必展诚造谒，顾斫砻丹雘多就颓污，乃捐奉属卫粮通判李君云第集款修葺。未几，书来告成，且曰：轮奂一新，不可无文以纪之。光元考是庙自旧堤移建于此，在乾隆年间而栗恭勤公之用砖坝也，实始试于此，及再试于越堤、黑冈皆效，于是信砖之可用。奏着为令。光元未晓河防，常读公之遗书，心焉向之。丁亥戊子，从役郑工，搴茭歌瓠，日不遑息，益叹未得如公者，为之执鞭。辛丑，驻节安昌，公曾官是地，每想念今之卓识精思，致力河事时，若陟降在旁，不独躬履坝前，睹砖基之直矗，始征手足之烈也。且公之治河也，河之曲折高下向背，皆在其隐度。每日水将抵某所，急备之，或以为迂且劳费。公曰："能知费之为省，乃真能省费者也。"光元自来河工，岁赖神庥，安澜顺轨，而修守之责未敢稍懈，尤愿以公之语为同自告也。故因五堡庙成，述所以景仰于公者以为志。

兵备道冯光元撰文。

光绪三十二年九月吉日敬立。

西沁徐堡大王庙碑

河内诸大河曰丹与沁，而沁为丹所汇，故堤工以沁为宗。沁之在河内者，南北各八十里，水临堤则有工，南岸尤卑下关险要。凡岁费民捐料六百余万，而无工之处仍未能及。霖宰兹土既二载，补苴幸无恙，岁洊稔稍自慰。然虑忧患之伏于所忽也，益自惧。同治辛未夏六月杪，淫雨连数日不休，沁涨凡九尺，丹六尺。霖既饬各工力加培护，顾念诸有工处得毋恐。方默祷于神祇，而徐堡水溢之信至。徐堡者，丹、沁河流之下游，二十年来无工处也。比驰至，则溃决计已五十余丈，势未杀。爰于风雨中日夕督民夫抢护，既又集舟筏、施饘粥、赈流离，急吁中丞入告。既经中丞履勘，许请帑二万金，饬任修筑。霖念事需时日，恐滋忧，乃请于道府，预借来岁民捐料并岁修料经始，而郡民急公者佥乐从。霖又以帑金之难，力谋撙节，拟以帑金为率，遂诹吉于九月望兴工，越九日而遽滨于成。盖仰赖诸宪周详区画，在事官绅臂助之力，而要非神灵显佑不及此，于是督役益力。故事，凡河工合龙，必先开引河泄水势，是役因节费未开引。佥谓金门溜急，恐不可骤合，霖亦虑之。已而南风大作，经三昼夜逼水东趋，若引河然，溜遂顿减。合龙之夕，道府两宪亲临驻工，霖督役夫下埽石。月明如昼，一波不兴。俄顷堤成，万人额手相庆，佥谓非意料所至。呜呼，神矣！考河神自王封以下至诸将军，类皆生前尽瘁于河，而御灾捍患，叠昭灵应，故自来崇祀惟谨。而我朝尤着功烈，报祀亦特隆。矧兹役之费不逾万，工不逾旬，用力省而成功速，有非人力之所能为者，其福惠我民为何如哉？爰敬修祠宇，用妥神灵，俾我民永有依赖，并记其颠末于此。

同知衔、知河内县事彭泽欧阳霖撰并书。

同治十一年孟春月。

东沁创建小杨庄保安观碑记

豫地河患自古已然，况武陟兼沁水经行，其湍悍几与黄河埒。每遇盛涨，往往漫溢为灾，千万生灵同罹昏垫。官斯土者所宜加意筹防也。然防患虽借人事，而弭灾实赖神功。岁丁亥，余奉命分守河北，八月初八日接印，先一日值小杨庄沁堤漫口，淹及西南诸乡。余草草受篆后，即赴口门踏勘。讵甫至，旋据飞报，老龙湾堤岸危甚。余亟趋之，见狂流汹涌，阴雨连绵，愁惨之气逼人，不禁泣下。当谒大王庙，泥首虔祷，特派通判李德型、未入刘用霖、主簿戚邦泰协同署武陟县令李标凤驻工，星夜抢护。又以料缺饷竭，须设法通挪接济兼顾。正在不遑，忽城中文武来言，护城堤势已岌岌，请速救援。随与众登视，则水与堤平，汪洋无际，其堤腰竟已冲透，涓涓漫入。时赵樊各险工亦叠次报至，举城人心惊惶，纷纷逃迁，弹压弗止。余急由木栾店行馆移入署内，一面出示安抚居民，一面派员分投抢险，一面觅船拯救灾黎，捐馍散放，并率黄沁厅陈履成等亲驻堤顶，鼓励员绅弁勇多方抢厢。竭五昼夜之力，至三十日天霁，水势渐落，大局始平。乃得与委员丈量口门，切实勘估，禀请抚宪倪发款堵筑。复倡捐千金，在法云寺设局放赈。饬三郡官绅集捐，襄成善举。是役也，计查明被灾男妇六万二千余人，赈款得银二万有零。自九月初十日开厂，按名授票，年终始停。堵口暨河、武两县善后经费共请银十七万六千有奇。十月二十日兴工，十一月二十五日合龙。其明年善后则除河内由该县领款承办外，凡武陟两岸残缺以及护城堤、木栾店、龙王庙等处一律增培完固，更以老龙湾、木栾店、小杨庄、方陵各工险要，添抛石坝、石坡十余段。另节出巨款拨修拦黄民埝土工，兼筑大石坝三道，石垛六个。又筹款于方陵创建石闸，以备随时宣泄。凡十六阅月而蒇厥全功。自兹以往，武境水患当可较前少减矣。然而人力之补苴，不如神力之捍卫也。前日之庇佑，尤期后日之护持也。因公议，提千余金在小杨庄合龙处恭修河神庙一座，颜之曰保安观，取永保安昌之意。并禀明抚宪倪，奏请御书匾额以崇报赛，而肃观瞻。从此栋宇常新，波澜永静，所愿与绅民同深祷祀者也。余职守攸司，工程亲历，爰于斯庙落成之日追述前事，据实直书，非敢借此表功，盖欲后人知当时缔造之难，共维持于不敝云尔。

河南分守河北兵备道曹秉哲撰。

光绪十五年五月。

渠下沁工合龙碑记

沁水发源山西沁源县，逾太行岭谷百重，至河内且千里，遇山水暴发则为灾。河内以下，又有大丹水来汇，为武陟害尤烈。往往数年一决，霜清后堵合，动费帑金十余万，功成岁暮，灾民苦之。叔谦莅兹三载，供职无状，上干天和，是年夏雨甚。六月十九日，沁溢渠下，夺全溜窜丹入卫，淹浸数百里，小民荡析离居。叔谦恻然，为废寝食，急筹堵筑之策。识者以非时尼之。中夜彷徨，踌躇莫决。思之，思之，一日憬然曰："事无难易，在人自为之耳。"独与绅士王士志、任福恒、工友俞福年创议垫款，试作挑水坝，开挖引河，两坝进占。筹议既定，邀同赈抚委员毛刺史大猷暨襄赈诸君来工相辅禀闻大府，功成而后请帑。飞饬东半县各里协济秸料，每日人夫万余，有庶民子来之盛。河北道岑公、怀庆府江公拨款助之，均来工监视。自七月十八日寅时兴工，八月十三日午时合龙，前后不及一月，费银一万八千余两。灾区涸复，及时种麦，百姓得庆重生，欣喜相告曰："霜清以前合龙，事所罕闻。"余亟进父老而诏之曰："是不过尽人事耳，诚心为之，人定亦可胜天。汝不见合龙之际乎，大王将军临工数十位，水势消落，数日合龙。不逾时水突长丈余，两月不少杀，岂非天意？要亦有人事焉。而今而役慎无谓河工有何成规，而不尽人以合天也。"因述此工缘起，以为记。

知武陟县事、荣成孙叔谦撰。

光绪二十一年，岁次乙未十一月十三日己酉建。

武陟县赵樊合龙记

方陵堵合之明年，夏历六月，巡视沁河。由沁而武，水浅可涉。归不数日，沁、丹并涨，日二丈，赵樊以漫决闻，六月二十七日也。赵樊百一年间，三次决矣。地势洼下，全溜直灌卫河，经过修武、获嘉、新乡、汲、浚等县，被灾甚重。大吏悯之，促速筹堵。汛期盛涨，势极汹汹，估费过巨，未敢急治。爰倩祁重喆会县勘办，口门已达七十丈，请帑六万圆，从约也。嗣莅工查视，甚韪其议。维时欧战未终，西南未洽，财政不充，展转始得其请。时交九月，水渐消涸，口门独深丈余。遂挑引河二十七段达木栾店。多集兵夫料物，分进占坝。霜清将近，适黄河封邱生险工，竟始往督理。十月十三日，挂缆合龙。翌日，水势抬高七八尺，戌时开放引河。十六日巳时，挽入黄河，大溜奔趋。意可积水陡减，乃更长三尺。西南风猛，冲撞不已，而水仍滔滔，盖全河夺溜虽挑通引河，不能一泻无余者，势使然也。此次河决百日，日事淘刷，形如釜底。水积不泄，东坝首进浅占，沙底刷穿，危在呼吸。因即坝前赶厢，接口埽段，并将占坝拚力追压，经营十昼夜之久，始告成功。被灾区域农田顿见涸复，无误春耕，化险为夷。若有神助，亦至幸也！夫特述颠末，敬告来兹。

中华民国七年十二月，即夏历戊午年十一月，固始吴筼孙谨记。

论述

《河南通志》选录古今治河名言，附于《河防考》后，命曰

《河防事宜》，岂不以黄河在豫为祸至烈，苟能减轻其灾患，则讨论不厌精详，是诚仁人之用心，出于不得已者也。《豫河志》之附著，其意亦同。兹既赓其事而为续志，则亦踵而行之。至于汉之贾让、王景，元之贾鲁，明之刘天和、万恭、潘季驯，其硕猷伟画，治河者奉为圭臬，或已具于前志，或分见于各门，不复赘述。而鄙人从事于此，已逾三年，亦间有一得之见，且有为豫河所独具者，类述数端。其昔贤之论，有为前志所遗，暨近时之所闻见者复补辑之，以备壤流之助云。

沙 豫河视直东河身较广，河流较浅，皆沙多之故。岸外之沙有延至数十里者。如阳封、陈兰、下南各辖境是。各工段有系纯沙，堤防无从修整者，如荥泽汛之五、六堡，祥符中汛之五、六堡，中牟下汛之四堡是。以此言守，难可知也。大抵河势之变更也，风雨为之；河流之变更也，沙为之。沙随风雨，以幻其形；风雨挟沙，以张其势。河沙细若微尘，质轻而性粘，干燥时随风簸扬，其在水面则浮动无定。水一斗而沙居六七，时而漩回成潭涡，时而涌积若邱阜。及其沉淀水底，则胶结坚如铁板，挖掘难施。水性就下，其流本直，以尝梗于积沙，流不能畅，始横出旁溢，别寻去路。故河千里，百里一大曲，十数里一小曲者，必至之理也。积沙而成滩，与溜不能相容。甲岸有滩，则溜趋重乙岸，而病一岸；中心有滩，则溜分趋两岸，而病两岸；下流有滩，则去路狭而上流病；上流有滩，则来源塞而下流病。甲岸有新生之滩，则乙岸必有新生之工；上流有新生之滩，则下流必有新生之险。附岸之滩，经长水而消减者，其对岸工程必有变化；中心之滩，经长水而消减者，其两岸工程亦必有变化。滩嘴内抱者，其流顺；外挑者，其流急。嘴伸长入水作坝限者，其流激；滩唇斜拖迤逦入水者，其流慢；滩脚直垂而崩卸者，其流横；两嘴相对作交牙者，其流讧；滩形礌砢排列若齿，或滩身在水中起伏隐见者，其流乱；滩头当溜作横拦之式者，其流逆；相其情形审知缓急，非验之深而防之预，未足以语于治也。

河流豫河汛期，长水远由西来。当春夏之交，新疆境内各山积雪消融，下灌黄河，沿途复有陕、甘、晋三省之水来归，至潼关下，河流始大。豫境内大水，惟洛、沁二河入黄。每逢夏令，大雨时行，洛、沁暴涨，为黄河推波助澜。广武以下，自堤以外，南岸之水归贾鲁、惠济，北岸之水归清卫、浊漳，无客水入河者。故凡豫河历来漫决，虽有种种致病之由，而其大原因则在上游，不在本境。豫河富于泥沙，其流迂回，重浊而缓滞。冬令水浅，流行速率一点钟不及二十里；入桃汛后，速率渐加；至伏秋大汛，每点钟可五六十里；白露以后，速率又递减至最低度而止。所有每次长水由上而下，自陕州万锦滩至下南分局境，水路迂曲，约千余里。须日一周始至。其见消也，日或六七寸至一尺余不等。当盛涨时，河流宽或至十余里，而大溜所趋，不过百余丈，其中泓可以上下引直，通航大船之处，殆不过十余丈而已。此则河底积沙起伏错落，有碍通行故也。

风 豫河自潼关至铜瓦厢为东西流，河身随地旋折，不尽正东正西，尝视风之所向而为之改势易方焉。西风盛则溜急，而土为之卸，卸甚则崩；东风盛则流逆，而沙为之壅，壅甚则决。南风盛则病北岸，北风盛则病南岸。若东风、西风而或兼南风、北风亦然。此亦至不易之势矣。历来堵塞决口，其进占合龙，必伺风势顺利，容易施工，方能奏效，否则风逆，未有不败者。豫省地域西北枕太行，彰、卫、怀三属皆山麓也。其地势自西北而东南成斜坡形，迤逦层递，直至河北岸而止。终年多西北风。风之起也，开、郑以南百数十里，黄尘障天，月凡数见，伏秋大汛以后尤甚。其风自太行山顶斜射而下，挟卷沙扬尘、奔腾澎湃之势，其冲击也有力，河流当之，辄为变易常轨。岁岁如此，河能不自北而南乎？禹河故道，过邙山即北出武、获、汲、临、浚、滑等县境，皆在太行麓，所谓载之高地也。至周定王后，乃渐渐趋下而南，徙逼近梁、宋、洛、汜口外之陆地，已淘刷净尽。广武下河势里卧荥泽汛一带，隔岸吹落之沙砾，阅年既久，积若山邱。中牟北境、开封西北城外积沙，皆此类。南岸各分局工段节节南圈，均向太行作环抱式，凡此皆西北风之故也。历来豫河漫决，南多于北，实缘于此。徒以汴郑为历代畿都重地，工程防护较他处为严，得以保持今状。不然河流于唐、宋时早已吞没汴、蔡、颍、汝诸水，而南夺淮，不必待至曹、兖以下矣。立秋以后，多西北风，天所以成万物而粒烝民也，若东南风作，则虫生稼伤，而岁凶矣，顾独不利于豫河，地理则然也。

雨　河堤漫决，往往由于风雨。其情形有四：（一）久旱之后，堤土皆疏松成尘，或皴裂到底。突遇骤雨，河流涨发，堤土随水奔卸，冲作沟渠；或罅裂之处，急溜浸灌，遂致不可收拾。（二）霡霂兼旬，时晴时雨，堤面干燥，而堤脚堤、心已融烂滑澾，人力难施，突遇大雨，立成溃决。（三）大堤年久失修，坦虚中洼，大雨冲泻，积浪成窝，客水汇灌堤心，边溜直逼埽脚，内外沟通，堵截不及。（四）夜黑如墨，雷电交作，狂风暴雨，倾海倒峡，抢护无所用其力，守御无所施其计，呼吸之间，危险立见。凡此四者，皆河工同具之情形。而豫河以西北风多，雨挟风势，中伤于南岸者尤独多也。

秸料秸质脆而易腐，用之埽段，在水中可支二年，失水三月即朽；置之水中不用，五年以上即成尘土，是故河工縻费，莫如秸料。自减埽添坝之策行，论者颇有拟废秸料者。然濒河临时工程无岁无之，无处无之，其工巨者，深长或数十丈、百丈不等，制之以土，止之以灰，溜急而有所不能支也；镇之以砖以石，微论用多而财力不继，即继矣，亦恐购运之有所不及也。惟厢埽入水较深，占地较多，护岸较广，秸之为物，求之易得，运之易行，百丈大工咄嗟立办，竟无他物可以代之。课实而减其量可也，谓其糜费而废之，不可也。相冲要之区，酌需要之数，用陈易新，补残救乏，亦有备无患之一道也。

柳苇 种柳能变土质，杀风势，减沙害，调雨量，固堤工，储材用，为利大矣。黄河种柳由来已久，每岁未尝无催种之令，而沿岸弥望沙砾，入春雨泽尤稀，培养失宜，活不及半，则长育难。未尝无管理之员，而汛长地僻，照料多疏，人畜之作践，盗贼之侵伐，实有防不胜防者，则保护难。比年颁行种柳新章，讲求培植之方，增加株数，严定考成，其密处衔接成林，颇有欣欣向荣之气象。若能行之十年，两岸千里可无隙地，而工程应用正杂料不难取给。于此，要在当事者持之以恒耳。苇之用，虽不及柳，然缚埽打缆，实属良材。前清曾有沿河居民种苇之功令，今则以生齿繁殖，下湿沮洳之区变为沃壤，一望皆成禾黍，种苇者寥寥矣。

草 草能护堤，从前河务人员恒有所言，但未详为考究。查草之为物，贴地而生，叶细根密，其捍御大溜固不如柳，而以防滩边之漫水，护堤顶堤坦之浮土，且有非柳之所能及者。盖其缘延堤面，蔓引株连，即划取其根，犹能带土粘泥，结成大片，不易解散。春夏之际，被地丛生，如厚茵广罽，无少罅隙，洵御水护堤之善物也。其种类极繁，不可殚述，豫省所常见者为笆根草、莎草、白茅、王刍、野苜蓿、蒺藜、王不留行等类。以蔓生而根盘者为上，条生者次之。若蓬蒿、萧艾等草长至一二尺许，则急须去之，以其能藏匿蛇、鼠、獾、兔等动物，穿堤为穴，堪资隐患；又其根粗大，经冬腐烂，易于灌水，不可不防。新筑之堤，即不加栽种，一二年后即能滋生普遍，若以人工培植，其生更速，惟有应注意者三事：一为牛羊之刍牧。春草发生之际，适当桃汛之期，若经牛羊牧食，则足以妨其发育，而生机不旺。一为附近村童之割取。长夏之时，草已成林，贫穷子弟以官堤无人为主，群相刈割，售卖图利。伏汛一来，遂失抵御。一为岁修工员之划除。每当修补残缺之时，不肖工员希图省事，择堤工完整处所划去草根，妆成新迹，以为冒领工款之计。此弊在前清时实多有之，所谓武官吃士也，近已罕闻。互见沿革门。以上诸端，应责成队汛严为巡查，厉行禁止。三害既除，草自易于养，亦河务之不可忽者也。

土　豫州厥土惟壤，下土坟垆，其性疏松，见水即成烂泥，干燥便作飞埃，言抵御则难坚，见冲刷则易卸，是亦地质使然，人力无可如何者也。然秸柳可以济急，而不可以久存；砖石可以保固，而不可以密合；独土有克水之性，具障川之力，范河流而纳之轨道，舍土奚由？譬之以药疗疾，土则君也，石则臣也，而秸则其佐使而已。凡取土，近堤者不取，惧其卸底也；临流者不取，惧其引溜也。凡用土，夹带枯茭粪芥者不用，惧其就腐而中虚也；过湿过燥者不用，惧其不受夯也。临时恐有不及也，则蓄之于素；本区或不给也，则求之于远；原陆或不可得也，则资之于淤。要在相其地之所宜而已。

石工　黄河自有史以来，其患不可胜计，民物损失众矣，国家耗费多矣。堤防之外，别无良策。顾以土制水，即能暂安，亦岂久计？欲求一劳永逸，其必推广石工乎？石质重而性沉，具有圭棱，足以镇抚，足以御崩。或作坝，或作垛，或作护崖，各相河势为之，层叠堆砌，内抱外张。即临河之处，边溜冲击，上压下蛰，而年年蛰动，年年加抛，历时既久，入水自深，根基稳固，直达河底，虽有惊涛骇浪，不能撼摇；且有石坝、石垛，则水不能近堤。譬之用兵，石坝、石垛第一道防线也，但第一道防线不溃，则第二道防线无事矣。豫河自光绪以后，碎石坝垛岁有增添，成绩卓著，规随至今。自今以后，诚能岁筹巨款，本局预算每年石方款十六万圆，果能照付，虽不另外增款，未尝不可。多购石方，布满两岸，逐渐将所有工段尽数建置石坝、石垛，行之数十年，千里长堤，巩若铁铸，虽永无河患可也。前清马营口、青龙冈、郑工三大役，糜帑银各千数百万两，今若将堤岸全数改用石工，度其费不过如是止耳，而无形之保全当有万万于此数者。利害相权，舍轻取重，按部分年，工专易举，诚为国家计，诚为地方计，必不以此言为必不可行也。

砖工 自栗恭勤公议用砖工，蒋湘南曰：用砖始见嵇文敏公《河防奏议》曰：土石性难于联属，以砖贴土，诚有妙理。是盖以砖衬石，而融洽于土，非直用砖工也。按：用砖非始于嵇，明洪武二十九年，河南藩臣请修河防，令预治砖石。弘治七年，山东、河南修理闸座、堤岸，所用砖石请以粮船、民船带运，皆砖与石并称，已见《沿革》。实为豫省河防别开生面。砖之质地坚于土，而功效亚于石。蒋湘南《砖工记》与《黑冈观砖工记》二文言之綦详，均见前志，兹不复赘。惟砖工章程，《经世文续编》注传钞失录，本局案卷亦不可寻，嗣经御史李莼奏请暂停烧造，以“土性沙碱，坯难坚实，近堤例有取土之禁，近料宜防意外之虞”为言。而用之既著成效，其后各工遂屡有购买民砖之事。查道光十五年，奏准沿堤立窑烧造新砖，至今犹有存者。去年冬，曾经调取数枚送存华洋义赈会。其式约分四类：曰大椭砖、曰小椭砖、曰大条砖、曰小条砖。椭砖为椭圆形，中有小孔，用时贯以铁丝，防其入水散漫。条砖即普通之长方砖，大者均重十余斤，小者七八斤。其色有红、灰二种，其制坯之泥研炼极熟，烧成后扣之作铜声，坚固非寻常之砖厂能及。然则所谓“土性沙碱，坯难坚实”者，殆不尽然。惟近堤则取土较难，近料则须防意外，是为实事。然近来铁路四达，河堤上行驶汽车，交通至为便利。虽不必自行烧造，但于铁路、汽车附近各处悬价购买民砖，运至河桥，与各分局以备工用，此实足以补料石之不足而济近年船运石方之穷也。

按：前志光绪九年，河南巡抚鹿传霖奏称，荥泽县民埝塌卸，护坝砖篓时被冲刷，并有连土坝砖篓大坯塌入河内者，赶将上南厅存储竹篓一千余尽数提借，复谕附近居民赶编柳篓，估价收买，随时应用等语。竹篓盛砖，本汉王延世竹络盛石旧法，明蔺芳、张信皆变通其法而用之，着有成效。竹篓、柳篓亦然。惟此事仅于此处一见，其他未有所闻。所云上南厅存储竹篓一千余，可见当时之用之者不止一处。而光绪九年至今不过四十余年，何以竟无人知，殊不可解。附存于此，俟再考询。

宋任伯雨曰：河流混浊，泥沙相半，流行既久，迤逦淤淀，则久而必决者，势也。惟因其所向，宽立堤防，使不至大段漫流而已。

朱子曰：禹治水只是从低处下手，下面之水尽杀，则上面之水渐平。

靳辅《治河书》曰：至柔莫如水，然不得其平，则虽天下之至刚者不能御。平水之法如何？曰量入为出而已。今使上流河身至宽至深，而下流河身不敌其半，或更减而半之，势必怀山襄陵，而溃决之患生。夫河面窄狭之处，成城镇、山冈，不可开辟，我则于其上下流相度地形，多建减水闸坝，及涵洞，放入通水沟渠，以测土方之法，移而测水，务使所泄之水适称所溢之水，则其怒平矣。至其下或复宽阔如故，又恐其力弱而流缓，流缓而沙停，则仍引上流所泄之水归之正河，以一其力，如是则虽以洪河浩瀚，而盈虚消息之权，操之自我，不难择便而导之矣。

张鹏翮《河防志》曰：凡属河道，必筑堤束水归槽，以防旁溢。无论创筑、加帮，总以老土为佳。但黄河两岸率多沙土，恐难尽觅老土，须于堤完后务尽老土盖顶、盖边，裁种草根以御雨淋冲汕。筑堤之法，每土六寸行硪，其歧缝处用夯坚筑，其新旧堤交界又用铁杵力筑，层层夯硪，期于一律坚实，总以签试不漏为度。胡渭《禹贡锥指》曰：宋君臣论治河，往往有格言。熙宁五年，神宗语执政曰："河决不过占一河之地，或东或西，若利害无所较，听其所趋何如?"元丰四年，又谓辅臣曰："水性趋下，以道治水，则无违其性可也。如能顺水所向，徙城邑以避之，复有何患？虽神禹复生，不过如此。"此格言也。然施之于商胡，适得其宜；若地平土疏，溃溢四出，所占不过一河之地者，岂亦当顺水所向，迁城邑以避之乎？欧阳修曰："河本泥沙，无不淤之理。淤常先下流水行渐壅，乃决上流低处，故大河已弃之故道，自古难复。"此格言也。然瓠子决二十余年，而武帝塞之，河复北行二渠。河浸汴、济，注淮、泗六十余年，而王景治之，仍由千乘入海。今横陇之徙，裁二十年，安见必不可复？但北流实为利便，不当更事横陇耳。苏辙曰："黄河之性急则通流，缓则淤淀，既无东西皆急之势，安有两河并行之理?"此格言也。然吾观古河未有不两行者，禹酾二渠为万世法，自参以上则必败。宋之二股即唐之马颊，以此为枝渠，受河水十之一二，亦自无害，但不可令指大如股耳。张商英曰："治河当行其所无事，一用堤障，犹塞儿口止其啼。"此格言也。语出贾让，然让意谓正道常流，不可效战国为之曲防耳。若冲激之处溃溢时虞，非增卑培薄，何以御之？任伯雨曰："昔禹之行水，不独行其所无事，亦未尝不因其变以道之。"此格言也。然必如此流之合于禹迹者，不妨因其势而利导之，若注巨野、通淮泗，安得不反之使北耶？此数说者，譬如医者，必胜之着而低手混施之，则全局皆空。古今经验之方，而庸医误用之，则杀人无算。治河之道，或新或旧，或合或分，或通或塞，或无事或有事，或小有事或大有事，神而明之，存乎其人，苟非其人，则必有害。孟子所以恶执一者。

又曰：自古论河患者皆云孟津而下，地平土疏，迁徙不常，失禹故道。然吾观孟津以上亦不能无害。自杜预建浮梁以后，更历百余年，不闻为水所毁。至唐贞观十一年，河溢怀，中滩城始见于史。迨宋而其患弥甚，史不绝书。嘉祐八年，大水冯襄，中滩之城遂废。推原其故，盖隋唐以来，底柱阏流之害倍于曩时。延及孟津，河身亦浅，水暴至，不能容故也。宋世，河北淤淀，水不通行，今两岸滩渚更多，非止一中滩矣。其所以不至远泛滥者，徒以夹河之山脉未尽，地高土坚耳。然上流之怒未泄，则害必钟于下流。故汉明帝诏曰：左堤强则右堤伤，左右皆强则下方伤。孟津之堤所谓左右皆强，则下方伤者也。至荥阳则左堤强，而右堤伤矣。治河者欲使洛汭以东永无溢决，其可置孟津底柱于度外乎？

嵇曾筠《堤工走漏说》语云：千金之堤，溃于蚁穴，穴之不可不植也。所贵平时巡查严密，有则填塞，斯汛水长发，乃可无患。如堤内积水之区，色泛微黄，必临水坦坡有进水之穴洞，查勘得实，即用铁锅扣住，勿使走气；周围用土填压，堆成高厚；土址切勿脚踹杵夯，致令泄气，恐有意外之虞。断水之后，或于堤顶，或于堤腰挖至患处，寻其过水之洞，层层填土，夯筑坚实，此截筑法也。又如河水漫滩，堤根渗漏，洞穴难寻，但见里堤过水，即令会水精细人在外坦逐细踹寻。凡过水之处抽气必大，易于察觉，踹寻着实，万勿用碎石草把填塞，越塞越漏，恐成大患。须量洞口之大小，或塞以绵袄，或塞以绵被，便可堵住。设或洞口宽大，必使一人赤体将洞口坐住，一面飞集人夫于所坐之下周围塞土，离人一二尺围绕成圈，筑成井样，宽七八尺，高出水面二三尺。俟外水不入，即令塞穴之人扶竿速起，立将井上填实。若恐顶冲汕刷，加以护埽防风，断不至于溃裂，此外堵法也。更有一种井穿獾洞，外面似无大坏，不知堤内已属空虚，一遇水长，忽然走漏，势如泉涌，不可复救，则非覆锅塞絮所能奏效者。须细看堤外之水，如淹堤二三尺，堤内平地比外地低洼一二尺，过水不大，宜飞调人夫，即于堤内走漏处紧接大堤买土急筑小月堤一道，拦定走漏之水，勿使伊腰透气，听其流满月堤，内外相抵，则不过水矣。然后从月堤两头挨次用土填实，筑成里戗一道，可资巩固；切勿先于漏处用土加帮，夫少则不能立成，夫多则蹂躏塌卸，反损大堤，此内堵法也。傥或堤外水深五六尺，堤内之地又较外地卑矮，仓卒相乘焉，能筑此高厚月堤以资抵御，则宜星运软草于堤外坦坡下，挨次铺厢，细土层层加压，加至出水则漏自断。俟汛水稍落，当筑里月堤一道，内外兼治，方可永保。大抵獾洞、鼠穴不在堤之外坦，而在里陡，不在人迹所常经之处，而在幽僻荆棘之间。严饬各汛文武员弁修补于平时，自不贻误于仓猝。巡查之责属之兵夫，督促之任寄之官弁，实为闾中之当急，小中之至大也。司河者幸毋忽视焉。

近人李国栋《堵漏说》曰：凡有走漏之处，当先知堤身是淤是沙，离河远近，有无顺堤河形，一经踹着，问明窟窿大小。如系方圆洞，则用锅扣住，令其用脚踹定，四面浇土，即可断流。如系斜长之形，应用绵袄等物细细填塞，或用口袋装土。一半，随其形象塞之，仍用散土四面浇筑，此外堵法也。或临河一面不见进水形象，必须于里面抢筑月埝，先以底宽一丈为度，两头进土，中留一沟进水，俟月埝周身高出外滩水面二尺，然后赶筑抢堵。或水流太急，扎以小枕拦之，里面再行浇土，更为稳当，此内堵法也。按：此与嵇说微有不同，可以参看。

王炳燇《治黄刍议》曰：堤防生险，必在湾曲之处。曲则水力侧注，坐湾顶冲，溜势翻花，扫边淘底，奇险乃生。昔人谓河水喜曲，曲则溜急，而沙随水去；直则溜缓，而沙必淤停，故曲处皆深，直处皆浅，不可执改曲为直之说，虚縻公帑且致溜行不急，河底渐高。又谓束水攻沙，激之使怒，是为上策。然遵行有年，沙愈积水愈高，可知曲不如直之能束水也。夫河曲则溜趋旁侧，河直则溜走中泓。与借湾曲以刷沙，使对岸有沉淀之患，何如均流量以直下，使两岸无撞击之虞。水势顺水力自强，并可增加流量之速率，俾向河底伸张势力，造成极深河槽，以免泛滥。裁曲之法，于其既曲者宜在对岸挑挖引河，引之使直。于将曲者，宜在顶冲建造石坝，不使再曲。旧有各坝其太长者，挑溜过甚，亦恐对岸生险，并宜截之。使短，或多修护崖，较为有利无害。惟舍曲就直，亦须防他项之流弊所不可不注意者。假如河道某曲被裁，其上游之水面坡度倾斜而下，而其距离取直处之下段水流之量依然不变，一急一缓，不能衔接一气，其结果仍难通畅。是当先从下段做起，由下而上，逐段取直，方为万全也。

又曰：修坝厢埽，向以秸料为正宗，石料辅之。其秸料易蛰易朽，而自古沿用不改者，以其随地皆有，易于购办，克应急需故也。间尝以秸料与石料相较，每秸料五百斤压成埽面，始抵石料一方之用，石料价值平均牵算约贵于秸料一倍。以其功用相较，秸料仅支数年即化为泥土，一遇大溜尤易走失；石料虽久不朽，一劳永逸，大溜冲刷虽坍不走。用秸用石，得失昭然矣。

又曰：修堤建坝，宜用石料以资巩固，前已详言矣。然石料采易运难，窃谓欲求运输之利，宜敷设轻便铁道。查黄河两岸大堤最狭处亦一丈有奇，高平坚实，为最完善之路基。如由大堤敷设铁轨，石块开采出山，先尽险工赶运修砌，以次及于全工，期十年或二十年，两岸石坝可一律修成，堤根亦可抛护稳固，水就轨道。只有刷深之功，而无冲宽之力，一劳即可永逸。若再推广铁路之用以及于运输货物，则筹款为更易矣。

又曰：欲除河患，非根本修治不可；欲根本修治，非多设测站、注重精密之测量不可。临时险工，不可不测量，以思补救之方。将来隐患，不可不测量，以为绸缪之计。推之河身之宽狭、水溜之缓急、堤防之高卑、埽坝之疏密、泥沙之多寡、流量之浅深、尾闾之畅阻，以及每年雨量之多寡、风势之向背，无一不与河务相关，即无一不在测量范围之内。历查向来决口多在大雨时间，水势因骤增而猛激，堤岸因冲刷而倾颓，人力难施，智勇俱困，去年宫口之决可为殷鉴。

民国九年，全国水利局总裁李兆珍呈请设置黄河流量测站，以包头为第一测站，以求黄河自陇北出长城后之水量；保德为第二测站，以求黄河合黄、黑水后之水量；韩城为第三测站，以求黄河合乌哈、汾、延诸河后之水量；潼关为第四测站，以求黄河合泾、渭诸水后之水量；陕县为第五测站，以求黄河潼关以东之水量；孟津以下则借用顺直水利委员会所设之测站。将来上游水报由此处电达来东，既免辗转误时，亦可知确实之水报也。

喻谦《行水商讨》曰：黄河之足为中国患者，以其水性多含泥沙，与他水有异。昔人云“一石水六斗泥”者，言其泥量过于水量，故所行流域因泥沙沉滞，布塞地孔，不过数十年，淤淀壅积，河身日高，下流不畅，则决而上溢。此黄河所以行数十年后，常有徙流之患。

黄河之源自西而来，故龙门以上历数千年而不变。其自孟津而下，则所徙者有三道，大抵多在武陟、仪、兰、浚、滑、曹、濮之间。史策具在，有可考者如禹厮二河，载河高地。盖禹时洪水泛滥，东南低下，梁、兖、豫、扬皆苦昏垫，故禹欲去东南之水患，不得不开减河于北方，使河水分行于幽、冀之高地，则兖、徐低下之水患自消。虽与后世以邻为壑者不同，其所以杀下流之水势、开减河于上游，则一也。

黄河北流，自禹已然。由斯以推，则禹之前数百年亦未尝不北流也。然则禹之载河高地，亦因其故道而疏浚之耳，奚以明其然也。水之趋东南，其势就下。然其下流地空已淤，河身日高，下无所泄，则逼而上决，遂成徙道之变。咸丰五年，河之自南徙而东也，亦由南河下流淤积，道无可道，浚无可浚，不得不改流以趋东耳。此可以证地势北高而东南下。今淤黄河既未开浚，东徙之大清河地孔已为浊泥布塞，河之不徙，尚何待哉？

黄河下游迁徙之三道：一曰东流，自周定王五年河决砾溪口，即水经所谓济水东过砾溪，或误为砱砾非也。盖河由北流改而东徙，济水遂为所夺，何以知之？古以江、淮、河、济谓之四渎，而孟子乃言江、淮、河、汉，不言济者，以济为河所夺，河水即济水也。清咸丰五年，河决兰仪北岸，迁贯运河，流入大清河，历濮、范、张秋、长清、齐河、济阳、齐东、武定、蒲台、利津以入海，今谓之新黄河是也。

二曰南流。旧说战国时秦攻魏，决河灌其都，决处遂大，不可复补，而河通南行。汉武帝时，决濮阳瓠子口，注巨野，而河始通泗，犹未入淮也。宋太宗时，河决荥泽、顿邱，泛于澶、濮、曹、济，东南流至彭城，为河夺淮之始。逮绍圣后，河决入巨野，溢于泗以入淮者，谓之南清河；由汶合济至沧州以入海者，谓之北清河。是时，淮仅受河之半。金之亡也，河自卫州决而入涡以入淮，而淮遂受全河以输之海。今所谓黄河者，即其故道也。盖自宿迁经桃源、清河县城南即古清口，淮渎、洪泽湖自东南来会。河既会淮，以下所行皆淮水故道，经淮安、山阳、清江浦、阜宁、安东、北沙镇至云梯关入海。

三曰北流，禹厮二渠，河之北流，已分黄水之半。考禹河自大伾山北过洚水，大伾地在成皋，今虎牢也。盖禹自虎牢过洚水，治淇、漳，故至大陆视水势，乃又北播为九河，使同为逆河入于海。九河自高弓至鬲津，当大陆之东云。又北者洚水自大陆北流也。播洚使入河，分散之，乃为九河。因漫流而任其分，九分则愈漫，乃自元城堰漳水始入淇，即今运河自大名至南皮之道。使淇、漳同迎淤河，以清水刷浊泥也。南皮曰逆河亭，逆，“迎”古今字。然则自南皮至天津，皆禹时北流逆河漫衍所及，河水与海潮互相迎受之地。

黄水之行此三道，必数十百年一变徙者。盖其初借清水以刷浊泥，南借淮，东借济，北借漳、卫，及其久也。浊泥已厚，地孔已满，清水将不能行其道，反助浊水为虐，于是由漳、卫一徙而夺淮，由淮一徙而夺济，今又将由济而徙出漳卫矣。三者若相循环，此何故哉？盖黄河之南行数百年，虽淮水之力甚强，然积久之故，地孔终归淤塞。而济水之休流地中者，日尽其呼吸宣畅之力，前日之淤积亦渐开通，故黄水遂即而夺济。今行济亦六十余年矣。又将分流决入直沽者，盖东流地孔渐次淤塞，南方淮渎尚未道达，而北方漳、卫地脉又早开通，故黄水之由地孔中行者，亦渐趋而北，此必然之势也。

西人泰勒氏之言曰：黄河自改走大清河后，既将该河身充满，犹未足也。复将两岸坝陂间之平地逐渐淤积加高，迄今水面较原来平地约高二十尺，每年增一尺之四分之三。由此推算，十年后将至二十二尺。傥于此等情形中发生决口之事，能设法使水面回入此原道中乎？此乃一疑问也。据终身从事于河工者谓，黄河今道恐不能再保二十年，假使河水竟决口，不能复回原处，其结果之增恶将远甚于五十年前之改道时，此不可不知者。盖从前尚有大清河可供其改走，今则无此预备之道，恐洪水泛滥，将数十年而不能收束也。

又云：假使黄河之水一旦离其今道，若在运河以西之左岸决口，则溃决之水或将至天津，盖其北流之水将与卫河接近，于是发生问题即其将流入卫河耶？抑入运河耶？或两河并入之耶？若使入运，则水势将东流，偏东北而入海，挟卫水以俱反之；若经入卫河，则无法阻其北行，必直达天津，经白河而入海。

黄水将改流之时，其近而易见者有数端：一曰三角洲之发见。盖黄河水挟泥沙，若遇障碍则分为数支，凡分支之交角，最大者即三角洲之起点，其后逐渐停积，遂构成三角洲形。水流旁出后，将渐离旧日河身，而别徙新道，此不可不察也。一曰井中忽见黄水。昔人尝云，黄河将徙之地，其近河数十里，先数月井水忽然变成黄水，而后黄河竟从此改徙，乃知其兆，此可见凡水之来，必先由地孔灌入。一曰虫蚁之出穴。凡近水洲岸，每当水潦暑涨，先数日即见虫蚁缘阶附壁而上，近水居民即知大水将至，预为迁徙。或具舟楫以待，反以虫蚁为有先知，不知此水气已先灌入地孔，虫蚁为水气所逼，不能安居穴中，乃依草附木，缘升高燥，此物理之易见者也。

近有人谓导洛入贾鲁河以达淮，可减河水之半。查光绪八年，河南巡抚李鹤年奏称：豫省贾鲁河发源荥阳以西，历荥泽、郑州，汇京、索诸水，经朱仙镇、周家口，下达于淮。自道光时，两次河决，河淤泉塞，航路不通。迭经挑浚，用帑数十万，而浮沙高积，旋挑旋淤，迄无成效。而尉、扶诸县时有水患，后虽改从镇西别挑新河，下游畅行。今复加以洛河灌入，即使黄河全溜不为所牵引，泥沙不致混合，而数百里众流交汇之，洛河一旦改灌贾鲁河，恐尉氏、扶沟、西华诸县已有淹没之患。况由贾鲁挟洛以输之淮，彼淮水尚无出路，而欲借运以输之江，然则洛水入淮，必有东突西荡，冲坏盐场之虞。若由淮挟洛以入江，将不仅江浙太湖人叹其鱼，即沪上亦难保不绝断交通，是岂苏皖人所乐闻乎？

然则为今之计，欲救中国之水患，其何道之？从曰：疏济导淮而已。济者，大清河也。自黄流改徙大清河，今且六七十年矣。下游地孔已淤，济水已不能由故道入海，故北灌漳、卫而祸于直、东，南遏汶而决于大汶口。若将大清河疏通，使济水得刷浊泥，载河而输之海，则北之淇、漳、沁、卫，南之汶、泗诸水，皆得所畅而不为灾，东北之患可以少息，此王景之略也。

又曰：今之译中国治水刍议者，谓堤外筑堤，复筑横堤于中，且以图明之。如外堤为甲，河身内堤为乙，横堤为丙，中有隙地为丁，收纳水涨时之停蓄物为广植森林之地。其论森林固结土脉，与河流之利益固无可议，但植此树苗于内外堤之间，以望其成林，则吾未之敢信。何也？试思此内外堤间，每当伏秋盛涨，必有一次平满乎？试问此堤间浮沙所宜何木？培塿无松、柏，何况浮沙？又试问此树苗每年可长若干？据所言洋槐、栗树之苗栽植后，历三四年约可长至高九尺或十尺。然则初栽一二年，苗才一二尺，根必不深，一旦水涨，已随沙漂去；即幸而未尽为漂荡，然水高苗顶，水退苗枯，已无生理，又何能长高十尺乎？即间有高十尺者，再遇高丈余之涨，亦莫能生存矣。此堤间浮沙之不能成森林，不待智者而后知也。

且堤外筑堤，古有此制，谓之遥堤。遥之为言，远也。对于河身近堤言之，其间横堤、月堤，名称繁多，中国治河书中言之綦详，外人或未之见，中国人不可不知，勿徒眩于外人之说，为外人所愚也。

大抵河堤所宜之木，惟杨柳耳。筑堤时，折柳枝筑于堤畔，待来春发生新枝，不患水漂，且可取高数尺之枝，筑入堤中一二尺，来年新枝又可高数尺。故水即平堤，不能淹及柳苗。且杨柳近水易生，其性然也。古诗云："垂柳覆金堤"，非堤上之柳耶？植柳犹当在堤上，岂能于堤下之浮沙而成森林乎？是必不可得之理也。

造森林以减水量，为新说根本治河之一端，固云尚矣。惟兹事体大，非一时所能成功。求其略易实行者，惟先就堤岸多种柳株，诚为最适用、最切要之急务。但粗言种植似甚易，细考成活则甚难。每年河工必春有令种柳之例，举每段数目，动称累万盈千，究其成活之株，不过至少之数。察其原因，其难有二：一则看守不周也。河工款绌，兵额屡裁，工作尚虞不敷，遑云看守树木；且北方人民穷苦者多，每至秋深，沿堤男妇老幼，多背筐挟爬，捡拾薪柴以供燃料，虽地面之枯草树叶无不爬梳净尽，至大小柳株，偶一不慎即被窃取。又有牧童竖子，不知种树之公益，往往以手摇动，则透风易干。两岸堤段绵长，以少数之兵夫看守多数之树株，势难责令一无遗失。一则浇灌不勤也。北方春令雨水无多，凡成活之树，皆适遇连年春雨较多，成活始易。若新栽之树，第一年春雨幸多，株株皆萌芽矣。如第二年春雨不足，仍多回干，故非浇灌不为功。但堤岸距水远近不同，近者尚易取汲，远者则艰于挑运，且兵力不足，与看守同，二者欲加整顿，自非略增兵额，多设堡房不能责其认真看守。惟当此时艰款绌，议减易而议增难，是在当事者之运筹，非发言者所知矣。夫河工用柳至夥，枝干与叶无一废材，根深盘结尤能固堤。平时所需已多，若遇抢险或漫口，则所用更巨。若不加意培养，则年复一年，愈用愈少，恐有两堤濯濯之一日。愿当事者亟图整顿，不务种植之虚数，必求成阴之实功，则补助河防非浅鲜矣。

后序

民国十二年春，承河务局长信阳陈公之命，纂辑《豫河续志》，复遴选局内外诸同人共膺斯举。越二年而脱稿，校刊之役又历数月，今全书幸告成矣。乃识于其后曰：黄河横贯中国，流经八省，漫溢之患惟豫为多，施治之功亦惟豫为最。顾人民之沉溺昏垫，经数千年而无一专籍以详其始末，从事豫河者不无遗憾。《豫河志》乃辑有清一代之成案以为书，于明以前仍无所考。欲自玄圭告成，而后举其要，而发其微，俾览者知往昔工作之成规，与近年河流之顺轨，及将来防护之要图，一循其迹，而意无不通，则此次纂辑之本志，当亦留心豫事者所乐闻也。

而其事有未易言者，凡举一事必以经费为先，豫省近年财政艰窘，而河工之积欠尤多，每年预算额数实发不及其半。本续志开办之初，声明不另请款，在公债利息项下动支。自编纂以及刊刻印订，共实支银洋四千余圆，比之前志仅得五分之一，是以搜罗购置，因无款不能放手进行，则经费绌而筹备难。

豫居腹地，民多朴质，非若京、沪、江、浙为人文荟萃之区，搜考参稽，易于从事。会城之内世家名族寒士居多，收藏未富，乞借无由，偶有藏书之家，亦多散居他处。时局未宁，交通阻滞，欲征辑而未能，欲就观而不可。耳目狭隘，闻见无多，则书籍少而搜讨难。

自清光绪年间裁撤河道总督，黄、沁两河改归巡抚兼管。民国初建，又改属民政长。二年，设立河防局，并接收南、北两道所管之河务事宜。屡经展转迁移，各卷宗十不存五。前任局长曾屡言之，编纂《豫河志》时即已苦其不备，今更何由增益？则案牍缺而考证难。

朱梅麓尚书论治河谓必足到眼到，荣搢初未习于河事，奉命以来，终日所钻研者图籍，所披寻者档册，而未亲莅河干一次。凡溜势之险夷，风沙之变幻，料物之堆垛，埽段之厢修，砖石之抛砌，皆系求之载纪，与得之传闻，而于工务实在情形，终终属隔阂。今虽勉为纂辑，不过人云亦云；则经验乏而自信难。

豫自郑工合龙以后，四十年未有大工，当时在事人员顷已零落殆尽。执曩时工用器具诸图以询各队汛弁兵，已有不明其何用者，文职更无论已。承平久而险象渐忘，人情大抵相若。窃恐古人治河之成法，年愈远而遗失愈多，一旦巨险猝临，必至无所措手。今虽广为询考，其不可知者，仍付阙如，则人材寡而咨访难。

当倡议之初，以经费之支绌也，限期半年，嗣又展期三月，其实在此九月之中，成稿未及一半。而同时受事之人，或以惮烦而去，或以集菀而去，其始终其事者，惟此局内之数人。又各有逐日应办之公务，不能专壹以图。而时局之变化，且不可测，不得不为急就之章，以资结束。虽明知不免遗漏谬误，而不暇致其精详，则时期迫而修润难。

凡此诸端，皆撰述时所不能惬意者，而无术可以图全。幸赖陈公随时训示，与诸同人协心并进，乃能黾勉，以底于成。然《豫河志》断代为书，详案而不及事，本续志为便于河务人员研究起见，前十卷与第十七卷述已往之陈迹，借以知河之在豫纵横隳突，实为切肤之灾，中六卷述实在之详情，凡河工事务，向之所秘而不宣者，无不揭而出之，与众共睹。附录三卷，虽不全属本局范围之内，而与豫河皆息息相关，亦不可略而不顾。是故本书虽名《续志》，其义旨、体例皆与前志不同。惟前志既已成书，未便冶于一炉，俾同条而共贯，尚须有参观互证之烦，此则为事势使然，而无可如何者也。至诸同人姓氏，已详凡例，兹不复赘。

民国十五年十月，罗山王荣搢谨识

《豫河续志》外编

美哉禹功！顺水以行。导河积石，自西徂东。播为九河，以入于海。水有攸归，万世利赖。殷周以降，壅川壑邻。开陌决防，重以嬴秦。水失其道，堤障难固。其后百变，终非故渎。王景贾鲁，治河最精。导流宽势，不与水争。逮及明季，其谋最拙。逼水南行，时壅时决。河经豫省，横亘其中。历数十县，如带之通。册籍所传，缀其变迁。披图按牒，亦有资焉。

夏商

周秦

汉魏晋

南北朝唐

宋金

元明

豫河变迁（考）〔史〕[1]

夏

河自积石东渐，纡回近万里，始入于海，历数千年之久，

[1] 史　底本为“考”，根据目录更改。

变更迁徙靡有定。止自大禹底定以来，其变徙之在豫境者，尤为最巨。故欲考历代之河势，当就夏书所载，详识全河之源流以资考证。案：河自积石东北入甘肃境兰州城北，迤东经金乡县入靖虏卫；又东经宁夏中卫南；又东经宁夏卫东；又东过榆林西境，经古三受降城；又东折而南经榆林之东；又南经府谷县东；又经神木州南，入葭州境，经州城东，东岸为山西河曲、保德州及兴县境；又南经吴堡县、绥德州东，东岸为山西临县、永宁州及宁乡县界；又南经青涧县东；又南经延长县及延川县东，东岸为山西之石楼及永和、太宁县境；又南经宜川县东，东岸为山西河津及荣河、临晋县西境；又南经朝邑县东；又南经华阴县东北，东岸为山西蒲州；又南过雷首山，乃折而东，至是始入豫境。《禹贡》所谓“导河积石，南至于华阴”者也。

《禹贡锥指》曰：以今舆地言之，河自大积石山东北流，径陕西西宁卫，西南塞外，至河州西七十里入塞；又东北径州北，合漓水，又东北合池水；又东北径兰州西南，湟水合浩亹水自西来注之；又东北径州北；又东北径金县北；又东北径靖远卫北；又东北径宁夏中卫南；又东北径灵州所北，折而北，径宁夏卫东南；又北径平罗所东；又北径榆林卫西，出塞径废丰州西，折而东径三受降城南，折而南径废胜州东入塞，其东岸则平卤卫，又南径府谷县东，其东岸则河曲、保德县；迤西径神木县南，又南径葭州东，其东岸则兴县；又南径吴堡县东，又南径绥德州东，其东岸则临县、永宁州、宁乡县；又南径清涧县东，又南径延川县东，又南径延长县东，其东岸则石楼县、永和县、大宁县；又南径宜川县，其东岸则吉州、乡宁县；又南至韩城县，东北龙门山在焉，其东岸则河津县。此导河积石至于龙门之所经也。

又曰：河自韩城县龙门山南流，与汾水合；又南径郃阳县东，其东岸则荣河县、临晋县；又南径朝邑县东，又南至华阴县东北，与渭水合，其东岸则蒲州；又南径雷首山西，至潼关卫北折而东，是为河曲。此河水南至华阴之所经雍州，文所称龙门西河者也。

自雷首山东折，经豫之阌乡县、灵宝县北，北岸为山西芮城县南境；又东经陕州城北，又东经渑池县及新安县北，北岸为山西平陆及垣曲县境；河水分流包山而过，俗名三山门，水中若柱，谓之砥柱；又东经河南府北，北岸为济源县境；又东经孟津县北，北岸为孟县之南境。至是两岸平阔，其流渐涨，决溢迁徙自此而起。《禹贡》所谓“东至于底柱，又东至于孟津”者也。

《禹贡锥指》曰：以今舆地言之，河自潼关卫北折而东，径阌乡县北；又东径灵宝县北，其北岸则芮城县；又东径陕县北，其北岸则平陆县；又东过底柱。唐赵冬曦《三门赋》序曰：砥柱山之六峰者，皆生河之中流，盖夏后之所开凿。其最北有两柱相对，距崖而立，即所谓三门也；次于其南有孤峰揭起，峰顶平阔，夏禹之庙在焉；西有孤石数丈，圆如削成；复次其南有三峰，东曰金门，中曰三堆，西曰天柱。河水从黄老神前东流湍激，蹙于虾石，折流而南，漱于三门，苞于庙山，乃分为四流，淙于三峰之下，抵于曲隈，会流东注；加以两崖夹水，盘纡激射，天下罕比。此河水东至底柱之所经也。

又曰：河水自陕州又东，径渑池县北，其北岸则曲垣县；又东径新安县北；又东径孟津县北，其北岸则济源县、孟县。此河水又东至孟津之所经也。

自孟津而东，经巩县北，北岸为温县境；又东为成皋、汜水，而北岸则为洛、汭；又东为荥阳、荥泽，广武山脉至此而伏，河流益，其势益急。在汜水、巩县之间为洛水所归。其北岸则沁水经泽州、怀庆、武陟，过洛、汭而亦注于河，是为黄河、沁河之结点；又东经原武、阳武之北，北岸则为获嘉、新乡；又东则经酸枣、胙城而北，经黎阳、滑县以至于大伾，《禹贡》所谓“东过洛、汭至于大伾”者也。

《禹贡锥指》曰：以今舆地言之，河水自孟津县北，又东径巩县北，洛水入焉，其北岸则温县，济水入焉；又东径汜水县北；又东径荥阳县北，其北岸则武陟县，沁水入焉；又东径河阴县北；又东径荥泽县北，其北岸则获嘉县；又东径原武县北；又东径阳武县北；又东径延津县北；又东径胙城县北，其北岸则新乡、汲县；又东北至浚县西南古宿胥口，大伾山在其东北，其南岸则滑县。此河水东过洛汭至于大伾之所经也。

黎阳之间酾为二渠，自宿胥口始，一北流为大河，一东流为漯川，东北至千乘入海。自临漳北始出豫境，北过降水，经广宗、巨鹿至于大陆，大陆迤东经冀州之堂阳、信都、枣强以至鬲津，鬲津为黄河播为九河之一。九河者，一曰徒骇，北流卫漳；二曰太史，经德州、沧州、临津县之西；三曰马颊，在安德县南五十里、平昌县南十里，即笃马河是；四曰覆釜，在阜城、东光西北，至海丰入海；五曰胡苏，在无棣、临津；六曰简，在贝州、历亭；七曰絜，亦在临津；八曰钩盘，在乐陵县东五十里；九曰鬲津，亦在乐陵。九河下至沧州，同为一河，河尾相合，以相逆受，故曰逆河。经章武、静海、津沽、骊城、碣石以入于海。《禹贡》所谓“北过降水，至于大陆，又北播为九河，同为逆河，入于海”者也。

循禹之迹，自荥阳上溯西北，河流虽远，然起伏、宽狭多以地势高厚、山形束缚，故数千年来无大变迁。自荥阳以东，直至临漳、内黄之间，盖皆在豫境之内，地势平广，水得畅行，然湍悍汹涌，不可制止，故以洛水、沁水分其势，以畅其流。又酾二渠，导使北行，复以九河缓其冲，蓄其力，始得顺轨，以入于海，盖亦已难矣。故豫境河流之变迁，实地势有以使然，而顺其性以维之，缓其冲而防之，尤人力之所不容缓者也。

《禹贡锥指》曰：以今舆地言之，河自浚县西南折而北，历内黄、汤阴、安阳、临漳、魏县、成安、肥乡、曲周、平乡、广宗，至巨鹿县，大陆泽在焉，此即禹河北过降水，至于大陆之故道也。

夏時河圖

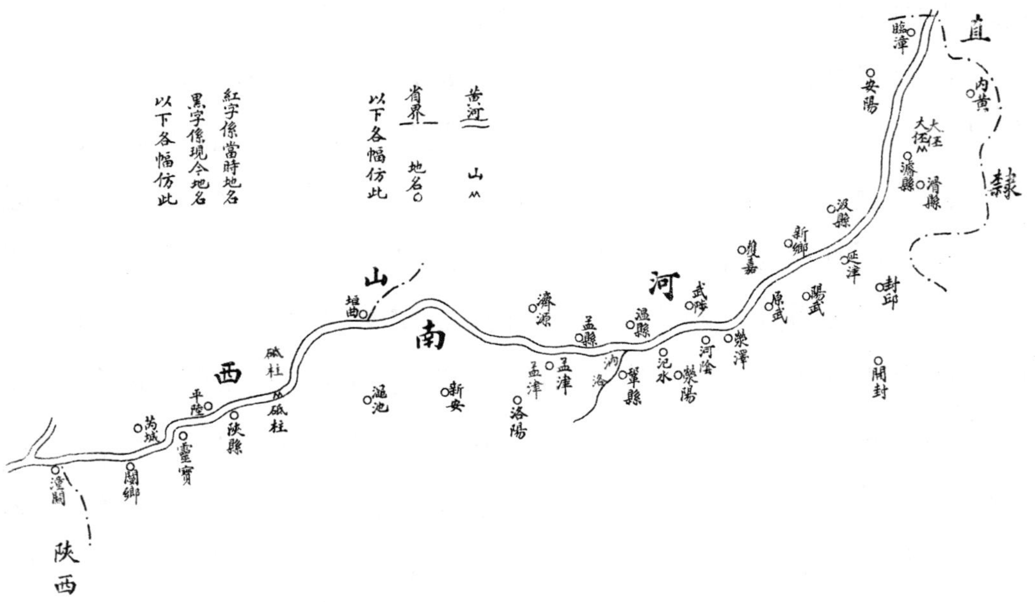

商

商之先世有侯冥能勤其官，循禹所施，不改其度，故河自神禹底绩，四百余年无大河患。成汤缵绪，奄有天下，都南西亳。仲丁迁都于嚣，嚣为今荥泽县西北。因土山为城，然以时有河患，至河亶甲元祀徙居于河北之相。有商一代，虽小有患，然其道迄无变异。

圖河時商

周

周定王五年，河徙故渎。自禹治水，帝尧八十载告厥成功，至是凡一千六百七十六年，河始决宿胥口，东徙漯川，即为禹酾二渠之一。禹河旧迹由大伾之西而北流，河徙后由大伾之南而东流，于是北过降水之故道遂堙。徙漯川后，经长寿津东北至成平，成平即今之交河。合于漳水，复归禹河故道。又蔡传云：定王五年河徙砱砾，胡渭《禹贡锥指》、大昌《禹贡论》皆无砱砾字，当以蔡传为误。又按：《书正义》引《春秋纬宝乾图》云：移河为界在齐吕，填遏八流以自广。公羊疏引《尚书中候》云：齐桓之霸，遏八流以自广。盖齐桓公时，九河既同为一。桓公卒于襄王九年戊寅，至定王五年己未，四十二年。盖下流既壅，水行不畅，上流乃决，理所当然。由此观之，河之徙虽始于定王，而其因实肇于襄王时也。

周威烈王十三年，晋河岸崩壅，龙门至于底柱三日不流，龙门底柱之间皆高山崇阜，河虽壅而其流不徙。

《禹贡锥指》曰：大河自宿胥口徙流至成平，合漳水，复归禹河故道。又东北历浮阳、参户、平舒，至章武入海。以今舆地言之，浚县、滑县、开州、内黄、清丰、南乐、大名、元城、冠县、馆陶、堂邑、清平、清河、博平、高唐、平原、德州、景州、吴桥、东光、交河、沧州、青县、静海、天津诸州县界中，皆周定王五年至西汉末大河之所行也。定王五年岁己未，下逮王莽始建国三年辛未，而北渎遂空，凡六百七十二岁。

周時河圖

秦

秦孝公用商鞅之法，废井田，开阡陌，引河水以灌田。始皇元年，复用韩人郑国之策，凿泾水自仲山即今陕西省西安府泾阳县。为渠，傍北山，历三原、富平、蒲城，东注洛中，河流至是遂加入泾水一支。禹修故堤十去五六，而豫境独未大变者，以河阔溜急，不敢操切从事也。

始皇二十二年，秦王贲伐魏，引河沟以灌大梁。所谓河沟者，即鸿沟，亦曰浪荡渠，渠在浚仪县北。自王贲引水东南出以灌大梁，遂谓之梁沟。于是水出县南，而不经其北，浚仪故县即今开封府西北，即梁灭魏所都也。

秦時河圖

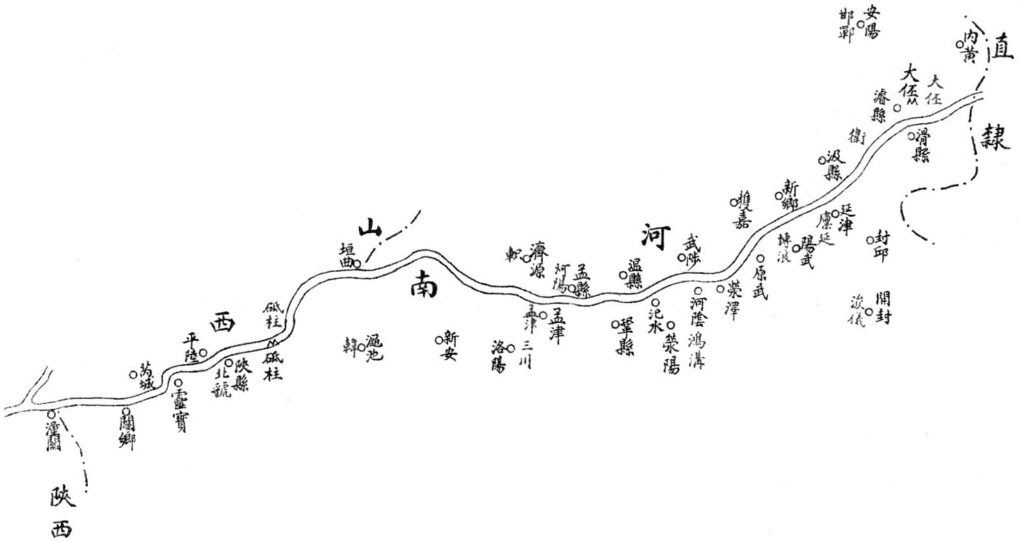

汉

汉孝文帝十二年冬十二月，河决酸枣，东溃金堤。酸枣属陈留郡，秦拔魏，置县，地多酸枣，因以为名。金堤在东郡白马县界，一曰千里堤，白马县属滑州。太守王尊治之。

武帝元光三年春，河水徙从顿邱东南流入渤海。夏复决濮阳瓠子，注巨野，通淮泗，泛郡十六。案：顿邱即澶州，濮阳、清丰两县今并属直隶大名府。渤海即沧、棣、霸、滨等州之地。直至元封二年始塞。宣房导河北行，复禹二渠之旧迹。宣房塞后，河复北决于馆陶，河水别出为屯氏。河东北至章武入海。盖自文帝至此四十余年，始迁入故道，而又多出屯氏支河。

元帝永光五年，河决清河灵鸣犊口，而由馆陶别出之屯氏河遂绝。

成帝建始四年，河决东郡金堤，凡灌四郡三十二县。遣大司农非调〔调〕[1]，均钱谷，存给所灌之郡，谒者发河南以东漕船五百艘徙民避水。其后鸿嘉四年，渤海、清河、信都河水溢。按：信都即冀州信都县，禹河北过降水即此，亦曰枯洚渠，西南自南宫县界入。平帝时，汴渠决败未修。新莽始建国三年，河决魏郡，泛清河以东数郡。魏郡即相州，今彰德府北。

明帝永平十三年，王景修汴渠成。诏称自汴渠决败六十余岁，今既筑堤理渠，绝水立门，河汴分流，复其旧迹。案：汴渠在河南府河阴县，今属荥泽县南二百五十步，亦名蒗荡渠。禹塞荥泽，开渠以通淮泗，《汉书》所称荥阳漕渠，今砾溪口是也。自王景治汴渠成后，久无河患。至顺帝阳嘉中，又自汴口

[1] 底本脱“调”，根据《汉书·沟洫志》增补。

以东缘河积石为堰，通渠皆曰金堤。灵帝建宁中，增修石门以遏渠口，水盛则通注津，耗则辍流。河水又东经八激堤北。八激堤者，安帝永初七年，令谒者泰山于岑于石门东积石八所，皆如小山，以捍冲波，谓之八激堤。又北经文济水，与河合流。东至砾溪南，东出过荥阳。王景，乐浪人，故又有称汴渠为乐浪渠者。

王莽始建国三年，河决魏郡。莽以冢墓在元城，河决东去，元城无忧，故不塞而河遂自元城东出馆陶东武阳，绝漯水而东北至高唐，又绝漯水东北入海。而大禹播为九河入海之道遂日就堙。

《禹贡锥指》曰：以今舆地言之，滑县、开州、观城、濮州、范县、朝城、阳谷、茌平、禹城、平原、陵县、德平、乐陵、商河、武定、青城、蒲台、高苑、博兴、利津诸州县界中，皆东汉以后大河之所行也。

西漢河圖

東漢河圖

魏晋

魏晋之初，与东汉河道无大变异。河经黎阳宿胥东行，经白马北、平阳南、开州北；又东经东武阳、濮阳、顿邱、东昌、茌平、博平、高唐之间，合济水、漯水，仍自利津入海。而豫境自荥泽以西之故道无所变更。晋泰始四年九月，青、徐、兖、豫四州大水，其后徐水归于淮，豫水归于河。泰始七年六月，大霖雨，豫境之河、洛、伊、沁等水皆溢，自荥泽西水势散漫。其后虽复归河道，而豫境沁河、洛河之决溢，实始于此。至惠帝元康八年秋，荆、豫、徐、扬、冀五州复大水，兖之水溢复归故渠，河道亦无变异。

魏晋河圖

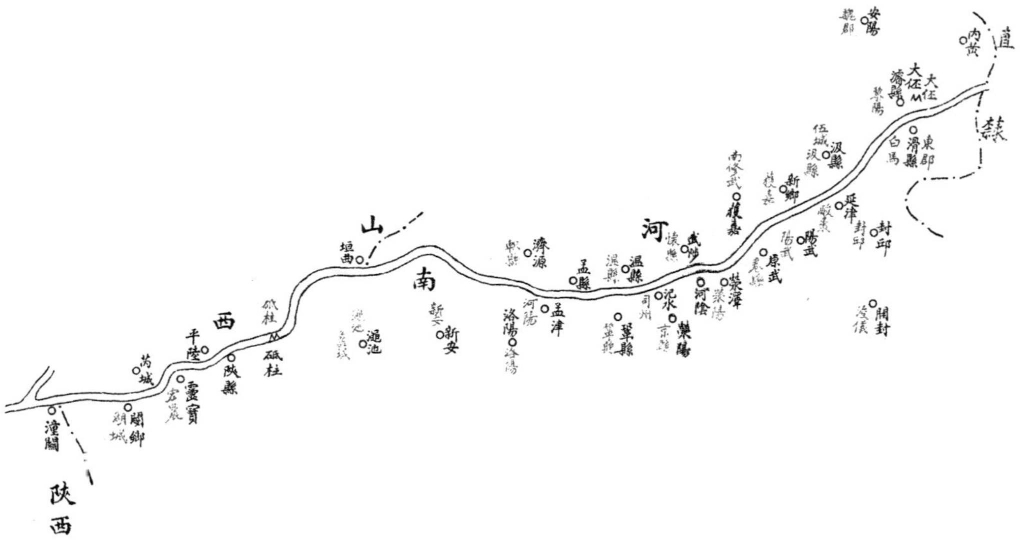

南北朝

自王景治河作汴渠障河，使北行入故道，梁、楚复宁，故历南北朝迄无大患。惟时多征夺，宇文氏于湖城北置阌乡郡，为黄河入豫境所经之地，由是以东。后魏置陕州，属之宏农郡，而渑池一县凡两更易；后魏以之为郡，而后周以为河南郡。大象时，复废郡属洛州。新安县，后魏以之属河南，而东魏以为新安郡。河南府，后魏以为洛州，置河南尹，孟县则为河阳县。自东晋建三城，东魏筑东滩城，河阳桥亦属于此，视为重镇，而唐初河患多在于此。

南北朝河圖

唐

唐自太宗贞观十一年秋七月，始有河患。是月大雨，谷、洛溢入洛阳宫。九月，河水复溢，坏陕州河北县，毁河阳中滩。

高宗永淳元年，河溢，坏河阳桥，桥为晋杜预所筑。是年冬修复，仍在孟县之间。

武后长寿元年，是年改元如意。河复溢，坏河阳县城。

玄宗开元十四年秋七月，河南北大水，怀州、相州、汲郡并遭水患。八月，河决魏州，河北水势乃渐杀。

宪宗元和八年，河溢瓠子，泛滑州羊马城。时滑州使薛平、魏博使田弘正征役万人，于大伾、黎阳间开浚黄河故道，经黎阳东行，合于禹渎宿胥，名为新河。自是以后，滑州无河患者三十年。文宗开成三年，河决，侵郑、滑外城及陈、许、邓等州，月余复归旧渠。

昭宗乾宁三年，河圮于滑州。朱全忠决其堤，因为二河，散漫千余里。案：唐二百八十余年，虽有河患，非决即溢，河道无大更变。且河朔诸地，天宝以后久属藩臣，纵有河事，亦不闻于朝廷。其后梁贞明四年，梁将谢彦章攻杨刘，决河水以限晋兵，自酸枣东漫延百余里。金堤年久就堙，遂屡为下游曹、濮之患。虽旋经唐人堵塞，未几复坏。至晋天福二十二年之间，河决九次，则梁人之过也。

晋天福六年九月，河决中都。冬十月，河复决滑、濮。至出帝开运元年六月，河仍决滑州，环梁山入于汶、济。经过之地，坏田庐无算，至十月始归旧渎。

周世宗显德六年，河决原武，而河流支河愈多。盖五代五十五年之间，有河患者十九年，良由于梁人决河之后，河经平地，多出支河，虽一时水息，而一经涨溢，四出为患。

按：唐初水患多在河阳三县，其后多患在河北。荥泽以西，均仍故道。至唐末之际，频年水溢，自酸枣以北，河势反弱。当时治河之策不见纪载，要皆任其迁徙，任其复归，而不能尽力以治之，则固昭然可知也。

自东汉、魏晋南北至唐末之河，均合济、漯二河东行，黎阳以北之古大河遂终难规复。

《禹贡锥指》曰：《隋志》兼综南北朝事，而无河渠，唐新旧二史、《五代史》亦不志河渠，事多缺略。今按唐有河北道、河南道，以河画界，其自大伾以东，河北魏、卫、澶、博、德、棣、沧七州，河南滑、濮、济、齐、淄五州，皆濒河郡也。谨摭《元和志》《寰宇记》所载，各县界之黄河，略为诠次，以补史志之阙。黄河自汲县南、胙城北，东北径灵昌县北。又东北径白马县北，其北岸则黎阳。又东径顿丘县南。又东径清丰县南，其南岸则濮阳县。又东径临黄县，其南岸则鄄城县。又东北径朝城县东，其东岸则范县。又东径范县北，其北岸则武水县。又东径阳谷县北，其北岸则聊城县。又东径平阴县北。又东径长清县北，其北岸则平原县、安德县。又东径临邑县北。又东径临济县北。又东北径邹平县西北，其北岸则滳河县、厌次县。自此以下有新旧二道，旧东北径蒲台县南，又东北入海。景福后，自厌次县界决而东北流，径渤海县西北，又东北至无棣县东南，而东注于海。以今与地言之，浚县、清丰、观城、聊城、平原、陵县、商河、齐东、武定、蒲台、利津诸州县界中，皆唐历五代以迄宋初黄河之所行也。自王莽始建国三年辛未河徙，由千乘入海。后五十九岁为后汉明帝永平十三年庚午，王景治河功成，下逮宋仁宗景祐元年甲戌，有横陇之决。又十四岁，为庆历八年戊子，复决于商胡。而汉、唐之河遂废，凡九百七十七岁。

唐時河圖

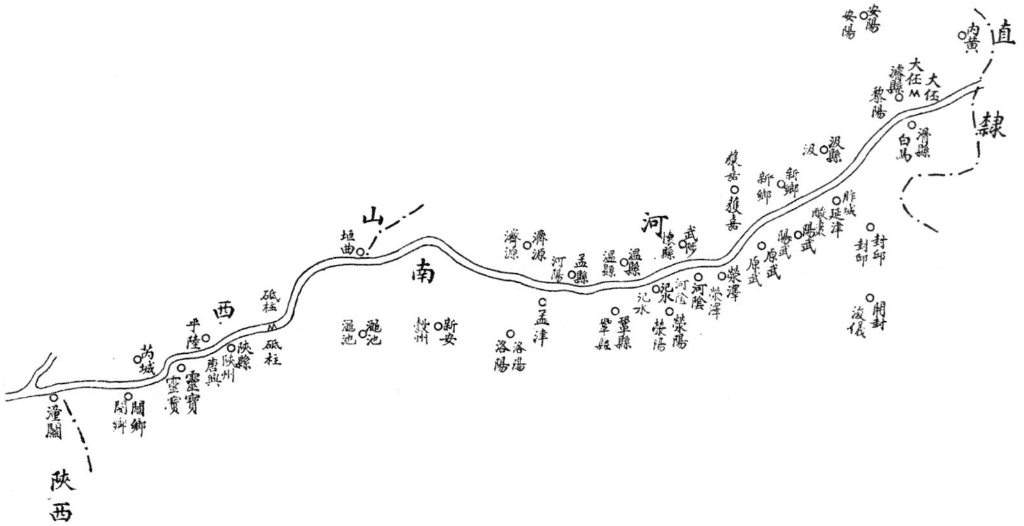

宋

自五代杨刘之决，至周显德中，李谷始修塞杨刘，经阳谷抵张秋以遏之。豫省水患渐息，然决河不复故道，离而为赤河。

宋太祖乾德三年，河决开封府，溢阳武。河中府、孟县中滩城复坏。至乾德四年，诏怀州、郑州、开封府卫等沿河州郡长吏并兼本州河堤使。太宗兴国五年，治卫、郑等堤，由滑州道澶、濮、曹、济东南至彭城界入淮。

至仁宗时，商胡河决，自魏之北至恩、冀、乾宁军入于海。嘉祐八年，河流派于魏州之第六埽，遂为二股。河自魏、恩东至于德、沧入海，是谓东流。自二股河行一百三十里为魏、恩、德、博之境，曰四界首河。四界首者，古大河所经。《沟洫志》所谓"平原金堤开通，大河入笃马河至海，五百余里"者也。

神宗熙宁十年，河由澶州曹村、澶渊南徙，东汇于梁山张泽泺，分为二：一合南清河入淮，一合北清河入海，而北流遂断绝，是为熙宁之变。

自商胡决后，至熙宁河徙澶渊，而原武、阳武之间屡有河患。是年八月，河决郑州；元祐八年，内黄口河决；而元符三年，河复决开封府东之苏村；直至钦宗靖康间，河决陈留四十余日，始由开封府尹宗泽命判都水监陈求道治之，水复故道。

有宋一代之变迁，以商胡为巨，而澶州次之，所谓由北清河入海，即今大清河，自东平历东阿、平阴、长清、齐河、历城、济阳、齐东、武定、青城、滨州、蒲台，至利津入海者也。

由清河入淮，即泗水故道，今会通河自东平历汶上、嘉祥、济宁，合泗水至清河县入淮者也。而皆不在豫境，自是厥后，河道遂日南徙矣。

北宋以近在京畿，故于豫河设官分职。南宋而后，重在东省，故荥泽、阳武之间，迭有河患，而旋修旋决，竟不为永逸之计。其后，地非宋有，更不足责矣。

宋時河圖

《禹贡锥指》曰：宋初河道与唐五代略同，欧阳修所称京东故道是也。景德元年，河决澶州横陇埽，寻复修塞。景祐元年，又决横陇，遂为大河之经流。迨庆历八年，河又决州之商胡埽，而横陇断流。欧阳修谓之横陇故道，今濮州东、东平州西、范县、阳谷县东南、东阿县北皆有旧黄河，即宋横陇决河之所行也。自长清而下，则与京东故道合矣。至和二年，李仲昌议开六塔河，引归横陇故道。从之。嘉祐元年四月壬子朔，塞商胡北流，入六塔河，不能容，是夕复决，溺兵夫、漂刍槁不可胜计，修河官皆谪窜。自是之后，无复言横陇者，而京东故道遂废。

金

金始克宋，两河均归刘豫。豫亡，河遂尽入金境。数十年间，迁徙靡定。河南仅设六埽，河北设十九埽，专为立官置属以主之。大定八年，河决李固，分流于单县，而豫境无患。其时汴为南京府，所属之延津、封邱、祥符、开封、陈留、胙城、杞县、长垣，归德府及所属宋城、宁陵、虞城，河南府及孟津，河中府及河东、怀州、河内、武陟、河州、朝邑、卫州、汲县、新乡、获嘉、河阳、温县、郑州、河阴、荥泽、武原、汜水、浚州、阌乡、灵宝、滑州、白马、睢州、襄邑等处均为豫境黄河所经之流域，均以长贰官提举，而以令佐管勾河防。初，卫州为河水所坏，乃命增筑苏门，迁其州治。其后，以民情不愿迁回，即仍其旧。

《禹贡锥指》曰：金时河流虽数迁徙，而汲、胙之间如故。迨明昌五年八月，河决阳武故堤，灌封邱而东，盖河流至是又一大变矣。

按：宋光宗绍熙五年甲寅，即金章宗明昌五年，是岁河徙自阳武而东，历延津、封邱、长垣、兰阳、东明、曹州、濮州、郓城、范县诸州县界中，至寿张注梁山泺，分为二派：北派由北清河入海，南派由南清河入淮，即泗水故道。河汇梁山泺，分二派入南北清河。自宋熙宁十年，始寻经塞治，至是复行其道，而汲、胙之流遂绝。下逮元世祖至元间，河又徙，自新乡出阳武之南，凡九十余岁。

金時河圖

元

有元之世，始有河患者，为世祖至元九年，卫辉路新乡县广盈仓南河北岸决五十余步，八月又决一百八十余步，其势不已。虽由都水监丞马良弼并力修完，而河道南徙。未修时距仓仅三十步，修后南移五十余步。二十五年，汴梁路阳武诸处河复决。大抵黄河自孟津以东，土性疏薄，兼带沙卤，一失导泄之方，则易致崩溃。归德以东之居民利河北徙，有司不能远虑，使陂泺悉为陆地。东至杞县三汊口播河为三，分杀其势，盖亦有年。归德、太康之间，相次湮塞南、北二汊，遂使三河之水合而为一。下流既不通畅，自然上溢为灾。自至元新乡河决修复，复决，徙入阳武县之南，而新乡迤北之河流遂废。至二十六年惠通河成，始以一淮受全河之水，北流益微。直至顺帝至正时，用贾鲁之策，始为一劳永逸之计。疏塞并举，挽河使东行，以复于故道。盖自至正四年五月黄河北决白茅堤，六月又北决金堤，漫延千里，至十一年四月始鸠工疏浚，其间凡七八年之久。一任河水横流，不能制止。贾鲁受命鸠工，至七月而疏凿成，八月决水入于故河，至九月而舟楫已能通行，河复故道，南注于淮。奏功神速，前古所无。惜乎为惠通河所窘，逆河之性，不能北归，所复者仍为入淮之故道。使鲁生于汉武之世，必能导河入于宿胥故道，如史迁所谓复禹旧迹者，岂徒与王景等烈哉！

自贾鲁引河南注以后，浚、滑、汲、胙之间无河矣。新乡、获嘉之间更无所谓旧迹矣。导河入淮，重在于运，而豫境河患、全河之趋势有不能兼顾之讥。

自金明昌阳武之决，河水大半入淮，而北清河之流犹未绝。逮元世祖惠通河成，全注于淮，贾鲁修复，河自开封以东，经陈留、仪封、考城、曹、单、虞城、砀山、丰、沛、徐州，合泗水，东南经灵璧、睢宁、邳州、宿迁、桃源以至清河，合淮水由安东入海，此有元一代之河道也。

《禹贡锥指》曰：至元九年，河决新乡广盈仓岸，时河犹在新乡、阳武间也，不知何年徙出阳武县南，而新乡之流绝。据史，至元二十三年，河决，突河南郡县凡二十五处。二十五年，汴梁路阳武等县河决二十二所，水道一变，盖在此时矣。《元一统志》残缺，仅存十之一二，河之所经不可得详，谨摭近志各州县界中见行之河，诠次如左。

黄河自武陟县南，东径荥泽县北，其北岸则获嘉县。又东径原武县南。又东径阳武县南。又东径延津县南。又径祥符县北，其北岸则封邱县。又东径陈留县北。又东径仪封县北。又东南径睢县北。又东南径考城县北。又东南径商邱县北，其北岸则曹县。又东径虞城县北，其北岸则单县。又东径砀山县北。又东径丰县南。又东径沛县南，其南则萧县。又东径徐县北，与泗水合。又东南径灵璧县北。又东南径睢宁县北，其北岸则邳县。又东径宿迁县南。又东径桃源县北。又东径清河县南，与淮水合。又东径山阳县北。又东径安东县南，而东北入于海。盖自金明昌甲寅之徙，河水大半入淮，而北清河之流犹未绝也。逮元世祖至元二十六年己丑，会通河成，于是始以一淮受全河之水，凡九十五岁。

元時河圖

明

有明一代，亦重视运河，盖以始都金陵，由北输南；继都燕京，由南输北，强抑河流，以佐运道，固不得谓之良策也。

太祖洪武二十四年，河由开封城北五里，又东南由陈州、项城、太和、颍上，东至寿阳镇，全入于淮，而贾鲁河故道遂淤。

又支流经郓城两河口，漫东平之安山，而元世祖时之会通河亦淤。自黄河改徙汴梁北，由凤阳入河者为大黄河，其支流出徐州以南者为小黄河。

盖明初黄河自汴梁分为二道：一出汴城西荥泽，经中牟、陈、颍，至寿州入淮；一出汴城祥符东，经陈留、亳州，至怀远入淮。其东南一道自归德、宿州经虹县至宿迁，出其东分五道：一自长垣、曹、郓至阳谷出；一自曹州双河口至鱼台塌场口出；一自仪封、归德至徐州小浮桥出；一自沛县南飞云桥出；一自徐、沛之中镜山北溜沟出。六者皆入漕河，南汇于淮。其后诸道先后均塞，惟沛县一道独存。

正统十三年，河流为二：一自新乡八柳树由故道东经延津、封邱入沙湾，北流入张秋会通河；一由荥泽漫流原武，抵祥符、扶沟、通许、洧川、尉氏、临颍、郾城、陈州、商水、西华、项城、太康，出豫境。

弘治时，河忽北徙三百里，自昂塞诸河口，河流入汴，至宿迁小河口。正德初，河又北徙三里，复至徐州小浮桥。逾年又北徙一百二十里至沛县飞云桥，又冲黄陵岗入贾鲁河，直抵丰、沛。

推源正统十三年张秋之决，实为黄河逐渐北徙之证。黄河之决，必经张秋以溃运。明季，以运河为重，而不纪大清河，盖河至张秋不及百里，经东阿之山即入大清河，河流不能越山，故每决必北徙，每徙必近于大清河。自金龙口之决，塞决口数十处，然后强引入淮。又以河徙入淮，终非正道，乃自东平兴济凿小金河十二道，引水入大清河，及古黄河以入海。盖逼河强使南行，如是之难也。

以上为明季河流之大变迁，其间洪武二十三年，河决凤池，诏于归德府凤池设防汛，而河流所至仅遥筑堤以防之。至二十四年，因阳武之决，而故道遂废。三十年，河又决而南徙于陈州。永乐八年，河决开封，旧外城遂圮，因筑土堤以防之。宣德中，河复决坏开封府堤，折而南行，自郑州、祥符、陈留、荥阳、荥泽、鄢陵、杞县、中牟、洧川一带，田地多受其害，直至正统张秋之决，豫河始略安静。然涨溢之患，仍时有所不免。景泰年间，因原武之决，县城沦没，迁于河北二十里县治之北边，而河流亦渐南徙，而开封迤东之河转北徙。英宗天顺五年，河溢，坏汴梁之土城，复由砖城北门入城内，民舍一空。虽设法疏浚，而城中堙没，亦非旧观。是年九月，河复溢开封、怀庆、卫辉等府，宣武、河南、睢阳三卫。河流自武陟徙入原武，而获嘉之北遂绝。宪宗成化十四年，河决祥符之杏花营。七月，河决延津，泛溢七十余里，河遂自延津徙入封邱，而延津遂无河流。弘治金龙口之决，至张秋入运，而陈留、通许以南之河流遂淤。其后弘治四年河溢兰阳，仍夺淮入海。弘治十九年，河决睢州属之野鸡冈，由汴河径入于淮。于是开浚李景高口支河，引水出徐，阅二年而复淤。嘉靖十九年，河决野鸡冈，由涡阳经亳州入淮。二十四年，复决野鸡冈，合泗入淮，归入于海。万历三十年闰月，河州黄河竭。三月，河决蒙墙寺，入归德、商水，南徙与淮水入洪泽湖。至四十七年九月，因牌沙冈之决，由封邱、曹、单之间至考城，复入旧河。至怀宗末，闯贼决朱家寨，入汴城北门，出东南城以入于涡阳。

盖自武陟、河阴以西，直至阌乡、灵宝，两岸多山，河势不急，河阳诸郡自宋以后遂无河患。河流所经循禹旧迹，无所变迁。自武陟、河阴以东，两岸既无山阜，亦无支河流入。东经荥泽县北。又东南经原武县南、郑州北。又东南经阳武县、中牟县北。又东经延津县南、开封府治之祥符县北。自汉以降，河患多在东北，宿有之决瓠子之塞是也。隋唐以降，北道不行，故河之患多在荥阳、郑州之西，如河阳中滩城时决时复是也。

有明一代，则自原武至归德时有河患。神宗以降，则河患多自开封以东，盖下流不畅，则上流不决必溢。水性就下，其患将自高而渐趋于卑，固地势之变易，人力之疏浚堵御，有不得不顺势利导，而时代之渐亦有以使之然也。自开封东经兰阳、仪封、陈留、睢、考之间以出豫境，而睢州野鸡冈夺淮之道亦日就湮塞矣。

张文端《治河书》曰：河南黄河南岸自陕西潼关入阌县境，经灵宝、陕州、渑池、新安、孟津、巩县、汜水、河阴，至荥泽县而始有堤工。自此而郑州、原武、阳武、中牟、祥符、陈留、兰阳、仪封、考城、商邱、虞城至江南徐州之砀山县界，北岸自山西垣曲县入济源县境，经孟县、温县、武陟以至荥津县，而始有堤工。自此而原武、阳武、封邱、祥符、陈留、兰阳、仪封以至山东曹县界，凡系开封府者，南岸属南河同知管辖，北岸属北河同知管辖；系归德府者，南岸属归德府管河通判管辖，北岸系山东曹、单二县界，属兖州府黄河同知管辖。

明時河圖

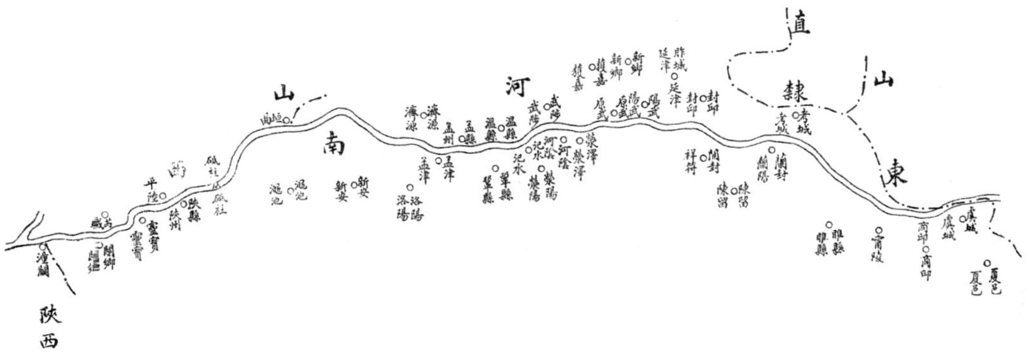

黄河经过豫境各县之沿革

黄河入豫境，经阌乡、灵宝县北，北岸为山西芮城县南境。

阌乡，汉属湖城县，未有邑也。至周，宇文氏始于湖城北置为阌乡郡及县，废于隋初。开皇时，复置阌乡县。大业初，属河南郡。唐属虢州。宋〔属〕[1] 陕州，以迄于明。

灵宝县为秦函谷关地。汉为宏农县，魏晋因之。隋分建桃林县，属陕州。大业初，属河南郡。义宁初，属宏农郡。唐属陕州。天宝初，乃改县为灵宝，后皆因之。

又东经陕州城北，又东经渑池及新安县北，北岸为平陆及垣曲县境。

陕州，周周、召二公所治。春秋为北虢，晋灭之。三家分晋，魏有之，韩嗣得之，而终入于秦，属三川郡。汉宏农郡。后魏置陕州及恒农郡。后周更置崤郡。隋初废郡。大业初，废州，属河南郡。义宁初，复宏农郡号。唐为陕州。天宝初，改为郡。乾元初，复故。天佑初，升为府，命之曰唐兴，继又设保义军。宋仍曰陕州。太平兴国初，改设保平军，仍曰陕州。明兴，以州治，县废。

渑池，战国为韩土，入于秦。汉初置县，以属宏农郡。蜀汉时，魏徙治蠡城。晋世亦然。后魏郡渑池。后周易为河南郡。大象时，以郡为洛州属而废县。隋后改治大坞城。义宁二年，以属宜阳郡。唐初属谷州。贞观初年，移州治焉，继又移县治。显庆初，谷州废，县属洛州。宋以属河南府。金为韶州。至元中复为县。

新安，战国为西周。秦为新安。汉县之，属宏农郡。晋、后魏属河南郡。东魏为新安郡。隋废，开皇时为谷州，仁寿中

---

[1] 底本疑脱“属”字，根据上下文义增补。

废，且废县入东垣县。大业初，复为新安县，属河南郡。义宁初，仍为郡。唐置谷州，贞观初移州治，县改属洛州，后皆因之。

又东经河南府北，北岸为济源县南境。

河南府，《禹贡》：九州之豫州。周之故都。秦为三川郡。汉河南郡。东汉以都之，故置为尹，并置司隶。魏、晋相继，于此改为司州，而仍尹如东汉。刘宋亦然。后魏为洛州。太和时都之，乃复魏晋之制，改为司州及河南尹。东魏为洛州，如后魏之初，惟改尹为洛阳郡。后周为东京。隋初罢郡为洛州。炀帝徙都于此，曰豫州，复曰河南郡。唐初为洛州。显庆初，设东都，开元初改洛州，为河南尹。天宝初年，定为东都。后魏称为西都。后唐都之，仍曰东都。后晋谓为西京，而仍府，更置军号曰德昌，后改为金昌府。元为河南路。明河南府。

济源，周原地，后更名轵。东周为畿内地。春秋属晋。战国为魏。秦汉皆为轵县地，属河内郡。晋及后魏因之。隋开皇十六年，析置济源县，属怀州，后属洛州，又属孟州。宋因之。元初，改县为原州，寻复为济源县，属孟州。明属怀庆府。

又东经孟津县北，北岸为孟县南境。

孟津，汉为平阴县，属河南郡。魏晋为河阴县地。唐为河清县地，仍属河南府。宋移县治于白坡镇。金徙治孟津渡，改孟津县，又升为淘州，州旋废。元仍曰孟津县。明嘉靖十七年，城圮于水，始迁今治。

孟县，周武王会诸侯于孟津，即此地也。春秋鲁隐公十一年，王以盟与郑。后属晋，为河阳。战国属魏，为垣雍地。汉为河阳县，属河内郡。高祖封陈滑为侯国。晋仍为河内郡属，后魏因之。隋仍为河阳县，属怀州。唐武德四年，置盟州于此，八年，州废。显庆二年，改属河南府。建中三年，河阳三城节度使治焉。会昌三年，置孟州，治河阳县。宋仍曰孟州，亦置三城节度。金亦为孟州，属怀庆路，改州为县，以河阳县省入，属怀庆府。

又东经巩县北，北岸为温县境。

巩县，周巩伯邑。战国谓之东周。汉置县，属河南郡。晋及后魏因之。东魏属成皋郡。北齐属洛州。隋大业初，移县治洛口，仍属河南郡。

温县，周为畿内国。战国为魏邑。汉为温县，河内郡属也。晋、后魏皆然。东魏属武德郡。北齐废。隋仍置怀州。唐武德四年，置平州，寻复故。显庆中，改属洛州。会昌中，又改属孟州。宋后皆因之。明初改属怀庆府。

又东经汜水、荥阳县北，北岸为武陟县南境。

汜水，古东虢，郑之制邑曰虢。鲁昭元年，鲁侯与诸侯之大夫会于虢，又名虎牢。秦属三川郡。汉置成皋县，属河南郡。魏、晋因之。刘宋于此置司州。北魏泰常中置豫州，后又置豫州于汝南，以虎牢为北豫州。太和十九年，改置东中府，以县属荥阳郡。东魏天平中，复置北豫州，兼置成皋郡治焉。后周置荥州。隋改郑州，皆以此为治所。开皇十八年，改成皋曰汜水县。大业初，属之荥阳郡。唐初，仍属郑州。显庆中，改属洛州。垂拱四年，改曰阳武。神武初，复曰汜水。会昌三年，改属孟州。宋洛州，元丰初复属孟州。金属郑州。元明因之。

荥阳，古东虢国。汉置荥阳县，属河南郡。晋置荥阳郡，北齐改郡曰成皋。隋初郡废，以县属郑州。唐因之。天授二年，分置武泰县，属洛州，寻又并入荥阳，而改武泰。神龙初复故制，仍属郑州，后皆因之。

武陟，汉山阳县地，属河内郡。隋开皇十六年，析修武县，置武陟，大业初废。唐初复置，兼置陟州，州旋废，以县属殷州。贞观初，改属怀州。宋因之。明亦如宋制。

又东经河阴荥泽县北。

河阴，本汜水、荥泽二县地。唐开元二十年，析置河阴县，属河南府。会昌三年，改属孟州。宋因之。金、元、明属郑州。

荥泽，汉为荥阳县地。晋属荥阳郡。隋开皇四年，置广武县。仁寿初，改为荥泽县，属郑州。唐因之。宋熙宁中，省入管城。元祐中复旧。元属汴梁路。明初改属郑州。

又东经荥泽县北，北岸为获嘉县。

荥泽，见前。

获嘉，周之修武地。汉置获嘉县，属河内郡。晋属汲郡，后魏因之。后周置修武郡。隋废郡。开皇末置殷州，大业初州废，仍属河内郡。隋末王世充复置殷州。唐武德二年，李厚德以州来降。贞观初，州废，以县属怀州。宋因之。明初改属卫辉府。

又东经原武县北、阳武县南。

原武，汉属河南郡。晋省，后魏复置，属荥阳郡。东魏改属广武郡。北齐省县。隋置原陵县，后复曰原武。唐属郑州。宋熙宁中，省入阳武县，元祐初复置。金属郑州。元因之。明初改属开封府。

阳武，秦博浪沙地。汉置阳武县，属河南郡。晋属荥阳郡。东魏属广武郡。北齐省。隋复置，属郑州。唐因之。五代以下属开封府。

又东经开封府城北，封邱县南。

开封府，《禹贡》：豫州故域。春秋为郑地。战国为魏都。

秦属三川郡。汉置陈留郡。晋为陈留国。后魏亦曰陈留郡。东魏置梁州及陈留、开封二郡。北齐以开封省入陈留。后周改梁州为汴州。隋废陈留郡，大业初，并废州，分其地入荥阳、梁、颍川等郡。唐初，置汴州。天宝初，改陈留郡。乾元初又为汴州。兴元二年，自宋州徙宣武军于此。朱梁建都，升东京开封府。后唐复为汴州宣武军。晋复都此，仍曰东京开封府。汉、周皆因之。太祖复定都焉。金曰汴京，废主亮改曰南京，宣宗珣迁都焉。元曰南京路。至元二十五年改汴梁路。明洪武初建北京于汴梁，复曰开封府。

封邱，古封父国。《左传》：赐封父之繁弱是也。汉置封邱县，属陈留郡。后汉初平四年，袁术屯封邱，曹操自鄄城引兵击走之。晋属陈留国。大兴三年，祖逖遣其将韩潜屯于此。既而石勒遣石虎引兵南侵封邱而。后魏仍属陈留郡。北齐省。隋复置，属滑州。唐〔属〕❶ 汴州。清属开封府。

又东经陈留及兰阳县北，北岸接直隶长垣县境。

陈留，春秋为留地，属郑。后为陈所并，故曰陈留。秦置县。汉为陈留郡治。晋〔为〕❷ 陈留国治小黄县，废入焉。隋开皇六年，复置，属宋州，后属梁郡。唐初，属杞州，武德四年，属汴州。五代属开封府，后皆因之。

又东经仪封厅北，北岸接东明县界。又东经睢州北，北岸为考城县。

睢州，春秋宋、陈二国地。秦置襄邑县。汉属陈留郡。晋属陈留国。刘宋属谯郡。后魏属梁郡。北齐属阳夏郡。隋属宋州。唐初属杞州。贞观初，属宋州。宋属开封府，崇宁四年，

---

❶ 底本疑脱“属”字，根据上下文义增补。

❷ 底本疑脱“为”字，根据上下文义增补。

升拱州，建为东辅，大观中废。政和四年，复置。金改谯州。元因之。明初以州治襄邑县省入。

考城，周戴国。《春秋》：鲁隐公十年，郑取戴，改名谷城。秦置谷县。汉高祖封秘彭祖为戴侯于此，后为甾县，属梁国。东汉章帝改名考城，属陈留郡。晋省，惠帝时复置，属济阳郡。宋因之。后魏改置考城县，属北梁郡。北齐省入成安县。隋开皇十六年复置，属宋州。唐初置东梁州，寻废，以县属曹州。五代晋属开封府，宋因之，崇宁中改属拱州，大观中仍属开封府。金复属曹州，又改属睢州。元明因之。

又东南经商邱县北，北岸为山东曹县界。

商邱，古阏伯之墟。春秋宋都也。秦置睢阳县。汉因之，梁国都于此。隋改县曰宋城，后因之。金人复曰睢阳。明初省，嘉靖中置。今县属归德府。

又东经永城、夏邑县北，北岸为单县境。

永城，春秋芒邑地。汉为芒县，属沛郡。高祖封耏跖为侯邑。后汉改芒曰临睢，属沛国。魏废。晋为谯郡蕲县地。隋末置永城县，属谯郡。唐属亳州。宋因之。元改属归德府。

夏邑，战国下邑地。秦属砀郡。汉置下邑县，属梁国。晋因之。刘宋兼置梁郡于此。后魏初属梁郡，孝昌二年于此置砀郡。隋属亳州，开皇十六年改属宋州。唐、宋因之。金始改夏邑县，仍属宋州。元初，并入睢阳县，寻复置，属归德府。明因之。

又东经虞城县北，出豫境，北岸亦单县境。

虞城，古虞国。禹封商均于此。汉置虞县，属梁国。晋因之。后魏属沛郡，改曰萧县。北齐省。隋开皇十六年，置虞城县，属宋州。唐武德四年，置东虞州，旋废，仍属宋州。五代，梁属辉州。宋仍属曹州。金废。元复置，属东平路，后属济宁路。明初改属归德府。

其故河经延津县西北，经卫辉、府浚县、彰德府临漳县，出豫境。延津，郑之廪延。秦置酸枣县。汉属陈留郡。晋因之。后魏并入小黄县。后复置，属东郡。北齐并入南燕县。隋初复析置酸枣县，属滑州。大业初，改属荥阳郡。唐复属滑州。五代梁属开封府。宋改延津县。金置延州，旋废，复为延津县。

卫辉府，《禹贡》冀州之域，殷纣所都。周分为邶、鄘、卫，后以卫封康叔，居河淇之间，故商墟也。其后狄灭卫，齐桓更封之于河南楚邱，即今滑县地。而河内殷墟寻属于晋。战国属魏。秦为三川郡地。二汉为河内郡地。曹魏置朝歌郡。晋改汲郡。后魏因之。东魏置义州。后周改卫州。隋初废郡，仍曰卫州。大业初，复为汲郡。唐复曰魏州，天实初，亦曰汲郡。乾元初，复故。宋仍曰卫州。金因之，亦曰河平军。元曰卫辉路。明为卫辉府。

浚县，春秋卫地。汉置黎阳县，属魏郡。东汉及晋因之。石赵置黎阳郡。后魏属汲郡。孝昌中分置黎阳郡。东魏又置黎州。隋初州郡俱废，县属魏州。开皇十六年，复置黎州。大业初，州废，仍属汲郡。唐初复置黎州。贞观十七年州废，仍属卫州。五代晋改属滑州。宋初因之。雍熙中，改属澶州。端拱初，建通利郡。天圣初，改置安利郡。熙宁三年，复为黎阳县，属卫州。元祐初，复为通利郡。政和五年，升为浚州，亦曰浚州军。寻又为平川郡。金皇统八年，改曰通州。天德四年，复曰浚州。元初，以州治黎阳，县省入，属正定路。至元二年，改隶大名路。明洪武三年，改州为县，以属大名府也。

彰德府，《禹贡》冀州之域。殷河亶甲居相，即此。春秋为晋东阳地。战国为魏之邺地，后属赵。秦为邯郸郡地。汉为魏郡。东汉末，冀州徙治焉。曹魏以受封于此，称为邺都。晋仍为魏郡，属冀州。后赵石虎、前燕慕容俊并都邺。后魏仍为魏郡，兼置相州。东魏都此，改司州。北齐又都之。后周仍置相州及魏郡。隋初废郡。炀帝复改相州为魏郡。唐仍曰相州。天宝初，改为邺郡。开元初，复为相州。五代晋天福三年，置彰德军。宋仍为相州。金为彰德府。元彰德路。明初，复为彰德府。

临漳，汉魏郡邺县地。晋建兴初，讳邺，改为临漳。时邺已陷于刘聪。石赵仍称邺县。东魏天平初，分置临漳县，属魏郡。唐属相州。会昌三年，省入肥乡县，寻复故。

清時河圖
其二

清時河圖

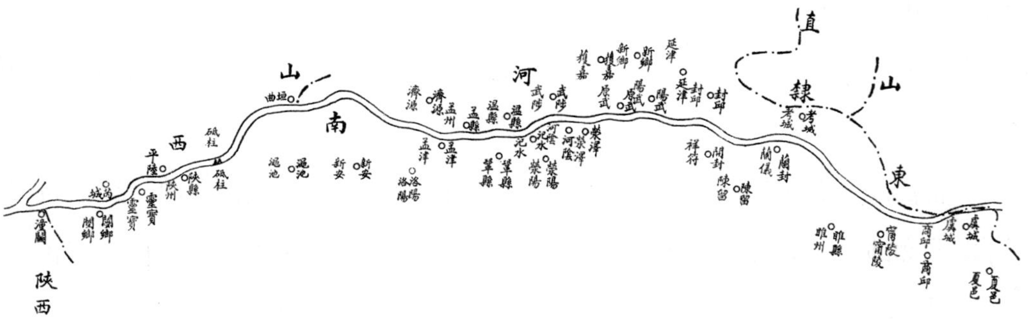

整理人： 李留文，河南省中牟县人，先后就读于河南大学、北京师范大学中国古代史专业，历史学博士，现为郑州航空工业管理学院教授。主要从事黄河中下游区域文化研究，在《光明日报（理论版）》《世界宗教研究》《安徽史学》《民俗研究》等刊物发表多篇论文。熟悉黄河文献，曾点校整理《治河通考》《两河清汇》等黄河水利文献。

赵长贵，河南省滑县人，河南大学副教授。先后就读于河南大学历史文化学院、南京大学历史学院，历史学博士、博士后。长期从事明清中原社会经济史、生态环境史、社会生活史方面的研究，尤其潜心于少林文化研究。出版专著《明清时期中原矿业研究》《黄河流域武术文化——以嵩山少林武术文化为例》，合著《明代哈密卫研究》《河南旅游历史文化》《上下五千年（明代卷）》等书，参与水利部主持编纂的《中国水利史典·黄河卷》点校工作，独自点校明清黄河水利史籍《治河总考》《天一遗书》，与人合作点校《南京历代碑刻集成》《豫河续志》，并在《世界宗教研究》《史学月刊》《中国农史》等刊物上发表多篇学术论文，数篇论文被人大复印资料全文转载。

武明军，男，河南省辉县市人，历史学博士，讲师，现为宿州学院教师。主要从事明清史研究，对区域文化、政治制度史有较深研究。先后发表多篇论文。

《中国黄河文化大典》编辑出版人员

总　编　辑　涂曙明

总责任编辑　营幼峰

总执行编辑　马爱梅　宋建娜

黄河治理（近代部分）二

责任编辑　李慧君

审稿编辑　李慧君　王　勤　宋建娜

装帧设计　芦　博　李　菲

责任排版　吴建军　郭会东　孙　静

责任校对　梁晓静　王凡娥

责任印制　崔志强　焦　岩　冯　强